Strategeme Band I

Harro von Senger

Strategeme Band I

Die berühmten 36 Strategeme
der Chinesen –
lange als Geheimwissen gehütet,
erstmals im Westen vorgestellt

Scherz

Meiner lieben Mutter
Dr. phil. Doris von Senger (1909–1990) gewidmet

10. Auflage Frühjahr 2000

Inhalt

Strategem Nr. 10
Hinter dem Lächeln den Dolch verbergen 166

Strategem Nr. 11
Der Pflaumenbaum verdorrt anstelle des Pfirsichbaums 176

Strategem Nr. 12
Mit leichter Hand das Schaf wegführen 203

Prolog

Das Strategem der offenen Stadttore

Reichskanzler Kong Ming, auch Zhuge Liang genannt, war mit 5000 Soldaten nach Xicheng gezogen, um den dort lagernden Proviant nach Hanzhong zu überführen. Da trafen auf fliegenden Pferden Boten ein, mehr als zehn an der Zahl, einer nach dem anderen. Sie berichteten, der feindliche General Sima Yi aus dem Reiche Wei rücke mit einem Heer von 150 000 Mann, einem Hornissenschwarm gleich, gegen Xicheng vor. Zu diesem Zeitpunkt stand dem Reichskanzler Kong Ming kein einziger General mehr zur Seite. Nur noch ein Stab ziviler Beamter befand sich bei ihm. Von den mitgeführten 5000 Soldaten hatte die eine Hälfte Xicheng bereits mit Proviant verlassen. In der Stadt waren nicht mehr als 2500 Soldaten zurückgeblieben. Als die Beamten diese Nachricht vernahmen, wurden ihre Gesichter fahl vor Schrecken. Reichskanzler Kong Ming begab sich auf die Stadtmauer und hielt Ausschau. Tatsächlich, da stiegen am Horizont Staubwolken zum Himmel auf. Das Heer des feindlichen Generals Sima Yi näherte sich mit einem großen Aufgebot an Soldaten. Reichskanzler Kong Ming befahl: «Flaggen und Banner von der Stadtmauer herunternehmen und verbergen! Jeder Soldat auf seinen Posten! Wer diesen eigenmächtig verläßt und seine Stimme laut erhebt, der wird enthauptet. Die vier Stadttore sind weit zu öffnen. Bei jedem Stadttor haben 20 Soldaten, als einfache Leute verkleidet, die Straße zu kehren. Wenn das Heer des Sima Yi herankommt, handle niemand selbstherrlich. Ich habe mein besonderes Strategem [*ji*].»

Darauf warf sich Kong Ming einen Umhang aus Kranichfedern über, setzte sich einen nach oben gewölbten seidenen Hut auf und begab sich in Begleitung von zwei Knappen und mit einer Wölbbrettzither auf die Stadtmauer, um sich auf einem Beobachtungsturm unmittelbar vorne bei der Brüstung hinzusetzen. Er entzündete Duftkräuter und begann auf der Wölbbrettzither zu spielen.

Unterdessen gelangten Späher der Vorhut des Generals Sima Yi zur Stadtmauer und erblickten all dies. Keiner der Späher wagte sich weiter vor. Eilends kehrten sie zu Sima Yi zurück und erstatteten Bericht. Sima Yi lachte ungläubig. Dann hieß er seine Truppen halten. Er selbst ritt auf fliegendem Pferd weiter, um von fern auf die Stadt zu schauen. Wahrhaftig! Dort erblickte er den Reichskanzler Kong Ming, wie er auf dem Spähturm der Stadtmauer saß, mit heiter lächelndem Gesicht, die Wölbbrettzither spielend, dazu die Schwaden der brennenden Duftkräuter. Zu seiner Linken ein Knappe, der mit beiden Händen ein kostbares Schwert umfaßte, zu seiner Rechten ein Knappe mit einem Haarwedel.

Im Stadttoreingang und davor etwa 20 gewöhnliche Leute, die mit gesenkten Köpfen gleichmütig die Straße kehrten. Als Sima Yi dies alles erblickte, stiegen große Zweifel in ihm auf. Er kehrte zu seinem Heer zurück, befahl Vor- und Nachhut, die Stellungen auszuwechseln und zog in Richtung auf die nördlich gelegenen Berge von dannen. Sein zweiter Sohn Sima Zhao meinte unterwegs: «Bestimmt hat Zhuge Liang keine Soldaten und daher diese Szene vorbereitet. Vater, warum zieht Ihr da die Truppen zurück?»

Sima Yi entgegnete: «Zhuge Liang pflegt vorsichtig und bedachtsam zu sein. Noch nie hat er ein Wagnis auf sich genommen. Weit geöffnet waren heute die Tore der Stadt. Das ließ mit Sicherheit auf einen Hinterhalt schließen. Wären meine Truppen in die Stadt eingedrungen, so wären sie bestimmt dem Strategem [*ji*] zum Opfer gefallen. Was weißt du schon! Ein schneller Rückzug war angezeigt.»

Und so zog das gesamte Heer des Sima Yi davon. Kong Ming sah die feindlichen Truppen in der Ferne verschwinden. Er lachte und klatschte dabei in die Hände. Keiner aus der Reihe der Beamten, der nicht verblüfft gewesen wäre. Sie fragten Kong Ming: «Sima Yi ist doch ein berühmter General des Staates Wei. Heute führte er 150 000 ausgesuchte Soldaten hierher, erblickte Euch, den Reichskanzler von Shu-Han, und zog sich dann eilends zurück. Weshalb?»

Kong Ming erwiderte: «Dieser Mann ging davon aus, daß ich vorsichtig und bedachtsam zu sein pflege und mich auf keine Wagnisse einlasse. Als er eine solche Szene sah, vermutete er, Soldaten lauerten in einem Hinterhalt. Daher trat er den Rückzug an. An sich scheue ich waghalsige Unternehmungen, heute aber suchte ich bei einem solchen Zuflucht, weil ich keine andere Wahl hatte.»

All die Beamten beugten voller Staunen ihr Haupt und riefen aus: «Die Strategeme des Reichskanzlers vermögen selbst die Geister der Verstorbenen nicht zu ergründen. Wäre es nach uns gegangen, so hätten wir einfach die Stadt aufgeben und wegeilen sollen.»

Kong Ming sagte: «Ich hatte nicht mehr als 2500 Soldaten. Hätten wir die Stadt aufgegeben und die Flucht ergriffen, dann wären wir bestimmt nicht weit gekommen. Sima Yi hätte uns gefangengenommen.»

In späterer Zeit entstand ein Gedicht, das diese Tat preist:

«Eine mit Jadesteinen geschmückte Wölbbrettzither, drei Fuß lang, bezwang die auserlesenen Truppen, damals, als Zhuge Liang in Xicheng den Feind zur Umkehr bewegte. Bis auf den heutigen Tag zeigen die Einheimischen auf die Stelle. Hier haben 150 000 Mann ihre Pferde gewendet.»

Die durch eine Landvermessung gewonnene Konkubine

Ein minderjähriger Knabe von großer Klugheit, der beide Eltern verloren hatte, kam unter die Obhut seines Onkels. Eines Tages fiel dem Knaben das betrübte Gesicht des Onkels auf. Er fragte ihn nach der Ursache des Kummers. Der Onkel antwortete, er sei betrübt, weil er keinen Sohn habe. Um für männlichen Nachwuchs zu sorgen, würde er gerne eine Konkubine ins Haus nehmen, was ihm aber seine Gattin verwehre. Dies bekümmere ihn.

Der Knabe dachte eine Weile nach und sagte dann:

«Onkel, gräme dich nicht weiter. Ich sehe einen Weg, um die Tante zum Einlenken zu bewegen.»

«Da kannst du doch nichts ausrichten», meinte der Onkel ungläubig.

In der Frühe des folgenden Tages begann der Knabe mit einem Schneidermaßstab vor der Eingangstüre zum Haus des Onkels den Boden zu messen, wobei er sich affektiert aufführte, um so die Tante aus dem Haus zu locken.

«Was treibst du hier?» fragte sie.

«Ich messe das Land ab», antwortete der Knabe kühl und fuhr mit seinen Messungen fort. «Was? Landmessungen?» fragte die Tante. «Was kümmerst du dich um unsere Habe?»

Darauf entgegnete der Knabe mit selbstsicherer Gebärde:

«Tante, das geht mich sehr wohl etwas an. Ich treffe meine Vorbereitungen. Ihr und der Onkel seid auch nicht mehr die Jüngsten. Zudem habt Ihr keinen Sohn. Daher wird das Haus bestimmt einmal mir zufallen, und darum messe ich es schon einmal ab, da ich es später umbauen lassen will.»

Die Tante geriet darob in Erregung und Zorn, sagte kein Wort mehr, lief ins Haus, weckte ihren Gatten und bestürmte ihn, möglichst rasch eine Konkubine zu nehmen.

Einführung

Ein Wort wird entdeckt

«Strategem, was ist das?» fragte mich unlängst ein Universitätsprofessor, als ich in einem Gespräch die 36 Strategeme der Chinesen erwähnte.

In meiner sinologischen Vorlesung über die 36 Strategeme der Chinesen für Hörer aller Fakultäten der Universität Zürich stellte ich zu Beginn die Frage: «Wem ist das Wort ‹Strategem› bekannt?» Nur ein Hörer in dem vollbesetzten Auditorium, und zwar ein älterer Herr, hob die Hand.

Das Wort ‹Strategem› geht zurück auf das altgriechische ‹strategema›. ‹Strategema› bedeutete im allgemeinen Sinn ‹Feldherrntätigkeit› und im besonderen ‹Kriegslist›. Der römische Beamte Sextus Iulius Frontinus (gest. um 103 n. Chr.) wählte als Titel eines Traktates das Wort ‹strategemata› (Mehrzahl von strategema). Dieses etwa 2000 Jahre alte Traktat erschien in deutscher Übersetzung unter dem Titel ‹Kriegslisten› 1963 in Berlin-DDR (3. Aufl. 1987). Die letzte deutsche Übersetzung vor der modernen Ostberliner Ausgabe stammt aus dem Jahre 1792, die letzte englische Edition aus dem Jahre 1925, mit Nachdrucken seither. Übrigens scheint das Wort ‹Strategem› in der englischen Sprache viel häufiger vorzukommen als im Deutschen, wobei es zu weit führen würde, nach Erklärungen für diese unterschiedliche Sympathie für ein Wort zu suchen, das *The Oxford English Dictionary*, Vol. X, Oxford 1933, erklärt als

1.a. *An operation or act of generalship; usually, an artifice or trick designed to outwit or surprise the enemy.* (Auf Deutsch etwa: Eine Operation oder ein Akt der Feldherrnkunst; gewöhnlich eine List oder ein Trick, der dazu bestimmt ist, den Feind zu übertölpeln oder zu überraschen.)

1.b. *In generalized sense: Military artifice* (In verallgemeinertem Sinn: Militärische List)

2.a. *Any artifice or trick; a device or scheme for obtaining an advantage* (Jede[r] List oder Trick; Kunstgriff oder Machenschaft zur Erlangung eines Vorteils)

2.b. *In generalized sense: Skill in devising expedients; artifice, cunning* (Gewandtheit im Ersinnen von Auswegen; List; Schlauheit)

Man findet das Wort, das auch das Deutsche Wörterbuch von Jacob und Wilhelm Grimm, Band 19, Nachdruck 1984, nicht erschöpfender erläutert, im angelsächsischen Raum ohne weiteres in Titeln von militärwissenschaftlichen Büchern – z. B. *Stratagem – Deception and Surprise in War* von Barton Whaley, erschienen in Cambridge, Massachusetts, Center for International Studies, 1969, oder *Stratagems and Spoils: A Social Anthropology of Politics* von Frederick G. Bailey, Oxford 1985 – aber auch in Büchern z. B. psychologischer Orientierung, etwa in A. H. Chapmans Werk *Put-offs and Come-ons* (New York 1968), in deutscher Sprache 1969, Bern, unter dem Titel «Regeln gegen die Mitmenschen». 1970 führte das National Theatre in London die Komödie in fünf Akten *The Beaux' Stratagem* von George Farquhar (1678–1707) auf. Kindlers Literaturlexikon (Zürich 1965) übersetzt den Titel unter Meidung des Wortes ‹Strategem› mit «Des Stutzers Kriegslist», obwohl es sich um einen Heiratsschwindel handelt. So fällt mir im englischen und französischen Sprachraum immer wieder auf, daß das Wort «stratagem» bzw. «stratagème» hier offensichtlich eine Heimstatt hat. Dazu noch ein Beispiel: In den «Notizen eines Müßiggängers» (3. Auflage, Zürich/ Schwäbisch Hall 1984) erwähnt J. R. von Salis auf S. 304 einen «Mann, der sich als Blinder ausgibt, der eine Umgebung, die ihm seine Blindheit glaubt, aus diesem selbstgewählten Versteck beobachten, den Leuten auf die Schliche kommen kann». In der französischen Ausgabe des Werkes (*Parler au papier*, Lausanne 1984) dagegen wird daraus ein Mann *«qui se fait passer pour aveugle et qui, grâce à ce stratagème, observe son entourage...»* Auffallend an diesem Satz ist der Gebrauch des Wortes ‹Strategem›, aber bezeichnenderweise nicht im deutschen Text. Wie dem auch sei, auch im nicht-deutschsprachigen Westen verschließt man vor dem Phänomen ‹Strategem› letzten Endes die Augen, haben doch zum Beispiel die Herausgeber der monumentalen *New Encyclopaedia Britannica* (30 Bände, «Micropaedia» und «Macropaedia», 15. Aufl. 1981) befunden, daß es in der Welt keine Strategeme gibt. Auf das Stichwort *Stratagème* verzichtet dagegen nicht der *Grand Larousse encyclopédique* (10 Bde, Paris 1964).

Ein eigentliches Aschenbrödeldasein fristet das Wort ‹Strategem› aber im deutschen Sprachraum, wo es nur in den seltensten Fällen einmal aufgegriffen wird, so etwa von Hans-Georg Beck: «Und die Stratagemata, die Kriegslisten, mit denen man das Überleben sichert, sind wichtiger als vorwitzige Mutproben.» (Byzantinisches Erotikon, München 1986, S. 182.) Vergebens sucht man es in der Kompaktausgabe des «Großen Brockhaus» in 26 Bänden (1984) oder in «Meyer's

Neuem Lexikon» in acht Bänden (1980) oder im Duden, «Die Rechtschreibung» (1980). Im Duden, «Das Fremdwörterbuch» (1986), taucht es dagegen auf, und zwar in der Deutung ‹Kriegslist, Kunstgriff, Trick›, ferner in «Wahrigs Deutsches Wörterbuch» mit der Deutung ‹Kriegslist, Feindestäuschung›. Vereinzelt trifft man es in wissenschaftlichen Werken, wie z. B. in Schopenhauers «Eristische Dialektik», in der 38 rhetorische Strategeme bzw. Kunstgriffe aufgezählt werden. Aber in der alltäglichen Sprachpraxis, im allgemein üblichen wissenschaftlichen Vokabular, in der schöngeistigen Literatur und auch in den Massenmedien ist das Wort ‹Strategem› praktisch inexistent.

Ganz anders verhält es sich in China. Ob in den Schriften aus der Frühlings- und Herbstzeit (8.–4. Jahrhundert v. Chr.) und aus dem Zeitalter der kämpfenden Reiche (5.–3. Jahrhundert v. Chr.) oder in chinesischen Büchern und Periodika der Gegenwart, so etwa in den Veröffentlichungen Mao Zedongs – immer wieder fällt das Augenmerk auf die Schriftzeichen

- 着 heutige Aussprache *zhāo*
- 謀 heutige Aussprache *móu*
- 策 heutige Aussprache *cè*

  sowie insbesondere auch
- 計 heutige Aussprache *jì*

Dazu gibt es noch andere Schriftzeichen und Schriftzeichenverbindungen mit stets ungefähr derselben Bedeutung.

Welcher Bedeutung?

Ich möchte sie anhand des Schriftzeichens 計 erklären. Es besteht aus den beiden Teilen

言 heutige Aussprache *yán* für ‹zählen› und

十 heutige Aussprache *shí* für ‹zehn›.

Also: Bis auf zehn zählen bzw. allgemein gesagt: zählen, rechnen, berechnen, und als Substantiv: Berechnung, Kalkül, Plan. Freilich können chinesische Schriftzeichen je nach Zusammenhang in unterschiedlicher Bedeutung auftreten, so auch das Wort *ji* und die anderen oben stehenden Schriftzeichen. Hier interessiert jedoch die in bestimmten Textzusammenhängen auftretende Doppelbedeutung:

1. Kriegslist
   und
2. List, Trick im politischen und auch im privaten Leben.

Diesen doppelten Bedeutungsgehalt besitzt in westlichen Sprachen am ehesten der Ausdruck ‹Strategem›, bisweilen auch ‹Stratagem›. So findet sich in einem 1970 intern in Peking erschienenen chinesisch-englischen Handwörterbuch mit über 20000 vor allem im politischen und militärischen Bereich oft benutzten Ausdrücken sowie in einem 1978 in Peking erstmals erschienenen chinesisch-englischen Wörterbuch das Stichwort 三十六計 *sanshiliu ji* mit der englischen Übersetzung *the 36 stratagems*. Ich ziehe den Ausdruck ‹Strategem› oder ‹Stratagem› dem Wort ‹List› vor. Denn dem Wort ‹Strategem› haftet nicht der etwas anrüchige Charakter des Wortes ‹List› an, das allerdings zunächst auch in unseren Breiten keinen negativen Klang hatte. ‹List› läßt sich laut Friedrich Kluges «Etymologisches Wörterbuch der deutschen Sprache» (Berlin, New York 1975) auf das germanische ‹lis› = ‹wissen› zurückführen und «ist älter als die anderen Wörter des Wissens. Es umfaßt ursprünglich die Technik des Kriegs (Kriegslist), das Schmiedehandwerk und den kultisch-magischen Bereich, der vom Christentum zu verbotenem Zauber gedrückt wurde. Daher ging ‹List› vielfach in bösen Sinn über, während die neu einströmende Gedankenwelt zu ‹Kunst›, ‹Weisheit›, ‹Wissenschaft› griff.» So haben denn auch die oben aufgeführten chinesischen Schriftzeichen – ähnlich wie ‹List› in ältester Zeit – einen durchaus neutralen, wenn nicht mitunter gar positiven Gehalt. Bemerkenswert ist die Tatsache, daß das chinesische Schriftzeichen mit der Aussprache *zhi*, das in den meisten westlichen China-Wörterbüchern nur mit ‹Weisheit›, ‹Klugheit›, ‹Wissen› usw. übersetzt wird, in chinesischen Texten überaus häufig im Sinne von ‹List› – bzw. wertneutral – ‹Strategem› auftaucht – in alter und in neuer Zeit.

Die 36 Strategeme des ehrenwerten Herrn Tan

Erstmals auf 36 Strategeme hingewiesen wird in der «Geschichte der Südlichen Qi-Dynastie» (Nan Qi Shu). Die Südliche Qi-Dynastie herrschte von 479–502. Verfaßt wurde die Geschichte der Südlichen

Qi-Dynastie von Xiao Zixian, der von 489–537 lebte. Diese Chronik enthält die Biographie des Beamten und Politikers Wang Jingze. Laut dieser Biographie erwähnte Wang Jingze einmal «die 36 Strategeme (*sanshiliu ce*) des ehrenwerten Herrn Tan».

Bei diesem Herrn Tan handelt es sich um den berühmten, 436 n. Chr. verstorbenen General Tan Daoji. Er stand in Diensten der Südlichen Song-Dynastie (420–479). Eine «Biographie des Tan Daoji» enthält der 15. Band der «Geschichte der Südlichen Dynastien» (Nan Shi). Sie enthält die folgende Episode:

> «Als Befehlshaber der Expeditionstruppen marschierte Tan Daoji nordwärts und kämpfte sich zum Fluß Ji durch. Er besiegte eine starke Streitmacht des Staates Wei und nahm Huatai ein. Mehr als 30 Schlachten führte er gegen die Truppen von Wei und gewann die Mehrzahl davon. Als seine Armee Licheng erreichte, wurde ihr Nachschub unterbrochen, und er kehrte um. Durch Überläufer erfuhr der Gegner vom Proviantmangel der Song-Armee, von der in ihr ausgebrochenen Unruhe und der geschwächten Kampfmoral. Da ließ Tan Daoji seine Soldaten in der Nacht Sand abwiegen, laut die gewogenen Mengen ausrufen und den wenigen übrig gebliebenen Reis darüberstreuen. Im Morgengrauen glaubten die Truppen von Wei, daß die Armee Tan Daojis noch genügende Reisvorräte besitze, und ließen daher von der Verfolgung ab. Sie hielten die Überläufer für Lügner und schlugen ihnen die Köpfe ab. Unter den Truppen Tan Daojis, die dem Gegner zahlenmäßig unterlegen und nun äußerst erschöpft waren, brach aber eine Panik aus. Da befahl Tan Daoji den Soldaten, ihre Rüstung anzulegen. Persönlich umfuhr er in einem Streitwagen langsam sein Heerlager. Als die Truppen von Wei dies sahen, befürchteten sie einen Hinterhalt, wagten sich nicht zu nähern und zogen ab. Obwohl es Tan Daoji nicht gelungen war, das Gebiet südlich des Gelben Flusses zu erobern, kehrte er mit einer unversehrten Armee heim. Dadurch verbreitete sich überall sein Heldenruhm, und der Staat Wei hatte große Furcht vor ihm.»

Diese Schilderung zeigt, daß es Tan Daoji dank der Anwendung verschiedener Strategeme gelang, sein Heer vor der Vernichtung zu bewahren. Ob er aber tatsächlich über einen Katalog von 36 Strategemen verfügt hat, darüber geben die etwa 1500 Jahre alte «Geschichte der Südlichen Qi-Dynastie» und auch die «Geschichte der Südlichen Dynastien» keine Auskunft. Es müssen auch nicht unbedingt konkret 36

Strategeme gemeint sein. Denn die Chinesen hegen seit alters eine Vorliebe für numerische Ausdrücke, u. a. in Verbindung mit der Zahl 36, und benutzten Zahlen oft nicht in wörtlichem Sinne. Wang Jingze mag ‹36› einfach im Sinne von ‹zahlreich› gemeint haben, so wie ja auch in der französischen Umgangssprache ‹trente-six› zur Bezeichnung einer unbestimmten hohen Zahl verwendet werden kann.

Die Zahl ‹36› in der Wortverbindung ‹36 Strategeme› wird im ältesten überlieferten Traktat über die 36 Strategeme der Chinesen – darüber nachfolgend mehr – gestützt auf das *I Ging* (*Yijing*), das «Buch der Wandlungen», gedeutet, ein Orakelbuch, dessen Kerngehalt aus der Zeit zwischen dem 10. und 8. Jahrhundert v. Chr. stammt. Der Grundgedanke des «Buch der Wandlungen», eines der wohl berühmtesten Werke des chinesischen Altertums, ist gemäß seinem ältesten Kommentar (aus der Zeit um die Mitte des 1. Jahrtausends v. Chr.) der Dualismus von Yin und Yang, zwei unterschiedlichen, gegensätzlichen Kräften. Yang vertritt u. a. die Sonnenseite, z. B. eines Hügels, Yin dessen Schattenseite. Yin steht aber auch für ‹List›. Gemäß dem «Buch der Wandlungen» hat Yin die Kennziffer 6. Die Zahl 36 erscheint aus dieser Sicht als Quadrat des Yin-Elementes, demnach also als Sinnbild für eine Überfülle von Listen.

Ein Katalog aller 36 Strategeme findet sich allerdings nicht im «Buch der Wandlungen», obwohl darin gewisse strategemische Verhaltensweisen angedeutet werden. Der erste Katalog mit 36 Strategemen findet sich auch nicht in der bereits erwähnten «Geschichte der Südlichen Qi-Dynastie» oder einer anderen der 24 chinesischen Dynastiegeschichten. Bis vor wenigen Jahren glaubte man, daß der angeblich 1674 gegründete Hongmen-Geheimbund erstmals 36 Strategeme zu einem Einmaleins listenreichen Verhaltens, bekannt geworden unter dem Namen ‹Hongmen Zhexue› = «Hongmen-Philosophie», zusammengefügt habe. Der Hongmen-Geheimbund verfolgte das Ziel, die Fremdherrschaft der mandschurischen Qing-Dynastie (1644–1911) zu stürzen und die einheimische Ming-Dynastie (1368–1644) wieder an die Macht zu bringen. Der vom Hongmen-Geheimbund zusammengestellte Katalog der 36 Strategeme galt als die Urfassung der heute im Umlauf befindlichen Versionen der 36 Strategeme. Doch 1941 ist eine noch etwas ältere Quelle entdeckt worden, nämlich ein Traktat über die 36 Strategeme, das dem Ende der Ming-Zeit (1368–1644) zugeschrieben wird.

Das eingangs erläuterte chinesische Wort *ji*, das ich hier mit ‹Strategem› übersetze, erscheint allerdings bereits in der ältesten militärtheoretischen Abhandlung der Welt, nämlich im Traktat über die Kriegskunst des Sun Wu (Sun Zi), eines Zeitgenossen des Konfuzius (551–479 v. Chr.), und zwar im Titel des ersten Kapitels des Traktates über die Kriegskunst. In diesem Kapitel wird die Kriegskunst als die Kunst der Täuschung definiert. Im dritten Kapitel, dessen Titel der englische Sinologe Lionel Giles mit *Attack by Stratagem* («Angriff durch Strategem») übersetzt, heißt es: «Am allberbesten ist es, das Heer des Gegners ohne Waffengewalt zu bezwingen.»
Für Sun Zi steht der militärische Sieg über den Feind in der Skala der Kriegskunst lediglich an dritter Stelle. Den zweiten Platz weist er dem Sieg mit diplomatischen Mitteln, den ersten Rang aber dem Sieg durch Strategeme zu. Wie gerade Sun die Kriegslist als Mittel der indirekten Strategie hervorhebt, erfaßt Albert A. Stahel in seinem Aufsatz «Clausewitz und Sun Tzu: Zwei Strategien».

Sun Zis Traktat, das Li Shijun zu seinem Werk *Sun Zi Bingfa yu Qiye Guanli* («Die Kriegskunst des Sun Zi und die Betriebsführung», Nanning 1984) anregte, wird übrigens in *Sheke Xin Shumu* («Katalog neuer gesellschaftswissenschaftlicher Bücher» Nr. 139, Peking, 30. August 1985) unter die 20 für die chinesische Kultur repräsentativsten Bücher eingereiht. Dazu gehören aus der vorchristlichen Zeit noch *Han Fei Zi* und Sima Qians «Geschichtliche Aufzeichnungen», ferner der Roman «Traum der Roten Kammer» aus dem 18. Jahrhundert. So spielten Strategeme in China seit uralten Zeiten ihre Rolle. Im Laufe der Jahrhunderte entstanden nach und nach idiomatische Ausdrücke, bildhafte, metaphorische Redewendungen für Strategeme aller Art. Diese Redewendungen prägte der Volksmund und schufen Verfasser militärtheoretischer, philosophischer, historischer und literarischer Werke. Unter den Strategem-Metaphern befinden sich Redewendungen, die sich auf über 2000 Jahre zurückliegende geschichtliche Ereignisse sowie auch auf volkstümliche Geschichten beziehen, ein bestimmtes Strategem gleichnishaft darstellen oder die bei der Durchführung eines Strategems zu vollziehenden Schritte andeuten. So handelt es sich bei dem Katalog der 36 Strategeme, linguistisch gesehen, um eine Liste von 36 Redewendungen.

Der ganze Katalog der 36 Strategeme besteht aus nicht mehr als 138 chinesischen Schriftzeichen. 138 geteilt durch 36 ergibt lediglich 4, bisweilen auch nur 3 Schriftzeichen für jedes Strategem. So ist das sprachliche Gewand für die einzelnen Strategeme knapp bemessen. Doch läßt gerade diese sprachliche Kargheit viel Raum für mannigfache Auslegungen und Veranschaulichungen. Ja, Auslegungen und Veranschaulichungen sind unumgänglich. Denn die tupfenhafte Andeutung der Strategeme in den einzelnen Strategem-Metaphern für sich allein, ohne Erklärung und ohne Beispiele, bliebe unverständlich.

Bis vor wenigen Jahren war der Katalog der 36 Strategeme, als Ganzes gesehen, in China eine Art Geheimwissen geblieben. Dies schloß aber nicht aus, daß den Chinesen die einzelnen im Katalog der 36 Strategeme vorkommenden Redewendungen in der Mehrzahl von Kindesbeinen an vertraut waren. Die große Popularität der Strategeme ist vor allem auf die chinesische Volksliteratur zurückzuführen. Die fast jedem Chinesen vertrauten klassischen Novellen sind oft Strategem-Geschichten. An der Spitze steht der historische Roman *San Guo Yanyi*, die «Romanze der drei Königreiche». Man kann ihn als ein Lehrbuch der Strategeme bezeichnen. Kaum eine Kampfeslist, deren Planung und Ausführung darin nicht beschrieben werden, zum Teil in allen Einzelheiten. Nicht umsonst besagt eine alte chinesische Redensart: «Wer die ‹Romanze der drei Königreiche› gelesen hat, der versteht, Strategeme anzuwenden.» Zum anderen sorgen gerade die heutigen chinesischen Massenmedien immer wieder dafür, daß die Strategeme nicht in Vergessenheit geraten, sei es in innenpolitischen Reportagen und Kommentaren über volksschädigendes Verhalten beispielsweise von Funktionären, sei es in außenpolitischen Analysen von Vorgängen, die China mißbilligt. Der Popularisierung der 36 Strategeme dienen schließlich auch Comic strips, so eine sechsteilige Comic-Serie mit dem Titel «Die 36 Strategeme», die 1981 in der Provinz Jilin in einer Auflage von 1140930 Exemplaren erschien, und die 12teilige Comic-Serie «Kollektion über die Kriegskunst anhand der 36 Strategeme», die 1982 in Guangxi in einer Auflage von 400000 Exemplaren gedruckt wurde. Offenbar gehören die 36 Strategeme heute zum Allgemeinwissen eines Mittelschülers. So enthält der erste Band von *Zhongxuesheng Baike Zhishi Ri Du* («Enzyklopädische Tageslektüre für Mittelschüler», Peking 1983) in der Rubrik vom 24. Januar einen Kasten mit dem Katalog der 36 Strategeme.

Aufblühen der chinesischen Strategem-Literatur

Die Spannbreite des *ji* – des ‹Strategems› im chinesischen Sinne – erstreckt sich vom geringfügigen Trick oder auch von der ganz spontanen geistesgegenwärtigen gerissenen Aktion bis zu einem planvollen Verhalten

- in einer als prekär empfundenen, direktes Vorgehen ausschließenden Situation, wobei
- ein Gegenüber
- in einer von ihm nicht durchschauten, von der anderen Seite insgeheim inszenierten und daher oft theaterhaft wirkenden oder in einer sich der anderen Seite ohne deren Zutun präsentierenden Konstellation
- ‹hereingelegt› wird – im weitesten Sinne des Wortes –
- und zwar um eines bestimmten Zieles willen, das
- dem Strategem-Benutzer immer als ‹gut› erscheint, für den Gegenüber aber nicht in jedem Fall
- ‹schlecht› sein muß, sondern auch – vom Strategem-Benutzer gewollt –
- ‹gut› sein kann.

Es gibt Strategeme verschiedener Kategorien wie

Verschleierung (von etwas Wahrem)
Vorspiegelung (von etwas Falschem)
Beutegewinn
Einkreisung
Vorhandgewinnung
Verlockung und
Flucht

Es gibt ferner Strategeme eines unterschiedlichen Grades der Raffinesse, Redelisten und Verhaltenslisten, eigentliche Kriegslisten und Tricks, deren Anwendung ebensogut im politischen wie auch im zivilen Leben möglich ist.

Ihrer Grundkonzeption nach sind die Strategeme durchdrungen vom Geist der zum ersten Mal im «Buch der Wandlungen» schriftlich dargestellten uralten chinesischen Vorstellung von der Wechselwirkung zwischen den beiden gegensätzlichen kosmogonischen Prinzipien Yin, dem Beschatteten, und Yang, dem Besonnten. In den 36 Strategemen kommt diese Vorstellung insbesondere zum Ausdruck in dem stets vorausgesetzten Zusammenspiel von Sichtbarem, weil im Hellen, und Unsichtbarem, weil im Dunkeln, im Geheimen vollzogenen Planen und Handeln. Auch daoistisches Gedankengut, so etwa die Konzeption des Nicht-Eingreifens, *wu wei*, durchpulst einzelne chinesische Strategeme, die zum Teil ebenfalls vom geistigen Erbe der ‹Gesetzesschule› mit Han Fei (gest. 233 v. Chr.) als hervorragendstem Vertreter geprägt sind, insbesondere von den ‹Machttechniken› (*shu*), die die Gesetzesschule neben dem ‹Gesetzesrecht› (*fa*) und der Wahrung der ‹Position› (*shi*) dem Herrscher ans Herz legten. Viele Beispiele der Strategem-Anwendung atmen zudem den von der Gesetzesschule vertretenen Geist der Staatsräson mit dem Vorrang des Reichsinteresses vor konfuzianischen ethischen Normen.

In den letzten Jahren sind im chinesischen Sprachraum, d. h. in der Volksrepublik China, aber auch in Hongkong und in Taiwan, zahlreiche Monographien über die 36 Strategeme erschienen. 1962 druckte das Archiv des politischen Instituts der chinesischen Volksbefreiungs-Armee intern kommentarlos ein Traktat unbekannten Ursprungs über die 36 Strategeme nach. Dieses Traktat hatte 1941 ein gewisser Shu He in Chengdu, der Hauptstadt der Provinz Sichuan, zufällig in einem Straßenladen entdeckt. Von der Chengduer Xinghua-Druckerei verlegt, stand auf der Titelseite in großen Schriftzeichen «Die 36 Strategeme» und daneben in kleiner Schrift «Geheimbuch der Kriegskunst». Das aus handgefertigtem Papier hergestellte Büchlein enthielt einen Vermerk. Danach entpuppte es sich als die Edition einer Handschrift, die ebenfalls im Jahre 1941 in einem Buchladen in Binzhou, Provinz Shaanxi, gefunden worden war.

Das 1941 von Shu He erworbene, einzige z. Zt. vorhandene Urexemplar des Traktates über die 36 Strategeme enthält einen kurzen einleitenden Text und ein Schlußwort. Der größere Mittelteil besteht aus 36 Abschnitten.

Betitelt sind sie mit:

- 第一計 *diyi ji:* Das erste Strategem
- 第二計 *di'er ji*: Das zweite Strategem

usf. bis zum 36. Strategem.

Nach diesem Titel folgt in jedem der 36 Abschnitte der jeweilige aus vier oder drei Schriftzeichen bestehende Strategemausdruck. Daran schließt sich in jedem der 36 Abschnitte ein recht abstrakter, häufig auf das «Buch der Wandlungen» verweisender Kommentar. Abgerundet wird der jedem einzelnen Strategem gewidmete Abschnitt von einer Erläuterung. Darin werden anhand von Beispielen, und zwar ausschließlich aus der chinesischen Geschichte, konkrete Anwendungen des jeweiligen Strategems gezeigt.

Erstmals der allgemeinen Öffentlichkeit zugänglich gemacht wurde das 1941 entdeckte Traktat über die 36 Strategeme im Jahre 1979 in einer Ausgabe, die in der Provinz Jilin (Volksrepublik China) erschien. (Illustrierte Neuauflage: März 1987.) Hierin wird das Original des Traktates über die 36 Strategeme in klassischer chinesischer Sprache wiedergegeben, in die moderne chinesische Sprache übersetzt und durch Anmerkungen erläutert. Das Vorwort der Jiliner Ausgabe enthält auch Spekulationen über die Entstehungszeit dieses Traktates. Die vielen Verweise auf das «Buch der Wandlungen» lassen es als möglich erscheinen, daß der Verfasser des Traktates von Zhao Benxue oder einem seiner Schüler beeinflußt war. Zhao Benxue (1465–1557), ein Militärtheoretiker der Ming-Zeit (1368–1644), hat als erster das Kriegswesen systematisch anhand des «Buchs der Wandlungen» dargestellt, indem er den das «Buch der Wandlungen» durchwaltenden Gedanken vom ständigen Wechselspiel des Yin und Yang übertrug auf die Dialektik in der Kriegsführung, und zwar auf Gegensatzpaare wie:

Schein und Sein
Mehrzahl und Minderzahl
Stärke und Schwäche
Frontalangriff und Hinterhalt
Außergewöhnliches und Konventionelles
Vormarsch und Rückzug

Wahrscheinlich entstand demnach das 1941 entdeckte Traktat über die 36 Strategeme noch vor dem Katalog der 36 Strategeme des Hongmen-Geheimbundes, nämlich Ende der Ming-, Anfang der Qing-Zeit (16., 17. Jh.).

Eine weitere Monographie über die 36 Strategeme veröffentlichte 1981 der Pekinger Soldaten-Verlag (*Zhanshi Chubanshe*), und zwar mit dem Titel «Die 36 Strategeme in moderner Bearbeitung». Grundlage dieses Buches ist das soeben erwähnte alte Traktat über die 36 Strategeme. Doch im Gegensatz zu dem alten Traktat werden hier auch Beispiele der Strategemanwendung aus neuerer bis neuester Zeit, und zwar nicht nur aus China, zusammengestellt. 1993 erschien die 9. Auflage dieses Buches (über 1,5 Mio. Exemplare).

In Taiwan wurde 1982 eine Monographie mit dem Titel «Das Geheimbuch der 36 Strategeme mit Erläuterungen» publiziert. Es stützt sich weitgehend auf das 1979 in Jilin erschienene Traktat über die 36 Strategeme. Neunzehn Auflagen in den neun Jahren von 1976 bis 1985 erlebte in Taipeh die Broschüre «Kampf mit List» mit dem Untertitel «Die 36 Strategeme». Inhaltlich ist sie bis auf Teile des Vorwortes identisch mit dem 1969 in Hongkong auf den Markt gebrachten Buch «Die 36 Strategeme mit Beispielen aus alter und neuer Zeit».

Im September 1987 konnte ich in Seoul drei koreanische Bücher und in Tokio fünf japanische Werke über die 36 Strategeme der Chinesen kaufen. Die älteste dieser japanischen Publikationen stammt aus dem Jahre 1981. Keine Darstellung der 36 Strategeme ist mir aus den USA und Westeuropa bekannt.

Daher erregte mein Artikel über die 36 Strategeme in der *Frankfurter Allgemeinen Zeitung* vom 14. Januar 1977 nicht geringes internationales Aufsehen. Vor allem in der Sowjetunion ist mir in jüngster Zeit waches Interesse für die 36 Strategeme der Chinesen bestätigt worden. Auf dem 27. Europäischen Sinologenkongreß in Zürich (1981) hielt Professor V. A. Krivtsov von der Sowjetischen Akademie der Wissenschaften in Moskau einen Vortrag über Strategeme in Chinas Politik. Dieser Vortrag, den ein Tagungsteilnehmer aus der Volksrepublik China kritisierte, wurde in dem Konferenzband nicht gedruckt. So verdanke ich die Anregung und das Material für das vorliegende Buch im wesentlichen Veröffentlichungen in chinesischer Sprache aus der Volksrepublik China, aus Taiwan und aus Hongkong.

Die Welt der Strategeme

Vergleicht man die chinesischen Veröffentlichungen miteinander, fällt auf, daß in der Volksrepublik China neben der außenpolitischen vor allem die militärwissenschaftliche Dimension der 36 Strategeme hervorgehoben wird. Im Vorwort des 1987 vom Pekinger Verlag der Volksbefreiungsarmee in fünfter Ausgabe edierten Buches «Die 36 Strategeme in moderner Bearbeitung» wird ausgeführt:

> «Diese Publikation entspringt dem Bedürfnis, in der militärischen Auseinandersetzung Strategeme zu kennen und zu benutzen. An-

hand der marxistischen Militärtheorie wird dieses geschichtliche Erbe einer angemessenen Überprüfung unterzogen und als Unterlage für die Entwicklung einer modernen militärischen Strategemkunde benutzt.»

Weiter heißt es:

> «Ein alter chinesischer Spruch besagt: ‹Im Krieg verschmähe keine List.› Daher ist die Theorie von den Strategemen ein wichtiger Inhalt der Militärtheorie. Will ein Kriegskommandant die Initiative an sich ziehen, hängt viel davon ab, daß er seinen Gegner mit Einfällen schachmatt setzt, d. h., daß er dem Gegner dank kunstvoll angewandter Strategeme überlegen ist. Das befähigt ihn, eine schlechte in eine gute Lage zu verwandeln und mit einer kleinen Zahl von Kräften eine feindliche Übermacht zu besiegen, ja, mitunter wird es ihm gar gelingen, einen Gegner ohne militärische Gewalt in die Knie zu zwingen. Da die der militärischen Strategemkunde zugrunde liegenden Prinzipien von höchst allgemeiner Natur sind, besitzen sie eine größere Lebenskraft als die allgemeinen Grundsätze der militärischen Strategie und Taktik. So sind gewisse Strategeme im Katalog der 36 Strategeme bereits tausendfach erprobt und noch heute anwendbar. Zufolge der Entwicklung der Wissenschaft und Technik sind bei der Strategemanwendung z. T. allerdings neue Mittel einzusetzen und die Strategeme mit neuem Inhalt zu füllen, doch der Grundgehalt der Strategeme bleibt verhältnismäßig stabil. Daher ist die wegleitende Funktion der strategemischen Planung auch für die moderne Kriegsführung wichtiger als die allgemeinen Prinzipien der militärischen Strategie und Taktik.»

Auch die Jiliner Ausgabe der 36 Strategeme von 1979 bzw. 1987 betont im Vorwort deren militärischen Charakter in Sätzen wie:

> «Das Traktat über die 36 Strategeme gehört in den Bereich der sogenannten unorthodoxen Kriegsführung. Es ist eine Enzyklopädie dessen, was die chinesischen Militärtheoretiker seit Sun Zi (6.–5. Jh. v. Chr.) als *guidao* [«Weg der Feindestäuschung»] bezeichneten.»

Auch kritische Bemerkungen über die 36 Strategeme fallen in der einschlägigen Literatur der Volksrepublik China, so in der Jiliner Ausgabe 1979 (1987):

> «Unter den 36 Strategemen modert auch reaktionäre feudalistische Spreu, und zwar in jenen Strategemen, die auf Beutegewinn hinzielen. Eine kritische Einstellung ist daher vonnöten.»

Die Taipeher und vor allem Hongkonger Veröffentlichungen über die 36 Strategeme heben im Gegensatz zu den Unterlagen aus der Volksrepublik China neben der militärischen Funktion die Anwendbarkeit der 36 Strategeme im zivilen Leben hervor. So betont das Vorwort der 19. Auflage von «Kampf mit List – Die 36 Strategeme» (Taipeh, 1985):

> «Die Strategeme gleichen unsichtbaren Messern, die im Gehirn des Menschen verborgen sind und erst aufblitzen, wenn sie gebraucht werden. Gebraucht werden sie vom Militär, aber auch von Politikern, Kaufleuten und Akademikern. Wer sich in der Anwendung der Strategeme versteht, vermag eine geordnete Welt ins Chaos zu stürzen oder eine chaotische Welt zu ordnen, er vermag am heiteren Himmel Sturm und Donner zu erzeugen, ihm gelingt es, Armut in Reichtum, Mißachtung in Ansehen und die hoffnungsloseste Situation in eine lichte Lage zu verwandeln. Das menschliche Leben ist Kampf, und im Kampf braucht man Strategeme. Jedermann steht in einer Kampflinie. Ein kurzer Augenblick der Unachtsamkeit, und schon wird einem irgend etwas, das man besitzt, von einem anderen weggeschnappt. Doch wer die Strategeme einzusetzen versteht, wird stets die Initiative in seiner Hand behalten. Ob in den Palästen oder in den Hütten, die Strategeme sind überall anwendbar.»

Dabei dienen die Strategeme in chinesischer Sicht keineswegs immer nur dem ‹Bösen› bei der Überlistung des ‹Guten›. Vielmehr sind Situationen denkbar, in denen gerade ein ‹guter›, aber in einer schwachen Position befindlicher Mensch durchaus ehrenwerte Ziele, wenn überhaupt, dann nur durch Strategeme erreichen kann. Dies galt vor allem für die Gesellschaft des klassischen China, in der die Gesetze nicht dem Schutz des Einzelnen dienten und keine unabhängigen Gerichte diesem zu seinem ‹Recht› hätten verhelfen können. In der alten chinesischen Gesellschaft, in der eine den Interessen des Einzelnen dienende Jurisprudenz fehlte, mußte die Strategemie, also ein praktisches Wissen um die Kniffe zur Durchsetzung im Lebenskampf mit Hilfe von Strategemen, eine unentbehrliche Lebenshilfe leisten.

Gleichwohl stellt sich natürlich die Frage nach dem Verhältnis der

Strategeme zur traditionellen chinesischen, insbesondere konfuzianischen Ethik. Die in der Volksrepublik China erschienenen Strategem-Publikationen gehen hierauf nicht ein, wohl aber z. B. das 1969 in Hongkong erschienene Buch «Die 36 Strategeme mit Beispielen aus alter und neuer Zeit». Der Verfasser meint u. a.:

> «Die Strategeme sind das genaue Gegenteil von ‹konfuzianischer› Menschlichkeit und Tugendhaftigkeit. Doch wer den Feind mit Menschlichkeit und Tugendhaftigkeit behandelt, der schadet doch nur sich selbst. Wer denkt da nicht an eine Begebenheit aus dem siebten Jahrhundert v. Chr., die im konfuzianischen klassischen Kommentar des Zuo erzählt wird: Herzog Xiang war Herrscher über den Staat Song. Im Jahre 638 v. Chr. kam es zu einem Krieg gegen den starken Staat Chu. Die Truppen von Song waren bereits in Schlachtordnung aufgestellt, als die Chu-Armee noch dabei war, über einen Fluß zu setzen. Einer der Würdenträger von Song wußte, daß Chu viele, Song dagegen wenige Truppen hatte. Er schlug vor, den Augenblick zu nutzen und die Chu-Truppen anzugreifen, solange diese noch nicht alle übergesetzt hatten. Aber Herzog Xiang antwortete: ‹Das geht nicht. Ein Edler überfällt einen Menschen nicht in einem Augenblick, da dieser sich in Schwierigkeiten befindet.› Als die Truppen Chus den Fluß überquert hatten, aber noch nicht in Schlachtordnung aufgestellt waren, schlug der Würdenträger abermals vor, die Chu-Armee anzugreifen. Xiang antwortete: ‹Das geht nicht. Ein Edler überfällt keine Truppen, die sich nicht in Schlachtordnung aufgestellt haben.› Erst als die Chu-Truppen völlig kampfbereit waren, gab der Herzog Xiang den Befehl zum Angriff. Das Ergebnis war, daß der Staat Song eine schwere Niederlage erlitt und Herzog Xiang selbst verwundet wurde.»

Das Verhalten des Herzogs Xiang, über das sich auch Mao Zedong, und zwar in seiner Abhandlung «Über den langwierigen Krieg» (Mai 1938), mokierte, kommentiert der Autor aus Hongkong: «Worte der Menschlichkeit und der Tugendhaftigkeit benutzen, um anderen etwas vorzumachen, das geht ja noch an. Aber sich selbst darf man damit nicht auch noch hinters Licht führen, zumindest nicht bei Kämpfen mit der Waffe der Vernunft oder der Gewalt. Wie heißt doch ein Spruch: ‹Welterkenntnis ist Sache der Gelehrsamkeit, praktische Vernunft im Umgang mit den Menschen dagegen beruht auf Trickhaftigkeit.› Die heutige Zeit brüstet sich, zivilisiert zu sein. Doch je zivilisierter eine Gesellschaft, um so mehr wuchern Lug und Trug. In einer solchen Umwelt sind die 36 Strategeme das geeignete Angriffs- und Verteidigungsmittel. Sie stellen ein praktisches Wissen dar, das leere moralische Phrasen und Ermahnungen an Wert weit übertrifft.»

Im Grunde ähnlich wird indes nicht nur in China gedacht. Auch der an der Universität Zürich lehrende Graezist Walter Burkert stellt in seinem Buch *Homo necans* («Der tötende Mensch», Berlin 1972) fest:

> «Aggression, Gewalttätigkeit des Menschen gegen den Menschen, wie sie inmitten unseres zivilisatorischen Fortschrittes zutage tritt und mit diesem eher zuzunehmen scheint, ist zu einem Zentralproblem der Gegenwart geworden.»

Burkert entdeckt gerade auch bei den antiken Griechen, die als Wahrer des Humanen gelten, und zwar ausgerechnet in deren Religion, überdeutlich die Tendenz zur Aggression, wenn er weiter ausführt:

> «Nicht im frommen Lebenswandel, nicht in Gebet, Gesang und Tanz allein wird der Gott am mächtigsten erlebt, sondern im tödlichen Axthieb, im verrinnenden Blut und im Verbrennen der Schenkelstücke.»

Wenn Burkert diesen, dem Menschen anscheinend immanenten Hang zur Aggression auf dessen jahrtausendealte Daseinsform als Jäger zurückführt, dann ist es sicher nicht abwegig anzunehmen, daß auch die Entwicklung und Anwendung von Listen aus der Zeit des jagenden Menschen, laut Burkert des ‹hunting ape›, herrührt. Ja, vielleicht ist das Listige im Menschen noch älteren Ursprungs. Vitus B. Dröscher schreibt in seinem Werk «Überlebensformel – Wie Tiere Umweltgefahren meistern»:

> «Die entwicklungsgeschichtlich älteste tierische Intelligenz ist die Feind-Beute-Intelligenz, also das Vermögen zum Erlernen der Tricks, mit denen man Feinden entgehen und der Beute habhaft werden kann. Bei vielen Tieren liegt dieses Vermögen noch im Instinktiven, bei anderen treten Erfahrungswerte hinzu.»

Für die existentielle Verwurzelung der List im Menschen spricht die Tatsache, daß über sie seit alters nachgedacht wurde. Schon im 18. Jh. v. Chr. mahnte der Assyrer-König Schamschi-Adad seinen Sohn Yasmach-Adad: «Ersinne Finten [*shibqu*], um den Feind zu schlagen und gegen ihn zu manövrieren, aber auch der Feind wird Finten ersinnen und gegen dich manövrieren, so wie Ringkämpfer, einer gegen den andern, von Finten Gebrauch machen.» Im Alten Testament, Buch der Sprüche, finden sich Sätze wie «Durch Kriegslist sollst du Krieg führen, und Sieg kommt durch viel Planung», so übersetzt von Abraham Malamat, Hebräische Universität Jerusalem. Schon erwähnt habe ich Frontins Sammlung von Strategemen, zu der sich noch jene von Polyänus aus der zweiten Hälfte des zweiten Jahrhunderts n. Chr. gesellt. Die aus Island stammende Sammlung altnordischer Dichtungen «Edda» enthält Ratschläge wie «Witz braucht, wer weithin zieht», und «Lachen für Lachen sollen die Leute nehmen, und Täuschung für Trug».

Deutsche Sprichwörter besagen: «Wer sich zum Schafe macht, den fressen die Wölfe», «List geht über Gewalt» und «Was Gewalt nicht vermag, das steckt List in den Sack». Die alten Griechen bewunderten den ‹listenreichen Odysseus›. Auf Machiavellis *Principe* («Der Fürst») braucht gar nicht erst hingewiesen zu werden, ebenfalls nicht auf das für Weltleute und Höflinge bestimmte *Oraculo* des Jesuiten Balthasar Gracian (1601–1658). Weniger bekannt dürfte der «Indische Machiavelli» Kautilīya aus dem 4. Jh. v. Chr. mit dem ihm zugeschriebenen Lehrbuch der Regierungskunst *Arthaçâstra* («Wissenschaft vom Profit») sein. Und auch die alten Araber waren diesem Thema nicht abhold. Schon Mohammed (um 570–632) soll gesagt haben: «Krieg ist List.»

Bereits 100 Jahre vor Machiavelli erschien das Buch *Raqā'iq al-ḥilal fī daqā'iq al-ḥiyal* («Die Mäntel aus feinem Stoff in den subtilen Listen»), erschienen in französischer Übersetzung unter dem Titel *Le livre des ruses – La stratégie politique des Arabes* («Das Buch der Listen – Die politische Strategie der Araber») 1976 in Paris. Noch älter ist das von Michele Amari unter dem Titel *Solwan or Waters of Comfort* übersetzte, strategembewußte Werk des Ibn Zafer, eines sizilianischen Arabers des 12. Jahrhunderts. Juristische Strategeme bilden einen integrierenden Bestandteil des islamischen Rechts, so wie es in der Praxis angewendet wird. Davon künden Bücher wie *Al-ḥiyal fī aš-šarī'ah al-islāmiyyah* («Die Listen im islamischen Recht») von Muhammad 'Abd-al-Wahhāb Buḥayrī (Kairo 1974), *Al-ḥiyal al-maḥẓūr minhā wal-mašrū* («[Rechtlich] erlaubte und unerlaubte Listen») von 'Abd-as-Salām Ḍihnī (Kairo 1946) und *Al-ḥiyal fī al-mu'āmalāt al-māliyyah* («Die Listen im Bereich der Vermögenstransaktion»), von Muḥammad Ibn-Ibrāhīm (Tunis/Tripoli 1983).

Das Reglement betreffend die Gesetze und Gebräuche des Landkrieges (Haager Landkriegsordnung) von 1907 erklärt in Art. 24 Kriegslisten als erlaubt. Im Zusatzprotokoll zu den Genfer Abkommen vom 12. August 1949 über den Schutz der Opfer internationaler bewaffneter Konflikte (Protokoll I) findet sich einerseits ein Verbot der Heimtücke (Art. 37 Ziff. 1), anderseits eine Aufzählung der erlaubten Kriegslisten, wie z. B. Tarnung, Scheinstellung, Scheinoperationen und irreführende Informationen (Art. 37 Ziff. 2). Das Armeehandbuch der Vereinigten Staaten (Field Manual 27-10 «The Law of Land Warfare», 1956) enthält ebenfalls einen Katalog von ‹erlaubten Kriegslisten› (*Stratagems permissible*). Dazu zählen Überraschungsangriffe, Vortäuschen von Rückzügen, Flucht oder Untätigkeit, Täuschung durch falsche Befehle, Benutzung des gegnerischen Funkschlüssels, der Parolen und Signale, Vortäuschungen nicht vorhandener Kampfstärken, Anlagen und Waffen, Entfernen der Einheitsbezeichnungen an den Uniformen und Täuschung durch falsche Unterrichtung und Propaganda.

So erstaunt es nicht, daß die Chinesen Anschauungsmaterial für die Anwendung der 36 Strategeme nicht nur aus der chinesischen Geschichte schöpfen. In der Hongkonger, Taipeher und Pekinger Strategemliteratur finden sich nicht selten Beispiele aus Ländern jenseits der chinesischen Grenze, vom alten Rom, angefangen bei Iulius Brutus, dem Gegner des letzten römischen Königs Tarquinius, über das Napoleonische Frankreich bis zu den Kriegsnationen des Ersten und Zweiten Weltkriegs.

In der chinesischen Kultur stellen die Strategeme, wie Professor Qiao Jian von der anthropologischen Abteilung der chinesischen Universität Hongkong feststellt, eine «in hohem Maße ausgeklügelte, verbreitete und dauerhafte Tradition dar».

Die vorliegende Forschungsarbeit ist das erste Werk über die 36 Strategeme der Chinesen in einer europäischen Sprache. Die 36 Strategeme liefern, so schreibt Professor Qiao Jian, ein äußerst nützliches Rüstzeug für das Verständnis der Realität der chinesischen Gesellschaft, aber auch, so möchte ich beifügen, für das Verständnis des chinesischen militärischen und politischen Denkens und Handelns. Bei dem außerordentlich weit gesteckten Rahmen dieses gerade in chinesischer Sicht schier unerschöpflichen Themas kann das vorliegende westliche Erstlingswerk natürlich nicht alle Fragen, Materialien und Fakten berücksichtigen. Sie bleiben weiteren geplanten Werken vorbehalten. Die chinesische und japanische Sprachbeherrschung sowie das Wissen um die chinesische Kultur, ohne die mir die Auswertung der chinesischen Primärquellen sowie zahllose, das Thema betreffende, in chinesischer und japanischer Sprache geführte Diskussionen und Briefwechsel unmöglich gewesen wären, verdanke ich vor allem meinen Lehrerinnen und Lehrern sowie Kommilitoninnen und Kommilitonen während meines sechsjährigen Studienaufenthaltes in Taipeh, Tokio und Peking.

Strategem Nr. 1

Den Kaiser täuschen und das Meer überqueren

Die vier Schriftzeichen	瞞	天	過	海
Moderne chinesische Aussprache	*man*	*tian*	*guo*	*hai*
Übersetzung der einzelnen Schriftzeichen	täuschen	Kaiser (bzw. Himmel)	überqueren	Meer
Zusammenhängende Übersetzung	Den Kaiser täuschen, damit er das Meer überquert.			
Übersetzung unter Berücksichtigung der ältesten Bezugsgeschichte	Den Kaiser dazu bringen, das Meer zu überqueren, indem man ihn in ein Haus am Meer einlädt, das in Wirklichkeit ein verkleidetes Schiff ist.			
Kerngehalt	Zieltarnung, Kursverschleierung, Tarnkappen-Strategem; Coram-Publico-Strategem.			

1.1 Im Haus übers Meer

Dieses Strategem und seine Geschichte beziehen sich auf einen Kriegszug des Tang-Kaisers Taizong (626–649) über das Meer gegen Koguryō auf der koreanischen Halbinsel. Mir sind zwei Versionen bekannt.

Wie der Kaiser mit 300 000 Mann am Meer anlangt, verzagt er. Wasser, nichts als Wasser, grenzenlos. Tausend Meilen liegt Koguryō entfernt. Wie sollte es möglich sein, hinüberzusetzen? Warum hat er nicht auf jene Ratgeber gehört, die ihn vor diesem Kriegszug gewarnt hatten? Voller Zweifel wendet er sich an seine Befehlshaber, um ihre weiteren Pläne zu erfahren. Diese bitten um Bedenkzeit.

Da sie fürchten, der Kaiser könnte sich zum Rückzug entschließen, wenden sie sich schließlich an den listenreichen General Xue Rengui. Er ist um ein Strategem nicht verlegen, durch das er den Kaiser mit all seinen Soldaten schnellstens über das Meer bringt. Er verkündet, er werde einen Trick benutzen, auf daß man bis zum folgenden Tag das Meer nicht mehr sehe, und sagt: «Wie wäre es, wenn der Kaiser wie auf festem Boden ruhig auf das Meer hinausfährt?» Xue Rengui trifft alle Vorbereitungen. Anderntags lassen die Kommandanten den Kaiser wissen, ein reicher Bauer, der unmittelbar am Meer wohne, wolle den Proviant für die Überfahrt liefern und den Kaiser sprechen. Hoch erfreut begibt sich der Kaiser mit seinem Gefolge zum Meeresufer. Das Meer sieht er nicht, denn durch eine geschickte Anordnung von 10000 gleichfarbenen Zeltplanen tritt es nicht in sein Blickfeld.

Der reiche Bauer bittet nun den Kaiser ehrerbietig ins Innere eines Hauses. Überall an den Wänden prangen farbige Behänge und auf dem Boden kostbare Teppiche. Der Kaiser und seine Begleiter nehmen Platz und trinken Wein. Nach einiger Zeit scheint es dem Kaiser, als pfeife der Wind auf den vier Seiten und als ob Wellenschlag wie Donner an sein Ohr dringe. Becher und Leuchter schwanken hin und her. Verblüfft heißt der Kaiser einen Beamten, die Vorhänge beiseite zu schieben. Er starrt auf das endlose schwarze Meer. «Wo sind wir?» fragt er aufgeregt. «Die gesamte Armee befindet sich auf offener See Richtung Koguryŏ», klärt ihn einer seiner Ratgeber auf. Die vollendete Tatsache belebt die Entschlußkraft des Kaisers. Wagemutig fährt er nun dem Ostufer entgegen.

1.2 Die Holzstadt im Meer

Unverzüglich stach der Kaiser mit seiner Armee in See, ohne dazu durch ein als Haus verkleidetes Schiff verlockt worden zu sein. Das gesamte Heer von 100000 Kriegsleuten, Roß und Reiter, waren an Bord der 1300 Schiffe untergebracht. Der Kaiser befand sich mit seinen Würdenträgern in dem mit der kaiserlichen Drachenfahne beflaggten Schiff.

Drei Tage dauerte schon die Überfahrt. Da erhob sich plötzlich ein gewaltiger Sturm. Die Meereswogen zischten tosend empor, viele Klafter hoch, und versetzten den Kaiser in einen derart großen Schrecken, daß sein Antlitz die Farbe von Staub annahm. Die Krieger und die Streitrosse purzelten auf den Schiffen wild durcheinander, rappelten sich wieder hoch, um erneut den Halt zu verlieren. Auch der Kaiser, der Sohn des Himmels, polterte einige Male zu Boden. Keiner der erhabenen Großwürdenträger, der nicht ebenfalls niedersank und auch seekrank wurde. Furchterfüllt stöhnte der Kaiser: «Meine Herren, diesen Kriegszug ostwärts setze ich nicht mehr fort. Soll doch der Gegner uns angreifen!»

Und so geschah es. Trotz der Vorhaltungen einiger Ratgeber, es sei doch angezeigt, die Überfahrt fortzusetzen, sonst drohe ein Einfall der Koreaner, machte die kaiserliche Flotte kehrt und segelte nach Dengzhou (Provinz Shandong) zurück, wo sie drei Tage später landete. Kaiser und Gefolge begaben sich in die Stadt am Meer. Dort redete sein Ratgeber Xu Maogong ihm zu:

«Der Feldzug gegen das Ostreich ist eine Staatsaffäre, wie kann da Eure Majestät in die Reichshauptstadt Chang'an zurückkehren?» Der Kaiser antwortete: «Der Sturm auf dem Meere ist fürchterlich. Anstatt auf den Schiffen zu segeln, ziehe ich die Rückkehr nach Chang'an vor.»

Xu Maogong antwortete: «Beruhigt Euch, Majestät, nachdem sich der Sturm einige Tage ausgetobt hat, wird er sich von selbst legen. In einer solchen Phase der Windstille können wir das Meer überqueren, um das Ostreich zu unterwerfen.»

Kaiser Taizong antwortete: «Wenn es so ist, wie Ihr sagt, dann können wir ja warten.»

In jener Nacht begab sich Xu Maogong ins Feldherrnlager. «Was führt Euch mitten in der Nacht hierher?» fragte der General Jingde. Xu Maogong sagte: «Ich glaube, Seiner Majestät ist die Lust am Feldzug gegen das Ostreich vergangen. Nur wenn wir den Kaiser durch ein Strategem so täuschen, daß er das Meer überquert, können wir die Unterwerfung des Ostreiches durchführen.»

Der Heerführer Jingde entgegnete: «Was versteht Ihr unter dem Strategem ‹Den Kaiser täuschen, auf daß er das Meer überquert›?»

Xu Maogong verlangte: «Geht zu Zhang Huan und fordert ihn dazu auf, uns ein Strategem vorzulegen, mit dem es uns gelingt, den Kaiser so zu täuschen, daß er das Meer überquert.»

Jingde begab sich zu Zhang Huan und sagte: «Der Kaiser fürchtet Wind und Wogen. Er ist nicht willens, das Schiff erneut zu besteigen und das Meer zu überqueren. Nun fordere ich dich auf, ein Strategem zu finden, durch das der Kaiser so getäuscht wird, daß er das Meer überquert. Der Kaiser darf die Gewalten des Meeres nicht zu spüren bekommen und sollte geruhsam an der Ostküste anlangen.» Dann drohte ihm noch Jingde: «Ich lasse eine Grube graben. Wenn du bis zum Morgen noch kein Strategem ausgedacht hast, lasse ich dich ein Klafter tief eingraben. Wenn du das Strategem bis zum Mittag nicht präsentieren kannst, lasse ich dich zwei Klafter tief eingraben. Wenn du bis zum Abend kein Strategem weißt, lasse ich dich drei Klafter tief eingraben. Wenn du auch dann noch kein Strategem vorweisen kannst, lasse ich dich lebendig begraben.»

Zusammen mit seinen Gefährten erdachte darauf Zhang Huan das folgende Strategem: Mehrere hundert gewaltige Baumstämme sollen gekauft und Schreiner für den Bau einer Stadt aus Holz angeheuert werden. Vor und hinter der Stadtmauer werden einige Häuser errichtet. Der Boden neben den Häusern wird mit Sand und Lehm bedeckt. Darauf werden Blumen und Gräser gepflanzt. Auch Straßen dürfen nicht fehlen. Eine Schar von Kriegern tritt als wohldisziplinierte Stadtbewohner auf. Mitten in der Stadt erhebt sich für den kaiserlichen Aufenthalt ein dreistöckiger ‹Pavillon der Windstille›. Darin beten buddhistische Mönche. Diese Holzstadt soll zuerst auslaufen. Sobald Sturm aufzieht, wird sie im Meer auftauchen und dem Kaiser Zuflucht vor den Naturgewalten gewähren. Der Kaiser wird an Land gehen, sich im Pavillon der Windstille ausruhen, das Meer nicht mehr erblicken und auch nicht mehr hin- und herwanken oder gar hinfallen. Legt sich der Wind dann wieder, kann man den Kaiser dazu ermuntern, erneut das Schiff zu besteigen.

Zhang Huans Strategem wurde gutgeheißen und ausgeführt. Nach drei Monaten war die Holzstadt seetüchtig. Sie wurde ins Meer gestoßen und war bald nicht mehr zu sehen. Drei Tage später sagte Xu Maogong zum Kaiser: «Majestät, ich habe das Yin-Yang-Wechselspiel vorausberechnet. Während eines halben Jahres wird sich der Wind zurückziehen. Wie wäre es, wenn wir jetzt die Schiffe bestiegen und das Meer überquerten?»

«Wenn dem so ist», sagte der Kaiser und gab den Aufbruchsbefehl. Nach drei Tagen begann die Flotte wieder bedenklich zu schaukeln. Der Kaiser sagte: «Das ist doch wohl das Anzeichen eines nahenden Sturmes. Ich ziehe es vor, wieder nach Shandong zurückzusegeln.»

Xu Maogong sagte: «Majestät, macht Euch keine Sorgen. Weiter vorne befindet sich ein Platz, wo die Schiffe vor Anker gehen können.»

Der Heerführer Jingde tat so, als spähe er angestrengt in die Ferne. Plötzlich sagte er: «Majestät, da vorne befindet sich eine Stadt. Wir können dort anlegen und sind vor Sturmwellen geschützt.»

Der Kaiser sagte: «Welche Stadt ist das? Untersteht sie meiner Herrschaft?»

Xu Maogong antwortete: «Majestät, ich habe auf der Landkarte nachgeschaut. Es ist eine Festung für die Zuflucht vor dem Sturm. Sie untersteht Eurer Zuständigkeit. Eure Majestät kann dort an Land gehen und so Sturm und Wellen entfliehen.»

Majestät: «Nun gut.»

So ankerten das Drachenschiff und die gesamte Kriegsflotte bei der Holzinsel. Der Kaiser und seine Gefährten gingen an ‹Land›. Die ‹Bewohner› des Gebietes warfen sich vor dem Kaiser, dem Sohn des Himmels, zu Boden und hießen ihn willkommen. Der Kaiser fragte: «Gibt es hier einen Ort, wo man in aller Ruhe verweilen kann?»

Die gut vorbereiteten Bewohner der Insel führten den Kaiser zum Pavillon der Windstille. Dort angekommen, erwartete ihn eine märchenhafte Szenerie für Rast und Ruhe, die ihn alles vergessen ließ.

So wurde der Kaiser zur Überquerung des Meeres gewissermaßen «strategemiert».

1.3 Sinologische Detektiv-Arbeit

Studien- und forschungshalber hielt ich mich von 1971 bis 1973 in Taipeh, von 1973 bis 1975 in Tokio und von 1975 bis 1977 in Peking auf. Schon in Taipeh, also zu Beginn meines Aufenthaltes im Fernen Osten, hörte ich zum ersten Mal von den 36 Strategemen. Am Mandarin Training Center der Normal Taiwan University kam mein Chinesisch-Professor, Herr Bai Zhengshi, beiläufig darauf zu sprechen. Er wußte allerdings nichts Genaues. Deshalb wandte ich mich an meine chinesischen Studienkollegen. Ich erhielt von ihnen bald darauf eine Liste der 36 Strategeme. Erstaunt stellte ich fest, daß diese selbst ihnen teilweise rätselhaft war. Kein Wunder, daß mein Interesse wuchs. Ich ließ von nun an die 36 Strategeme sozusagen nicht mehr aus den Augen. Zunächst machte ich Jagd auf den Sinn der aus drei, meist jedoch aus vier bestimmten Schriftzeichen bestehenden Strategem-Bezeichnungen. Dies war kein leichtes Unterfangen. Anfangs konnte mir keiner der befragten Professoren und Studenten den tieferen Sinn von Strategem Nr. 1 erklären. Sie übersetzten das zweite Schriftzeichen stets mit der naheliegenden Bedeutung ‹Himmel› und nicht mit ‹Kaiser›. Nach dieser Version ergab sich die heutzutage in der Volksrepublik China wie in Taiwan allgemein verbreitete Übersetzung: Den Himmel täuschend, das Meer überqueren. Erst ein Professor an der Universität Peking wies mich 1976 auf die den vier Schriftzeichen des Strategems

Nr. 1 zugeordnete Bezugsgeschichte und auf ihre Quelle hin: die Biographie des Generals Xue Rengui (614–683) in *Yong Le Da Dian* («Enzyklopädie der Regierungsperiode Yong Le», 1403–1424), dem weltweit ältesten und größten enzyklopädischen Sammelwerk.

Etliche Jahre später fand ich den Hinweis des Pekinger Professors bestätigt, und zwar in der Jiliner Ausgabe von *Miben Bingfa Sanshiliu Ji* («Die 36 Strategeme – Geheimbuch der Kriegskunst») und in dem in Taipeh publizierten Werk «Sanshiliu Ji Miben Jijie» («Das Geheimbuch der 36 Strategeme mit Erläuterungen»).

Soviel zur ersten Version der Bezugsgeschichte. Nach der zweiten Version mußte ich lange forschen, nachdem ich in einer Abhandlung Wu Gus in der Zeitschrift *Shehui Kexue Zhanxian* («Gesellschaftswissenschaftliche Front», Changchun 1978) einen ersten Hinweis gefunden hatte. Er zitierte einen Satz mit dem Strategem Nr. 1 aus dem leicht phantastischen historischen Roman *Shuo Tang* («Erzählungen aus der Tang-Zeit»). Doch in keiner der heute in Taiwan oder in der Volksrepublik China käuflichen, auf einer bereinigten und gekürzten Fassung aus dem 19. Jahrhundert beruhenden Ausgabe des Romans fand ich dieses Zitat.

Westliche sinologische Bibliotheken halfen mir auch nicht weiter. Schließlich entdeckte ich im Jahre 1986 in einer Pekinger Bibliothek eine Ausgabe des Romans aus dem Jahre 1736. Hier endlich wurde meine Suche gekrönt: Die oben etwas gekürzt übersetzte zweite Version lag vor mir. Hier wird das Strategem direkt beim Namen genannt, und zwar schon in der Überschrift des betreffenden Roman-Kapitels: *Man Tian Ji Tai Zong Guo Hai* («Das Kaisertäuschungs-Strategem schafft Kaiser Tai Zong übers Meer»).

Das Strategem Nr. 1 entschlüsselt sich also erst durch das Hineintauchen in die chinesische Vergangenheit.

1.4 Das aufgelöste Eheversprechen

Zhuge Liang (181–234), auch Kong Ming genannt, sitzt im ‹Strategem der offenen Stadttore› auf der Stadtmauer und vertreibt mit seinen Kampfesmelodien auf der Wölbbrettzither den heranrückenden Feind.

Mit 26 Jahren war Zhuge Liang immer noch nicht verheiratet. Das war zu jener Zeit ein recht hohes Heiratsalter. Jeden Tag studierte er und spielte auf der Wölbbrettzither. Ihm war äußerst wohl zumute. Sein älterer Bruder und seine Schwägerin unternahmen indes alles, um ihm, dem Elternlosen, endlich eine Gemahlin zuzuführen. Doch schon sieben Vermählungschancen hatte er vorübergehen lassen. Deshalb machte ihm seine Schwägerin eine Szene. Zhuge Liang versuchte sie zu beschwichtigen: «Ich habe Angst davor, mit jemandem im selben Bett zu schlafen, aber unterschiedliche Träume zu träumen.» Die Schwägerin wandte ein: «Die Ehe ist eine himmlische Fügung. Da kannst du nicht so wählerisch sein wie bei einem Esels- oder Pferdekauf. Wirklich! Sieben feengleiche Mädchen habe ich dir schon vorgeschlagen. Alle hast du sie verschmäht! Willst du wirklich warten, bis die Rechte erst noch für dich geboren wird?»

Zhuge Liang wußte, wie sehr seinem Bruder und seiner Schwägerin daran gelegen war, daß er eine Familie gründete. Ihm blieb nichts anderes übrig, als zu sagen: «Bitte, Brudersfrau, sucht weiter für mich!»

Die Schwägerin antwortete: «Ich denke da an die achte Tochter der Familie Zhu beim östlichen Stadttor.»

Zhuge Liang fragte: «Wie steht es um ihre Ideale und um ihre Begabung?»

Die Schwägerin fuhr ihn barsch an: «Ideale? Begabung? Wenn eine Frau ohne Bildung ist, so ist das ihre Tugend!»

Als sie bemerkte, wie Zhuge Liang den Kopf schüttelte, bestand sie darauf: «Diesmal bestimme ich! Keine Ausflüchte mehr! Bevor du nicht ja sagst, verläßt du mir nicht diesen Raum.»

Zhuge Liang meinte: «Wenn doch die Brudersfrau nur nicht ein schönes Ansehen an die erste Stelle setzen würde!»

Die Schwägerin mahnte: «Ein alter Spruch besagt: Fähiger Mann, schöne Frau! Du bist ein Mann von größtem Talent. Um so mehr gebührt dir eine schöne Gattin. Oder willst du etwa eine häßliche Frau?»

Zhuge Liang sprach: «Sie muß ja nicht gerade häßlich sein. Doch, wenn du ‹häßlich› sagst, da fällt mir jemand ein.»

Die Schwägerin wollte sogleich wissen, an wen er denke. Zhuge Liang erwiderte: «Mein Lehrer Huang Chengyan hat eine Tochter. Sie heißt Huang Zhengying. Ich hörte, sie verfüge über ein weitgespanntes Wissen und über einen hochgemuten Sinn ...»

Die Schwägerin schnitt ihm die Rede ab: «Was? Huang Zhengying? Ihr Übername heißt ‹Die Häßliche›. Seit Kindsbeinen sieht sie gräßlich aus. Ihre Haut ist dunkel wie die des Schlammpeitzkers. Schon viele Jahre habe ich sie nicht mehr gesehen. Unterdessen ist sie wohl noch garstiger geworden!»

Zhuge Liang hörte sich diesen Wortschwall lächelnd an, sagte aber nichts. Dann meinte er: «Reift ein Mädchen heran, dann verändert es sich achtzehnmal, vielleicht ...»

Die Schwägerin fiel ihm erneut ins Wort: «Je mehr die sich veränderte, um so häßlicher wird sie geworden sein!»

Zhuge Liang sagte: «Brudersfrau, das Ohr ist weniger zuverlässig als das Auge. Ich las ihre Gedichte. Wirklich, sie würde meinen Wünschen entsprechen. Ich bitte Euch, sie sich einmal anzusehen.»

In der Tat war Huang Zhengying keine Schönheit, doch war sie klug und strebsam. Neben der täglichen Näharbeit gab sie sich ganz dem Bücherstudium hin. Schon 24 Lenze zählte sie, und noch niemand hatte um ihre Hand angehalten. Ihr Vater machte sich darob nicht geringe Sorgen. Das war der Tochter nicht entgangen.

Da traf unversehens Zhuge Liangs Schwägerin ein. Scheinheilig lächelte sie Vater Huang zu: «Ich hörte, in Eurem Garten blühen die Blumen besonders prächtig. Darf ich sie mir einmal ansehen?» Der biedere Vater führte sie in den Garten, wo sich gerade die Tochter mit ihrer schönen Zofe aufhielt. Die Schwägerin sah sie von weitem, wähnte, die Schöne sei die Tochter, und freute sich insgeheim über deren vorteilhafte Veränderung. Nun offenbarte sie dem Vater den wahren Grund ihres Kommens. Die Tochter, die dem Gespräch durch das Gebüsch gelauscht hatte, rief: «Wünscht Euer Schwager mich wirklich zur Frau, dann möge er selbst vorbeikommen und sich ein Bild von mir machen! Je früher, desto besser!»

Nach wie vor in ihrem Irrtum befangen, trieb die Schwägerin Zhuge Liang nun dazu an, möglichst bald von seinem Wohnort im Longzhong-Gebirge aus die Familie Huang in Xingliang aufzusuchen. Sie begleitete ihn. Unterwegs trieb sie mit der Peitsche die Pferde zur Eile an. Sie stürmten wild voran und – o weh! – rempelten Meng Gongwei, einen Freund Zhuge Liangs, an. Nachdem er sich wieder aufgerappelt hatte, fragte er nach dem Grund der Eile. Als er diesen vernahm, sagte er hastig: «Dieses Mädchen ist von seltener Häßlichkeit. Auf keinen Fall diese!» Die Schwägerin wies ihn entrüstet zurecht. Darauf wandte er sich an Zhuge Liang, dem er nur die schönste Maid auf Erden wünschte, und erhob warnend seine Stimme. Wie es denn um die Kenntnisse Huang Zhengyings stehe, fragte ihn Zhuge Liang. Was die Handfertigkeit, Bildung und den hohen Sinn des Mädchens anbelangt, so konnte der Freund sie nur in den höchsten Tönen rühmen. Diese Lobeshymne vernahm die Schwägerin mit Wohlgefallen.

In Xingliang angelangt, hörten sie aus dem Innern des Anwesens der Familie Huang das Wölbbrettzitherspiel der Haustochter erklingen. Die

Melodie kündete von einer hochgemuten Sinnesart, die sich auch von Widrigkeiten nicht niederdrücken läßt. «Welch ein schönes Spiel!» rief Zhuge Liang. Der Vater, der die Stimme seines Schülers erkannte, eilte nach draußen und führte die Ankömmlinge in den Empfangsraum.

Nun wollte Zhuge Liang die Haustochter sehen. Man rief nach ihr, doch die längste Zeit ließ sie auf sich warten. In Wirklichkeit hatte sie Zhuge Liang durch den Vorhang beobachtet. Sein ausdrucksvolles Gesicht und seine stattliche Statur erquickten ihr Herz. Um seine Wesensart zu ergründen, ließ sie ihm durch ihre schöne Zofe ein Gedicht überbringen. Unterwegs lief die Zofe der Schwägerin in die Arme, die gerade durchs Haus ging, um die Tochter zu suchen. «Da bist du ja», rief sie beim Anblick der Zofe. Diese, die Verwechslung bemerkend, wandte sich schnell ab.

Zhuge Liang nahm das Gedicht entgegen und las es:

Durch den Vorhang sah ich des Herrn Gesicht,
doch sein Herz kenn' ich noch nicht.
Im Raume der vier Kostbarkeiten
möcht' ich ihm ein Gespräch bereiten!

Die vier Kostbarkeiten beziehen sich auf die vier Utensilien der Gelehrten: Tuschreibstein, Tusche, Papier und Pinsel. Zhuge Liang wußte sofort, daß er in die Bibliothek bestellt war. Dort erwarteten ihn die beiden Frauen, die eine schön, die andere häßlich. Sie baten ihn, sich zu setzen.

Zunächst fragte ihn die Schöne nach seinem Namen, seinem Alter und nach anderen Alltäglichkeiten. Dann meldete sich die Häßliche zu Wort: «Ihr seid ein Mann von großen Fähigkeiten. Weshalb habt Ihr in Eurem Alter noch keine Familie gegründet?» Zhuge Liang entgegnete höflich: «In diesen unruhigen Zeiten ist es schwer, eine Familie zu gründen. Ich bin in steter Sorge um die Not des Reiches, da fiel es mir schwer, ans Heiraten zu denken.»

Die Häßliche sagte: «Eurer Antwort entnehme ich, daß Ihr nach Hohem trachtet.»

Diese Worte versetzten Zhuge Liang in Erstaunen. Woher wußte die Häßliche von seinen weitgreifenden Plänen? Wenn die Häßliche es war, die diese kluge Vermutung äußerte, dann mußte wohl sie die Tochter sein und nicht die Schöne.

«Meine Schwägerin hat sich geirrt», dachte Zhuge Liang.

Ohne Umschweife bekannte er: «Liu Bei, der Onkel des Kaisers, will mich aus den Bergen holen und in seinen Dienst nehmen, damit ich ihm bei der Aufrechterhaltung der bedrohten Han-Dynastie beistehe.» [Siehe 16.21: Dreimal die Strohhütte aufsuchen.]

Huang Zhengying fragte: «Seid Ihr noch unschlüssig?» Diese Frage versetzte Zhuge Liang erneut in Erstaunen. Er erwiderte: «Ja, daher möchte ich bei Eurem Vater, meinem früheren Lehrer, Rat einholen.»

Huang Zhengying fragte weiter: «Wozu neigt Ihr denn?»

Zhuge Liang sagte: «Heutzutage ist das Reich zerrissen. Lokale Machthaber haben es unter sich geteilt. Vielleicht ist es am besten, sich nur gerade um das eigene Leben zu kümmern und es, das Feld bestellend, ruhig bis ans Ende zu führen.»

Die Schöne klatschte in die Hände und rief aus: «Ja, eine Familie gründen und ein unauffälliges, ruhiges Leben führen, ohne von den Bergen in die Welt hinabzusteigen!»

Zhuge Liang wandte sich dem anderen Mädchen zu und bat sie um ihre Meinung.

Es antwortete: «Eure Talente sind ungewöhnlich. Schon weit herum seid Ihr bekannt. Der Wiederaufstieg der Han-Dynastie – das ist es, wovon das Volk träumt. Liu Bei weiß, den Fähigen zu erkennen. Bereits zweimal hat er Euch in Eurer Strohhütte aufgesucht. Ich nehme an, er wird noch ein drittes Mal kommen.»

Auch diese Einschätzung traf sich mit jener Zhuge Liangs. Die Häßliche fuhr fort: «Die literarische Bildung und die militärischen Kenntnisse habt Ihr erworben, um Reich und Volk zu retten. Ihr solltet Euch Jiang Tai Gong [siehe 17.10: Fischer auf Königsfang] zum Vorbild nehmen, der dem Begründer der Zhou-Dynastie diente. Auf keinen Fall darf die funkelnde Perle im finsteren Erdreich verborgen bleiben.»

Als Zhuge Liang diese Worte vernahm, wuchs seine Bewunderung für die Häßliche. So fiel sein Entschluß, von den Bergen hinab in die Welt zu steigen, und er schickte sich unverzüglich an heimzukehren.

Die Zofe hielt ihn zurück: «Ihr seid doch wegen einer Brautwerbung hergekommen!»

Zhuge Liang sagte: «Meine Braut kenne ich jetzt. Es ist jene, die mit mir so edelmütig gesprochen hat.»

Huang Zhengying hörte dies mit größter Freude, doch sie sagte: «Überlegt es Euch dreimal! Eure Schwägerin . . .»

Zhuge Liang verstand, was sie meinte. Er unterbrach sie: «Macht Euch keine Sorgen. Die Brudersfrau will nur mein Bestes.»

«Fürchtet Ihr nicht das Gerede der Leute?» bohrte sie weiter.

«Jeder benutze seinen Mund, wie ihm beliebt. Mein aufrichtiges Herz wird niemand dadurch vom Fleck bewegen!»

Nun erst tat Huang Zhengying ihre Zustimmung kund. Bewegt sagte sie: «Die Fügung will es, daß unsere beiden Herzen hinfort verbunden sind.»

In diesem Augenblick stürmte Zhuge Liangs Schwägerin in den Raum. Sie glaubte immer noch, die schöne Zofe sei Huang Zhengying, zog sie an sich und fragte Zhuge Liang, ob er sich entschieden habe.

Verschämt rief die Zofe: «Gebieterin . . .»

«Was Gebieterin!» fiel ihr die Angesprochene ins Wort, «nennt mich einfach Brudersgattin!»

Da sah sie, wie die Häßliche sie errötend anblickte. Auf einmal gingen der Schwägerin die Augen auf. Entsetzt fragte sie: «Ist etwa schon ein Entscheid gefallen?»

Huang Zhengying neigte den Kopf und schwieg.

Die Schwägerin blickte zu Huang Zhengying und dann wieder zu Zhuge Liang. Wirklich, die beiden paßten äußerlich überhaupt nicht zueinander! Da zog sie Zhuge Liang von seinem Sitz hoch und stieß ihn aus dem Zimmer, in einem fort murmelnd:

«Mein törichter junger Schwager! Mein törichter junger Schwager!»

Ins Longzhong-Gebirge zurückgekehrt, drängte ihn die Schwägerin, seinen Entscheid umzustoßen. Doch Zhuge Liang sagte dazu weder ja noch nein, sondern lächelte nur verschmitzt. Das versetzte die Schwägerin geradezu in Panik.

Als Meng Gongwei am andern Tag zu Besuch kam, bat sie ihn, Zhuge Liang ins Gewissen zu reden. Doch Zhuge Liang ließ sich gar nicht erst in ein Gespräch mit ihm ein, sondern las ruhig weiter in seinem Buch. Die Schwägerin schwitzte Blut. Sie fürchtete um ihren guten Ruf. Die Leute würden es ihrer Unfähigkeit zuschreiben, daß ihr Schwager an eine solch häßliche Frau geriet. So stellte sie Zhuge Liang ein Ultimatum:

«Wenn du das Verlöbnis nicht auflöst, sind wir nicht mehr länger Schwager und Schwägerin. Dann will ich nichts mehr von dir wissen!»

Meng Gongwei redete dem elternlosen Zhuge Liang zu: «Die Frau deines älteren Bruders ist deiner Mutter gleich. Du solltest auf sie hören.»

Was konnte Zhuge Liang tun? Seinen Eheentscheid wollte er nicht umstoßen. Aber anderseits wollte er auch der Schwägerin kein Ungemach bereiten. Da kam ihm eine Idee. Er nahm sogleich den Pinsel und setzte ein Dokument auf, in dem er feststellte, daß er die Eheabsprache mit Huang Zhengying rückgängig mache.

Diese Urkunde händigte er Meng Gongwei aus. Der nahm sie entgegen und las das folgende Gedicht:

«Mit Eurem Gesicht von allen belacht – wie könnt Ihr da sein die Gattin mein?
Gestern wollt' ich Euch noch freien, doch anders heute ist mein Wille!
Verzeiht! Seht ein, wie schwankend doch das Leben ist!
Indes! Welches Eheversprechen, bloß vom Mund gegeben, ist schon unabänderlich?!»

Glücklich und zufrieden nahm der Freund das Papier und steckte es in seinen Ärmel. Angesichts Zhuge Liangs Rückzieher lachte auch die Schwägerin befreit. Gerne war Meng Gongwei zu dem schmerzlichen Freundesdienste bereit und brachte die Urkunde der Verlöbnisauflösung der Familie Huang. Als Vater Huang das Schreiben Zhuge Liangs las, überfiel ihn eine tiefe Traurigkeit. Sogleich rief er seine Tochter herbei. Diese wollte den Worten ihres Vaters zwar keinen Glauben schenken, doch trotzdem kamen ihr die Tränen. Meng Gongwei überreichte ihr die von Zhuge Liang eigenhändig geschriebene Urkunde. Als sie das Gedicht gelesen hatte, wichen die Tränen urplötzlich einem fröhlichen Lachen: «Vater!» rief sie.

Verdutzt starrte Meng Gongwei sie an. War sie etwa irre geworden?

Seit der Abfassung jener Urkunde zeigte sich Zhuge Liang wie verwandelt. Wann immer ihm die Schwägerin eine neue Ehekandidatin anpries, suchte er diese sogleich auf. Nur bestand er jeweils darauf, allein, ohne der Schwägerin Begleitung, die jeweilige Familie zu besuchen. Nach jeder Heimkehr gab er der Schwägerin einen negativen Bescheid, doch dabei strahlte er jeweils über das ganze Gesicht. Die Schwägerin saß wie auf glühenden Kohlen, sagte aber weiter nichts. Argwöhnisch fragte sie ihre Zofe, ob der Schwager tatsächlich jeweils jede der in Frage kommenden Familien besucht habe. «Ja», entgegnete diese, «nur gefiel ihm eben keine.»

Doch langes Warten wird schließlich stets belohnt. Eines Tages meldete Zhuge Liang seiner Schwägerin, er habe jetzt eine passende Frau gefunden. In drei Tagen werde er heiraten. Vor Glück konnte sich die Schwägerin kaum fassen. Sie dachte: «Wen er auch immer gewählt haben mag, sie ist bestimmt besser als die häßliche Huang!»

Sofort wurde mit den Vorbereitungen für den Festtag begonnen.

Als am Hochzeitstag der Blumenwagen mit der Braut eintraf, standen die Leute am Hauseingang Spalier, um sie zu begrüßen. Die Braut, deren Gesicht hinter einem Schleier verborgen war, wurde in das Festzimmer geleitet. Langsam hob sie den Schleier. Es war die häßliche Huang Zhengying! Wie vom Donner gerührt, standen die Schwägerin und Meng Gongwei ihr gegenüber. Dann wandte sich die Schwägerin zu Meng Gongwei und fragte ihn mit schneidender Stimme: «Hast du denn nicht die Auflösung des Verlöbnisses ausgerichtet?»

Hilfesuchend blickte Meng Gongwei Zhuge Liang an. Dieser fragte: «Kannst du dich noch an mein Gedicht auf der Urkunde erinnern?»

Tatsächlich, Meng Gongwei konnte es auswendig:

Mit Eurem Gesicht von allen belacht – wie könnt Ihr da sein
die Gattin mein?
Gestern wollt' ich Euch noch freien, doch anders heute ist
mein Wille!
Verzeiht! Seht ein, wie schwankend doch
das Leben ist!
Indes! Welches Eheversprechen, bloß vom Mund gegeben, ist
schon unabänderlich?

Als er es hergesagt hatte, rief er plötzlich mit lauter Stimme: «Ach! Ich bin dir auf den Leim gegangen!»

Die Schwägerin verstand gar nichts mehr. Meng Gongwei wandte sich ihr zu: «Es handelt sich um ein ‹Gedicht mit verborgenem Schwanz›.»

«Was ist das denn?» fragte die Schwägerin.

«Ein Gedicht, bei dem die jeweils letzten Schriftzeichen* jeder Verszeile zusammen einen Satz ergeben. Hier lautet dieser Satz: ‹Mein Wille ist unabänderlich.›»

Nun blieb Huang Zhengying noch die Aufgabe, die verärgerte Schwägerin zu versöhnen. Sie redete ihr gut zu, wies auf ihre innige Beziehung zu Zhuge Liang hin und sagte schließlich: «Er führte das

* Im Deutschen ‹Achrostikon› genannt: das jeweils letzte Wort der Zeile.

Strategem ‹Den Himmel täuschend das Meer überqueren› aus. Meine Schwägerin! Stehe bitte über den Dingen und gib uns den Weg frei!»

Nun ja, die aufrichtigen Bittworte Zhuge Liangs und seiner Gemahlin erweichten schließlich die Schwägerin.

Die Geschichte entnehme ich dem vom chinesischen Theater-Verlag herausgegebenen Foto-Bilderheft *Zhuge Liang Zhao Qin* («Zhuge Liang auf Brautschau», Peking 1985). Der moderne, von Zhao Kuihua verfaßte Text genügt historischen Ansprüchen gewiß in keiner Weise. Immerhin berichtet aber bereits der Literat und Beamte Tao Zongyi (14. Jh.) in seinem 20bändigen, auf der Auswertung von über 600 heute zum Teil verschollenen Büchern beruhenden Sammelwerk «Schriftenwall» in den «Berichten über Xiangyang» (heute ein Kreis in der Provinz Hubei, mit dem Longzhong-Gebirge im Westen) von der Eheschließung Zhuge Liangs mit der Tochter Huang. Ihre Häßlichkeit kennzeichnet Tao Zongyi mit dem Hinweis auf ihre «gelben Haare und dunkle Haut». Auch vom Spott der Leute über das Mädchen und über Zhuge Liangs Hochzeit mit ihr weiß er zu berichten.

Wie handhabte Zhuge Liang das im populären Sinne verstandene Strategem Nr. 1? Durch das Gedicht, das alle Beteiligten lasen, konnte Zhuge Liang gleichzeitig zwei diametral entgegengesetzte Botschaften verbreiten: daß er das Verlöbnis auflöse und daß er daran festhalte. Nur die kluge künftige Braut verstand den zweiten Sinn und bereitete von nun an mit Zhuge Liang, der ja nach dem ‹Verlöbnisbruch› häufig ausging – natürlich nicht nur um andere Freierinnen kennenzulernen –, den Hochzeitstag vor. Während Zhuge Liang die ganze Zeit hindurch ungestört der Verwirklichung seines ursprünglichen Eheplanes nachging, wiegten sich die Schwägerin und sein Freund im Glauben, er folge ihren Wünschen. So ging die Heirat Zhuge Liangs mit dem häßlichen Mädchen, also gerade das, was verhindert werden sollte, vor aller Augen über die Bühne, ohne daß diese Augen es wahrnahmen.

Zhuge Liang überquerte, gleichsam den ‹Himmel› – seine gesamte nächste Umgebung – täuschend, das ‹Meer› – überstand also ohne Störung die heikle Zeit bis zum Hochzeitstag. Als er schließlich ungeschoren in dem von ihm angepeilten Hafen der Ehe eingelaufen war, also am Hochzeitstag, konnte die Schwägerin angesichts der vollendeten Tatsache nicht mehr umhin, gute Miene zu dem ihr nicht genehmen Spiel zu machen.

1.5 Die Schießübung vor dem Stadttor

In noch älteren Zeiten angesiedelt ist die folgende Geschichte, die in den oben (S. 28) erwähnten beiden Publikationen über die 36 Strategeme zur Veranschaulichung des Strategems Nr. 1 geschildert wird.

Einst wurde eine von Kong Rong (153–208) bewachte Stadt von Feinden umzingelt. Wie konnte man da von auswärts Hilfe herbeiholen? Ein gewisser Tai Shici wußte Rat. Am folgenden Tag ritt er mit drei Gefolgsleuten vor das Tor der umzingelten Stadt. Die in einiger Entfernung lagernden feindlichen Soldaten verfolgten diesen Vorgang mit Erstaunen. Tai Shici stieg vom Pferd, stellte bei der Stadtmauer eine Zielscheibe auf und schoß mit seinen Mannen wie zur Übung Pfeile darauf ab. Als die Pfeile verschossen waren, kehrten die vier wieder in die Stadt zurück. Am folgenden Tag wiederholte sich die gleiche Schießübung vor der Stadtmauer. Im feindlichen Heerlager erhoben sich einige Soldaten, um den Vorgang zu beobachten, andere blieben liegen und schauten gar nicht mehr hin. Auch am dritten Tag geschah dasselbe wieder. Keiner der feindlichen Krieger fand die Schießübung noch sonderlich beachtenswert. Am vierten Tag endlich sprang Tai Shici mitten in der Schießübung plötzlich auf sein Pferd, trieb es heftig mit der Peitsche an und durchbrach wie ein Pfeil den feindlichen Umlagerungsring, um Entsatz zu holen. Als die Verfolger aufbrachen, war er schon längst über alle Berge.

Eine fünfte Geschichte aus dem chinesischen Altertum zur Erläuterung des Strategems Nr. 1 findet sich in *Sanshiliu Ji Xin Bian* («Die 36 Strategeme in moderner Bearbeitung», 5. Aufl., Peking 1987).

1.6 Die Truppenverlegungen des Sui-Generals He Ruobi

Im Jahre 589 wollte die Sui-Dynastie den südlich des Yangtse-Flusses gelegenen gegnerischen Staat Chen erobern. Vor dem Waffengang nahm der Sui-General He Ruobi dreimal Truppenverschiebungen und Truppenkonzentrationen vor. Lediglich beim ersten Mal vermuteten die Heerführer des Staates Chen eine feindliche Angriffsabsicht und setzten ihre Truppen in höchste Alarmbereitschaft. Beim dritten Mal war die Wachsamkeit von Chen derart abgestumpft, daß die plötzliche Attacke von Sui kaum auf Widerstand stieß und mit einem vollen Erfolg endete.

1.7 Strategem-Kern in buntem Sprachgewand

In der Bezugsgeschichte «In einem Haus übers Meer» (erste und älteste Version) wird dem Kaiser vorgetäuscht, der Weg führe in ein Haus. In Wirklichkeit führte der Weg zu einem ganz anderen Ziel, nämlich auf ein Schiff. In der Geschichte «Schießübung vor dem Stadttor» wird den feindlichen Soldaten ein harmloses Training vorgegaukelt. Die dahinter verborgene Absicht dient aber dem Durchbruch durch den feindlichen Belagerungsring zur Alarmierung befreundeter Entsatztruppen.

Wird das Strategem Nr. 1 der bunten Hülle seines bildhaften sprachlichen Gewandes entkleidet, dann kommt sein allgemeiner Sinngehalt zum Vorschein: die Tarnung eines Zieles, eines Weges oder eines Kurses. Der in Wirklichkeit eingeschlagene Weg wird als ein ganz anderer, im Extremfall sogar als ein entgegengesetzter Kurs hingestellt.

So werden im Lichte von Strategem Nr. 1 in der Volksrepublik China immer wieder innen- und außenpolitische Vorgänge dargestellt.

1.8 Die rote Fahne schwenkend, gegen die rote Fahne vorgehen

Die Verschleierung der wahren nicht-linken Ziele durch eine linke Maske wurde etwa Lin Biao (s. auch 27.27) vorgeworfen mittels folgender Charakterisierung:

> «Vorneherum den Zitatenband mit Aussagen Maos niemals aus der Hand legen, stets in Hochrufe auf Mao ausbrechen, ins Gesicht schön reden, aber hinterrücks Mordpläne gegen Mao schmieden.»

Deng Xiaoping blieb, als er Mitte der siebziger Jahre in Ungnade fiel, der Vorwurf, sich des Strategems Nr. 1 im Sinne der Kursverschleierung zu bedienen, ebenfalls nicht erspart. In der damaligen Pressekampagne gegen Deng konnte man Anschuldigungen lesen wie:

> «Um sein revisionistisches Programm zu verwirklichen, fabrizierte Deng Xiaoping die drei giftigen Dokumente ‹Über das allgemeine Programm der gesamten Arbeit der Partei und der ganzen Nation›, über ‹Einige Fragen betreffend die wissenschaftliche und technische Arbeit› sowie über ‹Einige Fragen betreffend die Beschleunigung der industriellen Entwicklung›. Ein gemeinsamer Nenner dieser Gifträuter ist die große Zahl von Zitaten aus Schriften der revolutionä-

> ren Lehrmeister ... Dies ist typisch für die Art und Weise, wie man dem Marxismus Lippenbekenntnisse entgegenbringt, während man in Wirklichkeit von ihm abfällt.»

Ihr wahres Ziel, nämlich eine rein persönlichen Ambitionen dienende Politik zu verschleiern, war nach den chinesischen Pressemeldungen der Haupttrick der ‹Viererbande›. Der damalige Vorsitzende der Kommunistischen Partei Chinas, Hua Guofeng, charakterisierte sie in seinem Regierungsbericht vom 26. Februar 1978:

> «Die Viererbande ist eine Clique von ... Doppelzünglern der schlimmsten Sorte, die sich schlau zu tarnen wußten. Sie schwenkten stets die rote Fahne, um die rote Fahne zu bekämpfen, trugen das Banner des Kampfes gegen die kapitalistische Restauration vor sich her, um den Kapitalismus zu restaurieren, und riefen laut antirevisionistische Losungen, um von ihren revisionistischen Praktiken abzulenken. Ihr ‹revolutionäres› Gehabe sollte ihr wahres Wesen bemänteln.»

Was vorher als Beweis ihrer inbrünstigen Hingabe an Mao gegolten hatte, wurde nach ihrem Fall im Lichte des 1. Strategems gesehen. Alle einst über jeden Zweifel erhabenen Handlungen und Äußerungen erschienen jetzt als bloßes Manöver zur Verschleierung einer in Wirklichkeit gegen den wahren Sozialismus gerichteten Linie. Die *Renmin Ribao* («Volkszeitung») und die *Guangming*-Zeitung wiesen ausdrücklich auf das Strategem Nr. 1 hin. Häufiger verwendeten die chinesischen Massenmedien aber farbige, zeitgemäße Umschreibungen dieses Strategems wie «rote Hüte tragen, aber ein schwarzes Herz besitzen» oder das schon erwähnte «Rote Fahnen schwenken, aber in Wirklichkeit gegen die rote Fahne vorgehen».

In außenpolitischen Kommentaren sind Analysen unter dem Blickwinkel von Strategem Nr. 1 in der chinesischen Presse keine Seltenheit. Nachdem schon Lenin in einer in China bisweilen zitierten Stelle einen Herrn Lewitzki erwähnte, der sich vom Revisionismus lossagt, um seinen Revisionismus zu bemänteln, wurden zahlreiche politische Erklärungen der Sowjetunion nicht zu ihrem Nennwert genommen, sondern in gerade gegenteiligem Sinne ausgelegt.

So wurde der Sowjetunion beispielsweise vorgeworfen, die wahren Ziele ihrer Südafrikapolitik seien die Eroberung von strategischen Gütern sowie die Sicherung eines strategischen Seeweges im Hinblick auf die Umzingelung Europas. Der ‹Antirassismus› der Sowjetunion und ihre «Unterstützung von Volksbefreiungsbewegungen» dienten nur der Tarnung dieser wahren Ziele.

«Aggressoren, die wild eine neue Angriffshandlung vorbereiten, pflegen besonders laute ‹Friedens›- und Abrüstungsschalmeien ertönen zu lassen», hieß es in einer Analyse der Sowjetpolitik, und an anderer Stelle war von «Friedensmusik zur Übertönung von Kanonendonner» die Rede. In Mitteleuropa habe die Sowjetunion eine beträchtliche militärische Vormachtstellung errungen, suche diese aber hinter dem Deckmantel der «Wahrung des Gleichgewichts» zu verhüllen. Von besonderem Nutzen zur Tarnung und Ablenkung von eigensüchtigen Großmachtinteressen ist gemäß chinesischen Analysen für die Sowjetunion das Schlagwort der ‹Entspannung›. Einerseits könne die von der europäischen Sicherheitskonferenz ausgesprochene Anerkennung des Grundsatzes der Unantastbarkeit der Nachkriegsgrenzen als enormer Erfolg der ‹Entspannung› hingestellt werden. Doch in Wirklichkeit gehe es der Sowjetunion lediglich um die Unantastbarkeit ihres Machtbereichs in Osteuropa. Gleichzeitig sei in ihren Augen der gesellschaftliche Status quo indes keineswegs eingefroren. Die Sowjetunion sehe sich nicht daran gehindert, den «Kampf anderer Völker um die Erringung von Freiheit und Fortschritt zu unterstützen». Das heiße also, daß die Sowjetunion sich das Recht vorbehalte, überall in der Welt einzugreifen. Die «Konferenz über Sicherheit und Zusammenarbeit in Europa» sei demnach in Wirklichkeit eine «Unsicherheitskonferenz in Europa» gewesen, die die Sowjetunion benutzt habe, um den Westen in ‹Sicherheit› zu wiegen. (Chinesische Presse, 1978–1980)

Aber nicht nur die Sowjetunion allein wird durch die Brille des Strategems Nr. 1 gesehen. Den beiden Supermächten USA und Sowjetunion wurde 1982 unterstellt, das Banner der ‹Friedenssicherung› zu schwenken, um in Wirklichkeit eine maßlose Aufrüstung zu betreiben, wogegen später eingeräumt wurde, «eine begrenzte Entspannung über längere Zeit» sei zwischen ihnen infolge ihrer wettrüstungsbedingten wirtschaftlichen Überforderung möglich (Renmin Ribao, 31. Dezember 1987). Vietnam schließlich habe eine angebliche chinesische Bedrohung vorgeschoben, um seine Aggression gegen Kambodscha zu verschleiern. (*Renmin Ribao*, Juli 1983)

Wie tief gerade das Strategem Nr. 1 im chinesischen Denken wurzelt, zeigen auch außenpolitische Karikaturen. Da wird etwa die Sowjetunion als raubgieriger Alligator dargestellt, der sein zähnestrotzendes Maul hinter einem Tuch mit der Aufschrift «Vegetarier von Geburt» verbirgt. Auf einer anderen Karikatur wird die Sowjetunion durch einen Hai versinnbildlicht, der mit seinem den Blicken entzogenen, weil unter dem Wasser befindlichen weit aufgesperrten Rachen einen kleinen Fisch nach dem anderen verschlingt. Der aus dem Meer ragende Körperteil ist als ein schwarzes Schiff herausstaffiert und mit der Aufschrift «Friedliche Zusammenarbeit» versehen. Eine dritte Karikatur zeigt, wie sich Soldaten der Sowjetunion von Afghanistan aus in einem Graben in Richtung auf die Erdölländer des Mittleren Ostens hinbuddeln. Dies geschieht hinter einer Abschirmwand, auf der zwei Friedenstauben gemalt sind. (*Renmin Ribao*, 1978–1982)

Auf zwei Anwendungen des Strategems Nr. 1 im 20. Jahrhundert macht das bereits erwähnte, 1987 im Pekinger Verlag der Volksbefreiungsarmee erschienene Buch über die 36 Strategeme aufmerksam:

- Im Zweiten Weltkrieg habe die deutsche Seite 29mal den Beginn des Frankreichfeldzuges hinausgeschoben und auf diese Weise die Wachsamkeit des Gegners eingeschläfert. So wurde von diesem der definitive Angriff als solcher zuerst gar nicht erkannt.
- Ähnlich bereiteten die Araber den Jom-Kippur-Krieg von 1973 vor. Nach dem Sechs-Tage-Krieg von 1966 führten sie alljährlich Militärmanöver durch, bei denen sie Truppen am Suezkanal konzentrierten. Hinter einem solchen, scheinbar wie jedes Jahr durchgeführten Militärmanöver verschleierten sie die Angriffsabsicht am Tage des Ausbruchs des Jom-Kippur-Krieges.

Die chinesische Schilderung der ägyptischen Täuschungsmanöver am Vorabend des Jom-Kippur-Krieges wird in etwa bestätigt von Chaim Herzog in seinem Werk «Entscheidung in der Wüste – Die Lehren aus dem Jom-Kippur-Krieg» (2. Aufl., Berlin, Frankfurt/M. 1975; interne chinesische Übersetzung, Verlag der Volksbefreiungsarmee, Peking 1984).

Schließlich sei das Strategem Nr. 1 mit einem Satz aus dem Kommentar in *Sanshiliu Ji* (*Miben Bingfa*) («Die 36 Strategeme – Geheimbuch der Kriegskunst») verabschiedet:

> «Gerade das vor aller Öffentlichkeit Ausgebreitete verdeckt nur allzu oft das tiefste Geheimnis.»

Strategem Nr. 2

Wei belagern, um Zhao zu retten

Die vier Schriftzeichen	围	魏	救	赵
Moderne chinesische Aussprache	*Weí*	*Weì*	*jiù*	*Zhaò*
Übersetzung der einzelnen Schriftzeichen	belagern	Wei	retten	Zhao
Zusammenhängende Übersetzung	Wei belagern, um Zhao zu retten.			
Übersetzung unter Berücksichtigung der ältesten Bezugsgeschichte	Den Staat Zhao retten durch Belagerung des Staates Wei, dessen Truppen den Staat Zhao belagern.			
Kerngehalt	Indirekte Bezwingung des Feindes durch Bedrohung einer seiner ungeschützten Schwachstellen, Stoß-ins-Leere-Strategem, Achillesfersen-Strategem.			

2.1 Mit dem Heere in die Leere

Bei der Bezugsgeschichte handelt es sich um einen historischen Präzedenzfall. Ihn überliefert der berühmte chinesische Historiker Sima Qian (geb. um 145 v. Chr.) in seinem Werk *Shi Ji* («Geschichtliche Aufzeichnungen»), der ersten der 24 Dynastiegeschichten Chinas. Schon unter den chinesischen Kindern wird diese Geschichte verbreitet. Dies zeigt die Erzählung *Sun Bin wei Wei jiu Zhao* («Sun Bin belagert Wei, um Zhao zu retten») in der größten chinesischen Kinderzeitschrift *Ertong Shidai* («Kinderzeit»), Nr. 18/1981, erschienen in Shanghai am 16. September 1981.

Der Historiker Sima Qian versetzt uns in die Zeit des vorkaiserlichen Chinas, also in das fünfte bis dritte Jhr. v. Chr. Damals rangen in China viele Teilstaaten um die Vorherrschaft. Kriege waren an der Tagesordnung. Im Jahr 354 v. Chr. griff der Staat Wei den Staat Zhao an und belagerte dessen Hauptstadt Handan (entspricht der heutigen Stadt Handan in der Provinz Hebei). Der Staat Zhao bat den Staat Qi (im Süden der heutigen Provinz Shandong) um Hilfe. Im Jahre 353 entsandte der König von Qi eine Armee von 80000 Mann unter Tian Ji als General und Sun Bin als dessen Berater. Wo sollte diese Armee angreifen? Tian Ji wollte mit der Armee unmittelbar in den Staat Zhao zu einem Waffengang mit der Wei-Armee vorstoßen. Diesem Plan war Sun Bin abhold. Er sagte: «Will man einen Knoten entwirren, dann sicher nicht durch gewaltsames Ziehen und Reißen. Will man Streithähne voneinander trennen, dann sicher nicht durch eigenes Eingreifen in die Schlägerei. Will man die Belagerung beenden, dann ist es am besten, wenn man die Fülle, also die Region, in der der Feind massiert ist, meidet und statt dessen in die Leere, also in den Raum, der vom Feind entblößt ist, vorstößt. Alle Elitetruppen von Wei befinden sich im Staate Zhao. Der Staat Zhao ist ohne militärischen Schutz. Daher schlage ich vor, daß wir Daliang (entspricht der heutigen Stadt Kaifeng in der Provinz Henan), die wichtigste Stadt von Wei, angreifen. Dann wird die Wei-Armee sofort die Umzingelung Handans abbrechen und zur Rettung des eigenen Landes nach Wei zurückeilen.»

Tian Ji befolgte Sun Bins Ratschlag. Kaum hatte sich die Kunde vom Angriff der Qi-Armee gegen den Staat Wei verbreitet, brach die Wei-Armee die Belagerung von Zhao ab, um in Eilmärschen nach Wei zurückzukehren. Die Armee von Qi legte sich derweil bei einem sorgfältig ausgewählten Ort, den die Wei-Armee passieren mußte, nämlich bei Guiling (im Nordosten des heutigen Heze, Provinz Shandong) in einen Hinterhalt. Hier wartete die Qi-Armee in aller Ruhe, um dann der an sich weitaus stärkeren, durch den Eilmarsch aber erschöpften Wei-Armee eine bittere Niederlage zu bereiten. (s. 11.14) Der Staat Zhao war auf diese Weise gerettet.

Diese Bezugsgeschichte, die ich hier in etwas freier Übersetzung wiedergegeben habe, wurde vor über 2000 Jahren niedergeschrieben. Die älteste Fundstelle der das Strategem Nr. 2 bezeichnenden Redewendung mit ihren vier Schriftzeichen *Wei Wei jiu Zhao* («Wei belagern, um Zhao zu retten») ist der berühmte Roman aus der Ming-Zeit *San Guo Yanyi* («Romanze der drei Königreiche») von Luo Guanzhong. Er lebte zwischen 1330 und 1400. Im 30. Kapitel dieses Romans ist die Rede vom «Strategem des Sun Bin: Wei belagern, um Zhao zu retten».

Sun Bin, der diesen Feldzug geplant hatte, war ein Nachkomme von

Sun Wu, dem in der Einleitung bereits erwähnten Verfasser des ältesten Militärtraktates Chinas und der Welt. Kein Wunder, daß Sun Bin selbst auch ein Militärtraktat verfaßt hat. Es wurde nach fast 2000jährigem Verschollensein im April 1972 von Archäologen auf 232 in der Provinz Shandong ausgegrabenen Bambustäfelchen wiederentdeckt und ist inzwischen unter dem Titel *Sun Bin Bingfa* («Die Kriegskunst des Sun Bin») veröffentlicht worden.

2.2 Von der Fülle und Leere

Die Fülle, d. h. die vom Feind besetzte Region meiden und statt dessen in die Leere, d. h. in die vom Feind verlassene Region vordringen, so lautete eine etwas abstraktere Erläuterung dieses Strategems. ‹Leere› und ‹Fülle› sind zwei Grundbegriffe des traditionellen chinesischen militärtheoretischen Denkens. Ihrer nimmt sich bereits Sun Zi in seinem ältesten militärkundlichen Traktat der Welt an. Im sechsten Kapitel über Leere und Fülle (*Xu Shi Pian*), vordergründig übersetzt von Lionel Giles mit «Weak points and strong» («Schwache und starke Punkte») und von Samuel B. Griffith mit «Weaknesses and strengths» («Schwächen und Stärken»), verkündet Sun Zi u. a.:

> «Im Krieg geht es darum, die Fülle zu meiden und in die Leere einzufallen.
> Erscheine an Orten, die der Feind eilends verteidigen muß.
> Marschiere geschwind dorthin, wo der Feind dich nicht erwartet.»

Im Werk *Junshi Chengyu* («Militärische Redewendungen»), im Jahre 1983 erschienen in Taiyuan, Provinz Shanxi, wird dieses Strategem so erläutert:

> «Man rettet nicht unmittelbar die vom Feind bedrohte Region, sondern greift Stützpunkte im feindlichen Hinterland an. So zwingt man den Feind, seine Truppen zurückzuziehen und sein eigenes Hinterland zu retten. Auf diese Weise wird diese bedrohte Region entlastet.»

Das Strategem Nr. 2 wird auch im *Zhongguo Gudai Zhexue Yuyan Gushi Xuan* («Auswahl philosophischer Parabeln und Geschichten aus dem alten China», Shanghai 1980) betrachtet:

> «Alle Dinge sind miteinander verknüpft. So verhält es sich z. B. mit der gegenseitigen Verknüpfung von Fülle und Leere. Wenn man sich diese Verknüpfung zunutze macht, kann man eine grundlegende Veränderung im Kräfteverhältnis mit dem Feind herbeiführen, eine mißliche in eine günstige Lage verwandeln und den Sieg erringen.»

Das Strategem Nr. 2 erwähnt beifällig Mao Zedong in seiner Abhandlung «Strategische Probleme des Partisanenkrieges gegen die japanische Aggression» vom Mai 1938:

> «Falls sich der Feind in unserem Stützpunktgebiet festsetzt, lassen wir hier einen Teil unserer Kräfte, um den Feind einzuschließen. Gleichzeitig unternehmen wir mit unseren Hauptkräften einen Angriff in der Gegend, aus der er gekommen ist, dort entfalten wir unsere Aktivitäten, um den sich in unserem Stützpunktgebiet festsetzenden Feind zum Abzug und zu einem Angriff auf unsere Hauptkräfte zu veranlassen. Dies ist die Methode ‹Wei belagern, um Zhao zu retten›.»

Auch in *Zhu De Xuanji* («Ausgewählte Schriften von Zhu De»), Peking 1983, wird das Strategem Nr. 2 in einem Aufsatz aus dem Jahre 1938 über den Guerillakrieg gegen Japan gewürdigt. Zhu De (1886–1976) war einer der Gründer und Oberbefehlshaber der Roten Armee und bei seinem Tode als Vorsitzender des ständigen Ausschusses des Nationalen Volkskongresses nominelles Staatsoberhaupt der Volksrepublik China.

2.3 Aus vorkonfuzianischer Zeit

Schon das klassische konfuzianische Werk *Zuo Zhuan* («Kommentar des Zuo»), eines der ältesten chinesischen Geschichtswerke aus der vorchristlichen Zeit, enthält Berichte über Anwendungen des Strategems Nr. 2. So belagerten im Jahre 623 v. Chr. Truppen aus Chu den Staat Jiang (in der heutigen Provinz Henan). Darauf fiel eine Armee des Staates Jin in Chu ein, um Jiang zu retten.

Im Jahre 632 v. Chr. griff der Staat Chu den Staat Song an, der seinerseits den Staat Jin um Hilfe ersuchte. Dessen Herrscher, der Herzog Wen von Jin, war dem König von Chu zu Dank verpflichtet, da dieser ihm während seines 19jährigen Exils Hilfe gewährt hatte. Wie konnte er da unmittelbar gegen Chu vorgehen? Hu Yan, ein Ratgeber des Herzogs Wen, wußte einen Ausweg. Jin solle Cao und Wei angreifen, zwei mit Chu durch Erwerb bzw. Verschwägerung verbündete Staaten, die Herzog Wen während seiner Exilzeit unhöflich behandelt hatten. Chu werde dann seine Truppen aus Song abziehen, um Cao und Wei zu retten. So geschah es dann auch. Diese Begebenheit schildert ein 1981 in Shanghai erschienener Comic strip in einer Auflage von 1680000 Exemplaren.

2.4 Taiping-Aufständische und Deng Xiaoping-Truppen

Als ein Anwendungsfall von Strategem Nr. 2 in der neueren chinesischen Geschichte gilt die Eroberung der Stadt Hangzhou im Jahre 1860 durch Truppen der Taiping-Aufständischen, die so die Belagerer ihrer Hauptstadt Nanjing zum Rückzug zwingen wollten.

Als im August 1947 Tschiang Kai-schek eine Großoffensive gegen die von der Kommunistischen Partei Chinas beherrschten Gebiete unternehmen wollte, verließen Deng Xiaoping und Liu Bocheng mit ihren Truppen in Gewaltmärschen die eigenen Stützpunktgebiete und eilten über 1000 Meilen zum Dabie-Gebirge jenseits des Gelben Flusses im Einzugsbereich von Tschiang Kai-schek. So wurde dessen Machtbasis unmittelbar bedroht. Tschiang Kai-schek war nun gezwungen, diese gegen einen möglichen Angriff der Roten Armee zu schützen und konnte nicht gegen die Roten Gebiete vorgehen. Durch diesen einen Streich wurde die gesamte Kriegslage verändert. Dies wird in dem Werk *Sanshiliu Ji Xin Bian* («Die 36 Strategeme in moderner Bearbeitung», Peking 1987) als eine Anwendung und Entwicklung des Strategems Nr. 2 angesehen.

2.5 Aktuelle taiwanesische Analysen des Strategems Nr. 2

Im Werk *Sanshiliu Ji Miben Jijie* («Das Geheimbuch der 36 Strategeme mit Erläuterungen», 3. Aufl. Taipeh 1986) wird bei Strategem Nr. 2 auf gegenwartsnahe Beispiele hingewiesen.

So habe die Volksrepublik China bei ihrem Einmarsch in Vietnam im Frühjahr 1979 nichts anderes als das Strategem «Wei belagern, um Zhao zu retten» im Sinne gehabt. China habe durch den Einmarsch in Vietnam den Abzug der vietnamesischen Truppen aus Kambodscha zum Schutze des eigenen Landes erreichen wollen. Allerdings sei in diesem Fall die

Rechnung nicht aufgegangen, weil die chinesische Bedrohung Vietnams viel zu geringfügig geblieben sei. China hätte Hanoi belagern sollen. Nur so wäre das Strategem Nr. 2 geglückt.

Wie weit die Bandbreite des Strategems Nr. 2 aus chinesischer Sicht reicht, zeigen noch drei weitere Beispiele aus dem in Taipeh erschienenen Strategembuch. Gemäß Shu Han, dem Verfasser dieses Werkes, sind Flugzeugentführungen von Terroristen, die die freie Welt immer wieder in Schwierigkeiten bringen, ebenso ein Anwendungsfall dieses Strategems wie die Festnahme amerikanischer Geiseln in Teheran, die den Iran instand setzte, mit der stärksten Macht der Welt wie mit einer Figur auf der Handfläche zu spielen. Ähnliches gilt für das Getreideembargo der USA gegen die Sowjetunion nach deren Einfall in Afghanistan.

Bei der Bewertung des Strategems Nr. 2 wird in der Volksrepublik China wie in Taiwan den folgenden Worten des Sun Zi eine besondere Bedeutung beigemessen:

> «Der Krieg gleicht dem Wasser. Wie das Wasser hat er keine feste Form. Wer seine Taktik nach der Lage des Feindes richtet und so den Sieg erringt, den kann man göttlich nennen.»

Strategem Nr. 3

Mit dem Messer eines anderen töten

Die vier Schriftzeichen	借	刀	杀	人
Moderne chinesische Aussprache	*jie*	*dao*	*sha*	*ren*
Übersetzung jedes einzelnen Schriftzeichens	leihen	Messer	töten	Menschen
Zusammenhängende Übersetzung	Ein Messer leihen, um einen Menschen zu töten. Jemand mit dem Messer eines anderen töten.			
Kerngehalt	Einen Gegner durch fremde Hände ausschalten. Strohmann-Strategem. Jemanden auf indirekte Weise schädigen, ohne sich selbst dabei zu exponieren. Alibi-Strategem, Stellvertreter-Strategem.			

Den vier Schriftzeichen des Strategems Nr. 3 ist keine Bezugsgeschichte zugeordnet. Sie schildern unmittelbar und anschaulich die Durchführung dieses Strategems. Zu den ältesten Fundstellen der Kurzformel von Strategem Nr. 3 gehört ein Bühnenspiel aus der Ming-Zeit (1368–1644). Hier die von mir wohl zum ersten Mal in eine westliche Sprache übersetzte Szene:

3.1 Tückische Beförderung an die Front

(Im Theater. Ein Bösewicht-Schauspieler in der Rolle des Zensors Han Du betritt die Bühne und singt nach der Melodie *Xiangliuniang*):

Ich führe die Beamten des Zensorats in der Westkanzlei.

Ich führe die Beamten des Zensorats in der Westkanzlei.

Meine frostkalte Autorität versetzt jedermann in Angst und Schrekken.

Einen Einhorn-Hut trage ich, und ein schwarz-weiß geschecktes Pferd reite ich – Zeichen meiner Amtswürde.

Man weicht voller Ehrfurcht vor mir zurück.

Das verdanke ich der großen Gunst des Reichskanzlers Lü Yijian [978–1043, Gegner der Reformvorschläge Fan Zhongyans]. Das verdanke ich der großen Gunst des Reichskanzlers Lü Yijian.

Bis zu meiner Lunge und zu meinen Eingeweiden fühle ich mich ihm verbunden. Sein Mienenspiel und seine Worte sind mir Befehl.

Mein Zorn trifft jenen tolldreisten Kerl [gemeint ist Fan Zhongyan (989–1052), Literat und Politiker, dafür bekannt, beim Reden kein Blatt vor den Mund zu nehmen; im Jahre 1040 wurde er im Kampf gegen die westliche Xia-Dynastie mit dem Kernland im heutigen autonomen Gebiet Ningxia der Hui-Nationalität eingesetzt, von 1043–1045 war er Vizekanzler des Reiches; trat für Reformen ein, scheiterte aber am Widerstand der Konservativen]. Er weiß nicht, was sich gehört! Mein Zorn trifft jenen Kerl, er weiß nicht, was sich gehört! Er wedelte mit der Zunge und trommelte mit den Lippen. Kumpane, hinterhältig wie Füchse, scharte er um sich. (Spricht) Ich, meine Wenigkeit, bin der Zensor Han Du. Reichskanzler Lü – welch eine Majestät! Dieser Fan Zhongyan dagegen – welch ein Ausbund an Überheblichkeit! Nach Ruhm angelt er, nach Lob fischt er! Er übersprang seinen Zuständigkeitsbereich und wagte dreiste Worte. Auch Yu Jing und Yin Zhu stiftete er zu verleumderischem Tun an! Sie alle wurden degradiert und in entlegene Gebiete versetzt. Lächerlich, dieser Ouyang Xiu [1007–1072, Literat und hoher Beamter, unterstützte Fan Zhongyan]! Was geht dich das an? Den Zensor Xia [gemeint ist Xia Song, 985–1051; als er 1043 zum Geheimen Staatsrat ernannt werden sollte, wandten sich die damals herrschenden Reformer um Fang Zhongyan gegen ihn, worauf er ein weniger wichtiges Amt erhielt. Darauf bezichtigte er die Reformer der Cliquenbildung] verspottest du! Deine Strafversetzung hast du dir selbst eingebrockt! Zum Glück beleidigtest du nicht meine Wenigkeit! Ich sah Zensor Xia schon mehrere Tage nicht mehr. Jetzt breche ich auf, um ihn zu besuchen. (Setzt sich in Bewegung) Eh! der da in der Ferne auftaucht, das könnte er sein! Ich trete schnell zur Seite hier um zu sehen, wohin er sich wendet.

(Ein Hanswurst-Schauspieler in der Rolle des Zensors Xia betritt die Bühne und singt nach der Eingangsmelodie):

Die Zensoratsbehörde ist mein Revier. Die Zensoratsbehörde ist mein Revier.

Mein Herz ist weder argwöhnisch, noch durchtrieben. Nur bin ich das Opfer grundloser Verleumdungen. Das erlittene Unrecht peitscht meinen Haß hoch empor.

Der Schuldige [Fan Zhongyan] wurde in ein entlegenes Gebiet versetzt. Der Schuldige wurde in ein entlegenes Gebiet versetzt. Ich will ihn mit Stumpf und Stiel ausrotten.

Will man Unkraut ausmerzen, muß man dessen Wurzeln aus dem Erdreich reißen. Denn wehe, wenn er sich nur zurückgezogen hätte, um später wiederzukehren und erneut anzugreifen!

(Der Bösewicht-Schauspieler tritt auf und spricht):

Großer Herr Xia!

(Der Hanswurst-Schauspieler mimt den Erschrockenen)

(Der Bösewicht-Schauspieler spricht):

Wohin des Wegs?

(Der Hanswurst-Schauspieler singt):

Ostwärts zu meinem Wohltäter, um mit ihm zu sprechen. Ostwärts zu meinem Wohltäter, um mit ihm zu sprechen.

Kann mein Plan verwirklicht werden, dann können wir hinfort wieder ruhig schlafen.

(Der Bösewicht-Schauspieler spricht):

Ich, Dein jüngerer Bruder, hege dieselbe Absicht. Ergreifen wir die Gelegenheit, da der Reichskanzler sich noch nicht zur Audienz beim Hofe begeben hat! Gehen wir beide schnell zu ihm, schnell! (Sie treten zur Seite).

(Ein Buntgesichts-Schauspieler in der Rolle des Reichskanzlers Lü Yijian, aber in Alltagskleidung, tritt auf. Ein Diener-Schauspieler folgt ihm. Der Buntgesichts-Schauspieler singt nach der Melodie *Shengchazi*):

Mit meiner Stellung, meinem Ansehen gehöre ich zu den drei Staatsräten an der Spitze des Reiches. Nur wenige Zoll bin ich vom Drachenantlitz des Kaisers entfernt. Ich gebiete über Leben und Tod. Niemand, der nicht in Ehrfurcht vor mir erstarrte. (Spricht) Als Reichskanzler ducke ich die Beamtenschar zu Boden. Ein Jadegürtel und eine rote Robe schmücken mich. Ich bin der Eckstein der heiligen Dynastie. Niemand wagt es, meinen Ruf anzutasten. Entgeistert bin ich über einen tollwütigen Kerl. Er wagte es, am Tigerbart [an meiner Autorität] zu rupfen. Sekretär! Wenn die beiden Zensoren Han und Xia kommen, gib mir sofort ein Zeichen!

(Der Diener-Schauspieler):

Verstanden!

(Der Bösewicht-Schauspieler und der Hanswurst-Schauspieler treten auf und sprechen):

Hier sind wir nun! Eine Wohnstätte, einem Göttersitz gleich, das Haus des Reichskanzlers! Jetzt belästigen wir den Sekretär und bitten ihn, uns anzumelden.

(Der Diener-Schauspieler):

Der Gevatter fragte gerade nach Euch beiden. Bitte, tretet schnell ein.

(Beim Anblick des Reichskanzlers knien die beiden Ankömmlinge nieder und sprechen):

Eure Gefolgsleute Xia und Han erscheinen zur Audienz bei Euch.

(Der Buntgesichts-Schauspieler spricht):

Ihr beiden, erhebt Euch bitte! (Der Bösewicht-Schauspieler und der Hanswurst-Schauspieler erheben sich, verschränken die Hände zum Gruße vor der Brust, verbeugen sich, richten sich dann wieder auf und warten).

(Der Buntgesichts-Schauspieler spricht):

Unlängst wurde ich von jener wilden Bestie geschmäht. Fan Zhongyan und seine Kumpane sind zwar bereits strafversetzt, doch mein Zorn ist noch nicht abgeklungen. Ihr beiden Herren habt bestimmt ein feines Strategem, über das Ihr mich belehren könnt.

(Der Bösewicht-Schauspieler spricht):

Ich, Han Du, war stellvertretend für Euch, den gnädigen Reichskanzler, tagelang von Ingrimm erfüllt. Zu essen und zu schlafen vergaß ich darob. Doch habe ich kein Strategem.

(Der Buntgesichts-Schauspieler spricht):

Dies nenn' ich wahrhaft ‹durch dick und dünn mit jemandem gehen›. Vielmals Dank! Vielmals Dank!

(Der Hanswurst-Schauspieler spricht):

Meine Wenigkeit hat ein Strategem ausgedacht. Just bin ich gekommen, um ergebenst darüber Bericht zu erstatten.

(Der Buntgesichts-Schauspieler spricht):

Sprich schon! Sprich schon!

(Der Hanswurst-Schauspieler):

Yu Jing, Yin Zhu und Ouyang Xiu sind an sich mit dem gnädigen Kanzler nicht verfeindet. Als sie unlängst ihre Zungen nicht im Zaume hielten, dann nur, weil Fan Zhongyan sie dazu anstiftete. Wenn man Fan Zhongyan nicht tötet, wird des Übels Wurzel weiter da sein.

(Der Buntgesichts-Schauspieler):

Fan Zhongyan zu töten wäre ein leichtes. Nur fürchte ich, daß die Hofbeamten sich nicht damit abfinden werden.

(Hanswurst-Schauspieler):

Meine Wenigkeit hat an alles gedacht. Zur Zeit rebelliert Zhao Yuanhao [1003–1048, Begründer des westlichen Xia-Reiches, führte einen siebenjährigen Krieg gegen die Nördliche Song-Dynastie (960–1126)]. Seine Macht greift mehr und mehr um sich. Der Hof will einen General bestimmen, der gegen ihn zu Felde zieht. Ihr, gnädiger Reichskanzler, solltet morgen dem Kaiser eine Eingabe unterbreiten. Danach soll Fan Zhongyan [an sich ein ziviler Beamter und Literat ohne jede militärische Erfahrung] zum militärischen Beauftragten zur Niederschlagung der Rebellion des Zhao Yuanhao ernannt werden. Das nennt man ‹mit dem Messer eines anderen töten›. Darüber hinaus demonstriert Ihr, gnädiger Reichskanzler, daß Ihr seinem Haß mit Eurer Güte begegnet! Was haltet Ihr von diesem Strategem?

(Der Buntgesichts-Schauspieler ruft laut):

Wunderfein, wunderfein! Ich werde in nächster Zukunft Deine Beförderung in eine höhere Beamtenklasse empfehlen. Bestimmt werde ich mein Wort nicht brechen.

(Der Bösewicht-Schauspieler):

Fan Zhongyan muß man töten, doch bleibt noch eine große Zahl seiner Anhänger. Schreibt bitte deren Namen auf eine Liste und veröffentlicht diese bei Hofe, zur Warnung der hundert Beamten, auf daß sie ihre Zuständigkeitsbereiche nicht in Wort und Tat übertreten.

(Buntgesichts-Schauspieler):

Wie richtig! Wie richtig!

(Hanswurst-Schauspieler):

Bei der Aufstellung der Namensliste sollten an erster Stelle Cai Xiang [1012–1069, abgesehen von seiner Beamtenkarriere einer der vier großen Kalligraphen der Zeit der Nördlichen Song-Dynastie] und Shi Jie [1005–1045, Beamter und Literat und überzeugter Konfuzianer] aufgeführt werden.

(Der Bösewicht-Schauspieler):

Das nennt man, ein öffentliches Amt für private Rache einsetzen.

(Der Buntgesichts-Schauspieler singt nach der Melodie *Suochuanghan*):

Die Angelegenheiten des Reiches! Nur ich allein bin damit betraut. Die mir unterstehenden Beamten müssen mich, den großen Minister, respektieren. Fan Zhongyan und seine Rotte hielten sich nicht an ihre

Kompetenzen. Er spielte mit dem Feuer, und nun wird er selbst davon erfaßt. Nach wilden Gebieten, tausend Meilen entfernt, wurde er versetzt. Dies ist zwar schon eine Strafe, doch ist mein Zorn noch nicht besänftigt. Erst wenn Fan Zhongyan getötet und sein Körper zu Fleischbrei zerstückelt ist, werde ich wieder aufatmen.

(Im Chor):

Empfehlen wir ihn als Heerführer! Wer wird nach seinem sicheren Tode jenseits der Grenze seine Seele wieder ins Leben zurückzurufen vermögen?

(Der Hanswurst-Schauspieler singt nach der vorherigen Melodie):

Ich verabscheue diese gemeine Bande von skrupellosen Emporkömmlingen. Mit dem kaiserlichen Pinsel wurde ein Edikt verfaßt und ihre Herabstufung und Versetzung in entlegene Gebiete verfügt. Dort liegt an Neujahr der Schnee so tief, daß sie weder voran- noch rückwärtsschreiten können. So hart ist das Leben dort. Weit entfernt sind sie von der Heimat. Kein Brief wird sie dort erreichen. Jetzt sollten sie eigentlich Reue darüber empfinden, daß sie ihre Lippen zu solch unsinnigen Tiraden geöffnet haben.

(Im Chor):

Wir verbürgen uns dafür, daß Fan Zhongyan kein Weg zur Rückkehr offensteht. Wer wird nach seinem sicheren Tode auf dem Feldzug gegen den Rebellen seine Seele wieder ins Leben zurückzurufen vermögen?

(Der Bösewicht-Schauspieler singt nach der vorherigen Melodie):

Ich muß daran denken, daß Fan Zhongyan und seine Clique den Kaiser hinters Licht zu führen suchten. Seit vielen Jahren plazierte er seine Leute an wichtigen Stellen des Beamtenstabes. Seine Macht besteht nach wie vor. Er braucht die Glut nur zu entfachen, und unsereins ist verloren. Daher sind diese Gesellen ohne Verzug auf einen Schlag zu erledigen, damit sie sich nicht heimlich helfen oder gar zum Gegenangriff übergehen können.

(Im Chor):

Heute ergeht der Befehl, daß diese Kerle für den Rest ihres Lebens aus dem Dienst verstoßen werden. Wer wird sie je wieder in Amt und Ehre einsetzen?

(Der Buntgesichts-Schauspieler):

Ich will die gemeine Bande mit Stumpf und Stiel ausrotten und stütze mich dabei auf Euer fabelhaftes Strategem.

(Der Bösewichts-Schauspieler und der Hanswurst-Schauspieler):

Nicht der Mensch [= Reichskanzler Lü Yijian und die beiden Zensoren] will des Tigers [= Fan Zhongyans] Tod, sondern der Tiger will des Menschen Verderben.

(Treten ab)

In diesem Akt des Dramas «Drei Glückwunschsgründe» – übersetzt nach einem mehrhundertjährigen Manuskript aus der hauptstädtischen Bibliothek Peking – planen die Feinde Fan Zhongyans, ihn durch seinen Einsatz als Militärführer an der Front aus dem Wege zu schaffen. Sie zweifeln nicht daran, daß der kriegsgewaltige Rebell Zhao Yuanhao ihren militärisch unerfahrenen Feind umbringen werde. Zhao Yuanhao ist das ‹Messer›, das für die Tötung Fan Zhongyans geborgt werden soll. Alles wird durch einen Nebelvorhang verschleiert: Vordergründig geschieht Fan Zhongyan nur Gutes. Er wird befördert. In diesem Drama von Wang Tingne aus der Ming-Zeit (1368–1644) entdecke ich ein Wesensmerkmal einer ‹Intrige›, wie sie Arnulf Dieterle in seiner Dissertation über «Die Strukturelemente der Intrige in der griechisch-römischen Komödie» aufzählt: «Der Intrigant versucht, nicht auf direktem Weg, sondern über eine List mittels Vorspiegelung einer Scheinwelt sein Ziel zu erreichen.»

Nur soviel sei noch beigefügt: Der historische Fan Zhongyan starb nicht im Krieg, sondern an einer Krankheit. Daß der bewußte Einsatz an der Front aber auch den gewünschten ‹Erfolg› zeitigen kann, veranschaulicht die folgende Geschichte.

3.2 Mit dem Schwert der Ammoniter

In der «Familienbibel – Auszug aus der heiligen Schrift für häusliche Erbauung und Jugendunterricht», Glarus 1887, lese ich:

> «Um die Jahreswende, zur Zeit, wann die Könige ins Feld zu ziehen pflegen, sandte David Joab und seine Knechte und ganz Israel, das Land der Ammoniter zu verheeren und Rabba zu belagern. David aber blieb zu Jerusalem. Und es begab sich, daß David um den Abend von seinem Lager aufstand und auf dem Dache des Königshauses umherwandelte. Da sah er vom Dache ein Weib sich waschen, das war von sehr schöner Gestalt. David sandte hin und ließ nach dem Weibe fragen, und man sagte: Das ist Bathseba, das Weib Urias, des Hethiters.
>
> Da schrieb David einen Brief an Joab und sandte ihn durch Uria. Er

schrieb aber in dem Briefe so: Stellet Uria in den Streit, wo er am härtesten ist, und wendet euch hinter ihm ab, daß er erschlagen werde und sterbe. Als nun Joab die Stadt belagerte, stellte er Uria an den Ort, wo er wußte, daß streitbare Männer waren. Und als die Männer der Stadt herausfielen und wider Joab stritten, fielen etliche aus dem Volke von den Knechten Davids, und Uria, der Hethiter, starb auch. Da sandte Joab hin und ließ David den ganzen Hergang des Streites ansagen.

Da nun Urias Weib hörte, daß ihr Mann tot war, trug sie Leid um ihn. Als sie aber ausgetrauert hatte, sandte David hin und ließ sie in sein Haus holen, und sie ward sein Weib und gebar ihm einen Sohn.»

Bemerkenswert an diesem Bericht aus dem Alten Testament ist die Mißbilligung und Bestrafung der Anwendung des Strategems Nr. 3 durch Gott: «Aber diese Tat Davids gefiel dem Herrn übel.» Der Herr bediente sich Nathans, der David unter anderem vorwarf: «Uria, den Hethiter, hast du erschlagen mit dem Schwert der Ammoniter, und sein Weib hast du dir zum Weibe genommen.» Und dann die Begründung und Ankündigung der Bestrafung: «... weil du den Feinden des Herrn durch diese Tat Ursache zur Lästerung gegeben hast, wird der Sohn, der dir geboren ist, des Todes sterben!» Tatsächlich starb der Sohn.

Der Gedanke der göttlichen Sühne einer verwerflichen Strategemanwendung ist dem chinesischen Kulturkreis eher fremd, wenngleich auch Strategem-Benutzer mit bösen Bestrebungen, etwa in Werken der chinesischen Literatur, oft ein übles Ende nehmen. Nicht selten trifft sie auch ein negatives Urteil der Nachwelt, bekundet in Werken der Literatur oder der bildenden Kunst – die schmerzlichste Strafe für einen Chinesen der alten Zeit (vgl. 7.18: Das vermutete Verbrechen des Yue Fei und 18.12: Nachruhm durch Pinsel und Tusche).

3.3 Lokis Pfeil auf Hödurs Bogen

«Frigga, Baldurs Mutter, war in die Welt hinausgegangen, um von allen Wesen, allen Dingen, den Eid zu nehmen, daß sie ihrem Sohne keinen Schaden antun möchten. Eine weite Wanderung, – doch jedes Wesen, jedes Ding schwur ihr den Eid zu: Feuer und Wasser, Eisen und Erz, Steine und Erde, Kräuter und Bäume, Tiere, Vögel, Gift und Seuchen.

Es freuten sich die Götter und machten, um Baldur zu ehren, ein großes Fest. Da stand er inmitten seiner Brüder. Sie ehrten ihn in der

Weise, daß sie Pfeile nach ihm schossen, Steine warfen oder ihre Schwerter gegen ihn führten. Ein Wunder schien es ihnen, denn nichts konnte Baldur schaden.

Nur einer sah voll Neid dem Spiele zu. Das war Loki. Ihm war immer das Glück der Götter ein Stachel im Fleisch. Er nahm die Gestalt eines alten Weibes an und ging zu Frigga.

‹Wie fröhlich›, begann das tückische Weib, ‹erklingt vom Idafeld her der Asen Spiel! Und nichts kann Baldur verletzen?› – ‹Ihn verletzt kein Ding auf der Welt›, sagte Frigga, ‹denn niemand verweigerte mir den Eid.›

‹Bist du dir aber gewiß, daß auch alle gefragt sind?›

Da gestand Frigga, daß sie westwärts von Walhall einer Pflanze begegnet sei, die ihr zu jung schien, um den schweren Eid zu leisten: die Mistel.

Nun hatte das Weib heraus, was es wissen wollte. Und nicht säumte Loki, die Mistel aufzufinden, um daraus einen Pfeil zu schneiden. Mit diesem Pfeil schlich er zum Spielplatz der Götter. Hödur stand da etwas abseits von der fröhlichen Schar. Ihm, dem blinden Bruder Baldurs, nahte sich Loki. ‹Warum ehrest du nicht, den anderen gleich, deinen Bruder?› – ‹Weil ich ihn nicht sehe›, antwortete Hödur.

Da erbot sich Loki, für ihn zu zielen, damit auch Hödur Baldur ehren könne.

‹Hier, nimm den Pfeil und leg ihn zur Sehne›, sagte er. ‹Mein Auge diene deiner Hand!› Da nahm Hödur den Pfeil aus Lokis Hand und schoß. Und so geschah jenes größte Unglück, welches je geschehen ist. Denn der Pfeil durchbohrte Baldur. Tot fiel der lichte Gott zur Erde.» (Aus: Götterschicksal Menschenwerden, aus der Edda nacherzählt von Dan Lindholm, Verlag Freies Geistesleben, 4. Aufl. Rastatt 1981.)

Loki lieh sich Hödurs Hand als ‹Messer›.

3.4 Zwei Pfirsiche töten drei Ritter

In der Frühlings- und Herbstzeit dienten dem Herzog Jing (gest. 490 v. Chr.) vom Fürstentum Qi (im Norden der heutigen Provinz Shandong) drei kühne Krieger: Gongsun Jie, Tian Kaijiang und Gu Yezi. Ihrem Wagemut hätte niemand zu trotzen gewagt. Ihre Kräfte gestatteten ihnen den Tigerfang mit bloßer Hand.

Eines Tages begegnete Yan Zi, der Kanzler des Fürstentums Qi, den drei Rittern. Keiner erhob sich ehrerbietig von seinem Sitze. Dieser

Verstoß gegen das Ritual der Ehrerweisung ergrimmte Yan Zi. Er begab sich zum Herzog und berichtete ihm den Vorfall, den er als staatsgefährdend einschätzte. «Diese Drei mißachten die Etikette gegenüber dem Vorgesetzten. Kann dieser da auf sie zählen, wenn es gilt, Gewalttätigkeit im Innern zu unterdrücken oder gegen äußere Feinde vorzugehen? Nein! Deshalb schlage ich vor: Je früher man sie beseitigt, um so besser!»

Herzog Jing seufzte verlegen: «Die drei Männer sind Kampfesheroen. Es dürfte kaum gelingen, sie zu fangen oder zu töten. Was tun?»

Yan Zi dachte eine Weile nach. Dann sagte er: «Ich habe eine Idee. Schickt einen Boten und laßt den drei Männern zwei Pfirsiche anbieten mit den Worten: Wer die größten Verdienste hat, der darf einen Pfirsich nehmen.»

Herzog Jing führte das Strategem aus. Und so begannen die drei Ritter gegenseitig ihre Taten zu messen. Als erster sprach Gongsun Jie: «Ich habe einmal mit bloßen Händen ein Wildschwein und ein anderes Mal einen jungen Tiger gefangen. Gemäß meinen Leistungen steht mir ein Pfirsich zu.» So nahm er sich einen Pfirsich.

Tian Kaijiang ergriff als zweiter das Wort: «Zweimal habe ich mit der blanken Waffe in der Hand ein ganzes Heer in die Flucht geschlagen. Aufgrund meiner Leistung steht auch mir ein Pfirsich zu.» Darauf nahm auch er einen Pfirsich.

Als Gu Yezi sah, daß ihm kein Pfirsich mehr blieb, sagte er voller Groll: «Als ich einmal im Gefolge des Herrschers über den Gelben Fluß setzte, da packte eine riesige Wasserschildkröte mein Pferd und verschwand damit in den reißenden Fluten. Ich tauchte unter das Wasser und lief auf dem Grund hundert Schritte stromaufwärts und neun Meilen stromabwärts. Endlich fand ich die Schildkröte, tötete sie und rettete mein Pferd. Wie ich mit dem Pferdeschwanz in der Linken und dem Schildkrötenkopf in der Rechten wieder auftauchte, hielten mich die Leute am Ufer für einen Flußgott. Diese Leistung ist doch sicherlich auch eines Pfirsichs würdig. Nun, gibt mir keiner von euch seinen Pfirsich ab?»

Bei diesen Worten zog er sein Schwert und erhob sich. Als Gongsun Jie und Tian Kaijiang den Ärger ihres Kameraden gewahrten, überwältigten sie Schuldgefühle, und sie sagten: «Unsere Kühnheit reicht nicht an die deine heran, und auch unsere Leistungen können sich nicht mit den deinigen messen. Indem wir die Pfirsiche gleich an uns nahmen und sie nicht dir überließen, zeigten wir allzu große Raffgier. Feige wäre es, wenn wir diese Selbstentblößung nicht mit unserem Tode büßten.» So gaben beide die Pfirsiche zurück, ergriffen ihr Schwert und schnitten sich die Kehle durch.

Als Gu Yezi die beiden Leichen sah, begannen ihn Gewissensbisse zu quälen. Er sprach: «Daß diese beiden Kampfesgenossen gestorben sind und ich allein noch lebe, das ist unmenschlich. Andere durch seine Worte zu beschämen und mit seinem eigenen Ruhm zu prahlen, das ist pflichtwidrig. Über die eigenen Taten Abscheu zu empfinden und nicht zu sterben, das ist feige. Indes, wenn die beiden Kampfgefährten sich einen Pfirsich geteilt hätten, so besäßen sie jetzt den ihnen gemäßen Anteil. Dann hätte ich den mir zustehenden Pfirsich nehmen können.»

Da ließ auch er seinen Pfirsich fallen und schnitt sich ebenfalls die Kehle durch. Der Bote berichtete dem Herrscher: «Sie sind bereits tot.» Darauf ließ dieser sie nach dem für Ritter vorgeschriebenen Ritual bestatten.

Ich durchschritt das Stadttor von Qi
und erblickte in der Ferne Tangyinli,
und mitten drin drei Grabhügel,
einer neben dem anderen, wie Drillinge.
Ich fragte: Wessen Gräber sind das?
Und erhielt die Antwort: Jene des
Gongsun Jie, des Tian Kaijiang
und des Gu Yezi!
Ihre Kräfte vermochten Berge zu versetzen
und ihre Vornehmheit suchte ihresgleichen.
Doch eines Morgens wurden sie verleumdet.
Dann töteten zwei Pfirsiche die drei Ritter.
Wer war eines solchen Strategems fähig?
Der Reichskanzler von Qi – Yan Zi.

Der Text der Erzählung entstammt dem *Yan Zi Chunqiu* («Die Frühlinge und Herbste des Yan Zi»), dessen sorgfältige vollständige deutsche Übersetzung R. Holzer zu verdanken ist (Würzburger Sino-Japonica, Bd. 10, 1983). Ich habe sie in modernem Chinesisch wiederentdeckt in einem 1982 in Jilin publizierten Buch über chinesische Redensarten. Yan Zi (gest. 500 v. Chr.) diente hintereinander drei Herrschern des Fürstentums Qi. Das erwähnte Buch, eine Sammlung von Anekdoten um Yan Zi, enthält sehr viel Dichtung, teilweise geprägt vom Gedankengut des chinesischen Philosophen Mo Zi (etwa 468–376).

Das Gedicht verfaßte Zhuge Liang (181–234), der Reichskanzler von Shu-Han, selbst ein herausragender Strategem-Kenner. Er glorifiziert die Getöteten und prangert Yan Zi ob seiner Anwendung des Strategems Nr. 3 an. Dieser wagte nicht, für die Hinrichtung der respektlosen Ritter einzutreten. Den Umstand, daß «heroische Menschen häufig so leicht reizbar und so sehr auf ihre Ehre, ihren Stolz und ihre Würde bedacht sind» (Lutz Müller) ausnutzend, säte er Zwietracht zwischen ihnen und brachte es fertig, daß sie selbst Hand an sich legten.

3.5 Das tapfere Schneiderlein und die Riesen

«Das Schneiderlein zog weiter, immer seiner spitzen Nase nach. Nachdem es lange gewandert war, kam es in den Hof eines königlichen Palastes, und da es Müdigkeit empfand, so legte es sich ins Gras und schlief ein. Während es dalag, kamen die Leute, betrachteten es von allen Seiten und lasen auf dem Gürtel ‹Siebene auf einen Streich›. Sie wußten nicht, daß es sich dabei um sieben Fliegen handelte, die das Schneiderlein auf seinem Musbrot mit einem Lappen totgeschlagen hatte. ‹Ach›, sprachen sie, ‹was will der große Kriegsheld hier mitten im Frieden? Das muß ein mächtiger Herr sein.› Sie gingen und meldeten es dem König und meinten, wenn Krieg ausbrechen sollte, wäre das ein wichtiger und nützlicher Mann, den man um keinen Preis fortlassen dürfte. Dem König gefiel der Rat. Das Schneiderlein trat in seine Dienste.

Die Kriegsleute aber waren dem Schneiderlein aufgesessen und wünschten, es wäre tausend Meilen weit weg. ‹Was soll daraus werden?› sprachen sie untereinander, ‹wenn wir Zank mit ihm kriegen und er haut zu, so fallen auf jeden Streich siebene. Da kann unsereiner nicht bestehen.› Also faßten sie einen Entschluß, begaben sich allesamt zum König und baten um ihren Abschied. ‹Wir sind nicht gemacht›, sprachen sie, ‹neben einem Mann auszuhalten, der siebene auf einen Streich schlägt.›

Der König war traurig, daß er um des einen willen alle seine treuen Diener verlieren sollte, wünschte, daß seine Augen ihn nie gesehen hätten, und wäre ihn gerne wieder los gewesen. Aber er getraute sich nicht, ihm den Abschied zu geben, weil er fürchtete, er möchte ihn samt seinem Volke totschlagen und sich auf den königlichen Thron setzen. Er sann lange hin und her, endlich fand er einen Rat. Er schickte zu dem Schneiderlein und ließ ihm sagen, weil er ein so großer Kriegsheld wäre, so wollte er ihm ein Anerbieten machen. In einem Walde seines Landes hausten zwei Riesen, die mit Rauben, Morden, Sengen und Brennen großen Schaden stifteten: Niemand dürfte sich ihnen nahen, ohne sich in Lebensgefahr zu begeben. Wenn er diese beiden Riesen überwände und tötete, so wollte er ihm seine einzige Tochter zur Gemahlin geben und das halbe Königreich zur Ehesteuer; auch sollten hundert Reiter mitziehen und ihm Beistand leisten.

Das wäre so etwas für einen Mann, wie du bist, dachte das Schneiderlein, eine schöne Königstochter und ein halbes Königreich wird einem nicht alle Tage angeboten. ‹O ja›, gab er zur Antwort, ‹die Riesen will ich schon bändigen und habe die hundert Reiter dabei nicht nötig; wer siebene auf einen Streich trifft, braucht sich vor zweien nicht zu fürchten.›

Das Schneiderlein zog aus, und die hundert Reiter folgten ihm. Als er zu dem Rand des Waldes kam, sprach er zu seinen Begleitern: ‹Bleibt hier nur halten, ich will schon allein mit den Riesen fertig werden.› Dann sprang er in den Wald hinein und schaute sich rechts und links um. Über ein Weilchen erblickte er beide Riesen: Sie lagen unter einem Baume und schliefen und schnarchten dabei, daß sich die Äste auf und nieder bogen. Das Schneiderlein, nicht faul, las beide Taschen voll Steine und stieg damit auf den Baum.

Als es in der Mitte war, rutschte es auf einen Ast, bis es gerade über die Schläfer zu sitzen kam, und ließ dem einen Riesen einen Stein nach dem anderen auf die Brust fallen. Der Riese spürte lange nichts, doch endlich wachte er auf, stieß seinen Gesellen an und sprach: ‹Was schlägst du mich?› – ‹Du träumst›, sagte der andere, ‹ich schlage dich nicht.›

Sie legten sich wieder zum Schlaf, da warf der Schneider auf den zweiten einen Stein herab. ‹Was soll das?› rief der andere, ‹warum wirfst du mich?› – ‹Ich werfe dich nicht›, antwortete der erste und brummte. Sie zankten sich eine Weile herum, doch weil sie müde waren, ließen sie's gut sein, und die Augen fielen ihnen wieder zu.

Das Schneiderlein fing sein Spiel von neuem an, suchte den dicksten Stein aus und warf ihn dem ersten Riesen mit aller Gewalt auf die Brust. ‹Das ist zu arg!› schrie dieser, sprang wie ein Unsinniger auf und stieß seinen Gesellen wider den Baum, daß dieser zitterte. Der andere zahlte mit gleicher Münze, und sie gerieten in solche Wut, daß sie Bäume ausrissen, aufeinander losschlugen, so lang, bis sie endlich beide zugleich tot auf die Erde fielen.»

In diesem Grimmschen Märchen vom tapferen und ebenso listigen Schneiderlein gemäß der zweibändigen Ausgabe von Manesse sucht zunächst der König Zuflucht beim Strategem Nr. 3. Er möchte das Schneiderlein loswerden, wagt aber nicht, direkt gegen den unliebsamen Ankömmling vorzugehen. So hofft er, daß die Riesen für ihn das Schneiderlein aus der Welt schaffen. Die Tötungsabsicht kleidet der König in einen scheinbar ehrenvollen Auftrag mit fürstlicher Belohnung.

Das Schneiderlein wendet ebenfalls das Strategem Nr. 3 an. Durch seine Steinwürfe sät es Zwietracht zwischen den schlaftrunkenen Riesen und reizt sie derart, daß sie zornentbrannt aneinandergeraten und sich gegenseitig umbringen. Zur Tötung der Riesen hat sich das Schneiderlein deren Kräfte bedient.

3.6 Das vergrabene Dokument des Herzogs Huan

Der Herzog Huan (806–771 v. Chr.) des Staates Zheng trachtete danach, den Staat Kuai zu erobern. Zunächst ließ er die Namen aller tüchtigen Minister und Generäle des Staates Kuai auskundschaften und führte sie in einem Dokument auf, in welchem folgendes verbrieft wurde: Beim Fall des Staates Kuai erhalten alle aufgezeichneten Minister und Generäle des Staates Kuai Beamtenposten im Staate Zheng. Zudem wird der gesamte Grund und Boden des Staates Kuai unter sie verteilt. In einem zweiten Schritt ließ Herzog Huan außerhalb der Stadtmauern einen großen Altar errichten und das Dokument dort vergraben. Schließlich befahl er, Hühner und Schweine zu schlachten, und leistete in einer feierlichen Zeremonie dem Himmel einen Eid, wonach er die Abmachung mit den Würdenträgern aus Kuai einhalten werde. Als der Herrscher des Staates Kuai von diesem Vorgang erfuhr, verdächtigte er den zivilen und militärischen Führungsstab des Landesverrats und ließ ihn in einer Zornesaufwallung bis auf den letzten Mann hinrichten. So hatte Herzog Huan von Zheng die Elite des Staates Kuai nicht selbst beseitigt, sondern sich zu dieser Tat des Herrschers von Kuai bedient. Nun konnte Herzog Huan von Zheng mühelos den Staat Kuai erobern.

Dieser Anwendungsfall des Strategems Nr. 3 wird im Buche des Han Fei (etwa 280–233 v. Chr.) geschildert. Das bei Strategem Nr. 2 bereits erwähnte konfuzianische klassische Werk «Kommentar des Zuo» berichtet aus dem Jahre 514 v. Chr.:

3.7 Xi Yuans Waffengeschenk

Der hohe Beamte Xi Yuan im Staate Chu war ein aufrechter und friedfertiger Mann. Doch sein Kollege Fei Wuji und der Militärkommandant Yan Jiangshi beneideten ihn ob seiner Erfolge und haßten ihn zugleich. Der Chefminister Zi Chang liebte es, beschenkt zu werden, und lieh verleumderischen Schmeichlern bereitwillig sein Ohr. Fei Wuji, der Xi Yuan vernichten wollte, sagte dem Chefminister, Xi Yuan wolle ihn zu einem Festmahl einladen. Darauf begab sich Fei Wuji zu Xi Yuan und teilte ihm mit, der Chefminister wünsche, bei ihm zu einem Festmahl empfangen zu werden. Xi Yuan entgegnete, angesichts seines niederen Ranges sei er eines Besuches des Chefministers unwürdig. Bestehe dieser aber auf seinem Besuch, so empfinde er sein Wohlwollen als grenzenlos. Mit welchem Geschenk könne er sich dafür erkenntlich zeigen? Fei Wuji entgegnete: «Der Chefminister hat Gefallen an Kriegsgewändern und Waffen. Zeige mir, was du davon besitzt, und ich werde eine Auswahl treffen.» Fei Wuji entschied sich für fünf Kriegsgewänder und fünf Waffen und riet Xi Yuan: «Stelle sie beim Eingangstor auf. Wenn der Chefminister sie erblickt, kannst du sie ihm schenken.»

Am Tage des Festmahls errichtete Xi Yuan ein Zelt zur Linken des Eingangstors, darin stellte er die Geschenke zur Schau. Darauf schwindelte der hinterlistige Fei Wuji dem Chefminister vor, Xi Yuan habe bei seinem Eingangstor bewaffnete Männer Aufstellung nehmen lassen und führe demnach Übles im Schilde. Er rate ihm, der Einladung nicht zu folgen. Überdies habe sich Xi Yuan beim kürzlichen Feldzug gegen den Staat Wu von diesem bestechen lassen und sei, ohne die Gelegenheit, den Staat Wu zu vernichten, wahrgenommen zu haben, zurückgekehrt; und zwar gegen den Willen seiner Kommandanten. Der Chefminister sandte einen Boten zum Haus des Xi Yuan, der von weitem bereits dort ausgestellte Waffen erblickte. Nun ließ der Chefminister Yan Jiangshi zu sich rufen, um ihn von dem Vorgang zu unterrichten. Dieser war längst schon von Fei Wuji eingeweiht worden. Nach seiner Audienz beim Chefminister befahl Yan Jiangshi einen Angriff auf das Haus des Xi Yuan. Als dieser davon erfuhr, nahm er sich das Leben.

Also auch die beiden Bösewichte Fei Wuji und Yan Jiangshi vernichteten ihren Feind nicht mit ihrem eigenen Messer.

Selbst Konfuzius (551–479 v. Chr.) soll einmal zum Strategem Nr. 3 Zuflucht genommen haben. Es geschah in jenem Jahr, als der mächtige Staat Qi den schwachen Heimatstaat Lu des Konfuzius angreifen wollte. Um Lu davor zu bewahren, entsandte Konfuzius seinen rhetorisch begabten Schüler Zi Gong (geb. 520 v. Chr.) in die umliegenden Staaten. Dieser überredete zunächst den Heerführer von Qi, statt den Staat Lu den Staat Wu anzugreifen. Darauf begab sich Zi Gong in den Staat Wu und überredete dessen König, zum Schutze von Lu den Staat Qi anzugreifen. Nachdem zwischen Qi und Wu Krieg ausgebrochen war, eilte Zi Gong in den Staat Jin, dessen Herzog er zu einem Krieg gegen Wu bewegte. In der Folge brach ein Krieg zwischen Jin und Wu aus. Auf diese Weise war es Konfuzius gelungen, seinen Heimatstaat Lu zu retten.

Hier spielten Drittstaaten die Rolle des geliehenen Messers zur Beseitigung der dem Staate Lu drohenden Gefahr.

3.8 Die Schlacht an der Roten Wand

In ähnlicher Weise gelang es im Jahre 208 dem Berater von Liu Bei (161–223), dem damals 27jährigen Zhuge Liang (181–234), der ob seiner listenreichen Schlauheit in China als Volksheld des klassischen Altertums schlechthin verehrt wird, den 26jährigen Sun Quan, den damals wichtigsten Gegenspieler des im Norden Chinas herrschenden Cao Cao (155–220), zu einem Bündnis mit dem sehr schwachen Liu Bei gegen den mit einem gewaltigen Heer anrückenden Cao Cao zu überreden. Der Sieg in der Schlacht an der Roten Wand über Cao Cao (s. 35.1) war zwar in erster Linie ein Verdienst der Armee des Sun Quan, die Zhuge Liang gewissermaßen als fremdes Messer gegen Cao Cao eingesetzt hatte. Doch dank Zhuge Liangs Wegleitung vermochte Liu Bei aus diesem militärischen Sieg den weitaus größeren politischen Gewinn als Sun Quan zu erzielen (s. 20.15).

3.9 Der alte General Lian Po und der Heißsporn Zhao Kuo

Nach der Eroberung des Staates Han im Jahre 260 v. Chr. beschloß der Staat Qin, der im Jahre 221 v. Chr. ganz China einigen sollte, den Staat Zhao anzugreifen. Der König von Zhao beauftragte den alten General Lian Po mit der Verteidigung. Lian Po, ein erfahrener Krieger, verschanzte sich in Changping. Die Qin-Truppen griffen immer wieder an, doch konnte sich Lian Po halten. Er ließ sich nicht auf einen unmittelbaren Waffengang mit der starken Qin-Armee ein.

Im Staate Zhao lebte Zhao Kuo, der Sohn eines verstorbenen Generals. Er besaß viel theoretisches, aber wenig praktisches militärisches Wissen. Dennoch hatte er in der Zhao-Armee Karriere gemacht. Ihm behagte Lian Pos Hinhaltetaktik nicht, und er bezichtigte ihn dem König von Zhao gegenüber der Feigheit. Der König von Zhao befahl darauf dem General Lian Po, endlich gegen die Qin-Armee vorzugehen. Doch dieser weigerte sich.

Die Spione von Qin erfuhren von den Meinungsverschiedenheiten zwischen dem König von Zhao, Zhao Kuo und Lian Po. Agenten von Qin bestachen Einwohner der Hauptstadt und ließen durch sie das Gerücht verbreiten, Qin befürchte, daß Zhao Kuo zum General ernannt werde. Dem Lian Po sei leicht beizukommen, denn er bereite eine Kapitulation vor. Dieses Gerücht kam dem König von Zhao zu Ohren. Er setzte Lian Po ab und ernannte Zhao Kuo zu dessen Nachfolger. Dieser nahm die erste Gelegenheit zu einem direkten Kampf gegen die überlegene Qin-Armee wahr, die die Zhao-Armee einkesselte und gänzlich vernichtete. Zu den Gefallenen gehörte auch der neue General Zhao Kuo.

Dies war der Anfang vom Ende des Staates Zhao, der im Jahre 228 v. Chr. von Qin annektiert wurde (s. auch 22.7 und 33.12).

3.10 Das mörderische Lied des Wei Xiaokuan

In der Zeit der Zersplitterung Chinas (3. bis 6. Jh. n. Chr.) verfügte die Östliche Wei-Dynastie in Hu Lüguang mit dem Erwachsenennamen Ming Yue (= klarer Mond) über einen glänzenden Strategen. Wei Xiaokuan, ein hoher Beamter und Militär der verfeindeten Nördlichen Zhou-Dynastie fürchtete die zunehmende Macht dieses Gegners. Nun war der Herrscher der Östlichen Wei-Dynastie noch jung und leichtgläubig. Zudem sannen die Minister am Hofe der Östlichen Wei-Dynastie einzig auf ihren persönlichen Vorteil und entbehrten jedes staatsmännischen Verantwortungsgefühls. Diese Lage nutzte Wei Xiaokuan aus. Er schrieb ein Lied und sandte Agenten aus, die es im Gebiet der Östlichen Wei-Dynastie verbreiteten. In diesem Lied kamen Verse vor wie «Der klare Mond scheint über Chang'an» – Chang'an war die Hauptstadt der Östlichen Wei-Dynastie – und dergleichen, alles Anspielungen auf angebliche Putschgelüste des Hu Lüguang. Darauf ließ ihn der König der Östlichen Wei-Dynastie hinrichten.

3.11 Stalin als «geliehenes Messer» der Deutschen und umgekehrt

Zu den Nutznießern des Strategems Nr. 3 zählen nach einem 1987 in Peking erschienenen Strategembuch die Deutschen, denen es 1936 durch gefälschte, angeblich dem russischen Geheimdienst zugespielte Dokumente gelang, den von ihnen gefürchteten Marschall Tuchatschewski (1893–1937) in Stalins Augen als Landesverräter erscheinen zu lassen. Darauf habe Stalin die Rolle des «geliehenen Messers» übernommen und Tuchatschewski hinrichten lassen.

Im Westen ist die Beteiligung des deutschen Geheimdienstes an der Liquidierung Tuchatschewskis mittels Herstellung gefälschten Belastungsmaterials umstritten und bis heute ungeklärt. Allerdings wird die chinesische Darstellung im großen und ganzen bestätigt von Victor Alexandrov in seiner historischen Reportage *L'affaire Toukhatchevsky* (Verviers/Belgien, 1978). Auch Gustav Adolf Pourroy betrachtet die deutsche Verwicklung in die Hinrichtung Tuchatschewskis offensichtlich als eine Tatsache, und zwar in seinem Buch «Das Prinzip Intrige» (Zürich/Osnabrück 1986).

Ansonsten gilt Stalin gemäß einem Hongkonger Werk über die Strategeme in bezug auf die Anwendung des Strategems Nr. 3 als unübertroffen. Im Jahre 1944 habe die über 40 000 Mann starke polnische Untergrundarmee in Warschau die schwierige Lage der Deutschen nach Stalingrad und nach der Landung der Alliierten in der Normandie ausnützen wollen, um zu vermeiden, daß Warschau zum Schlachtfeld zwischen Russen und Deutschen werde. Am 31. Juli 1944 habe eine sowjetische Panzervorhut die Außenbezirke Warschaus erreicht; die Zeit für einen Angriff auf die Deutschen in Warschau schien der polnischen Untergrundarmee günstig. So wurde der Angriff für den 1. August 1944 beschlossen. Gerade als die Warschauer Bevölkerung ihren bewaffneten Widerstand gegen die deutsche Armee startete, stoppte der sowjetische Vormarsch plötzlich, die Sowjets zogen sich sogar zurück. Die Deutschen stellten fest, daß von seiten der Sowjetunion z. Zt. keine Gefahr drohe, worauf sie mit vollem Einsatz gegen die polnischen Untergrundorganisationen in Warschau vorgingen. Roosevelt und Churchill hätten Stalin wiederholt telegraphisch um einen weiteren Vormarsch und die Rettung Warschaus gebeten. Doch Stalin ging darauf nicht ein, ja, er protestierte gar gegen die amerikanische und englische Unterstützung Warschaus aus der Luft mit der Begründung, es werde sowjetischer Luftraum verletzt.

Erst am 10. September 1944, in der sechsten Woche des Warschauer

Aufstandes, nahm die Sowjetunion wieder ihre militärischen Operationen auf. Unter dem Schutz der Roten Armee drangen Truppen der Kommunistischen Partei Polens in die Vorstädte von Warschau ein. Am 15. September stoppte die Rote Armee wiederum ihren Vormarsch. Die Deutschen gingen weiter gegen alle Widerstandsnester vor und verwandelten Warschau in eine nahezu tote Ruinenstadt. Erst als die polnische Untergrundarmee so gut wie ausgerottet war, hielt die Sowjetarmee den Augenblick für gekommen, in Warschau einzumarschieren.

Dies war – so das Hongkonger Strategembuch, verfaßt von Ma Senliang und Zhang Laiping – eine Anwendung des Strategems Nr. 3 durch Stalin, der die polnische Untergrundorganisation in Warschau als ein Hindernis für die kommunistische Machtergreifung ansah und sich die deutsche Armee zur Eliminierung dieses Feindes gleichsam auslieh.

3.12 Wang Xifeng und die zwei Konkubinen

Im Roman *Hong Lou Meng* («Traum der roten Kammer») von Cao Xueqin (gest. um 1763), einem der berühmtesten literarischen Werke des klassischen Chinas, lautet der Titel des 69. Kapitels: «Es wird eine Konkubine ins Haus geholt und in geschickter Weise ein Mord mit dem Messer eines andern in Szene gesetzt...»

Jia Lian, der Gatte von Wang Xifeng, war seiner Frau schon seit langem überdrüssig, nicht nur, weil sie ihm keinen Stammhalter geschenkt hatte, sondern auch weil sie neuerdings oft krank war. Er verliebte sich in die schöne Dame Yu, nahm sie heimlich zur zweiten Nebenfrau und brachte sie in einem Häuschen in der Nähe des Familienpalastes unter. Durch einen Knecht erfuhr Wang Xifeng von der Konkubine ihres Gatten. Als dieser eine Reise unternahm, suchte sie, Sympathie vortäuschend, die Dame Yu auf und lud sie ein, zu ihr in den Palast zu ziehen. Beim Umzug entzog ihr Wang Xifeng ihr altes Gesinde und gab ihr statt dessen eine ihrer Dienerinnen mit besonderen Weisungen. Von nun an hörten die von Wang Xifeng gesteuerten Schikanen gegen die Dame Yu nicht mehr auf. Äußerlich war allerdings Wang Xifeng, wenn sie einmal in der Woche mit der Dame Yu zusammenkam, die Freundlichkeit und Liebenswürdigkeit in Person. Frau Yu ahnte nicht, daß Wang Xifeng hinterrücks alles unternahm, um ihr das Leben möglichst zu erschweren. Unterdessen kehrte Jia Lian von seiner Reise zurück. Sein Vater übergab ihm die 17jährige Qiu Tong als Geschenk. Ganze Tage und Nächte wich Jia Lian nicht von der Seite dieser jungen Konkubine. Wang Xifeng haßte diese selbstverständlich nicht weniger als die Dame Yu, doch zunächst war sie ihr willkommen als ein Werkzeug zur Beseitigung der Dame Yu. Sie konnte nun das Strategem «mit dem Messer eines anderen töten» benutzen, auf der Bergeshöhe sitzen und zusehen, wie sich unten die beiden gegenseitig zerfleischten. War erst einmal die Dame Yu durch die Siebzehnjährige umgebracht worden, dürfte ihr die Beseitigung der Siebzehnjährigen nicht mehr schwerfallen. Das war die Rolle, die sie sich zugedacht hatte.

Und so stachelte Wang Xifeng unablässig Qiu Tong gegen die Dame Yu auf.

«Du bist jung und unerfahren und kennst die Gefahr nicht, in der du schwebst», flüsterte sie Qiu Tong ein. «Sie besitzt sein ganzes Herz. Selbst ich muß vor ihr weichen und mich ducken. Du richtest dich zugrunde, wenn du sie so ungestüm angehst.»

«Fällt mir nicht ein, mich vor so einer zu ducken!» begehrte Qiu Tong auf. «Man sieht es ja an Eurer geschwundenen Autorität, wohin Eure schwächliche Nachsicht und Verträglichkeit führen. Laßt mich nur machen! Ich werde mit dieser Dirne schon fertig werden. Sie soll mich kennenlernen!»

Das hatte sie geflissentlich so laut gesagt, daß die Dame Yu nebenan es hören mußte. Sie war außer sich über so viel Lieblosigkeit, mußte den ganzen Tag weinen und konnte keinen Bissen anrühren.

Schließlich schürte Wang Xifeng den Haß der Siebzehnjährigen auf die Dame Yu sogar noch mit Hilfe eines präparierten Wahrsagers derart, daß sich die junge Konkubine dazu hinreißen ließ, unter das Fenster des Nachbarpavillons zu treten und sich in lauten Schmähungen und Verwünschungen gegen die darin befindliche Dame Yu zu ergehen. Die Unglückliche war völlig gebrochen und setzte noch in derselben Nacht durch Schlucken von Rohgold ihrem Leben ein Ende.

Diese Strategemgeschichte hat in der Volksrepublik China selbst schon die Bühne erobert, so als Peking-Oper *Wang Xifeng Da Nao Ningguofu* («Großer Tumult im Ningguo-Palast durch Wang Xifeng»). Diese Oper wurde in der «Pekinger Abendzeitung» im Juni 1981 überaus wohlwollend gewürdigt. «Die Massen haben dieses Bühnenstück verhältnismäßig gern», ist der letzte Satz in der Opernkritik der Pekinger Abendzeitung. Aber auch in einer 16teiligen Comic-strip-Serie, die dem «Traum der roten Kammer» gewidmet und 1984 in Shanghai erschienen ist, wird diese Strategemgeschichte gebührend geschildert.

3.13 Der Tischtennissieg des Rong Guotuan

Rong Guotuan (1937–1968) wanderte 1957 von Hongkong nach China aus. 1959 eroberte er als erster Chinese im Tischtennis-Herren-Einzelwettbewerb einen Weltmeistertitel. Während der Kulturrevolution (1966–1976) wurde er verfolgt und 1968 in den Tod getrieben, um im Juli 1978 rehabilitiert zu werden.

In einem Comic strip über Rong Guotuan, erschienen in Shijiazhuang (Provinz Hebei) im Jahre 1980, wird das Strategem Nr. 3 in einem sportlichen Zusammenhang erwähnt. Rong Guotuan war als einziges Kind armer Eltern in Hongkong zur Welt gekommen. Sein Vater war Matrose. Mit 13 Jahren verließ Rong Guotuan die Schule und begann, Geld zu verdienen. Sein Vater war Gewerkschafter, und im Gewerkschaftsclub lernte Rong Guotuan Tischtennis spielen. Dort wurde er auch im prochinesischen Sinne beeinflußt. Am 1. Oktober 1954, also am Nationalfeiertag der Volksrepublik China, nahm Rong Guotuan an einem Tischtennis-Turnier teil, das die Gewerkschaft aus Anlaß des Festtages veranstaltete. Diese Teilnahme wurde Rong Guotuan von seinem Arbeitgeber übelgenommen. Zum Glück konnte Rong Guotuan in der Gewerkschaft eine neue Stelle finden. Hier hatte er nun viel Zeit für das Tischtennistraining.

1956 besuchte die japanische Tischtennismannschaft nach ihrer Teilnahme an den 23. Tischtennisweltmeisterschaften Hongkong und nahm hier an einem Freundschaftsturnier teil. Gegen den frischgebackenen japanischen Tischtennis-Weltmeister sollte Rong Guotuan antreten. Er wußte genau, daß sein Match mit dem japanischen Weltmeister von gewissen, ihm und der prochinesischen Gewerkschaft feindlich gesinnten Leuten des Organisationskomitees ausgeheckt worden war, die ihn gleichsam mit dem Messer eines anderen zu töten beabsichtigten, um so seinen aufsteigenden Stern zum Erlöschen zu bringen und die Gewerkschaft zu treffen. Kein Wunder, daß Rong Guotuan bis zum letzten Einsatz kämpfte. Er siegte, und Rundfunk und Presse verbreiteten diese Glanzleistung in der ganzen Stadt. Das Strategem der Feinde, den japanischen Weltmeister als Messer zu benutzen, um Rong Guotuan unschädlich und die Gewerkschaft lächerlich zu machen, war gescheitert.

3.14 Der drohende Konkurrent

Im Verlaufe langwieriger Verhandlungen wird dem westlichen Geschäftspartner möglicherweise in irgendeiner Form der Tatbestand vor Augen geführt, daß der chinesischen Seite ja auch noch die Angebote anderer Firmen vorliegen, und es mag der Eindruck entstehen, daß plötzlich eine andere Firma mehr Chancen hat als die eigene. Vielleicht entspricht der Eindruck genau der Wirklichkeit. Aus sachlichen Gründen gibt die chinesische Seite der Konkurrenz den Vorzug. Vielleicht aber handelt es sich um eine Verhandlungstaktik, die inspiriert ist vom Strategem Nr. 3.

Die Konkurrenzfirma, die in diesem Fall nur scheinbar plötzlich in der Gunst der Chinesen gestiegen ist, dient gleichsam als Waffe, mit der dem eigentlich bevorzugten Verhandlungspartner die gewünschten Konzessionen entlockt werden, zu denen er bereit ist, nur damit die Konkurrenz nicht zum Zuge kommt.

3.15 Wut bis zum Sturz

Ein Mann beschimpft, erregt gestikulierend, einen vor ihm stehenden Herrn. Auf der zweiten Zeichnung der vierteiligen Bildergeschichte «Kaltbad-Behandlung» des berühmten chinesischen Karikaturisten Wang Letian springt er wutschnaubend in die Höhe und speit gleichsam Gift und Galle. Auf dem dritten Bild zerplatzt er nahezu vor Zorn. Sein Gesicht ist hochgerötet. Die Haare stehen ihm zu Berge. Die Hände sind zu Fäusten geballt. Mit letzter Kraft brüllt er sein Gegenüber an und stürzt dann, völlig entnervt, zu Boden, wo er, nach Luft ringend, hocken bleibt.

Sein Gegenüber verhielt sich angesichts des Gezeters freundlich lächelnd, er stand ruhig und verlor kein Wort. Ohne jedwedes Eingreifen setzte er den «Angreifer» schachmatt, mit Hilfe des Strategems Nr. 3: Das von ihm «ausgeliehene» Messer war die dank seiner Gleichgültigkeit verpuffende Kraft des Schimpfenden; «getötet» wurde mit diesem «Messer» dessen überbordende Erregung.

Zahlreiche sino-japanische Kampfsportarten wie etwa Judo, der «sanfte Weg» der Selbstverteidigung, zielen darauf ab, den gegnerischen Angriff so auszuwerten, daß er ins Leere läuft oder sich gar gegen den Angreifer selbst kehrt. Das gilt in gewissem Maß auch beim Boxen, Fechten und Ringen.

Ist es denkbar, daß der Mensch ganz allein an sich selbst das Strategem

Nr. 3 analog anwendet, indem er, anstatt sich unerwünschten Gefühlsregungen direkt entgegenzustemmen, versucht, sie ohne weitere Intervention kühl zu registrieren und sich so gleichsam durch sich selbst zu Tode reiten zu lassen?

3.16 Von der Viererbande

1974 startete Mao eine landesweite Bewegung zur Kritik am Revisionismus. Das gesamte Volk mußte die marxistischen Theorien über die Diktatur des Proletariats studieren. Nach Mao umfaßte der Revisionismus zweierlei: den Dogmatismus, also das tote Nachbeten marxistischer Lehrsätze ohne Berücksichtigung der Wirklichkeit, und den Empirismus, nämlich das bloße Abstellen auf vergangene revolutionäre Kampfeserfahrungen ohne Führung durch die Theorie. Der Viererbande wurde nach deren Sturz (s. 22.11) vorgeworfen, sie habe eine Zeitlang versucht, diese Bewegung einseitig auf die Kritik am Empirismus zu lenken. So sollten die älteren Kader, allen voran Zhou Enlai, diskreditiert werden. Dem Volk sollte weisgemacht werden, die alten Kader könnten von ihren überholten Erfahrungen nicht mehr loskommen und müßten daher durch neue Kräfte ersetzt werden. Dieses Störmanöver ordnete die *Renmin Ribao* («Volkszeitung») im November 1976 dem Strategem Nr. 3 zu. Der Empirismus sei das Messer gewesen, mit dem die Viererbande die verdienten alten Kader habe beseitigen wollen.

Ba Jin, der Vorsitzende des chinesischen Schriftstellerverbandes und berühmteste lebende chinesische Schriftsteller, griff in einem Brief vom 18. Mai 1977 die Viererbande ebenfalls an und schrieb u. a.:

> «Gewisse Dinge, die wir früher nur vom Hörensagen kannten, erlebten wir jetzt am eigenen Leibe. . ., die Tötung von Zeugen, Morde mit geliehenen Messern usw.».

3.17 Das Beispiel Dürrenmatt

Von allen in der Volksrepublik China verbreiteten Werken der modernen Schweizer Literatur ist Dürrenmatts «Der Richter und sein Henker» am beliebtesten. Als Comic strip erlebte er Millionenauflagen. Vielleicht hängt diese Popularität auch mit der Assoziierbarkeit dieses Romans mit dem Strategem Nr. 3 zusammen, wie dies in einer knappen

Inhaltsangabe in einem in der Provinz Guizhou erschienenen Dürrenmatt-Bilderheft angetönt wird:

> «Der alte Schweizer Kommissär Bärlach ist ein grundaufrechter, unbestechlicher Mann. Doch im kapitalistischen Staat kann er nur bei gewöhnlichen kleinen Delinquenten das Gesetz anwenden. Einen Schwerverbrecher wie Gastmann, der Übeltaten aller Art auf dem Gewissen hat, vermag er nicht der Strafe zuzuführen. Zwar hat er Beweise für Gastmanns Delikte gesammelt. Doch weil Gastmann mit der politischen Oberschicht, Großkapitalisten, ja, einer ausländischen Herrscherclique unter einer Decke steckt, bleibt es ein schwieriges Unterfangen, ihn dem Gesetz zu unterstellen. Deshalb muß Bärlach die Methode der gesetzmäßigen Ahndung aufgeben. Statt dessen benutzt er die Psyche eines Mörders, der seine Untat einem Dritten (nämlich Gastmann) unterschieben will, und er läßt Gastmann durch des Mörders Hand töten.»

3.18 Gefährliches Lob für Filmskripts

Sogar im Bereich der chinesischen Literaturkritik kann es vorkommen, daß das Strategem Nr. 3 für Analysen verwendet wird. Die *Beijing Ribao* («Pekinger Tageszeitung») vom 15. September 1981 nimmt einen Kommentar in der *Wenyi Bao* («Zeitschrift für Literatur und Kunst») aufs Korn. Darin war gewissen Literaturkritikern vorgeworfen worden, daß sie das Strategem «mit dem Messer eines anderen töten» benutzten. Sie hatten taiwanesisches Lob für gewisse moderne chinesische Filmmanuskripte als Messer gegen deren Autoren benutzt.

3.19 Marionette der Marionette

Auf einer Karikatur in der *Renmin Ribao* von Anfang Januar 1979 hält Breschnew Vietnam als Marionette hoch, die seinerseits als Marionette eine provietnamesische kambodschanische Marionette hoch hält. In einem neben der Karikatur stehenden Artikel heißt es u. a., die Sowjetunion gebrauche Vietnams regionale Hegemoniegelüste zu Attacken gegen andere asiatische Völker mit dem Ziel, ganz Ostasien unter ihren Einfluß zu bringen und die Verbindungswege zwischen dem pazifischen und dem indischen Ozean zu kontrollieren. Die Sowjetunion benutze

Vietnam als ein Messer im Rücken Chinas, schreibt Tang Shan in einem Kommentar in derselben Zeitung im November 1983.

3.20 Der Trommler der Han-Zeit

Gegen Ende der Han-Zeit (206 v. Chr.–220 n. Chr.) lebte ein gewisser Mi Heng (173–198). Beredt und schreibgewandt, verstand er sich nicht nur in der Dichtkunst, sondern auch in der Musik, insbesondere im Trommelspiel. Er war von harter, stolzer Wesensart. Cao Cao, Politiker, Heerführer, Literat, Militärtheoretiker und Gründer der Wei-Dynastie (220–265), eines der drei Reiche, von denen der Roman *San Guo Yan Yi* («Romanze der drei Königreiche») handelt, wollte ihn einst kennenlernen. Mi Heng weigerte sich. Darauf ließ ihn Cao Cao als Trommler in sein Heer einziehen. Später veranstaltete Cao Cao auf einer nahe der heutigen Stadt Wuhan gelegenen Insel im Yangtse-Fluß ein Festgelage. Hier wollte er Mi Heng vor allen Gästen bloßstellen. Doch Mi Heng gelang es umgekehrt, Cao Cao bloßzustellen, und zwar in einem Gedicht über die Papageien, die die Gäste Cao Cao geschenkt hatten. Seither hieß die Insel Papageieninsel. Danach sagte Cao Cao zu Kong Rong: «Mi Heng wagt es, mich derart zu schmähen, doch ist dieser Mann sehr fähig und weit herum bekannt. Tötete ich ihn, dann würde man mich der Kleinherzigkeit zeihen. Nun ist der Kommandant Liu Biao ein bösartiger und nervöser Mann. Ich werde Mi Heng zu ihm abkommandieren. Liu Biao wird ihn bestimmt nicht ertragen können und innert kurzer Zeit beseitigen.» Und so sorgte Cao Cao dafür, daß Mi Heng in die Dienste des Liu Biao gelangte. In der Tat tötete dessen Truppenführer Huang Zu Mi Heng kurz danach.

Der Tod des erst 25jährigen Mi Heng, eines Opfers von Strategem Nr. 3, wurde in China betrauert, so noch fast 1500 Jahre nach der begangenen Tat vom Dichter Song Xiang (1756–1826). Song Xiang schrieb bei einem Besuch an Mi Hengs Grab auf der Papageieninsel ein Gedicht, in dem er das Grab des Trommlers besingt. Aber wo sich die Gräber des Cao Cao und des Huang Zu befinden, weiß niemand mehr:

> Seit zwei Tagen ankert das Schiff bei der Papageieninsel. Über die in dem Fluß versunkenen Gebäude streichen die Wellen Tag für Tag. Im wundersamen Wind schwingt Mi Hengs tragischer Trommelwirbel, und aus duftendem Grabesgras strömt ein Hauch des traurigen Papageiengedichts.

> Dein herbstliches Grab such ich auf, verschmäh nicht meinen bescheidenen Opferwein. Wer weiß schon, wo Cao und Huang begraben liegen, und wer gedenkt schon ihrer?

Laut einer 1987 in Peking erschienenen Veröffentlichung über die Strategeme wurde das Strategem Nr. 3 ursprünglich in den Reihen der durch und durch verrotteten Feudalbürokratie des alten Chinas im gegenseitigen Kampf aller gegen alle benutzt und ist insofern zu verurteilen.

In der militärischen Anwendung besagt es allerdings, man müsse sich darin verstehen, die Kraft eines Dritten einzusetzen. Darin eingeschlossen ist das Schüren und Ausnutzen von Widersprüchen im feindlichen Lager, die gleichsam als Messer eingesetzt werden. Dabei kann das ‹Leihen› einen vielgestaltigen Inhalt haben: Gegenstand können die Kräfte des Feindes sein, die man sich leiht, indem man den Feind dazu verleitet, sich zu verausgaben, worauf man – selbst ausgeruht – ihn überwältigt. Hierzu unter Strategem Nr. 4 mehr. Gegenstand der ‹Leihe› können ferner feindliche Generäle sein, die man sich ausleiht, indem man Widersprüche zwischen ihnen schürt, so daß sie aneinander geraten. Gegenstand können schließlich auch feindliche Strategeme sein, die man sich ausleiht, indem man sie auskundschaftet, um sie dann gegen den Feind zu kehren.

Einem taiwanesischen Strategembuch zufolge vertraten alte chinesische Militärtheoretiker die Auffassung, es sei glanzlos, sich auf die Hilfe von Verbündeten zu stützen. Die hohe Schule der Kriegskunst bestehe darin, militärische, wirtschaftliche und intellektuelle Macht von Feinden zur Bezwingung von Feinden einzusetzen. Wie heißt es doch in dem chinesischen Traktat *Bingfa Yuanji* («Mittelpunkt der Kriegskunst»):

> «Wenn man selbst in seiner Macht beschränkt ist, dann leiht man sich die Macht des Feindes. Wenn man selbst einen Feind nicht unschädlich machen kann, dann leiht man sich zu diesem Zweck das Messer des Feindes. Wenn man selbst keine Generäle hat, leiht man sich die Generäle des Feindes. So muß man selbst nicht tätig werden, sondern kann in Ruhe verharren. Was man selbst nicht zustande bringt, erreicht man mit der Hand des Feindes.»

Strategem Nr. 4

Ausgeruht den erschöpften Feind erwarten

Die vier Schriftzeichen	以	逸	待	劳
Moderne chinesische Aussprache	*yi*	*yi*	*dai*	*lao*
Übersetzung der einzelnen Schriftzeichen	In	Ruhe	erwarten	Erschöpfung
Zusammenhängende Übersetzung	Ausgeruht den erschöpften [Feind] erwarten.			
Kerngehalt	Erschöpfungs-Strategem			

Zum ersten Mal erscheint die Kurzformel des Strategems Nr. 4 im Traktat über die Kriegskunst des Sun Zi (6./5. Jahrhundert v. Chr.):

«In der Nähe des Schlachtfeldes den aus der Ferne heranrückenden Feind erwarten; ausgeruht den erschöpften Feind erwarten; gesättigt den hungrigen Feind erwarten. . .» (7. Kapitel *Jun Zheng* – «Kampf der Armeen»)

»Wer zuerst auf dem Schlachtfeld eintrifft und den Gegner erwartet, der wird ausgeruht sein. Wer als zweiter auf dem Schlachtfeld eintrifft und sich dann in den Kampf stürzt, der ist bereits erschöpft. Wer daher etwas von der Kriegsführung versteht, der lenkt den Gegner und läßt sich nicht von diesem lenken.» (6. Kapitel, *Xu Shi* – «Leere und Fülle»).

Die Entwicklung eines Geschehens, vor allem auch im Krieg, schafft immer wieder neue Situationen. Dementsprechend ist es oft mit einem Strategem allein nicht getan. Man hilft sich dann in der Abfolge der Ereignisse mit zwei oder gar drei Strategemen.

4.1 Die Falle von Guiling

So benutzte Sun Bin im 4. Jahrhundert v. Chr. zunächst das Strategem Nr. 2, indem er Zhao durch die Belagerung von Wei rettete, um in der

Folge Strategem Nr. 4 einzusetzen, als er, wie bereits beschrieben (siehe 2.1.: Mit dem Heere in die Leere), in einem Hinterhalt bei Guiling ausgeruht die vom Anmarsch aus Wei verausgabte Qi-Armee schlug.

Das ‹Warten› ist, so heißt es, nicht als passiv, sondern vielfach in einem aktiven Sinne zu verstehen. Oft gilt es, den Feind zielstrebig zu ermatten, in die gewünschte Richtung zu dirigieren, allenfalls «in die Tiefe des eigenen Territoriums zu locken» (*you di shen ru*) und dann eine günstige Gelegenheit zum Kampf zu nutzen. Es kommt in diesem Falle darauf an, den Feind buchstäblich an der Nase herumzuführen und nicht selbst von ihm in Trab gehalten zu werden.

4.2 Der Hinterhalt bei Maling

Im Jahre 342 v. Chr., also zwölf Jahre nach der Errettung von Zhao durch die Belagerung von Wei, griff Wei den Staat Han an. Dieser rief den Staat Qi um Hilfe. Tian Ji und Sun Bin befehligten die Qi-Armee und führten sie sogleich gegen die Hauptstadt des Wei-Staates. Sobald Pang Juan, der Heerführer der Wei-Truppen, dies vernahm, zog er sich sogleich aus dem Staate Han zurück. Sun Bin wußte um die Überheblichkeit des Generals Pang Juan und dessen Geringschätzung der Qi-Armee. Angesichts der heranrückenden Wei-Armee trat Sun Bin zum Schein den Rückzug an. Dabei hinterließ seine Armee am ersten Tag 100 000, am zweiten Tag 50 000 und am dritten Tag nur noch 30 000 Feuerstellen. Der auf einen Sieg über Qi erpichte Pang Juan wähnte, die Qi-Armee sei durch eine Vielzahl von Deserteuren geschwächt. Nun ließ er seine Infanterie zurück und machte sich mit einer leicht ausgerüsteten Truppe auf die Verfolgungsjagd. An einem Tage legte er zwei Tagesmärsche zurück. Sun Bin hatte berechnet, daß Pang Juan in der Abenddämmerung bei Maling eintreffen werde. Dort wartete Sun Bin in einem Hinterhalt und konnte, wie geplant, die Qi-Truppe vernichten. General Pang Juan nahm sich auf dem Schlachtfeld das Leben.

Qin Shihuang, der 221 v. Chr. das erste zentralisierte Kaiserreich gründete, gelang es im Jahre 223 v. Chr. mit dem Strategem Nr. 4, den zweitletzten übriggebliebenen Rivalenstaat Chu auf dem Wege der Einigung Chinas auszuschalten. Dessen wurde Qin Shihuang während der Kulturrevolution (1966–1976) in der Volksrepublik China gerühmt.

4.3 Niederlagen von Tschiang Kai-schek

In Taipeher, Hongkonger und Pekinger Strategembüchern wird der Roten Armee der Kommunistischen Partei Chinas einhellig – wenn auch mit unterschiedlicher Bewertung – eine gekonnte Anwendung des Strategems Nr. 4 nachgesagt. Das Grundmuster sah dabei wie folgt aus: An einem günstigen Ort im Innern des roten Stützpunktgebietes verbarg sich die Hauptstreitmacht in einem Hinterhalt, wo dann die ausgeruhte Hauptstreitmacht den erschöpften Feind überrumpelte.

Als Tschiang Kai-schek Ende 1930, Anfang 1931 mit 100 000 Mann seinen ersten von insgesamt fünf Feldzügen gegen die roten Stützpunktgebiete im Süden der Provinz Jiangxi durchführte, lockten Mao Zedong und Zhu De, die nur über 40 000 Mann verfügten, die gegnerische Hauptmacht unter dem General Zhang Huizan in die für die Kommunisten günstige Gegend von Longgang, wo diese ihre gesamten Kräfte konzentriert hatten. Dadurch ergab sich an diesem Kampfschauplatz eine Übermacht der roten Truppen, die bei ihrem Angriff 9000 Feinde vernichteten und General Zhang Huizan gefangennahmen. Damit war die Niederlage Tschiang Kai-scheks in diesem Feldzug besiegelt. Unter anderem dank des Strategems Nr. 4 besiegte der kommunistische Heerführer Xu Xiangqian am 8. Mai 1932 Tschiang Kai-schek in Sujiapu. Daran erinnerte sich unter ausdrücklicher Betonung des Strategems Nr. 4 die *Renmin Ribao* («Volkszeitung») im Mai 1982.

4.4 Maos sechzehn Schriftzeichen – Formel des Guerillakrieges

In seiner Abhandlung «Strategische Probleme des revolutionären Krieges in China» (Dezember 1936) schreibt Mao:

> «Ist der angreifende Gegner an Zahl und Kampfkraft unserer Armee weit überlegen, können wir eine Änderung des Kräfteverhältnisses nur dann herbeiführen, wenn der Feind tief in das Innere unseres Stützpunktes eingedrungen ist und dort den Kelch der Bitternis bis zur Neige ausgetrunken hat, so daß die ‹Dicken abmagern und die Mageren sich zu Tode schinden›. Zu diesem Zeitpunkt ist die feindliche Armee, obwohl noch stark, dennoch schon beträchtlich geschwächt; ihre Soldaten sind ermattet und demoralisiert, viele Blößen des Gegners kommen zum Vorschein. Die Rote Armee ist zwar noch schwach, hat aber inzwischen ihre Kräfte geschont und Ener-

gien aufgespeichert und wartet ausgeruht auf den erschöpften Feind. Nun ist es in der Regel möglich, ein gewisses Gleichgewicht im Kräfteverhältnis der beiden Seiten herbeizuführen oder die absolute Überlegenheit des Gegners in eine relative Überlegenheit zu verwandeln – mitunter ist es sogar möglich, daß wir das Übergewicht über den Gegner erlangen.»

Und in einem Telegramm vom April 1947 über den Kurs für die Operationen auf dem nordwestlichen Kriegsschauplatz äußert Mao:

> «Unser Kurs besteht darin . . ., den Feind in diesem Gebiet noch einige Zeit . . . herumzuhetzen, um dann, wenn seine Erschöpfung und sein Lebensmittelmangel einen maximalen Grad erreicht haben, eine Gelegenheit zu suchen, ihn zu vernichten . . . Wenn wir den Feind nicht völlig entkräften und aushungern, können wir den Endsieg nicht erringen. Diese Methode kann man Erschöpfungstaktik nennen. Man ermattet den Feind bis zur völligen Erschöpfung und vernichtet ihn dann.»

In komprimierter Form verdichtete Mao den Grundgehalt des Strategems Nr. 4 in der 16-Schriftzeichen-Kurzformel des Guerillakrieges:

Feind kommt, wir gehen.
Feind rastet, wir stören.
Feind erschöpft, wir kämpfen.
Feind geht, wir jagen nach.

4.5 Aus dem Jom-Kippur-Krieg

Als ein Beispiel für die erfolgreiche moderne Anwendung des Strategems Nr. 4 bei einem Kampf der Infanterie gegen eine Panzertruppe erwähnt ein Pekinger Strategembuch aus dem Jahre 1987 ein siegreiches Unternehmen der Ägypter in der Anfangsphase des vierten israelisch-arabischen Krieges (6.–22./25. Oktober 1973). Die ägyptische Armee hatte die Bar-Lev-Verteidigungslinie durchbrochen und eine Brücke über den Suezkanal errichtet, deren Zerstörung die israelische Armee einer Panzerbrigade per Funk befahl. So sollte der weitere ägyptische Vormarsch gestoppt werden. Der Funkspruch wurde von den Ägyptern entziffert. Sogleich wurde der zweiten ägyptischen Infanteriedivision befohlen, in der Stoßrichtung des israelischen Panzerangriffs eine Verteidigungslinie aufzubauen und sich in einen Hinterhalt zu legen. Gleichzeitig erhielt eine ägyptische Pioniertruppe den Befehl, nahe der ersten Brücke eine zweite Brücke über den Suezkanal zu bauen, um die Israelis im Glauben zu wiegen, eine gewaltige ägyptische Flußüberquerung sei geplant. So lockten die Ägypter die Israelis in die gewünschte Richtung. Diese stürmten gemäß den chinesischen Angaben blindlings, voller Selbstvertrauen und des Feindes Kriegskunst gering schätzend, voran. Die Ägypter befahlen einem Vorhutbataillon, zwar Widerstand zu leisten, sich aber gleichzeitig zurückzuziehen und so die Israelis in den Hinterhalt zu locken, wo sie vernichtet wurden. So konnte mittels des Strategems Nr. 4 eine ausgeruht im Hinterhalt wartende Infanterie eine Panzertruppe ausschalten.

4.6 Dauernd auf den Beinen

Die Anwendung des Strategems Nr. 4 ist auch im privaten Leben denkbar. Dies erwägen Strategembücher in Hongkong und Taiwan: Man setzt Mittel und Wege ein, damit der Gegner dauernd auf den Beinen ist und dadurch völlig erschöpft wird, mindert seinen Lebensmut, paßt eine günstige Gelegenheit für einen Angriff ab und bringt ihn dann mit einem Streich zu Fall.

Wie heißt es doch im Traktat über die 36 Strategeme:

«Man muß den starken Feind durch Ermüdung schwächen.»

Strategem Nr. 5

Eine Feuersbrunst für einen Raub ausnützen

Die vier Schriftzeichen	趁	火	打	劫
Moderne chinesische Aussprache	*chen*	*huo*	*da*	*jie*
Übersetzung der einzelnen Schriftzeichen	ausnützen	Feuersbrunst	ausführen	Raub
Zusammenhängende Übersetzung	Eine Feuersbrunst für einen Raub ausnützen.			
Kerngehalt	Aus der Not, den Schwierigkeiten, der Krise eines anderen Nutzen ziehen; den sich im Chaos befindlichen Gegner angreifen. Aasgeierstrategem.			

Der Grundgedanke des Strategems Nr. 5 läßt sich bereits im Traktat über die Kriegskunst des Sun Zi (6./5. Jh. v. Chr.) aufspüren:

> «Wenn sich der Feind in einem Chaos befindet, dann bemächtige man sich seiner.»

Ich übersetze diesen Sun Zi–Ausspurch in Anlehnung an den diesbezüglichen Kommentar des Beamten, Literaten, Dichters und Militärtheoretikers Du Mu (803– etwa 852) aus der Tang-Zeit.

Eine der ältesten Fundstellen der Kurzformel dieses Strategems birgt der märchenhafte Roman *Xi You Ji* («Pilgerreise in den Westen»), verfaßt von Wu Cheng'en (etwa 1500– etwa 1582).

5.1 Das strahlend schöne Gewand

Während ihrer Reise aus dem Reich der Tang-Dynastie auf der Suche nach den Buddha-Schriften in den Westen erreichten der Mönch Tripitaka und sein Begleiter, der Affenkönig, eines Abends einen Tempel mit mehr als 70 Räumen und über 200 Mönchen und baten um die Erlaubnis, hier zu nächtigen. Beim Teetrunk mit einem erlesenen Teeservice fragte der Abt des Klosters Tripitaka, ob er nicht einen kostbaren Gegenstand mit sich führe, den er ihm zeigen könne. Der Affenkönig erinnerte Tripitaka an ein Gewand im Gepäck. Die Mönche lachten. Sie besaßen Hunderte von Gewändern aus feinster Seide mit schönsten Stickereien. Diese Gewänder ließ der Abt seinen beiden Gästen vorführen. Der Affenkönig zeigte sich wenig begeistert und wünschte nun, das mitgebrachte Gewand zu zeigen. Schon beim Auspacken schossen leuchtende Strahlen durch die zwei Schichten von Ölpapier, in die es verpackt war. Wie der Affenkönig es herausholte, erfüllten ein rotes Leuchten und ein herrlicher Duft den Raum. Welch hinreißend schönes Gewand! Einem 270jährigen Mönch kamen sogleich böse Gedanken. Er kniete vor Tripitaka nieder und sagte weinend, er könne das Gewand infolge seiner schlechten Augen nicht deutlich erkennen. Er möchte es daher in der Nacht zum genaueren Betrachten mit in seine Zelle nehmen. So wurde das Gewand ihm übergeben. In der Nacht beriet er mit seinen Mönchen, wie er sich des Gewandes bemächtigen könnte. Ein junger Mönch mit dem Namen «Großes Strategem» schlug vor, die Zen-Halle anzuzünden und die beiden darin schlafenden Gäste zu verbrennen. Schnell schichteten die Mönche rings um die Zen-Halle Brennholz auf. Der Affenkönig schlief indes gar nicht, sondern vollzog mit halbgeschlossenen Augen Atemübungen. Da hörte er draußen ein stetes Umherrennen und das Ächzen von Brennholz im Wind. Voller Argwohn erhob er sich. Um den schlafenden Tripitaka nicht zu wecken, verwandelte er sich in eine Biene, flog hinaus und sah die aufgeschichteten Holzbündel. Da beschloß er, die Mönche in ihre eigene Grube fallen zu lassen. Flugs eilte er, wieder zurückverwandelt, zum südlichen Himmelstor und erbat sich vom breitäugigen Himmelskönig Devarāja die Feuer-Abwehr-Decke. Mit dieser flog er auf einer Wolke zum Dach der Zen-Halle, wo er Tripitaka bedeckte, der damit in Sicherheit war. Darauf beobachtete er von einem Dachfirst aus, wie die Mönche das Brennholz entzündeten. Nach einem Zauberspruch atmete der Affenkönig tief aus. Sofort erhob sich ein starker Wind und entfachte das Feuer, das nach und nach auf das ganze Kloster übergriff. Nur die Zen-Halle mit Tripitaka blieb verschont. Nun erlitten die Mönche das Schicksal, das sie ihren Gästen zugedacht hatten.

Alle Tiere und Dämonen in den umliegenden Bergen erwachten, auch das Bergmonster in der Höhle des schwarzen Windes, etwa 20 Meilen südlich des Klosters. Um den Mönchen zu helfen, flog es gleich auf einer Wolke heran und sah, daß die Hallen vorn und hinten völlig leerstanden, während das Feuer in den Korridoren zu beiden Seiten loderte. Es rannte in die Halle und erblickte im Zimmer des greisen Mönchs in einer blauen Hülle ein Paket, von dem eine farbenprächtige Strahlung ausging. Er öffnete es und entdeckte das kostbare Gewand, einen seltenen buddhistischen Schatz. Alle guten Vorsätze vergessend, packte es das Gewand, beging einen Raub durch das Ausnützen einer Feuersbrunst und kehrte sogleich auf einer schwarzen Wolke mit dem Diebesgut in seine Berghöhle zurück... (zum weiteren Verlauf s. 19.13)

5.2 Gou Jians Geduld

Während der Frühlings- und Herbstzeit (770–476 v. Chr.) war das chinesische Reich in über 170 Staaten zersplittert. Immer wieder brachen Konflikte zwischen diesen Staaten aus. So kam es auch zu einem Krieg zwischen den Staaten Wu und Yue. Gou Jian, der König von Yue, wurde besiegt.

Viele Jahre lang ersehnte der Entmachtete eine Revanche. Da wurde der bedeutendste Heerführer des Staates Wu ermordet. Zu dieser Zeit litt das Land unter einer schweren Dürre. Selbst Krebse in den Gewässern vertrockneten, und der Reis verdorrte auf den Halmen. Zu all dem hielt sich der Herrscher von Wu wegen einer Zusammenkunft mit anderen Landesfürsten auch noch außer Landes auf. Diese mißliche Lage nützte Gou Jian für einen Großangriff auf den Staat Wu aus, den er so im Handstreich einnahm und vernichtete.

5.3 Die Abseitsstehenden

Zu Beginn des Zeitalters der Kämpfenden Reiche (475–221 v. Chr.) gab es nur noch etwa 20 Staaten auf chinesischem Boden. Dazu gehörten die Staaten Chu, Han, Qi, Qin, Wei, Yan und Zhao.

Qi und Han waren verbündet. Sie wollten Yan erobern. Doch wagten sie dies aus Rücksicht auf Zhao und Chu nicht. Da griffen Qin und sein Bundesgenosse Wei Han an. Der König von Qi wollte seinem Bundesgenossen zu Hilfe eilen. Doch Tian Chensi, sein Ratgeber, warnte: «Durch die Zerstörung Hans wären Zhao und Chu in ihrer Existenz bedroht. Daher werden diese beiden Staaten Han so schnell wie möglich Hilfe leisten.»

So griff also Qi nicht zugunsten von Han in den Kampf ein. Zhao und Chu aber verhielten sich genau so, wie dies Tian Chensi vorausgesagt hatte. Mit einem Mal waren nun Qin, Wei, Zhao und Chu alle in einen Krieg um Han verwickelt. Diesen Zeitpunkt, da ringsherum die Kriegsfackeln loderten, nutzte der unbeachtete Staat Qi zu einem Angriff auf den ebenfalls abseits stehenden Staat Yan aus, den er auf diese Weise im Jahre 270 v. Chr. erobern konnte.

5.4 Durch Erfolg zum König, durch Mißerfolg zum Räuber

«Welcher Begründer einer der chinesischen Kaiserdynastien hat nicht gestützt auf das Strategem Nr. 5 den Grundstein seines Reiches gelegt?» lautet die Frage in einem Strategembuch, das 1985 in 19. Auflage in Taipeh erschien. Wer den anderen, dessen Haus brannte, geschickt ausraubte, wurde König oder Kaiser, wer sich dumm dabei anstellte, ‹Rebell› oder ‹Räuber›. Daher das chinesische Sprichwort *Cheng wang bai kou* («Der Erfolg macht einen zum König, der Mißerfolg zum Räuber»). Als Beispiel wird auf die Errichtung der letzten chinesischen Kaiserdynastie Qing (1644–1911) durch das Fremdvolk der Mandschuren hingewiesen, die eine durch Bauernerhebungen verursachte chaotische innenpolitische Situation in China für ihre Machtergreifung ausnutzen konnte.

5.5 Abgeschnittenes Territorium

In der neueren chinesischen Geschichte haben ausländische Mächte häufig die Rückständigkeit in Verbindung mit konkreten Notlagen Chinas zur Anwendung des Strategems Nr. 5 ausgenutzt.

Wie gleichsam nach einer bösen Feuersbrunst lag China nach dem ersten verlorenen Opiumkrieg (1840–1842) am Boden. England und die USA profitierten von der Lage, indem sie mit China günstige, sogenannte «ungleiche» Verträge abschlossen. Der «französischen Bourgeoisie» lief sozusagen das Wasser im Munde zusammen. Um «die Feuersbrunst zu einem Raub auszunutzen», entsandte die französische Regierung, die vor dem Opiumkrieg mit dem Reich der Mitte kaum Beziehungen unterhalten hatte, im August 1844 den Sonderbotschafter Marie-Melchior-Joseph-Théodore de Lagrené (1800–1862) nach China. Ohne Mühe gelang ihm innerhalb weniger Wochen der Abschluß des

«Vertrages von Huangpu», der für Frankreich nicht günstiger hätte ausfallen können.

Diese Darstellung vermittelt Gu Yun in der Broschüre *Zhongguo Jindai Shi shang de Bu-pingdeng Tiaoyue* (= «Die ungleichen Verträge in der neueren Geschichte Chinas», Peking 1973).

«Das zaristische Rußland nutzte eine Feuersbrunst für einen Raub aus, um ein Stück unseres Territoriums abzuschneiden», betitelt die *Beijing Ribao* («Pekinger Tageszeitung») am 14. November 1981 eine historische Glosse. Der recht lange Titel ist übrigens typisch für den chinesischen Journalismus. Die Überschrift gibt oft in nuce bereits den Inhalt des Artikels wieder. Die Glosse erinnert an den 120 Jahre vorher abgeschlossenen chinesisch-russischen Vertrag von Peking. Als 1860 britische und französische Kolonialtruppen Peking überfielen, wo sie auch den kaiserlichen Sommerpalast plünderten und in Brand setzten, nutzte das zaristische Rußland die Schwäche Chinas aus und erpreßte unter massivem Druck den erwähnten Vertrag. Durch ihn wurden «etwa 400 000 qkm chinesisches Territorium östlich des Ussuri Rußland einverleibt».

5.6 Afghanistan Dezember 1979

Auch die Besetzung Afghanistans durch die Sowjetunion im Dezember 1979 wird als ein Fall der Anwendung von Strategem Nr. 5 angesehen, so in einem Strategembuch, das 1987 in Peking erschien. Als ‹Feuersbrunst›, von der die Sowjetunion profitierte, erscheint dabei die in Afghanistan nach dem Putsch von Taraki (April 1978) entstandene instabile Lage in Verbindung mit der chaotischen Situation im Iran sowie der Paralysierung der USA durch das Teheraner Geiseldrama.

Buchstäblich eine Feuersbrunst ausnützen wollten gemäß einem mit dem Strategem Nr. 5 betitelten Kommentar in der *Renmin Ribao* («Volkszeitung») vier Sowjetdiplomaten, die im November 1979 in die Gebäude der ausgebrannten Botschaft der USA in Pakistan eindrangen, um in den rauchenden Trümmern gewisse ‹Funde› zu machen. Sie wurden dann aber von pakistanischen Wachposten vertrieben.

5.7 Esaus Erschöpfung

«Eines Tages kochte Jakob ein Gericht; da kam Esau müde vom Felde und sprach zu ihm: Laß mich das rote Gericht kosten, denn ich bin müde. Aber Jakob sprach: Verkaufe mir heute deine Erstgeburt. Esau antwortete: Siehe, ich muß doch sterben; was soll mir denn die Erstgeburt? Jakob sprach: So schwöre mir heute. Und er schwur ihm und verkaufte Jakob das Recht der Erstgeburt. Da gab ihm Jakob Brot und das rote Linsengericht, und er aß und trank, stand auf und ging davon.»

In der Bibel folgt noch der Satz: «So verachtete Esau seine Erstgeburt.» Aus sino-strategemischer Sicht fehlt aber das Urteil über Jakobs Verhalten. Es könnte etwa so ausfallen: Geistesgegenwärtig nützte er den Erschöpfungszustand seines Bruders Esau aus und nötigte ihm für ein Linsengericht das Recht des Erstgeborenen ab.

5.8 Der koreanische Analphabet

Korea, um 1930. Fleißig und rechtschaffen, voller Ehrfurcht gegenüber seinen Eltern und in liebevoller Fürsorge für seine Gattin, rührend um seine Geschwister besorgt, so rackert sich der Ackerbauer Hŏ Tal-su Tag für Tag ab. Nur eine Sorge quält ihn. Sein einziges Kind, die Tochter Phoenix, ist nach Nordostchina aufgebrochen, um ihren von den japanischen Eindringlingen verschleppten Gatten zu suchen. Schon viele Monate sind seit ihrem Abschied vergangen, und immer noch ist keine Nachricht von ihr eingetroffen. Endlich bringt der von Dorf zu Dorf ziehende Kerosin-Hausierer einen Brief von ihr. Da er Hŏ Tal-su nicht antrifft und es eilig hat, läßt er den Brief vor der Haustüre liegen und geht weiter. Der Bauer, ein Analphabet, hält den Brief für ein vom Hausierer fortgeworfenes Stück Papier. Er reißt sich einen Fetzen davon ab und dreht sich eine Zigarette. Mit dem restlichen Teil klebt er ein Loch im Fenster zu.

Einige Tage später verbreitet sich die Nachricht von einer Flutkatastrophe in der chinesischen Region, in die sich die Tochter begeben hat. Unruhe packt die Bauersfamilie Hŏ. Sie beschließt, vom Großgrundbesitzer Geld für eine Reise in jenes Gebiet zu leihen. Die Mutter soll die Tochter suchen gehen. Gerade als die Mutter aufbrechen will, kommt der Händler wieder vorbei, und er fragt Hŏ Tal-su, ob er den Brief der Tochter erhalten habe. Da erinnert sich dieser des ans Fenster geklebten ‹Abfallpapiers›. Mit dem übriggebliebenen halben Brief in der Hand läuft das brave Ehepaar in alle vier Himmelsrichtungen und findet doch niemand, der ihnen die Zeilen vorlesen kann. Der Verzweiflung nahe treffen sie einen jungen Mann, der so tut, als könne er lesen. Als der Kerl dann den Papierfetzen verlegen anstarrt, folgern die Eheleute, der Brief enthalte eine die Tochter betreffende Unglücksbotschaft. An jenem Abend weint sich die Familie die Augen aus. Endlich findet der Bauer einen Lesekundigen, und zwar in der Gestalt seiner Nichte. Sie zieht noch ihren Lehrer bei. Der Briefrest verkündet, daß es der Tochter gutgehe, nicht nur das, sie habe sogar einen Enkel zur Welt gebracht. Hŏ Tal-sus Trauertränen verwandeln sich in Freudentränen. Doch der Schock folgt auf dem Fuße: Von den beiden Lesekundigen erfährt er den Inhalt der Geldleih-Urkunde, die ihn der Großgrundbesitzer mit einem Fingerabdruck hatte unterzeichnen lassen. Danach hatte der Bauer dem Großgrundbesitzer für bloße 20 Wŏn seine Nichte verkauft!

So weit die ungefähre Handlung des im Frühjahr 1987 von der nordkoreanischen Nationalen Theater-Truppe aufgeführten Schauspiels «Der Brief der Tochter». Gemäß der Pekinger Guangming-Tageszeitung handelt es sich um die Neuinszenierung eines Theaterstücks, das «Genosse Kim Il-sŭng während des Widerstandskrieges gegen Japan in der chinesischen Provinz Jilin verfaßte und bei dessen Aufführung er seinerzeit mitspielte». Kim Il-sŭng, der Führer Nordkoreas, besuchte am 4. April 1987 eine Aufführung der Neuinszenierung, «die er mit einem großen Lob bedachte».

Die überzeugende Botschaft des Stückes gemäß dem chinesischen Theater-Kritiker Zhu Kechuan: «Wissen ist Macht.» Jeder Zuschauer verläßt die Aufführung mit der Einsicht, daß «die rückständige Auffassung, wonach für den Bauern, der das Feld bebaut, Bildung und Lesevermögen unnütz seien, den größten Schaden zeitige».

Es ist aufschlußreich, daß ein Theaterstück mit einer solchen Tendenz im heutigen Nordkorea eine derartige Beachtung findet! Aber das soll hier nicht weiter erörtert werden. Hervorgehoben zu werden verdient vielmehr das den dramatischen Höhepunkt des Theaterstücks bildende Verhalten des Großgrundbesitzers gegenüber dem in Not befindlichen Bauern: Er nützt diese Not, also die ‹Feuersbrunst›, für einen ‹Raub› aus, der darin besteht, daß er für eine lächerliche Summe dem Bauern, der gar nicht weiß, was ihm geschieht, dessen Nichte abkauft.

5.9 Die abgetriebenen Weidekörbe

In selbstkritischen Berichten geißelt die chinesische Presse die Anwendung des Strategems Nr. 5 nicht nur in der Innenpolitik – so wurde die Viererbande beschuldigt, das Chaos der Kulturrevolution für ihre Machtergreifung benutzt zu haben –, sondern auch im Alltagsleben: Als am 14. Januar 1980 die Fähre einer Produktionsgruppe der Provinz Jiangsu kenterte, wurden 158 nach Shanghai zu liefernde Weidekörbe im Werte von etwa 1580 Yuan vom Wasser abgetrieben, von Bauern aufgefischt und von diesen trotz der Interventionen der Polizei z. T. zurückbehalten.

Eine Variation der Kurzformel von Strategem Nr. 5 mit der Auswechslung des zweiten Schriftzeichens *huo* («Feuersbrunst») durch das Schriftzeichen *fu* («Reichtum») taucht im Juli 1983 als Legende einer Karikatur in der *Renmin Ribao* auf. Sie nimmt auf dem Lande gastierende Kulturtrupps aufs Korn, die den durch die Reformpolitik bewirkten Reichtum mancher Bauerndörfer flugs für überhöhte Gagen ausnutzen wollen. Wie man sieht, werden in China Strategeme bisweilen recht abgeflacht interpretiert.

Strategem Nr. 6

Im Osten lärmen, im Westen angreifen

Die vier Schriftzeichen	声	東	击	西
Moderne chinesische Aussprache	*sheng*	*dong*	*ji*	*xi*
Übersetzung der einzelnen Schriftzeichen	lärmen	Osten	angreifen	Westen
Zusammenhängende Übersetzung	Im Osten lärmen, im Westen angreifen.			
Kerngehalt	Den Angriff im Osten ankündigen, im Westen aber durchführen; ein Scheinmanöver im Osten aufziehen, im Westen aber angreifen; Ablenkungsmanöver zur Verschleierung der Stoßrichtung eines Angriffs. Scheinangriffs-Strategem.			

Die Kurzformel geht zurück auf den Beamten und Historiker Du You (735–812):

> «Man kündigt einen Angriff im Osten an, um in Wirklichkeit im Westen anzugreifen.»

Das steht in seinem Werk *Tong Dian* («Allgemeine Geschichte der Institutionen») im Kapitel über Kriegswesen als Titel eines Abschnitts. Den Grundgedanken des Strategems Nr. 6 formulierte bereits Sun Zi (6./5. Jh. v. Chr.):

> «Man schlage dort zu, wo der Feind es nicht vermutet.»

Und im Werk *Huainanzi*, verfaßt unter der Ägide des Fürsten Liu An von Huainan (179–122 v. Chr.), heißt es:

> «Der Vogel, der etwas picken will, beugt seinen Kopf und verbirgt so seinen Schnabel...; Tiger und Leopard zeigen ihre Krallen nicht...; so besteht auch die Kriegskunst darin, sich weich und schwach zu zeigen, beim Waffengang aber dem Feind mit Härte und Kraft entgegenzutreten und so zu tun, als igle man sich ein, um dann im geeigneten Augenblick auszuschwärmen...»

Ein modernes Strategembuch (Peking 1991) erläutert das Strategem Nr. 6 so:

> «Das Ziel ist die Verschleierung der Stoßrichtung eines Angriffs. Mittels agiler Operationen taucht man bald im Westen, bald im Osten auf; schlägt plötzlich zu, um sich genauso plötzlich wieder zurückzuziehen; täuscht einen bevorstehenden Angriff vor, den man dann gar nicht ausführt; spiegelt friedliche Absichten vor, obwohl man in Wirklichkeit angreifen will; setzt eine bestimmte Aktionskette mit als zwingend erscheinendem Handlungsablauf in Gang, um das Ganze dann plötzlich abzublasen; läßt irgend etwas scheinbar zufällig geschehen, das gar kein Zufall ist; stellt sich als handlungsbereit hin, obwohl man handlungsunfähig ist und umgekehrt. Der Gegner zieht aufgrund der seiner Wahrnehmung zugänglichen Phänomene voreilige Schlüsse und trifft falsche Vorkehrungen, um dann an einer Stelle angegriffen und besiegt zu werden, an die er gar nicht gedacht hat.»

6.1 Gefahr durch Fronarbeit

Herzog Kang von Qin (620–609 v. Chr.) ließ die Bevölkerung drei Jahre lang in Fronarbeit an einem Turm bauen. In der Zwischenzeit wurde in dem südöstlich von Qin gelegenen Staat Jing eine Armee zu einem Angriff auf Qi ausgehoben. Darauf sagte Ren Wang zu Herzog Kang:

> «Alles, was einen Staat schwächt, lockt den Feind heran: eine Hungersnot, eine Epidemie, Bürgerkrieg und Fronarbeit. Seit drei Jahren laßt Ihr nun die Bevölkerung in Fronarbeit den Turm bauen. Wenn jetzt in Jing eine Armee ausgehoben wird, befürchte ich, der Angriff auf Qi sei lediglich vorgetäuscht, ziele aber in Wirklichkeit auf unser Land. Ihr solltet Euch vorsehen.»

So entsandte Qin Truppen zum Schutze seiner Ostgrenze. Tatsächlich brach Jing daraufhin seine militärischen Vorbereitungen ab.

Diese Begebenheit ist in dem Buch festgehalten, das Han Fei (etwa 280–233 v. Chr.) zugeschrieben wird, dem berühmtesten Vertreter der *Fajia* («Gesetzesschule»).

6.2 Das unechte Bündnis

Im Zeitalter der Kämpfenden Reiche (475–221 v. Chr.) griffen die drei Staaten Qi, Han und Wei den Staat Yan an. Um Yan beizustehen, führte Jing Yang eine Armee des Staates Chu scheinbar nach Norden, um dann aber völlig überraschend eine wichtige Stadt von Wei anzugreifen und zu erobern. Qin, Han und Wei bliesen ihren Angriff gegen Yan ab. Die Armee von Chu hatte ihr Ziel, Yan zu retten, erreicht und wollte aus der eroberten Stadt in Wei abziehen. Doch da wurde die Westseite der Stadt durch die Han-Armee, die Ostseite durch die Qi-Armee belagert. Die Chu-Armee war so in die Zange geraten. Was war zu tun? Jing Yang beschloß, die westlichen Stadttore zu öffnen, und ließ tagsüber Streitwagen und Reiter ein- und ausfahren und nachts die Lampen brennen. So spiegelte er einen regen Verkehr zwischen der Chu- und der Han-Armee vor. Tatsächlich wuchs der Argwohn in der Qi-Armee, Han und Chu könnten sich zu einem Angriff gegen Qi verbinden. Das veranlaßte die Qi-Armee, sich zurückzuziehen. Die allein übrigbleibende Han-Armee befürchtete nun einen Angriff der viel stärkeren Chu-Armee. In einer tiefschwarzen, stürmischen Nacht zog sie ab. So konnte die Chu-Armee in aller Ruhe heimkehren.

6.3 Die vernebelte Flußüberquerung

Liu Bang (geb. zwischen 256 und 247 v. Chr., gest. 195 v. Chr.), der im Jahre 206 v. Chr. die erste zentralistische chinesische Kaiserdynastie Qin vernichtete und die längste chinesische Kaiserdynastie, die Han-Dynastie (206 v. Chr.–220 n. Chr.), gründete, hatte noch bis ins Jahr 202 v. Chr. gegen lokale Machthaber, die in der Zeit des Untergangs der Qin-Dynastie emporgestiegen waren, zu kämpfen. Einer dieser Gegner war König Bao vom Staat Wei (gestorben 204 v. Chr.). Zur Abwehr eines Angriffs der Han-Armee befahl König Bao seinem General Bo Zhi, sich mit der ganzen Wei-Armee am Ostufer des Gelben Flusses bei

Puban (im Westen des Kreises Yongji in der heutigen Provinz Shanxi) zu verschanzen. Bo Zhi ließ den Übergang über den Gelben Fluß blokkieren, jeden Schiffsverkehr unterbinden, alle Bauernboote zum Verschwinden bringen und überdies eine mobile Truppe ständig am Flußufer patrouillieren. Da er davon überzeugt war, außer bei Puban gebe es für die Han-Armee keine andere Möglichkeit, über den Gelben Fluß zu setzen, ließ er es dabei bewenden.

Han Xin (gest. 196 v. Chr.), der Heerführer der Han-Armee, erkannte, daß ein direkter Angriff bei Puban kaum gelingen würde. Gleichwohl ließ er das Hauptfeldlager der Han-Armee gegenüber der Wei-Armee bei Puban aufschlagen und um das Lager viele Fahnen hissen sowie alle Schiffe, über die er verfügte, an diesem Ort anlegen. Tagsüber trommelten und lärmten die Han-Truppen, und nachtsüber leuchteten Fackeln überall im Lager, in dem eine emsige Geschäftigkeit herrschte. Alles erweckte den Anschein, als ob die Flußüberquerung durch die Han-Armee nahe bevorstünde. In diesem Glauben ließ Bo Zhi den Oberlauf des Gelben Flusses völlig außer acht.

Inzwischen verlegte Han Xin heimlich seine Hauptstreitmacht nach Norden, wo er bei Xiayang im Süden des heutigen Kreises Hancheng in der Provinz Shanxi über den Gelben Fluß setzte. Damit war die tödliche Niederlage des Königs Bao von Wei besiegelt.

Diese historische Begebenheit wird, mit einem ausdrücklichen Hinweis auf das Strategem Nr. 6, erzählt in dem Jugendbuch *Zhongguo Gudai Zhanzheng Gushi* («Kriegsgeschichten aus dem alten China», Peking 1978).

6.4 Die verwirrten «Gelben Turbane»

Gegen Ende der Östlichen Han-Zeit (25–220) belagerte Zhu Jun (gest. 195 n. Chr.) die Stadt Yuan, in der sich eine Truppe der aufständischen «Gelben Turbane» verschanzt hatte. Um die Lage des Gegners besser erkunden zu können, ließ er außerhalb der Stadtmauern einen Erdwall auftürmen. Dann befahl er, die Kriegstrommeln erdröhnen zu lassen, und ließ einen Scheinangriff gegen die Westseite der Stadt vollführen. Als er vom Erdwall aus sah, daß alle «Gelben Turbane» zur Westseite der Stadt eilten, um sie zu verteidigen, griff er mit der Hauptstreitmacht blitzschnell den Nordosten der Stadt an. Dort konnte er sich ohne große Mühe Eingang in die Stadt verschaffen.

6.5 Die Posaunen von Jericho

«Jericho aber war fest verschlossen vor den Kindern Israels, so daß niemand aus- oder eingehen konnte», überliefert das Buch Josua im Alten Testament. Auf göttliches Geheiß hin verkündete Josua dem Volk seinen Eroberungsplan. Die Bibel fährt fort:

> «Als Josua solches dem Volke gesagt hatte, trugen sieben Priester sieben Posaunen vor der Bundeslade her und bliesen die Posaunen; der eine Teil des Heeres ging vor ihnen her, der andere aber folgte der Bundeslade nach. So ging die Bundeslade einmal rings um die Stadt; dann kehrten sie ins Lager zurück und übernachteten darin; so taten sie an sechs Tagen. Am siebenten Tage aber, als die Morgenröte aufging, machten sie sich frühe auf und gingen in derselben Weise sieben Mal um die Stadt. Beim siebenten Mal aber sprach Josua zum Volke: Erhebet das Feldgeschrei, denn der Herr hat euch die Stadt gegeben. Als nun das Volk den Schall der Posaunen hörte, erhob es ein großes Feldgeschrei. Die Mauern aber stürzten ein, und das Volk erstieg die Stadt, ein jeglicher stracks vor sich. So gewannen sie die Stadt.»

Hierzu der Kommentar eines modernen Militärwissenschaftlers:

> «Während sechs Tagen umkreisten Josuas Posaunenbläser Jericho. Am siebten krachte ein Stück der Stadtmauer zusammen, wohin die Israeliten alsdann ihren Angriff lenkten. Der Posaunenschall habe, so wurde schon vermutet, die Aufgabe erfüllt, den Lärm der Sappeure zu überdecken, die die Stadtbefestigung von unten her, durch einen Gang, angriffen. Wegen der abgegrabenen Fundamente sei es dann zum Einsturz der Mauer gekommen.»

Falls diese von Daniel Reichel in «Beweglichkeit und Ungewißheit» (Studien und Dokumente Heft V, hrsg. vom Eidgenössischen Militärdepartement, Bern 1986) zitierte Vermutung zutrifft, wäre das ‹Konzert› der Posaunenbläser von Jericho als ein typisches Ablenkungsmanöver im Sinne des Strategems Nr. 6 anzusehen.

6.6 Der klarsichtige General Zhou Yafu

Unter dem Han-Kaiser Jing (157–141 v. Chr.) führten sieben Feudalfürsten gemeinsam einen Aufstand durch und griffen den kaisertreuen General Zhou Yafu (gest. 143 v. Chr.) an, der sich in einer Stadt verschanzt hatte.

Als die Truppen der Aufständischen die südöstliche Ecke der Stadt angriffen, erließ Zhou Yafu den Befehl, die Bewachung der nordwestlichen Ecke der Stadt zu verstärken. Kurz danach dirigierte der Gegner tatsächlich die Kerntruppe zur Nordwestecke der Stadt, wo er aber nichts ausrichten konnte (s. auch 19.42).

6.7 Napoleon gen Irland

Als Napoleon 1798 seinen Feldzug gegen Ägypten plante, sollten verschiedene Trugbilder die Engländer im Glauben wiegen, Frankreich beabsichtige, seine Flotte nach Irland zu dirigieren, um Irland zu besetzen. Darum riegelte der englische Admiral Nelson Gibraltar ab. Damit war für Napoleon der Augenblick gekommen, um mit seiner Flotte eilends Richtung Ägypten zu segeln.

Diese Angaben fand der Autor in gewisser Hinsicht bestätigt in David G. Chandlers Werk *The Campains of Napoleon*, New York 1966, S. 214–215.

6.8 Zhu Des Überraschungscoup

Am 1. August 1927 erhoben sich in Nanchang (Provinz Jiangxi) stationierte Truppen gegen das von Tschiang Kai-schek am 18. April 1927 in Nanjing gegründete Guomindang-Regime; sie bildeten die Keimzellen der Roten Armee. Teile der aufständischen Verbände marschierten unter dem Druck der Guomindang-Truppen in den Süden Chinas. Dort wurden vom Jinggangshan-Gebirge (Provinz Jiangxi) aus bis zum Jahre 1930 elf revolutionäre Stützpunktgebiete gegründet, u. a. in der Stadt Yongxin. Als diese von Guomindang-Truppen attackiert wurden, griff Zhu De (1886–1976), damals Befehlshaber der 4. revolutionären Bauernarmee, Gaolong (Provinz Hunan) im Westen an, um den Anschein eines Einfalls in Hunan zu erwecken. In der Folge zog sich die halbe Streitmacht der Roten Armee plötzlich von Gaolong zurück und marschierte in einem Gewaltmarsch 130 Meilen, vernichtete in Caoshi ein feindliches Regiment und nahm die Stadt Yongxin ein. Diesem Vorgehen von Zhu De liegt eine gekonnte Anwendung von «im Osten lärmen, im Westen angreifen» zugrunde, rühmt die «Volkszeitung» vom 2. August 1982.

6.9 Viermal Mao

Nicht weniger als viermal erwähnt Mao im ersten und zweiten Band seiner ausgewählten Schriften das Strategem Nr. 6. So schreibt er in seiner Abhandlung über den langwierigen Krieg (1938):

> «Wenn die vorzügliche Bedingung gegeben ist, daß die Volksmassen uns unterstützen und ein Durchsickern von Nachrichten verhindert werden kann, ist es oft möglich, den Gegner durch verschiedene Kriegslisten in eine schwierige Lage zu versetzen, in der er falsch urteilt und handelt, so daß er seine Überlegenheit und Initiative einbüßt...
> Ein Scheinmanöver im Osten vollführen, den Angriff aber im Westen unternehmen, das ist eine Methode, um den Gegner zu einer falschen Beurteilung zu verleiten.»

Und an einer anderen Stelle in derselben Abhandlung schreibt Mao:

> «Alles Gesagte bezieht sich auf Fehler, die der Gegner selbst gemacht hat und die ihm nicht von uns aufgezwungen worden sind. Wir können aber auch den Gegner absichtlich zu Fehlern verleiten, d. h. ihn durch geschickte und wirksame Schachzüge und mit Hilfe der eine Schutzwand bildenden organisierten Volksmassen in die Irre führen und zu falschen Beurteilungen veranlassen, so daß er operiert, wie wir es wollen. Man kann das beispielsweise erreichen, indem man ein Scheinmanöver im Osten vollführt, den Angriff aber im Westen unternimmt usw.»

In seiner Schrift «Strategische Probleme des Partisanenkriegs gegen die japanische Aggression» (1938) verkündet Mao:

> «Um den Feind zu täuschen, ihn in eine Falle zu locken oder irrezuführen, muß man häufig verschiedene Kniffe anwenden, beispiels-

> weise im Osten ein Scheinmanöver vollführen, während man im Westen den Angriff unternimmt...»

Und nun noch ein vierter Hinweis Maos auf das Strategem Nr. 6, vermittelt in seiner Abhandlung «Strategische Probleme des revolutionären Krieges in China» (1936):

> «Man muß bedenken, daß kein feindlicher Befehlshaber, wie klug er auch sein mag, imstande ist, im Laufe einer längeren Zeit keinen Fehler zu begehen... Der Gegner kann genauso Fehler machen, wie wir uns selbst manchmal verrechnen und dem Gegner dadurch eine günstige Gelegenheit bieten. Außerdem können wir Fehler des Gegners künstlich hervorrufen, indem wir z. B. das tun, was Sun Zi ‹Vorspiegelung› nannte (ein Scheinmanöver im Osten vollführen, den Angriff aber im Westen unternehmen), und dergleichen...»

6.10 Qiao Guanhuas UNO-Rede

Als Delegationsleiter der Volksrepublik China sagte der damalige chinesische Außenminister Qiao Guanhua auf der Plenarsitzung der 30. Tagung der UNO-Vollversammlung am 26. 9. 1975, offensichtlich im Hinblick auf die damals im Mittelpunkt des Weltinteresses stehenden sowjetisch-chinesischen Grenzspannungen:

> «Die beiden Supermächte, die USA und die Sowjetunion, ringen auf dem ganzen Erdball miteinander. Sie verstärken ihre Rivalität in Europa, im Mittelmeer, im Mittleren Osten, im Persischen Golf, im Indischen Ozean, im Pazifischen Ozean, im Atlantik, in Asien, Afrika und Lateinamerika. Der strategische Schwerpunkt ihrer Rivalität liegt in Europa. Der Sozialimperialismus [= die Sowjetunion] täuscht einen Angriff auf den Osten vor, in Wirklichkeit ist dieser jedoch gegen den Westen gerichtet.»

In derselben Rede sagt Qiao Guanhua:

> «Der Vorschlag der Sowjetunion auf ein Verbot der Herstellung von Waffen neuen Typs, die angeblich noch ungeheurer als Kernwaffen sind, hat nichts anderes zum Ziel, als die Aufmerksamkeit der Menschen vom Naheliegenden abzulenken, indem von weit entfernten Dingen geredet wird.»

Diese Argumentationsweise läßt ebenfalls das Strategem Nr. 6 aufleben, diesmal aber als rhetorische List: «Man lenkt die Aufmerksamkeit des Verhandlungspartners vom eigentlich drängenden Hauptproblem ab, indem man ein angeblich viel wichtigeres, in Wirklichkeit aber irreales anderes Problem aufbauscht.»

6.11 Kambodscha statt China

«Im Norden lärmen, aber im Westen angreifen», so lautete am 26. Oktober 1978 schon in der Artikelüberschrift der in Anlehnung an das Strategem Nr. 6 formulierte Vorwurf eines Reporters der *Renmin Ribao*. Vietnam male dauernd eine nördliche Bedrohung durch China sowie einen bevorstehenden Krieg Chinas gegen Vietnam an die Wand. In Wirklichkeit gehe es Vietnam nur darum, die Aufmerksamkeit des vietnamesischen Volkes von seiner Unzufriedenheit mit den durch die Aufrüstung der vietnamesischen Armee hervorgerufenen Schwierigkeiten sowie das Augenmerk der Weltöffentlichkeit vom bevorstehenden Feldzug Vietnams gegen Kambodscha abzulenken.

6.12 Jagd auf Chao Gai

In dem berühmten, aus dem Ende der Yuan- bzw. dem Beginn der Ming-Zeit (13., 14. Jhr.) stammenden Roman *Shui Hu Zhuan*, übersetzt mal mit «Die Räuber vom Liangshan-Moor», mal mit «Am Wassergestade», hatte Chao Gai mit sieben Kumpanen einer Soldaten-Eskorte die für einen hohen Würdenträger bestimmten Geburtstagsgeschenke im Werte von 1500 Käschschnüren abgeluchst. Darauf wurden 100 Mann unter den Inspektoren Zhu Tong und Lei Heng zur Verhaftung des Rädelsführers Chao Gai abkommandiert. Vor dessen Bauernhaus sagte Zhu Tong zu Lei Heng: «Es führen zwei Wege zum Haus, einer von vorne und einer von hinten. Wir teilen uns auf. Ich bewache den hinteren Ausgang und du den vorderen. Dann werden wir ‹im Osten lärmen, im Westen aber angreifen›. So werden sie alle auf einer Seite herauskommen, und wir können sie verhaften.»

In einer anderen Episode des Romans, den Johanna Herzfeldt sehr gut ins Deutsche übersetzt hat (Leipzig 1968), dient das Lärmen bald im Osten, bald im Westen dem Ziel, die Kräfte des Gegners zu erschöpfen. So begegnet das Strategem Nr. 6 sozusagen dem Strategem Nr. 4.

6.13 Lärm im Osten, Lärm im Westen

Qin Ming fluchte aus vollem Hals, ließ die Trommeln und Gongs schlagen und kommandierte: «Vorwärts! Es gilt einen Weg zum Gipfel zu finden!»

Der Gipfel des Berges der frischen Winde war der Hort einer Räubergruppe. Zu ihr stießen aber auch ehrenwerte Männer, die infolge des mangelhaften Rechtssystems im alten China als Opfer falscher Anklagen auf der Flucht vor den Behörden waren. Der General Qin Ming, ein Heißsporn, hatte den Auftrag erhalten, das Räubernest auszuheben.

«Mit wütendem Kampfgeschrei stürmten die Soldaten bergauf, das Fußvolk vornweg. Es ging steile Schluchten hinunter, jenseits wieder hinauf, über halsbrecherische Felsvorsprünge hinweg. Endlich näherten sich die ersten von ihnen – vierzig bis fünfzig Mann – dem Kamm und schauten in die Höhe. Da polterten von den Felsen über ihnen große Holzklötze und Steine mit donnerähnlichem Krachen auf sie herab; dazwischen wurden sie mit wahren Bächen von Kalkbrühe und heißem, stinkenden Unrat überschüttet. An ein Entweichen war nicht zu denken. Sie wurden zu Boden gedrückt und blieben hilflos liegen. Die Nachfolgenden machten schleunigst kehrt und suchten sich in Sicherheit zu bringen.

Außer sich vor Ärger sammelte Qin Ming die Mannschaften, denen die Rückkehr geglückt war, und zog mit ihnen in östlicher Richtung am Fuß des Berges entlang, um einen anderen Aufstieg zu suchen. Da ertönten auf dem Westhang Trommelwirbel; aus dem dichten Wald drängte sich eine Schar Räuber mit roten Fahnen heraus. In aller Eile führte Qin Ming Fußvolk und Reiterei westwärts – die Trommel verstummte, keine einzige rote Fahne war mehr zu sehen. Als er den Weg näher in Augenschein nahm, auf dem die Räuber gekommen und entschwunden waren, mußte er feststellen, daß es gar kein richtiger Weg war, sondern nur ein schmaler Steig, wie ihn etwa Holzsammler auszutreten pflegen, überdies war er mit abgebrochenen Ästen ungangbar gemacht worden.

Die Soldaten schickten sich gerade an, das Gestrüpp beiseite zu räumen, als ein Späher meldete, daß auf dem Osthang Trommelwirbel zu hören und rote Fahnen zu sehen wären. Wie vom Wind getragen, eilte Qin Ming mit Fußvolk und Reiterei ostwärts. Als sie anlangten, schwieg die Trommel, leuchtete keine rote Fahne. Die wenigen bergan führenden Pfade waren ebenfalls mit gefällten Bäumen und Gestrüpp versperrt.

Wieder kam ein Späher angerannt: Er hatte am Westhang laute Trommelwirbel gehört und rote Fahnen auftauchen sehen. Qin Ming galoppierte zurück: dieselbe Narretei!

Er knirschte vor Wut mit den Zähnen, als wolle er sie zu Staub zermalmen. Die ihm nachgeeilten Mannschaften standen erschöpft umher. Da – horch! Vom Osten her drangen deutlich anhaltende Trommelwirbel herüber... Kehrt – hin –: nichts zu hören und zu sehen...»

So wurden die Kräfte des Generals Qin Ming derart zermürbt, daß seine Niederlage unabänderlich war.

6.14 Zauberkunst

Zauberer schlagen bei ihren Vorführungen oft «im Osten Lärm, um im Westen anzugreifen». So lenken sie den Blick der Zuschauer in eine andere Richtung. Dort, wo das Publikum gerade nicht hinschaut, wird schnell und unbemerkt der Trick ausgeführt (Shanghai 1985).

6.15 Pingpong-Ball in Turmeshöhe

1977 wandten chinesische Tischtennisspieler das Strategem Nr. 6 in folgender Weise an: Zum Service warfen sie den Ball turmhoch in die Luft. Der Gegner verfolgte den Ball mit dem Blick nach oben und wurde so von der Schlagvorbereitung des Gegners abgelenkt. Hier ging es nicht um Osten und Westen, sondern um oben und unten, wobei das West-Ost-Verhältnis in der Kurzformel des Strategems Nr. 6 ohnehin meist bildlich zu verstehen ist.

Chinesische Sportkarikaturisten nehmen sich übrigens des Strategems Nr. 6 hier und da an. Ein Torhüter wird links durch einen abgefeuerten Stürmerschuh abgelenkt, während rechts der Ball ungehindert ins Tor trifft. (*Xin Hua Yuebao* – «Monatszeitschrift Neues China», Nr. 9/1981). Daß dieses Strategem, wenn auch nahezu sinnentleert, so doch mit einem Augenzwinkern betrachtet werden kann, zeigt eine Karikatur von Sun Zeliang in der *Tianjin Ribao* («Tianjiner Tageszeitung»): Der Federballspieler holt zum Schlag gegen den von vorne anfliegenden Ball weit nach hinten aus und trifft dort, Lärm erzeugend, den Kopf eines alten Spaziergängers. Die Bildunterschrift lautet kurz und bündig: «Im Osten lärmen, im Westen angreifen.»

Strategem Nr. 7

Aus einem Nichts etwas erzeugen

Die vier Schriftzeichen	無	中	生	有
Moderne chinesische Aussprache	*wu*	*zhong*	*sheng*	*you*
Übersetzung der einzelnen Schriftzeichen	nicht-seiend	in-mitten	entstehen/ erzeugen	seiend

Zusammenhängende Übersetzung

Aus dem Nichtseienden entsteht das Seiende; aus dem Nichts entsteht ein Etwas.
Aus einem Nichts etwas erzeugen.

Kerngehalt

a) Es wird das Trugbild einer Gefahr so inszeniert, daß der Gegner es durchschaut, worauf seine Aufmerksamkeit derart schwindet, daß er die später eintretende wirkliche Gefahr immer noch für das Trugbild hält und ihr ohne Gegenwehr zum Opfer fällt.
b) Vorteilsgewinn, Erzielung eines Gesinnungswandels bzw. einer Wirklichkeitsveränderung durch das Vorgaukeln eines Trugbildes.
c) Etwas aus der Luft greifen; etwas Erfundenes als Tatsache ausgeben; Gerüchtefabrikation; Verleumdungs-/Lügenkampagne; Diffamierungstaktik; aus einer Mücke einen Elefanten machen; Aufbauschungsmanöver.
Kreator-Strategem.

Die Kurzformel wurzelt im 40. Kapitel des Buches *Daodejing*, das dem chinesischen Philosophen Lao Zi (angeblich 6./5. Jh. v. Chr.) zugeschrieben wird. Es heißt hier:

> «Die Dinge in der Welt entstehen aus dem Seienden, das Seiende entsteht aus dem Nichtseienden.»

Das heißt: Jedes Ding war, bevor es entstand, inexistent, ersteht also gewissermaßen aus dem Nichts.

Es ist hier indes nicht der Ort, diese Sätze weiter zu erläutern und tiefer in die Gefilde des philosophischen Daoismus einzudringen. In diesem Zusammenhang ist bemerkenswert, daß das im Westen meist nur tiefgründig-philosophisch gedeutete Werk *Daodejing* seit der Tang-Zeit (618–907) bis in unsere Tage in China immer wieder als Militärtraktat angesehen wurde mit der Begründung, daß etwa 20 der insgesamt 81 Kapitel in verschleierter philosophischer Form militärische Fragen behandeln und daß auch die übrigen Kapitel Zeugnis von einem militärisch geprägten strategischen und taktischen Denken ablegen. Das Werk *Daodejing* «ist ein Militärtraktat, das die Kriegserfahrungen der Frühlings- und Herbstzeit und des Zeitalters der Kämpfenden Reiche verallgemeinert... Es überträgt die Militärphilosophie auf jeden Bereich von Natur und Gesellschaft.» So die in China selbst nicht unbestrittene Deutung in einer Lao-Zi-Ausgabe, Shanghai 1977.

Das Strategem Nr. 7 kann, wie unter der Rubrik Kerngehalt aufgeschlüsselt ist, auf drei verschiedenen Ebenen wirken.

7.1 Strohpuppen statt Soldaten

Zur Zeit der Tang-Dynastie, im Jahre 756 n. Chr., rebellierte der Militärgouverneur An Lushan (gest. 757 n. Chr.) in der Gegend des heutigen Peking. Zu den Aufständischen gehörte auch der General Ling Huchao. Er belagerte die Stadt Yongqiu. Der die Stadt mit einer geringen Zahl von Soldaten und Waffen verteidigende kaisertreue General Zhang Xun (709–757) befahl seiner Truppe, etwa 1000 mannsgroße Strohpuppen herzustellen, mit schwarzen Gewändern zu bekleiden, an Stricken zu befestigen und während der hereinbrechenden Nacht außen an den Stadtmauern hinuntergleiten zu lassen. Die aufständischen Soldaten, die die Stadt belagerten, wähnten, es handle sich um Soldaten, die die Stadtmauer herunterkletterten. Ein Hagel von Pfeilen prasselte auf die Strohpuppen nieder. Zhang Xun ließ die Strohpuppen wieder hochziehen und erbeutete so mehrere tausend Pfeile.

Wenig später ließ Zhang Xun echte Soldaten die Stadtmauern hinunterklettern. Ling Huchao und seine Leute glaubten, der Gegner wolle wieder mit Hilfe von Strohpuppen Pfeile erbeuten. Daher reagierten sie diesmal mit höhnischem Gelächter. Irgendwelche Vorbereitungen zum Kampfe trafen sie nicht. Die 500 Mann starke Freiwilligentruppe des

Zhang Xun überfiel blitzartig das Lager des Ling Huchao, setzte die Zelte in Brand, tötete einen Teil der Belagerer und trieb den Rest in alle Himmelsrichtungen.

7.2 Aus dem Korea-Krieg

Für das Strategem Nr. 7 bringt ein in Peking 1987 erschienenes Buch über die 36 Strategeme folgendes Beispiel: Während des Korea-Krieges tobte vom 8. Oktober bis 25. November 1952 die Schlacht auf dem Sanggamryong-Berg. Die USA setzten auf einer Kampffläche von 3,7 qkm etwa 60000 Mann ein und warfen viele tausend Bomben ab, durch deren Sprengkraft der Berg um zwei Meter niedriger wurde. Schließlich mußten sich die chinesischen Soldaten, die den Berggipfel hielten, in Tunnels zurückziehen. Dort versuchten die Gegner, sie auszuräuchern und zu vernichten.

Eines Nachts nutzte eine chinesische Kompanie die Müdigkeit der Amerikaner aus. Sie warfen in Richtung des geplanten Vorstoßes leere Konservenbüchsen und andere laut tönende Gegenstände. Anfänglich reagierten die Gegner sehr wachsam auf jeden Laut und schossen sofort auf die Stellen, wo der Lärm herkam. So verfuhren die Chinesen dreimal hintereinander. Schließlich war die Wachsamkeit der Amerikaner geschwunden. Jetzt verließ ein kleiner chinesischer Stoßtrupp schnell den Tunnel und sprengte zwei etwa 20 Meter vom Tunneleingang entfernte feindliche Bunker in die Luft. Als die Amerikaner den Vorgang erfaßt hatten, war der chinesische Stoßtrupp bereits wieder sicher in den Tunnel zurückgekehrt.

In militärischer Hinsicht geht es beim Strategem Nr. 7 darum, Fiktion und Realität miteinander zu verknüpfen und aus der Fiktion plötzlich Realität werden zu lassen. Das ‹Nichts› ist in diesem Fall ein Trugbild, das den Feind verwirren soll, das ‹Etwas› die wirkliche Absicht, die hinter dem Trugbild verborgen wird und plötzlich aus diesem hervortritt zu einem Zeitpunkt, an dem der Gegner noch glaubt, ein Trugbild vor sich zu haben. Hier tritt gewissermaßen aus dem ‹Nichts› ein ‹Etwas› hervor.

Nach einem anderen Verständnis von Strategem Nr. 7 kann aus dem ‹Nichts› – dem Trugbild – ein ‹Etwas› geradezu erzeugt werden. Hierzu die folgenden beiden Beispiele.

7.3 Die Riesenarmee der Zürcherinnen

Im Sommer 1292 belagerte der habsburgische Herzog Albrecht die Stadt, nachdem er die Zürcher bei Winterthur empfindlich geschlagen hatte. Es ging um die Stellung Habsburgs in den aufmüpfigen Schweizerlanden. Nach einem bedrohlichen Ansturm auf das Oetenbach-Bollwerk war die Kapitulation Zürichs nur noch eine Frage der Zeit. Da traten die Zürcherinnen in die Bresche. «Mit Trommeln und Pfeifen» zogen sie bewaffnet auf den Lindenhof und stellten sich so auf, «als ob es Tausende wären». Albrecht, der auf einen leichten Sieg gegen die schwer dezimierten Zürcher hoffte, ließ sich täuschen und brach die Belagerung ab.

Durch die raffinierte Aufstellung auf dem Lindenhof gaukelten die Zürcherinnen die immense Wehrhaftigkeit Zürichs vor. Aus einem Nichts, dem Trugbild, erschufen sie das ‹Etwas›, den gegnerischen Abzug.

Die Geschichte ist vielleicht zu schön, um wahr zu sein, gibt der Kenner der Zürcher Geschichte Walter Baumann zu bedenken («Zürich auf dem Lindenhof», in: Turicum, Zürich 1982). Erzählt wurde sie erstmals um 1340 vom Predigermönch Johannes von Winterthur. In wortreichen Schilderungen berichtete er vom Feldzug Albrechts, der sein Heer dann von Zürich aus in die Innerschweiz führte. Doch Johannes hatte einen großen Teil seiner Chronik mit nur anderen Namen aus der Bibel abgeschrieben. Der Bericht über die Vorkehrungen der Schwyzer gegen das anrückende Heer findet sich im vierten Kapitel des Buches Judith: Das Volk Israel erwartet den Angriff des assyrischen Feldherrn Holofernes. Es ist sehr wohl möglich, daß Johannes auch die Episode der wehrhaften Bürgersfrauen in irgendeiner antiken Quelle gefunden hat. *Se non è vero, è ben trovato!*

7.4 Hannibals Ochsenarmee

Als Hannibal 217 v. Chr. mit seinem Heer vom Römer Fabius, dem ‹Zauderer›, in einem tiefen Tal in einen Hinterhalt gelockt worden war, befreite er sich durch ein ‹feuriges› Strategem. Er ließ in der Nacht 2000 Ochsen Reisigbündel an die Hörner binden, das Holz anzünden und die Ochsen so gegen die Römer treiben. Die glaubten, das ganze Heer der Karthager sei gegen sie im Anmarsch, und gerieten in Verwirrung. Hannibal aber konnte sich dabei mit seinen Soldaten aus der Schlinge ziehen. (Nach Gottfried Schädlich: «Kriegslist gestern und heute», 2. Aufl., Herford/Bonn 1979)

Über 2000 Jahre später täuschte Generalfeldmarschall Rommel bei den kriegerischen Auseinandersetzungen in Nordafrika während des Zweiten Weltkrieges den Feind durch auf Volkswagen montierte Panzerattrappen und ließ wenige Fahrzeuge mit Schleppen gewaltige Staubwolken in der Wüste aufwirbeln, um Bewegungen starker Kräfte vorzuspiegeln. (A. a. O.)

Viel List und Wendigkeit bei seinen Operationen zeigte der talentierte sowjetische Heerführer W. I. Tschapajew. Hier eines der charakteristischen Beispiele Tschapajewscher Kriegslist: Einmal befand sich Tschapajew mit einer Schwadron Kavallerie auf Aufklärung. Es sollte festgestellt werden, ob das benachbarte Dorf von den Weißgardisten besetzt sei. Dem war noch nicht so, aber die Spitzen der Weißgardisten befanden sich bereits in unmittelbarer Nähe des Dorfes. Der Weg der Schwadron Tschapajews führte über einen kleinen Hügel, der zum Dorf hin abfiel.

Als die Schwadron auf diesem Hügel erschien, wurde sie von den Weißgardisten bemerkt und beschossen. Beim Abstieg in das Dorf entzog sich die Schwadron den Blicken der weißgardistischen Beobachter. Tschapajew erkannte, daß nur ein kleiner Teil des Weges von den Weißgardisten eingesehen werden konnte, und befahl der Schwadron, nach der Seite abzubiegen und noch einmal über den Hügel zu reiten. Die Weißgardisten hielten die Schwadron für eine zweite. Tschapajew befahl der Schwadron, sich noch einige Male dem Gegner zu zeigen. Während ein und dieselbe Schwadron immer wieder über den Hügel zog, nahmen die Weißgardisten an, daß sich eine ganze Kavalleriedivision zum Angriff formiere, und zogen sich kampflos zurück. (Aus: «Kriegslist und Findigkeit», übersetzt aus dem Russischen, Verlag des Ministeriums für nationale Verteidigung, Berlin–DDR 1956.)

Während des Zweiten Weltkrieges erhielt «einmal eine Pioniereinheit unter Führung des Hauptmanns Gozeridse den Auftrag, schnell eine Straße, auf der eine starke feindliche Gruppierung ihren Nachschub heranholte, zu verminen. Im Bataillon waren zu diesem Zeitpunkt gerade keine Minen mehr vorhanden; und warten, bis welche herbeigeschafft waren, hieße, den Befehl nicht rechtzeitig ausführen.

Gozeridse befahl, Schilder mit der deutschen Aufschrift ‹Achtung, Minen!› anzufertigen. Nachts schlichen die sowjetischen Pioniere durch die Linien des Gegners und stellten diese Schilder auf die Straße. Am Morgen sah der sowjetische Beobachter, wie die Faschisten ihre Fahrzeuge anhielten, aufmerksam und ängstlich die Aufschriften der Schilder lasen und offenbar Angst hatten, näher heranzutreten. Der Verkehr war aufgehalten. Auf der Straße staute sich eine Unmenge feindlicher Fahrzeuge mit verschiedenen Ladungen. Die sowjetischen Artilleristen, mit denen Gozeridse vorher alles besprochen hatte, überraschten die faschistischen Truppen mit einem heftigen Feuerüberfall und fügten dem Gegner große Verluste zu.» (A. a. O.)

Bei Staraja Russja verlief die sowjetische Hauptkampflinie an einem Waldrand. Um den Gegner zu beobachten, mußten die sowjetischen Soldaten auf die Kiefern klettern. Diese begannen durch das Körpergewicht hin und her zu schwanken, was durch die unbewegten Bäume im Hintergrund sofort auffiel. Der Gegner merkte, was hier vor sich ging, und eröffnete auf die sich bewegenden Kiefern das Feuer. Die sowjetischen Soldaten versuchten, das Schwanken der Kiefern zu vermeiden, aber das war praktisch unmöglich. Da entschloß sich der Zugführer, Leutnant Lebedew, den Gegner zu täuschen. Er befahl den Soldaten, an den Wipfeln der Kiefern Seile zu befestigen und diese in die Gräben zu ziehen. Das geschah nachts; am Morgen begannen die Soldaten, an den Seilen zu ziehen und die Kiefern zu schütteln. Die faschistischen Soldaten nahmen die schwankenden Kiefern unter Maschinengewehrfeuer. Sobald das Maschinengewehr schwieg, fingen die sowjetischen Soldaten wieder an, die Kiefern zu schütteln, und von neuem eröffnete der Gegner das Feuer. Das ging so weiter bis zum Mittag. Erst dann merkten die faschistischen Soldaten, daß man sie zum Narren hielt, und stellten das Feuer ein. Jetzt konnten die sowjetischen Beobachter diese Kiefern ruhig als Beobachtungspunkte benutzen, denn die faschistischen Soldaten beschossen sie in der Folgezeit nicht mehr. (A. a. O.)

7.5 Kraft durch Aberglauben

Chen Sheng (gest. 208 v. Chr.), ein Bauernaufständischer am Ende der Qin-Zeit (221–206 v. Chr.), versuchte, mit geisterhaften Machenschaften die Moral seiner Gefolgsleute zu heben. So ließ er heimlich ein Tüchlein mit der Aufschrift «König Chen Sheng» in das Innere eines Fisches stecken. Es sollte beim Essen des Fisches entdeckt und als Zeichen des Himmels gedeutet werden. Ferner ließ er als Gespenster verkleidete Männer mitten in der Nacht rufen «Chen Sheng wird König». Das bewog einige abergläubische Leute, sich seiner Armee anzuschließen.

7.6 Der weiße Himmelskaiser

Von Liu Bang (geb. um 250, gest. 195 v. Chr.), dem Begründer der Han-Dynastie (206 v.–220 n. Chr.), berichtet Sima Qian (geb. um 145 v. Chr.), er habe noch in der Zeit, als er ein kleiner Wachtmeister war, eine Schlange getötet, die den Weg versperrte. Später sahen Vorübergehende dort eine weinende alte Frau sitzen. Sie jammerte, ein Mann habe ihren Sohn getötet. Ihr Sohn sei der Sohn des weißen Himmelskaisers: Dieser habe sich in eine Schlange verwandelt, die hier den Weg versperrte. Plötzlich sei dann die Frau verschwunden gewesen.

Der «weiße Himmelskaiser» war eine Gottheit, die von der zu jenem Zeitpunkt noch herrschenden Qin-Dynastie verehrt wurde. In einem Hongkonger und Taipeher Strategembuch wird dieser Vorfall vom Standpunkt des Strategems Nr. 7 aus gedeutet: Liu Bang benutzte diese Geschichte – aus heutiger Sicht abergläubischen Spuk – dazu, sich als kommenden Bezwinger der Qin-Dynastie und als Begründer einer neuen Dynastie aufzubauen. Tatsächlich ging Liu Bang als erster Kaiser der Han-Dynastie in die Geschichte ein.

Denkbar ist auch die folgende Variante dieses altchinesischen Politspuks: Ein bereits feststehendes, von einer Clique beschlossenes Vorhaben wird von einem manipulierten ‹Propheten› angekündigt. Wenn dann das insgeheim vorausgeplante Ereignis tatsächlich eintritt, erscheint es jedermann als eine göttliche Fügung, die ohne jeglichen Widerspruch voller Demut hingenommen wird.

7.7 Vietnamesische Baum-Flugblätter

Das Signal für den zehnjährigen vietnamesischen Widerstandskrieg (1418–1428) gegen die chinesische Ming-Dynastie (1368–1644) war der Aufstand von Lam Sởn (in der heutigen zentralvietnamesischen Provinz Thanh-Hóa), angeführt von Lê-Lợi (gest. 1433), einst ein reicher Bauer. Sein wichtigster Ratgeber war Nguyễn-Trãi (1380–1442), ein «Gelehrter, Schriftsteller, Stratege und Staatsmann» (Pierre-Richard Féray). Seine Kampfschrift *Bình Ngô dại-cáo* («Große Proklamation über die Niederschlagung der Ngô» [= despektierliche Bezeichnung für ‹Chinesen›]) weist ihn als einen hervorragenden Kenner der altchinesischen Militär- und Strategemkunde aus. Ihm galt die «Gewinnung der Herzen» der vietnamesischen Bevölkerung als ebenso wichtig wie die «Eroberung der feindlichen Zitadellen». So maß er der Propaganda und Agitation einen hohen Stellenwert zu. Dabei bediente er sich – so berichtet die Anekdote – auch des Strategems Nr. 7. Auf Baumblätter hieß er in feinsten Strichen die Prophezeiung kritzeln: «Lê-Lợi wird der König und Nguyễn-Trãi sein Minister sein.»

Um diesen Sinngehalt zu vermitteln, genügten nur einige wenige der damals in Vietnam gebräuchlichen chinesischen Schriftzeichen. Diese waren nun aber nicht mit Tusche gemalt, sondern mit Schweineschmalz geschrieben worden. Ameisen zernagten die fetten Stellen, so daß die Botschaft gleichsam in die Blätter hineingelocht wurde, die die Wasserläufe in alle Himmelsrichtungen trugen. Den Vietnamesen erschienen die im Wasser treibenden Baumblätter mit der ausgenagten Botschaft als siegverheißende Himmelszeichen, und sie kämpften mit noch höherer Moral gegen die ausländischen Besatzer, die im Jahre 1428 endgültig vertrieben wurden.*

Ein weiteres Beispiel stammt aus dem Buch *Zhan Guo Ce* («Strategeme der Kämpfenden Reiche»), der größten Sammlung von Erzählungen über berühmte Persönlichkeiten, Fabeln und historischen Anekdoten aus der Zeit vor der Han-Dynastie (vor 206 v. Chr.).

7.8 Die Reise nach Jin

Im Zeitalter der Kämpfenden Reiche (475–221 v. Chr.) gab es zahlreiche fahrende Politiker. Sie reisten in China von Land zu Land, um ihre Weisheiten zu verkünden und einen Herrscher zu finden, der sie in Dienst nahm. Dazu zählte auch Zhang Yi (gest. 310 v. Chr.) aus dem Staat Wei. Er erwarb sich Ruhm vor allem als Reichskanzler von Qin. Auf seiner Wanderschaft gelangte er einst in den Staat Chu. Hier lebte er in größter Armut. Seine Begleiter wurden zornig und wollten ihn verlassen. Zhang Yi vertröstete sie: «Wartet, bis ich mit dem König gesprochen habe.» Der König gewährte ihm eine Audienz, zeigte sich aber wenig huldvoll. Auf Zhang Yis Wunsch hin gestattete ihm der König die Weiterreise nach Jin. Zhang Yi fragte:

«Wünscht sich der Herrscher nichts aus Jin?»

«Gold, Perlen und Elfenbein gibt es genug in Chu. Ich habe keine Wünsche.»

«Hat der König nicht schöne Frauen gern?»

* Vgl. Vu Can: *Un grand stratège du peuple*, in: Europe, Revue littéraire mensuelle, No. 613, Paris, Mai 1980, S. 71.

«Wieso?»

«Weil dort die Frauen schön wie Göttinnen sind.»

«Chu ist ein abgelegenes Land. Noch nie habe ich die schönen Frauen dort gesehen. Wie sollte ich da kein Interesse hegen?»

Mit der Bitte, ihm solche Frauen zu beschaffen, schenkte der König Zhang Yi Perlen und Jade.

Die beiden Lieblingsfrauen des Königs erfuhren davon, und zwar nach einem Hongkonger Strategembuch nicht ohne das Dazutun Zhang Yis, erschraken und ließen ihm 1500 Kättis Gold zukommen, wohl in der Hoffnung, daß ihnen die Schmach erspart bleibe, von fremdländischen Frauen verdrängt zu werden.

Vor der Abreise bat Zhang Yi darum, dem König zum Abschied noch einmal zutrinken zu dürfen. Der König willigte ein und reichte ihm den Trank. Nach einer Weile bat Zhang Yi den König, jene, mit denen er gewöhnlich tafele, herbeizurufen, damit er ihnen ebenfalls zutrinken könne. Darauf rief der König seine beiden Lieblingsfrauen herbei. Als Zhang Yi sie sah, warf er sich vor dem König auf den Boden: «Ich habe Euch belogen und verdiene den Tod», rief Zhang Yi.

«Wieso?» fragte der König.

«Ich bin durch das ganze Reich gereist und habe nirgends so schöne Frauen getroffen wie diese. Wenn ich versprach, Euch allerschönste Frauen zu bringen, habe ich also gelogen.»

«Dir ist verziehen», sagte der König. «Ich war immer schon der Überzeugung, daß diese beiden Frauen die schönsten unter der Himmelskuppel seien.»

Die angesagte Reise nach Jin und das Versprechen, dort himmlisch schöne Frauen zu beschaffen, sind leere Versprechungen, sind das ‹Nichts›. Die Geschenke an Gold und Juwelen sowie das Wohlwollen des Königs sind das ‹Etwas›, das aus diesem ‹Nichts› erzeugt wurde.

Im folgenden Beispiel ist das ‹Nichts› ein falscher Mord und das ‹Etwas› die Ehre eines verfemten Bruders.

7.9 Gattenbelehrung durch Hundemord

So heißt ein Drama aus der Yuan-Zeit (1271–1368). Hier eine Zusammenfassung seines Inhalts:

Der Hofrat Sun Hua wird von zwei Zechbrüdern gegen seinen jüngeren Bruder Sun Rong, einen ehrenwerten, nur seinen Studien lebenden Mann, aufgehetzt und jagt ihn aus dem Hause. Dieser findet Unterkunft in einer Hütte bei einem stillgelegten, verfallenen Ziegelofen und muß kümmerlich mit Betteln sein Leben fristen. Alle Vorhaltungen der Frau des Hofrats und auch die eines 93 Jahre alten Dieners vermögen den Hofrat nicht zu überzeugen, daß sein Bruder schuldlos und alles nur Verleumdungen der Zechkumpane seien.

Da versucht es die Frau des Hofrats mit dem Strategem Nr. 7. Eine Nachbarin ist Mieterin eines Grundstückes, das dem Hofrat gehört. Die Frau des Hofrats veranlaßt diese Nachbarin, die freilich zuerst heftig widerstrebt, ihren Hofhund zu töten. Den blutenden Tierkadaver hüllen sie in Männerkleidung und legen ihn abends nach Dunkelheit in das Haustor. Als der Hofrat nach einer Zusammenkunft mit seinen Kumpanen bezecht heimkommt und in der Dunkelheit den blutigen Leichnam gewahrt, erschrickt er und fürchtet, des Mordes angeklagt zu werden. Sofort sucht er seine beiden Zechgesellen auf, die ihm Unterstützung in allen Lebenslagen geschworen haben, und bittet sie, ihm behilflich zu sein, die Leiche fortzuschaffen und zu vergraben. Doch die Zechgesellen machen Ausflüchte, der eine mit Herzbeschwerden, der andere mit Hüftweh, und schlagen dem bittenden Hofrat sogar ihre Türen vor der Nase zu.

Nach Hause zurückgekehrt, wird der Ratlose von seiner Frau überredet, den jüngeren Bruder um Hilfe zu bitten. Das Ehepaar begibt sich gemeinsam zu ihm. Er kommt auch mit, schleppt den vermeintlichen Leichnam in nächtlicher Dunkelheit zur Stadt hinaus und vergräbt ihn im Sande des Flusses. Dem Hofrat geht ein Licht über seine ‹Freunde› auf. Er versöhnt sich mit dem Bruder und nimmt ihn wieder auf. Als die Zechgesellen den Hofrat aufs neue umgarnen wollen, weist er sie ab. Dem einen sagt er, er habe Herzweh, dem anderen Hüftschmerzen. Wütend erstatten die beiden gegen den Hofrat und seinen Bruder eine Anzeige wegen Mordes mit Beseitigung der Leiche. In der Gerichtsverhandlung erscheint als Entlastungszeugin die Frau des Hofrats. Der vermeintliche Leichnam wird ausgegraben und damit die Unschuld erwiesen. Dafür aber werden die beiden Zechkumpane bestraft. Der Fall wird dem Hof berichtet. Dieser bestätigt das Urteil gegen die Kläger zur Bestrafung mit dem Holzkragen und zur Verbannung an die Grenze. Der Bruder des Hofrats aber erhält wegen seiner Brudertreue einen Amtsposten.

7.10 Gattinnenbelehrung durch Muttermord

Kuang Qi Ji – «Strategem zur Irreführung der Gattin» – so lautet der Originaltitel der im folgenden zusammengefaßten Kurzgeschichte von Yu Hengxiang, erschienen im Novellenband *Yibai ge Chengxin* – «Hundert Zufriedenheiten» (Shanghai, 1983).

In der Qingshan-Brigade lebte eine vierköpfige Familie, und zwar die Mutter Wang, ihr Sohn Herr Wang, dessen Frau Zimtblume und ein Söhnchen. Herr Wang arbeitete in der Landwirtschaftsmaschinenfabrik des Kreises. Das Verhältnis zwischen Mutter Wang und Schwiegertochter Zimtblume glich der Beziehung zwischen einer positiven und einer negativen elektrischen Ladung am Himmel. Kaum trafen sie zusammen, zuckten die Blitze, dröhnten die Donnerschläge und prasselte der Regen wie aus Kannen. Immer wieder gab es große Kräche und täglich Streitereien. Noch im Tod würden sie mit den Köpfen gegeneinander anrennen.

Eines Tages fiel das Söhnchen zu Boden und begann laut zu heulen. Oma Wang wollte es aufheben, streckte schon die Arme aus, hielt dann aber inne. Denn es fiel ihr ein, daß Zimtblume sie vor einigen Tagen in der gleichen Situation beschuldigt hatte, sie habe das Kind umgestoßen. Gerade als Oma Wang hin und her überlegte und nicht ein noch aus wußte, erschien Zimtblume und keifte: «Derart schlimm hingefallen ist das Kind, und trotzdem weißt du ihm keine Hilfe. Du wärst wohl erst dann glücklich, wenn es sich zu Tode stürzen würde.»

Kaum hatte die Schwiegertochter den Mund geöffnet, da zeigte sich auch die Schwiegermutter nicht von ihrer scheuen Seite. Es kam, wie es kommen mußte. Die Lippen verwandelten sich in Gewehre und die Zungen in Schwerter, verfaultes Kraut und verdorbene Rüben, alles wurde aufgetischt.

Gerade in diesem Augenblick kehrte Herr Wang aus der Stadt zurück. Gewöhnlich kam er sehr selten heim. Denn jedesmal glich er einer Maus, die in einen Blasebalg geriet: Wind von beiden Seiten. Kaum erblickten ihn seine Mutter und seine Frau, da floß gleichsam Öl ins Feuer ihres Streites. Beide Frauen rannten zu ihm. Oma Wang sagte unter Tränen und mit triefender Nase:

«Du bist mein Sohn. Einen Satz möchte ich heute von dir hören, und zwar auf meine Frage: Soll ich eigentlich noch weiterleben?»

Zimtblume ihrerseits sagte tränenden Auges und tropfender Nase:

«Du bist ein Muttersohn. Wie immer man es dreht, ich, die Fremde, bin hier nur das fünfte Rad am Wagen. Am besten ist es wohl, ich lasse mich von dir scheiden.»

Herr Wang preßte seine Lippen zusammen und sagte kein Wort. Er wußte, daß so, wie die Dinge standen, die eine Stellungnahme so unersprießlich wie die andere gewesen wäre. Hier galt: Wenig ist besser als Viel, Nichts ist noch besser als Wenig. So mimte er kurzerhand den Stummen. Den ganzen Nachmittag hielt der Streit zwischen den beiden Frauen an.

Erst am Abend ging Oma Wang, der die herbeigeeilten Nachbarn gut zugeredet hatten, schluchzend in ihr Zimmer. Zimtblume dachte sich insgeheim: Diesmal will ich aber aufs Ganze gehen. Wenn mir erst einmal der Gatte klein beigibt, dann hat die Alte nichts mehr zu bestellen.

Sobald die Nachbarn fort waren, begann sie daher wieder, zum Himmel empor zu jammern und mit ihrem Kopf auf den Erdboden zu schlagen. Sie setzte alles in Bewegung, um ihren Mann zu zwingen, Farbe zu bekennen. Dieser saß da und gab keinen Laut von sich. Schließlich sagte er zähneknirschend:

«Nun gut. Weine nicht mehr. Diesmal bin ich entschlossen, den Fall von Grund auf zu lösen.»

«Wie denn?»

Er antwortete leichthin:

«Ich habe nach links gedacht und nach rechts überlegt. Es gibt nur einen Weg. Meine Mutter ist ja doch auch nicht mehr die Jüngste. Ich möchte jetzt eine Gelegenheit suchen, um sie umzubringen und so den endlosen Zank zu beenden.»

Als Zimtblume dies hörte, rieselte ein kalter Schauer über ihren Rücken. Ihre Augen glotzten wie zwei elektrische Birnen. Herr Wang sagte:

«Wirklich, ich habe es mir viele Male überlegt. Es gibt für unsere eheliche Eintracht nur diesen einen Weg.»

Als Zimtblume merkte, daß es ihrem Mann ernst war, dachte sie sich: «Tatsächlich, je früher die Alte stirbt, um so besser.» Doch sie einfach so umzubringen, das war ihr nun doch nicht ganz geheuer. So fragte sie ihren Gatten:

«Wenn es entdeckt wird, was dann?»

Herr Wang nickte und entgegnete:

«Richtig. Jetzt sind deine Beziehungen zu ihr äußerst gespannt. Wenn wir sie jetzt umbringen, dann wird der Verdacht auf uns fallen. Wollen wir unbemerkt von Göttern und Gespenstern vorgehen, müssen wir ein Schauspiel aufführen.»

Er verlangte nun von Zimtblume, daß sie erstens morgen in aller

Frühe zur Mutter gehen und sich bei ihr entschuldigen solle; daß sie diese zweitens von morgen an herzlich behandeln und bei jedem Zusammentreffen anlächeln und begrüßen solle; und daß sie drittens von morgen an unter allen Umständen jeden Streit und jeden versteckten Spott und Hohn unterlassen müsse. Zimtblume erwiderte darauf kein Wort. Schließlich sagte er noch, er werde von morgen an für zwei Monate beruflich aus dem Hause sein. Er hoffe, daß sie sich an seine Worte halte. Unbedingt müsse sie durchhalten, bis er zurückkomme. Nur wenn eine solche Zeitspanne durchlaufen sei, werde bei allen Nachbarn der Eindruck erweckt, sie und die Mutter lebten nun in Frieden miteinander. Bei seiner Heimkehr werde er sie dann in aller Ruhe umbringen. Niemand werde dann noch Verdacht schöpfen.

Was nun Mutter Wang betraf, so lag sie an jenem Abend auf ihrem Bett, drehte sich ein ums andere Mal herum und konnte nicht einschlafen. Als am anderen Morgen der Himmel zu dämmern begann und sie gerade aufstehen wollte, wurde die Zimmertüre geöffnet, und es kam jemand herein. Als sie sich umwandte, zuckte sie unwillkürlich erschrocken zusammen. Es war Zimtblume. Was wollte sie hier? Mutter Wang verspürte von Kopf bis Fuß eine Gänsehaut.

Doch dann hörte sie «Mama» rufen. Zimtblume näherte sich ihrem Bett und sprach:

«Gestern war ich im Unrecht und habe dich erzürnt. Mein Mann hat mir eine Gardinenpredigt gehalten. Jetzt komme ich, um meinen Fehler einzugestehen und mich zu entschuldigen. Und hier bringe ich dir noch eine Schale Hühnereisuppe. Ich habe sie soeben gekocht. Iß sie schnell, solange sie noch warm ist. Sie mag dazu beitragen, deinen Ärger zu beschwichtigen. Später werde ich dir das Frühstück bringen, Mama.»

Mit diesen Worten verließ sie das Zimmer. Wie schwer war doch der erste Auftritt in ihrem Schauspiel. Ihr Herz pochte wie wild, auf ihrem Gesicht brannte es wie Feuer, am ganzen Körper verspürte sie kalten Schweiß, und ihre Beine wurden so weich, daß sie fast hinfiel.

Mutter Wang glaubte zu träumen. Denn sie hörte erst zum zweitenmal seit der Hochzeit ihres Sohnes vor acht Jahren das Wort ‹Mama› aus Zimtblumes Mund. ‹Altes Weib› und ‹Verreckte Alte› waren ihre üblichen Anreden gewesen. Und zu allem hatte ihr Zimtblume auch noch einen Leckerbissen gebracht. Gestern noch wie eine Donnerhexe, heute wie Guanyin, die buddhistische Göttin der Barmherzigkeit. Hatte sie etwa die Lippen mit Honig bestrichen und hielt sie in ihrem Herzen Arsenik verborgen? Hatte sie die Suppe vielleicht vergiftet? Sollte sie damit getötet werden?

Mutter Wang nahm sich im ersten Augenblick vor, die Suppe dem Hund zu geben. Doch nach einer Weile sagte sie sich: «Ich bin schon sechsundsechzig Jahre alt. Da ist es besser, gleich zu sterben, als dieses Leben weiter zu ertragen.»

Und in einem Zug verschlang sie die Suppe. Dann legte sie sich in ihren besten Kleidern aufs Bett und wartete auf die Magenschmerzen und auf den Tod.

Sie wartete vergeblich. Doch wider Erwarten fühlte sie sich immer wohler. Und dann kam Zimtblume, begrüßte sie wieder sanft mit der Anrede ‹Mama› und brachte ihr eine Schale Reisschleim. Ohne Zaudern setzte sich Frau Wang auf, nahm die Speise, aß sie und legte sich wieder hin. So lag sie einen halben Tag lang ohne Schmerzen und Schwindelanfälle. Im Gegenteil, ihr Geist wurde immer lebendiger. Nun begann sie sich wirklich zu wundern.

Am Mittag erhob sich Mutter Wang und begab sich in die Küche. Mit Staunen nahm sie wahr, daß ihr kleiner Kochherd verschwunden war. Dagegen dampften Reis und Gemüse, frisch gekocht, auf dem Tisch. Da kam auch schon Zimtblume herbei:

«Mama, bisher war ich nicht gut zu dir und habe dich dauernd erzürnt. Von heute an wollen wir gut zueinander sein.»

Sie sagte es und zog Mutter Wang zu dem für beide gemeinsam gedeckten Tisch.

Von nun an hieß es bei Zimtblume ‹Mama› hier und ‹Mama› dort. Ihr Mund war süß, und ihre Hände rührten sich flink zum Wohle von Mutter Wang, der es bald ganz warm ums Herz wurde. Für Zimtblume war es nur ein Spiel. Doch Mutter Wang nahm es ernst. Sie dachte sich, wenn die Schwiegertochter mich gut behandelt, bin ich auch gut zu ihr.

Wenn jetzt Zimtblume von der Produktionsgruppe heimkam, stand schon das Essen bereit, befand sich das Söhnchen in bester Verfassung, und es waren auch schon die Schweine gefüttert. Zimtblume mußte jeden Morgen um halb fünf aufstehen, erschien dann aber wegen der vielen zu verrichtenden Dinge nicht immer pünktlich zur Arbeit in der Produktionsgruppe. Da nahm Mutter Wang den einzigen Wecker des Hauses aus dem Zimmer von Zimtblume und stellte ihn heimlich in ihr Zimmer. Als Zimtblume am folgenden Morgen aufwachte, war der Himmel viel heller als sonst, und in der Küche stand das Frühstück schon bereit. Nun wurde es Zimtblume ganz warm ums Herz, und es kamen ihr die Tränen. Als sie dieses Mal ‹Mama› sagte, kam es wirklich aus dem Herzen.

Einmal in einer Nacht hatte Zimtblume plötzlich hohes Fieber. Mutter Wang hörte ihr Stöhnen und lief eilig zu ihr hinüber. Zunächst nahm sie den Enkel und versorgte ihn in ihrem Zimmer. Dann pflegte sie Zimtblume und ließ am folgenden Morgen, kaum hatte es getagt, den Arzt holen. Dank seiner Behandlung und der sorgfältigen Pflege von Mutter Wang genaß Zimtblume bald. Doch immer noch fühlte sie sich sehr schwach. Da holte Mutter Wang das Pfund Litschi-Früchte, das ihr jemand zum Neujahrsfest geschenkt hatte, und brachte sie Zimtblume. Diese weigerte sich entschieden, sie zu essen, und sagte immer wieder:

«Ich habe dir auch nie etwas zum Essen gekauft. Wie sollte ich da das Gesicht haben, deine Früchte zu essen?»

Mutter Wang erwiderte:

«Was heißt Mein und Dein. Wir sind doch eine Familie. Iß diese Früchte, das gibt dir Kraft.»

Darauf setzte sie sich an Zimtblumes Bett, schälte eine Litschi-Frucht nach der anderen und steckte sie Zimtblume in den Mund. Während Zimtblume die Früchte aß, durchströmten ihr Herz alle möglichen Gefühle: bald waren sie süß, bald sauer, bald bitter, bald scharf. Unwillkürlich schossen ihr die Tränen in die Augen. Kaum war sie wieder genesen, kaufte sie für Mutter Wang ein Kilo Litschis, gab ihr obendrein noch Reiscoupons für fünf Kilo sowie fünf Yuan und bat sie, all das zu kaufen, was sie gerne essen möchte. Nun wurde auch Mutter Wang so gerührt, daß ihr die Tränen kamen. Sie nahm den Rockzipfel und trocknete sie damit.

So lebten Schwiegermutter und Schwiegertochter im herzlichen Einvernehmen. Nach zwei Monaten erschien Herr Wang wieder zu Hause. Sobald er die Situation hier erfaßt hatte, verlor er keine weiteren Worte. Nach dem Abendessen entnahm er seiner Rocktasche ein Fläschchen, schüttete den Inhalt in ein Glas, goß warmes Wasser darüber und brachte es der Mutter in ihr Zimmer. Zimtblume, die gerade ein Wollkleid strickte, hatte diesen Vorgang kaum beachtet. Als Herr Wang zurückkam, fragte sie ihn:

«Was hast du deiner Mutter ins Zimmer gebracht?»

Mit leiser Stimme antwortete er:

«Gift!»

Zimtblume schrie laut auf und zitterte am ganzen Leib. Das Wollkleid fiel zu Boden. Herr Wang hielt ihr den Mund zu:

«Bist du von Sinnen? Was soll dieser Tumult?»

Kaum hatte er Zimtblume losgelassen, wollte sie aus dem Zimmer rennen, um einen Arzt zu holen, doch Herr Wang versperrte ihr flink die Tür.

«Was haben wir vor zwei Monaten beschlossen?» rief er. «Auf dem Heimweg hörte ich von Nachbarn, daß du dich mit meiner Mutter gut vertrugst. Du hast dein Spiel gut gespielt. Nun sind die Bedingungen für die Vergiftung meiner Mutter erfüllt. Niemand wird uns verdächtigen.»

Als Zimtblume dies hörte, begann sie zu weinen, kniete vor ihrem Gatten nieder und flehte ihn an:

«Bitte, bitte, ruf schnell den Arzt. Deine Mutter darf nicht sterben. Ich war im Unrecht. Deine Mutter ist ein guter Mensch.»

Herr Wang fragte:

«Warum war es denn früher so?»

«Früher war sie starr, und ich war starr, und wir wurden immer starrköpfiger. Dann war ich gut, und sie wurde auch gut, und es wurde immer besser. Schließlich wußte ich nicht, wie mir geschah, ich war ihr mit einem Mal plötzlich gut gesonnen. Erst heute weiß ich: Ein alter Mensch im Haus zu jeder Zeit ist wirklich eine Kostbarkeit.»

Als Herr Wang dies hörte, half er seiner Frau aufzustehen und begann zu lachen. Erst jetzt verriet er Zimtblume, daß er seiner Mutter lediglich eine Arznei gebracht habe. Sein Mordplan sei nur ein Trugbild gewesen. Er habe sich ein Strategem ausgedacht, um bei seiner Frau einen Sinneswandel im Verhältnis zu seiner Mutter zu erreichen. Er habe gehofft, daß, wenn sie gut zur Mutter sei, die Mutter bestimmt auch gut zu ihr sei und Zimtblumes falsche Güte sich in echte verwandeln werde.

Jetzt war es Zimtblume, als ob sie aus einem Traum erwache. Sie klopfte ihrem Gatten immer wieder auf die Schultern:

«Du... du bist wirklich ein Guter. Einen Streich gespielt hast du mir also.»

«Nicht einen Streich gespielt habe ich dir, sondern eine Lektion erteilt. Nur war diesmal die Methode etwas ungewöhnlich.»

Beide sahen sich an und lachten laut.

In diesem Beispiel diente der vorgespiegelte Plan eines Muttermordes als das ‹Nichts›, aus dem ein ‹Etwas› erstand, und zwar das gute Verhältnis zwischen einer Schwiegermutter und einer Schwiegertochter.

7.11 Nur noch die Flucht rettet Monsieur de Pourceaugnac

Julie ist verliebt, aber ihr Vater Oronte hat sie Monsieur de Pourceaugnac aus Limoges zur Ehe versprochen.

«Ist Ihnen etwas für unser Anliegen Günstiges eingefallen?» fragt

Julie ihren Geliebten, und sie fährt fort: «Glauben Sie, Eraste, daß es möglich sein wird, diese ärgerliche Ehe, die sich mein Vater in den Kopf gesetzt hat, von mir abzuwenden?»

In der Folge gelingt es Eraste, Julie zu beruhigen: «Es genügt, wenn ich Euch sage, daß wir verschiedene Strategeme zur Hand haben, die auf ihren Einsatz warten.»

Um die Heirat zu verhindern, orchestriert nun Eraste mit Hilfe des Napolitaners Sbrigani mehrere Strategeme. Als Pourceaugnac ankommt, lassen sie ihn durch zwei Ärzte als krank und gestört erklären. Die Ärzte heilen ihn durch Aderlaß und Einläufe, was Pourceaugnac zum Schluß beinahe wirklich krank macht. Dem Vater deutet einer der Ärzte an, daß der Patient die Syphilis habe.

Ein holländischer Händler, der verkleidete Sbrigani, trifft ein. Er behauptet gegenüber Pourceaugnac, daß dieser bei zehn bis zwölf Händlern in Holland Schulden habe. Pourceaugnac versteht die Welt nicht mehr. Er hatte weder etwas von Krankheit noch von Schulden gewußt. Man orientiert Oronte, den Vater von Julie, daß sein künftiger Schwiegersohn Schulden habe.

Sbrigani erzählt Pourceaugnac, daß Julie ein ordinäres und eher ‹leichtes› Geschöpf mit einem unehrenhaften Lebenswandel sei.

Endlich treffen sich Oronte und Pourceaugnac. Der Vater ist von der Heirat seiner Tochter mit ihm nicht mehr so begeistert. Julie kommt dazu und will Pourceaugnac unbedingt umarmen und küssen, kurz, sie führt sich wie ein leichtes Ding auf, so daß Pourceaugnac auch nicht mehr so begeistert ist.

Endlich entfernt sich Julie auf Befehl ihres Vaters. Da kommt eine verkleidete Frau und erklärt, Pourceaugnac sei ihr Gatte. Nach langem Suchen habe sie ihn gefunden. Kurz darauf erscheint eine zweite Frau und bestätigt dasselbe, schließlich tauchen noch drei Kinder auf. Die Frauen erklären, es seien die des Pourceaugnac.

Für Oronte ist nun klar, daß er Julie nicht an diesen Mann verheiratet.

Ein Jurist kommt daher und bezichtigt Pourceaugnac der Polygamie. Ein Anwalt erklärt, daß dieses Verbrechen mit Erhängen bestraft werde.

Da flieht Pourceaugnac, als Frau verkleidet, entsetzt von dannen...

Eraste sucht Oronte auf, der sich bei ihm für die Entlarvung des Monsieur de Pourceaugnac bedankt und ihm dafür die Hand von Julie gibt!

In dieser im Jahre 1669 erstmals aufgeführten Komödie «Monsieur de Pourceaugnac» von Molière (1622–1673) jagt eine groteske Anwendung des Strategems Nr. 7 die andere. Auch heute noch zum Ergötzen der Zuschauer, wie bei der Aufführung am 4. Oktober 1987 im Grand Amphithéâtre de l'Ecole Supérieure d'Arts et Métiers in Paris.

7.12 Gefährliche Gedichte

Die literarische Inquisition (s. auch 26.3) bediente sich in China seit alters des Strategems Nr. 7. Das beklagt unter ausdrücklicher Erwähnung des Strategems Nr. 7 z. B. die überregionale Pekinger Tageszeitung *Guangming* mit dem Blick auf den berühmten Dichter, Beamten, Kalligraphen und Maler Su Shi (1037–1101), der einst mit der Begründung, Verse in seinen Gedichten beleidigten den Kaiserhof, ins Gefängnis geworfen wurde.

Ein vergleichbarer Fall wird auch im Roman «Die Räuber vom Liangshan-Moor» geschildert. «Aus dem Nichts etwas erzeugt hast du» – dies war einer der Vorwürfe, den die Rächer Huang Wenbing ins Gesicht schleuderten, bevor sie ihn langsam zu Tode marterten. Was war geschehen?

Song Jiang, ein für seine Wohltätigkeit bekannter kleiner Beamter im Yamen – in der Magistratur – des Kreises Yuncheng, hatte der auf der Durchreise befindlichen Frau Yan, deren Mann plötzlich an Cholera gestorben war, Geld für einen Sarg geschenkt. Später verheiratete Frau Yan ihre 18jährige Tochter Poxi mit Song Jiang. Da dieser die Gelüste seiner jungen Frau nicht zu befriedigen vermochte, begann sie ein Verhältnis mit einem anderen Mann. Eines Tages versuchte sie, Song Jiang zu erpressen, worauf dieser sie im Affekt umbrachte. Song Jiang floh und schloß sich zeitweise Aufständischen an. Sein Vater lockte ihn mit Strategem Nr. 7 nach Hause. Dort wurde er verhaftet und nach Jiangzhou verbannt. Sein Vater schärfte ihm ein, sich ja nie den Aufständischen vom Liangshan-Moor anzuschließen, was Song Jiang als gehorsamer Sohn versprach.

In Jiangzhou lebte Song Jiang im Gefängnis, konnte aber frei ein- und ausgehen. Eines Tages spazierte er aus dem Städtchen hinaus und gelangte zu einer Gaststätte. Er bestellte Wein und Essen und merkte nicht, daß er sich allmählich betrank. Plötzlich überkam ihn eine elende Stimmung. Schon über dreißig Jahre alt war er nun, aber gebrandmarkt als Verbrecher und verbannt, fern von seinem Vater, von seinem Bruder. Er begann zu weinen. Da erblickte er die weiß getünchten Wände des Raumes, die mit Inschriften übersät waren, und es kam ihm der Gedanke, auch er könne hier etwas verewigen, um später, wieder zu Ehren gekommen, bei einer Rückkehr an diesen Ort an das Elend, das er durchgemacht, erinnert zu werden. Und so schrieb er ein Gedicht an die Mauer und unterzeichnete es mit seinem Namen. Er trank dann noch einige Gläser Wein, bezahlte und torkelte nach Hause, wo er aufs Bett sank und sofort einschlief. Anderntags erinnerte er sich nicht mehr an das Gedicht.

Zufällig kam kurz danach Huang Wenbing, ein katzbuckelnder Magistrat aus der Nachbarschaft, der die Bevölkerung auspowerte, in jene Gaststätte. Er las die Gedichte an der Wand. Song Jiangs Gedicht mißfiel ihm. Er empfand es als aufrührerisch und notierte es sich. Darauf besuchte er den Präfekten von Jiangzhou. Dieser hatte gerade einen Brief vom Astrologen der Hauptstadt erhalten. Danach hielt sich in der Gegend ein Mann auf, der eine Rebellion plante. Überdies war dem Präfekten von einem rätselhaften, unheilverkündenden Lied, das die Gassenjungen verbreiteten, berichtet worden. Da zeigte Huang Wenbing Song Jiangs Gedicht. Sofort beschloß der Präfekt, Song Jiang verhaften zu lassen. Später sollte er hingerichtet werden, wurde aber in letzter Minute von Zhao Gai und dessen Mannen gerettet, die auch Huang Wenbing in ihre Gewalt brachten und der Rache des Song Jiang überantworteten.

In dieser Erzählung ist das ‹Nichts› ein in Trunkenheit verfaßtes Gedicht, das ‹Etwas› aber sind die angeblich dahinter stehenden gefährlichen aufrührerischen Absichten, deren Urheber gar hingerichtet werden soll. Hier zeigt sich die unheilvolle Wirkung des Strategems Nr. 7 im Sinne von: «Etwas aus der Luft greifen», «Etwas aus den Fingern saugen».

Die Anwendung des so verstandenen Strategems Nr. 7 wird in China besonders häufig beklagt. Im Jahre 1955 verurteilte Mao Zedong die Benutzung dieses Strategems durch die «Vertreter aller Ausbeuterklassen». Zur Zeit der sogenannten Viererbande wurde Lin Biao, der nach offizieller chinesischer Darstellung im September 1971 verunglückte ehemalige Verteidigungsminister und offizieller Nachfolger Maos, ebenfalls deswegen angeprangert. In einem 1982 erschienenen Werk mit dem Titel *Xingfaxue* – «Strafrechtslehre» – wird die Viererbande ihrerseits beschuldigt, falsche Fakten aufgetischt, Verbrechen fingiert, Vorwürfe aus der Luft gegriffen zu haben, kurz: aus dem Nichts etwas erzeugt zu haben.

7.13 Deng Xiaopings Stoffschuhe für die Barfußärzte

Als einer der Betroffenen wurde später Deng Xiaoping bemitleidet. «Aus einem Nichts etwas erzeugend», habe die Viererbande die folgende, den Himmel durchdringende Lügengeschichte konstruiert:

Im Oktober 1974 sei Deng Xiaoping in einem Gespräch mit einer medizinischen Delegation aus einem Land der Dritten Welt auf die chinesischen ‹Barfußärzte› zu sprechen gekommen. Er befürwortete diese Institution, sagte dann aber: Die Barfußärzte leisten teils manuelle Arbeit, teils heilen sie Krankheiten. Anfänglich besaßen sie nicht viel Fachwissen. Sie konnten nur einige einfache Krankheiten behandeln. Einige Jahre später konnten sie sich bereits Strohsandalen anschaffen, d. h. ihr Fachwissen war gestiegen. In einigen Jahren werden sie gar Stoffschuhe tragen können. Soweit Deng Xiaopings Äußerungen.

Doch ein Jahr später, noch während der Kulturrevolution, wurde Deng Xiaoping ein Strick daraus gedreht. Man warf ihm vor, er wünsche sich, daß die Barfußärzte nicht mehr barfuß gingen, sondern Strohschuhe, ja sogar Stoffschuhe trügen. So hieß es in einem Anti-Deng-Pamphlet:

> «Der unverbesserliche Begeher des kapitalistischen Weges tritt lauthals dafür ein, daß die Barfußärzte ‹Strohschuhe tragen›, ja ‹Stoffschuhe tragen›. Das heißt doch nichts anderes, als daß sie in kapitalistischen Schuhen den revisionistischen Weg beschreiten sollen. Solch nervöses, auf einen Umsturz gerichtetes wirres Gerede ist ein Merkmal der Restaurateure.»

Der nachkulturrevolutionäre Kommentar dazu: Hier sprach Deng Xiaoping vom Stroh- und Stoffschuh der Barfußärzte im Sinne eines bildhaften Vergleichs für deren zunehmenden Wissensstand.

Es ist klar, daß in einem Land mit zentral gesteuerten Massenmedien die Fama, wie sie Vergil im vierten Buch seiner Aenaeis als Schreckensgestalt mythisch dargestellt hat, in verheerender Weise losgelassen werden kann. «Schwarzes Material» (= halbwahre, aus dem Zusammenhang gerissene oder aus der Luft gegriffene Zitate aus Gesprächen, Notizen und Reden) über mißliebige Mitglieder des Zentralkomitees der Kommunistischen Partei Chinas und hohe regionale Funktionäre hat die Viererbande zusammenstellen und verbreiten lassen, behauptet die «Volkszeitung» am 25. Dezember 1976 unter ausdrücklicher Nennung des Strategems Nr. 7.

So wurde gemäß späteren chinesischen Enthüllungen während der Kulturrevolution wiederholt aus dem Nichts irgendein grauenhafter Vorfall erzeugt. Darauf wurde ein dafür verantwortlicher sogenannter Schwarzer Urheber ermittelt. Schließlich hieß es dann, in irgendeinem Bereich herrsche die Diktatur einer «Schwarzen Linie», wobei beliebige Parteigenossen ohne jede Grundlage als Renegaten, Agenten, Begeher des kapitalistischen Weges oder Konterrevolutionäre abgestempelt wurden.

Im Januar 1968 war es in der Provinz Yunnan zu bewaffneten Auseinandersetzungen zwischen den Massen gekommen. Es gab Tote und Verwundete. Eine der an den Kämpfen beteiligten Gruppen wurde von einem Anhänger Lin Biaos in dieser Provinz als «West-Yunnaner-Sturmbrigade» bezeichnet, verschiedener Verbrechen bezichtigt, als konterrevolutionär abgestempelt und gnadenlos verfolgt. Bei einer Einkreisungsaktion wurden 1100 Mitglieder der Gruppe getötet. Durch diese Aktion konnte der Lin-Biao-Anhänger in Yunnan eine gewisse Machtposition erringen, die er dazu ausnutzte, um in 54 Kreisen der Provinz sogenannte Anhänger der «West-Yunnaner-Sturmbrigade» zu verfolgen.

Dazu kam noch ein weiterer fingierter Fall. Im Januar 1968 soll Jiang Qing, die Gattin Mao Zedongs, zu einem Parteisekretär der Kommunistischen Partei Chinas der Provinz Yunnan gesagt haben: «Ich habe den Plan des Yunnaner Guomindang-Agentennetzes gelesen und auch all deine Handlungen genau beobachtet. Du hast diesen Guomindang-Plan ausgeführt.» Diese Äußerung Jiang Qings habe der Vertreter Lin Biaos in Yunnan als Grundlage benutzt, um den Yunnaner Parteisekretär als Renegaten, Agenten und «Vollzieher des Plans des Yunnaner Guomindang-Agentennetzes» hinzustellen und ihn von einer Kampf-Kritik-Versammlung zur andern zu zerren. Alle Leute, die diesen Parteisekretär unterstützten, wurden ebenfalls als «Vollzieher des Plans des Yunnaner Guomindang-Agentennetzes» hingestellt und rabiat verfolgt.

Nach der Kulturrevolution wurde der Fall untersucht. Gemäß der «Volkszeitung» vom 26. September 1978 hat nie eine sogenannte «West-Yunnaner-Sturmbrigade» existiert, und keines der ihr angelasteten Verbrechen ist tatsächlich begangen worden. Der «Plan eines Yunnaner Guomindang-Agentennetzes» sei gänzlich ein aus dem Nichts erzeugtes Etwas gewesen. Jener Parteisekretär sei weder ein Renegat noch ein Agent. Diese Qualifikationen seien einzig gestützt auf die zitierte Aussage Jiang Qings in die Welt gesetzt worden.

7.15 Fehlende Berufswünsche

Dem Propagandisten und Theoretiker Yao Wenyuan, einem 1981 zu 20 Jahren Gefängnis verurteilten Mitglied der Viererbande (s. 22.11), wird u. a. vorgehalten, er habe das Strategem Nr. 7 bei seiner Verdammung von Schriften des ehemaligen hohen Militärs, Vizeministerpräsidenten, Mitglied des Zentralkomitees der Kommunistischen Partei Chinas und Vorstehers der Propagandaabteilung des Zentralkomitees Tao Zhu (1908–1969) angewendet. Dabei wird Yao Wenyuan mit folgendem Passus zitiert:

> «In dem Werk ‹Hehre Ideale› von Tao Zhu wird immer wieder gesprochen vom Beruf eines Seefahrers, Fliegers, Wissenschaftlers, Literaten, Ingenieurs, Lehrers ... nie die Rede ist dagegen von Arbeitern, Bauern und Soldaten.»

«Das Nichterwähnen der Arbeiter, Bauern und Soldaten war sein Verbrechen», schreibt Ma Qi in der Pekinger Tageszeitung *Guangming* (15. Dezember 1978).

Aber auch nach der Kulturrevolution versiegen nicht die Klagen in der chinesischen Presse über die Anwendung des Strategems Nr. 7.

7.16 Der bewaffnete Aufruhr im Kreise Pu

So wurde ein Jahr nach dem Sturz der Viererbande in der Provinz Shanxi im Bezirk Linfen «aus dem Nichts ein Etwas erzeugt» und so ein schwerwiegender Fall fabriziert, in den über 200 Personen verwickelt wurden und durch den der Sekretär des Kreisparteikomitees in den Tod getrieben wurde. Der Fall erregte Aufsehen unter der Bezeichnung «Konterrevolutionärer bewaffneter Aufruhr im Kreise Pu». Was war das ‹Nichts›, aus dem ein ‹Etwas› – das Verbrechen – aufgebaut worden war? Für Jagdzwecke hatten sich Verantwortliche aus dem Bezirk Linfen bei den örtlichen Armeeeinheiten Munition beschafft. Daraus wurde ein «Diebstahl von Armeewaffen». Im Kreis Pu waren ferner von Funktionären aus dem Bezirk Linfen Konferenzen abgehalten worden. Dort hatten auch Kader aus diesem Bezirk verschiedentlich dienstlich zu tun. Dies wurde als «konterrevolutionäre Kontaktbildung» eingestuft.

Im Oktober 1980 teilte die überregionale Pekinger Tageszeitung

Guangming mit, daß diese Vorwürfe aus der Luft gegriffen seien. Dabei wird das Strategem Nr. 7 ausdrücklich angeführt.

Auch in kleinerem Rahmen wird vor der Anwendung des Strategems Nr. 7 gewarnt. Parteimitglieder sollen sich bei der Abfassung ihrer internen Rechenschaftsberichte zuhanden der für sie zuständigen Parteioberen davor hüten, wehrlosen Drittpersonen irgend etwas anzudichten. In einer Broschüre über Denk- und Arbeitsmethoden (Peking 1983) wird unter den zwölf Regeln, die bei der Kritisierung anderer Personen zu beachten sind, an zweiter Stelle der Rat erteilt, stets von sorgfältigen Untersuchungen auszugehen und nie aus einem Nichts etwas zu erzeugen. Besonders ungern gesehen sind die in den verschiedenen Bereichen der chinesischen Wirtschaft nicht selten entdeckten fingierten Erfolgsmeldungen an obere Planungsinstanzen, bei denen es sich ebenfalls um Anwendungen des Strategems Nr. 7 handelt.

Die chinesische Presse benutzt dieses Strategem gelegentlich auch als Interpretationshilfe für Vorgänge im Ausland.

7.17 China und die pakistanische Atombombe

«Insbesondere die Sowjetunion versäumt keine Gelegenheit, gegen China aus dem Nichts etwas zu erzeugen» (*Renmin Ribao*). Beispiele sowjetischer nach chinesischer Darstellung aus der Luft gegriffener Behauptungen sind etwa:

- China plane zusammen mit Pakistan eine bewaffnete Intervention in Afghanistan
- China arbeite mit Pakistan bei der Entwicklung von Atomwaffen zusammen
- im chinesischen Xinjiang existierten afghanische Rebellenlager
- chinesische Helikopter seien in indisches Gebiet eingedrungen
- zwei israelische Beamte hätten China besucht, das im Begriff sei, mit Israel eine Art Bündnis zu schließen
- der Kennedymörder Oswald habe Beziehungen mit China unterhalten
- China pflege Kontakte mit den italienischen ‹Roten Brigaden›.

Diese an die Adresse der Sowjetunion gerichteten Vorwürfe entstammen der «Volkszeitung» aus den Jahren 1978 bis 1984. Einmal wurde auch eine indische Zeitung des Strategems Nr. 7 bezichtigt. Sie hatte behauptet, in Bangkok seien Tausende von Chinesen aufgetaucht. Auch Vietnam wurde der Anwendung des Strategems Nr. 7 verdächtigt, als es im Frühjahr 1979 behauptete, China wolle Laos angreifen.

7.18 Das vermutete Verbrechen des Yue Fei

Nur wenige Heroen aus der chinesischen Geschichte können sich hinsichtlich ihrer Volkstümlichkeit mit dem General Yue Fei (1103–1142) messen. Seine Treue zum Reich galt als beispielhaft. Beliebte Erzählungen ranken sich um seine einfache Herkunft, seinen geraden Sinn, die Disziplin seiner Truppen und seine Fürsorge für das einfache Volk. Ein Roman, Theaterstücke und Opern sind ihm gewidmet, und er wurde sogar in den Rang einer daoistischen Gottheit erhoben.

Seinen Nachruhm verdankt Yue Fei seiner tatkräftigen Verteidigung der Gebiete der Südlichen Song-Dynastie (1127–1279). Unsterblich machte ihn aber sein Tod, verursacht durch den Kaiserhof, den er verteidigt hatte.

Die Stämme der tungusischen Nüzhen (Jurdschen) aus dem fernen Norden hatten die chinesischen Gebiete nördlich des Yangtse-Flusses überrannt, und die von ihnen gegründete Jin-Dynastie (1115–1234) drang weiter nach Südchina vor, wohin der chinesische Kaiser geflüchtet war. Yue Fei, der für einen Grundbesitzer gearbeitet hatte und zu dessen Leibwächter aufgestiegen war, meldete sich freiwillig zur Armee und entwickelte sich schnell zu einem fähigen Offizier. Er baute eine wegen ihrer Disziplin gepriesene Bauernarmee auf. Berühmt wurden Yue Feis Worte: «Reißt kein Haus ein, weil ihr Feuerholz braucht, auch nicht, wenn ihr friert, und bestehlt das Volk nicht, selbst wenn ihr Hunger leidet.»

Schnell hatte die chinesische Armee große Gebiete von den Jurdschen zurückerobert, und im Herbst 1140 fügten Yue Feis Truppen der Jin-Dynastie in der Provinz Henan eine schwere Niederlage zu. Nun sollten die Jurdschen bis zu ihrem Hauptquartier im Nordosten zurückgetrieben werden. Da trafen kaiserliche Befehle ein, die Yue Fei und anderen Generälen, die mit ihren Aktionen zur weiteren Befreiung des Landes fortfahren wollten, zurückbeorderten.

Gemäß der heute in China am meisten verbreiteten Version der zum Tode Yue Feis führenden Ursache, schätzte der Herrscher der Jin-Dynastie die Rückberufung Yue Feis, den er als schier unbezwingbaren Gegner fürchtete, als ein Anzeichen für den zunehmenden Einfluß jener Kreise am chinesischen Kaiserhof ein, die für eine nachgiebige Friedenspolitik eintraten. So ließ er dem Reichskanzler Qin Hui (1090–1155) einen Brief übermitteln, in dem er als Vorbedingung für Friedensverhandlungen die Beseitigung Yue Feis forderte. Qin Hui gehörte zu den reichsten Großgrundbesitzern seiner Zeit. Seine Güter lagen in der Gegend von Nanjing, also in dem Aufmarschgebiet und in der Region, aus der die meisten Soldaten zum Abwehrkampf eingezogen wurden. Er wünschte einen raschen Frieden und schritt zu der vom Jurdschen-Feind gewünschten Tat – mit Hilfe des Strategems Nr. 7.

Zunächst fabrizierte er die falsche Anschuldigung gegen den Yue Fei unterstellten General Zhang Xian, er habe eine Rebellion gegen den Kaiserhof geplant. Dann behauptete er, Yue Fei und sein Sohn Yue Yun hätten Zhang Xian aufrührerische Briefe geschrieben. Gestützt auf diese falsche Anklage ließ Qin Hui Zhang Xian und Yue Yun einkerkern. Dann befahl er Yue Fei in die damalige Hauptstadt Lin'an (das heutige Hangzhou, Provinz Zhejiang), und zwar unter dem Vorwand, ihm einige Fragen stellen zu wollen. Arglos folgte Yue Fei dem Befehl und wurde nach seiner Ankunft in der Hauptstadt sogleich festgenommen und eingesperrt.

Qin Hui beharrte bei seiner Behauptung, Yue Fei, Yue Yun und Zhang Xian hätten gemeinsam einen Putsch vorbereitet. Da stellte ihn gemäß der in den Jahren 1343 bis 1345 verfaßten offiziellen «Geschichte der Song-Dynastie» der für den Widerstand gegen die Jurdschen eintretende General Han Shizhong (1089–1151) zur Rede. Qin Hui gab die berüchtigte Antwort: Die Briefe seien halt wohl verbrannt worden, weshalb es nicht mehr möglich sei, ihren Inhalt zu überprüfen, doch die verbrecherische Tat als solche «liegt vermutlich vor» (*mo xu you*).

Der Ausspruch *Mo xu you* («es liegt vermutlich vor») wird in der Presse der Volksrepublik China häufig zur Umschreibung der Anwendung des Strategems Nr. 7 durch üble Verleumder verwendet, die durch eine bloß vermutete Missetat einen Unschuldigen zum Bösewicht stempeln.

Nach der auf der falschen Beschuldigung aufbauenden Gerichtsverhandlung wurden Yue Fei und die beiden Mitangeklagten am Vorabend des chinesischen Neujahrsfestes 1142 im Fengbo-Pavillon in Hangzhou hingerichtet. Yue Fei war erst 39 Jahre alt.

Yue Feis Taten hatten das Volk begeistert, und sein Schicksal bewirkte eine landesweite Welle der Entrüstung. Zwanzig Jahre später gelangte ein neuer Kaiser auf den Thron der Südlichen Song-Dynastie. Um die Gunst der Öffentlichkeit zu gewinnen, ließ er die drei Hingerichteten wieder ausgraben und die Leichen Yue Feis und Yue Yuns am Ufer des Westsees in Hangzhou feierlich verbrennen. Im Jahre 1221 wurde ihnen zur Ehre an dieser Stelle ein Tempel erbaut, der heute noch steht. Das während der Kulturrevolution (1966–1976) eingeebnete Grab Yue Feis ist heute wiederhergerichtet und mit einer neuen Statue Yue Feis geschmückt.

Am Grab sind vier gußeiserne Figuren angebracht, die vor Yue Fei knien, wie wenn sie ihn um Verzeihung bitten würden. Eine dieser Figuren stellt den Reichskanzler Qin Hui dar, die anderen dessen Gattin und zwei weitere Komplizen des Komplotts gegen Yue Fei. Den Statuen ist bis auf den heutigen Tag deutlich der Stempel der Verachtung für ihre Untat aufgedrückt.

7.19 Drei Männer machen einen Tiger

Während des Zeitalters der Kämpfenden Reiche (475–221 v. Chr.) schlossen die Staaten Wei und Zhao einen Freundschaftspakt mit der Vereinbarung, daß der Prinz von Wei als Geisel nach Zhao gesandt werde. Der König von Wei betraute seinen engsten Ratgeber, Minister Pang Cong, mit der Eskortierung des Prinzen. Pang Cong sah voraus, daß ihn gewisse Höflinge nach seiner Abreise beim König anschwärzen würden. Vor dem Abschied fragte er den König:

«Wenn Euch jemand berichtet, in der Straße der Hauptstadt streife ein Tiger herum, würdet Ihr das glauben?»

«Nein. Wie könnte so etwas möglich sein?»

«Wenn nun ein Zweiter mit der gleichen Behauptung käme, würdet Ihr es ihm dann glauben?»

Nach kurzem Nachdenken erwiderte der König:

«Nein, selbst zwei Personen könnten mich nicht überzeugen.»

«Aber wenn nun ein Dritter käme und behaupten würde, er habe einen Tiger in der Straße gesehen, würdet Ihr ihm Glauben schenken?»

«Natürlich würde ich ihm glauben. Wenn drei Personen dasselbe sagen, dann muß es ja wahr sein.»

Darauf sagte Pang Cong:

«Ich werde nun den Prinzen in den weit entfernten Staat Zhao begleiten. Bestimmt werden mehr als drei Leute mich während meiner Abwesenheit verleumden. Ich hoffe, daß Ihr sorgfältig nachdenken werdet, bevor Ihr zu einer Schlußfolgerung gelangt.»

Der König nickte und sprach:

«Ich weiß, was Ihr meint, geht jetzt.»

Tatsächlich, viele Höflinge suchten den König auf und verleumdeten Pang Cong. Zuerst schenkte ihnen der König kein Gehör. Doch als immer mehr Stimmen Pang Cong verteufelten, erwachte im König der Argwohn, und schließlich war er vom schlechten Charakter Pang Congs überzeugt. Bei seiner Rückkehr stellte Pang Cong fest, daß er die Gunst des Königs verloren hatte. Und das nur durch Gerüchte, die, oft genug wiederholt, als Wahrheit angesehen werden.

Wie oft kommt es doch vor, daß, wenn jemand leistungsstark arbeitet, plötzlich behauptet wird, er sei ein Streber, und wenn jemand gegen Unrecht und Korruption auftritt, verbreitet wird, er wolle ja nur mit seiner weißen Weste posieren. So schießt man jeden zur Spitze vordrängenden Leitvogel ab. Schon Lu Xun (1881–1936), der in der Volksrepublik China wohl populärste chinesische Schriftsteller des 20. Jahrhunderts, bestätigte: «In China werden viele Pfeile aus dem Hinterhalt geschossen, weshalb jeder Recke, der tapfer hervortritt, leicht sein Leben verliert.» (Zitiert bei Lai Haiyan in: *Nanfang Ribao* – «Tageszeitung für den Süden» – 9. April 1982.)

7.20 Gerüchte-Quadrupel

Chen Xiaochuan zählt vier Stufen in der Gerüchte-Eskalation gegen einen Menschen auf, den man schädigen oder gar ausschalten will. Ist der Betreffende fachlich untadelig, wird man ihn zuerst mit politischen Gerüchten hinterrücks bekämpfen. Verfängt das Politische nicht, dann unterschiebt man ihm in wirtschaftlicher Hinsicht unredliche Geschäfte. Wird der Angegriffene immer noch als ehrbar angesehen, dann wird sein angeblich trüber sittlicher Lebenswandel zur Angriffsscheibe. Ist auch dieser Pfeil aus dem Dunkeln ins Leere verschossen, dann wird schließlich sein Charakter herabgesetzt, etwa mit dem Ausspruch, er sei stolz. Die schädigende Wirkung tritt immer dann ein, wenn die Vorgesetzten den Gerüchten glauben.

«Gerüchte sind etwas vom Furchterregendsten», heißt es in einem Hongkonger Strategembuch, erschienen 1969. «Mittels einiger weniger Worte kann man fertigbringen, daß ein Held die Waffen streckt, ja, daß sich jemand gar das Leben nimmt. Dabei kommt es keineswegs auf den langen Bestand des Gerüchtes an. Denn wenn es erst einmal aufgeklärt ist, ist die Wirkung oftmals bereits unwiderruflich eingetreten.»

In demselben Sinne bezeichnet Chen Xiaochuan im Januar 1985 Gerüchtefabrikanten als die allerübelsten und hassenswertesten Menschen und fordert unter Berufung auf Artikel 38 der chinesischen Verfassung von 1982 ein strafrechtliches Vorgehen gegen jeden, der Mißliches über Drittpersonen, das er nur vom Hörensagen kennt, verbreitet.

7.21 Das Ende des Gerüchts

Zi Zhang fragte Konfuzius nach dem Wesen der Klarsicht. Der Meister sprach: «Auf wen lange durchsickernde Verleumdungen nicht wirken, den kann man als klarsichtig bezeichnen.»

Und in dem Buch, das dem Philosophen Xun Zi (etwa 313 bis 238 v. Chr.) zugeschrieben wird, steht geschrieben:

> «Eine rollende Kugel hört auf zu rollen, wenn sie in ein Loch fällt. Ein kursierendes Gerücht hört auf, weiter zu laufen, wenn es an einen klugen Menschen gerät.»

Strategem Nr. 8

Sichtbar die Holzstege wieder instand setzen, heimlich nach Chencang marschieren

Die vier Schriftzeichen	暗	渡	陳	倉
Moderne chinesische Aussprache	*an*	*du*	*Chen*	*Cang*
Übersetzung der einzelnen Schriftzeichen	heimlich	marschieren	Chencang	
Zusammenhängende Übersetzung	Heimlich nach Chencang marschieren.			

Zuweilen auch acht Schriftzeichen	明	修	栈	道，	暗	渡	陈	仓
Moderne chinesische Aussprache	*ming*	*xiu*	*zhan*	*dao,*	*an*	*du*	*Chen*	*Cang*
Übersetzung der einzelnen Schriftzeichen	*sichtbar*	*instandsetzen*	*Holz*	*Steg*	*heimlich*	*marschieren*	*Chencang*	
Zusammenhängende Übersetzung	Sichtbar die Holzstege [wieder] instand setzen, heimlich nach Chencang marschieren.							
Übersetzung unter Berücksichtigung der ältesten Bezugsgeschichte	Sichtbar die verbrannten Holzstege durch die Gebirgsschluchten von Hanzhong nach Guanzhong wieder instand setzen, insgeheim aber vor beendeter Reparatur auf einem Umweg durch Chencang nach Guanzhong marschieren.							

Kerngehalt

a) Das Strategem der verschleierten Marschrichtung. Umweg-Strategem.

b) Die raffinierte Absicht hinter unverfänglichem Tun verbergen; hinter Normalem/Gewöhnlichem/Orthodoxem/Konventionellem etwas Unnormales/Ungewöhnliches/Unorthodoxes/Unkonventionelles verbergen. Normalitäts-Strategem.

Die Kurzformel bezieht sich auf eine historische Begebenheit, die Sima Qian (geb. um 145 v. Chr.) in seinen «Geschichtlichen Aufzeichnungen» überliefert.

8.1 Die verbrannten Holzstege

Im Jahre 207 v. Chr. hatte Xiang Yu in der Schlacht bei Julu einen entscheidenden Sieg über die Qin-Dynastie errungen. Nun begann ein Machtkampf zwischen ihm und anderen Führern von aufständischen Truppen, insbesondere Liu Bang (um 250–195 v. Chr.), auch Pei Gong genannt. Im Jahr 206 rückte Xiang Yu mit über 400 000 Soldaten nach Guanzhong, dem fruchtbaren und strategisch gut gesicherten Kerngebiet der Qin-Dynastie (mit dem mittleren Teil der alten Provinz Shaanxi als Zentrum) vor, um deren Hauptstadt Xianyang anzugreifen. Da vernahm er, daß Liu Bang mit seinen etwa 100 000 Soldaten die Stadt bereits erobert hatte und den Titel eines Königs von Guanzhong beanspruchte. Dies entsprach dem Willen des Königs Huai von Chu (s. 14. 2), der in jener Übergangszeit von den einflußreichsten Aufständischen, wenn auch z. T. nur dem Schein nach, als höchste Autorität anerkannt wurde. Er hatte jenem den Titel eines Königs von Guanzhong versprochen, der als erster Xianyang erobern werde.

Liu Bangs Erfolg erzürnte Xiang Yu. Xiang Yu drang in Guanzhong ein, schlug bei Hongmen (östlich des heutigen Lintong in der Provinz Shaanxi) sein Lager auf und verkündete, er wolle Liu Bang vernichten. Der militärisch weit schwächere Liu Bang hätte Xiang Yu zu diesem Zeitpunkt nicht die Stirn bieten können. Daher eilte er nach Hongmen, um Xiang Yu zu beschwichtigen. Xiang Yu lud ihn zum Mahl ein. Fan Zeng, Xiang Yus Ratgeber, hieß während des Gelages Xiang Zhuang, den Bruder Xiang Yus, vor Liu Bang einen Schwerttanz aufführen, um diesen dabei zu töten. Denn nach Fan Zengs Einschätzung bedeutete Liu Bang für Xiang Yu, langfristig gesehen, eine Gefahr. Doch es gelang Liu Bang unter dem Schutz seines Ratgebers Zhang Liang und seines Generals Fan Kuai noch vor dem Ende des Festmahles unter dem Vorwand, seine Notdurft zu verrichten, das Lager des Xiang Yu zu verlassen. Gebildete Chinesen kennen das *Hongmen Yan* – «Das Gastmahl von Hongmen» – sowie den Ausdruck *Xiang Zhuang wu jian, yi zai Pei Gong*, zu deutsch: «Xiang Zhuang tanzt mit dem Schwert, doch sein Sinnen und Trachten sind auf Pei Gong gerichtet.»

In der Folge trat Liu Bang Xianyang und das Gebiet Guanzhong an

Xiang Yu ab. Dieser ernannte sich im Jahr 206 v. Chr. zum «Hegemonialkönig des westlichen Chu». Zu seinem Machtbereich wählte er Teile der heutigen Provinz Jiangsu, Anhui, Shandong und Henan mit der Hauptstadt Pengcheng (dem heutigen Xuzhou in der Provinz Jiangsu). Im übrigen China setzte er 18 Lehensfürsten ein. Liu Bang sollte möglichst weit entfernt sein. So belehnte er ihn mit Hanzhong, also mit Gebietsteilen im Osten und Westen der heutigen Provinz Sichuan sowie im Süden und Westen der heutigen Provinzen Shaanxi und Hubei. Zudem verlieh er Liu Bang den Titel eines Königs von Han. Daraus leitet sich der Name und das Entstehungsjahr der von Liu Bang begründeten Han-Dynastie ab. Um Liu Bang in seine Schranken zu weisen, teilte Xiang Yu das an Hanzhong angrenzende Guanzhong in drei Gebietsteile auf, die er als Lehen an drei zu ihm übergelaufene Generäle der untergegangenen Qin-Dynastie verteilte. Unmittelbarer Nachbar Liu Bangs wurde der ehemalige Qin-General Zhang Dan.

Liu Bang war also gezwungen, Guanzhong zu verlassen. Bei seinem Marsch von Guanzhong nach Hanzhong ließ er die von ihm passierten Holzstege und -brücken durch die Bergschluchten auf der Wegstrecke von mehreren hundert Meilen verbrennen. Dadurch wollte er sich vor Überraschungsangriffen aus Guanzhong, insbesondere von seiten Zhang Dans, sichern. Andererseits wollte er vortäuschen, keinerlei Absicht zu hegen, je wieder in den Osten zurückzukehren.

Als sich wenig später – immer noch im Jahr 206 v. Chr. – Tian Rong, der bei Xiang Yus Belehnungen leer ausgegangen war, im Gebiet des ehemaligen Staates Qi gegen Xiang Yu erhob, befahl Liu Bang seinem General Han Xin (gest. 196 v. Chr.), den Feldzug gegen Osten vorzubereiten. Zur Verwirrung des Gegners entsandte Han Xin einige Soldaten zur Instandsetzung der verbrannten Holzstege. General Zhang Dan lachte nur und meinte, es würden noch viele Jahre vergehen, bis die zerstörten Holzstege von so wenigen Arbeitskräften wieder benutzbar gemacht seien. General Han Xin plante jedoch in Wirklichkeit gar nicht, den Weg über die Holzstege einzuschlagen. Schon kurz nach Beginn der Reparaturarbeiten führte er Liu Bangs Hauptmacht insgeheim auf einer anderen Route, und zwar auf dem Gudao-Weg, nach Chencang. General Zhang Dan war überrumpelt, erlitt eine Niederlage und nahm sich daraufhin das Leben. Der Marsch nach Chencang war für Liu Bang der Beginn eines siegreichen Feldzuges gegen Xiang Yu. Dieser Feldzug endete im Jahre 202 v. Chr. mit der endgültigen Etablierung der Han-Dynastie.

Die Popularität dieser Episode dokumentiert sich auch in dem Theaterstück «Der hohe Kaiser von Han wäscht sich die Füße und erzürnt dadurch General Ying Bu». Es stammt aus der Yuan-Zeit (1271–1368). Im Prolog deklamiert Liu Bang, der Han-Kaiser, unter ausdrücklicher Erwähnung des Strategems Nr. 8:

> «Mit Familiennamen heiße ich Liu, mit Vornamen Bang und mit Mannesnamen Li. Ich stamme aus Pei [in der heutigen Provinz Gansu]. Nach dem Tode des ersten Kaisers von Qin erhoben sich die Lehensfürsten vereint und vernichteten Qin. Damals standen ich und Xiang Yu [ein Adeliger aus dem Staate Chu] in Diensten des Königs Huai von Chu. König Huai belehnte mich als Herzog von Pei und Xiang als Herzog von Lu. Wir beide zogen zusammen mit den Lehensfürsten durch den Hangu-Paß. König Huai hatte versprochen, er werde denjenigen, der zuerst in das Gebiet westlich des Hangu-Passes eindringe, zum König von Guanzhong ausrufen. Nun war ich der erste. An sich hätte ich König werden sollen, doch Xiang Yu mit seiner Überheblichkeit und militärischen Stärke gab vor, König Huai als den ‹rechtmäßigen Kaiser› zu verehren. Sich selbst bezeichnete er als ‹Hegemonialkönig des westlichen Chu›. Er wies den Fürsten neue Lehensgebiete zu und ernannte sie zu Königen über ungünstigere Gebiete. Mich versetzte er als König von Han nach Hanzhong. Ich machte Nanzhong zu meiner Hauptstadt. Nicht viel später ließ König Xiang durch Ying Bu den rechtmäßigen Kaiser heimlich in Chen töten. Die Fürsten erhoben sich zur gleichen Zeit gegen Xiang Yu. Ich benutzte Han Xins Strategem ‹Sichtbar die Holzstege wieder instand setzen, heimlich nach Chencang marschieren›, eroberte die Gebiete der drei abtrünnigen Generäle der Qin-Dynastie und bemächtigte mich schließlich Pengchengs, der Hauptstadt des Xiang Yu.»

Ein Theaterstück aus der Ming-Zeit (1368–1644) trägt gar den Titel «Der Oberbefehlshaber Han marschiert heimlich nach Chencang».

Das folgende Beispiel stammt aus dem Zeitalter der Drei Reiche (220–280). Die drei damals auf chinesischem Boden miteinander rivalisierenden Reiche trugen die Namen Wei, Wu und Shu.

8.2 Das verräterische Feldlager

Deng Ai (197–264), ein General des Staates Wei, hatte mit seinen Truppen am Nordufer des Weißen Flusses (im Nordosten des heutigen Kreises Songpan in der Provinz Sichuan) sein Feldlager aufgeschlagen. Drei Tage später befahl General Jiang Wei (202–264) aus dem Staat Shu seinem Untergebenen Liao Hua, mit einer Truppe am Südufer desselben Flusses gegenüber dem Lager von Deng Ai Stellung zu beziehen. General Deng Ai sprach zu seinem Kommandanten: «Hätte uns Jiang Wei überraschend angegriffen, dann hätte er uns, die wir viel schwächer sind als er, nach den normalen Regeln der Kriegskunst besiegt. Er hätte den Fluß sofort überqueren und uns angreifen müssen. Jetzt aber sieht man keine Bewegung auf seiner Seite. Ich vermute, daß Jiang Wei uns den Rückweg abschneiden will und Liao Hua am gegenüberliegenden Ufer nur deshalb Stellung beziehen ließ, um uns hier festzuhalten. Jiang Wei wird bestimmt mit einer großen Armee nach Osten marschieren, um unseren Stützpunkt, die Stadt Taocheng (das heutige Taoyangcheng in der Provinz Gansu) zu erobern.»

In derselben Nacht befahl Deng Ai einer Truppe, über einen kleinen Pfad nach Taocheng zu marschieren. Tatsächlich war Jiang Wei gerade im Begriff, dort den Fluß zu überqueren, um die Stadt zu besetzen. Doch Deng Ai kam ihm zuvor. So blieb Taocheng in Deng Ais Händen. Dies ist ein Beispiel für eine mißglückte Anwendung von Strategem Nr. 8. Deng Ai hatte es durchschaut. Denn Jiang Weis Abweichung vom normalen militärischen Vorgehen, nämlich den unter den gegebenen Umständen am Fluß gebotenen unverzüglichen Angriff auf die viel schwächere Truppe Deng Ais, war zu offensichtlich und hatte Deng Ais Argwohn geweckt.

8.3 Die Krankheit des Lü Meng

Ebenfalls im Zeitalter der Drei Reiche wollte Sun Quan (182–252), der Kaiser von Wu, von Liu Bei (161–223) Jingzhou (die heutigen Provinzen Hubei, Hunan sowie Teile von Henan, Guizhou, Guangdong und Guangxi) zurückerobern. Diese Aufgabe übertrug Sun Quan seinem General Lü Meng (178–219). Dieser erfuhr, daß Guan Yu, der Befehlshaber von Jingzhou, plötzlich seine Verteidigungsanstrengungen intensivierte, die Truppen verstärkte und am Fluß gar eine Warnfeuerterrasse errichten ließ. Darauf stellte Lü Meng seinen Posten zur Verfügung wegen einer Krankheit, wie er verbreiten ließ. Er empfahl den jungen Lu Xun als Nachfolger und zog sich in den Hintergrund zurück, von wo aus er aber die Fäden weiter spann. Die Nachricht vom Rücktritt Lü Mengs wurde Guan Yu zugespielt. Dieser ließ sich täuschen. In seiner Überheblichkeit erachtete er den neuen Befehlshaber Lu Xun als jung und unerfahren. Seine südlichen Verteidigungstruppen dirigierte er gegen Norden zu einem Angriff auf Cao Cao, den Kaiser von Wei. Nun hielt Lü Meng die Zeit für gekommen. Er organisierte eine Flußflotte. Im Schiffsinnern verbarg er einen Teil seiner Soldaten, die anderen Soldaten ließ er weiße Gewänder anlegen, wie sie Händler trugen. Die Schiffe fuhren nun nach Jiangling (dem heutigen Jiangling, Provinz Hubei), der Hauptstadt von Jingzhou. Die Wachposten ließen die Flotte passieren. Am Ziel angekommen, entstiegen die Soldaten den Schiffsbäuchen und eroberten Jiangling. Der Befehlshaber Guan Yu fiel im Kampf.

Was für Guan Yu erkennbar war, war der krankheitshalber vollzogene Rücktritt seines Gegenspielers Lü Meng und dessen Ablösung durch ein Greenhorn. Das Ganze war ein völlig normales Geschehen, genau so normal wie es die Wiederherstellung der zerstörten Holzstege war.

Was im geheimen vor sich ging, war die fortdauernde militärische Führung des Feldzuges gegen Guan Yu durch Lü Meng. So wie General Zhang Dan durch Han Xins Marsch nicht auf den Holzstegen, sondern auf einer anderen Route überrumpelt wurde, wurde hier Guan Yu durch den gar nicht kranken, sondern gesunden Lü Meng und seine ‹Handelsschiffe› überrumpelt.

8.4 Di Qings Zehn-Tage-Rast

Di Qing (1008–1057), ein bedeutender General der Nördlichen Song-Dynastie (960–1127), der auch in alten chinesischen Militärtraktaten wohl bewandert war, wendete im Jahre 1152 das Strategem Nr. 8 gegen den aufständischen Nong Zhigao an. Auf seinem Feldzug gab Di Qing eines Tages den Befehl, ein Feldlager aufzuschlagen, um eine zehntägige Rast einzulegen. Feindliche Späher berichteten dies den Aufständischen. Diese glaubten, mit einem unmittelbar bevorstehenden Angriff Di Qings sei nicht zu rechnen. Daher ließen sie jede Vorsicht fahren. Wider Erwarten gab Di Qing am folgenden Tag jedoch den Befehl zum Aufbruch und zog in Eilmärschen gegen den überraschten Feind, der von Di Qing vernichtend geschlagen wurde.

Hier erschien die zehntägige von Di Qing verordnete Rast als so natürlich, daß Nong Zhigao die diesbezügliche Nachricht seiner Späher glaubte. Um so mehr verblüffte ihn daher der plötzliche Aufbruch Di Qings (s. auch 27.18).

8.5 Normandie statt Calais

Nach dem Pekinger Strategembuch aus dem Jahr 1987 kann die Landung der Alliierten in der Normandie im Juni 1944 als ein «heimlicher Marsch nach Chencang» unter Anwendung modernster Kriegsmittel des 20. Jahrhunderts angesehen werden. Von den natürlichen Begebenheiten her gesehen, war eine Landeoperation vom Südosten Englands aus in der Gegend von Calais naheliegend und im Hinblick auf den Transport und die Luftunterstützung folgerichtiger als eine Landeoperation vom Süden Englands aus in der Normandie. Die Deutschen waren ebenfalls dieser Ansicht. Sie glaubten, die Alliierten würden den nahen dem fernen Weg vorziehen. Daher konzentrierten sie ihre Hauptabwehrkräfte in der Region von Calais. Durch allerlei Täuschungsmanöver bestärkten die Alliierten die Deutschen noch in ihrer Ansicht. So wurde gegenüber von Calais im Osten von England die Existenz einer Ersten amerikanischen Heeresgruppe fingiert, deren Oberbefehlshaber angeblich General Patton war. Ferner wurden in den Häfen im Südosten von England und in den Themsehäfen Attrappen von Landeflotten aufgestellt. Ferner verstärkten die Alliierten den Bombenabwurf über dem Gebiet von Calais, während die Normandie wie üblich nur routinemäßig bombardiert wurde. So festigte sich die Annahme der Deutschen, die Landung der Alliierten sei bei Calais vorgesehen. Die Landung in der Normandie überrumpelte die Deutschen vollkommen.

Diese chinesische Darstellung wird in westlichen Berichten über den Zweiten Weltkrieg im wesentlichen bestätigt. So heißt es im Werk «Der große Atlas vom Zweiten Weltkrieg», München 1974:

> «Das ganze Unternehmen war mit einem der perfektesten Täuschungsmanöver des ganzen Kriegs gekoppelt. Die Alliierten unternahmen jede Anstrengung, die Deutschen davon zu überzeugen, daß die eigentliche Landung an der französischen Küste der Straße von Dover erfolgen würde: Für jeden Feindflug in das Gebiet westlich von Le Havre wurden zwei Einsätze weiter nördlich geflogen, von

jeder Tonne Bomben, die in der Normandie abgeworfen wurde, wurde mit dem Abwurf von zwei Tonnen im Norden von Le Havre abgelenkt. Im britischen Kent, dem möglichen Ausgangspunkt eines Angriffs über die Straße von Dover, wurden Attrappen von Hauptquartieren und Eisenbahnanlagen aufgebaut.»

Zu der chinesischen Darstellung der Wirkungen dieser Ablenkungsmanöver schrieb mir ein ehemaliger Nato-General: «Richtig ist, daß die Alliierten die planmäßigen Täuschungsoperationen FORTITUDE North und South durchgeführt haben, bei denen Landungsabsichten in Norwegen und im Pas de Calais vorgetäuscht werden sollten. Dabei wurde das Vorhandensein einer weiteren Armeegruppe durch Funkspiele und die Versammlung von Kräften als Täuschungsmaßnahmen vorgespiegelt. Sehr zweifelhaft ist jedoch, ob die deutsche Führung dadurch getäuscht oder inwieweit die deutsche Kräfteverteilung in Erwartung der Invasion dadurch beeinflußt wurde. Die Luftlandeoperationen der 82. (US), 101. (US) und 6. (BR) Fallschirmdivisionen waren keineswegs Täuschungen, sondern integraler Bestandteil der Landeoperation insgesamt, wenn auch an einzelnen Stellen im unteren taktischen Rahmen dabei Täuschkörper abgesetzt wurden.»

8.6 Aus dem chinesischen Vietnamfeldzug 1979

Schon im ältesten Militärtraktat der Welt, das dem Sun Zi zugeschrieben wird, heißt es:

«Was eine Armee beim Angriff des Feindes unbesiegbar macht, ist die Verbindung von Gewöhnlichem mit Außergewöhnlichem.

Im allgemeinen benutzt man im Kriege das Normale als Beigabe, den Sieg aber erringt man durch das Unnormale.»

Und weiter schreibt Sun Zi:

«Wer sich in der Erzeugung von Unnormalem versteht, ist so grenzenlos wandlungsfähig wie der Himmel und die Erde und unerschöpflich wie Flüsse und Ströme.»

Beim Strategem Nr. 8 wird nach außen hin sichtbar eine ganz gewöhnliche militärische Maßnahme getroffen, während insgeheim eine ungewöhnliche Maßnahme durchgeführt wird. Wenn Han Xin nicht vor aller Augen die Holzstege instand gesetzt hätte, dann wäre der heimliche Marsch nach Chencang nicht geglückt. So ist nach einem in Jilin 1987 erschienenen Strategembuch das militärisch Unnormale, Unorthodoxe stets an das militärisch Normale, Orthodoxe gekoppelt. Ohne das militärisch Normale, Orthodoxe gäbe es nicht militärisch Unnormales, Unorthodoxes.

Nach dem Pekinger Strategembuch aus dem Jahr 1987 stehen die Ausdrücke ‹sichtbar› und ‹insgeheim› in der Kurzformel des Strategems Nr. 8 stellvertretend für ‹orthodoxe› und ‹unorthodoxe› bzw. ‹normale› und ‹unnormale› militärische Mittel. Nach Meinung der alten Chinesen war Ausgangspunkt jeder Überraschung und Überrumpelung die ganz normale militärische Aktion. Nur wenn der Feind dazu verleitet wird, die Aktionen und Absichten des Gegners nach den Grundsätzen der ganz normalen Kriegsführung einzuschätzen und zu beurteilen, kann eine ungewöhnliche Aktion des Gegners zum Erfolg führen. Will man also «insgeheim nach Chencang marschieren», muß man durch die öffentliche Instandsetzung der Holzstege die Aufmerksamkeit des Feindes in die Bahnen einer der Normalität entsprechenden Lagebeurteilung lenken.

Nach dem Pekinger Strategembuch können ‹normal› und ‹unnormal› vielerlei bedeuten. Wenn z. B. ein Präventivschlag das Normale wäre, dann erweist es sich als unnormal, dem Feind den Erstschlag zu überlassen und erst danach die Initiative zu ergreifen; wenn reguläre Kriegsmethoden das Normale wären, dann erweisen sich besondere Kriegsmethoden wie der Guerillakrieg als unnormal; wenn der offene Krieg das Normale wäre, dann erweist sich der heimliche Angriff als das Unnormale; wenn der direkte Frontalangriff das Normale wäre, dann erweist sich die Umgehung auf der Flanke als das Unnormale. ‹Normal› und ‹unnormal› sind entgegengesetzt *und* miteinander verbunden. Beides kann gemäß dem Pekinger Strategembuch von 1987 unter bestimmten Bedingungen ineinander übergehen. So verweist dieses Werk auf ein Beispiel aus dem Feldzug Chinas gegen Vietnam Anfang 1979. Die Chinesen stellten fest, daß die Vietnamesen in Anbetracht der chinesischen Gewohnheit, den Feind jeweils seitlich zu umgehen und dann in dessen Rücken zu fallen, heimlich die Flanken ihrer Verteidigungslinien mit verstärkter Feuerkraft ausstatteten und durch Minenfelder schützten. Die den Chinesen direkt gegenüberliegenden vietnamesischen Stellungen wurden nur relativ schwach gesichert. Jetzt änderten die Chinesen ihre Flankenangriffe plötzlich in Frontalangriffe, was zu einer völligen Überrumpelung der Vietnamesen führte.

Hier war für die Vietnamesen der chinesische Flankenangriff gewissermaßen der «Marsch über die Holzstege», also das Konventionelle.

Der plötzliche Frontalangriff erwies sich dagegen als «heimlicher Marsch nach Chencang», also als das Unkonventionelle.

Das Strategem Nr. 8 wird nach chinesischer Darstellung auch im zivilen, so z. B. im amourösen Bereich angewendet. Hongkonger und Taipeher Strategembücher verweisen im Kapitel «Heimlich nach Chencang marschieren» auf den aus der Ming-Zeit (1368–1644) stammenden berühmten chinesischen erotischen Roman *Jing Ping Mei* – «Schlehenblüten in goldener Vase» – und auf den etwa gleich alten Roman «Die Räuber vom Liangshan-Moor».

8.7 Hilfe für Muhme Wang

Im 4. Kapitel des Romans «Schlehenblüten in goldener Vase» trifft Pan Jinlian (‹Goldlotos›), die Gattin des großen Wu, ihren Geliebten Ximen Qing im Hause der alten Muhme Wang. Ihrem Gatten gab Goldlotos an, sie fertige für die alte Wang ein Gewand und Fußbekleidung an.

Hier ist die normale, unverfängliche und auch glaubhafte, sichtbare Tat die Hilfe für eine alte Frau. Das dahinter Verborgene, aus der Sicht der alten Chinesen Unnormale sind die Rendezvous einer Ehefrau mit ihrem Liebhaber. Der Hilfe für Muhme Wang entspricht im folgenden Beispiel ein Heiligenrelikt, das vorgezeigt werden soll. Vorauszuschikken ist, daß in der Tang-Zeit (618–907) tatsächlich ein Knochen, der als solcher Sakyamunis, des Gründers des Buddhismus, verehrt wurde, nach China gelangte. Gegen dessen feierliche Überführung in den Kaiserpalast protestierte in einer berühmt gewordenen Eingabe der Literat Han Yu (768–824). Das hätte ihm fast den Kopf gekostet. Im Juni 1987 berichtete die chinesische Presse, vier Knochenstücke von Fingern Sakyamunis seien in einem unterirdischen Raum des vor 1700 Jahren erbauten Famen-Tempels, 100 km westlich von Xi'an (Provinz Shaanxi), entdeckt worden. Sie waren in vier Reliquiaren aus verschiedenen Materialien – Eisen, Gold, Silber, Kristall, Jade und Sandelholz – aufbewahrt. Die Gebeine Buddhas sollen nach dessen Tode (um 477 v. Chr.) an Tempel in aller Welt verteilt worden sein.

8.8 Der Buddha-Zahn

Im Roman «Die Räuber vom Liangshan-Moor» stellt der Priester Hai Gong vom Tempel der Dankbarkeit fest, daß er Pan Qiaoyun, der

Gattin des Oberkerkermeisters von Jizhou, nicht gleichgültig war. Einmal begab sich Pan Qiaoyun in Begleitung ihres Vaters in den Tempel, um ihrer verstorbenen Mutter zu gedenken. Nach vollzogener Zeremonie bat Hai Gong Vater und Tochter in seine Privatgemächer. Hier wurde Tee aufgetragen. Danach komplimentierte der Priester die Gäste in einen Nebenraum zu einem leckeren Mahl. Für den alten Vater hatte der Priester einen besonders starken Wein bereitgestellt. Es dauerte nicht lange, und der Greis war ob des vielen und schweren Weins völlig benommen. Der Priester ließ ihn in einen anderen Raum bringen und auf eine Ruhestatt betten, damit er seinen Rausch ausschlafe.

Auch die Tochter hatte Wein getrunken und fühlte sich in gehobener Stimmung.

«Warum liegt Euch soviel daran, daß ich ohne Unterlaß trinke?» fragte sie.

Der Mönch flüsterte lächelnd: «Weil ich Euch verehre.»

«Ich kann nicht mehr», sagte sie.

«Bitte seht Euch einmal den Buddha-Zahn an, den ich in einem anderen Raum aufbewahre.»

Die Frau antwortete: «Gerade den Buddha-Zahn möchte ich jetzt sehen.»

Der Raum im oberen Stockwerk war des Priesters Schlafgemach. Die ordentlich hergerichtete Bettstatt lud förmlich ein.

«Welch ein hübsches Zimmer, und wie sauber», sagte Pan Qiaoyun entzückt.

Der Mönch antwortete lächelnd: «Es fehlt nur die junge Frau dazu.»

Sie erwiderte scherzend: «Warum sucht Ihr Euch dann nicht eine?»

Der Mönch antwortete: «Wo ist der Gönner, der mir eine verschaffen würde.»

Die Frau sagte:«Ihr wolltet mir doch den Buddha-Zahn zeigen.»

«Schickt erst euer Dienstmädchen Ying'er fort, dann will ich ihn hervorholen.»

Die Frau befahl: «Ying'er, geh hinunter und schau nach, ob der alte Vater erwacht ist.»

Ying'er verließ den Raum, und der Mönch verschloß hinter ihr die Zellentür.

8.9 Die Heiratsvermittlung

In der «Erzählung von der tapferen Jungfrau», die der Mandschure Wen Kang in der ersten Hälfte des 19. Jahrhunderts verfaßte, begibt sich der junge Gelehrte An Ji auf eine 3000 Meilen weite Reise, um seinem Vater beizustehen, der durch die Intrige eines mißgünstigen Vorgesetzten seines Postens als Dammvogt im südlichen Stromgebiet Chinas enthoben und zur Zahlung einer hohen Geldsumme verurteilt worden war (s. auch 30.10). Unterwegs kehrt An Ji in ein Kloster ein, dessen Mönche jedoch verkappte Banditen sind. Die Romanheldin, Schwester Dreizehn genannt, rettet ihn in letzter Minute vor einem Mordanschlag des verbrecherischen Abtes und tötet den Abt sowie weitere Klosterbewohner. Bei dieser Gelegenheit befreit sie auch das Elternpaar Zhang und dessen etwa 17jährige Tochter Jinfeng (‹Goldphönix›). Familie Zhang hatte nach einer Dürreperiode beschlossen, ihre Heimat zu verlassen und sich zu einem älteren Bruder von Vater Zhang nach Peking zu begeben. Unterwegs war die Familie in das gleiche Kloster eingekehrt und von den Klosterbanditen eingesperrt worden. Als nach all dem Schrecken die Eltern Zhang und der junge An Ji in der Klosterküche ein Mahl zubereiten, zieht Schwester Dreizehn Goldphönix beiseite und erkundigt sich vor allem nach ihrem Zivilstand. Als Schwester Dreizehn erfährt, daß Goldphönix noch unverlobt ist, bietet ihr Schwester Dreizehn an, die Ehevermittlerin zu spielen. Und zwar denke sie da an Herrn An Ji. Goldphönix ist innerlich einem solchen Ehebund nicht abgeneigt, aber sie fühlt sich von gewissen Bedenken und Zweifeln bedrängt.

Da kam diese Schwester Dreizehn daher, eine bis dahin völlig unbekannte, rein zufällige, formlose Reisebekanntschaft von der Art, wie sich treibende Wasserpflanzen unterwegs begegnen. Abgesehen davon, daß sie sich edelmütig ihrer Not angenommen, sie aus dem Dreck gezogen und vor dem Tod bewahrt hatte, wollte sie ihr nun ebenso edelmütig zu Lebensglück und Lebensbund mit diesem trefflichen Jüngling An Ji verhelfen. Und energisch und heißblütig, wie sie war, hatte sie ihr sogar ein klipp und klares *yuanyi* – «ich möchte», soviel wie «ich liebe» – abverlangt, ja, abgepreßt.

Das war gegen jede Norm. Was bezweckte sie mit dieser edelmütigen, aber völlig ungebetenen Vermittlung? Etwas mußte dahinterstekken, sagte sich der schlichte Verstand des Landmädchens Goldphönix. Und in ihrem Köpfchen arbeitete es weiter.

Sie ist ein junges Mädchen genau wie ich, sagte sie sich, und noch dazu mir an Aussehen und Alter so ähnlich. Demnach wird sie wohl den gleichen menschlichen Regungen und Naturgesetzen unterworfen sein wie ich selber. Wenn dem aber so ist, warum stellt sie ihre eigene Person beiseite und spielt mir statt dessen eine so selten schöne Verbindung zu? Warum bringt sie sie mir geradezu mit beiden Händen als Geschenk dar, mir, einer ihr bis dahin völlig Fremden, die zu ihr in keinerlei Beziehung steht? Muß man da nicht stutzig werden und sich seine Gedanken machen? Sollte sie etwa mit ihrem hochherzigen Mittlerdienst eine verborgene Absicht verbinden? – Natürlich, für sich selber hat sie die gleiche Verbindung im Sinn! Da sie es nicht gut mit eigenem Munde sagen kann, wählt sie den Umweg über mich. «Sichtbar stellt sie die Holzstege wieder instand, insgeheim aber marschiert sie nach Chencang.»

Hier faßt Goldphönix die angebotene Heiratsvermittlung – für chinesische Verhältnisse an sich etwas ganz Normales – als nach außen sichtbare «Reparatur der Holzstege» auf und argwöhnt, daß Schwester Dreizehn insgeheim «einen Marsch nach Chencang» plane, d. h. die eigene Vermählung mit An Ji auf dem Umweg über die Vermählung von Goldphönix mit demselben Mann. Bekanntlich war im alten China die Mehrfachehe des Mannes Sitte.

Natürlich fragt jedermann, dem unerwartete Hilfe zuteil wird, nach dem ‹Warum?›. Bemerkenswert an diesem Beispiel ist die Tatsache, daß Goldphönix gleich noch einen Schritt weitergeht und die Antwort in einem Strategem findet, das sie Schwester Dreizehn unterstellt. Goldphönix glaubt, Schwester Dreizehn verhelfe ihr zur Vermählung nur deshalb, damit ihr Goldphönix und deren Eltern später dazu verhelfen, die zweite Frau desselben Mannes zu werden. Hier mag eine gewisse Eigenheit der Mentalität nicht nur von Goldphönix zutage treten: An sich normale, unverfängliche Handlungen werden nach irgendwelchen Strategemen abgetastet, die durch die Normalität angeblich verschleiert werden.

Bemerkenswert ist die Art und Weise, wie Goldphönix ihren Verdacht, Schwester Dreizehn verberge hinter ihrer selbstlosen Handlungsweise ein handfestes eigenes Interesse, nämlich ihre eigene Vermählung mit An Ji als Zweitfrau, auf seinen Wahrheitsgehalt hin zu überprüfen versucht.

Goldphönix dachte sich weiter: Warum sollte ich nicht einem «Bettglück zu dritt» zustimmen? Warum auch nicht? Ich hätte nichts dagegen. Ich könnte ihr auf solche Weise meinen Dank abstatten für all das Gute, das sie mir angetan hat, und könnte ihr beweisen, wie aufrichtig und innig ich ihr zugetan bin. Aber wie locke ich aus ihr heraus, ob sie es wirklich so meint? Endlich, nach angestrengtem Nachdenken, hatte sie es: auf literarischem Wege wollte sie es versuchen. Das war unverfänglich.

«Schwester, ich habe zwar etliche Jahre emsig Literatur getrieben und kenne immerhin einige Geschichten und Begebenheiten aus alter und neuer Zeit, aber etwas in einer alten Schrift ist mir bisher unverständlich geblieben. Würdest du so gut sein, mir diese dunkle Stelle zu erklären?»

Schwester Dreizehn witterte sofort, daß hinter ihren Worten etwas anderes steckte.

«Ich bin ganz Ohr», ermunterte sie freundlich die Jüngere.

«Also ich entsinne mich einer Stelle in einer Mahayana-Sutra, wo vom Menschen Buddha die Rede ist, wie er in tiefer Bergeinsamkeit lebte und an seiner Vervollkommnung arbeitete, bevor er zum Gott Buddha wurde. Da wird nun berichtet, er hätte eines Tages einen verhungerten Tiger getroffen, und da er ihm leid tat, hätte er ein Stück von seinem eigenen Fleisch herausgeschnitten und den hungernden Tiger damit gefüttert, und ein ander Mal hätte er einen hungernden Habicht sogar mit einem Stück Eingeweide gesättigt. Danach erstreckte sich das zarte Mitgefühl des Menschen Buddha bis auf Raubvögel und wildes Getier und ging so weit, daß er sogar sein eigenes Fleisch und seine eigenen Eingeweide nicht verschonte. Verstehst du so etwas von Selbstaufopferung?»

Der durchdringende Verstand von Schwester Dreizehn war der feinen Nadelspitze, die in dieser Frage eingebettet lag und die für einen durchschnittlichen weiblichen Verstand nie erkennbar gewesen wäre, an Feinheit durchaus ebenbürtig.

Nach einem kurzen kalten Lachen und einem langen Seufzer sagte sie in ernstem, ja düsteren Ton:

«Schwesterlein, so gut wir uns auch verstehen, auf den Grund meiner Seele kannst du doch nicht schauen. Das Letzte muß ich für mich behalten. Um es kurz zu sagen: Von der in Rede stehenden, so überaus glücklichen Verbindung ganz zu schweigen – an dem, was die Menschen dieser Welt so gemeinhin ‹glückliche Gattenwahl› nennen, habe ich für meine Person in diesem Leben keinen Teil!»

Goldphönix scheint mit ihrer gleichnishaften Frage auf der Ebene desselben Strategems Nr. 8 zu reagieren, welches sie bei Schwester Dreizehn vermutet. Hinter ihrer direkten Frage nach der Selbstaufopferung Buddhas, verbirgt sie ihre indirekte Frage nach dem Motiv der Selbstaufopferung von Schwester Dreizehn.

8.11 Kritik an der Eklektik

Im Rahmen der kulturrevolutionären Kritik am Konfuzianismus zog Luo Siding unvermittelt gegen die Eklektik – die «Sowohl-als-auch-Philosophie» – vom Leder. Luo Siding war ein von der Viererbande in Shanghai kontrolliertes Autorenkollektiv. Die Eklektik ist der kompromißlosen kommunistischen Ideologie an sich seit jeher ein Dorn im Auge, weil ihr vorgeworfen wird, dort, wo Kampf geboten sei, den friedlichen Ausgleich – die positiven Aspekte sowohl auf dieser wie auch auf jener Seite – zu suchen. Und so vertritt Shen Taosheng in der «Volkszeitung» nach der Kulturrevolution die Auffassung, z. Zt. des Konfuzius (6./5. Jh. v. Chr.) habe jene Clique, die im heraufdämmernden Zeitalter des Feudalismus die bereits dem Untergang geweihte Sklaverei restaurieren wollte, einen eklektischen Standpunkt vertreten. Somit war an sich Luo Sidings Kritik an der Eklektik grundsätzlich berechtigt. Wenn man aber Luo Sidings Veröffentlichungen gegen die Eklektik genauer las, fiel es auf, daß immer nur diverse Reichskanzler des alten Chinas der Eklektik beschuldigt wurden. Das geschah in bestimmten Formulierungen wie z. B., der angeblich eklektische Reichskanzler der Han-Dynastie Tian Qianqiu habe sich vor allem im Ausglätten von Beziehungen und darin verstanden, nie eine klare Stellung einzunehmen. Diese Formulierungen deuteten bei genauerem Hinsehen nur auf einen Reichskanzler hin, nämlich auf den Ministerpräsidenten Zhou Enlai. Somit erwiesen sich die an sich ganz normale Kritik an der Eklektik, so die *Renmin Ribao* («Volkszeitung») unter ausdrücklicher Erwähnung von Strategem Nr. 8, als die «sichtbare Reparatur der Holzstege», die damit verbundenen, verdeckten Angriffe auf Zhou Enlai als der «heimliche Marsch nach Chencang».

Gleichsam von hoher Warte aus erwähnt – in Anlehnung an einen Passus im Kommentar zum Hexagramm *Yi* – «Mehrung» – im *I Ging*, dem chinesischen Orakelklassiker «Buch der Wandlungen» – das Pekinger Strategembuch von 1987 im Kapitel über Strategem Nr. 8 die Beweglichkeit des Windes, der unerwartet in die sich darbietende Leere eindringt.

Diese Leere erzeugt man nach der Interpretation von Strategem Nr. 8 in einem 1978 in der Inneren Mongolei (Volksrepublik China) erschienenen Handbuch über häufig benutzte chinesische Redewendungen dadurch, daß man nach außen hin eine Handlung durchführt, die Augen und Ohren der Menschen ablenkt, wodurch man einen Freiraum für die Verwirklichung einer ganz anderen Absicht gewinnt.

Strategem Nr. 9

Das Feuer am gegenüberliegenden Ufer beobachten

Die vier Schriftzeichen	隔	岸	观	火
Moderne chinesische Aussprache	*ge*	*an*	*guan*	*huo*
Übersetzung der einzelnen Schriftzeichen	gegenüber-liegend	Ufer	beob-achten	Feuer
Zusammenhängende Übersetzung	Das Feuer am gegenüberliegenden Ufer beobachten.			
Kerngehalt	Scheinbar teilnahmslos die Feuersbrunst am anderen Ufer beobachten. Scheinbar teilnahmslos eine Krisensituation, eine schwierige Lage beim Gegner beobachten. Unterlassung: etwa einer Hilfeleistung, eines ungestümen Eingriffs oder einer voreiligen Aktion, bis sich die Tendenzen zu eigenen Gunsten entwickelt haben, um dann erst zu handeln und die Früchte zu ernten. Strategem der Nichtintervention. Abwarte-, Hinhalte-Strategem.			

Die Kurzformel vergegenwärtigt eine Szene aus dem berühmten chinesischen Roman «Romanze der drei Königreiche»: Liu Bei, der spätere Begründer eines der drei Königreiche, und sein Ratgeber Zhuge Liang beobachten vom Fankou-Berg aus die feuerlodernde Schlacht an der Roten Wand.

9.1 Der siegende Beobachter

Im Jahr 208 n. Chr. war es Zhuge Liang gelungen, Sun Quan, den Herrscher von Wu, für eine Koalition gegen den mit über 200 000 Soldaten heranrückenden Cao Cao, den Herrscher über den Norden

Chinas, zu gewinnen. Cao Cao lagerte mit seinem Heer am Nordufer des Yangtse-Flusses, General Zhou Yu (175–210) mit dem von ihm befehligten Heer des Staates Wu am Südufer. Hier ragte ein Berg in die Höhe. An der Stelle, wo sich dieser vom Ufer erhob, waren die beiden Schriftzeichen für «Rote Wand» eingeritzt. Daher die Bezeichnung «Schlacht an der Roten Wand» für den Waffengang zwischen Zhou Yu und Cao Cao.

Zhou Yu war es durch List gelungen, den des Kampfes zu Wasser unkundigen Cao Cao zu verleiten, seine Schiffe für die Überquerung des Yangtse nebeneinander zu befestigen. So sollten die von Cao Cao befehligten Landsoldaten den Fluß so sicher wie auf fester Erde überqueren können. Zhou Yu plante, mit Hilfe des Südostwindes die zusammengekoppelte Flotte des Cao Cao in Brand zu setzen (s. 35.1).

Unmittelbar vor Kampfbeginn war Zhuge Liang, der Zhou Yu auf seinem Kriegszug begleitet und beraten hatte, wieder zu seinem Herrn Liu Bei zurückgekehrt, mit dem er sich auf den Fankou-Berg begab, um die Feuerschlacht am anderen Yangtse-Ufer zu beobachten. So befand sich Liu Bei in der angenehmen Lage, den zur Hauptsache von seinem Verbündeten Sun Quan geführten Kampf gegen seinen Erzfeind Cao Cao aus der Ferne beobachten zu können und schließlich durch geschicktes Manövrieren den Sieg Sun Quan in der Schlacht an der Roten Wand weitgehend für die eigene Machtausdehnung zu nutzen.

In keinem der in der Volksrepublik China, in Hongkong und Taiwan erschienenen Strategembücher wird ein Beispiel für das Strategem Nr. 9 erwähnt, in dem tatsächlich eine Feuersbrunst an einem gegenüberliegenden Ufer vorkommt. Auf die in der «Romanze der drei Königreiche» erwähnte Beobachtung der «Schlacht an der Roten Wand» durch Liu Bei und Zhuge Liang vom Fankou-Berg aus wird in diesem Zusammenhang in der chinesischen Strategem-Literatur nicht hingewiesen.

Die Kurzformel ist gleichnishaft zu verstehen. Das ‹Feuer› versinnbildlicht eine Krisensituation, das «andere Ufer» steht stellvertretend für die von der Krisensituation betroffene Gegenseite, und das ‹Beobachten› zielt auf den anscheinend unbeteiligten Dritten, der von der Krise zu profitieren sucht. So ist es nicht verwunderlich, daß bei den folgenden Anwendungsfällen von Strategem Nr. 9 die bildhaften Ausdrücke in der Kurzformel völlig hinter dem abstrakten Sinn zurücktreten, wie in der sich anschließenden historisch belegten Begebenheit aus der «Romanze der drei Königreiche»:

9.2 Die Flucht in den Tod

Yuan Shang und Yuan Xi waren die beiden einzigen überlebenden Söhne der Sippe des Yuan Shao (gest. 202 n. Chr.), zu seinen Lebzeiten ein Rivale des Cao Cao. Von Cao Cao verfolgt, beschlossen die beiden Brüder, mit einigen tausend Mann nach Liaodong (heute südliche Mandschurei) zu fliehen, obwohl Gongsun Kang, der Gouverneur von Liaodong, ein Gegner ihres Vaters gewesen war. Der Vater hatte wiederholt versucht, Liaodong zu erobern. Da Liaodong weit vom Schauplatz des Machtkampfes zwischen Cao Cao und Yuan Shao entfernt lag, hatte sich Gongsun Kang aber auch nicht auf die Seite Cao Caos geschlagen. So hofften die beiden Brüder, einstweilen Zuflucht bei Gongsun Kang zu finden. Sie planten, bei einer sich bietenden Gelegenheit diesen umzubringen, um von Liaodong aus Cao Cao zu beseitigen. Dieser war zu jener Zeit dabei, seine Herrschaft über Nordchina aufzubauen.

Was lag für Cao Cao näher, als die beiden gefährlichen Brüder nach Liaodong zu verfolgen? Doch Cao Cao hörte auf den Rat seines Vertrauten Guo Jia (170–207), wonach man Gongsun Kang und die beiden Brüder einstweilen sich selbst überlassen solle. Es werde nicht lange dauern, bis Gongsun Kang sie töten werde. Tatsächlich ließ Gongsun Kang wenig später die Köpfe der beiden Brüder Cao Cao überbringen. Die Generäle fragten Cao Cao, wie die Ausschaltung der beiden Brüder vonstatten gegangen sei. Gemäß dem ältesten Traktat über die 36 Strategeme erklärte Cao Cao den Hergang: «Einerseits fürchtete Gongsun Kang die Annexionsgelüste der beiden Brüder. Ihr Auftauchen in Liaodong mußte seinen Argwohn wecken. Andererseits fürchtete Gongsun Kang meinen Angriff auf Liaodong. Wäre ich den Brüdern auf dem Fuße gefolgt, so hätte sich Gongsun Kang mit ihnen gegen mich verbündet. Nun ließ ich aber die Zügel schleifen. Ich sah von einem Vormarsch nach Liaodong ab. Meine Zurückhaltung schuf erst die Bedingung dafür, daß Gongsun Kang und die beiden Brüder aneinandergerieten.»

So beseitigte Cao Cao seine beiden Feinde, indem er es angesichts des tödlichen Antagonismus zwischen ihnen und Gongsun Kang mit seiner bloßen Beobachterrolle bewenden ließ.

9.3 Die Eroberung Changchuns 1948

Während des chinesischen Bürgerkrieges (1945–1949) begann die Rote Armee im Juni 1948, Changchun (heute Hauptstadt der Provinz

Jilin) zu belagern. Die Stadt wurde von etwa 100 000 Soldaten der Guomindang-Regierung Tschiang Kai-scheks verteidigt, die hinter starken Festungsanlagen verschanzt waren. Allmählich gingen indes die Nahrungsmittelvorräte in Changchun zur Neige. Schließlich stritten sich die Guomindang-Soldaten mit der Schußwaffe um die Verpflegung, die nur noch auf dem Luftwege eintraf.

Die Rote Armee hielt zwar Changchun umzingelt, griff die Stadt aber nicht an. So ließ sie die den Gegner von innen heraus untergrabenden ‹Widersprüche› ausreifen. ‹Widerspruch› ist die in der Volksrepublik China übliche Bezeichnung für Gegensätze, Zwistigkeiten, Streitigkeiten und Schwierigkeiten jeglicher Art.

Ein voreiliger militärischer Angriff auf Changchun hätte die Guomindang-Truppen wieder zusammengeschweißt und ihre ‹Widersprüche› in den Hintergrund treten lassen. In dieser Zeit traf die Nachricht von einem großen militärischen Erfolg der Roten Armee in Jinzhou ein. Unter dem militärischen und politischen Druck der Roten Armee weigerte sich schließlich Zeng Zesheng, den Befehlshaber der Yunnaner Truppenteile der Changchuner Besatzungsarmee, einen Befehl Tschiang Kai-scheks auszuführen, wonach der Belagerungsring um Changchun zu durchbrechen sei. Am 17. Oktober 1948 rebellierten Zeng Zeshengs Truppen. Dies hatte die Kapitulation weiterer Truppenteile der Guomindang-Armee in Changchun zur Folge.

Ohne einen Tropfen Blut zu vergießen und ohne eigentliche Kriegshandlungen gelang so gemäß einem Pekinger Strategembuch der Roten Armee die Eroberung Changchuns.

9.4 Zuschauen mit verschränkten Armen

In der *Zhongguo Qingnian Bao* («Chinesischen Jugendzeitung») vom 18. April 1981, dem Organ des chinesischen kommunistischen Jugendverbandes, gelangt Zhu Jianguo in einer außenpolitischen Analyse über die Reaktion der Sowjetunion auf den iranisch-irakischen Krieg zu der Schlußfolgerung, die Sowjetunion müsse sich damit begnügen, «die Feuersbrunst am anderen Ufer zu beobachten». Hier wird die Kurzformel nicht als Strategem aufgefaßt, sondern zur Beschreibung der angeblich prekären Situation der Sowjetunion angesichts des iranisch-irakischen Waffenganges eingesetzt. Wenn die Sowjetunion offen den Irak unterstütze, treibe sie möglicherweise den Iran in die Arme der USA. Wenn sie sich dagegen offen auf die Seite des Iran stelle, dann müsse sie die Feindschaft der meisten arabischen Staaten gewärtigen. So könne die Sowjetunion nur «das Feuer am gegenüberliegenden Ufer beobachten», aber «keine Kastanien aus dem Feuer holen». Ähnlich, sozusagen unstrategemisch, verwendet Lu Xun (1881–1936), der in der Volksrepublik China angesehenste chinesische Schriftsteller des 20. Jahrhunderts, die gleiche Kurzformel. So sagte er in einem am 21. 12. 1927 gehaltenen Vortrag, früher habe die chinesische Literatur und Kunst gleichsam «das Feuer am gegenüberliegenden Ufer beobachtet», d. h. lediglich dem Zeitvertreib und dem Vergnügen gedient und sich an die jedermann bedrängenden Lebens- und Gesellschaftsfragen nicht herangewagt. In einem Antwortschreiben an den Herausgeber von «Theater», einer Beilage der Shanghaier *Zhonghua-Tageszeitung* bemerkt er am 14. November 1934, daß Enthüllungsgeschichten, die sich an einem tatsächlich existierenden Ort abspielen, nur dazu angetan seien, den Haß der in ihrem Lokalpatriotismus verletzten Leser des betreffenden Ortes gegen den Autor zu entfachen, wogegen die Leser aller anderen Landesgegenden teilnahmslos «das Feuer am anderen Ufer beobachten», also dem Streit zwischen dem betroffenen Ort und dem Autor zusehen, ohne sich die Geschichte selbst und ihre Aussage zu Herzen zu nehmen. Um möglichst viele Leser ansprechen zu können, hat Lu Xun daher nur in wenigen seiner Geschichten den Schauplatz klar gekennzeichnet.

Kritisiert wird in der Volksrepublik China – z. B. in einem 1983 in der Provinz Jilin in fünfter Auflage erschienenen Werk über «Philosophische Prinzipien des Marxismus» – das «Beobachten des Feuers am gegenüberliegenden Ufer» im Sinne einer nicht an Ort und Stelle durchgeführten oberflächlichen Analyse von Problemen. In anderen Zusammenhängen wird das «Beobachten des Feuers am gegenüberliegenden Ufer» gegeißelt als Ausdruck des rein egoistischen Strebens danach, sich aus allem herauszuhalten, was einen selbst nicht unmittelbar betrifft, und sich nicht wegen des Wohles der Mitmenschen irgendwelchen Gefahren und Verstrickungen auszusetzen. Diese dem Eigennutz huldigende Einstellung wird häufig auch durch eine von Feng Menglong (1574–1646) geprägte Wendung gekennzeichnet: «Jeder kehrt den Schnee nur vor seiner eigenen Tür, kümmert sich aber nicht um den Reif auf dem Dach des Nachbarn.»

Wie aber will man im einzelnen Fall zwischen der echten und der lediglich gespielten Gleichgültigkeit des Beobachters unterscheiden? So fragt in der «Romanze der drei Königreiche» Lu Su, ein Berater Zhou Yus beim Feldzug gegen Cao Cao, (s. o. 9.1.) Zhuge Liang, warum er mit verschränkten Armen tatenlos zugeschaut habe, wie der verdienstvolle Huang Gai mit 50 Schlägen bestraft und schwer verwundet worden sei.

«Ihr beleidigt mich», antwortete Zhuge Liang lächelnd. «Habt Ihr nicht gemerkt, daß diese Prügelszene nichts anderes als ein von allen Beteiligten abgekartetes Strategem zur späteren Täuschung Cao Caos war? Wie hätte ich da eingreifen können?» (s. im einzelnen 34.1)

9.5 Auf dem Berg sitzend, dem Kampf der Tiger zuschauen

Dies ist eine andere Kurzformel für das Strategem Nr. 9. In der chinesischen Sprache lautet diese Kurzformel so:

Chinesische Schriftzeichen	坐	山	观	虎	斗
Moderne chinesische Aussprache	*zuo*	*shan*	*guan*	*hu*	*dou*
Deutsche Übersetzung	sitzen	Berg	beobachten	Tiger	Kampf

Diese Kurzformel geht auf die Schilderung einer Begebenheit zur Zeit des Königs Hui von Qin (337–311 v. Chr.) in den «Geschichtlichen Aufzeichnungen» des Sima Qian (geb. um 145 v. Chr.) zurück.

Die beiden Staaten Han und Wei führten Krieg gegeneinander. König Hui von Qin wollte zunächst in den Kampf eingreifen und beriet dieses Vorhaben mit seinen Ministern. Die einen befürworteten den Plan, die anderen lehnten ihn ab. Der König war unschlüssig. Schließlich fragte er Chen Zhen. Dieser sprach nach längerem Nachdenken: «Kennt Ihr die Geschichte von Bian Zhuangzis Tigerjagd? Einmal sah Bian Zhuangzi plötzlich zwei Tiger vor sich, die ein Rind fraßen. Schon zückte er sein Schwert und wollte auf die Tiger losgehen. Da fiel ihm sein Begleiter Guan Zhuzi in den Arm und sagte: ‹Die beiden Tiger haben gerade mit dem Fressen begonnen. Warte, bis sie die richtige Freßlust packt, dann werden sie bestimmt aneinandergeraten. Der kleine Tiger wird zu Tode gebissen, der große Tiger aber bei dem Kampfe verwundet werden. Warte also bis zu diesem Zeitpunkt. Dann wirst du ohne Kraftanstrengung mit einem Streich zwei Tiger erlegen können.›

Bian Zhuangzi ließ sich von diesem Rat überzeugen, versteckte sich hinter einem Stein und beobachtete die Tiger. Nach einer Weile kam es tatsächlich zum Streit zwischen ihnen. Der kleine Tiger wurde getötet, der große verwundet. Nun sprang Bian Zhuangzi hinter dem Stein hervor, zückte sein Schwert und erstach den verwundeten Tiger. Mühelos erlegte er so zwei Tiger.

Jetzt bekriegen sich die Staaten Han und Wei. Der Kampf dauert schon ein Jahr. Eine Vermittlung erscheint als aussichtslos. Im Endergebnis wird das mächtigere Wei den kleineren Staat Han annektieren, selbst aber von dem Kriege schwer in Mitleidenschaft gezogen werden. Nun wird sich Euch die Gelegenheit darbieten, Wei mühelos zu überwältigen, um so beide Staaten Eurem Reiche einzuverleiben.»

Und so geschah es auch dann tatsächlich.

Wiederholt beurteilte Mao Zedong innen- und außenpolitische Vorgänge anhand dieser Kurzformel des Strategems Nr. 9. Am 30. Juni 1939 warf Mao ausländischen Kreisen vor, sie duldeten die Aggressionen Japans gegen China, «selbst aber schauen sie, auf dem Berg sitzend, dem Kampf der Tiger zu, warten auf einen günstigen Augenblick, um eine sogenannte pazifische Vermittlungskonferenz zu inszenieren und sich die Vorteile des lachenden Dritten zu sichern.»

Unter dem Titel «Aktuelle Probleme der Taktik in der antijapanischen Einheitsfront» behauptet Mao am 11. März 1940, die USA verfolgten nach wie vor die Politik, «auf dem Berg sitzend, dem Kampf der Tiger zuzuschauen».

Am 24. April 1945 bezichtigt Mao die Guomindang-Regierung Tschiang Kai-scheks einer passiven Führung des Krieges gegen Japan; diese «warf die Last des Kampfes auf die Front der befreiten Gebiete – also der von der Kommunistischen Partei Chinas beherrschten Regionen – und ermöglichte den japanischen Eindringlingen, großangelegte Angriffsoperationen gegen die befreiten Gebiete zu entfalten, während sie selbst, auf dem Berge sitzend, dem Kampf der Tiger zuschaute».

Mit Blick auf den europäischen Kriegsschauplatz bemerkte Mao am 1. September 1939:

> «In den letzten Jahren hat die internationale reaktionäre Bourgeoisie – und vor allem die reaktionäre Bourgeoisie Englands und Frankreichs – gegenüber der Aggression der deutschen, italienischen und japanischen Faschisten stets eine reaktionäre Politik betrieben, und zwar die Politik der ‹Nichteinmischung›. Sie verfolgten diese Politik mit dem Ziel, aggressive Kriege zu dulden und aus diesen Kriegen Vorteile für sich herauszuschlagen. Deshalb ... stellten sich England und Frankreich auf einen Standpunkt der ‹Nichteinmischung› und

duldeten die Aggression Deutschlands, Italiens und Japans, wobei sie selbst als Beobachter abseits standen. Sie verfolgten das Ziel, die beiden kriegführenden Seiten sich gegenseitig erschöpfen zu lassen, um dann auf den Schauplatz zu treten und sich einzumischen. ... Die Politik der ‹Nichteinmischung›, wie sie von der internationalen und vor allem von der englisch-französischen Reaktion betrieben wurde, ist die Politik, ‹auf dem Berg sitzend, dem Kampf der Tiger zuzuschauen›, es ist die reinste imperialistische Politik des eigenen Vorteils auf fremde Kosten.»

Und am 28. September 1939 legte Mao dar:

> «Die Regierungen Englands, der USA und Frankreichs hatten überhaupt nicht die aufrichtige Absicht, den Ausbruch des Weltkriegs abzuwenden – im Gegenteil, sie beschleunigten ihn ... England, die USA und Frankreich vefolgten den Plan, Deutschland in einen Krieg gegen die Sowjetunion zu hetzen, sie selbst aber wollten, auf dem Berg sitzend, dem Kampf der Tiger zuschauen, die Sowjetunion und Deutschland sich in einem Krieg gegenseitig zermürben lassen, und dann würden sie auf den Schauplatz treten und Ordnung schaffen. Diese Verschwörung wurde durch den Abschluß des sowjetisch-deutschen Nichtangriffspaktes durchkreuzt ... Als es um Spanien, um China, um Österreich und um die Tschechoslowakei ging, hatten diese Verschwörer nicht nur nicht die geringste Absicht, die Aggression zu unterbinden, sondern sie ließen im Gegenteil der Aggression freien Lauf und schürten den Krieg, indem sie die Rolle jenes Fischers spielten, der die Rauferei einer Schnepfe mit einer Muschel benutzte, um beide zu fangen. Das nannten sie euphemistisch ‹Nichteinmischung›. In Wirklichkeit bedeutet das ‹auf dem Berg sitzend, dem Kampf der Tiger zuzuschauen›.»

In die Fußstapfen Maos tritt 1981 Zhang Jian von der Wirtschaftsfakultät der Universität Wuhan in einer Analyse über die sowjetische außenpolitische Gesamtstrategie. Diese Analyse veröffentlichte die «Chinesische Jugendzeitung» am 24. Januar 1981.

Nach Zhang Jian gehen gewisse westliche Kreise von der irrigen Annahme aus, der sowjetische Einmarsch in Afghanistan diene in erster Linie der Einkreisung Chinas. Aufgrund dieser Annahme hegen diese Kreise die Illusion, die Widersprüche zwischen China und der Sowjetunion könnten sich derart verschärfen, daß schließlich China bei der

Eindämmung der sowjetischen Expansionspolitik die Hauptlast tragen werde. Derweil könne der Westen, «auf dem Berge sitzend, dem Kampf der Tiger zuschauen». Nach Zhang Jian kann jedoch der Einfall der Sowjetunion in Afghanistan nur im Rahmen der sowjetischen weltpolitischen Gesamtstrategie zutreffend beurteilt werden, die auf die Eroberung der Welthegemonie hinziele. Das Kernproblem bei der sowjetischen Eroberung der Welthegemonie sei die Kontrolle über Westeuropa. Dazu sei eine strategische Umzingelung Westeuropas vonnöten. Zwei gegen Westeuropa gerichtete Umzingelungsringe der Sowjetunion spannten sich vom Eismeer bis zum Schwarzen Meer bzw. vom Schwarzen Meer bis zum Pazifischen Ozean. Afghanistan erscheint als der Schnittpunkt dieser beiden Einkreisungsringe und als Sprungbrett nicht nur für Aktionen gegen den Westen Chinas, sondern auch in Richtung auf die arabischen Erdölfelder und auf die Häfen des Indischen Ozeans.

Ein Pekinger Strategembuch räsoniert:

> «Wenn beim Gegner Widersprüche zutage treten und interne Zwistigkeiten immer offener ausgetragen werden, dann ‹beobachte man, auf dem Berge sitzend, den Kampf der Tiger›. Es wäre falsch, aus der Not der anderen Nutzen ziehen und ‹die Feuersbrunst zu einem Raub ausnutzen› zu wollen. Denn ein überstürztes Eingreifen schweißt häufig die verfeindeten Gegenkräfte vorübergehend wieder aneinander und erhöht die Gefahr eines Gegenschlags. So tritt man besser mit Bedacht einen Schritt zurück und wartet ab, bis sich die Widersprüche bei den Gegnern soweit entwickeln, daß die Gegner aneinandergeraten und sich selbst erledigen.»

Das Strategem Nr. 9 erschöpft sich indes nicht nur in bloßem Warten. Ist die Zeit herangereift, muß sich das Warten in eine zeitig vorbereitete Aktion verwandeln.

So steht das Strategem Nr. 9 im Zeichen des Wartens, der Geduld und der Behutsamkeit, wozu bereits Sun Zi im 12. Kapitel seines Traktates über die Kriegskunst geraten hat.

In Abwandlung eines Gedankens, der von Lao Zi stammen soll, könnte man sagen:

Scheinbares Nichtstun ist die höchste Form des Tuns.

9.6 Fern des roten Staubs

Der Pekinger Sprachforscher Liu Jiexiu sieht einen Zusammenhang zwischen den Worten des Strategems Nr. 9 und einem Gedicht des Mönchs Qiankang aus der Tang-Zeit (7.–10. Jh.). Dieses Gedicht beschreibt allerdings kein Strategem-Verhalten, sondern die Weltabgeschiedenheit des buddhistischen Weisen. «Roter Staub» ist eine buddhistische Umschreibung des vergänglichen irdischen Daseins, die «grünen Berggipfel», «kühl wie stilles Eis», spiegeln die Ruhe und Entrücktheit des Einsiedlers wider:

> *«Dort, am anderen Ufer des Flusses, im roten Staube*
> *wimmelnde Menschen, hitzig wie züngelndes Feuer.*
> *Hier, vor dem Tore der Klause, nur grüne Berggipfel*
> *ringsum, kühl wie stilles Eis.»*

Strategem Nr. 10

Hinter dem Lächeln den Dolch verbergen

A)

Die vier Schriftzeichen der Strategemformel A	笑	里	藏	刀
Moderne chinesische Aussprache	*xiao*	*li*	*cang*	*dao*
Übersetzung der einzelnen Schriftzeichen	Lächeln	im	verbergen	Dolch
Zusammenhängende Übersetzung	Hinter dem Lächeln den Dolch verbergen.			

B)

Die vier Schriftzeichen der Strategemformel B	口	蜜	腹	剑
Moderne chinesische Aussprache	*kou*	*mi*	*fu*	*jian*
Übersetzung der einzelnen Schriftzeichen	Mund	Honig	Magen	Schwert
Zusammenhängende Übersetzung	Im Mund Honig, im Bauch aber ein Schwert. Mit Worten schmeicheln, aber im Herzen Böses planen.			
Kerngehalt	Üble Absichten durch äußerliche Freundlichkeit, durch schöne Worte verschleiern. Strategem der Doppelzüngigkeit. Januskopf-Strategem, Einlullungs-Strategem, Judaskuß-Strategem.			

10.1 Li Yifu und Li Linfu

Die erste Formel prägte Bai Juyi (Bo Chü-i) (772–846), einer der berühmtesten Poeten von über 2300 Dichtern der Tang-Zeit (618–907), zur Charakterisierung des Li Yifu (614–666). So schreibt er in seinem Gedicht *Tian Ke Duo* («Der Himmel läßt sich ergründen»), daß Typen wie Li Yifu «hinter ihrem Lächeln einen Dolch verbergen und Menschen morden». Mit einem Seitenhieb auf diese Li Yifu-Typen klingt ein Gedicht desselben Verfassers im Rahmen eines Gedicht-Zyklus über die Vorzüge des Weintrinkens mit der Mahnung aus:

> *«Hört auf, den Dolch hinter eurem Lächeln zu wetzen.*
> *Da ist es doch besser, Wein zu trinken und ruhig*
> *hingestreckt tief betrunken dazuliegen.»*

Wer war Li Yifu? Gemäß der geschichtlichen Überlieferung erschmeichelte er sich die Gunst des Tang-Kaisers Gao Zong (649–683) und erschlich durch Speichelleckerei und Kriecherei die Stellung eines Großwürdenträgers am Kaiserhof. Gemäß der «Alten Tang-Geschichte», verfaßt um 940 n. Chr.

> «gab sich [Li] Yifu sanft und bescheiden; wenn er mit anderen sprach, dann setzte er immer ein strahlendes Lächeln auf. Innerlich war er jedoch hinterlistig und verschlagen. Wer sich ihm auch nur geringfügig widersetzte, den gedachte er ins Verderben zu stürzen. Zeitgenossen sagten daher über ihn: Yifu verbirgt einen Dolch hinter seinem Lächeln.»

Auch in der «Neuen Tang-Geschichte», verfaßt von Ouyang Xiu (1007–1072), wird Li Yifu in gleicher Art und Weise beschrieben. Die vom Lyriker Bai Juyi erdachte Strategem-Formel fand auch Eingang in die erzählende Literatur, so etwa in die berühmten klassischen chinesischen Romane «Die Räuber vom Liangshan-Moor» und «Der Traum der roten Kammer», sowie in chinesische Bühnenstücke.

So taucht sie etwa auf in dem historischen Drama *Guan Da Wang Du Fu Dan Dao Hui* («Der große König Guan begibt sich mit einem Breitschwert allein zu einem Bankett») von Guan Hanqing (13. Jh.).

Die zweite Formel überlieferte Sima Guang (1019–1086). In seinem Werk *Zi Zhi Tong Jian* («Allgemeiner Regierungsspiegel») berichtet er über Li Linfu (gest. 752 n. Chr.), den Reichskanzler des Kaisers Xuan Zong (712–756):

> «Ihm waren vor allem die Literaten zuwider ... nach außen hin förderte er sie und köderte sie mit süßen Worten, insgeheim aber schadete er ihnen. Zeitgenossen urteilten über Li Linfu: Im Mund hat er Honig, im Bauch aber ein Schwert.»

Nach dem Tode Maos (12. September 1976) wurde die Viererbande in der Presse der Volksrepublik China wiederholt als Jünger des Li Linfu hingestellt. Mao seinerseits verglich am 20. Dezember 1939 die ‹Imperialisten› mit Li Linfu und am 28. September 1939 den damaligen britischen Premierminister Chamberlain mit Li Yifu. An anderer Stelle rief Mao mit Blick auf die chinesische Innenpolitik allgemein zur Bekämpfung der von Li Yifu und Li Linfu verkörperten Haltung auf, die er so umschrieb:

> «Öffentlich sich fügen, insgeheim sich widersetzen, mit den Lippen bejahen, im Herzen verneinen, ins Gesicht schön klingende Worte sagen, hinter dem Rücken stänkern – das eben ist es, worin sich das Doppelzünglertum äußert.»

Ebenfalls in diesem Zusammenhang erwähnenswert sind die «Geschosse in Zuckerhülle» der ‹Bourgeoisie›, die Mao als die Hauptgefahr für das ‹Proletariat› nach dem «Sieg der Chinesischen Volksdemokratischen Revolution» betrachtete.

Übrigens findet sich die Formel «im Munde Honig, im Bauch aber ein Schwert» in der chinesischen Gesamtausgabe der Werke Lenins zur Wiedergabe des Titels einer Veröffentlichung Lenins aus dem Jahr 1907. In der geläufigen deutschen Übersetzung heißt der Titel «Honig im Munde, Galle im Herzen».

A propos Sowjetunion: In einem Hongkonger Strategembuch wird Chruschtschow als ein Li Yifu- bzw. Li-Linfu-Typ hingestellt. Zu Stalins Lebzeiten habe er sich als dessen loyalster Gefolgsmann hervorgetan, um ihn dann auf dem XX. Parteitag der KPdSU 1956 zu verdammen. Dadurch habe Chruschtschow die erwünschte Machtposition errungen.

Allerdings scheint Strategem Nr. 10 gerade in China sehr verbreitet zu sein. Darauf deuten diverse Variationen der beiden Strategem-Formeln hin wie etwa

mian dai zhonghou, nei cang jianzha
Das Gesicht zeigt Treuherzigkeit und Güte, das Innere aber verbirgt Verschlagenheit und Falschheit.
und
zui shang fang mitang, xin li cang pishuang
Die Lippen mit Honig bestreichen, im Herzen aber Arsenik verbergen.

Nun mag man vielleicht denken: Doppelzüngigkeit ist auch außerhalb Chinas nicht unbekannt, findet sich doch zum Beispiel in der Edda der Spruch:

«Hast du einen andern,
dem du übel traust
und von dem du doch Gutes begehrst,
freundlich magst du sprechen,
aber Falsches sinnen,
*zahlen Täuschung für Trug.»**

Chinesische Formeln wie «Hinter dem Lächeln den Dolch verbergen» bedürfen eigentlich keiner weiteren Erläuterung mehr. Doch vielleicht vermögen die folgenden Beispiele aus chinesischen Strategembüchern überraschende Dimensionen des Strategems Nr. 10 zu erschließen. Das erste Beispiel findet sich in dem Werk, das Han Fei (gest. 233 v. Chr.), dem bedeutendsten Vertreter der sogenannten Gesetzesschule, zugeschrieben wird.

10.2 Die gefährliche Verschwägerung

In der Frühlings- und Herbstzeit plante der Herzog Wu (770–744 v. Chr.) von Zheng (im Herzen der heutigen Provinz Henan südlich des Gelben Flusses) die Annexion des Fürstentums Hu (in der heutigen Provinz Anhui). Doch seine militärischen Mittel waren begrenzt. Daher wagte er keinen direkten Angriff auf Hu. Statt dessen benutzte er das Strategem Nr. 10. Zu diesem Zweck bot er dem noch lebenden Fürsten von Hu seine schöne Tochter als Gemahlin an. Der Fürst von

* Edda. Zweiter Band. Götterdichtung und Spruchdichtung. Übertragen von Felix Genzmer, Düsseldorf/Köln 1963.

Hu nahm das Angebot an und verschwägerte sich so mit dem Herzog Wu. Nicht genug damit. Um den Fürsten von Hu noch mehr einzulullen, versammelte der Herzog von Zheng seine Minister um sich und sprach: «Ich gedenke ein fremdes Land anzugreifen. Ich frage Euch: Der Angriff auf welches Land würde sich am ehesten lohnen?»

Der Minister Guan Qisi meinte, am erfolgversprechendsten sei wohl ein Angriff auf Hu. Zornentbrannt schrie Herzog Wu:

«Was, Ihr schlagt einen Krieg gegen das mit uns verwandtschaftlich verbundene Fürstentum Hu vor?»

Darauf ließ er den Minister köpfen.

Dies erfuhr der Fürst von Hu. Seine letzten Zweifel an der aufrichtigen Freundschaft von Zheng zerstoben, und er hielt von nun an jede Wachsamkeit gegenüber Zheng für überflüssig. Plötzlich jedoch führte Herzog Wu von Zheng einen Überraschungsangriff auf Hu durch und vernichtete handstreichartig dieses Fürstentum. Zheng war übrigens eine Zeitlang ein recht mächtiges Herzogtum. Erst im Jahre 375 v. Chr. wurde es von Han vernichtet.

Zu dem hier geschilderten Beispiel der Kommentar in einem Werk über chinesische Militärsprichwörter, erschienen 1983 in Taiyuan, Provinz Shanxi:

> «Dies ist ein typisches Beispiel für die militärische Anwendung von Strategem Nr. 10. Der Herzog von Zheng scheute nicht davor zurück, sein eigen Fleisch und Blut zu opfern und einen seiner Minister ungerechterweise zu töten. Dies alles beging er, um ein Trugbild der Freundschaft vorzugaukeln und auf diese Weise seinen Feind einzuschläfern. Es geht also darum, den Gegner im Glauben zu wiegen, man hege ehrlich freundschaftliche bzw. friedliche Absichten. Der Gegner wird dazu verleitet, in seiner Wachsamkeit nachzulassen. Insgeheim plant man, gegen den Gegner bei einer günstigen Gelegenheit loszuschlagen, und man trifft die diesbezüglichen Vorbereitungen, aber so, daß der Gegner nichts davon merkt.»

10.3 Der König als Pferdeknecht

In der Frühlings- und Herbstzeit war Gou Jian (gest. 465 v. Chr.), der König des Staates Yue (in der heutigen südchinesischen Provinz Zhejiang), von Fu Chai (gest. 473 v. Chr.), dem Herrscher des Staates Wu, von dem laut chinesischen Presseberichten im Jahre 1984 ein Schwert ausgegraben wurde, in der Schlacht am Taihu-See besiegt worden. Gou Jian wollte zunächst mit 5000 Soldaten in die Fremde fliehen, doch sein Vertrauter Wen Zhong riet ihm, sich Fu Chai zu ergeben und durch eine Politik des Nachgebens auf der ganzen Linie die Voraussetzungen für eine spätere Rache zu schaffen.

So sandte Gou Jian seinen Berater Wen Zhong zu Fu Chai und bot ihm sämtliche Schätze des Staates Yue an. Ferner erklärte sich Gou Jian bereit, Fu Chai ewig als Knecht zu dienen. Fu Chai ging, entgegen dem Rat eines seiner Generäle, auf dieses Angebot ein. Gou Jian legte ein ungefärbtes Kleid an und zog mit seinem Berater, mit seiner Gattin und 300 Mann in den Staat Wu. Vor Fu Chai sank er in die Knie und beteuerte in äußerst demütiger Haltung seine Dankbarkeit für die Gnade, nicht hingerichtet zu werden.

Fu Chai ließ Gou Jian als Pferdeknecht arbeiten. Wenn Fu Chai ausritt, besorgte Gou Jian selbst für ihn die Pferde und beteuerte eins ums andere Mal, wie dankbar er dem Herrscher von Wu sei, weil dieser ihn am Leben gelassen habe. War Fu Chai krank, kümmerte sich Gou Jian mühevoll um ihn, ja untersuchte jeweils gar die Fäkalien von Fu Chai.

Da sich Gou Jian so ehrerbietig zeigte, nahm Fu Chai an, er sei ein loyaler Gefolgsmann geworden. Nach drei Jahren ließ er Gou Jian in seine Heimat zurückkehren. Dort schlief Gou Jian, um seine Rache nicht zu vergessen, auf Reisig und Stroh. Um die Rache, auf die sein Herz sann, immer wieder aufs neue anzustacheln, aß er täglich vor jeder Mahlzeit ein Stück bittere Galle. Gleichzeitig bereitete er sich in aller Stille auf die Stunde der Revanche vor. Eines Tages war endlich die Konstellation für Gou Jians Vernichtungsfeldzug gegen Wu gegeben (s. 5.2 und 34.13).

Unmittelbar im Anschluß an das Beispiel von Gou Jian leitet Shu Han in einem Taipeher Strategembuch (1986) auf Lucius Iunius Brutus (6. Jh. v. Chr.) über, und zwar mit dem Untertitel:

10.4 Sich als Schwein verkleiden, um den Tiger zu erlegen

Als der letzte römische König Tarquinius Superbus den Vater des Brutus und seinen älteren Bruder beseitigte, soll Brutus gemäß der Legende wegen vorgetäuschter Blödheit verschont geblieben sein. Brutus spielte die Rolle des Blöden derart gut, daß der König ihn als harmlosen Spaßmacher für seine Söhne am Hofe hielt. Nach dem Opfertod der

Lucretia für Reinheit und Freiheit warf Brutus die Maske ab. Er veranlaßte den Gatten der Lucretia und ihren Vater zu dem Eid, nicht eher zu rasten, als bis der Tyrann mit seinen frevelhaften Söhnen vertrieben sei, eilte mit der Leiche der Lucretia nach Rom und brachte das Volk mit einer pathetischen Rede zu dem Entschluß, den König abzusetzen und zu verbannen. Schließlich gelang es ihm auch, das Heer zu gewinnen. Am Ende standen die Gründung der Republik und die Wahl des Brutus und seines treuen Genossen Collatinus zum ersten Konsulat.

Bei dem von Shu Han gewählten Untertitel «Sich als Schwein verkleiden, um den Tiger zu erlegen» handelt es sich um eine in China geläufige Redensart. Ihr liegt, gemäß einem Hongkonger Strategembuch, die Vorstellung zugrunde, daß sich der Jäger als Schwein verkleidet, dessen Grunzen nachahmt, dadurch den Tiger heranlockt und das völlig überraschte Tier dann aus nächster Nähe niedermacht. Das gleiche Buch erwähnt in diesem Zusammenhang Lao Zi, den sagenumwobenen Ahnvater des Daoismus, mit dem ihm zugeschriebenen Ausspruch: «Klugheit wie Dummheit [erscheinen lassen]» – sowie den Dichter Su Shi (1037–1101) mit seinem berühmten Ausspruch: «Der ganz Kluge gibt sich wie ein Tölpel.»

Dann heißt es weiter:

«‹Sich als Schwein verkleiden, um den Tiger zu erlegen›, wird gegenüber einem starken Feind angewendet. Man verbirgt vor ihm die Schwertklinge, stellt sich dumm wie ein Schwein, gibt sich in allem willfährig, setzt dauernd ein freundliches Lächeln auf und dienert wie ein Sklave. Schließlich ist der Feind völlig eingelullt. Bietet sich eine günstige Gelegenheit, dann verwandelt sich der Sklave blitzesgleich in einen Henker.»

10.5 Das Kapitulationsangebot

Im dritten Jahrhundert v. Chr. griff das Fürstentum Yan das Fürstentum Qi an und eroberte 17 Städte. Nur zwei Städte hielten noch stand, darunter Jimo. Nach dem Kampfestod des die Stadt Jimo verteidigenden Generals trat Tian Dan an dessen Stelle. Nach Anwendung des Strategems Nr. 34 sowie weiterer flankierender Maßnahmen delegierte Tian Dan alte und schwache Leute sowie Frauen auf die Stadtmauern und schickte Gesandte zur Yan-Armee, die über eine Kapitulation der Stadt verhandeln sollten. Die Soldaten der Yan-Armee brachen in Jubelrufe aus. Eine Sammlung bei der Stadtbevölkerung brachte Tian Dan über

1000 Goldstücke ein, die er mit einem Schreiben der reichen Bewohner von Jimo dem General der Yan-Armee überbringen ließ. In dem Schreiben hieß es: «Jimo wird sich bald ergeben. Unser einziger Wunsch ist es, daß ihr unsere Familienmitglieder, Frauen und Konkubinen nicht gefangennehmt.» Der General der Yan-Armee antwortete zustimmend, und die Wachsamkeit der Yan-Armee schwand immer mehr. Nun war für Tian Dan die Zeit reif für einen Ausfall aus der Stadt, der mit einer vernichtenden Niederlage der Yan-Armee endete.

Kein Wunder, daß schon Konfuzius mahnte: «Platte Worte und einschmeichelnde Mienen sind selten mit Menschlichkeit gepaart.»

Sein Zeitgenosse Sun Zi betrachtet in dem ihm zugeschriebenen Traktat über die Kriegskunst unterwürfige Worte des Feindes als ein Alarmzeichen und warnt: «Wenn der Feind ohne vorherige Vereinbarung plötzlich um einen Waffenstillstand ersucht, dann lauert dahinter bestimmt eine List.»

Aktualisiert wird dieser Satz in einem 1977 in fünfter Auflage in Taipeh erschienenen Ausgabe von Sun Zis Traktat über die Kriegskunst durch die dem innenpolitischen Gegner vorgeworfene Formel: «Greift der Feind an, beginnen wir mit Verhandlungen. Verhandelt der Feind, greifen wir ihn an.»

10.6 Kommandantenwechsel in Lukou

Ein Pekinger Strategembuch führt im Kapitel über Strategem Nr. 10 eine Begebenheit aus dem Jahre 219 n. Chr. an, die auch in dem Volksroman «Romanze der drei Königreiche» beschrieben wird.

Im Mittelpunkt steht Lü Meng (178–219), ein Stratege im Dienste des Sun Quan (182–252), des Herrschers von Wu (heutiges Südostchina), einem der drei Reiche. Lü Meng vernahm, daß Guan Yu (?–219), ein General des Reiches Shu (im Gebiet der heutigen Provinz Sichuan) und in jener Zeit Kommandant der für die Kontrolle über den Yangtse-Fluß wichtigen Stadt Jiangling (dem heutigen Jiangling, Provinz Hubei) einen Angriff auf Fancheng (in der Gegend des heutigen Xiangfan, Provinz Hubei) im Süden des Reiches Wei plante. Dieser Zeitpunkt schien Lü Meng für die Eroberung Jianglings günstig. Sun Quan ließ ihm freie Hand für die Ausführung seiner Pläne. Als Lü Meng aber in Lukou (im Südwesten des heutigen Jiayu, Provinz Hubei) eintraf, erfuhr er, daß längs des Flusses in kurzen Abständen Signalfeuer-Türme errichtet wurden und daß die Jiangling bewachende Armee bestens gerüstet sei. Lü Meng erkannte, daß ein Angriff auf Jiangling scheitern würde. Da blieb er in Lukou und ließ verbreiten, er sei krank geworden.

Sun Quan sandte darauf den damals noch wenig bekannten Strategen Lu Xun (183–245) nach Lukou. Dieser riet Lü Meng, noch einen Schritt weiterzugehen und von seinem Kommandoposten zurückzutreten. Denn Lü Meng sei der einzige, den Guan Yu, der sehr viel von seinem eigenen Heldentum halte, ernst nehme. Lü Mengs Nachfolger solle Guan Yu unterwürfig die Aufwartung machen, so daß dieser in seinem Dünkel alle seine Truppen von Jiangling abziehen und in den Kampf gegen Fancheng führen werde.

Diesem Plan stimmte Sun Quan zu, der nach Lü Mengs Rücktritt Lu Xun zum neuen Oberkommandierenden ernannte und mit der Bewachung von Lukou betraute. Lu Xun verfolgte die Doppeltaktik, mit freundlichen Gesten die geheimen Vorbereitungen seines geplanten Feldzuges zu verdecken. Er sandte Guan Yu einen schmeichlerischen, untertänigen Brief, auserlesene Pferde, feinste Seidenstoffe und köstliche Speisen und Getränke. Lu Xuns Bote überreichte Guan Yu den Brief mit der Bemerkung, Lu Xun erhoffe sich gute Beziehungen mit Guan Yu.

Tatsächlich wähnte sich Guan Yu hinfort in Sicherheit. Von Lu Xun entsandte Spione bestätigten, daß die Hälfte der Jianglinger Garnison für die Eroberung Fanchengs abgezogen worden sei. Insgeheim nahm das Reich Wu Kontakte mit dem Reich Wei auf, um einen Zweifrontenkrieg zu vermeiden. Als Guan Yu das Reich Wu völlig aus den Augen verloren und seine ganze Aufmerksamkeit auf die Eroberung Fanchengs verlegt hatte, rückte der nun wieder in Aktion tretende Lü Meng mit einer als Handelsschiffe getarnten Kriegsflotte langsam den Yangtse entlang auf Jiangling vor; er eroberte diese Stadt ohne große Mühe in einem Überraschungsangriff (s. auch 8.3 und 19.16).

10.7 Sowjetische und vietnamesische Freundlichkeit

Nach einem Pekinger Strategembuch (1987) betrachtet u. a. die Sowjetunion die politisch-diplomatische Verstellung als eine unentbehrliche Bedingung für die Vorbereitung plötzlicher militärischer Aktionen. Dies treffe auch auf die Geschehnisse im Vorfeld des Einmarsches in Afghanistan Ende 1979 zu. Jahrelang habe sich die Sowjetunion den Anstrich der «freundschaftlichen Kooperation» durch sogenannte Wirtschaftshilfe, die Ausbildung von militärischem Personal und die

Entsendung von Militärberatern gegeben. Schrittweise habe sie so die Kontrolle über die afghanische Armee errungen und die Voraussetzung für die Okkupation Afghanistans geschaffen.

Auch Vietnam, das nach dem Einmarsch in Kambodscha «zur Einschläferung der südostasiatischen Länder» von «regionaler Zusammenarbeit» sprach, wurde in der chinesischen Tagespresse mit dem Strategem Nr. 10 belegt. Über einer Analyse von Peng Di, die vietnamesische Außenpolitik betreffend, prangte am 16. August 1979 in der «Volkszeitung», dem Organ des Zentralkomitees der Kommunistischen Partei Chinas, gar der Titel: «Diplomatie des Lächelns, hinter dem Lächeln den Dolch verbergen».

Strategem Nr. 11

Der Pflaumenbaum verdorrt anstelle des Pfirsichbaums

Die vier Schriftzeichen	李	代	桃	僵
Moderne chinesische Aussprache	*li*	*dai*	*tao*	*jiang*
Übersetzung der einzelnen Schriftzeichen	Pflaumenbaum	anstelle	Pfirsichbaum	verdorren
Zusammenhängende Übersetzung	Der Pflaumenbaum verdorrt anstelle des Pfirsichbaums.			
Übersetzung unter Berücksichtigung des Bezugsgedichts	Der Pflaumenbaum opfert sich für den neben ihm wachsenden Pfirsichbaum, indem er an dessen Stelle seine Wurzeln den Insekten zum Fraße hingibt.			
Kerngehalt	a) Mit Hilfe eines Täuschungsmanövers sich selbst opfern, um den anderen zu retten. b) Mit Hilfe eines Täuschungsmanövers den anderen opfern, um sich selbst zu retten. c) Mit Hilfe eines Täuschungsmanövers jemanden opfern, um einen Dritten zu retten. d) Ein kleines Opfer bringen, um etwas Wertvolleres zu gewinnen. Sündenbock-Strategem, Opferlamm-Strategem.			

11.1 Das Bezugsgedicht

Der Strategemausdruck geht zurück auf eine Sammlung von Volksliedern und Balladen. Die Sammlung stammt aus dem Konservatorium Yuefu, das der Han-Kaiser Wu Di (140–87) gründete und mit der Aufgabe betraute, populäre und literarische Gedichte und Lieder zu sammeln. Die heute noch erhaltene Yuefu-Sammlung enthält ein Kapitel von volkstümlichen, aus der Han-Zeit (206 v. Chr.–220 n. Chr.) stammenden Liedern, die beim Vortragen von Saiten- und Blasinstrumenten begleitet wurden. In einem dieser Lieder mit dem Titel «Der Hahn kräht» findet sich der Passus:

«Ein Pfirsichbaum wächst an einem offenen Brunnen. Ein Pflaumenbaum wächst neben dem Pfirsichbaum. Insekten kommen und nagen an den Wurzeln des Pfirsichbaums. Der Pflaumenbaum [opfert sich, bietet seine Wurzeln den Insekten an und] verdorrt anstelle des Pfirsichbaumes. Wenn sich Bäume füreinander opfern, dürfen sich da Brüder gegenseitig vergessen?»

Zur Veranschaulichung dieses Strategems verweist ein Hongkonger Strategembuch auf eine über 2500 Jahre zurückliegende chinesische Begebenheit. Sie wird geschildert in dem schon mehrfach erwähnten konfuzianischen klassischen Werk «Kommentar des Zuo». Dieser Kommentar gehört zu den vier Sammlungen, in denen dem 10. bis 6. Jahrhundert v. Chr. zuzuordnende Traditionen aus dem Milieu der Schreiber, Annalisten und Wahrsager überliefert sind.

11.2 Unter falscher Flagge

Herzog Xuan von Wei (718–700) hatte ein Verhältnis mit der Konkubine seines Vaters. Diese gebar ihm einen Sohn namens Jizi. Später wollte Herzog Xuan den Jizi mit Xuan Jiang, einer Frau aus Qi verheiraten. Diese war so schön, daß der Herzog selbst sie zur Gemahlin nahm. Xuan Jiang gebar zwei Söhne, den sanftmütigen Shou und den verschlagenen Shuo. In der Folge verleumdeten Xuan Jiang und ihr Sohn Shuo den Jizi beim Herzog. Unter anderem behaupteten sie, Jizi könne seinem Vater nicht verzeihen, daß er ihm die schöne Xuan Jiang weggenommen habe, der er nachstelle. Schließlich sandte der Herzog den Jizi zu einer Mission nach Qi. Gleichzeitig beauftragte der Herzog Räuber, sie sollten Jizi bei Shen auflauern und ihn dort töten. Shou, der gute Sohn der Xuan Jiang, der seinen Halbbruder Jizi liebte, warnte diesen und riet ihm zur Flucht. Jizi schlug diesen Rat in den Wind. Seine Begründung atmet den Geist der typisch konfuzianischen Tugend des unbedingten Sohnesgehorsams: «Wenn ich dem Befehl meines Vaters nicht gehorche, wie stünde mir dann die Bezeichnung ‹Sohn› zu? Gäbe es Staaten ohne Väter, dann könnte ich mich dorthin begeben.»

Vor Jizis Abreise machte ihn Shou betrunken, nahm ihm die Kronprinzenflagge ab und machte sich damit auf den Weg. Die Räuber glaubten, er sei Jizi und töteten ihn. Kurz darauf erschien Jizi und schrie: «Ich war es, den ihr töten solltet. Was hat er denn verbrochen? Tötet mich!» Darauf töteten die Räuber auch Jizi.

In dieser Geschichte spielt der gute Shou die Rolle des Pflaumenbaumes. Jizi aber, den man mit dem Pfirsichbaum gleichsetzen könnte, nimmt das Opfer nicht an.

Auch aus dem 11. Jahrhundert n. Chr. ist eine Geschichte überliefert, in der ein Bruder die Rolle des Pflaumenbaumes auf sich zu nehmen bereit ist, allerdings im Gegensatz zu der soeben erzählten Begebenheit mit glimpflichem Ausgang. Unter dem Titel «Di Qing rettet seinen älteren Bruder mit einem Strategem» wird diese Geschichte in der Aprilnummer 1986 der größten chinesischen Kinderzeitschrift *Ertong Shidai* («Kinderzeit») nacherzählt. In China hat jede Lektüre eine tendenziell erzieherische Funktion. In diesem Fall wird schon dem kindlichen Leser strategemisches Verhalten im Sinne der Bruderliebe nahegebracht.

11.3 Der hinters Licht geführte Raufbold

Di Qing (1008–1057) hatte schon früh seine Eltern verloren und lebte bei seinem älteren Bruder Di Su, einem armen, aber grundanständigen Bauern. Eines Tages brachte Di Qing seinem auf dem Feld arbeitenden Bruder Di Su das Mittagessen. Unterwegs rief ihm eine herbeieilende Frau zu, sein Bruder streite sich handgreiflich mit dem Eisernen Luohan am Flußufer.

Der Eiserne Luohan war ein Taugenichts. An jenem Tage war er betrunken aufs Feld gegangen, um Streit zu suchen. Einem braven Bauersmann nahm er sein Dampfbrot weg und aß es auf. Dies ließ sich der Bauer nicht gefallen und wehrte sich. Bei dem Streit wurde der kleinwüchsige Bauer zu Boden geworfen. Nachdem Di Su das Geschehen bis jetzt ruhig beobachtet hatte, versetzte er nun dem Eisernen Luohan zornig einen Faustschlag. So kam es zu einer Schlägerei zwischen Di Su und dem Eisernen Luohan, beides kräftige Männer. Die Frau hatte gerade Essen aufs Feld gebracht, die Streithähne erblickt und war weggerannt, um Hilfe zu holen. Als Di Qing auf der Stätte des Geschehens ankam, war der Kampf schon beendet. Sein Bruder Di Su saß auf einem Stein und rang nach Atem. Seine Stirne war von Sorgen umwölkt, denn er wußte, daß er sich eine böse Sache eingebrockt hatte. Di Qing warf einen Blick auf den Fluß und sah, daß dort der Eiserne Luohan, des Schwimmens unkundig, um sein Leben kämpfte. Di Su hatte ihm einen Tritt versetzt, so daß er in die Fluten gefallen war. Di Qing wußte, daß seinem Bruder, falls der Kerl ertrank, größtes Unheil drohte. Denn nach den Gesetzen der Song-Dynastie drohte ihm die Todesstrafe. Sofort sprang Di Qing ins Wasser, um den Eisernen Luohan zu retten.

Dieser wehrte sich verzweifelt gegen die Fluten und war schon völlig erschöpft. Plötzlich gewahrte er den nahenden Retter. Verzweifelt streckte er seine Hände aus und packte krampfhaft den Kragen des alten und brüchigen Hemdes von Di Qing. Ratsch – und er hatte nur noch einen Fetzen in der Hand. Di Qing ergriff die Haare des Ertrinkenden und zog ihn ans Ufer. Gleichzeitig flüsterte er ihm leise ins Ohr: «Ich bin Di Su und habe dir das Leben gerettet.»

Der Eiserne Luohan hatte viel Wasser geschluckt und war halb von Sinnen. Er war nicht fähig, festzustellen, ob Di Qing oder Di Su ihn gerettet hatte. Kaum an Land gezogen, brach er bewußtlos zusammen und lag wie ein Toter da.

«Offenbar habe ich ihn totgeschlagen», sagte Di Su entsetzt. «Dafür werde ich mit meinem Leben büßen müssen. Was wird nur aus dir, mein kleiner Bruder, werden?» Und die Tränen rannen ihm die Wangen herunter.

«Bruder, beruhige dich, ich glaube, er ist nur kurz in Ohnmacht gefallen, er ist nicht gestorben», sagte Di Qing.

«Trotzdem steht es schlimm um mich. Ich habe ihn offensichtlich verletzt, und dafür wird mich der Magistrat zur Rechenschaft ziehen.»

Schon waren von allen Seiten Dorfbewohner herbeigeeilt. Sie trösteten Di Su: «Sorge dich nicht, du hast aus gerechtem Zorn eingegriffen, um einem anderen zu helfen. Wir werden für dich ein Wort einlegen.»

Da eilte auch schon der Ortsvorsteher herbei. Er schrie: «Di Su, der Kaiser unserer Dynastie hat Gesetze erlassen. Danach ist Prügelei ein Delikt. Wer einen Raufhandel beginnt und einen anderen umbringt, der muß mit seinem Leben dafür büßen.»

Stumm stand Di Su auf und wartete darauf, gefesselt zu werden.

«Halt!» rief da der jüngere Bruder.

«Kleiner, du wagst es zu widersprechen?» sagte der Dorfvorsteher mit steinernem Gesicht.

Di Qing rief: «Ihr werft ja Kraut und Rüben durcheinander. Es steht eindeutig fest, daß der Eiserne Luohan einen schwachen Dorfbewohner gequält hat. Ich habe dann in einer Zornesaufwallung aus mitmenschlichem Pflichtgefühl dem Schwachen geholfen. Jener Raufbold war nicht vorsichtig genug und wäre fast ertrunken. Mein Bruder zog ihn dann an Land und rettete ihn.»

Der Dorfvorsteher blickte ihn zweifelnd an und schaute dann in die Menge, so als wollte er fragen: «Stimmt das?»

Sofort riefen einige Dorfbewohner: «Es stimmt. Wir können das bezeugen.»

Di Qing schlug noch einmal in die Kerbe: «Seht doch, er hält ja meinen Hemdkragen in der Hand.»

Der Dorfvorsteher beugte sich nieder und griff nach der Hand des Eisernen Luohan, der tatsächlich den zerfetzten Kragen in der verkrampften Hand hielt. Schon wollte der Dorfvorsteher Di Qing festnehmen lassen. Da rief dieser: «Es steht ja noch gar nicht fest, ob der Eiserne Luohan tatsächlich tot ist.»

«Gut, laßt uns dies abklären», ordnete der Dorfvorsteher wohl oder übel an.

Di Qing sprang sogleich auf den Eisernen Luohan zu, setzte sich rittlings auf ihn und begann, ihm den Magen zu massieren. Kurz darauf öffnete der Eiserne Luohan seinen Mund und spie schmutziges Wasser aus. Danach erwachte er. In diesem Augenblick beugte sich Di Qing zu ihm nieder und flüsterte ihm etwas ins Ohr.

Der Eiserne Luohan schüttelte sich, stand auf, ging mit schwachen Schritten auf Di Su zu, verbeugte sich vor ihm mit vor der Brust gekreuzten Armen und sagte:

«Ich danke dir dafür, daß du mir das Leben gerettet hast . . .» Sprach's und trottete davon.

Di Su war höchst erstaunt. Ein drohendes Gewitter hatte sich über ihm zusammengebraut und war ebenso schnell vorübergezogen. Die Gaffer erkannten, daß es nichts mehr zu sehen gab, und gingen ihres Weges.

Auf dem Heimweg fragte Di Su Di Qing:

«Junger Bruder, ich verstehe nicht, wieso der Eiserne Luohan nach seinem Kampf mit mir um Leben und Tod sich bei mir bedankt hat. Was ist da vorgegangen?»

Di Qing antwortete:

«Als der Eiserne Luohan dem Bauern das Dampfbrot nahm, sich mit ihm und dann mit dir schlug, da war er schwer betrunken. An all das erinnerte er sich bereits nicht mehr klar. Später fiel er in den Fluß. Als ich ihn ans Ufer zog, führte ich ihn hinters Licht, indem ich ihm sagte: ‹Ich bin Di Su und rette dich.› Als der Eiserne Luohan später aus der Bewußtlosigkeit erwachte, flüsterte ich ihm zu, er soll sich bei Di Su bedanken. Genau das tat er dann auch.»

Di Su bewunderte zutiefst die strategemische Schlauheit des Di Qing, die ihn vor einem Unheil bewahrt hatte. Erst 15 Jahre alt war damals Di Qing, schreiben Yang Yu und Che Junyang in *Ertong Shidai*. Kein Wunder, daß Di Qing später ein berühmter General wurde. Daß er auch als General um Strategeme nicht verlegen war, zeigt schon die Geschichte Nr. 8.4: «Di Qings Zehn-Tage-Rast.»

11.4 Von der Hundert-Tage-Reform 1898

Den Strategemausdruck Nr. 11 benutzt – ebenfalls im Hinblick auf zwei Brüder, wenn auch zur rein poetischen Verklärung – der Literat, Beamte und Diplomat Huang Zunxian (1848–1905) in einem Gedicht über Begebenheiten im Zusammenhang mit der Hundert-Tage-Reform 1898:

> *«Der Pflaumenbaum verdorrt anstelle des Pfirsichbaumes.*
> *Die Tat des jüngeren der beiden Brüder rührt einen*
> *zu Tränen.»*

Wie Qian Zhonglian in einer Anmerkung zu dieser Strophe darlegt, spielt sie auf Kang Guangren (1867–1898) an, der nach dem Scheitern der Reform für seinen älteren Bruder Kang Youwei (1858–1927), einen prominenten Reformführer, sein Leben hingab in der Hoffnung, durch seinen Tod China im Sinne der Reformbewegung aufzurütteln.

11.5 Des Königs Gewand gewechselt

Während des vietnamesischen Widerstandskrieges (1418–1427) gegen die chinesische Ming-Dynastie (1368–1644) wurde die vietnamesische Armee unter ihrem Führer, dem Bauern Lê-Lọi, 1419 bei Chí-Linh (in der heutigen Provinz Thanh-hóa im zentralen Vietnam) umzingelt. Darauf sagte der Vasall Lê-Lai zu Lê-Lọi: «Gebt mir Euer Gewand! Ich werde, damit ausstaffiert, das Lager verlassen.»

Als ihn die Chinesen erblickten, hielten sie ihn für Lê-Lọi. Sie nahmen ihn gefangen und töteten ihn. Derweilen konnte der echte Lê-Lọi entkommen, um als späterer König Lê-Thái-Tổ und Begründer der vietnamesischen Lê-Dynastie (1428–1793) in die Geschichte einzugehen. Noch heute erinnern die vietnamesische Redewendung «Lê-Lai rettet den König» und dem Vernehmen nach gar eine Rue Lê-Lai in Hô-Chí-Minh-Stadt, früher Saigon, an diesen vietnamesischen Anwendungsfall des Strategems Nr. 11. (Nach: *Việt-Nam Sử-Lược* – «Grundriß der vietnamesischen Geschichte») Band 1, hrsg. vom südvietnamesischen Erziehungsministerium, Saigon 1971, S. 219.)

11.6 Der unechte Marquis unter der Guillotine

Im Jahre 1775 emigrierte Charles St. Evrémonde, abgestoßen von der Tyrannei der französischen Aristokratie, insbesondere seines Onkels, des Marquis St. Evrémonde, nach England. Dort erteilte er unter dem Namen Charles Darnay französischen Sprachunterricht. Später heiratete er Lucie, die einzige Tochter des französischen Arztes Alexandre Manette. Nach dem Ausbruch der Französischen Revolution unternahm Charles einen kühnen, aber unbedachten Versuch, einen treuen Diener seiner Familie vor der Rache der Revolutionäre zu retten, und begab sich zu diesem Zweck nach Paris. Auf Betreiben der Gastwirtin Defarge, deren Familie von Charles' Onkel ins Unglück gestürzt worden war, wurde Charles zum Tode verurteilt. Selbst Dr. Manette, der ihm zusammen mit Lucie nach Paris gefolgt war, vermochte ihn nicht zu retten, obwohl er bei den Revolutionären hoch angesehen war. Die Rettung verdankte Charles dem ebenfalls seinetwegen nach Paris geeilten englischen Anwalt Sidney Carton. Carton, der Charles verblüffend ähnlich sah, machte sich den Engländer Barsad gefügig, der in die Dienste der Revolutionäre getreten war und u. a. als Wärter der Conciergerie arbeitete, in der Charles auf seinen Tod wartete. Carton ließ sich wenige Stunden vor Charles' Gang zur Guillotine von Barsad in Charles' Zelle führen.

Charles zieht, von Cartons Willenskraft überrumpelt, Cartons Stiefel an, tauscht mit ihm die Halsbinde und läßt sich das Haarband entfernen und die Haare so arrangieren, daß sie so wirr aussehen wie jene von Carton. Dann versetzt Carton Charles mit einem Betäubungsmittel in Bewußtlosigkeit, zieht die von ihm abgelegten Kleider an, kämmt sich das Haar zurück und bindet es mit dem Band, das der Gefangene getragen hatte. Darauf ruft Carton Barsad herbei und befiehlt ihm, den Bewußtlosen zu einem bereitgestellten Wagen zu bringen. In diesem Wagen warten bereits Lucie Manette mit ihrer Tochter und ihrem Vater sowie der englische Bankier Jarvis Lorry. Lorry hat zuvor von Carton dessen Paß und Passierschein erhalten. Als Sidney Carton kann so der immer noch bewußtlose Charles St. Evrémonde das revolutionäre Paris sicher verlassen. Für ihn wird kurz darauf der echte Carton guillotiniert.

Es ist überflüssig, darauf hinzuweisen, daß gemäß chinesischer Strategemanalyse Sidney Carton den Pflaumenbaum und Charles St. Evrémonde den Pfirsichbaum verkörpert.

11.7 Die Verhaftung des Tschiang Kai-schek

Nach dem langen Marsch der Roten Armee (1934–1935) und ihrer Ankunft im nördlichen Shaanxi zog Tschiang Kai-schek (1887–1975) die Bekämpfung der «kommunistischen Gefahr» dem Widerstand gegen die China erobernden Japaner vor. Daher errichtete er in Xi'an, der Hauptstadt der Provinz Shaanxi, ein Oberkommando für die antikommunistischen Abteilungen, das gegen die von Yan'an aus geleiteten Stützpunkte vorgehen sollte. Die maßgebliche Persönlichkeit dieses Kommandos war Zhang Xueliang (geb. 1898). Die allgemeine Situation war damals einerseits von der wachsenden Welle des Patriotismus und dem Ruf nach einem Abzug der Japaner sowie der Einstellung des Bürgerkrieges in China, andererseits vom Wunsch der Komintern, eine Einheitsfront von Kommunisten und Nichtkommunisten zu bilden, gekennzeichnet.

So standen auch die Truppen in Xi'an unter dem unmittelbaren Einfluß des von der Kommunistischen Partei Chinas ausgegebenen Schlagwortes «Chinesen sollen nicht Chinesen töten, sondern alle ihre Kräfte für den Kampf gegen die Japaner vereinen.»

Zhang Xueliang teilte diesen Standpunkt und knüpfte schon im Juni 1936 Verbindugnen mit Zhou Enlai (1898–1976) an, mit dem er sogar eine Geheimabmachung über die praktische Einstellung der Militäraktionen abschloß. Im August 1936 wurde ein inoffizieller Vertreter der Kommunistischen Partei Chinas zu Zhang Xueliangs Stab geschickt. Informationen darüber gelangten nach Nanjing, der damaligen Hauptstadt Chinas, und veranlaßten Tschiang Kai-schek, Ende Oktober nach Xi'an zu reisen, gerade zur Zeit des japanischen Angriffs auf Suiyuan. Dieser Angriff rief zahlreiche antijapanische Streiks hervor, vor allem in Shanghai und in Qingdao. Sogar die Militärvertreter von Guangxi und Guangdong forderten Tschiang Kai-schek auf, die innerchinesischen Kämpfe einzustellen und den Widerstand gegen Japan zu organisieren. Diese wie auch Zhang Xueliangs Forderung nach Bildung einer antijapanischen Einheitsfront lehnte Tschiang Kai-schek jedoch ab. Ebenso weigerte er sich, wenigstens einen Teil der Garnison von Xi'an nach Suiyuan zu verlegen. Am 4. Dezember rief Tschiang Kai-schek in Xi'an zu einer Generaloffensive gegen die Kommunisten für den 12. Dezember auf, doch blieben seine diesbezüglichen Verhandlungen mit Zhang Xueliang und Yang Hucheng, der zu dieser Zeit die Funktion des sogenannten Pazifizierungskommissars für Shaanxi ausübte, erfolglos. Als Zhang Xueliang am 10. Dezember 1936 von Tschiang Kai-schek seines Postens enthoben wurde, entschloß sich die Opposition zum Eingreifen. Am

12. Dezember 1936 nahm eine ausgewählte Gruppe der Leibgarde Zhang Xueliang Tschiang Kai-schek gefangen. In den folgenden Verhandlungen wurden Tschiang Kai-schek acht Forderungen vorgelegt und die Notwendigkeit einer Einheitsfront gegen Japan vor Augen geführt.

Tschiang Kai-scheks Festnahme fand in China und in der ganzen Welt großen Widerhall. Die Leitung der Kommunistischen Partei Chinas entsandte sofort eine Delegation mit Zhou Enlai nach Xi'an. Nach langen komplizierten Verhandlungen akzeptierte Tschiang Kai-schek die ihm gestellten Forderungen und flog am 25. Dezember 1936 in Begleitung von Zhang Xueliang nach Nanjing zurück. Zhang Xueliang wurde vor Gericht gestellt, aller seiner Ämter enthoben und zu einer zehnjährigen Gefängnisstrafe verurteilt. Diese Strafe dauerte noch nach 1949 in Taiwan jahrelang an. Dort lebt Zhang Xueliang heute (1988) mehr oder weniger als freier Mann.

Ein Hongkonger Strategembuch hebt hervor, daß Zhang Xueliang vor dem Militärgericht die gesamte Verantwortung für die Verhaftung von Tschiang Kai-schek auf sich genommen und dadurch seine Mitstreiter, insbesondere Yang Hucheng, gerettet habe. Mit dieser edlen Tat legte Zhang Xueliang Zeugnis ab vom Geiste des Pflaumenbaumes, der sich für den Pfirsichbaum opfert, unterstreicht der Verfasser des Hongkonger Strategembuches.

Doch nicht in allen von der einschlägigen chinesischen Literatur aufgeführten Beispielen zu Strategem Nr. 11 nimmt der Pflaumenbaum das Opfer freiwillig auf sich wie in den bisher erwähnten Fällen. Dazu ein historisches und ein literarisches Beispiel.

11.8 Der Brand von Changsha

In der zweiten Hälfte der dreißiger Jahre, als die Chinesen in ihrem Land gegen die Japaner kämpften, residierte Zhang Zhizhong (1890–1969) als Gouverneur der Provinz Hunan in Changsha. Ein Taipeher Strategembuch berichtet im Kapitel über das Strategem «Der Pflaumenbaum verdorrt anstelle des Pfirsichbaumes» Details über einen Vorfall aus Zhang Zhizhongs Hunaner Zeit, die allerdings in offiziellen Geschichtswerken nicht erwähnt werden.

Nach der Eroberung der Stadt Wuhan (Provinz Hubei) im Oktober 1938 durch die Japaner schien die Lage für Changsha, wo Zhang Zhizhong residierte, brenzlig zu werden. Aufgrund der falschen Deutung eines Lageberichtes glaubte Zhang Zhizhong, die japanischen Truppen hätten bereits das nur wenige Kilometer von Changsha gelegene Xinqianghe erobert. Voller Panik befahl er, Changsha anzuzünden, um sich danach mit den Truppen in Qingye zu verschanzen. So ging die Hauptstadt von Hunan am 12. November 1938 in Flammen auf. Erst am 14. November wurde der Brand gelöscht; über 30 000 Einwohner fanden den Tod.

Doch kein Japaner ließ sich blicken. Eine genauere Untersuchung ergab, daß in dem fraglichen Lagebericht von dem einige Dutzend Kilometer von Changsha entfernten Stützpunkt Xinhe und *nicht* von Xinqianghe die Rede gewesen war.

Die sinnlose Verbrennung von Changsha erregte großes Aufsehen. Zhang Zhizhongs Kopf wurde gefordert. Die oberen Instanzen ordneten eine strenge Untersuchung an. Doch Zhang Zhizhong war um ein Strategem nicht verlegen. Er argumentierte gegenüber dem Garnisonskommandanten Feng Ti, dem Polizeivorsteher Wen Zhongfu und dem Kommandanten einer Sicherheitsgruppe Xu Kun:

> «Dieser Vorfall geht uns alle an. Wir können die Verantwortung nicht von uns weisen. Wenn wir allerdings alle miteinander verhaftet werden, dann ist alles aus. Da ist es besser, ihr übernehmt einstweilen die gesamte Verantwortung. Ich begebe mich derweil in die Zentrale und bringe die Angelegenheit in Ordnung. Bestimmt läßt sich die Lage noch retten.»

Die drei Untergebenen stimmten zu. So konnte sich Zhang Zhizhong seiner Verantwortung entziehen. Er begab sich nach Chongqing, der damaligen Hauptstadt Chinas, wo er angeblich nicht nur nichts unternahm, um die drei Untergebenen zu retten, sondern im Gegenteil noch «den in den Brunnen Gefallenen Steine nachwarf». Auf sein Betreiben hin seien die drei Getreuen erschossen und so die Mitwisser seines Versagens beseitigt worden.

In diesem Fall wurden die drei Pflaumenbäume vom Pfirsichbaum übertölpelt und geopfert. Auf Zhang Zhizhong wartete übrigens eine steile Karriere in der Volksrepublik China.

In einem «Lexikon der chinesischen Gegenwartsgeschichte» (Peking 1985) wird der Brand von Changsha ähnlich geschildert, nur daß hier die Verantwortung für die Hinrichtung der drei angeblich allein Schuldigen pauschal der Guomindang-Regierung zugeschoben wird. Sie habe den Volkszorn von sich auf die drei Sündenböcke ablenken wollen. Von Zhang Zhizhong heißt es in dem Lexikon nur, er sei «ebenfalls gemaßregelt» worden.

11.9 Der gestickte Frauenschuh

Den 11. Strategemausdruck benutzt auch Pu Songling (1640–1715) in seinem berühmtesten Werk, einer Sammlung von über 490 Erzählungen mit dem Titel «Merkwürdige Geschichten aus der Liaozhai-Bibliothek», und zwar in einer mit *Yanzhi* betitelten Geschichte.

In Dongchang lebte der Tierquacksalber Bian. Seine Tochter Yanzhi war begabt und schön. Gerne hätte er sie deshalb mit einem Gelehrten vermählt. Doch wegen seines niederen Standes und seiner Armut erfüllte sich sein Wunsch nicht. So wurde Yanzhi fünfzehn Jahre alt und war noch immer nicht verlobt.

Im Haus gegenüber wohnte eine Frau Wang, die Gemahlin des Gong, eine Freundin von Yanzhi. Frau Wang war flatterhaft und liebte den Schabernack. Einmal brachte Yanzhi sie nach einem Besuch zur Tür und sah einen eleganten jungen Mann vorübergehen, ganz in Weiß gekleidet. Yanzhi schien Feuer gefangen zu haben. Ihre Augen folgten dem jungen Mann. Selbst als er weit entfernt war, blickte sie ihm noch nach. Frau Wang bemerkte dies. Scherzend meinte sie zu Yanzhi, das sei wohl der passende Gemahl für sie. Yanzhi wurde rot, sagte aber nichts. Frau Wang teilte ihr mit, sie habe früher in derselben Gasse wie die Eltern dieses Mannes gelebt. Er heiße E Qiuzhun. Keiner sei so sanft und fügsam wie er. Sein Vater, und vor kurzem auch seine Gattin seien gestorben. Daher trage er Trauerkleidung. Sie werde sich an E Qiuzhun wenden und ihn veranlassen, durch einen Mittler um Yanzhis Hand zu bitten. Yanzhi sagte nichts, worauf Frau Wang lachend von dannen ging.

Mehrere Tage lang geschah nichts. In Yanzhi stiegen Zweifel auf. Hatte Frau Wang ihr Vorhaben nicht ausgeführt? Oder war sie zu niederen Standes? Sie begann, sich zu grämen. Schließlich nahm sie keine Nahrung mehr zu sich, wurde krank und bettlägerig. Da kam gerade Frau Wang zu Besuch. Sie erkundigte sich nach der Ursache der Krankheit. Yanzhi antwortete, sie habe keine Ahnung. Nach dem letztmaligen Abschied von ihr habe sie sich unwohl gefühlt, jetzt liege sie in den letzten Zügen und wisse nicht, wie es am nächsten Tage um sie stehen werde.

Frau Wang meinte, ihr Mann sei geschäftehalber abwesend, weshalb sie Herrn E noch keine Nachricht habe übermitteln können. Ob Yanzhi vielleicht deswegen krank sei? Als Yanzhi dies hörte, rötete sich ihr Gesicht. Frau Wang scherzte: «Wenn es so um dich steht und du deswegen sogar krank bist, was solltest du da noch bedenken? Ich lasse Herrn E des Nachts zu dir kommen, damit er mit dir glücklich vereint ist. Wie könnte er dich ablehnen?»

Yanzhi erwiderte: «So wie es nun einmal steht, ist Scham fehl am Platze. Wenn ihm mein Stand nicht zu niedrig ist und er sogleich einen Mittler schickt, werde ich sofort gesund sein. Aber zu einem unmittelbaren Treffen mit ihm bin ich auf keinen Fall bereit.»

Frau Wang verließ sie, beifällig nickend.

Seit ihrer Jugend unterhielt Frau Wang ein Verhältnis mit dem Nachbarn Sujie. Nach ihrer Heirat besuchte sie Sujie jeweils, wenn ihr Gatte verreist war. Gerade in dieser Zeit kam Sujie zu Frau Wang, die ihm Yanzhis Geschichte als lustige Anekdote erzählte. Sujie wußte, daß Yanzhi sehr schön war. Nun sah er eine Gelegenheit, um an sein Ziel zu gelangen. Doch fürchtete er Frau Wangs Eifersucht. So heuchelte er Interesselosigkeit, horchte sie aber geschickt nach der Lage von Yanzhis Zimmer aus. In der folgenden Nacht kletterte er die Wand hoch bis zu Yanzhis Zimmer und klopfte an das Fenster.

«Wer ist da?» fragte sie.

«E Qiuzhun.»

Yanzhi sagte: «Tag und Nacht denke ich an Euch, um mit Euch gemeinsam alt und grau zu werden, nicht um des Vergnügens einer Nacht willen. Wenn Ihr mich wirklich liebt, dann beauftragt Ihr schleunigst einen Mittler für die Eheanbahnung. Ein privates Zusammensein lehne ich ab.»

Sujie blieb nichts anderes übrig, als ihr fürs erste zuzustimmen. Doch bat er innigst, wenigstens einmal ihre Hand drücken zu dürfen als Zeichen des Eheversprechens. Yanzhi brachte es nicht übers Herz, ihm allzu schroff entgegenzutreten, erhob sich schließlich mühsam von ihrem Lager und öffnete das Fenster. Sujie drang plötzlich in ihr Zimmer ein, umarmte sie und forderte sie zur Liebe auf. Yanzhi war zu schwach, um Widerstand zu leisten. Sie fiel zu Boden und keuchte schwer. Sujie wollte sie hochziehen. Sie drohte, sie werde schreien.

Sujie fürchtete, sein falsches Spiel könnte aufgedeckt werden, und wagte nichts mehr zu unternehmen. Er bat nur um das Datum für ein späteres Wiedersehen. Yanzhi sagte, der Hochzeitstag sei der Tag des Wiedersehens. Da packte Sujie ihren Fuß, streifte einen gestickten Schuh ab und verschwand.

Sujie begab sich unmittelbar zu Frau Wang. Als er sich dort ins Bett gelegt hatte, dachte er in einem fort an den Schuh. Verstohlen tastete er seine Sackärmel ab. Der Schuh befand sich nicht darin. Er suchte ihn überall, fand ihn aber nicht. Schließlich konnte er nicht umhin, Frau Wang reinen Wein einzuschenken. Doch auch mit vereinten Kräften war der Schuh nicht zu finden.

Es lebte in dieser Gasse ein Taugenichts namens Mao Da. Er hatte Frau Wang vergebens nachgestellt und wußte von ihrem Verhältnis mit Sujie. Er wollte Frau Wang auf frischer Tat ertappen, um sie dann zu erpressen. An diesem Abend kam er zu ihrem Haus, öffnete die Gartentür und schlich auf Zehenspitzen in den Garten. Da trat er auf etwas Weiches. Er hob es auf. Siehe da, es war ein Frauenschuh. Mao Da lauschte am Fenster und hörte Sujies genaue Schilderung seines Besuches bei Yanzhi. Hocherfreut verließ Mao Da das Anwesen.

Einige Abende später kletterte Mao Da über die Gartenmauer von Yanzhis Haus. Da er sich nicht genau auskannte, landete er beim Zimmer des Vaters. Dieser spähte hinaus und erblickte einen Mann. Der Vater dachte sich, dieser sei hinter seiner Tochter her. Wutentbrannt packte er ein Messer und stürmte hinaus. Mao Da erschrak und rannte weg. Gerade wollte er über die Mauer setzen, da stand der Vater schon hinter ihm. Mao Da drehte sich um und entriß dem Vater das Messer. Nun begann auch Yanzhis Mutter zu schreien. In die Enge getrieben, tötete Mao Da den Vater und floh.

Mit einer Laterne kam Yanzhi herbeigelaufen. Sie sah ihren toten Vater und daneben, am Fuße der Mauer, ihren Schuh. Die Mutter fragte die Tochter nach der Bewandtnis dieses Schuhs. Weinend erzählte Yanzhi der Mutter den Sachverhalt. Allerdings brachte sie es nicht übers Herz, Frau Wang in die Angelegenheit hineinzuziehen, so erwähnte sie nur E Qiuzhun.

Am anderen Tage wurde beim Kreismagistraten Klage gegen E Qiuzhun erhoben. E wurde verhaftet; er war erst 19 Jahre alt und fast noch wie ein Kind. Als er gefesselt wurde, geriet er außer sich vor Schrecken. Vor den Magistraten gebracht, wußte er nicht, was er sagen sollte. Er stritt nichts ab, sondern zitterte nur. Der Magistrat war mehr und mehr überzeugt, E sei der Täter. Er unterzog ihn einem Verhör unter Folter, denn im kaiserlichen China konnte nur verurteilt werden, wer ein Geständnis abgelegt hatte. Der junge Gelehrte vertrug die Schmerzen nicht, gab alles zu und wurde demzufolge zum Tode verurteilt. Abschließend wurde der Oberbehörde in Jinan Bericht erstattet.

Beim ersten Blick auf E begann der Präfekt von Jinan an dessen Schuld zu zweifeln. Heimlich ließ er jemand in das Gefangenenverlies bringen, damit sich E ungezwungen aussprechen könne. Die so gewonnenen Informationen bestärkten den Präfekten in seinem Glauben an die Unschuld des jungen Mannes. Die Gegenüberstellung Yanzhis mit E und dann das Verhör von Frau Wang führte schließlich auf die Spur von Frau Wangs Liebhaber Sujie. Dieser gestand sein Abenteuer mit Yanzhi, leugnete aber den Mord an ihrem Vater. Unter Folter gestand er dann den Mord und wurde zum Tode verurteilt. In seiner Not wandte sich Sujie brieflich an den angesehenen Kommissar Shi Yushan. Dieser kam zur Überzeugung, an dem Fall stimme etwas nicht, und er ließ sich alle Akten vorlegen.

Durch weitere Verhöre der Frau Wang ermittelte Shi Yushan die Namen von einigen Männern, die ihr nachgestellt hatten, darunter auch den Namen des Taugenichts Mao Da, den Shi Yushan sogleich der Tat verdächtigte. Da Mao Da aber nicht geständig war, sagte Shi Yushan: «Nun müssen die Geister des Tempels den Täter entlarven.»

Alle Bekannten der Frau Wang mußten mit nacktem Rücken einen völlig verdunkelten buddhistischen Tempel betreten und nahe der Wand Aufstellung nehmen. Dort verkündete ihnen Shi Yushan: «Auf dem Rücken des Schuldigen wird der Geist ein Zeichen schreiben.» Nach einer Weile rief er die Männer heraus und betrachtete die Rücken. Da wies er auf Mao Da und sagte: «Du bist der Mörder.» Denn dieser hatte sich ganz fest an die vorher von Shi Yushan mit Asche präpariete Mauer gepreßt, damit der Geist seinen Rücken nicht erreichen konnte. So entrang Shi Yushan dem Mao Da ein Geständnis.

In seinem Urteilsspruch stellte Shi Yushan unter anderem fest, Sujie habe den Pflaumenbaum anstelle des Pfirsichbaums verdorren lassen, weil er sich bei jener nächtlichen Begegnung mit Yanzhi als E Qiuzhun ausgegeben habe. Mao Da habe, auf frischer Tat ertappt, den Hut des Zhang dem Li aufgesetzt – also seine eigene Täterschaft auf den Sujie abgewälzt –, indem er den gestickten Frauenschuh an der Stätte der Bluttat zurückließ.

Die bisherigen Beispiele waren gekennzeichnet durch Zweierbeziehungen. Der Pflaumenbaum opferte sich aus eigenem Antrieb für den Pfirsichbaum oder wurde von diesem dazu verleitet. Auf einer weiteren Ebene der Interpretation des Strategems Nr. 11 tritt eine dritte Macht hinzu, die jemandem die Rolle des Pflaumenbaums zuweist.

11.10 Der versteckte Adelssproß

Im Jahr 607 v. Chr. wurde der Herzog Ling von Jin (620–607) von einem Angehörigen der mächtigen Adelssippe Zhao umgebracht. Ein Favorit des getöteten Herzogs Ling namens Tu'an Gu wurde einige Jahre später von Jing, dem Nachfolger des getöteten Herzogs, zum Großen

Aufseher über das Räuberunwesen befördert. Tu'an Gu brannte darauf, sich an den Mördern seines früheren Gönners, des Herzogs Ling, zu rächen und die Familie Zhao auszurotten.

Ein General, der diesen Plan mißbilligte, verriet ihn an das Haupt der bedrohten Familie Zhao. Weil dieser keinen Ausweg mehr sah und den Tod auf sich nehmen wollte, ließ er seine schwangere Gattin, eine Prinzessin aus dem Haus des Herzogs Jing, im Herzogspalast unterbringen. Kurz darauf erstürmten Truppen des Tu'an Gu den Sitz der Familie Zhao und töteten die ganze Sippe. Verschont blieb einzig die in den Palast verbrachte Gattin des Sippenhauptes.

Wenig später gebar sie einen Sohn. Sogleich entsandte Tu Anjia seine Leute in den Palast, um das Kind an sich zu bringen. Doch es gelang der Mutter, es zu verstecken. So glaubte Tu'an Gu, es sei bereits aus dem Palast weggebracht worden. Überall ließ er nach dem Kind fahnden.

Zwei getreue Vasallen der Familie Zhao, Gongsun Chujiu und Cheng Ying, berieten, wie der neugeborene, einzige männliche Nachfahre der Familie Zhao zu retten sei. Schließlich gingen sie nach folgendem Plan vor: Cheng Ying suchte einen Knaben des gleichen Alters. Gongsun Chujiu versteckte diesen in einer Gebirgshütte. Cheng Ying verriet dann dem Tu Anjia das Versteck. Darauf wurden der fremde Knabe und sein Bewacher Gongsun Chujiu ausfindig gemacht und umgebracht. Der Knabe Zhao konnte derweil aus dem Palast in Sicherheit gebracht werden und unerkannt heranwachsen.

Als er 15 Jahre alt war, rehabilitierte Herzog Jing die Familie Zhao. Der junge Zhao offenbarte sich dem Herzog Jing, der ihm erlaubte, Rache an Tu'an Gu zu nehmen. Tu'an Gu wurde mitsamt seiner ganzen Sippe getötet.

Diese von einem Hongkonger Strategembuch aufgegriffene Geschichte steht in den schon mehrfach erwähnten «Geschichtlichen Aufzeichnungen» des Sima Qian (geb. um 145 v. Chr.). In der Yuan-Zeit (1271–1368) diente sie Ji Junxiang als Stoff für sein Drama «Das Waisenkind von Zhao». Es dürfte zu den ersten chinesischen Bühnenstücken gehören, die in eine westliche Sprache übersetzt wurden. Die französische Version «L'orphelin de Tchao» von P. Prémare findet sich in *Description géographique, historique, chronologique, politique et physique de l'empire de la Chine et de la Tartarie chinoise* (Band 3, Paris 1735), hrsg. vom Jesuitenpater Jean Baptiste Du Halde (1674–1743). Sie inspirierte Voltaire (1694–1778) zur Tragödie *L'orphelin de la Chine*.

Das unschuldige Knäblein, das anstelle des versteckten Adelssprosses sein Leben lassen mußte, damit dieser in Sicherheit aufwachsen konnte, wurde von den beiden Vasallen Gongsun Chujiu und Cheng Ying zum Pflaumenbaum bestimmt. Ebenfalls in der Rolle des Pflaumenbaums, die er allerdings freiwillig übernahm, erscheint Gongsun Chujiu. Der gerettete Pfirsichbaum ist der letzte Sproß der Sippe Zhao.

Was das Verhalten des Gongsun Chujiu betrifft, so läßt es unwillkürlich an einen Satz denken, der Konfuzius (551–479) in den Mund gelegt wird und durchaus der konfuzianischen Tugend der absoluten ‹Loyalität› entspricht:

> «Ist man eines anderen Untertan und kann man ihm dadurch nützen, daß einem der Kopf abgehackt wird, so läßt man dies geschehen.»

11.11 Ewiger Schmerz der duftenden Seele

Im Oktober 1981 meldete die «Pekinger Abendzeitung», zum Nationalfeiertag sei in Peking das Singspiel «Ewiger Schmerz der duftenden Seele» aufgeführt worden.

Vor vielen Jahren wurde, so berichtete das Blatt, in einem alten Grab in Xi'an, dem Schauplatz der unter 11.7 erwähnten Verhaftung Tschiang Kai-scheks, eine vollständig erhaltene Frauenleiche in vornehmem Gewand gefunden. Eine Untersuchung ergab, daß die Frau im Alter von 30 Jahren durch Gift gestorben war. Dieser Fund beflügelte Guo Moruo (1892–1978), der in China bisweilen als chinesischer Goethe angesehen wird und die moderne Kulturgeschichte Chinas als Schriftsteller, Dichter, Dramatiker, Historiker, Altphilologe und Archäologe nachhaltig beeinflußte, zur Komposition einer haarsträubenden Geschichte.

Einer Kaiserin der Tang-Dynastie (618–907) blieb der Wunsch nach einem Sohn versagt. Sie fürchtete, deshalb die Gunst ihres Gatten und damit ihre Macht zu verlieren. Daher ließ sie im Volk nach einer schwangeren Frau Ausschau halten, um – so die «Pekinger Abendzeitung» – den Pflaumenbaum anstelle des Pfirsichbaumes verdorren zu lassen. Die bereits verlobte Frau Feng Xiangluo wurde zwangsweise in den Kaiserpalast gebracht, wo sie einen Sohn gebar, den die Kaiserin dem Kaiser als Erbprinzen präsentierte. Als der Sohn groß geworden war, fürchtete die Kaiserin, das Geheimnis könnte verraten werden; also stiftete sie den Sohn dazu an, seine leibliche Mutter zu vergiften.

Diese Geschichte läßt an den rätselhaften Fall des Findelkindes Kaspar Hauser denken: Er war in Wirklichkeit wohl der älteste Sohn des badischen Großherzogs Karl und seiner Gemahlin Stephanie, einer

Adoptivtochter Napoleons. Die Gräfin von Hochberg, die Stammutter der Hochbergischen Linie des badischen Hauses, ließ den gesunden Säugling, dem der badische Thron zugestanden hätte, heimlich in der Wiege gegen ein sterbendes Arbeiterkind austauschen. Der echte Prinz wurde also beiseite geschafft, der falsche mit Gepränge zu Grabe getragen. So jedenfalls die Interpretation des Geschehens aus der Sicht der ‹Prinzentheorie›, für die laut «Spiegel» (Nr. 40 vom 28. 9. 1987), der sich auf das Buch «Prinz von Baden, genannt Kaspar Hauser» von Ulrike Leonhardt (Reinbek, 1986) beruft, «alle Indizien sprechen». Die Gräfin von Hochberg wollte so, mit Hilfe ihres Günstlings bei Hofe Johann Heinrich David von Hennenhofer, den eigenen Kindern die Thronfolge sichern, was ihr schließlich auch gelang.

In den Auseinandersetzungen zwischen den Staaten auf dem Territorium des vorkaiserlichen Chinas (vor 221 v. Chr.) war eines der Hauptziele, nicht dem Hegemoniestreben von Herrschern besonders mächtiger Staaten zum Opfer zu fallen. In solchen Fällen ging es vielfach darum, als Pfirsichbaum davonzukommen und nicht als Pflaumenbaum zu verdorren.

11.12 Der wankelmütige Herrscher

Im Zeitalter der Kämpfenden Reiche (fünftes bis drittes Jh. v. Chr.) lag der Staat Han, dessen König Xuanhui (332–312) ein Zauderer war, zwischen den beiden mächtigen Fürstentümern Qin und Chu. Der König von Qin erblickte einzig im Fürstentum Chu einen Rivalen um die Hegemonie im Reiche. Der Sinn stand ihm nach einem Angriff auf Chu. Doch lag ihm der Staat Han dabei im Weg. Daher entsandte er den Fachmann für Bündnispolitik Zhang Yi nach Han, um Han für einen gemeinsamen Krieg gegen Chu zu gewinnen. Der König von Han entschied sich indes für eine neutrale Politik gegenüber den beiden mächtigen Nachbarn. Dies erzürnte den König von Qin, der deshalb beschloß, Han zu unterwerfen. Dies geschah im Jahr 317 v. Chr. Ohne ernsthafte Gegenwehr drang die Qin-Armee in den Staat Han vor. In höchster Sorge rief der König von Han seinen Kanzler Gong Zhongming zu sich. Dieser vermied jedoch eine direkte Stellungnahme und zitierte statt dessen das Volkslied «Der Pflaumenbaum verdorrt anstelle des Pfirsichbaums». Der Herrscher von Han vermochte sich darauf keinen Reim zu machen. Da wies Gong Zhongming auf zwei Bäume im königlichen Garten und sagte:

«Angenommen, der kleine Baum ist ein Pfirsich- und der größere ein Pflaumenbaum. Der Pfirsichbaum wird plötzlich von Insekten befallen. Will man ihn retten, dann ist dies nur möglich, wenn man die Insekten dazu veranlaßt, statt des Pfirsich- den Pflaumenbaum zu befallen.»

Nun durchschaute der Herrscher von Han den Plan des Gong Zhongming. Das Han drohende Unheil sollte auf Chu gelenkt und Chu sollte Hans Opferlamm werden. Daraufhin entsandte der Herrscher von Han seinen Kanzler nach Qin. Qin sollte eine bedeutende Stadt des Staates Han erhalten und so für eine Kriegsallianz gegen Chu gewonnen werden.

Diese Entwicklung kam dem König von Chu zu Ohren, der seinen Ratgeber Chen Zhen zu sich rief. Dieser lachte und sagte: «Han plant, das Strategem ‹Den Pflaumenbaum anstelle des Pfirsichbaums verdorren lassen› gegen uns anzuwenden. Bekämpfen wir Han mit seinem eigenen Strategem!»

Der König von Chu billigte den Plan seines Ratgebers. Einerseits bereitete er sich militärisch auf einen Angriff vor, andererseits ließ er in den anderen Staaten das Gerücht verbreiten, Chu leiste einem Hilferuf von Han Folge und werde demnächst Hilfstruppen in diesen Staat entsenden. Ferner beorderte der Herrscher von Chu einen Emissär nach Han, der dessen Herrscher viele kostbare Geschenke überbrachte. Er schlug ihm eine Allianz gegen Qin vor. Der Kanzler von Han wies den Plan zurück, der doch nur darauf hinauslaufe, daß Han für Chu den Kopf würde hinhalten müssen. Daraufhin rief der Gesandte aus Chu, Chu habe bereits die gesamte Armee mobilisiert, und er schwor, daß Chu zusammen mit Han Qin bis zum Sieg bekämpfen werde. Diese klaren Worte des Emissärs aus Chu nahm der wankelmütige Herrscher von Han für bare Münze. Er verwarf den alten Plan, Chu zusammen mit Qin anzugreifen.

Der König von Qin traute zunächst der Nachricht von der Allianz zwischen Han und Chu nicht. So ließ er als Kaufleute verkleidete Späher nach Han und Chu reisen. Die Späher bestätigten die Nachricht.

Erzürnt ob des Wankelmutes des Han-Herrschers, marschierte der König von Qin in Han ein, noch bevor die Truppen von Chu nach Han gelangt waren. Die Han-Armee leistete tapferen Widerstand. Angesichts der überaus kritischen Lage von Han entsandte dessen Herrscher Boten nach Chu mit der Bitte um Truppenhilfe. Der Herrscher von Chu hatte genau nach dem Plan von Chen Zhen Truppen in Richtung Han aufmarschieren lassen, doch nur zum Schein, um Qin dazu zu bewegen, Han zu erobern, noch bevor Han gemeinsam mit den Truppen von Chu Qin angriff.

Der Herrscher von Chu entließ den Boten aus Han mit der Zusicherung, die Hilfstruppen seien bereits unterwegs. In Wirklichkeit dachte er nicht daran, Han zu unterstützen.

Die Han-Truppen warteten auf die Chu-Armee, doch diese traf nicht ein. Dadurch zerfiel die Moral der Han-Truppen. Allgemeine Furcht breitete sich aus. Viele Soldaten desertierten. Da blies Qin zum Generalangriff an Han. Dessen Hauptstreitmacht wurde besiegt, und Han wurde zum Vasallenstaat von Qin.

Nach dem Sieg Qins über Han befürchtete der Herrscher von Chu einen Angriff der Qin-Truppen. Doch sein Ratgeber Chen Zhen meinte, er mache sich unnötig Sorgen. Der Pflaumenbaum sei bereits zu Boden gefallen, und damit sei die Existenz des Pfirsichbaumes fürs erste gesichert.

Die Ratgeber des Herrschers von Qin forderten einen Feldzug gegen Chu. Doch der Herrscher von Qin war dagegen. Denn der Krieg gegen Han hatte beträchtliche Verluste gefordert. Die Chu-Truppen waren gut vorbereitet und warteten ausgeruht auf den erschöpften Feind. Daher kehrte der Herrscher von Qin mit seiner Armee in sein Land zurück. Somit war Chen Zhens Strategem ein voller Erfolg beschieden. Han war geopfert und so die Sicherheit von Chu gewährleistet worden.

Diese Geschichte stammt aus den «Strategemen der Kämpfenden Reiche», einem wahrscheinlich aus dem Beginn des zweiten Jahrhunderts v. Chr. stammendem Werk mit Episoden aus der Zeit vom fünften bis dritten Jahrhundert v. Chr. Im vorliegenden Fall wurde nicht die Geschichte des Urtextes herangezogen, sondern eine moderne Version aus einem chinesischen Comic strip. Es erschien 1982 im autonomen Gebiet Guangxi-Zhuang in einer Auflage von 558 000 Exemplaren.

In den bisherigen Beispielen ging es stets darum, daß sich Menschen opferten oder geopfert wurden. Allerdings wird das Strategem Nr. 11 auch noch in einem abstrakteren Sinne verstanden. ‹Pflaumenbaum› steht dann als Metapher für irgendein Opfer. Das grundlegende Beispiel für diese Interpretation des Strategems Nr. 11 ist die folgende, im Pekinger Strategembuch von 1987 angeführte Geschichte. Sie stammt aus den schon öfters zitierten «Geschichtlichen Aufzeichnungen» des Sima Qian.

11.13 Das Pferderennen des Generals Tian Ji

Im Zeitalter der Kämpfenden Reiche (fünftes bis drittes Jahrhundert v. Chr.) veranstaltete der General Tian Ji mit den Prinzen des Staates Qi häufig Pferderennen um hohe Wetteinsätze. Die Rennen bestanden jeweils aus drei Ritten mit drei verschiedenen Pferden aus dem jeweils eigenen Stall. Tian Ji verlor regelmäßig.

Eines Tages begleitete ihn Sun Bin, ein Nachfahre des Sun Zi, des Verfassers des schon mehrfach erwähnten ältesten Militärtraktates der Welt. Sun Bin erkannte, daß die Pferde des Tian Ji den Pferden des Königshauses unterlegen waren. Doch auch Tian Jis Pferde, wie jene des Königshauses, ließen sich in drei Güteklassen einteilen: gute, mittlere und schlechte Pferde.

Als wieder ein Wettkampf mit drei aufeinanderfolgenden Ritten auf drei verschiedenen Pferden bevorstand, riet Sun Bin dem Tian Ji, er solle erst mit einem schlechten Pferd gegen ein gutes Pferd des Königshauses, dann mit einem guten Pferd gegen ein mittleres Pferd des Königshauses und schließlich mit einem mittleren Pferd gegen ein schlechtes Pferd des Königshauses antreten.

Tian Ji befolgte diesen Rat mit dem Ergebnis, daß er zwar das Opfer einer Niederlage – nämlich seines schwachen Pferdes gegen das gute königliche Pferd – bringen mußte, dafür aber zwei Siege – nämlich den seines guten Pferdes gegen das mittlere königliche und den seines mittleren Pferdes gegen das schlechte königliche Pferd – und damit den Gesamterfolg errang.

Den Pflaumenbaum anstelle des Pfirsichbaumes verdorren lassen heißt hier, im Rennen gegen das beste Pferd des Gegners das schlechteste eigene Pferd – also gewissermaßen den Pflaumenbaum – zu opfern, um das beste bzw. mittlere eigene Pferd – also die Pfirsichbäume – für die Rennen gegen das mittlere bzw. schlechte Pferd des Gegners aufzusparen. Es geht also um ein Teilopfer als Preis für den Gesamtgewinn. Hätte Tian Ji mit seinen insgesamt schlechteren Pferden auf den totalen Sieg gesetzt, also sein bestes Pferd gegen das beste des Gegners, sein mittleres Pferd gegen das mittlere des Gegners und sein schlechtestes Pferd gegen das schlechteste Pferd des Gegners antreten lassen, dann wäre die totale Niederlage die unausweichliche Folge gewesen.

11.14 Der Schlachtplan des Generals Tian Ji

Militärisch wendete Sun Bin das Strategem «Den Pflaumenbaum anstelle des Pfirsichbaumes opfern» nach der Rettung des Staates Zhao durch die Umzingelung der Hauptstadt des Staates Wei (s. 2.1) an. Durch diese Umzingelung der Hauptstadt von Wei zwang Sun Bin die

Wei-Truppen zur Aufgabe der Belagerung von Zhao und zur eiligen Rückkehr in die Heimat. Dabei marschierten die Wei-Truppen in drei getrennten Kolonnen, einer linken, einer mittleren und einer rechten. Die linke Kolonne war die stärkste, gefolgt von der mittleren; die rechte Kolonne war die schwächste.

Tian Ji, der General der Qi-Armee, begleitet von seinem Berater Sun Bin, wollte schon die im Pferdewettkampf erlernte Methode anwenden und die eigene Armee in drei Truppenteile gliedern: nämlich in einen starken, einen mittelstarken und einen schwachen und mit dem schwachen eigenen Truppenteil die stärkste feindliche Kolonne, mit dem stärksten eigenen Truppenteil die mittelstarke feindliche Kolonne und mit dem mittelstarken eigenen Truppenteil die schwache feindliche Kolonne angreifen.

Doch Sun Bin meinte, diesmal gehe es nicht darum, im Verhältnis zwei zu eins zu siegen, sondern möglichst viele Feinde in der gesamthaft gesehen überlegenen Armee von Wei zu vernichten. Er schlug vor, mit dem eigenen schwachen Truppenteil die stärkste gegnerische Kolonne und mit dem eigenen mittelstarken Truppenteil die mittelstarke gegnerische Kolonne anzugreifen. So ergaben sich ein Frontabschnitt mit gegnerischer Überlegenheit und ein Frontabschnitt mit einem ausgeglichenen Kräfteverhältnis. Doch hieß Sun Bin diese beiden Truppenteile lediglich die beiden feindlichen Kolonnen durch die Verwicklung in Kämpfe einstweilen in Schach halten. Gleichzeitig griff er mit dem eigenen stärksten Truppenteil blitzartig die schwächste Kolonne des Gegners an, um nach einem leichten Sieg über diese dem mittelstarken eigenen Truppenteil zu Hilfe zu eilen und gemeinsam mit diesem die mittelstarke Kolonne des Gegners zu überwältigen. Danach vereinigten sich der stärkste und der mittelstarke eigene Truppenteil mit dem schwächsten eigenen Truppenteil, um gemeinsam die stärkste feindliche Kolonne zu vernichten. So ergab sich letztendlich eine absolute Übermacht, die den Sieg der Qi-Armee in der Schlacht von Guiling sicherstellte.

11.15 Das Kalkül des Tang-Kaisers

Einer ähnlichen Taktik wie Tian Ji bediente sich gemäß Fan Wenlans Gesamtdarstellung der chinesischen Geschichte (Peking 1978) auch der Tang-Kaiser Taizong (626–649). In dem der Gründung der Tang-Dynastie (618–907) vorausgehenden Bürgerkrieg hatte er reiche Erfahrungen gesammelt, so daß er beim ersten Blick auf eine feindliche Kampfformation deren schwache und starke Stellen zu erkennen vermochte. Oft setzte er den eigenen schwachen Truppenteil gegen den starken feindlichen und den eigenen starken Truppenteil gegen den schwachen feindlichen Truppenteil ein. Unter dem Druck des starken feindlichen Verbandes wich der eigene schwache Truppenteil eine gewisse Distanz zurück, während dem eigenen starken Truppenteil ein Einbruch in den schwachen Frontabschnitt des Feindes gelang. Dort wendete sich der eigene starke Truppenteil und fiel dem feindlichen Truppenteil, der den eigenen schwachen Truppenteil zurückgedrängt hatte, in den Rücken. Die so in die Zange genommenen feindlichen Soldaten wurden dann jeweils bis auf den letzten Mann aufgerieben.

Als der ‹Pflaumenbaum›, der zunächst geopfert wird, erscheint in diesem Fall der schwache Truppenteil des Tang-Kaisers Taizong. Den geretteten ‹Pfirsichbaum› verkörpert seine letzten Endes siegreiche Armee.

11.16 Sieg der Roten Armee am Dnjepr

Im Herbst 1943 überquerten während der Schlacht am Dnjepr zwei Stoßtrupps des sowjetischen Schützenbataillons 381 im Norden von Kiew den Fluß. Nachdem die beiden Stoßtrupps einen Stützpunkt am anderen Ufer besetzt hatten, entdeckte sie die deutsche Truppe, die den Plan der Sowjets durchschaute und eine große Zahl von Panzern zu einem Gegenangriff zusammenzog. Die sowjetische Heerführung stellte sich blitzschnell auf die neue Kampfsituation ein. Einerseits befahl sie den beiden Stoßtrupps, die den Dnjepr überquert hatten, ihren Stützpunkt auch um den Preis ihres Untergangs nicht aufzugeben und von dort aus eine heftige, gegen die Deutschen gerichtete Offensive auszulösen, um den Feind in dem Glauben zu wiegen, die sowjetische Hauptmacht befinde sich an diesem Landekopf, und um so die deutschen Truppen dorthin zu locken.

Andererseits wurde die Hauptstreitmacht, nämlich das Schützenbataillon 381, das ursprünglich nach den beiden Stoßtrupps den Dnjepr nördlich von Kiew hätte überqueren sollen, umformiert, in die Angriffstruppe 38 eingegliedert und zu einem neuen, südlich von Kiew gelegenen Landekopf abkommandiert. Als die beiden Stoßtrupps praktisch völlig vernichtet waren, hatte die sowjetische Hauptstreitmacht bereits ohne Schwierigkeiten den Dnjepr an dieser anderen Stelle überquert und über 20 Stützpunkte am jenseitigen Ufer errichten können. Wie dieses in einem Pekinger Strategembuch des Jahres 1987 erwähnte Beispiel zeigt, zwingt zuweilen auch eine Notsituation plötzlich zum Einsatz des Strategems Nr. 11. Die beiden sowjetischen Stoßtrupps sind der geopferte ‹Pflaumenbaum›, der gerettete ‹Pfirsichbaum› ist die im betreffenden Kampfabschnitt schließlich siegreiche sowjetische Streitmacht.

Wie reagiert ein in westlichem militärischen Denken geschulter Spezialist auf dieses Beispiel in dem 1987 in neuer Auflage erschienenen Beijinger Strategembuch aus der Feder eines Redakteurs der chinesischen «Volksbefreiungs-Tageszeitung»?

«Das Beispiel betrifft kein Täuschungsmanöver, sondern einen normalen taktischen Vorgang: Abbrechen des Angriffsgefechts durch den Verband und Neuansatz in anderer Richtung unter Belassung von Nachtruppen.» Dies der Kommentar eines ehemaligen Nato-Oberbefehlshabers der Alliierten Streitkräfte Europa-Mitte.

11.17 Die Wunderwaffe des Schwächeren

An die Interpretation von Strategem Nr. 11, die durch die zuletzt angeführten Beispiele veranschaulicht wurde, knüpfen chinesische Strategembücher folgende Überlegungen:

Das Kräftemessen im Krieg beruht auf objektiven, weitgehend statistisch erfaßbaren Faktoren. Sie bilden die Grundlage für die eigene bzw. feindliche Über- oder Unterlegenheit. Doch bei der Verwirklichung dieser Über- bzw. Unterlegenheit im Verlauf der tatsächlichen Kampfhandlungen spielt neben den objektiven Faktoren der subjektive Faktor eine wesentliche Rolle.

Zur Kampfführung mittels objektiver Faktoren (Waffenarsenale, Technologie, Aufklärung etc.) tritt also noch die Kampfführung mittels subjektiver Faktoren (Lageeinschätzungen, Wachsamkeit, Reaktionsfähigkeit etc.). Durch den korrekten Einsatz der eigenen subjektiven Faktoren kann die eigene, durch die objektiven Faktoren bedingte Unterlegenheit in eine Überlegenheit verwandelt werden.

Über Sieg oder Niederlage entscheidet insbesondere das Kalkül über die eigenen und gegnerischen Stärken und Schwächen. Dabei gibt es eine Wunderwaffe, mit der der insgesamt Schwächere den insgesamt Stärkeren besiegen kann. Diese Wunderwaffe ist das Strategem Nr. 11. Es wird angewendet, wenn in einer bestimmten Situation ein Verlust unausweichlich wird. Dann opfert man einen Teil zum Vorteil des Ganzen.

Wie lauten doch drei der von Wang Jixin (8. Jh. n. Chr.) zusammengestellten Zehn Geheimregeln des Go-Spiels:

> Gib Steine preis, wenn du dadurch die Vorhand gewinnst!
> Nimm einen kleinen Terrainverlust in Kauf, wenn er einen großen Gebietsgewinn ermöglicht!
> Bei gewissen Gefahren mußt du Steine aufgeben!

Das Go-Spiel wird seit Jahrtausenden in China geschätzt und gelangte auch nach Japan. Den beiden Kontrahenten geht es darum, mit schwarzen und weißen Steinen auf dem Spielbrett einen möglichst großen Gebietsgewinn zu erzielen.

Man konzentriert sich also auf die Entscheidungsschlacht(en), auch auf die Gefahr hin, auf Nebenkriegsplätzen schwach zu erscheinen oder gar kleine Teilniederlagen einstecken zu müssen. Dieses Vorgehen beruht auf der chinesischen Einsicht, daß es nicht um Siege in jeder einzelnen Auseinandersetzung, sondern um den entscheidenden Sieg geht. Das Strategem Nr. 11 will also dazu verhelfen, durch die Hinnahme eigener Teilschäden den Totalschaden zu vermeiden und zum Schluß den Gesamtsieg zu erringen. Dabei geht es darum, «den gewichtigeren von zwei Vorteilen und den leichteren von zwei Nachteilen zu wählen». Allerdings ist das vorherige Abwägen der Vor- und Nachteile in der heutigen Zeit sehr schwer geworden. Daher betonen die Chinesen in diesem Zusammenhang die Notwendigkeit einer Verbindung der militärischen Strategemkunde mit dem *Operations Research*.

11.18 Kapitalistische Verträge mit proletarischer Staatsmacht

Diese Überlegungen über das kalkulierte militärische Opfer lassen sich natürlich auch auf den zivilen Bereich übertragen. So klingt das Opfermotiv etwa in den folgenden Sätzen aus einem im Juli 1979 erschienenen Kommentar der Kantoner «Tageszeitung für den Süden» über die wirtschaftliche Öffnung Chinas gegenüber dem Ausland an:

> «Um in nicht allzu ferner Zeit China zu einem modernen sozialistischen starken Land auszubauen, müssen wir einen Preis, müssen wir ‹Lehrgeld› [= ‹Pflaumenbaum›] bezahlen. Doch von einem ganzheitlichen, in die Ferne schauenden Standpunkt aus gesehen, lohnt es sich, ausländische Investoren bestimmte Gewinne verdienen zu lassen.»

Es lassen sich, was den Gedanken des kalkulierten Opfers im wirtschaftlichen Bereich angeht, leicht Anknüpfungspunkte bei Lenin finden. Ihn zitierte die Pekinger *Guangming*-Tageszeitung im August 1978, also unmittelbar vor dem offiziellen Beginn (Dezember 1978) der derzeitigen chinesischen Öffnungspolitik, mit folgenden Textstellen:

> «Wenn wir den Warenaustausch mit dem Ausland wollen – und wir wollen ihn, wir sehen seine Notwendigkeit ein –, so sind wir hauptsächlich daran interessiert, von den kapitalistischen Ländern möglichst schnell diejenigen Produktionsmittel (Lokomotiven, Maschinen, elektrische Apparate) zu erhalten, ohne die wir unsere Industrie halbwegs ernsthaft nicht wiederherstellen können, ja, manchmal überhaupt nicht wiederherstellen können, weil die notwendigen Maschinen für unsere Fabriken nicht zu beschaffen sind. Es gilt, den Kapitalismus durch hohe Profite [aus chinesischer Strategem-Sicht = ‹Pflaumenbäume›] zu bestechen. Er wird Überprofite einheimsen. Zum Teufel damit, mit diesen Überprofiten. Wir [aus chinesischer Strategem-Sicht der ‹Pfirsichbaum›] werden das Wesentliche erhalten, mit dessen Hilfe wir erstarken, endgültig auf die Beine kommen und den Kapitalismus ökonomisch besiegen werden.» (Lenin, Werke, Band 31, Dietz-Verlag, Berlin 1974, S. 476)

> «Ohne Betriebsausrüstungen, ohne Maschinen aus den kapitalistischen Ländern läßt sich das [der Wiederaufbau der Wirtschaft] in kurzer Zeit nicht erreichen. Und uns tut es nicht leid, daß die Kapitalisten dabei Extraprofite [= ‹Pflaumenbaum›] einstecken – wenn es uns [= dem ‹Pfirsichbaum›] nur gelingt, die Wirtschaft wiederaufzubauen.» (Lenin, Werke, Band 31, S. 491)

> «Noch mehr gilt das für die Erteilung von Konzessionen: Ohne auch nur im geringsten die Nationalisierung aufzuheben, gibt der Arbeiterstaat bestimmte Bergwerke, Waldmassive, Erdölfelder und anderes [= ‹Pflaumenbäume›] ausländischen Kapitalisten in Pacht, um von ihnen zusätzliche Ausrüstungen und Maschinen zu bekommen, die uns [= dem ‹Pfirsichbaum›] ermöglichen, die Wiederherstellung der sowjetischen Großindustrie zu beschleunigen.»
> (Lenin, Werke, Band 32, S. 480)

> «Wir müssen sagen, daß von einem Verkauf Rußlands an die Kapitalisten keine Rede sein kann, daß es sich um Konzessionen handelt,

> wobei jeder Konzessionsvertrag an eine bestimmte Frist, an ein bestimmtes Abkommen gebunden und mit allen Garantien versehen ist, sorgfältig durchdachten Garantien ...»
>
> (Lenin, Werke, Band 31, S. 490)

> «... Der Konzessionär ist ein Kapitalist. Er führt das Unternehmen kapitalistisch, um des Profites willen, er geht auf einen Vertrag mit der proletarischen Staatsmacht ein, um einen Extraprofit über den üblichen hinaus zu erzielen, oder um solche Rohstoffe zu erhalten, die er sonst nicht oder nur äußerst mühsam beschaffen kann [= ‹Pflaumenbäume›]. Die Sowjetmacht [= der ‹Pfirsichbaum›] erzielt einen Vorteil durch die Entwicklung der Produktivkräfte und die Vermehrung der Produktenmenge, sei es sofort oder in kürzester Zeit.»
>
> (Lenin, Werke, Band 32, S. 359)

Die gesamte Öffnungspolitik mit der Ausweitung des Westhandels erscheint vielen westlichen Beobachtern, zumindest ansatzweise, als eine Art Ausverkauf Chinas. Wohlmeinende ausländische Betrachter befürchten, China könne seine so teuer erworbene Unabhängigkeit verlieren. Kann aber der immer üppiger aufblühende chinesische Wirtschaftskontakt mit dem Westen nicht auch aus der Sicht des Strategems Nr. 11 gesehen werden?

Das Opfer, nämlich der Pflaumenbaum, der den Insekten zum Fraße hingegeben wird, wäre, übertragen auf den Gesamtkomplex der chinesischen Wirtschaftsverflechtung mit dem Westen, eine gewisse, wenn auch sorgfältig kalkulierte Einbuße in der chinesischen Selbständigkeit, wären gewisse Konzessionen und Bindungen an das Ausland. Der angestrebte viel höhere Gewinn dagegen – im Strategem der gerettete Pfirsichbaum – wäre die ohne westliche Hilfe nicht zu verwirklichende Modernisierung Chinas. Das Opfer erscheint letzten Endes als Scheinopfer, weil der zum Schluß erzielte Gewinn den Verlust mehr als aufwiegt.

Das Strategem des kalkulierten, möglichst zu begrenzenden Opfers kann natürlich in jeder einzelnen Vertragsverhandlung auf chinesischer Seite hintergründig die Verhandlungstaktik beeinflussen. Dieses Opferstrategem läßt unwillkürlich an den Satz des Konfuzius denken: «Ohne Duldsamkeit im kleinen gefährdet man große Pläne.»

Dabei ist das ‹Kleine›, für das Duldsamkeit gefordert wird, angesichts der Größe Chinas vielleicht nicht so klein, jedenfalls nicht aus der Sicht des einzelnen westlichen Geschäftspartners.

11.19 Mao und die Aktmodelle

Wie universal in China der dem Strategem Nr. 11 zugrundeliegende Opfergedanke ist, deutet ein Brief Maos vom 18. Juli 1965 u. a. an Deng Xiaoping an:

> «. . . Das Zeichnen nackter Modelle – männlicher oder weiblicher, alter oder junger – ist eine grundlegende und unerläßliche Technik für Malerei und Bildhauerei. Es geht nicht an, dies abzuschaffen . . ., selbst wenn einige negative Dinge auftreten, macht das nichts. Um der Kunst [= des ‹Pfirsichbaums›] willen dürfen wir nicht davor zurückschrekken, kleinere Opfer [‹Pflaumenbäume›] zu bringen . . .»

11.20 Die Niederungen des Alltags

Im Hinblick auf die Niederungen des Alltags räsoniert der Verfasser eines Hongkonger Strategembuchs über das Strategem Nr. 11:

> «Viele Kriminelle arbeiten mit Stellvertretern, um selbst stets im Hintergrund verborgen zu bleiben, im Dunkeln die Fäden zu ziehen und bei Pannen ihre Stellvertreter die Köpfe hinhalten zu lassen.»

Zudem soll es gemäß der Hongkonger Broschüre auch vorkommen, daß «ein Vorgesetzter einen Fehler oder ein Vergehen, den oder das er selbst verschuldet hat oder zu verantworten hätte, einem Untergebenen anlastet, um die eigene Haut zu retten, oder daß umgekehrt ein Untergebener, um seinen Vorgesetzten zu schützen, für dessen Versagen einsteht.»

Wie heißt es mit Bezug auf den opferbereiten Untergebenen doch schon beim alten chinesischen Philosophen Mo Zi*:

> «Wenn [im Altertum] die Weisen im Dienste der Könige irgend etwas Hervorragendes vollbracht hatten, dann hielten sie es dem Herrscher zugute, so daß alles, was schön und gut war, bei der Person des Herrschers lag, doch alle Ärgernisse und Verleumdungen trafen die Untergebenen. Unbehelligtheit und Freude war des Herrschers, Sorge und Kummer aber der Minister Teil.»

* Deutsch von H. Schmidt-Glintzer, Düsseldorf/Köln 1975

Strategem Nr. 12

Mit leichter Hand das Schaf wegführen

Die vier Schriftzeichen	順	手	牽	羊
Moderne chinesische Aussprache	*shun*	*shou*	*qian*	*yang*
Übersetzung der einzelnen Schriftzeichen	leicht	Hand	weg-führen	Schaf
Zusammenhängende Übersetzung	Mit leichter Hand das Schaf wegführen.			
Sinngemäß ergänzte Übersetzung	Die Gelegenheit geistesgegenwärtig beim Schopf ergreifend, ein Schaf, auf das man zufällig stößt, mitgehen lassen.			
Kerngehalt	Ständige und allseitige psychologische Bereitschaft, Chancen zu einem Vorteilsgewinn auszuwerten. Kairos-Strategem.*			

Das Schaf, das achte Tier im chinesischen Tierkreis, galt im alten China als Symbol der kindlichen Pietät, da es kniet, wenn es an der Mutter säugt. Es kann aber auch für Yang, männliche Kraft, stehen. Chinesische Schriftgelehrte führen das heutzutage verwendete Schriftzeichen für ‹Schönheit› auf die beiden Schriftzeichen ‹groß› und ‹Schaf› zurück. Ein großes Schaf galt als wohlschmeckende, also ‹schöne› Nahrung, die von den Chinesen bevorzugt wurde.

Schon in dem zu Beginn des siebten Jahrhunderts n. Chr. spielenden Drama «Wei Chigong, nur mit einer Peitsche bewaffnet, entreißt Li Yuanji eine Lanze» von Guan Hanqing (13. Jh.) taucht der Strategemausdruck Nr. 12 auf, allerdings nicht im Sinn eines Strategems, sondern als blumige Umschreibung der Leichtigkeit, mit der Li Yuanji seinen Feind Wei Chigong angeblich festnahm.

* Kairos (altgriechisch): Chance

Im gleichen Sinn wird der Strategemausdruck Nr. 12 in dem berühmten Volksroman «Die Räuber vom Liangshan-Moor», Ausgabe in 120 Kapiteln, verwendet. Im 99. Kapitel heißt es:

«Nach kurzer Zeit hatte Ma Ling auf seinen beiden magischen Wind- und Feuerrädern bereits über 20 Meilen zurückgelegt. Dai Zong erkannte, daß er ihn nicht mehr einholen konnte. Weit vorne flog Ma Ling davon, doch plötzlich kam ein dicker Bonze schnurstracks auf ihn zugerannt, brachte ihn mit seinem Mönchsstab zu Fall und fing, das Schaf leichter Hand wegführend, Ma Ling ein.»

In dem für uns bedeutsamen Sinn bedient sich Wu Cheng'en (ca. 1500–1582) des Strategemausdrucks Nr. 12 im 16. Kapitel seines märchenhaften Romans «Pilgerreise in den Westen», und zwar bei der Schilderung des versuchten Diebstahls des Gewandes des buddhistischen Mönchs Tripitaka (s. 5.1).

Der Affenkönig beobachtet, wie die Mönche sich anschicken, aufgeschichtetes Brennholz anzuzünden, und er überlegt sich:

«Sie trachten uns nach dem Leben und wollen uns das Gewand rauben ... Ich könnte sie mit meiner Zauberstange angreifen, doch dann wären sie mir zu sehr unterlegen. Ein Schlag damit, und sie wären alle tot. Dann müßte ich aber den Vorwurf meines Herrn gewärtigen, ich hätte ihnen Gewalt angetan. Lassen wir dies also bleiben. Ich greife lieber zur Maßnahme ‹Leichter Hand das Schaf wegführen› und ‹ihren gegen uns gerichteten Mordplan gegen sie kehren›, so daß nicht wir unser, sondern sie ihr Leben einbüßen.»

Hier ist mit dem ‹Schaf› der strategemische Mordplan der Mönche gemeint, den sich der Affenkönig gemäß dem Strategem Nr. 3 gleichsam ausleiht, um die Mönche zu vernichten. Das «Wegführen des Schafes» ist sozusagen das Abfangen und Umfunktionieren des feindlichen Strategems.

Es geht beim Strategem Nr. 12 um die Ausnützung von geistesgegenwärtig erspähten günstigen Konstellationen, insbesondere von sich plötzlich offenbarenden Blößen des Gegners. Dabei mag man sich ein chinesisches Sprichwort vor Augen halten:

«Der Zerfall einer großen Mauer kann von einer kleinen Ecke ausgehen, und ein Holzstück vermag von seinem Zweigansatz aus zu verfaulen.»

Ein Pekinger Strategembuch von 1987 liefert in diesem Zusammenhang folgendes historisches Beispiel:

12.1 Xiang Yu contra Tian Rong

Im Jahr 206 v. Chr. hatte sich Xiang Yu (232–202 v. Chr.) zum «Hegemonialkönig des westlichen Chu» ausgerufen und 18 Lehenskönige eingesetzt. Dabei war Tian Rong, ebenfalls ein Anwärter auf ein Lehenskönigstum, leer ausgegangen. Er rebellierte noch im gleichen Jahr, vertrieb oder tötete hintereinander mehrere Lehenskönige und besetzte schließlich die drei Gebietsteile des im Osten des heutigen China gelegenen ehemaligen Fürstentums Qi, die von Xiang Yu an Lehenskönige vergeben worden waren. Um Tian Rong unschädlich zu machen, griff ihn Xiang Yu an. Diesen Augenblick nutzte Liu Bang (etwa 250–195 v. Chr.), der sich in das im Westen gelegene Hanzhong hatte zurückziehen müssen. Er bediente sich der Unfähigkeit Xiang Yus, sich um den Westen Chinas zu kümmern, und marschierte gemäß dem Plan seines Generals Han Xin heimlich nach Chencang, um sich ohne allzu große Mühe der drei Gebietsteile des ehemaligen Fürstentums Qin zu bemächtigen (s. 8.1).

In diesem Beispiel ist das ‹Schaf› gleichsam die zeitweilige Schwäche des in einen Krieg verwickelten Xiang Yu. Durch das Wegführen des Schafes in dem hier gemäßen Sinn legte Liu Bang übrigens den Grundstein für die spätere Han-Dynastie, der längsten Kaiserdynastie in der chinesischen Geschichte.

12.2 Das Hilfsgesuch aus Zhao

Im Jahr 354 v. Chr. faßte König Hui von Wei (369–319) den Plan, den nördlich gelegenen Staat Zhao zu annektieren. Also ließ er eine starke Armee unter dem Befehl seines Generals Pang Juan in Zhao einmarschieren. Mühelos drang Pang Juan bis zur Hauptstadt des Staates Zhao Handan (die heutige Stadt Handan in der Provinz Hebei) vor, die er 353 v. Chr. einkesselte. Darauf sandte der König von Zhao ein Hilfsgesuch an den Herrscher des mächtigen und starken, südlich von Wei gelegenen Chu. Der König von Chu zögerte jedoch, dem Hilfsgesuch zu entsprechen. Er berief seine Ratgeber zu einer Sitzung ein. Sein Kanzler Zhao Xixu wandte sich gegen eine Intervention zugunsten von

Zhao. Man solle Wei stärken. Ein starkes Wei würde Zhao noch mehr zusetzen. Zhao werde zu noch hartnäckigerem Widerstand gezwungen. Schließlich würden beide Staaten durch den Krieg heimgesucht. Dann könne Chu die Rolle des lachenden Dritten spielen.

Nur Jing She widersprach und erläuterte seinen der Schwächung der Staaten Zhao und Wei dienenden Plan, der übrigens in einem Comic strip aus der Volksrepublik China mit dem Strategemausdruck Nr. 12 gekennzeichnet wird. Diesen Plan hieß der König von Chu gut. Er ernannte Jing She zum General und unterstellte ihm eine nicht allzu große Armee, die unter dem Vorwand, Zhao Hilfe zu leisten, die Grenze zwischen Chu und Zhao überquerte. Die Armeeführer von Zhao verbreiteten die Nachricht von der Hilfe aus Chu unter ihren die Hauptstadt von Zhao verteidigenden Truppen. Doch allem Widerstand zum Trotz eroberte Pang Juan nach siebenmonatiger Belagerung und unter Einsatz aller Kräfte schließlich die Stadt. In diesem Augenblick traf die Meldung ein, der Staat Qi habe einem Hilfegesuch aus Zhao entsprochen und Truppen in Richtung auf die unbewachte Hauptstadt von Wei geschickt. Sogleich zog Pang Juan seine Truppen aus Zhao zurück und trat den Rückmarsch an. Unterwegs wurde Pang Juan von den Qi-Truppen, die das Strategem «ausgeruht auf den erschöpften Feind warten» anwendeten, besiegt.

Nun war die Gelegenheit gekommen, da sowohl Wei wie Zhao durch Krieg und Niederlagen schwer mitgenommen waren. Jing She ergriff die Gelegenheit und eroberte mit seiner kleinen Truppe einen Teil des Territoriums des Staates Zhao. So war sein Strategem, «mit leichter Hand ein Schaf wegzuführen» geglückt.

Zhaos Hilfegesuch an Chu bot diesem Staat die Chance, Truppen auf das Gebiet von Zhao zu entsenden, die, eine günstige Konstellation ausnutzend, ohne große Mühe Gebietsteile von Zhao – das ‹Schaf› – annektieren konnten.

12.3 Dreißig Kilometer vor Moskau

Die geistesgegenwärtige Ausnützung von plötzlich erkennbaren Schwächen des Gegners drängt sich nach Meinung eines Pekinger Strategembuchs gerade unter den Bedingungen des modernen konventionellen Krieges auf:

«Eine aus Tanks, mobilen Geschützen und Infanterie bestehende Armee, die mit hoher Geschwindigkeit vorrückt, kann kaum vermeiden, daß die Koordination zwischen Truppenteilen zeitweise aus den Fugen gerät, die logistische Unterstützung streckenweise ausbleibt und der Flankenschutz vorübergehend nicht Schritt zu halten vermag. Daher werden hinter einer blitzartig vorstoßenden Panzertruppe häufig zeitweilige und relative Schwachstellen auftauchen. Der kluge Kommandant wird derartige Blößen ausnützen.»

So sei im Zweiten Weltkrieg die sowjetische Armeeführung mit den bis 30 Kilometer vor Moskau vorgerückten deutschen Truppen vorgegangen. Die Sowjets gingen davon aus, daß die feindliche Front überdehnt und von der Nachhut losgelöst sei. Es handelte sich um «einen am Ende seiner Flugbahn angekommenen Pfeil», der seine Kraft eingebüßt hatte. Flankenangriffe trafen – immer gemäß der chinesischen Darstellung – die deutsche Armee vernichtend und leiteten die Wende des Kriegsverlaufs zugunsten der Sowjets ein.

Gemäß einer anderen Variante der Interpretation des Strategemausdrucks Nr. 12 geht es darum, eine Konstellation auszunutzen, in der sich das ‹Schaf› aus eigenem Antrieb in die Hände des Häschers begibt. Dies veranschaulicht ein in Taipeh 1985 in 19. Auflage erschienenes Strategembuch mit einer Geschichte aus dem klassischen konfuzianischen Werk «Kommentar des Zuo».

12.4 Der lüsterne Herzog

Herzog Zhuang von Qi (553–548) hatte ein Verhältnis mit der Frau des Großwürdenträgers Cui Zhu. Davon erfuhr Cui Zhu. Der Plan keimte in ihm, den Herzog zu ermorden. Es bot sich ihm jedoch keine Gelegenheit. Er konnte lediglich dafür sorgen, daß die Zusammenkünfte des Herzogs mit seiner Frau möglichst unterblieben. Einst ließ der Herzog seinen Diener Jia Shu aus einem nichtigen Grunde auspeitschen, behielt ihn aber in seinem Gefolge. Den ergrimmten Jia Shu gewann Cui Zhu als Verbündeten.

Eines Tages kam ein hoher Abgesandter des Staates Ju zu Besuch nach Qi. Herzog Zhuang veranstaltete ihm zu Ehren ein Bankett nahe des nördlich gelegenen Stadttores. Das war kein Zufall, befand sich doch dort die Wohnung des Cui Zhu. Zweifellos hoffte der Herzog auf eine Gelegenheit, dessen Gattin treffen zu können, während Cui Zhu durch das Bankett in Anspruch genommen wurde.

Diese Absicht durchschaute Cui Zhu. Er meldete sich krank und erschien nicht auf der Feststätte. Anderntags suchte der Herzog Cui Zhu auf, um ihm einen Krankenbesuch abzustatten. Doch im Anwesen des Cui Zhu angekommen, sah er dessen Gattin und folgte ihr ins Haus. Jia Shu, der den Herzog begleitete, hieß alle Gefolgsleute des Herzogs, draußen zu warten, begleitete den Herzog ins Haus und schloß die Türe hinter ihm. Bewaffnete Männer, die nun ihr Versteck verließen, machten dem Leben des Herzogs Zhuang ein Ende.

12.5 Der leichte Aufstieg auf den Tigerberg

An dieses Beispiel reiht sich eine Episode aus dem bekannten chinesischen Roman *Linhai Xueyuan* («Waldmeer im Schneeland»). Der Verfasser Qu Bo (geb. 1923), der als 16jähriger in die von der Kommunistischen Partei Chinas geführte Achte-Route-Armee eingetreten war, erzählt, wie im chinesischen Bürgerkrieg 1945–1949 ein Sonderspähtrupp der Volksbefreiungsarmee in den Wäldern Nordost-Chinas Guomindang-Truppen auskundschaftete und bekämpfte. Teile dieses Romans wurden zur revolutionären Pekinger Oper «Mit taktischem Geschick den Tigerberg erobern» verarbeitet, die während der Kulturrevolution zu den wenigen in China gespielten Bühnenstücken gehörte.

Im 12. Kapitel des Romans verhört Shao Jianbo, der Kommandant eines Sonderspähtrupps der Volksbefreiungsarmee, den gefangengenommenen feindlichen Späher Liu Weishan, genannt *Yizuomao* («Haarbüschel»). Sie befragen ihn nach den feindlichen Gefechtsstellungen auf dem Tigerberg, einem durch Bunker geschützten Hort des mit den Guomindang-Truppen verbündeten Banditen Zuo Shandiao. Yizuomao fertigt eine Kartenskizze an und zeichnet in die linke untere Ecke des Blattes ein Tal ein. Dazu gibt er den Kommentar: «Dieses Tal ist ganz verdeckt. Wenn man es für den Aufstieg auf den Berg benutzt, ist der Erfolg gewiß.»

Shao Jianbo stutzt. Er denkt bei sich: «Dieses Tal ist eindeutig eine Schwachstelle des Feindes. Bestimmt wird es von ihm bewacht. Offenbar führt Yizuomao Übles im Schilde. Zudem habe ich gehört, daß die Leute des Zuo Shandiao sich darin verstehen, mit leichter Hand ein Schaf wegzuführen. Vielleicht will Yizuomao dieses Strategem gegen uns anwenden. Bestimmt hat er vor, uns zu vernichten, wenn wir uns durch das Tal dem Berge nähern.»

Hier wird die Truppe der Volksbefreiungsarmee nicht auf den Tigerberg gelockt, sondern wünscht von sich aus, dorthin zu gelangen. Der feindliche Späher nutzt lediglich geistesgegenwärtig die sich ihm bietende Gelegenheit aus, um den Feind praktisch mühelos in den Abgrund stürzen zu lassen. Dies scheitert allerdings am Mißtrauen von Shao Jianbo, der hinter dem vom feindlichen Späher gewiesenen, angeblich ungefährlichen Weg auf den Tigerberg das Strategem Nr. 12 mutmaßt.

Offensichtlich nicht an das Strategem Nr. 12 dachten die Krieger, die im folgenden Beispiel den Kaiser Xian der Han-Dynastie (190–220) verfolgten.

12.6 Ein Kaiser auf der Flucht

Kaiser Xian wurde von Aufrührern in der Reichshauptstadt Chang'an eingesperrt. Als sich ihm die Gelegenheit bot, ergriff er die Flucht. Sein Ziel war Luoyang. Doch eine aufständische Reitergruppe verfolgte ihn. Schon bald schienen die Verfolger den Kaiser eingeholt zu haben. Da riet der alte Kaiserberater Dong Cheng: «Laßt uns sämtliche Schmuckstücke und alle Schätze auf die Straße schütten.»

So geschah es. Schließlich trennten sie sich gar noch von der jadebesetzten Krone und den Halsketten der Kaiserin. Als die Aufständischen die Preziosen auf der Erde herumliegen sahen, hielten sie ihre Pferde an, sprangen aus dem Sattel und begannen, die zornigen Befehle der Aufständischenführer, sofort weiterzureiten, mißachtend, fieberhaft die Schätze einzusammeln. Was sie hier gewinnen konnten, überstieg wohl den Verdienst ihres ganzen harten Lebens. So vergaßen sie die Verfolgung des Kaisers. Das Schaf am Wegesrand – die plötzlich greifbaren Schätze – sammelten die Aufständischen zwar ein, doch den Kaiser, und damit ihr ursprüngliches Ziel, ließen sie entkommen.

Dieses Beispiel erinnert an ein in der chinesischen Kriegsführung sehr häufig verwendetes Täuschungsmanöver: Um den Gegner zu verführen, häuft man Gold, Seide, Getreide oder Reis an. Plündert der Gegner dann die Schätze, geraten seine Truppen in Unordnung. Die im Hinterhalt liegenden eigenen Truppen können ihm dann eine vernichtende Niederlage beibringen. Dieses Beispiel entnehme ich Kai Werhahn-Mees' (Hrsg.) Werk «*Ch'i Chi-kuang* – Praxis der chinesischen Kriegführung», München 1980.

Ob ein neu winkender Vorteil wirklich lohnenswert ist und ‹weggeführt› werden soll, beurteilt sich nach der Gesamtlage. Zu vermeiden ist der Fehler, wegen einer Kleinigkeit Großes zu verlieren. Wie lautet doch eine der Zehn Geheimregeln des Go-Spiels (s. 11.17): «Auf Kleines verzichten, um Großes zu gewinnen.»

12.7 Die sieben Seefahrten des Zheng He

Nach einem Taipeher Strategembuch aus dem Jahr 1973 hängt ein herausragendes Beispiel für die Anwendung von Strategem Nr. 12 zusammen mit dem ungeklärten Geschick des Ming-Kaisers Hui (1398–1402). Dieser hatte nach seiner Thronbesteigung im Jahr 1398 die Macht der Feudalherrscher im Reich brechen wollen und zu diesem Zweck schon mehrere Feudalkönige abgesetzt und zu gewöhnlichen Untertanen degradiert. Schließlich blieb nur noch der Lehenskönig von Yan übrig. Dieser organisierte einen Aufstand, der zu einem dreijährigen Bürgerkrieg führte. Der Bürgerkrieg endete schließlich damit, daß der König von Yan die kaiserliche Hauptstadt Nanjing eroberte und den Kaiserpalast brandschatzte. Was dabei mit Kaiser Hui geschah, blieb ungeklärt. Legenden rankten sich um sein Verschwinden. Unter anderem hieß es, er sei als Mönch verkleidet ins Ausland geflüchtet. Sein Feind, der König von Yan, setzte sich selbst zu seinem Nachfolger ein und herrschte als Kaiser Cheng Zu (1402–1424).

Ein hervorstechendes Ereignis seiner Regierungszeit sind die See-Expeditionen, mit denen er den mohammedanischen, aus Yunnan stammenden Eunuchen Zheng He betraute. Insgesamt siebenmal stach Zheng He in der Zeitspanne von 1405 bis 1433 in See. Die erste See-Expedition (1405–1407) mit über 300 Schiffen und 27 000 Seeleuten führte Zheng He an die Südküste Vietnams, nach Java, Sumatra, Malakka, Ceylon und Kalikut. Dabei griff Zheng He u. a. in eine Thronfolgeaffäre eines javanischen Königreichs ein. Auf weiteren Expeditionen machte Zheng He die Reiche von Kalikut, Kotschin und Ceylon zu Vasallen des Ming-Reiches; chinesische Truppen griffen in die inneren Angelegenheiten eines Sultanats in Sumatra ein. Die längste Reise führte Zheng He in den Jahren 1417–1419 zur Arabischen Halbinsel und zur ostafrikanischen Küste (s. auch 34.8 und 35.2).

Gemäß späteren chinesischen Geschichtsdarstellungen ging es dem chinesischen Kaiser um Prestigegewinn auf den Meeren Ostasiens. Aus der Sicht des Verfassers des erwähnten Taipeher Strategembuchs erweist sich dieser Ruhm jedoch nur als das «Schaf, das China beiläufig einfing», wogegen das eigentliche Hauptziel verfehlt worden sei. Dieses Hauptziel sei die Vernichtung des im Ausland vermuteten Kaisers Hui gewesen. Die von Zheng He eingebrachte politische Ernte sei später mittels des Strategems Nr. 12 ausgeschlachtet worden, um den Mißerfolg in bezug auf das ursprüngliche Hauptziel zu kaschieren.

Der Verfasser des Taipeher Strategembuchs begründet seine These damit, daß noch nie zuvor ein chinesischer Kaiser die Lust verspürt habe, seine Autorität außerhalb der Reichsgrenzen zu demonstrieren. Zudem hätte man bei einer derartigen Zielsetzung sicher nicht ausgerechnet einen Eunuchen mit der Führung der Auslandsmission betraut. Galten doch Eunuchen nicht gerade als die höchsten Repräsentanten der chinesischen Kultur.

In der Tat steht in der Biographie des Zheng He, die in der 1739 gedruckten chinesischen «Geschichte der Ming-Dynastie» enthalten ist:

> «Kaiser Cheng Zu argwöhnte, Kaiser Hui sei ins Ausland geflohen; er wollte ihn verfolgen lassen. Zudem wollte er den Glanz seiner Armee in fernen Gebieten erstrahlen lassen und den Reichtum und die Macht Chinas zeigen.»

Selbst in dieser offiziellen Begründung der Expeditionen des Zheng He wird die Verfolgung des verschwundenen Kaisers Hui an erster Stelle genannt; andere Gründe folgen erst danach. Im wesentlichen dieselbe Abfolge von Gründen für Zheng Hes Expeditionen präsentiert auch Fu Lecheng, einer der bedeutendsten modernen Historiker Taiwans, in seiner Gesamtdarstellung der chinesischen Geschichte, und auch Zhong Shuhe äußert sich in seinem Buch *Zou xiang Shijie* («Aufbruch in die Welt», Peking 1985, S. 20) in ähnlichem Sinn. Zhong Shuhe weist auf die gerade in der Ming-Dynastie verschärfte Politik der allgemeinen Abkapselung Chinas gegenüber dem Ausland hin. Den nahe der Meeresküste wohnenden Chinesen wurde gar unter Androhung von Strafen der Bau seetüchtiger Schiffe verboten, und im Jahr 1369 verordnete der Ming-Kaiser Tai Zu den Abbruch jeglicher Kontakte mit fünfzehn Ländern, darunter Korea und Japan.

12.8 Warten auf den Pfirsich

Mit einer etwas abgewandelten Formulierung des Strategemausdrucks Nr. 12 macht uns Zhao Zhongsen, ein Fabrikarbeiter aus Kaifeng, in der *Renmin Ribao* («Volkszeitung»), dem Organ des Zentralkomitees der Kommunistischen Partei Chinas, am 5. Februar 1977 bekannt:

> «Arbeiten ist kämpfen. Immer wieder stößt man dabei auf Widersprüche und Widerstände. Das Reagieren darauf ist ein ernstes Problem. Es gibt Leute, die ganz auf das ‹Abwarten› setzen. Sie warten und warten, damit sich das Problem von selbst löse. Wenn das Warten erfolglos bleibt, dann weisen sie mit der Begründung, ja gar nichts getan zu haben, jede Verantwortung von sich. Wenn sich aber das Problem während des Wartens löst, dann ‹pflücken sie mit leichter Hand den Pfirsich›.»

12.9 Faktenjongleure

Shi Qiao beklagt in der Pekinger Tageszeitung «Guangming» im Dezember 1978 das Vorgehen der sogenannten Viererbande und ihrer Verbündeten:

> «Sie lösen aus der gesamten Wirklichkeit Einzelfakten heraus, isolieren sie vom Rest der Wirklichkeit und ziehen daraus dann absurde Schlußfolgerungen. So wurden z. B. zwei oder drei Fehler von insgesamt 100 Taten eines Funktionärs herausgegriffen und unter Verschweigen der über 90 Prozent positiven Leistungen des betreffenden Funktionärs als Beweis seiner Unfähigkeit vorgebracht.»

Dieser «konterrevolutionäre Trick» hat nach Shi Qiao im Lauf der Jahre bei einigen Genossen zu einer üblen Gewohnheit im Jonglieren mit Einzelfakten geführt. Sie betonen zwar, wie wichtig es sei, den Kontakt mit der Wirklichkeit zu pflegen, doch beschränken sie sich darauf, «mit leichter Hand die über den Weg laufenden Schafe fortzuführen», d. h. einige bruchstückhafte Daten, Angaben und Unterlagen aus einer ganzen Fülle von Material herauszugreifen. «So wollen sie beweisen, daß sie im Recht sind.»

12.10 Schafsbeförderung

Im Zusammenhang mit bei Beförderungen geübten Strategien und Taktiken taucht der Strategemausdruck Nr. 12 in einem Kommentar auf, der ursprünglich in Nr. 5 des Heilongjianger Periodikums «Parteileben» erschien und als so bedeutend angesehen wurde, daß ihn die *Renmin Ribao* am 3. April 1984 noch einmal abdruckte.

> «Bei der Beförderung von Nachwuchsfunktionären stößt man immer wieder auf allgemein beliebte ‹Schafe›. Sie besitzen einen gefügigen Charakter, sagen zu allem ja und amen, sind moralisch und fachlich mittelmäßig und haben der Führung noch nie Schwierigkeiten bereitet. Selten verletzen sie jemand und rufen kaum jemandes Unwillen hervor. Von diesen Leuten kann man sagen: ‹Die Führung beargwöhnt sie nicht, und die Kollegen meiden sie nicht.› Wenn es um eine Beförderung geht, fällt sie ihnen in den Schoß. Sie werden ‹mit leichter Hand emporgeführt›.
>
> Dies ist gar nicht angebracht. Ich sage ‹nicht angebracht› nicht aus Furcht davor, daß solche Personen Recht und Ordnung durcheinanderbringen und Unruhe stiften könnten, sondern aus Sorge darum, daß sie als stumme Bläser im Bambusorgelchor einen Platz einnehmen, ohne entsprechende Qualifikationen zu besitzen und als Kukkuck unter Nachtigallen Einsitz nehmen, nichts versuchen und nichts zustande bringen, ja die Leistung beeinträchtigen. Es läßt sich leicht ausdenken, daß einer, der immer nur ja und amen sagt und bei allem immer nach der Führung schielt, dann, wenn er selbst auf einen führenden Posten versetzt wird, auch wieder nur sein Augenmerk nach oben richten und weiterhin nur zweit- oder drittklassige Arbeit leisten wird. ‹Mit leichter Hand ein Schaf emporführen› ist einfach, doch wird dadurch kein Neubeginn herbeigeführt.»

12.11 Löffel ohne Flügel fliegen

Besonders häufig wird in der Presse der Volksrepublik China das Strategem Nr. 12 im Zusammenhang mit Gelegenheitsdiebstählen entdeckt, was einer Definition des 12. Strategemausdrucks entspricht, den Gu Zhangsi in der Qing-Zeit (1644–1911) gab:

«Auf eine Gelegenheit für einen Diebstahl lauern, heißt mit leichter Hand ein Schaf wegführen.»

So beklagt die schon mehrfach zitierte *Renmin Ribao* im März 1983, daß gewisse Leute «mit leichter Hand ein Schaf wegführen», wobei es sich beim ‹Schaf› um Gegenstände des öffentlichen Eigentums handelt, aber auch um das geistige Eigentum anderer.

«Beim Konsum eisgekühlter Getränke mit leichter Hand ein Schaf weggeführt» – unter diesem Titel prangert die *Beijing Wanbao* («Pekinger Abendzeitung») im August 1983 den Fabrikarbeiter Han an, er habe in der Getränkeabteilung der Pekinger Ostwind-Markthalle drei Becher mitgehen lassen.

«Mit leichter Hand Teller weggeführt» – unter diesem Titel berichtet die Shanghaier *Jiefang Ribao* («Befreiungs-Tageszeitung) im Juni 1984 von einem Lehrer, der bei einem Betriebsausflug während des Mittagessens seinem Nachbarn zuraunte: «Diese Teller kann man auf dem Markt nicht kaufen. Ich nehme einen mit.»

«Mit leichter Hand Schüsseln wegführen» – dies ist die Unterschrift zu einer Karikatur von Zhu Senlin in der Tianjiner Tageszeitung vom 2. September 1980. Vater, Mutter und Sohn essen fröhlich aus Schüsseln, die gemäß den Aufschriften aus diversen Kantinen und Speiselokalen stammen.

«Entschieden dem ‹Wegführen von Schafen mit leichter Hand› Einhalt gebieten» – unter diesem Titel beschwert sich Xie Jiali von der Rauch- und Alkoholgemischtwarenfirma des Shanghaier Stadtbezirkes Huangpu in einer chinesischen Regionalzeitung im August 1979: «In letzter Zeit stellten zahlreiche Gaststätten fest, daß nicht wenige Löffel ohne Flügel weggeflogen sind.»

12.12 Die mitgenommene Schnur

Ein Taiwaner Strategembuch betont, Voraussetzung für die Anwendung des Strategems Nr. 12 sei, daß das Wegführen des Schafes unbeobachtet und unbehindert vonstatten gehen kann. Wird man bei der Ausführung des Strategems gestört, erweist sich die Fähigkeit, eine raffinierte Ausrede zu präsentieren, als eine weitere Voraussetzung für die erfolgreiche Strategemausführung. Hierzu eine Anekdote aus einem Hongkonger Strategembuch:

«Ein Kuhdieb wurde vor den Magistraten gebracht und des Diebstahls angeklagt. Doch der Dieb verteidigte sich mit den Worten: ‹Seit wann bin ich ein Kuhdieb? Ich sah auf dem Weg eine Schnur liegen. Diese habe ich aufgehoben und mit nach Hause genommen. Die an der Schnur befestigte Kuh kam freiwillig mit.›»

Dies ist natürlich ein Witz, schreibt der Hongkonger Verfasser. «Aber», so ruft er aus, «wo liegt der Unterschied zum Tenor des Briefes, den der mandschurische Heerführer und Reichsverweser Dorgon (1612–1651) nach dem Sturz der Ming-Dynastie im Jahre 1644 dem Ming-treuen General Shi Kefa (gest. 1645) schrieb, der nach der Eroberung Pekings durch die Mandschuren von Nanjing aus für den Weiterbestand der Ming-Dynastie kämpfte? Dorgon schrieb den Brief, um Shi Kefa zur Kapitulation zu bewegen, und beschönigte darin die mandschurische Eroberung Nordchinas mit folgenden Worten:

«Zur Befriedung des Reichs haben wir Yanjing [=Peking] erobert; wir haben es dem [Bauernaufständischen] Li Zicheng abgenommen und nicht dem Hofe der Ming-Dynastie entrissen.»

Die Essenz des Strategems Nr. 12 kennzeichnet ein Taiwaner Strategembuch mit den Worten:

«Das Strategem Nr. 12 schließt die Forderung in sich, nicht die gesamte Konzentration auf ein einziges Anliegen zu bündeln, sondern das Gesichtsfeld weit offenzuhalten, damit sämtliche objektiv sich darbietenden Gewinnmöglichkeiten
a) überhaupt erkannt und
b) ausgenützt werden.
Selbst der kleinste, kaum erwähnenswerte Vorteil darf nicht gering geschätzt werden. Denn kleine Tropfen füllen einen Ozean. Der Nutzen des Strategems ‹mit leichter Hand ein Schaf wegführen› liegt nicht im Fang eines einzelnen Schafes, sondern in dem unsichtbaren Gewinn, den eine sich allem öffnende, permanent geistesgegenwärtige Grundeinstellung erzeugt, und dieser Gewinn fällt weitaus mehr ins Gewicht.»

Strategem Nr. 13

Auf das Gras schlagen, um die Schlange aufzuscheuchen

Die vier Schriftzeichen	打	草	惊	蛇
Moderne chinesische Aussprache	*da*	*cao*	*jing*	*she*
Übersetzung der einzelnen Schriftzeichen	schlagen	Gras	aufscheuchen	Schlange

Zusammenhängende Übersetzung	Auf das Gras schlagen, um die Schlange aufzuscheuchen.
Kerngehalt	Auf den Busch klopfen. Strategem der indirekten Warnung, Abschreckung, Einschüchterung. Warnschuß-Strategem. Erregungs-Strategem, Provokations-Strategem.

Eine der ältesten Fundstellen für die Bezugsgeschichte des Strategems Nr. 13 ist das Werk *Nan Tang Jin Shi* («Aktuelle Begebenheiten aus der Südlichen Tang-Dynastie»). Verfaßt hat dieses Werk Zheng Wenbao (im Jahre 977 n. Chr.). Er erzählt:

13.1 Das aufgerüttelte Gewissen

Unter der Südlichen Tang-Dynastie (937–975) amtete ein gewisser Wang Lu als Präfekt des Kreises Dangtu (entspricht dem heutigen Kreis Dangtu in der Provinz Anhui). Ihn kennzeichneten Besitzgier und Bestechlichkeit. Eines Tages reichten Bewohner seines Kreises eine Klageschrift gegen seinen Sekretär mit dem Vorwurf der Bestechlichkeit ein. Dazu kamen noch weitere Delikte. Als Wang Lu die Anklagen gelesen hatte, die auch auf ihn zutrafen, erschrak er zutiefst. In dieser Stimmung schrieb er:

«Ihr habt zwar nur auf das Gras geschlagen, ich aber bin bereits eine aufgescheuchte Schlange.»

Ob die durch die Lektüre der Klageschrift bewirkte Einschüchterung des Wang Lu tatsächlich beabsichtigt war, geht aus den Überlieferungen nicht hervor. Wie dem auch sei, Wang Lus Satz ist der Ursprung des Strategemausdrucks Nr. 13, der sogar in chinesisch-buddhistisches Schrifttum Eingang fand. Gemäß den «Aufzeichnungen über die Weitergabe der Fackel» (*Chuan Deng Lu*), einer Sammlung von buddhistischen Unterweisungen aus der Song-Zeit, (10.–13. Jh.), sagte ein buddhistischer Meister: «Ich schlage auf das Gras, und die Schlange erschrickt.» Angespielt wird hier auf den Einsatz eines Stockes zur Erteilung von Erleuchtungshieben. Es ist dies ein buddhistisches pädagogisches Mittel, das der Mönch De Shan aus der Tang-Zeit (618–907) Novizen gegenüber eingeführt haben soll. Der mit einem Stockhieb traktierte Körper entspricht dem geschlagenen Gras, die im wörtlichen Sinn schlagartig aus ihren weltlichen – oder um es in chinesischer Diktion zu sagen: «in roten Staub» getauchten – Träumen erwachende Seele der Schlange.

Selbst Zhu Xi (1130–1200), dem Begründer des Neokonfuzianismus, dessen Lehren im Jahre 1313 für orthodox erklärt wurden, war der Strategemausdruck Nr. 13 geläufig. In einem wahrscheinlich 1196 übersandten Brief an Huang Renqing schreibt er:

«Dein mir zugesandtes Schreiben ist einfach formuliert, aber inhaltlich klar. Li Cang muß aufpassen. Ich fürchte nur, daß er, weil er Huang Shangbo in einer mißlichen Lage erblickt, wie eine ob des Hiebs auf das Gras aufgescheuchte Schlange wird und nichts mehr zu unternehmen wagt.»

Bei Huang Renqing, Huang Shangbo und Li Cang handelt es sich um Adepten des Zhu Xi. Hier benutzt Zhu Xi den Strategemausdruck Nr. 13 rein illustrativ – wie auch Wang Shifu, der Ende des 13., Anfang des 14. Jahrhunderts wirkte, in seinem Singspiel *Xi Xiang Ji* («Geschichte des Westzimmers»), das von den Chinesen als Meisterwerk ihrer dramatischen Dichtung anerkannt ist. Als sich Zhang Gong, der Held des Singspiels, im vierten Akt des vierten Aufzugs auf seiner Reise in die Hauptstadt unterwegs todmüde in einer Raststätte niederlegt, erscheint ihm im Traum seine Geliebte Yingying. Sie folgt ihm so eilig nach wie eine «durch das Schlagen auf das Gras aufgescheuchte Schlange».

Während Zhu Xi den Strategemausdruck Nr. 13 zur Ausschmückung eines verschreckten Gemütszustands herbeizieht, überträgt ihn Wang Shifu auf die grazilen Bewegungen eines dahinschwebenden Mädchens. In beiden Fällen tritt die strategemische Bedeutung nicht hervor.

13.2 Einen hinrichten, um hundert zu warnen

Ob dieses Vorgehens in der Verbrechensbekämpfung wird heute noch Yin Wenggui, z. Zt. des Han-Kaisers Xuan (74–49) Gouverneur von Donghai (im Südosten der heutigen Provinz Shandong und Nordosten der heutigen Provinz Jiangsu), in der Volksrepublik China anerkennend erwähnt.

Der Überlieferung gemäß führte Yin Wenggui sein Amt gewissenhaft aus, und er hielt sich streng an die Gesetze. Die Straffälle in seiner Kommandantur untersuchte er stets persönlich, und er verfügte, daß die Hinrichtungen von Schwerverbrechern anläßlich der alljährlich im Herbst und Winter stattfindenden Beamtenversammlungen oder anläßlich seiner Inspektionsreisen zu vollstrecken seien. Dahinter stand die Absicht, «durch die Vollstreckung *einer* Todesstrafe Hunderte zu warnen». Gemäß der Biographie des Yin Wenggui in der «Geschichte der Han-Dynastie» gaben Beamte und Gemeine alle klein bei, jene, die auf krummen Wegen gingen, gerieten in Furcht, änderten sich und begannen ein neues Leben. So vollzog Yin Wenggui persönlich die Hinrichtung des großen Übeltäters Xu Zhongsun im Kreis Tan, den seine Vorgänger nicht zu bestrafen gewagt hatten. Diese Hinrichtung erschütterte die ganze Kommandantur Donghai. «Die gesamte Kommandantur geriet in Angst und Schrecken, und niemand mehr wagte, gegen die Gesetze zu verstoßen. Die Folge war, daß in Donghai während der Amtszeit des Yin Wenggui Frieden und Ordnung einkehrten.»

Diese Hinweise entnehme ich dem Buch *Chengyu Gushi Wubai Pian* («Fünfhundert Geschichten über chinesische Redewendungen» von Zhou Jinhua, Chongqing, 1982), und zwar dem Kapitel über die Redewendung *cheng yi jing bai*, zu deutsch: «Einen bestrafen, um hundert einzuschüchtern.»

Als Schlag aufs Gras erscheint hier die exemplarische Bestrafung eines einzelnen, durch die die noch einmal davongekommenen verbrecherischen Elemente – die «aufgescheuchten Schlangen» – von Delikten abgeschreckt werden sollen.

Im Bereich der Verbrechensbekämpfung sieht auch ein taiwanesischer Autor Möglichkeiten für die Anwendung des Strategems Nr. 13. Er rät, in ungewissen Fällen zunächst das Umfeld eines Verdächtigen abzuklopfen. Dabei denkt er an gewisse taiwanesische Korruptionsfälle, in denen nicht unmittelbar die meist hohe Stellungen bekleidenden Hauptverdächtigen, sondern zunächst subalterne Angestellte wie Sekretäre, Chauffeure u. dgl. verhört oder verhaftet wurden.

13.3 Ein Huhn töten, um den Affen einzuschüchtern

In dem politischen Roman *Guanchang Xianxing Ji* («Bloßstellung der Welt der Beamten») erwähnt Li Boyuan (1867–1906) das Strategem Nr. 13 in etwas abgewandelter Form. Und zwar taucht es im 53. Kapitel auf, wo es der mandschurische Generalgouverneur Wenming von Jiangnan verwendet. Dem Generalgouverneur wurde, gerade als er sich anschickte, das Mittagessen einzunehmen, der Besuch eines Ausländers gemeldet.

Es war der Konsul irgendeines Landes. Weshalb er den Generalgouverneur aufsuchte? Der Generalgouverneur hatte vor kurzem einen Soldaten der Leibwache hinrichten lassen. An und für sich war das kein großes Ereignis; er hatte gewiß seine Gründe dafür. Doch das Urteil war am falschen Ort vollstreckt worden, nämlich nicht auf dem Exerzierplatz und auch nicht vor dem Yamentor, sondern ausgerechnet neben dem Konsulat. Das hatte den Konsul so sehr empört, daß er sich jetzt beim Generalgouverneur beschweren wollte. Aufgebracht legte er nach der Begrüßung die ganze Angelegenheit dar und fragte, aus welchem Grund die Hinrichtung neben dem Konsulat stattgefunden habe. Nun war der Generalgouverneur zwar alt, doch zum Glück auch sehr erfahren und wendig.

«Der verehrte Konsul hat mich noch gar nicht gefragt, wen ich habe hinrichten lassen», sagte er nach kurzem Überlegen. «Dieser Soldat war ein sehr schlechter Mensch; er gehörte zu den ‹Boxern› und war an all den Schwierigkeiten beteiligt, die Ihrem werten Land und den anderen Ländern während des ‹Boxer›-Aufstandes in der Hauptstadt bereitet wurden.»

«Wenn er zu den ‹Boxern› gehörte, dann ist er nicht zu Unrecht abgeurteilt worden», entgegnete der Konsul, «doch warum mußte er unbedingt neben unserem Konsulat hingerichtet werden?»

Der Generalgouverneur dachte eine Weile nach und sagte dann:

«Das hat schon seinen Grund. Die Vollstreckung des Urteils sollte den anderen ‹Boxern› ein warnendes Beispiel sein. Der Konsul weiß vielleicht nicht, daß diese ‹Boxer› die Qing-Dynastie [1644–1911] stürzen und alle Ausländer ausrotten wollen. Deshalb habe ich mir ein Strategem einfallen lassen. Ich ließ diesen Soldaten neben Ihrem Konsulat hinrichten; seine Mitverschworenen sollten sehen, was sie erwartet. Ein Sprichwort sagt ganz richtig: ‹Ein Huhn töten, um den Affen einzuschüchtern.› Ich habe zwar nur einen Soldaten hinrichten lassen, doch alle übrigen ‹Boxer› werden sich, nachdem vor ihren Augen ein Exempel statuiert wurde, nun auflösen und es in Zukunft nicht mehr wagen, Ihr Konsulat und die Angehörigen Ihres Staates zu belästigen.»

Der Konsul brach in lautes Gelächter aus, lobte die Umsicht des Generalgouverneurs, sagte dann noch einige belanglose Worte und ging.

Der Generalgouverneur geleitete den Besucher hinaus. Wieder in seinem Zimmer angekommen, verlangte er ein feuchtes Tuch nach dem anderen, um sich den Schweiß abzuwischen, so hatte ihn der Besuch des Konsuls erschreckt. Nachdem er wieder Platz genommen hatte, befahl er alle Polizisten und Diener zu sich:

«... ihr hättet sehen sollen, in welcher Stimmung dieser Ausländer eben war. Nur dank meiner Erfahrung habe ich ihn mit zwei, drei Worten besänftigen können, wer weiß, was sonst passiert wäre ...»

An diesem Zwiegespräch ist bemerkenswert, wie der Generalgouverneur mittels des Strategems Nr. 13 eine für ihn unerquickliche Situation so umdeutet, daß er mit weißer Weste dasteht. Denn in Wirklichkeit war die Hinrichtung eher aufgrund eines Versehens, also ohne jeden Hintergedanken neben dem Konsulat vollzogen worden. Dies ist ein Beispiel dafür, wie Strategeme, rhetorisch benutzt, aus einer unangenehmen Situation retten können. Natürlich ist auch das Gegenteil möglich: Mittels einer unangebrachten strategemischen Analyse können harmlose Handlungen und Situationen dämonisiert werden (siehe etwa 7.12, 7.19 etc.).

In der Darstellung des Generalgouverneurs waren der beim Konsulat exemplarisch hingerichtete einzelne ‹Boxer› das «getötete Huhn» bzw. das «geschlagene Gras» – und seine ‹Boxer›-Kumpane die «eingeschüchterten Affen» bzw. die «aufgescheuchten Schlangen».

Vielfach beschränkt sich die Anwendung des Strategems Nr. 13 nicht nur darauf, die ‹Schlange› aufzuscheuchen, um sie so, bildhaft gesprochen, unschädlich zu machen. Auf einer weiteren Stufe der Interpretation dieses Strategems geht es gemäß der in der einschlägigen chinesischen Strategemliteratur aufgezählten Beispiele darum, die ‹Schlange› durch den «Schlag auf das Gras» zu bestimmten Handlungen zu reizen.

13.4 Die durch eine Landvermessung gewonnene Konkubine

Text: siehe S. 17. Die unverfrorenen Hinweise des Knaben auf sein dereinstiges Erbe – das Schlagen aufs Gras – versetzten die Tante in Zorn, scheuchten also die ‹Schlange› auf. Nicht nur das, sie verführten die Frau, die dem pietätlosen Knaben den Besitz nicht gönnte, dazu, ihrem Mann das, wogegen sie sich vorher immer gewehrt hatte, im Affekt zu gestatten.

13.5 Heirat als Ausweg

Der König des Zhongshan-Reiches hatte zwei Hofdamen namens Yin und Jiang als Geliebte. Beide hofften, Königin zu werden, und bekämpften sich insgeheim erbittert. Die Rivalität zwischen den beiden Hofdamen schien dem königlichen Berater Sima Xi die Gelegenheit zu bieten, an Reichtum und Einfluß zu gewinnen. Daher sandte er heimlich einen Boten zum Vater der Hofdame Yin, der ihm, ohne seinen Auftraggeber zu nennen, einflüsterte:

> «Königin zu werden ist für Ihre Tochter kein Spaziergang. Erreicht sie das Ziel, dann wird sie die Erste Frau im Reich und verfügt über Macht und Autorität. Wenn sie das Ziel verpaßt, gerät nicht nur ihr Leben, sondern auch das Leben ihrer Familie in Gefahr. Entweder sie läßt ihr Ziel also fahren, oder sie nimmt den Kampf auf, dies aber nur, wenn der Sieg sicher ist. Zum Erfolg führen kann sie indes nur Herr Sima Xi.»

Die Hofdame Yin suchte daraufhin heimlich Sima Xi auf. Dieser betörte sie mit einem ausgeklügelten Plan. Als er mit dessen Erörterung geendet hatte, dankte Yin dem Himmel und der Erde und sagte: «Wenn Ihr Erfolg habt, werde ich Euch reichlich belohnen.» Und sie gab ihm bereits jetzt ein Geldgeschenk.

Seinem Plan gemäß richtete Sima Xi ein Schreiben an den König. Darin war die Rede von einem Plan zur Stärkung des eigenen Reiches und zur Schwächung der Nachbarstaaten. Der König zeigte sich sehr angetan und verlangte, Sima Xi zu sehen, um sich genau über den Plan unterrichten zu lassen.

Sima Xi schlug vor, unter dem Vorwand eines Staatsbesuches in das Reich Zhao zu reisen, um insgeheim die dortigen militärischen Einrichtungen, die Topographie und die politische Lage zu studieren. Erst nach der Rückkehr könne er einen genauen Plan ausarbeiten. Der König stattete ihn mit Geschenken und Geld aus und schickte ihn auf die Reise nach Zhao.

Nach dem Abschluß der offiziellen Gespräche mit dem Herrscher von Zhao sagte Sima Xi im vertraulichen Teil der Unterhaltung, er habe die schönen Frauen von Zhao rühmen gehört, bis jetzt aber noch keine zu Gesicht bekommen. «Ehrlich gesagt», fuhr er fort, «bin ich überall in der Welt herumgekommen, habe auch alle schönen Frauen der Welt gesehen, doch ich finde, keine kann sich mit der Hofdame Yin in meinem Lande messen. Mir erscheint sie wie eine in die Welt herabgeschwebte Fee. Ihre Schönheit vermag niemand in Worten zu beschreiben oder mit Tusche und Pinsel darzustellen.»

Des Herrschers von Zhao Herz schlug höher, als er diese Worte vernahm, und hastig fragte er:«Ist es möglich, sie mir zu verschaffen?»

Sima Xi gab darauf mit viel Bedacht dem Gespräch eine andere Wendung und entgegnete: «Ich habe das nur so gesagt. Wenn Ihr Euch diese Frau verschaffen wollt, dann kann ich Euch dabei nicht helfen. Obwohl jene Frau nur den Status einer Hofdame hat, so liebt der König von Zhongshan sie doch innig. Verbreitet das, was ich Euch gesagt habe, um Himmels willen nicht weiter. Sonst werde ich noch hingerichtet.»

Der König von Zhao lächelte verschlagen und gab zu verstehen, daß er unbedingt diese Frau besitzen wolle.

Sima Xi kehrte in sein Land zurück und erstattete dem König Bericht. Er schimpfte aber über den Herrscher von Zhao, der völlig verdorben und amoralisch sei und nur an Frauen denke. «Übrigens», fuhr er fort, «habe ich aus sicherer Quelle vernommen, daß der Herrscher von Zhao insgeheim plant, die Hofdame Yin in seine Hand zu bekommen.»

«Der gemeine Kerl», wetterte der König von Zhongshan.

Sima Xi mahnte den König zur Ruhe und sagte: «Zur Zeit ist der Staat Zhao mächtiger als wir. Wir könnten ihn nicht besiegen. Verlangt der König von Zhao die Hofdame Yin, dann müssen wir sie ihm wohl überlassen. Tun wir dies nicht, so würde dies von Zhao als feindliche Haltung angesehen, und Zhao würde uns angreifen und vernichten. Geben wir sie hin, wird man uns natürlich verspotten und sagen, wir seien so schwach, daß wir selbst die Geliebte des Königs anderen Herrschern abtreten müssen.»

«Was tun?» fragte der König.

Ruhig entgegnete Sima Xi: «Es gibt nur eines, nämlich daß Ihr die Hofdame Yin formell als Königin einsetzt. Das wird den Begierden des Herrschers von Zhao den Boden entziehen. Noch nie hat ein Herrscher die Königin eines anderen Landes zur Frau begehrt.»

«Sehr gut», sagte der König. Und so wurde die Hofdame Yin mühelos Königin.

In diesem Fall erscheint die sexuelle Stimulierung des Herrschers von Zhao durch Sima Xi als der ‹Schlag aufs Gras›. Der König von Zhongshan entspricht der aufgescheuchten ‹Schlange›. Hier zeigt sich das Strategem Nr. 13 als Provokationsstrategem: Der König von Zhongshan wird provoziert, seine Hofdame Yin zu heiraten.

13.6 Eine Frau an den Feind und dazu noch eine Schlacht verlieren

Im 54. und 55. Kapitel der «Romanze der drei Königreiche» wird folgende Begebenheit erzählt:

Sun Quan, der Herrscher des im Südosten des damaligen China gelegenen Reiches Wu, eines der drei Königreiche des 3. Jahrhunderts n. Chr., entsendet Lu Su zu Liu Bei, dem späteren Herrscher von Shu, dem zweiten der drei Königreiche, um von ihm die Herausgabe der Region Jingzhou zu verlangen. Dieses Gebiet hatte Liu Bei dank der Schlacht an der Roten Wand in seine Hände zu bringen vermocht (s. 9.1). Während dieser Schlacht hatte Liu Bei mit Sun Quan eine Allianz gegen Cao Cao, den späteren Begründer des in der nördlichen Hälfte des damaligen Chinas gelegenen dritten Reiches Wei, gebildet. Doch von dieser Allianz gegen den gemeinsamen Feind Cao Cao abgesehen, herrschte zwischen Sun Quan und Liu Bei ebenfalls eine kaum verdeckte Rivalität, ja Feindschaft, betrachtete sich doch Liu Bei als Nachfahre der Han-Dynastie (206 v.–220 n. Chr.) und damit als den rechtmäßigen Anwärter auf den Thron eines Kaisers über ganz China. Liu Bei schlug daher die Forderung des Abgesandten von Sun Quan ab. Dieser kehrte unverrichteterdinge nach Shu zurück. Da erfuhr Zhou Yu, der Ratgeber von Sun Quan, daß Liu Beis Gattin Gan gestorben war. Nun glaubte er einen Weg zur Rückgewinnung von Jingzhou gefunden zu haben. Er verabredete mit Lu Su folgenden Plan: Liu Bei sei vorzutäuschen, Sun Shangxiang, die jüngere Schwester von Sun Quan, solle ihm zur Gattin gegeben werden. Um seine Gattin heimzuführen, solle Liu Bei ins Reich Wu eingeladen werden. In Wu angekommen, solle Liu Bei jedoch als Geisel festgehalten werden; seine Freiheit solle er nur im Austausch gegen Jingzhou wiedererlangen.

Sun Quan willigte in diesen Plan ein und schickte erneut einen Gesandten zu Liu Bei nach Jingzhou. Zhuge Liang, der Berater von Liu Bei, durchschaute die List, die er nun gegen den Gegner zu kehren trachtete. Im Jahr 209 n. Chr. sandte er Liu Bei unter dem Schutz des Generals Zhao Yun, dem er einige geheime schriftliche Instruktionen mitgab, nach Wu. Dort angekommen, betraute Zhao, Zhuge Liangs Instruktionen folgend, die Hälfte seiner Begleitgarde mit bestimmten Aufträgen und schickte sie in die Hauptstadt von Wu. Darauf riet er Liu Bei, den Staatsältesten Qiao zu besuchen, den Schwiegervater von Zhou Yu und von Sun Ce, dem älteren Bruder von Sun Quan. Nachdem ihm Liu Bei seine Geschenke übergeben hatte, teilte er ihm mit, daß ein Bote des Sun Quan seine, Liu Beis, Hochzeit mit dessen Schwester arrangiert habe.

In der Zwischenzeit war die Hälfte der Eskorte des Liu Bei in Galagewandung in der Hauptstadt des Reiches Wu ausgeschwärmt und begann, alles mögliche für Liu Beis Hochzeit mit der Tochter des Hauses Wu einzukaufen. Die Neuigkeit verbreitete sich in Windeseile, die ganze Stadt sprach davon.

Nach Liu Beis Besuch begab sich der Staatsälteste Qiao zur Mutter von Sun Quan, des Herrschers von Wu, um ihr zum glücklichen Ereignis zu gratulieren.

«Welches glückliche Ereignis?» rief die Königsmutter.

«Die Hochzeit Eurer geliebten Tochter mit Liu Bei. Er ist ja schon angekommen, wie Ihr sicher wißt.»

«Ich Arme weiß nichts davon», klagte die Königsmutter.

Sie ließ sogleich nach ihrem Sohn senden und schickte Diener in die Stadt um nachzuforschen, was los sei. Die Diener kehrten bald zurück und berichteten, daß die Nachricht des Staatsältesten Qiao den Tatsachen entspreche und daß der Bräutigam bereits im Gästehaus einquartiert sei. Fünfhundert Soldaten bildeten sein Gefolge. Er kaufe in der Stadt Schweine, Schafe und Früchte für das Vermählungsfest ein. Die Königsmutter war zutiefst erschrocken.

Als nach einer Weile Sun Quan eintraf, sah er seine Mutter sich auf die Brust schlagen und bitterlich weinen.

Sun Quan fragte: «Was bekümmert meine Mutter?»

Die Königsmutter antwortete: «So also, wie ein Nichts, behandelst du mich! Was sagte dir meine ältere Schwester, als sie im Sterben lag?»

Bestürzt fragte Sun Quan: «Wenn die Mutter mir etwas sagen will, dann sage sie es bitte deutlich. Was ist der Grund für diesen Kummer?»

«Wenn ein Mädchen groß geworden ist, dann heiratet es. Das ist seit alters so Sitte. Doch ich bin deine Mutter. Daher hättest du mir mitteilen sollen, daß Liu Bei zu meinem Schwiegersohn erkoren wurde. Warum hast du mir das verheimlicht? Es wäre meine Aufgabe gewesen, diese Heirat zu arrangieren.»

«Wer erzählt solche Dinge?» fragte Sun Quan zutiefst erschrocken.

Die Königsmutter erwiderte: «Die ganze Stadt spricht davon, doch du hast es mir verheimlicht.»

Der Staatsälteste Qiao sagte: «Ich habe es schon vor mehreren Tagen vernommen und kam hierher, um meine Glückwünsche zu entbieten.»

«Nichts ist wahr», sagte Sun Quan. «Dies ist ein Strategem meines Beraters Zhou Yu, um Jingzhou zurückzugewinnen. Zhou Yu benutzte diesen Vorwand, um Liu Bei hierherzulocken und ihn gefangenzunehmen und dann im Austausch gegen Jingzhou wieder freizugeben. Wenn wir Jingzhou nicht zurückerhalten, wird Liu Bei hingerichtet werden. Die Heirat mit meiner Schwester ist nur ein Strategem und entspricht nicht unserer wirklichen Absicht.»

Die Königsmutter geriet in großen Zorn und stieß Schmähungen gegen Zhou Yu aus. «Er ist Befehlshaber von sechs Präfekturen und einundachtzig Kreisen und kann kein anderes Strategem zur Rückgewinnung von Jingzhou finden als das Strategem der schönen Frau mit meiner Tochter als Lockvogel? Wenn Liu Bei getötet wird, dann wird meine Tochter nie einen Gatten haben, denn wer wird sie noch heiraten wollen? Fürwahr, eine glänzende Leistung, das ganze Leben meiner Tochter zu zerstören!»

Der Staatsälteste Qiao warf ein: «Durch dieses Strategem mag Jingzhou zurückgewonnen werden, doch werden alle Menschen unter dem Himmel Sun Quan auslachen.»

Sun Quan versank in Schweigen. Die Königsmutter fuhr fort, Zhou Yu zu schmähen. Da sagte der Staatsälteste: «Immerhin ist Liu Bei ein Abkömmling der kaiserlichen Han-Dynastie. Es bleibt nichts anderes übrig, als ihn als Schwiegersohn willkommen zu heißen und zu verhindern, daß diese häßliche Geschichte ans Licht gelangt.»

Und so kam es tatsächlich zur Hochzeit des Liu Bei mit der Schwester des Sun Quan, mit der er später nach Jingzhou zurückkehrte. Zhou Yu, der ihn mit seinen Truppen verfolgte, geriet in einen von Zhuge Liang gelegten Hinterhalt und mußte eine vernichtende Niederlage hinnehmen. Diese Geschichte lebt noch heute in der chinesischen Redewendung fort: *Pei le furen you zhe bing* («eine Frau an den Feind und dazu noch eine Schlacht verlieren»).

Dieses geflügelte Wort wird z. B. im Buch «Fünfhundert Geschichten über chinesische Redewendungen» (Chongqing 1982) erläutert.

Die hier wiedergegebene Geschichte wird in einem 1973 in Taipeh erschienenen Strategembuch als ein Beispiel für das Strategem Nr. 13 angeführt. Als «Schlag auf das Gras» erscheint hier vor allem die plötzliche Konfrontation der Königsmutter mit dem Plan des Zhou Yu, ihre Tochter als Lockvogel einzusetzen. Die Verletzung des Selbstwertgefühls der Königsmutter und ihr Zorn versetzten wiederum ihren Sohn Sun Quan – die ‹Schlange› – in Angst und Schrecken. Dadurch wurde letzten Endes sein listiger Plan vereitelt.

13.7 Der gefährliche Yaoshan-Berg

Im Jahre 627 v. Chr. beschloß Herzog Mu von Qin einen Feldzug gegen das ferne Fürstentum Zheng. Der Minister Jian Shu warnte vor dem Feldzug mit müden Truppen in weiter Ferne. Doch Herzog Mu schlug die Warnungen in den Wind. Weinend geleitete Jian Shu die scheidende Armee ein Wegstück und warnte den General Meng Mingshi vor dem Yaoshan-Berg (in der heutigen Provinz Henan), der bei der Rückkehr zu überwinden sei. Dort müsse man sich vor einem Hinterhalt vorsehen. Doch der selbstbewußte, hochmütige General schenkte diesen Warnungen kein Gehör. Nach mißlungenem Feldzug kehrte er über den Yaoshan-Berg zurück, ohne den Weg vorher auskundschaften zu lassen. Er begnügte sich damit, seine Truppen in vier Kolonnen hintereinander marschieren zu lassen. Die vordere Kolonne wurde aus dem Hinterhalt von einer kleinen feindlichen Truppe angegriffen, doch trat diese schnell den Rückzug an. Ohne weitere Prüfung der Lage ließ Meng Mingshi seine Truppen in ein enges Tal hineinmarschieren, bis er schließlich von im Hinterhalt liegenden Feinden ringsum eingeschlossen war. Die Qin-Armee fiel bis auf den letzten Mann.

Diese in den «Geschichtlichen Aufzeichnungen» von Sima Qian (geb. um 145 n. Chr.) überlieferte und in einem Pekinger Strategembuch von 1987 zusammengefaßte Begebenheit veranschaulicht die katastrophalen Folgen der Nichtbeachtung des Strategems «Auf das Gras schlagen, um die Schlange aufzuscheuchen», was in diesem Fall bedeutet hätte, mittels einer Vorhut den im Hinterhalt liegenden Feind aus dem Busch zu locken, anstatt sich, ohne die Lage ausgekundschaftet zu haben, gleich mit der ganzen Armee in ein unbekanntes Gelände vorzuwagen.

Ganz anders verhielt sich etwa 800 Jahre später ein General des Staates Wei.

13.8 Der vorsichtige Sima Yi

Nach dem Sturz der Han-Dynastie im Jahre 220 n. Chr. bildeten sich in China drei Reiche: Wei im Norden, Wu im Südosten und Shu im Südwesten. Das Reich Shu war, wie wir gesehen haben, von Liu Bei, einem Abkömmling der Kaisersippe Han, gegründet worden. Um die Herrschaft der Han-Dynastie über das ganze Reich wiederherzustellen, führte Shu zwischen 225 und 234 mehrere Feldzüge gegen Wei im Norden.

Im Jahr 231 unternahm der Reichskanzler von Shu, Zhuge Liang (gest. 234), den fünften Feldzug gegen Wei. Sein Gegner war, wie auch schon früher, der Feldherr Sima Yi. Am Qishan-Berg belauerten sich die feindlichen Armeen während längerer Zeit kampflos, da Sima Yi einer direkten Konfrontation aus dem Weg ging. Plötzlich erreichte Zhuge Liang die Nachricht, das Reich Wei habe sich mit dem Reich Wu verständigt und nütze die Abwesenheit Zhuge Liangs zu einem Angriff auf den Westen von Shu aus. Um sich nicht einem Zweifrontenkrieg auszusetzen, blies Zhuge Liang zum Rückzug. Davon erfuhr durch Späher auch Sima Yi, der vom Bündnis zwischen Wu und Wei jedoch noch nichts erfahren hatte. Er argwöhnte, Zhuge Liang benutze das Strategem *yin she chu dong*, zu deutsch: «die Schlange aus ihrem Loch lokken». Daher wagte er zunächst nicht, die Verfolgung der Shu-Truppen aufzunehmen. Das Verlangen von Zhang He, einem seiner Truppenführer, mit der Verfolgung sofort zu beginnen, lehnte er ab. Erst als neue Kundschafterberichte den Abzug der Shu-Armee bestätigten, verließ Sima Yi seine Bergfeste, um den Gegner zu verfolgen. Doch fürchtete er, Zhuge Liang könnte einen Hinterhalt vorbereitet haben; deshalb beschloß er, das Strategem «auf das Gras schlagen, um die Schlange aufzuscheuchen» anzuwenden.

Als nun der Führer der Vorhut Zhang He um den sofortigen Beginn der Verfolgung der Shu-Armee ersuchte, hieß Sima Yi seine Bitte gut. Doch eingedenk des Strategems Nr. 13 gab er Zhang He nur einige tausend Reiter mit auf den Weg, um mit der Hauptstreitmacht hinterher zu marschieren.

Zhang He, der schon lange voller Ungeduld auf eine direkte Auseinandersetzung mit der Shu-Armee gewartet hatte, jagte mit seinen mehreren tausend Mann los. Doch Zhuge Liang hatte, so wie es Sima Yi geargwöhnt hatte, in einem Tal einen Hinterhalt legen lassen. In dieses enge, bewaldete Tal galoppierte der zwar kühne, aber ‹unstrategemische› Zhang He. Er wußte nicht, daß er von Sima Yi nur als ‹Stock› auserkoren war, der die ‹Schlange› aus dem Busch klopfen sollte. So ritt Zhang He tief in das Tal hinein, als plötzlich eine Truppe der Shu-Armee aus dem Hinterhalt im Walde auftauchte. Deren Führer Wei Yan stellte sich Zhang He zum Kampf, um nach wenigen Gängen abzudrehen und Flucht vorzutäuschen. Zhang He und seine Soldaten verfolgten ohne zu zögern die scheinbar flüchtende Shu-Truppe. Als es bereits dunkelte, durchritt die Wei-Vorhut eine Schlucht. Plötzlich prasselten von allen Seiten Baumstämme herab, und aus dem Hinterhalt schossen die Shu-Soldaten unzählige Pfeile auf die Wei-Truppe, die bis auf den letzten Mann umkam.

Dies erfuhr Sima Yi, der sich zur Verwendung des Strategems «auf das Gras schlagen, um die Schlange aufzuscheuchen» beglückwünschte. Denn so war seine Hauptstreitmacht intakt geblieben.

Diese Darstellung lehnt sich an ein 1982 in einer Auflage von 554 500 Exemplaren erschienenes chinesisches Comic-Heft über die 36 Strategeme an, das das Strategem Nr. 13 mit der geschilderten Begebenheit erläutert.

Nicht ohne Grund wird im Traktat über die 36 Strategeme im Kapitel über das Strategem Nr. 13 ein Ausspruch Sun Zis aus dem Kapitel «Die marschierende Armee» seines Werkes über die Kriegskunst zitiert:

> «Wenn die vorrückende Armee [topographisch gefährliche Stellen passiert, wie Engpässe, Moore mit Sumpfgras oder Wälder, muß sie] sorgfältig vorgehen und immer wieder die Lage auskundschaften, denn hier hat sich der Gegner möglicherweise in den Hinterhalt gelegt.»

Noch etwas allgemeiner wird dieser Ratschlag in einem Pekinger Strategembuch aus dem Jahr 1991 formuliert:

> «Besteht Anlaß zu Zweifeln, muß man die wirkliche Lage ermitteln. Erst wenn man sich vollumfänglich ins Bild gesetzt hat, kann man zur Tat schreiten. Wiederholtes Kundschaften ist eine Voraussetzung für die Entdeckung des verborgenen Feindes.»

In diesem Zusammenhang führt das Pekinger Strategembuch zwei Beispiele an.

13.9 Kampf auf der koreanischen Chongdong-Hochebene

Während des Koreakrieges sah sich die chinesische Armee bei ihrem Angriff im nordwestlichen Hochland von Chongdong folgender Konstellation gegenüber: Der Gegner hatte sich in zwei Tunneln, in über 40 Bunkern und mehr als 30 Unterständen verschanzt. Die chinesischen Angreifer verfügten über zwei Regimenter, unterstützt von etwas Artillerie und einigen Panzern. Am Abend des 4. November 1951 setzten die Chinesen zwei Züge ein, die blitzschnell vorstießen und den Feind von den beiden Flanken aus beschossen. Ein zwanzigminütiges erbittertes Gefecht zwang den Gegner, die Festung zu verlassen und sich in den Kampf zu stürzen. Nachdem die feindliche Truppenstärke und Feuerkraft völlig offenbar geworden waren, traten die beiden chinesischen Züge sogleich den Rückzug an. Nun ließen die Chinesen aus 24 Raketensalvengeschützen gleichzeitig auf den Gegner feuern, unterstützt von Gebirgs- und Feldartillerie, Haubitzen und Panzergeschützen. Der Feind erlitt schwere Verluste. Endlich gingen die chinesischen Truppen zum Angriff über. Drei gegnerische Kompanien wurden vernichtet.

In diesem Fall entspricht der erste Angriff durch die beiden chinesischen Züge dem «Schlagen auf das Gras», der die Gegner gleichsam wie die Schlange aus ihrem Versteck lockte.

13.10 Feuer auf künstliche Fallschirmspringer

Nach dem Pekinger Strategembuch aus dem Jahre 1991 soll die englisch-französische Armee bei ihren Landeoperationen in Port Said am 5. November 1956 zunächst Fallschirmspringer-Attrappen aus Holz und Gummi eingesetzt haben. Die ägyptische Armee hielt sie für echte Fallschirmspringer und befahl der landgestützten Artillerie, das Feuer zu eröffnen. Darauf rückten die ägyptischen Soldaten vor, um die gelandeten Fallschirmspringer zu stellen und zu vernichten. So offenbarten die Ägypter ihre Feuer- und Mannschaftsstärke. Bestens orientiert, griff die französische und englische Luftwaffe ein und brachte den Ägyptern schwere Verluste bei.

Diesen Einsatz des Strategems Nr. 13 während der Suezkrise von 1956 bestätigt allerdings weder Colonel Trevor N. Dupuy in seinem Buch *Elusive Victory – The Arab-Israeli Wars, 1947–1974*, London 1978, noch Jacques Massu in seinem Werk *La Vérité sur Suez 1956*, Paris 1978.

13.11 Der Hundert-Blumen-Traum

Ein Hongkonger Strategembuch führt im Kapitel über das Strategem Nr. 13 das folgende Beispiel an:

1957 habe die Kommunistische Partei Chinas alle ihr feindlich gesinnten Elemente in den Partei- und Verwaltungsorganen sowie in den kulturellen Kreisen ermitteln wollen. Zu diesem Zweck sei die Bewegung «Laßt hundert Blumen blühen», also eine Aktion für die freie Meinungsäußerung, lanciert worden. Die Reaktion im ganzen Land sei gewaltig gewesen. Von den Bauerndörfern bis zu den Städten, von Volks- bis zu Hochschullehrern hätten zahlreiche Chinesen ihren Unmut offen zum Ausdruck gebracht. Nicht lange habe diese Bewegung aber gedauert, da sei sie plötzlich abgeblasen und durch die neue Bewegung des Kampfes zur Liquidierung der ‹Rechten› abgelöst worden. Ein Großteil derer, die sich während der Hundert-Blumen-Bewegung beschwert hätten, seien davon betroffen worden. Dieses Geschehen aus den Jahren 1957 und 1958, als, bildhaft gesprochen, die verborgenen ‹Schlangen› erst aus dem Busch geklopft und danach unschädlich gemacht wurden, schien noch Ende der siebziger Jahre viele Chinesen zu beunruhigen, schreibt doch die Pekinger Tageszeitung *Guangming* im November 1979:

> «Es gibt Leute, die die Parteinorm ‹Laßt hundert Blumen blühen, laßt hundert Schulen miteinander wetteifern› als Strategem betrachten, um ‹die Schlange aus ihrem Loch zu locken›.»

Im Jahr 1986 wurde des 30jährigen Geburtstags der Parteinorm «Laßt hundert Blumen blühen» allenthalben in der Volksrepublik China gedacht, und es hat den Anschein, daß sie immer ernsthafter in die Tat umgesetzt wird.

13.12 Die Rückkehr des Affenkönigs

«Scher dich fort», fuhr der Mönch Tripitaka seinen Begleiter, den Affenkönig Sun Wukong, an. Bei diesen Worten rollte sich Tripitaka von seinem Pferd und hieß seinen anderen Begleiter, den Sandmönch Sha, Papier und Pinsel herbeizuschaffen. Dann holte er sich vom nahen Bach etwas Wasser, rieb damit an einem Felsen aus dem Tuschstein etwas Tusche und schrieb auf der Stelle eine Entlassungsurkunde.

«Affengrind! Nimm diese Urkunde! Nie wieder will ich dich als Jünger haben! Sollte ich dich noch einmal sehen, will ich in der tiefsten Schlucht der Hölle versinken!»

Der Affenkönig nahm hastig die Urkunde und sagte:

«Meister, Ihr braucht keinen Eid abzulegen, ich gehe ja schon!» Ehrerbietig verbeugte er sich vor dem Mönch und erteilte dann noch dem Sandmönch Sha einen Rat:

«Sollte sich unterwegs ein Monster des Meisters bemächtigen, dann brauchst du dem Monster nur zu sagen: Ich, der Affenkönig, war des Meisters ältester Jünger. Da meine Fähigkeiten allen Monstern bekannt sind, werden sie nicht wagen, dem Meister ein Leid zuzufügen.»

In der Tat hatte der Affenkönig allen Grund, selbstbewußt zu sein. Vor Urzeiten aus einem himmelsbefruchteten Steinei geboren, war er zum Herrscher des Affenreiches im Osten geworden, mitten im Großen Meer, auf der Insel mit dem Namen «Berg der Blumen und Früchte». Ein Weiser lehrte ihn das Geheimnis der Unsterblichkeit und weihte ihn in alle Künste der Magie ein. So konnte der Affenkönig beliebig seine Gestalt verändern, sich vervielfältigen und sogar unsichtbar machen. Alle Elemente waren ihm untertan, und ohne Schranken des Raumes bewegte er sich mit Hilfe des Wolkenpurzelbaumes im Nu über Tausende von Meilen hinweg. Seine Diamantenpupillen durchschauten alles und jedes. Eine ungeheure Eisenstange, mit goldenen Widerhaken an beiden Seiten, diente ihm als Waffe. Ohne zu zögern schlug er zu, wenn er in einer noch so lieblichen Gestalt ein Monster erspähte. Die Eisenstange wuchs ins Riesige, sobald er ihr dies befahl, oder sie schrumpfte bis zur Größe einer Stecknadel zusammen, die er sich ins Ohr legen konnte. Mit seinem ungestümen Draufgängertum hatte er allerdings einst den ganzen Himmel in Aufruhr versetzt. Keiner der Himmelsbewohner konnte ihm beikommen. Da blieb dem himmlischen Gebieter nichts anderes übrig, als seine Macht anzuerkennen. Er verlieh ihm den «Rang des himmelsgleichen Großen Heiligen».

Doch benahm sich der Affenkönig weiterhin ungebärdig, naschte unerlaubt von den ihm zur Bewachung anvertrauten Lebenspfirsichen im Garten der Königin-Mutter, trank ohne Erlaubnis vom himmlischen Nektar und schluckte sämtliche gerade von Lao Zi zubereiteten Lebenspillen. Erst Buddha höchstpersönlich vermochte den Affenkönig unter einem Gebirge einzuklemmen. Hier mußte er zur Strafe jahrhundertelang liegen, bis er sich endlich bekehrte und erlöst wurde, um dem Mönch Tripitaka zu helfen, die heiligen Schriften aus dem Westen zu holen.

Aber nun wollte Tripitaka nichts mehr von ihm wissen.

«Ich bin ein guter Mönch», sagte er. «Nie wieder wird der Name eines solchen Bösewichts, wie du es bist, über meine Lippen kommen. Und jetzt scher dich fort!»

Als der Affenkönig sah, daß der Meister sich nicht erweichen ließ, verabschiedete er sich, schlug den ihn im Nu Tausende von Meilen weit in die Ferne tragenden Wolkenpurzelbaum und strebte seinem Affenreich auf dem Berg der Blumen und Früchte zu.

Was war geschehen?

Auf seiner Reise in den Westen, nach Indien, auf der Suche nach den heiligen Schriften des Buddhismus, hatte der Mönch Tripitaka mit dem Affenkönig, dem Schweinsmönch Zhu Bajie, dem Sandmönch Sha Wujing und dem weißen Drachenpferd den gewaltigen Weiß-Tiger-Berg erreicht. In dem Berg hauste das Monster «Weiß-Knochen-Frau». Es bemerkte die Ankunft des Mönchs Tripitaka, dessen Ruhm schon an sein Ohr gedrungen war. Wer das Fleisch dieses frommen Mannes kostete, gewann die Unsterblichkeit. Um sich ihm zu nähern, nahm das Monster die Gestalt eines bezaubernden Mädchens an, das Tripitaka Beköstigung anbot. Mit seinen Diamantenpupillen erkannte der Affenkönig als einziger, welch ein gefährliches Monster sich hinter der berückenden Gestalt verbarg. Unter den Protesten von Tripitaka wuchtete er seine Eisenstange empor und versetzte dem Mädchen einen schrecklichen Schlag. Das Monster aber verstand sich in der Magie des Schlüpfens aus der Leibeshülle. Als es den Schlag kommen sah, vergeistigte es sich geschwind und entkam, nicht ohne aber den vom Schlag gräßlich zugerichteten Leichnam des wunderschönen Mädchens zurückzulassen.

Entsetzt über die Brutalität des Affenkönigs wollte ihn Tripitaka verstoßen, doch dann ließ er sich von dessen Worten erweichen und vergab ihm die Tat.

Das Monster aber gab nicht auf. Unbedingt wollte es des Mönchs Tripitaka habhaft werden. So ließ es sich von der Wolke, auf der es sich von seinem Schock erholt hatte, in einer Senke weiter oben am Berg hinunterplumpsen, nahm die Gestalt einer 80jährigen Frau an und ging den Pilgern entgegen. Dabei weinte sie bitterlich. Der Schweinsmönch fuhr, als er sie sah, zusammen:

«Das ist wohl die Mutter des von Sun Wukong getöteten Mädchens!» lallte er voll Grauen zu Tripitaka. Doch der Affenkönig durchschaute die Alte auf der Stelle. Ohne Federlesens schlug er wieder zu. Und erneut ließ das Monster einen Leichnam zurück, diesmal den der jämmerlich erschlagenen alten Frau.

Tripitaka war derart entgeistert, daß er vom Pferde fiel. Wieder war er nahe daran, den Affenkönig wegzujagen, doch verzieh er ihm ein zweites Mal.

Das dritte Mal aber war es um Sun Wukong geschehen. Diesmal kam das Monster in der Gestalt eines Greises mit schlohweißem Haar, buddhistische Sutren rezitierend, den Berg herab. Seine Tochter sei verschwunden, und nun auch noch seine Gattin, die die Tochter gesucht habe, jammerte er. Es sei ihm nichts anderes übriggeblieben, als sich selbst auf den Weg zu machen, um nachzusehen, was ihnen zugestoßen sei.

Diesmal befahl der Affenkönig den Ortsgeistern und dem Berggott, sich in den Lüften so aufzustellen, daß das Monster nicht entkommen konnte. Und in der Tat, Sun Wukongs Schlag zerschmetterte nicht nur die äußere Hülle des Monsters. Auch dessen Geisteslicht war ein für allemal ausgelöscht. Zurück blieb nur die ursprüngliche Gestalt des Monsters: ein Haufen von Gebeinen. Beinahe hätte Tripitaka angesichts des Knochenhaufens der Beteuerung des Affenkönigs, ein bloßes Monster getötet zu haben, geglaubt, wenn nicht der Schweinsmönch gegiftet hätte: «Er ist ein Mörder! Aus Furcht vor Eurer Strafe, Meister, hat er die Leiche des alten Mannes behende in einen Knochenhaufen verwandelt, um Euch hinters Licht zu führen.»

Tripitaka glaubte dem Schweinsmönch, und so vollzog er die eingangs geschilderte Verstoßung des Affenkönigs.

Tripitaka, seine beiden bei ihm gebliebenen Jünger und das weiße Drachenpferd überquerten den Weiß-Tiger-Berg und gelangten in den Schwarz-Pinien-Wald. Da überkam Tripitaka Hunger. Er stieg vom Pferd und bat den Schweinsmönch, nach vegetarischer Nahrung zu suchen. Dieser wanderte mehr als zehn Meilen weit durch den Wald, ohne eine Menschenseele zu finden. Müde sank er ins Gras und schlief sogleich ein.

Da der Essensbote nicht zurückkehrte, schickte Tripitaka den Sandmönch Sha aus, ihn zu suchen. Der allein zurückgelassene Tripitaka hielt es nach einer Weile auch nicht mehr aus, ruhig dazusitzen. So machte auch er sich auf, um sich im Wald umzusehen. Da erblickte er eine goldene Pagode. Tripitaka wußte nicht, daß sie vom Gelb-Robe-Monster bewohnt war, und er geriet in dessen Gefangenschaft. Dank der Fürbitte der dritten Prinzessin des Wert-Form-Königreiches wurde er jedoch freigelassen. Die dritte Prinzessin war dreizehn Jahre zuvor von dem Monster entführt und gezwungen worden, sein Weib zu werden. Sie gab Tripitaka heimlich einen Brief für ihre Familie mit. Das war der Grund gewesen, warum sie das Monster dazu gedrängt hatte, den Priester ziehenzulassen.

Im Wert-Form-Königreich angekommen, überreichte Tripitaka das Schreiben. Nach dessen Lektüre ersuchte der König Tripitaka, das Monster zu unterwerfen. Doch zu solch einer Tat war Tripitaka nicht fähig. An seiner statt erklärten sich seine über magische Künste verfügenden Jünger, der Schweinsmönch und der Sandmönch, dazu bereit, die Aufgabe zu lösen. Doch hatten sie beide ihre Kräfte überschätzt. Das Monster nahm den Sandmönch gefangen. Der Schweinsmönch hatte sich mitten im Kampf in die Büsche geschlagen und war so entkommen.

Nun verwandelte sich das Monster in einen hübschen jungen Gelehrten und fand in dieser Gestalt Einlaß am Hofe des Wert-Form-Königreiches. Offiziell wollte er vom König als Schwiegersohn anerkannt werden. Vor des Königs Augen verwandelte er Tripitaka in einen Tiger. So wurde Tripitaka in einen Käfig gesperrt. Nun war das Weiße Drachenpferd ganz allein übriggeblieben. In höchster Unruhe verwandelte es sich in seine Urgestalt, einen Drachen, um Tripitaka zu suchen. Es fand ihn nicht, entdeckte aber das Monster, wie es im Palaste schmauste. Das Weiße Drachenpferd verwandelte sich in ein Palast-Mädchen und kredenzte dem Monster Wein. Später führte es einen Schwerttanz auf, um bei dieser Gelegenheit plötzlich zustoßen und das Monster töten zu können. Doch statt dessen wurde das Palast-Mädchen vom Monster mit einem Kandelaber verletzt. Im letzten Augenblick konnte es dem rasenden Ungeheuer entkommen und beschwor noch in der gleichen Nacht den wieder aufgetauchten Schweinsmönch, den Affenkönig zur Hilfe zu holen.

Widerwillig brach der Schweinsmönch auf. Er wollte den Affenkönig mit einer Lüge zurücklocken. War dieser erst einmal zurückgekehrt und sah er, in welch mißlicher Lage sich Tripitaka befand, würde er schon von selbst helfen. So behauptete der Schweinsmönch, nachdem ihn der Affenkönig freundlich empfangen hatte, der Meister sehne sich nach ihm: «Er sandte mich eigens aus, um dich zu holen.»

Doch der Affenkönig zeigte dem Schweinsmönch sein herrliches Reich und machte keine Miene, zur Erde zurückzukehren.

Unverrichteterdinge verließ Zhu Bajie das Affenreich, um in kaum vier Meilen Entfernung laute Verwünschungen gegen seinen ehemaligen Gefährten auszustoßen. Späher berichteten dies dem Affenkönig. Empört ließ er den Schweinsmönch gefangennehmen und vor sich führen. Zhu Bajie blieb nichts anderes übrig, als den wahren Grund seines Kommens zu offenbaren:

«Das Drachenpferd sagte, du seist ein gütiger und pflichtbewußter

Edler. Ein Edler bleibt nicht an vergangenen Kränkungen kleben. Bestimmt werdest du zur Rettung des Meisters bereit sein, meinte es. Ich bitte dich, älterer Bruder, denke an den Satz: ‹Ein Tag lang Lehrer, ein Leben lang Vater.› Und so rette um alles in der Welt unseren Meister Tripitaka!»

«Dummkopf», sagte der Affenkönig, «als ich euch verließ, schärfte ich euch doch ein, daß, wenn der Meister von einem Monster gefangengenommen wird, ihr ihm sagen sollt, daß ich der älteste Jünger des Meisters war. In Kenntnis meiner Fähigkeiten werde jedes Monster sogleich vom Meister ablassen. Warum hast du den Rat nicht befolgt?»

Der Schweinsmönch dachte sich: «‹Einen General um eine Tat zu bitten ist schlechter, als einen General zu einer Tat zu reizen.› Am besten, ich reize ihn!» Und er sagte also:

«Älterer Bruder! Es wäre im Gegenteil besser gewesen, wenn ich dich nicht erwähnt hätte! Kaum kam dein Name über meine Lippen, wurde das Monster nur noch frecher.»

Der Affenkönig fragte: «Was meinst du damit?»

Der Schweinsmönch entgegnete: «Ich sagte: ‹Monster! Spiel dich nicht auf! Wage nicht, meinem Meister etwas anzutun! Ich habe nämlich noch einen älteren Lehrbruder. Es ist der Affenkönig. Seine magischen Kräfte sind unbegrenzt, und seine Stärke ist die Unterwerfung von Monstern und Dämonen. Wenn er hierherkommt, wird er dich in einem Streich totschlagen und unbegraben liegenlassen!›»

«Als das Monster das hörte», fuhr der Schweinsmönch fort, «wurde es nur noch zorniger, und es schimpfte: ‹Wer ist dieser Affenkönig, vor dem ich mich ängstigen soll? Wenn der kommen sollte, werde ich ihn lebendig häuten, ihm seine Muskeln entreißen, seine Knochen zernagen und sein Herz verspeisen. Der Affe mag zwar mager sein, doch ich werde ihn zu Hackfleisch machen, einlegen und in Öl braten.›»

«Wer wagt es, mich derart zu schmähen?» jaulte der Affenkönig, sprang zornentbrannt auf und ab, kratzte wild seine Wangen und zog sich an den Ohren.

«Älterer Bruder, beruhige dich, es ist das Gelb-Robe-Monster, das so respektlos über dich sprach. Ich gab einfach getreulich seine Worte wieder.»

Der Affenkönig schrie: «Ehrenwerter jüngerer Bruder, steh auf! Ich gehe hin! Da jenes Monster mich derart zu schmähen wagte, bleibt mir keine andere Wahl, als es zu unterwerfen. Ich folge dir also. Als ich vor fünfhundert Jahren im Himmelspalast einen großen Aufruhr verursachte, krümmten alle himmlischen Kämpen den Rücken vor mir und verbeugten sich, wenn sie mich sahen. Jedermann nannte mich ‹den Großen Weisen›. Dieses Monster ist wirklich unverschämt! Es wagt, mich hinter meinem Rücken zu beschimpfen. Ich gehe ja schon! Ich werde es packen und in tausend Stücke zerreißen, um mich für diese Beleidigung zu rächen! Nach vollbrachter Tat werde ich dann wieder in mein Reich zurückkehren.»

«So soll es sein, älterer Bruder», sagte der Schweinsmönch. «Du gehst jetzt mit mir und machst das Monster unschädlich, und nach vollendeter Rache kannst du dann entscheiden, ob du zurückkehren willst oder nicht.»

So gelang es dem Schweinsmönch im Roman «Pilgerreise in den Westen» durch das Provokations-Strategem, diesmal in die Worte gefaßt «einen General um eine Tat zu bitten, ist schlechter, als einen General zu einer Tat zu reizen», den Affenkönig zur Rückkehr auf die Erde und zur Rettung des Mönchs Tripitaka zu bewegen.

So ist das *Ji Jiang Ji*, auch *Ji Jiang Fa* genannt, das «Strategem der Aufreizung des Generals», mit dem Strategem Nr. 13 praktisch identisch.

Durch eine wie auch immer geartete Provokation wird der Ansprechpartner emotional zu einer Handlung motiviert, die er unter gewöhnlichen Umständen – etwa aufgrund einer Bitte oder einer Argumentation – nicht ausführen würde. Entweder werden seine Überheblichkeit und sein Stolz angefeuert, so daß er den Kopf verliert, oder – wie mir ein Historiker der Universität Peking erklärte – dem Aberglauben an die eigene Allmacht und die Unwiderstehlichkeit seiner Pläne anheimfällt. Oder es werden Gefühle des Zornes, der Scham, der Ehre, der Eifersucht oder des Neides etc. angestachelt. Auf jeden Fall merkt der Betroffene in seiner Gefühlswallung nicht mehr, wie er vom Provokateur manipuliert wird. Er vollzieht, von diesem gelenkt, eine diesem genehme Tat.

13.13 Der Pavillon zum bronzenen Sperling

Angesichts der heranrückenden Armee Cao Caos, des Herrschers über Nordchina, regten sich im ostchinesischen Reiche Wu starke Kräfte zugunsten einer Kapitulation.

Auch der Heerführer Zhou Yu, der in äußeren Belangen wichtigste Berater des Herrschers von Wu, befürwortete die Unterwerfung unter

Cao Caos Regime. Der Herrscher von Wu war unschlüssig. Er wartete auf Zhou Yus Bescheid. Krieg oder Frieden hingen also von diesem einen Mann ab.

Ihn suchte Zhuge Lian, der Oberbefehlshaber der Armee Liu Beis, auf. Liu Bei hatte eben erst Zhuge Liang drei Mal in dessen Strohhütte aufgesucht (s. 16.21) und strebte danach, mit dessen Hilfe eine Machtbasis im Südwesten Chinas zu erobern.

Fiel das Reich Wu unter die Herrschaft Cao Caos, wäre dieser derart mächtig, daß die Ausbreitung seines Reiches über ganz China nur noch eine Frage der Zeit wäre. Eine derart fatale Entwicklung mußte aus der Sicht Zhuge Liangs verhindert werden. Nur dann blieben Liu Beis Möglichkeiten gewahrt, seine ehrgeizigen Ziele zu verwirklichen.

Zunächst ersuchte der Zhuge Liang begleitende Lu Su, ein Militärberater des Herrschers von Wu, Zhou Yu um einen Entscheid zugunsten des Krieges gegen Cao Cao. Zhou Yu erwiderte, er wolle sich Cao Cao nicht entgegenstellen. Dieser handle schließlich im Namen des Han-Kaisers. Zudem sei er sehr stark. Ein Angriff gegen ihn berge zu große Risiken: «Nach meiner Überzeugung bedeutet Krieg die sichere Niederlage, Nachgiebigkeit aber Frieden.»

«Ihr seid im Unrecht», stammelte Lu Su. «Schon drei Generationen lang befindet sich unser Land unter derselben Dynastie. Es kann nicht einfach plötzlich einem anderen abgetreten werden. Wieso nehmt Ihr die Position eines Schwächlings ein?»

«Wenn die Bevölkerung dieses Landstrichs vom Krieg heimgesucht würde, und zwar infolge meines Entscheides, dann wird mich ihr Haß treffen. Daher bin ich entschlossen, unserem Herrscher zu raten, sich Cao Cao zu unterwerfen.»

«Aber Ihr unterschätzt die Macht unseres Herrschers und die günstige Topographie unseres Landes. Wenn Cao Cao uns angreift, ist es sehr fraglich, ob er sein Ziel erreichen wird.»

So stritten die beiden eine ganze Weile miteinander, während Zhuge Liang lächelnd dasaß. Zhou Yu fragte ihn nach dem Grund des Lächelns, worauf Zhuge Liang entgegnete:

«Ich lächle über niemand anders als über dein Gegenüber Lu Su. Er weiß nicht, was die Stunde geschlagen hat.»

«Herr», sagte Lu Su, «was meint Ihr damit?»

Zhuge Liang entgegnete: «Zhou Yu hat völlig recht, wenn er für die Kapitulation eintritt.»

Zhou Yu mischte sich ein: «Zhuge Liang versteht die Zeichen der Zeit. Er ist der gleichen Meinung wie ich.»

Lu Su fragte: «Zhuge Liang, denkt auch Ihr so?»

Zhuge Liang antwortete unter anderem: «Die Unterwerfung bedeutet Sicherheit für die Frauen und Kinder und bringt Reichtum und hohe Posten. . .»

Ärgerlich unterbrach ihn Lu Su: «Wollt Ihr, daß mein Herrscher vor Cao Cao, diesem Rebell, niederkniet?»

Zhuge Liang antwortete: «Ich habe ein Strategem. Wenden wir dieses an, braucht Ihr keine Schafe mitzuführen und keine Weingefäße zu schultern und sie Cao Cao als Geschenk zu überreichen. Auch die Abtretung von Land und die Übergabe der Amtssiegel erübrigen sich dann. Es wäre nicht einmal nötig, daß einer von euch den Fluß überquert, um sich zu Cao Cao zu begeben. Es würde bereits genügen, ein Boot mit zwei Menschen darin zu Cao Cao zu schicken. Sobald Cao Cao diese beiden Menschen in seiner Hand hat, werden seine Soldatenhorden die Waffen strecken, die Flaggen einrollen und abziehen.»

Zhou Yu fragte: «Mit welchen beiden Menschen könnte man diese gewaltige Wirkung erzielen?»

Zhuge Liang erklärte: «Es sind zwei Menschen, so leicht entbehrlich in diesem volkreichen Land wie ein Blatt eines Baumes oder ein Getreidekorn in einem Kornspeicher. Aber wenn Cao Cao über die beiden verfügen könnte, dann würde er in größter Freude von dannen ziehen.»

«Also, um welche beiden Personen handelt es sich?» fragte Zhou Yu ungeduldig.

Zhuge Liang holte aus: «Als ich im Longzhong-Gebirge [s. 16.21] lebte, hörte ich, daß Cao Cao am Zhang-Fluß einen Pavillon errichten ließ, den Pavillon zum bronzenen Sperling. Es ist eine äußerst prachtvolle Anlage. Cao Cao suchte die schönsten Frauen im ganzen Lande und wies sie an, dort zu wohnen. Denn Cao Cao ist in der Tat ein Frauenheld. Seit langem weiß er von zwei Schönheiten, die in dieser Gegend leben. Sie stammen beide aus der Familie Qiao. Sie sind so schön, daß bei ihrem Anblick die Fische voll Andacht in den Fluten versinken und die Vögel zu Boden taumeln, daß der Mond sein Gesicht verbirgt und die Blumen vor Scham erröten. Cao Cao hat einen Eid abgelegt, wonach ihm nur nach zwei Dingen in dieser Welt gelüstet: dem Kaiserthron nach einer Befriedung des ganzen Reiches und den beiden Schönheiten namens Qiao, an denen er sich im Pavillon zum bronzenen Sperling in seinen alten Tagen ergötzen will. Erreicht er diese beiden Ziele, schwor er, dann werde er dereinst ohne Bedauern ins Grab sinken. Der wahre hinter dem Aufmarsch seiner gewaltigen Armee verborgene Grund, das sind diese beiden Frauen!»

Und an Zhou Yu gewandt, fuhr Zhuge Liang fort: «Warum begebt Ihr Euch nicht zum Vater der beiden schönen Schwestern, kauft ihm diese für tausend Goldstücke ab und sendet sie dann über den Fluß zu Cao Cao? Da er dann sein Kriegsziel erreicht hat, wird er zufrieden abziehen. Warum führt Ihr dieses Strategem nicht sofort aus?»

«Welchen Beweis habt Ihr für Eure Behauptung, daß Cao Cao ein solch brennendes Verlangen nach den beiden Schwestern Qiao verspürt?»

Zhuge Liang antwortete: «Weil sein Sohn Cao Zhi auf sein Geheiß die ‹Ode an den Pavillon zum bronzenen Sperling› verfaßte. Das ganze Gedicht behandelt nur den glühenden Wunsch Cao Caos nach dem Kaiserthron und sein Verlangen nach den beiden Qiao-Töchtern. Ich denke, ich kann das Gedicht hersagen, wenn Ihr das wünscht. Ich bewundere es nämlich ob seiner Schönheit.»

Zhou Yu sagte: «Versucht es bitte einmal.»

So rezitierte Zhuge Liang die «Ode an den Pavillon zum bronzenen Sperling» – ein langes Gedicht, in dem Cao Cao das erstrebte, lustvolle Leben nach der Gewinnung des Kaiserthrones im besagten Pavillon mit den beiden Schönen besingt – so wirkte es jedenfalls auf Zhou Yu. Er hörte u. a. die Verszeilen:

Zwei Türme erheben sich zur Linken und zur Rechten,
der eine ‹Jadedrache›, der andere ‹Goldphönix› genannt,
vereinigt mit den beiden Qiaos, im Osten
und im Süden im Dickicht der Lust...

Zhou Yu hörte sich das Gedicht bis zum Ende an, um dann plötzlich in irrsinniger Wut aufzuspringen. Mit der Faust nach Norden drohend, zeterte er: «Du alter Rebell, zu tief erniedrigst du mich!»

Zhuge Liang war ebenfalls aufgesprungen und sagte: «Was regt Ihr Euch wegen zweier Frauen aus dem Volk derart auf?»

«Ihr wißt nicht, Herr», sagte Zhou Yu, «daß die ältere der beiden Frauen die Witwe des Sun Ce, des Vaters des jetzigen Herrschers, und daß die jüngere meine Gattin ist.»

Zhuge Liang täuschte größtes Entsetzen vor und sagte: «Nein, wirklich, das habe ich nicht gewußt. Welch ein tödlicher Fehler von mir! Welch ein tödlicher Fehler!»

Zhou Yu sagte: «Entweder ich oder der alte Rebell müssen daran glauben! Wir beiden können nicht zugleich leben. Das schwöre ich!»

Diese Episode findet sich in der «Romanze der drei Königreiche». Tatsächlich hatte Cao Cao einen Pavillon erbauen lassen, den er «Pavillon zum bronzenen Sperling» nannte. Die Stelle in dem von Zhuge Liang vorgetragenen Gedicht, in der von den beiden ‹Qiaos› und der Vereinigung im Dickicht der Lust die Rede ist, bezog sich aber in Wirklichkeit auf zwei Hängebrücken, welche die beiden Türme miteinander verbanden. Denn ‹Qiao› heißt in der chinesischen Sprache unter anderem ‹Brücke›. Zhuge Liang nutzte den Gleichklang mit dem Familiennamen Qiao aus, um Zhou Yu im Glauben zu wiegen, das Gedicht, das übrigens außer in dem Roman nirgendwo sonst überliefert ist, beziehe sich auf die beiden Schwestern. Natürlich hatte Zhuge Liang sehr wohl gewußt, wer diese Frauen waren. So stachelte er den Zorn des Feldherrn Zhou Yu an und erreichte über diesen Umweg sein Ziel: Zhou Yu für den Feldzug gegen Cao Cao zu gewinnen [zum Ergebnis des Feldzuges siehe 9.1].

13.14 Mit der Fahne des Propheten

> «Man kann kaum etwas Graziöseres sehen als diese hohen, schlanken, mit Galerien umwundenen kanellierten Minaretts, die einen so schönen Kontrast zu den leicht sich wölbenden Kuppeln machen, die zwischen ihnen ausgebreitet sind. Nirgends kann man besser als hier wahrnehmen, wieviel religiöse Begeisterung hervorzubringen vermag. . .
>
> Achmed ahnte gewiß nicht, daß dieser herrliche Tempel einst die Stätte werden sollte, an welcher einer seiner Nachfolger das osmanische Volk zur Vernichtung der Janitscharen auffordern würde. Nachdem Mahmud die Notwendigkeit dieser Vernichtung eingesehen hatte, griff er zu folgendem Mittel, seinen Plan auszuführen.
>
> Er ließ die Fahne des Propheten, diese von allen Muselmännern so hoch verehrte, in der Schatzkammer des Reiches aufbewahrte Fahne, in die Moschee Achmeds bringen. Das in dreifache Samtdecken gewickelte, nur bei den höchsten Festlichkeiten gezeigte Heiligtum, zog einen großen Teil der Bevölkerung von Konstantinopel nach der Moschee. Die Fahne wurde entblößt und vom Sultan dem Volke gezeigt, der nun einen allgemeinen Aufruf zur Verteidigung derselben ergehen ließ. Die begeisterte Menge wendete sich ganz auf seiten des Sultans, und die Janitscharen wurden zum Heile des türkischen Volkes bis auf den Namen vernichtet.» (Maria Belli, 1788–1833, zitiert aus: Reise Textbuch Istanbul, DTV, München 1987)

Die Janitscharen waren eine im Jahre 1329 von dem osmanischen Sultan Orchan aus zum Islam bekehrten christlichen Gefangenen zusammengestellte Truppe, die sich später durch den sogenannten Knabenzins aus den Reihen christlicher Untertanen ergänzte. Im 17. Jahrhundert erreichten sie eine Stärke von 100000 Mann. 1826 widersetzten sie sich der Einführung der neuen, europäisch organisierten Miliz und wurden darauf von Mahmud II ausgelöscht. Nach dem Bericht von Maria Belli setzte er vor seinem Schlag gegen die Janitscharen das Strategem Nr. 13 ein, indem er die religiöse Begeisterung der Bevölkerung entfachte und auf seine Mühlen lenkte.

13.15 Sportlicher Sieg durch eine aufrüttelnde historische Lektion

Der mehrfache chinesische Pingpong-Weltmeister Zhuang Zedong schildert in seiner sportlichen Strategemfibel (Peking 1985) folgende Erfahrung:

> «Vor der 26. Pingpong-Weltmeisterschaftr [Peking 1961] war ein Finale zwischen Japan und China abzusehen. In der öffentlichen Meinung und auch in Fachkreisen erschienen die Japaner als die Favoriten, gegenüber denen China nichts zu bestellen habe. In unserer Mannschaft bekamen es ebenfalls einige mit der Angst zu tun, und auch auf mein Herz legten sich dunkle Schatten. Vor dem japanisch-chinesischen Endkampf saß ich gerade auf einem Stuhl und quälte mich mit der Frage, wie den Japanern beizukommen sei. ‹Xiao Zhuang›, hörte ich plötzlich jemand leise zu mir sagen. Ich schaute auf und erblickte einen alten Sportfunktionär. Eilends erhob ich mich und bot ihm meinen Sitzplatz an. Doch wider Erwarten setzte er sich nicht. Auf seinem düster dreinschauenden Gesicht bewegten sich die Muskeln hin und her. Ich fragte mich in meinem Herzen, warum dieser gewöhnlich nichts als Heiterkeit und Sonnenschein ausstrahlende alte Meister heute wohl eine solch finstere Miene aufsetzte. Wie ich so bedrückt dastand, streckte er seine Arme aus, krempelte die Ärmel hoch und begann zu sprechen. Er sprach von den schändlichen Demütigungen, die unsere Nation in der Vergangenheit durch die imperialistischen Aggressoren erleiden mußte. Damals betrachteten uns die Großmächte als ‹den kranken Mann Asiens›. Immer wieder waren wir das Opfer rücksichtsloser Angriffe. ‹Heute, als wackere Wettkämpfer des chi-

nesischen Volkes, obliegt es uns, für unsere Nation Ehre einzulegen und ihr Ansehen zu erhöhen.›
Als er seine Rede beendet hatte, warf er mir noch einen kurzen Blick zu und ging dann schweigend fort. Urplötzlich waren meine Angstgefühle spurlos verschwunden. Ein nie gekannter Elan durchpulste mich. Alle Kräfte wollte ich für den Sieg hergeben. Dieser Schwung verließ mich auch nicht, als ich wider Erwarten in zwei Final-Wettkämpfen gegen Japaner zum Einsatz kam. Rückblickend muß ich feststellen, daß jene Kampfbegeisterung, in die mich der alte Sportführer versetzte, für unseren Triumph über Japan von entscheidender Bedeutung war.»

Hier ist der gereizte «General» der Pingpong-Spieler Zhuang Zedong. Der alte Sportfunktionär holte ihn aus seinem seelischen Tief, indem er seine patriotischen Gefühle wachrüttelte. Erstmals errang damals eine chinesische Pingpong-Mannschaft, darunter Zhuang Zedong, den Titel eines Mannschaftsweltmeisters, und Zhuang Zedong verteidigte im Herren-Einzel den 1959 von Rong Guotuan [s. 3.13] in Dortmund gewonnenen Weltmeistertitel.

13.16 Der auf Strategeme erpichte Hase

Der Hase ging zu Gott
und bat ihn um ein Strategem.
Gott sprach:
«Gut.
Ich habe die Bitte gehört.
Du hast dich aber erst zu bewähren.
Du wirst mir eine lebendige Pythonschlange
bringen.
Du wirst mir die frische Milch einer Büffelkuh
bringen.
Du wirst mir einen Kürbis voller Fliegen
bringen.
Du wirst mir einen Kürbis voller Moskitos bringen.
Hast du das vollbracht,
wirst du mir eine lebendige Hyäne bringen.
Danach werde ich deiner List weitere
List zufügen.»

Der Hase ging von dannen.
Er nahm einen Kürbis,
begab sich damit zur Büffelkuh
und sagte: «Dies hier füllt sich, dies
hier füllt sich nicht, dies hier füllt sich,
dies hier füllt sich nicht.»
«Was gibt's?» fragte die Büffelkuh.
Der Hase antwortete: «Wenn ich eines deiner
Euter melken würde, würde das nicht genügen
mir meinen Kürbis zu füllen.»
«Warte nur, du wirst sehen, daß das nicht stimmt»,
antwortete jene.
Und der Hase begann zu melken.
Als der Kürbis voll war, verschloß er ihn.
Darauf begab er sich zu den Fliegen
und sagte: «Das füllt sich, das füllt
sich nicht, das füllt sich, das füllt sich
nicht.»
Die Fliegen antworteten:
«Großer Bruder Hase, wovon redest du?»
«Dieser Kürbis hier sagt, daß wenn ihr in ihn
hineinfliegt, ihr ihn nicht zu füllen vermöget.»
Sie schwirrten, metemetemete, in den Kürbis hinein.
Der Hase verschloß ihn, menemeneku,
und machte den Kürbis wieder zu.
Dann setzte er seinen Weg fort.
Er begab sich zu den Moskitos
und sagte: «Das füllt sich, das füllt
sich nicht, das füllt sich, das füllt sich
nicht.»
Die Moskitos fragten: «He, großer Bruder Hase, was
ist dir zugestoßen?»
«Dieser Kürbis behauptet, daß, wenn ihr in ihn
hineinfliegt, ihr ihn nicht zu füllen vermöget.»
«Gut, laßt uns sehen.»
Und sie flogen in den Kürbis hinein und füllten ihn aus.
Der Hase verschloß ihn, menemeneku, und machte
den Kürbis wieder zu.
Er ging weg
und schnitt sich einen großen Stock.

Die Pythonschlange fragte:
«He. Was ist in dich gefahren? He, kleiner
Bruder Hase, was hast du dort hingelegt?»
«Dieser Stock wird zeigen, daß er, wenn du dich mit
ihm mißt, größer sein wird als du.»
«Laßt uns Maß nehmen», sagte die Pythonschlange.
Als sie sich entlang des Stockes ausgestreckt
hatte, band der Hase sie daran fest, korr!,
legte den Stock mit der Schlange auf seine Schulter
und trug sie weg.
Danach begab er sich zur Hyäne.
Die Hyäne fragte ihn:
«Wohin gehst du mit all dem da?»
Der Hase sagte: «Wir beiden gehen!
Wenn du mich tragen kannst,
besteige ich dich mit meinen Sachen.
Du führst mich fort
und wir gehen!
Man hat einen großen Stier getötet,
wir werden hingehen und von seinem Fleisch essen.»
Die Hyäne sagte: «Was?»
Der Hase antwortete: «Es ist wahr.»
«Gut, ich folge dir.»
«Ich steige auf dich.»
«Einverstanden, besteige mich.»
Hop. Der Hase sprang auf, hielt sich am
Rücken der Hyäne fest und legte ihr einen Zügel
ans Maul.
Danach begann er zu singen:
«Der Große Gott hieß mich frische Milch von der
Büffelkuh bringen. Hier frische Milch von der
Büffelkuh, ein herrschaftliches Geschenk!
Der Große Gott hieß mich einen Kürbis voller Fliegen
bringen, hier ein Kürbis voller Fliegen,
ein herrschaftliches Geschenk!
Der Große Gott hieß mich einen Kürbis voller Moskitos
bringen, hier ein Kürbis voller Moskitos,
ein herrschaftliches Geschenk!
Der Große Gott hieß mich ihm eine lebendige
Pythonschlange bringen, hier eine lebendige Pythonschlange,

ein herrschaftliches Geschenk!
Der Große Gott hieß mich ihm einen lebendigen ‹Wuhu›
bringen, hier der lebendige ‹Wuhu›,
ein herrschaftliches Geschenk!»
«He», bemerkte die Hyäne, «einen lebendigen ‹Wuhu›?
Alles, was du sagtest, war verständlich, außer dem lebendigen
‹Wuhu›. Der lebendige ‹Wuhu› ist mir schleierhaft.»
«Warum? Es handelt sich nicht um dich!
Komm!» Awa!
Sie marschierten und marschierten
und kamen beim allmächtigen Gott an.
Der Hase sang wieder sein Lied.
Darauf bot er Gott alles dar.
Gott der Allmächtige sprach darauf:
«Laß alles hier.
Geh, und ducke dich!»
Der Hase lief davon und krümmte seinen Rücken.
Gott der Allmächtige nahm einen schweren Gegenstand
hervor, wu!
Er warf ihn in Richtung des Hasen.
Dieser sprang empor und hielt an, pak.
«Ja, wirklich», folgerte Gott,
«wenn ich dich mit einem zusätzlichen Strategem ausstattete,
würdest du mich vom Throne stoßen,
mich, den allmächtigen Gott.»

Dieses von mir leicht gekürzt wiedergegebene Märchen ist in Ostafrika recht verbreitet. Gesammelt, übersetzt und kommentiert haben es G. Meyer und V. Görög-Karady in ihrem Buch *L'enfant rusé et autres contes bambara – Mali et Sénégal oriental* (Paris 1984, S. 137ff.).

Die Gestalt des strategemkundigen Hasen ist auch im Sudan und in Südafrika bekannt. Ihm entsprechen in Zentralafrika und in Kamerun die schwarze Antilope oder die Schildkröte und in der atlantischen Zone Afrikas die Leinenspinne.

Der Hase erstrebt größere Klugheit, das heißt eine Mehrung seines Strategemwissens. Er will sich so über die anderen Tiere erheben. Gott, den sich der Hase bemerkenswerterweise als Strategem-Lehrer aussucht, stellt ihm einige «unmögliche Aufgaben». Diese löst der Hase mittels verschiedener Strategeme. Zunächst benutzt er jeweils das Provokationsstrategem Nr. 13. Jedes Gespräch mit seinen Opfern knüpft er durch einander widersprechende Aussagen an, die die Neugier des Gegenübers wecken. Ist das Gespräch erst einmal in Gang gekommen, kratzt der Hase, wieder mit Hilfe des gleichen Strategems, das Selbstwertgefühl des anderen an. Dieser will beweisen, daß er das zustande bringt, was ihm der Hase nicht zutraut. So geht jedes Opfer dem Hasen auf den Leim. Bei der Hyäne wendet der Hase das Strategem Nr. 7 «aus dem Nichts etwas erschaffen» an. Das schöne Trugbild des geschlachteten Stiers setzt er dann – gemäß dem Strategem Nr. 17 – als ‹Backstein› ein, mit dessen Hilfe er sich der Hyäne, des ‹Jadesteins›, bemächtigt.

Gott stellt dem Hasen eine letzte Aufgabe. Er heißt ihn, geduckt wegzurennen. Darauf wirft ihm Gott einen schweren Gegenstand nach. Kaum hört der Hase das Sausen hinter sich, bleibt er – entgegen dem göttlichen Befehl – mißtrauisch stehen und entgeht so dem vielleicht tödlichen Anschlag aus dem Hinterhalt. Angesichts des argwöhnischen Verhaltens des Hasen selbst in unmittelbarer Nähe Gottes stellt sich unwillkürlich die Erinnerung an gewisse Edda-Sprüche ein:

Nach allen Türen,
eh ein man tritt,
soll sorglich man sehn,
soll scharf man schaun:
nicht weißt du gewiß,
ob nicht weilt ein Feind
auf der Diele vor dir.

und

Der Achtsame,
der zum Essen kommt,
horcht scharf und schweigt;
die Ohren spitzt er,
mit den Augen späht er:
*der Besonnene sichert sich.**

Damit hat der Hase die letzte Prüfung bestanden: Selbst Gott gegenüber blieb er auf der Hut. Da verweigert ihm der afrikanische Allmächtige die Unterweisung in weiteren Strategemen. Denn dann würde der Hase nachgerade gottgleich und somit Gott gefährlich. Gott also als die

* Edda. Zweiter Band. Götterdichtung und Spruchdichtung. Übertragen von Felix Genzmer, Düsseldorf/Köln 1963.

höchste Strategeminstanz – das ist einer der Aspekte, der an diesem afrikanischen Märchen auffällt.

«Raffiniert ist der Herrgott, aber boshaft ist er nicht»*, sagte Albert Einstein im Mai 1921 in Princeton. Wie mir Professor Dr. Armin Hermann vom historischen Institut der Universität Stuttgart (Abteilung Geschichte der Naturwissenschaften und Technik) im September 1987 schrieb, hat Einstein die Natur und deshalb auch deren Personifizierung ‹Gott› als erhaben angesehen, als Sphinx, niemals aber als listig und schon gar nicht als arglistig.

Und doch gab und gibt es Vorstellungswelten, in denen Gott und List einander nicht fremd sind. Die Intimität zwischen Gott und List kann so weit gehen, daß Gott die List heiratet und obendrein noch aufißt:

> «Zeus nimmt sich *Mètis* – die List (*la ruse*) – zur Frau, um sie, nachdem sie von ihm mit Athena geschwängert wurde, zu verschlingen. Auf diese Weise verdaut und kanalisiert, geht die listige Intelligenz (*l'intelligence rusée*) im höchsten Gott auf und wird so zu einer der Komponenten der Ordnung im Olymp.»

Dies schreibt Hélène Védrine in der Einführung zu ihrem Buch *Les ruses de la raison, pouvoir et pouvoirs*, (Paris 1982). Sie beruft sich dabei auf das bemerkenswerte Werk *Les ruses de l'intelligence, la mètis des Grecs* von M. Détienne und J. P. Vernant (Paris 1974). Das griechische Wort *mètis* hat allerdings einen weit über die ‹List‹ im engen Sinne hinausgreifenden Sinn und umfaßt ähnlich wie das chinesische Wort *zhi* (Weisheit/List) auch Bedeutungen wie *Wisdom, skill, craft* (*A Greek-English Lexicon compiled by Henry George Liddell and Robert Scott,* Oxford 1940, repr. 1973).

Die Beziehung zwischen Gott und List in verschiedenen Kulturen werden auch durch die Forschungen über den *Trickster* aufgehellt. Wörtlich bedeutet *Trickster* Gauner(in), Schwindler(in). Der religionswissenschaftliche Fachausdruck *Trickster* aber bezeichnet eine mythologische Gestalt, die durch ein unberechenbares, betrügerisches, aber auch schelmisches Wesen charakterisiert ist. So tragen der germanische Gott Loki (siehe 3.3) und der griechische Gott Hermes Züge der Trickster-Gestalt. Deren Auftreten in der indianischen Mythologie untersuchte Paul Radin in seinem Werk *The Trickster* (mit einem Kommentar von

* Zitiert nach dem gleichnamigen Buch von Abraham Pais, Braunschweig 1986, S. 106ff.

C. G. Jung über die Psychologie der Trickster-Gestalt, 3. Aufl., New York 1976), und Paul V. A. Williams widmete ihr das Buch *The Fool and the Trickster* (Cambridge/Totowa 1979).

13.17 Desdemonas Taschentuch

Bei seiner Rückkehr nach Zypern wird der Mohr Othello nach seinem siegreichen Feldzug gegen die Türken begeistert empfangen. Nur Jago haßt ihn und wünscht ihn zu vernichten. Denn Othello hatte ihn bei der Beförderung zugunsten Cassios übergangen. Jago sinnt auf Rache an Othello. Er übt sie aber nicht selber aus, sondern bedient sich anderer. Zunächst zettelt er einen Streit zwischen Rodrigo und dem Hauptmann Cassio an. Als Montano Frieden stiften will, zieht Cassio seinen Degen und verwundet in seiner Trunkenheit Montano. Jago schürt den Unwillen der Menge.

Als Othello kommt und Aufklärung verlangt, gelingt es Jago, Cassio alle Schuld für die Unruhe in die Schuhe zu schieben. Darauf wird Cassio von Othello degradiert. Cassio, darob verzweifelt, sucht Rat bei Jago. Dieser empfiehlt ihm, Othellos Gattin Desdemona als Fürsprecherin für ihn, Cassio, bei Othello zu gewinnen.

Im Vertrauen auf Jago begibt sich Cassio darauf zu Desdemona, die im Garten lustwandelt. Als Othello Jago aufsucht, weckt dieser Othellos Eifersucht wegen der angeblichen Untreue Desdemonas und lenkt dabei den Verdacht auf Cassio. In der Folge bittet Desdemona völlig ahnungslos Othello, Cassio zu begnadigen.

Othello sieht den Verdacht einer heimlichen Beziehung zwischen Desdemona und Cassio bestätigt. Als sie ihm mit ihrem Taschentuch, seinem Geschenk an sie, die Schläfen kühlen will, schleudert er dieses weg. Jagos Frau Emilia hebt es heimlich auf. So gelangt es in die Hände Jagos, der es in die Wohnung Cassios legt, wo dieser es findet und aufbewahrt, da er den Eigentümer nicht kennt. Othello kann seine Eifersucht kaum bezähmen, fordert aber von Jago Beweise für Desdemonas Untreue. Jago behauptet, das Strategem Nr. 7 benutzend, er habe nachts den träumenden Cassio zärtlich Desdemonas Namen sagen gehört. Zudem habe er bei ihm auch Desdemonas Taschentuch erblickt. So gelingt es Jago, Othello zur Raserei zu bringen.

Als Desdemona erneut bei Othello ein gutes Wort für Cassio einlegt, verlangt Othello das Taschentuch zu sehen, das er ihr einst schenkte. Als sie es nicht zeigen kann, läßt sich Othello zu schweren Beleidigungen und Beschimpfungen gegen Desdemona hinreißen. Tieftraurig geht sie von dannen.

Jago verschafft Othello Gelegenheit, ein Gespräch zu belauschen, das Jago mit Cassio über dessen Geliebte Bianca führt. Geschickt versteht es Jago, Cassio Antworten zu entlocken, die Othello zur Annahme verleiten, Cassio spreche über Desdemona. Als Cassio völlig harmlos Desdemonas Taschentuch zeigt, sieht Othello Desdemonas Ehebruch als erwiesen an, und er beschließt, sie zu töten. Er erdrosselt Desdemona und stößt sich dann, den Irrtum erkennend, verzweifelt einen Dolch ins Herz.

So beseitigt in der Oper von Giuseppe Verdi (Text von Arrigo Boito) Jago den verhaßten Othello nicht mit eigener Hand, sondern heizt mit Hilfe des wieder und wieder eingesetzten Provokationsstrategems Nr. 13 bei ihm die «Flammen der Eifersucht derart an, daß sie ihn verbrennen» – so Pan Yida und Du Gensheng in ihrem für Mittelschüler bestimmten Buch «Typische Figuren in berühmten Werken der ausländischen Literatur» (Shanghai 1987).

13.18 Die rhetorische Provokation

Als rhetorische List empfiehlt ein 1986 in Taipeh erschienenes Strategembuch das Strategem Nr. 13. Danach soll man bei gewissen kritischen Gesprächen nicht unaufhörlich selbst reden, sondern vielmehr den Gegenüber mit einigen kurzen Bemerkungen reizen, damit dieser zu reden beginnt. Den Redefluß des Gegenübers habe man lediglich mit wenigen provokativen Worten zu unterbrechen, um so aus der Art und Weise, wie der andere reagiert, dessen wahre Meinung in Erfahrung zu bringen. Auf keinen Fall solle man selbst plötzlich einen längeren Sermon von sich geben, weil sonst das Gegenüber wieder zu ruhiger Überlegung und Verschlossenheit zurückzukehren Gelegenheit finde.

In diesem Fall wäre das «Schlagen auf das Gras» das Hinwerfen einiger aufreizender Bemerkungen, die «aufgescheuchte Schlange» ist der zum Reden angeregte Gesprächspartner.

Eine etwas andere Variante lehrt Schopenhauer: «Der Widerspruch und der Streit reizen zur Übertreibung der Behauptung. Wir können also den Gegner durch Widerspruch reizen, eine an sich und in gehöriger Einschränkung allenfalls wahre Behauptung über die Wahrheit hinaus zu steigern: und wenn wir nun diese Übertreibung widerlegt haben, so sieht es aus, als hätten wir auch seinen ursprünglichen Satz widerlegt.» Das Provokations-Strategem zielt in diesem Fall also darauf ab, das Gegenüber so anzustacheln, daß es sich zu extremen Äußerungen hinreißen läßt. Man kann ihn dann entweder leicht widerlegen oder aber als unglaubwürdig hinstellen. Daher rät Schopenhauer in seinen Ausführungen über den «Kunstgriff 23» seiner «Eristischen Dialektik»: «Dagegen haben wir selbst uns zu hüten, nicht uns durch Widerspruch zur Übertreibung oder weitern Ausdehnung unsers Satzes verleiten zu lassen.»

Daß die Zunge des Gegenübers nicht unbedingt immer nur durch rein rhetorische Mittel gelockert werden kann, zeigt die folgende Begebenheit aus dem Jahre 625 v. Chr. Sie wird überliefert im konfuzianischen Klassiker «Kommentar des Zuo».

13.19 Der ungalante Gastgeber

Der König von Chu hatte Shangchen gegen den Rat seines Kanzlers zu seinem Nachfolger ernannt. Doch später bereute der König seinen Entschluß. Er wünschte seinen Sohn Zhi als seinen Nachfolger und gedachte, Shangchen zu degradieren. Shangchen hörte davon, wußte aber nicht, ob die Gerüchte der Wahrheit entsprachen. Er fragte seinen Lehrer Pan Chong, wie er wohl die Wahrheit herausfinden könne. Pan Chong gab ihm den Rat: «Veranstalte ein Essen zu Ehren der Schwester des Königs und behandle sie unehrerbietig.»

Der Prinz befolgte den Rat. Da geriet die Dame in Zorn und schrie: «Du gemeiner Kerl, kein Wunder, daß der König dich töten und Zhi an deiner Stelle zum Erben einsetzen will.»

Shangchen teilte daraufhin seinem Lehrer mit: «Die Gerüchte stimmen.» In der Folge putschte Shangchen. Der König von Chu kam ums Leben. Shangchen folgte ihm als König Mu (625–614).

Das «Schlagen aufs Gras» entspricht hier der berechnenden Unhöflichkeit Shangchens und die darob erzürnte und daher das Geheimnis preisgebende Königsschwester der «aufgescheuchten Schlange».

Wie jedes Strategem, so kann sich auch das Strategem Nr. 13 durch die ungeschickte Handhabung in eine Torheit verwandeln, die man etwa so umschreiben kann: «Einen schlafenden Hund wecken» bzw. «einen Hornissenschwarm aufscheuchen». Durch eine ungeschickte Vorwarnung wird der Gegner veranlaßt, auf der Hut zu sein. Hierzu sei ein Gespräch aus dem berühmten Volksroman «Die Räuber vom

Liangshan-Moor» angeführt. Gesprächspartner sind Shi En, der Sohn des Lagerkommandanten von Mengzhou, und Wu Song, der mit bloßen Händen einen Tiger getötet hatte und deshalb berühmt geworden war. Wu Song hatte seine ehebrecherische Schwägerin, die seinen Bruder vergiftet hatte, ermordet und war zur Strafe in dieses Lager verbannt worden. Shi En hatte Wu Song aufgesucht, um ihn zu bitten, gegen einen Feind in einem benachbarten Marktstädtchen vorzugehen. Als Wu Song der Bitte sofort Folge leisten wollte, hielt ihn Shi En zurück: «Älterer Bruder, wartet, bis mein Vater eintrifft. Wenn er unseren Plan gutheißt, steht dem Aufbruch nichts mehr im Wege. Wir sollten nicht überstürzt vorgehen..., wenn wir uns ohne weitere Vorbereitungen dorthin begäben, würden wir ‹aufs Gras schlagen und die Schlange aufscheuchen› und Jiang Zhong würde in Zukunft auf der Hut sein.»

13.20 Aus Gracians Handorakel

Zum strategemischen Gehalt des Ausdrucks «auf das Gras schlagen, um die Schlange aufzuscheuchen» mag ein Zitat aus dem «Handorakel der Weltklugheit», einer Aphorismensammlung des geistvollen Spaniers Balthasar Gracian (1601–1658), erstmals erschienen im Jahre 1653, zurückführen (hier wiedergegeben in der Übersetzung von Arthur Schopenhauer):

> «Auf den Busch klopfen, um die Aufnahme, welche manche Dinge finden würden, vorläufig zu untersuchen, zumal solche, über deren Billigung oder Gelingen man im Zweifel ist. Man kann sich dadurch des guten Ausgangs vergewissern und behält immer Raum, entweder Ernst zu machen oder einzulenken. Man prüft auf diese Art die Neigungen, und der Aufmerksame lernt seinen Grund und Boden kennen; die wichtigste Vorkehr beim Bitten, beim Lieben und beim Regieren.»

Strategem Nr. 14

Für die Rückkehr der Seele einen Leichnam ausleihen

Die vier Schriftzeichen	借	尸	还	魂
Moderne chinesische Aussprache	*jie*	*shi*	*huan*	*hun*
Übersetzung der einzelnen Schriftzeichen	ausleihen	Leichnam	rückkehren	Seele

Zusammenhängende Übersetzung: Für die Rückkehr der Seele einen Leichnam ausleihen.

Kerngehalt:

a) Etwas bereits der Vergangenheit Angehörendes mit neuer Zielsetzung wiederaufleben lassen.
Renovations-Strategem.

b) Alten Gedanken, Traditionen, Sitten, Gebräuchen, Begebenheiten, Werken der Literatur etc. ausdrücklich oder verblümt einen modernen Bezug geben und sie so als Mittel des gegenwärtigen ideologischen/politischen Kampfes einsetzen.
Aufwärmungs-Strategem.

c) Etwas in Wirklichkeit Neuem die Weihe des Altehrwürdigen verleihen.
Patina-Strategem.

d) Neue Institutionen als Instrumente alter Verhaltensweisen gebrauchen. Neue Personen als Vollzieher einer alten Politik einsetzen. Neue Schuhe anziehen, aber den alten Weg gehen. Alten Wein in neue Schläuche gießen.
Fassadenerneuerungs-Strategem.

e) Sich das Gut eines anderen durch die Absorption von dessen Macht beschaffen, um damit einen eigenen Machtbereich aufzubauen; über Leichen gehen.
Parasiten-Strategem.

f) Ausnützung jeglicher Mittel zur Überwindung einer mißlichen Lage.
Phönix-Strategem.

Eine der ältesten Fundstellen des Strategem-Ausdrucks Nr. 14 ist das Drama «Lü Dongbin belehrt Li Yue mit der eisernen Krücke», verfaßt von Yue Bochuan aus der Yuan-Zeit (1271–1368). Ins Deutsche übersetzt hat es Alfred Forke in dem von Martin Gimm herausgegebenen Band «Chinesische Dramen der Yüan-Dynastie», Wiesbaden 1978. In diesem Drama taucht der Strategem-Ausdruck Nr. 14 gleich etwa ein halbes dutzendmal auf, wenn auch in einem ganz und gar unstrategemischen, buddhistisch-daoistischen Zusammenhang. Hier die Bezugsgeschichte:

14.1 Li mit der eisernen Krücke

Im ersten Akt des Dramas berichtet die Hauptperson, der Kreisbeamte Yue Shou von Zhengzhou, in Anwesenheit seines Untergebenen Zhang Qian:

> «Vor einem Monat hat mein Vorgesetzter einen Bericht geschrieben, worin er sich darüber beklagt, daß in Zhengzhou zu viele unfähige höhere und korrupte niedere Beamte seien. Der Kaiser hat daraufhin einen reitenden Provinzialrichter in besonderer Mission geschickt. Er führt das Richtschwert und ein kupfernes Beil, womit er sofort köpfen kann. Erst nachträglich braucht er darüber zu berichten. Als die Beamten von Zhengzhou die Nachricht hörten, daß dieser hohe Beamte namens Han Weigong sogleich erscheinen werde, geriet Zhengzhou in große Angst, so daß viele wegliefen und flohen...
> Ich bin nicht geflohen, weil ich nicht für gewöhnlich krumm gerade sein ließ. Wir gingen dem großen Herrn entgegen, aber trafen ihn nicht, deshalb wollen wir jetzt zum Essen nach Hause zurückkehren und uns dann wieder zum Empfang begeben.»

Zu Hause angelangt, erblickt Yue Shou einen daoistischen Priester am Tor. «Yue Shou, kopfloser Dämon, du wirst sterben», ruft ihm dieser zu. Von seiner Gattin erfährt Yue Shou, daß der Priester sie als Witwe und sein Söhnchen als vaterlosen Bastard gescholten und sich unverschämt aufgeführt habe. Darauf befiehlt Yue Shou seinem Untergebenen Zhang Qian, den Priester am Tor aufzuhängen. Der Priester ist niemand anderes als der daoistische Unsterbliche Lü Dongbin. Er hat in dem Beamten Yue Shou einen Kandidaten für den Einzug in das Reich der Genien entdeckt. Doch muß Yue Shou zu diesem Zweck erst noch geläutert werden. Auf dem Weg zu dieser Läuterung war die geschilderte Beschimpfungsszene ein erster Schritt.

Wenig später kommt ein alter Landmann des Weges. Er bindet den am Tor aufgehängten Priester los. Dies verursacht eine Auseinandersetzung zwischen Yue Shou und dem Alten. Yue Shou schilt diesen einen unvernünftigen Kerl und prahlt mit seinen Machtbefugnissen. Schließlich gibt sich der Alte zu erkennen. Er ist niemand anders als der kaiserliche Abgesandte Han Weigong, und er fordert Yue Shou auf, seinen Nacken sauber zu waschen und anderntags in aller Frühe auf das Kreisamt zu kommen. Dort werde er an Yue Shou sein Schwert ausprobieren.

Diese Todesdrohung versetzt Yue Shou derart in Schrecken, daß er stirbt und in die Unterwelt gelangt. Gerade will ihn der Höllenfürst Jama mit einer Gabel in den siedenden Ölkessel tauchen, da erscheint der Genius Lü Dongbin wieder. Er bittet den Höllenfürsten, Yue Shou die Strafe zu erlassen, ihn ihm als Schüler anzuvertrauen und auf die Oberwelt zurückkehren zu lassen.

Jama entgegnet: «Ich werde nachsehen.» (Er schlägt in seinen Akten nach.) «Sehr bedauerlich. Die Gattin des Yue Shou hat seinen Leichnam schon verbrannt. Daher kann die Seele nicht mehr zurückkehren.»

Lü Dongbin: «Was ist zu machen? Jama, sieh noch einmal für mich nach!»

Jama: «Ich werde noch einmal nachsehen.» (Er tut es.) «Erhabener Genius, in Fengning im Kreise Zhengzhou ist innerhalb des Osttores der Sohn des alten Schlächters Li, der junge Schlächter Li, gestorben. Sein Körper ist noch nicht erkaltet. Wie wäre es, wenn wir für die Rückkehr der Seele des Yue Shou den Leichnam des Li ausleihen würden?»

Lü Dongbin: «Sehr gut. Yue Shou, wer hätte gedacht, daß deine Gattin deinen Leichnam schon verbrannt hat. Ich lasse dich jetzt einen Leichnam für die Rückkehr deiner Seele ausleihen. Der Körper ist der junge Schlächter Li, die Seele Yue Shou.»

Und so läßt Lü Dongbin die Seele des Yue Shou in den Leichnam des jungen Schlächters Li fahren. Da dieser ein lahmes Bein hatte, bedarf Yue Shou nun eines Krückstockes. Sofort nach seinem Erwachen macht sich Yue Shou auf den Weg zu seinen Hinterbliebenen. Jetzt plötzlich wird er seiner einstigen krummen Wege als Kreisbeamter gewahr:

«Ich habe mit meinem Pinsel gelogen.
Das Krumme habe ich gerade gebogen.
Im Herzen Himmel und Erde betrogen.
...

Wie oft hat man bestochen mich,
Hab Recht erklärt für Unrecht ich
. . .
Wenn früher sich ein Beklagter fand,
der Unrecht hatte, doch Geld zur Hand,
ich schnell ihn freizusprechen verstand.
Wenn Recht er hatte, doch keine Mittel,
verfiel unweigerlich er dem Büttel.
Mein Gewissen betäubte ich, pflichtvergessen,
und suchte nur Geld zu erpressen.
Warum ist eins meiner Beine schief?
Weil früher ich auf schiefer Ebene lief.»

Nach einem kurzen Zusammentreffen mit seiner Gattin und einem Verhör durch den kaiserlichen Beamten Han Weigong folgt Yue Shou Lü Dongbin auf dem Weg zur Weltentrückung. Zusammen mit Lü Dongbin wird er einer der acht Unsterblichen. Eine Skulptur des gehbehinderten Li mit der Krücke schmückt heute das Ufer des Westsees in Fuzhou in der Provinz Fujian.

Der Strategem-Ausdruck Nr. 14 findet sich auch in dem Drama «Smaragdpfirsichblüte» aus der Yuan-Zeit (1271–1368). Der Name des Verfassers ist unbekannt. In diesem Drama leiht sich Xu Bitao, die verstorbene Tochter des Beamten Xu Duan, den Leichnam ihrer Schwester aus, um wieder leben und heiraten zu können.

Das Wiedergeburtsmotiv ist auch in dem von Tang Xianzu (1550–1617) verfaßten Drama «Die Päonienlaube», auch «Erzählung von der Rückkehr der Seele» genannt, verarbeitet, ein Drama, das sich bis auf den heutigen Tag höchster Gunst in China erfreut.

In all diesen Fällen benutzen die Chinesen das Wort *hun* für ‹Seele›. Daneben kannte das klassische Chinesisch noch das Wort *po* für ‹Seele›. Die als *po* bezeichnete Seele gab den Menschen das Leben. Nach dem Tode hielt sie sich noch eine Zeitlang am Grabe auf. Die Seele *hun* dagegen gab dem Menschen die Persönlichkeit. Auch sie lebte nach dem Tode noch lange weiter und kümmerte sich um die Nachkommen. Magier konnten sich ihrer bedienen. Nähere Hinweise vermittelt der Sinologe Wolfram Eberhard in seinem «Lexikon chinesischer Symbole» (Köln, 1987).

Natürlich wird der Ausdruck «für die Rückkehr der Seele einen Leichnam ausleihen» als Strategem bildlich verstanden.

14.2 Der Hirtenjunge Xin wird König von Chu

In der Frühlings- und Herbstzeit (8.–5. Jh. v. Chr.) gab es über 170 Staaten auf chinesischem Boden. Davon existierten zu Beginn des Zeitalters der Kämpfenden Reiche (475–221) noch etwa 20 Staaten. Sieben dieser Staaten, darunter Chu und Qin, waren am mächtigsten. Sie kämpften um die Vorherrschaft über ganz China. Schließlich besiegte Qin alle anderen Staaten und annektierte sie, u. a. im Jahre 223 v. Chr. den Staat Chu. Dieser Staat war flächenmäßig der größte in China.

Nach dem Tod des ersten Kaisers von Qin im Jahre 210 v. Chr. folgte ihm sein 21jähriger Sohn Hu Hai. Dieser verfiel einem lasterhaften Leben auf Kosten des darbenden Volkes. Bereits in seinem ersten Regierungsjahr erhoben sich im Gebiet des ehemaligen Staates Chu Chen Sheng (vgl. 7.5) und Wu Guang. Chen Sheng wurde zwar bereits im Jahre 208 v. Chr. getötet. Doch sein Aufstand gab das Signal für die Erhebung im ganzen Land. Die meisten Aufständischen erhoben sich im Gebiet des ehemaligen Staates Chu. Dies war kein Zufall, denn Chu hatte, bevor es durch Qin vernichtet worden war, eine relativ weitmaschige, freizügige Politik betrieben. Zudem hegten die Bewohner von Chu einen tief verwurzelten Haß auf Qin. Denn im Jahr 299 v. Chr. war König Huai von Chu nach Qin gelockt worden, wo er umkam. Diese Schmach hatten die Leute von Chu noch nicht vergessen.

Zu den Aufständischen gehörten auch Xiang Liang und sein Neffe Xiang Yu. Xiang Liang war der Sohn eines berühmten Generals von Chu. Als ein anderer Aufständischer einen Abkömmling aus einem alten Adelsgeschlecht aus Chu zum König von Chu ausrief, erhielt Xiang Liang vom Einsiedler Fan Zeng (277–204) den Rat, einen echten Abkömmling des Königshauses von Chu ausfindig zu machen und als König auszurufen. Wenn ihm das gelinge, dann habe Xiang Liang die Bevölkerung des ehemaligen Chu für sich gewonnen, und die Unterstützung durch die übrigen Aufständischen in Chu gegen die Qin-Herrschaft sei ihm dann sicher.

Xiang Liang befolgte den Rat und ließ überall suchen. Endlich fand er einen Enkel des Königs Huai von Chu namens Xin. Dieser arbeitete als Hirtenjunge. Er war bereit, sich zum König von Chu ausrufen zu lassen, und zwar unter dem Namen des so schändlich in der Gefangenschaft von Qin ums Leben gekommenen Königs Huai von Chu. Die Ausrufung des neuen Königs Huai von Chu stachelte den Widerstandswillen der Bevölkerung von Chu gegen Qin erst richtig auf. Von nun an war Xiang Liang und seinem Neffen Xiang Yu der Weg zum erfolgreichen Kampf um die Vorherrschaft im Reich geebnet.

Dieses Beispiel stammt aus einer in Jilin erschienenen Comic-Serie über die 36 Strategeme, und zwar dem Kapitel über das Strategem Nr. 14. In diesem Beispiel ist der Hirtenjunge Xin, ein Enkel des Königs Huai von Chu, gleichsam der ‹Leichnam›, da er infolge der Vernichtung Chus durch Qin politisch eigentlich tot ist. In ihm, immerhin einem legitimen Sproß der alten Chu-Dynastie, lassen Xiang Liang und Xiang Yu die Seele des untergegangenen Königshauses wiederaufleben. Indem der Name des fast 100 Jahre zuvor in Qin umgekommenen Königs Huai wieder mit Leben erfüllt wird, wird auch der Haß der Chu-Bevölkerung gegen Qin neu entflammt. Dank der Anwendung des Strategems Nr. 14 vermögen Xiang Liang und Xiang Yu ihrem Aufstand gegen Qin den Anstrich eines legitimen Kampfes zugunsten einer altehrwürdigen Dynastie zu geben. Übrigens sollen gemäß Jiang Guowei und Jiang Yongkang, die 1983 in Guizhou (Volksrepublik China) ein Buch über die 36 Strategeme veröffentlichten, auch die Bauernaufständischen Chen Sheng und Wu Guang das Strategem Nr. 14 benutzt haben. Auch sie beriefen sich auf den von Qin zerstörten Staat Chu. Dies bekundeten sie durch ihre Flagge, auf der die beiden Wörter *Da Chu* («Großes Chu») prangten. Auch verschiedene andere Aufständische neben Chen Sheng, Wu Guang, Xiang Liang und Xiang Yu traten ihren neuen Kampf unter alten Flaggen an: Han Guang nannte sich «König von Yan» – dieser Staat war im Jahre 222 v. Chr. von Qin vernichtet worden; Tian Dan trat als «König von Qi» auf – dieses Reich war im Jahre 221 n. Chr. von Qin vernichtet worden; Wei Jiu nannte sich «König von Wei» – Wei war im Jahre 225 v. Chr. von Qin vernichtet worden; und Wu Chen nannte sich «König von Zhao» – Zhao war im Jahre 228 v. Chr. von Qin annektiert worden.

Ein Pekinger Strategembuch aus dem Jahre 1987 weist darauf hin, daß nicht selten der Nachkomme einer untergegangenen Dynastie – also gewissermaßen die ‹Leiche› – vor den Karren irgendeiner jene Dynastie an sich gar nicht betreffenden politischen Zielsetzung – die den ‹Leichnam› manipulierende ‹Seele› – gespannt wird. Man hofft, mit dieser Maßnahme das Loyalitätsgefühl der Menschen zugunsten der alten Dynastie auf die eigene Mühle lenken zu können. Zu denken ist dabei u. a. an Pu Yi (1906–1967), den 1911 abgesetzten letzten Kaiser von China. Er wurde an die Spitze der 1932 von der japanischen Guangdong-Armee gebildeten mandschurischen Satellitenregierung von Mandschukuo, dem sogenannten Reich der Mandschus, gestellt. Dieses war in Wirklichkeit eine japanische Kolonie.

14.3 Wang Mangs Altertümelei

Ebenfalls an das Strategem Nr. 14 lassen die Machenschaften des Kaisers Wang Mang denken. Er regierte von 8–23 n. Chr. Um sich und seinen Anhängern die Macht zu sichern, machte er u. a. die «Altschriftschule» seinen Zwecken dienlich.

Als man nach dem Untergang der Qin-Dynastie mit ihrer großen Bücherverbrennung konfuzianischer Schriften vom Jahre 213 v. Chr. die alten Klassiker wieder zusammenstellen wollte, wurden z. Zt. des Han-Kaisers Wu (140–87 v. Chr.) unter merkwürdigen Umständen in der Wand des ehemaligen Hauses von Konfuzius Texte gefunden, die in einer archaischen Schriftform geschrieben waren.

Die Leute, die sich mit diesen Büchern beschäftigten, nannte man die Anhänger der Altschriftschule. Die Texte waren verdächtig, die meisten Gelehrten glaubten nicht recht an ihre Echtheit. Kaiser Wang Mang und seine Leute nahmen sich aber dieser Altschrift-Richtung besonders an. Die Altschrifttexte wurden neu herausgegeben, und dabei wurde, wie sich laut Wolfram Eberhard zeigen läßt, einiges in sie hineingeschmuggelt, was gut in die Pläne Wang Mangs hineinpaßte. Auch andere Texte ließ er neu herausgeben und dabei verfälschen.

Wang Mang gab sich nun in all seinen Handlungen das Image, ganz genau das zu tun, was in den Büchern von Herrschern oder Ministern der alten Zeit berichtet wurde. Von seinen neuen Gesetzen behauptete er, daß sie lediglich Neubelebungen von Erlassen aus der guten alten Zeit seien. Bei all dem berief er sich auf die zu diesem Zweck zurechtgebogene Literatur. Dabei waren solche Gesetze früher nie üblich gewesen; entweder deutete Wang Mang passende Stellen in einem alten Text vollkommen um, oder aber er ließ entsprechende Bemerkungen hineinfälschen. Es kann kein Zweifel darüber bestehen, daß Wang Mang und seine Hintermänner zuerst bewußt gefälscht und betrogen haben. Im Lauf der Zeit zeigte sich, daß Wang Mang selbst an den Schwindel zu glauben begann (Eberhard).

Insofern Wang Mang seinen politischen Zielen dienliche eigentliche Geschichtsklitterungen und -verfälschungen vornahm, drängt sich die Schlußfolgerung auf, er habe das Strategem Nr. 14 mit dem Kreator-Strategem Nr. 7 kombiniert.

14.4 Vietnamesische Geschichtsbeschwörung

Wahre Vorfälle aus dem Altertum zu politischen Zwecken der Gegenwart benutzen laut einem Kommentar der *Renmin Ribao* vom Juli 1978 die Vietnamesen. Unter dem Titel «Wer stachelt zum Völkerhaß auf?» klagt der chinesische Kommentator, wenn auch ohne Erwähnung des Strategemausdrucks Nr. 14:

> «Seit langem verbreiten vietnamesische Zeitungen und Zeitschriften sowie Rundfunkstationen aufwendige Reportagen über die Geschichte der Aggressionen der chinesischen Feudalherrscher gegen Vietnam. Dabei werden die zivilen und militärischen Beamten der vietnamesischen Königsdynastien ob ihres Widerstandes gegen die chinesischen Feudalherrscher noch großartiger und vollendeter dargestellt als moderne proletarische Helden. Die vietnamesischen Machthaber organisieren alljährlich mannigfache Aktivitäten zum Gedenken an historische Vorkommnisse oder Persönlichkeiten, die sich auf den Widerstand gegen die chinesischen Aggressionen beziehen. Diesbezügliche historische Dramen, Erzählungen, Nachrichten, Propagandabilder und Fotografien werden verbreitet. Mittelschüler werden angehalten, Material über den Kampf des alten Vietnam gegen die chinesischen Feudalherrscher zusammenzustellen. So wird mit allen Mitteln die Aggression aus dem Norden an die Wand gemalt . . . Dies ist der Trick, von Altem zu reden, aber Neues zu meinen.»

Mit anderen Worten: Die dauernde Vergegenwärtigung der längst vergangenen Übergriffe des chinesischen Kaiserreiches gegen Vietnam sowie des heldenhaften antichinesischen vietnamesischen Widerstandes erscheint als ein Mittel zur Aufstachelung des Hasses der vietnamesischen Bevölkerung gegen die Volksrepublik China. Die längst verstorbenen chinesischen Angreifer sowie ihre vietnamesischen Widersacher sind gewissermaßen der ‹Leichnam›, der durch das aktuelle, von den vietnamesischen Machthabern propagierte Ressentiment gegen die Volksrepublik China neu beseelt wird.

14.5 Die Neuen Volksprinzipien

Ein in Taiwan erschienenes Strategembuch wirft Mao Zedong die Anwendung des Strategems Nr. 14 vor, indem er eine populäre, alte Doktrin benutzt habe, um damit ein ganz anderes, neues Ziel zu verfolgen. Dieses Strategem habe Mao, bevor er die Macht errungen hatte, angewandt, wohl wissend, daß die Bevölkerung gegen den Marxismus eingestellt und von der Guomindang-Regierung enttäuscht war, aber deren Grunddoktrin, nämlich die Lehre von den drei Volksprinzipien – Nationalismus, Demokratie sowie Sicherung des Lebensunterhaltes des Volkes – befürwortete.

Diese drei Volksprinzipien hatte Dr. Sun Yat-sen (1866–1925) aufgestellt. Um das Volk zu umgarnen und dessen Widerstandskraft zu schwächen, habe Mao eine Abhandlung über die sogenannten «Neuen Volksprinzipien» verfaßt (s.: Mao Zedong, Ausgewählte Werke, Bd. 2, S. 424 ff.). Darin habe Mao die Quintessenz der drei Volksprinzipien des Sun Yat-sen als Postulate für die Zeit des Überganges zum Sozialismus übernommen. So habe Mao vorgespiegelt, es gehe ihm ja nur darum, die ungeliebte Guomindang-Regierung zu stürzen. Doch sei er keineswegs ein Gegner von Sun Yat-sens drei Volksprinzipien, auf die sich die Guomindang-Regierung berief. So habe er sich die alten drei Volksprinzipien, also gewissermaßen den ‹Leichnam› ausgeliehen, um ihn mit einer kommunistischen ‹Seele› zu beleben. Auf diese Weise habe Mao viele Akademiker eingefangen. Als er dann an die Macht gelangt sei, sei von den an Sun Yat-sen gemahnenden neuen Volksprinzipien plötzlich keine Rede mehr gewesen.

Hat der taiwanesische Autor, der Maos Neue Volksprinzipien dem Strategem Nr. 14 zuordnet, dessen einschlägige Schrift über die neue Demokratie vom Januar 1940 wohl gelesen? Dies ist angesichts seiner Analyse zu bezweifeln, die sich wahrscheinlich allein auf den in dieser Schrift verwendeten Ausdruck «die drei Neuen Volksprinzipien» stützt, die der taiwanesische Autor mit Hilfe des Strategems Nr. 14 auslegt. Denn in seiner Schrift über die neue Demokratie umschreibt Mao – allerdings ebenfalls unter Berufung auf Sun Yat-sen, der in seiner späten Phase mit der Kommunistischen Partei Chinas zusammenarbeitete – die neuen Volksprinzipien ganz deutlich: Bündnis mit der Sowjetunion, Bündnis mit der Kommunistischen Partei Chinas sowie Unterstützung der Bauern und Arbeiter. In der gleichen Schrift, zumindest in ihrer nach der Gründung der Volksrepublik China im Jahr 1949 verbreiteten Version, distanziert sich Mao eindeutig von den alten drei Volksprinzipien Sun Yat-sens. Von einer Irreführung der Bevölkerung kann angesichts der, zumindest gemäß der jetzt vorliegenden Fassung der betreffenden Schrift, deutlichen Sprache Maos nicht die Rede sein. Bemerkenswert an diesem aus einem Taipeher Strategembuch entnommenen Beispiel ist die Art und Weise, wie eine Veröffentlichung Maos von einem Taiwan-Chinesen aus strategemischer Sicht analysiert wird.

14.6 Der tote Sieger

Das Kapitel über das 14. Strategem in einer in Lijiang erschienenen Comic-Reihe über die 36 Strategeme enthält eine Geschichte aus dem Kapitel 104 des bereits mehrfach erwähnten Romans «Romanze der drei Königreiche».

Im Jahr 234 n. Chr. führte Zhuge Liang (181–234), der Kanzler und Stratege von Shu, seinen sechsten Feldzug gegen das im Norden Chinas gelegene Reich Wei durch. Sein Gegner war Sima Yi (179–251), der Befehlshaber der Wei-Armee. Wegen des weiten Anmarschweges und der damit verbundenen Nachschubprobleme wollte Zhuge Liang möglichst rasch eine Entscheidungsschlacht erzwingen. Dagegen richtete sich die Wei-Armee unter Sima Yi auf einen langwierigen Krieg ein und verschanzte sich am Ufer des Huai-Flusses.

Immer wieder wurde Sima Yi von seinen Leuten zur offenen Feldschlacht aufgefordert. Doch ließ er sich von seiner Einigelungstaktik nicht abbringen. Nach einiger Zeit sandte Zhuge Liang einen Boten zu Sima Yi mit einer Kiste. Die Truppenführer von Sima Yi, die alle auf einen Waffengang brannten, wähnten, Zhuge Liangs Bote überbringe eine Kriegserklärung. Sie drängten sich in das Zelt des Sima Yi, um sich dessen zu vergewissern. Alle sahen gespannt zu, wie Sima Yi den Brief Zhuge Liangs öffnete. Darin schmähte ihn Zhuge Liang, er sei alles andere als ein Feldherr, er klammere sich an sein Leben und fürchte den Tod, er gleiche daher eher einem Weib als einem Mann. Sima Yi kochte zwar vor Wut, doch ließ er sich nichts anmerken und öffnete lächelnd die Kiste. Sie enthielt lauter Frauenkleider.

Als die Generäle des Sima Yi dies sahen und merkten, daß Zhuge Liang ihren eigenen Feldherrn derart schmähte, verlangten sie die sofortige Hinrichtung des Boten und eine unverzügliche Entscheidungsschlacht mit Zhuge Liang.

Sima Yi dagegen antwortete laut dem Comic aus Lijiang mit einem Konfuziuszitat: «Wer nicht im kleinen Nachsicht übt, der gefährdet große Pläne». Anstatt den Boten des Zhuge Liang zu töten, lud er ihn zu einem Mahl ein. Beim Essen mied Sima Yi militärische Themen und erkundigte sich nur nach den Lebensumständen und dem Befinden des Zhuge Liang.

Nachdem der Bote entlassen worden war, sagte Sima Yi zu seiner Umgebung: «Zhuge Liang versucht, das Provokationsstrategem anzuwenden. Wir dürfen auf keinen Fall darauf reinfallen. Zhuge Liang befindet sich nämlich in einer prekären Lage. Er ist von der militärischen und politischen Arbeit überlastet, ißt nichts mehr und schläft schlecht. Ich glaube, er wird nicht mehr lange leben. Ihr Generäle, bereitet euch gut auf seinen Tod vor. Sobald die Todesnachricht eintrifft, werden wir den Kampf sofort beginnen.»

Die Wei-Armee blieb also in ihren Festungen, worüber Zhuge Liang in höchstem Maße ergrimmte. Bereits hatte sich der Krieg über 100 Tage in die Länge gezogen. Jeden Tag beriet Zhuge Liang mit seinen Generälen den weiteren Verlauf des Feldzugs, abends dachte er in qualvoller Schlaflosigkeit darüber nach, wie er Sima Yi besiegen könne. Übermüdung befiel Zhuge Liang, er spuckte Blut und wurde immer schwächer, und schließlich starb er.

Die Generäle der Shu-Armee waren von Trauer überwältigt und wollten sogleich die Begräbniszeremonie durchführen. Doch die beiden Feldherren Yang Yi und Jiang Wei befolgten Zhuge Liangs Vermächtnis und überredeten die Generäle, die Trauerfeier zu verschieben. Zhuge Liang wurde eingesargt und der Armee der Rückzug befohlen. Am andern Morgen erfuhr Sima Yi, Zhuge Liang sei gestorben und die Shu-Armee rüste sich zum Rückzug. Jetzt erst verließ Sima Yi seine Festung und nahm die Verfolgung des Feindes auf. Unterwegs bestieg er einen Hügel, um die Shu-Armee aus der Ferne zu beobachten. Diese präsentierte sich in der gleichen Schlachtordnung und demselben Fahnenwald wie unter Zhuge Liangs Führung. Sima Yi begann plötzlich, am Tode des Zhuge Liang zu zweifeln, und argwöhnte, diese Nachricht sei nur deshalb verbreitet worden, um ihn aufs Schlachtfeld zu locken. Doch mußte Sima Yi auf Drängen seiner Generäle die Verfolgung fortsetzen. Wenig später hielt die Shu-Armee auf ein Signal hin ihren Marsch an und wandte sich kampfbereit gegen die sie verfolgende Wei-Armee. Genau dies war Zhuge Liangs Taktik gewesen. Als bei Sima Yi von neuem Zweifel aufstiegen, tauchte zwischen Bäumen die Feldherrenflagge von Shu auf, darunter, umringt von mehreren Generälen, ein Wagen, auf dem in aufrechter Haltung der angeblich tote Zhuge Liang saß. Als Sima Yi dies sah, erteilte er sogleich den Befehl zum Rückzug. Die Shu-Armee setzte eilig ihren Rückzug fort, bis sie sich in Sicherheit befand. Nun wurde die Begräbniszeremonie durchgeführt. Erst jetzt erfuhr Sima Yi, daß Zhuge Liang tatsächlich gestorben und jene Gestalt auf dem Wagen eine Puppe gewesen war. Sogleich nahm Sima Yi die Verfolgung wieder auf, doch da war der Gegner schon über alle Berge.

Die Wei-Generäle waren erbost über die verlorene Chance, die Shu-Armee zu vernichten. Sima Yi aber sagte seufzend: «Die Art, wie Yang Yi das Heer führte, entsprach genau Zhuge Liang. Es war, als ob die Seele des toten Zhuge Liang in Yang Yi wiederauferstanden wäre. Ich fiel auf dieses Strategem ‹einen Leichnam für die Rückkehr der Seele ausleihen› herein.

14.7 Von der Wei- zur Jin-Dynastie

Auf eine andersartige Ebene verlegt Jun Da in seinem Buch *Zhongguo Huangdi Liezhuan* («Aneinandergereihte Überlieferungen über chinesische Kaiser»), Taipeh 1981, das Strategem Nr. 14:

> «Bei diesem Strategem benutzt man die Taktik des Parasiten. Der Parasit dringt tief in das Innere des Feindes ein und frißt alle seine Nährstoffe auf, um den Feind auszuzehren. Der Feind besteht schließlich nur noch aus Haut und Knochen. Gleichzeitig ist der Parasit fett und kräftig geworden.»

Die Karriere des Sima Yi und seiner Nachkommen inspiriert Jun Da zu dieser Interpretation des ausdrücklich erwähnten Strategems Nr. 14. Sima Yi tauchte soeben im Beispiel Nr. 14.6 als Widersacher Zhuge Liangs auf.

Etwa um das Jahr 208 n. Chr. trat Sima Yi in die Dienste Cao Caos (155–220). Dieser hatte sich, wie wir gesehen haben, in der Endzeit der Han-Dynastie des nördlichen Teils von China bemächtigt, wo sein Sohn Cao Pi im Jahre 220 n. Chr. die Wei-Dynastie ausrief. Bis zu seinem Tode diente Sima Yi insgesamt vier Herrschern, darunter drei Kaisern der Wei-Dynastie. Dabei wuchs Sima Yis Macht immer mehr. Als ihn ein Gegner ausbooten wollte, nutzte Sima Yi 249 n. Chr. eine günstige Gelegenheit für einen Putsch (s. 27.5). Einige Zeit später ließ er unter einem Vorwand alle seine Rivalen bis ins dritte Familienmitglied ausrotten. Nach seinem Tod erbten seine beiden Söhne des Vaters Machtstellung. Diese war derart gefestigt, daß sich einer der Söhne im Jahr 260 n. Chr. gar die Ermordung des letzten Kaisers der Wei-Dynastie erlauben konnte. Schließlich ließ sich Sima Yan, ein Enkel des Sima Yi, im Jahre 265 zum Kaiser ausrufen und hauchte der zum ‹Leichnam› gewordenen

Wei-Dynastie eine neue Seele ein, indem er an deren Stelle die Jin-Dynastie gründete. Diese bestand von 265 bis 316. Ihr gelang gar während einiger Jahrzehnte die Wiedervereinigung Chinas.

14.8 Der umfunktionierte Mithras-Kult

Könnte man aus chinesischer strategemischer Sicht das, was Anne-Susanne Rischke als ‹Schachzug› bezeichnet, nicht als Strategem, und zwar als Strategem Nr. 14, einstufen? Rischke schreibt in der Wochenend-Ausgabe der «Neuen Zürcher Zeitung» am 24./25. Dezember 1983:

> «Uralt freilich ist die Sitte, die Zeit des Jahreswechsels festlich zu begehen. Die Römer pflegten zwischen dem 17. und dem 23. Dezember das Fest des Saturn, des ‹Gottes der Aussaat›, die sogenannten Saturnalien, zu feiern. Es war das fröhlichste Fest des Jahres: Alle Arbeit und Geschäfte ruhten, und in den Straßen herrschte ein karnevalähnliches, ausgelassenes Treiben. Die Sklaven genossen vorübergehende Freiheit, und die Häuser waren mit frischen Lorbeerzweigen geschmückt. Man besuchte und beschenkte einander mit Wachskerzen und kleinen Tonpüppchen.
> Schon lange vor Christi Geburt feierten die Juden ein achttägiges Fest der Lichter, und auch von den Germanen wird angenommen, daß sie nicht nur im Mittsommer, sondern auch um die Wintersonnenwende ein großes Fest zur Feier der Wiedergeburt der Sonne und zu Ehren der um diese Zeit durch die Lüfte ziehenden, Fruchtbarkeit spendenden Götter Wotan und Freyja, Donar und Freyr begingen. Die Beschwörung von Licht und Fruchtbarkeit als wesentlicher Bestandteil der vorchristlichen Mittwinterfeiern ließ sich auch nach der Einführung des Christentums als Reichsreligion durch Kaiser Konstantin den Großen (306–337 n. Chr.) nicht gleich aus dem Bewußtsein der Menschen verdrängen. Noch Kaiser Aurelian (214–275 n. Chr.) hatte 274 einen offiziellen Staatskult für den Sonnengott eingerichtet und dessen Geburtstag, den 25. Dezember, zum Staatsfeiertag erklärt. Von Persien über Kleinasien, Griechenland und Rom bis nach Germanien und Britannien hatte sich der Kult des arischen Lichtgottes Mithras verbreitet. Zahlreiche Ruinen seiner Kultstätten (Mithräen) legen noch heute Zeugnis davon ab, welch hohes Ansehen dieser Gott, der als Spender von Fruchtbarkeit, Frieden und Sieg galt, bei den römischen Soldaten genoß.

So war es ein kluger Schachzug, als die christliche Kirche unter Papst Liberius (352–366) im Jahre 354 den Tag des Mithras für sich in Anspruch nahm und den 25. Dezember zum Geburtstag Jesu Christi erklärte.»

Der ‹Schachzug› bewirkte gemäß der Schilderung der Autorin, daß ein an sich bereits im Untergang befindlicher ‹Körper› mit aber immer noch großer Ausstrahlung – der Mithras-Kult – von einer neuen, nämlich der christlichen Seele, erfüllt wurde und Altes so mit einer neuen Sinngebung weiterlebte.

14.9 Nostradamus im Zweiten Weltkrieg

Ellic Howe schildert in seinem Buch *The Black Game – British Subversive Operations against the Germans during the Second World War* (deutsch 1983 in München erschienen unter dem Titel «Die schwarze Propaganda: ein Insider-Bericht über die geheimsten Operationen des britischen Geheimdienstes im Zweiten Weltkrieg»), daß während des Zweiten Weltkriegs in Großbritannien ein 124seitiges, deutsch geschriebenes Buch mit dem Titel «Nostradamus prophezeit den Kriegsverlauf» hergestellt und nach Deutschland geschafft wurde. Der Band enthielt u. a. eine Nostradamus-Prophezeiung über die bevorstehende Ermordung Hitlers. Dahinter steckte die Absicht, abergläubische Deutsche zu verunsichern.

In diesem Fall diente der seit vielen Jahrhunderten tote Nostradamus – der ‹Leichnam› – als Träger anti-nationalsozialistischer Propaganda – einer neuen ‹Seele› also.

14.10 Die Wallfahrt zum Geburtsort des Konfuzius

Während der Kulturrevolution wurde in der «Peking Rundschau» behauptet, die Klassennatur der politischen Vertreter dekadenter und reaktionärer Klassen des 20. Jahrhunderts sei mit der Klassennatur der dekadenten Sklavenhalter des sechsten und fünften vorchristlichen Jahrhunderts identisch, die angeblich Konfuzius repräsentierte. Daher hätten in China alle Reaktionäre, die für den Rückschritt und die Wiederherstellung der alten Ordnung arbeiteten, zum «ausgedienten Geist des Konfuzius» ihre Zuflucht genommen und ihn als «ideologische

Waffe für ihre konterrevolutionäre Restauration» benutzt. So habe Yuan Shikai (1859–1916), der nach dem 1911 erfolgten Sturz des über 2000jährigen chinesischen Kaisertums die Macht an sich riß, von der Wiederkehr jener Tage geträumt, als der Kaiser in einer feudalen Monarchie über alle Macht verfügte. In diesem Zusammenhang habe er die Farce einer ‹Wallfahrt› zum Geburtsort des Konfuzius aufgeführt, um seine versuchte Restauration des Kaisertums zu rechtfertigen.

Auch Tschiang Kai-schek habe nach dem Beispiel der feudalen Herrscher früherer Kaiserdynastien eine ‹Wallfahrt› zum Geburtsort des Konfuzius unternommen. Er habe ferner Gedanken der «großen Vereinheitlichung» von Konfuzius im Dienste seiner realen, «konterrevolutionären großen Vereinheitlichung» für die «große Sache des Aufbaus des Staates» benutzt. Feudale Theorien wie die von der «großen Vereinheitlichung» und der «Machtverleihung an den Herrscher durch den Himmel» habe er als die reaktionäre theoretische Grundlage seiner realen Diktatur benutzt. Die Wiedereinführung des «alten Weges des Konfuzius und Mencius» habe er gleichzeitig dazu verwerten wollen, den Einfluß der kommunistischen Ideologie in China zu bekämpfen und abzuschwächen.

Für diese Analysen eignete sich natürlich das Marx-Zitat, das wie eine Paraphrase des Strategems Nr. 14 erscheint und während der Kulturrevolution in chinesischen Publikationen auftauchte:

> «. . . beschwören sie ängstlich die Geister der Vergangenheit zu ihrem Dienste herauf, entlehnen ihnen Namen, Schlachtparole, Kostüm, um in dieser altehrwürdigen Verkleidung und mit dieser erborgten Sprache die neue Weltgeschichtsszene aufzuführen.»

14.11 Die Kaiserin von China

In der überregionalen Pekinger Tageszeitung *Guangming* räsonierte im Februar 1977 Wang Boxi: «Da direkte Public-Relations-Aktionen zugunsten der Viererbande, insbesondere der Mao-Gattin Jiang Qing, von der Bevölkerung als abstoßend empfunden worden wären, konnte die Viererbande nur auf Umwegen für sich die Propagandatrommel rühren», z. B. mittels des Strategems Nr. 14, das Wang Boxi ausdrücklich erwähnt.

So sei von Propagandisten der Viererbande Lü Hou (241–180 v. Chr.) in den Himmel gehoben worden. Lü Hou habe ihrem Gatten

Liu Bang (um 250–195 v. Chr.), dem Begründer und ersten Kaiser der Han-Dynastie (206 v. Chr.–220 n. Chr.), bei der Eroberung des Reiches geholfen und nach dem Tode Liu Bangs dessen Willen getreulich weitergeführt. Dies erscheint Wang Boxi als eine deutliche Demonstration von Jiang Qings Willen, nach dem Tode Maos das Zepter zu übernehmen.

Eine 1974 verfaßte Abhandlung der Pekinger Schreibergruppe Liang Xiao idealisierte die Tang-Kaiserin Wu Zetian (624–705). Sie habe inmitten einer Auseinandersetzung zwischen zwei Linien mit großen Schritten die politische Bühne Chinas betreten. Die z. T. grausamen Methoden, derer sich Wu Zetian zur Erringung und Bewahrung der Kaiserwürde gemäß einem Kommentar der Zeitung *Guangming* vom April 1977 in Wirklichkeit bediente, wie des Einsatzes von Geheimagenten, von Mord und Totschlag etc., wurden im Aufsatz von Liang Xiao als «Schläge gegen konservative Kräfte», als «Kampf gegen die Reaktion» etc. glorifiziert. Was in Wirklichkeit ein Kampf um Macht und Reichtum war, stellte Liang Xiao als einen «politischen Linienkampf» zwischen der reformerischen Wu Zetian und reaktionären Konfuzianern hin. Indem Wu Zetian als «Frau mit neuen Ideen» herausgestellt wurde, sollte in Wirklichkeit Jiang Qing verherrlicht werden. Mit anderen Worten: Dem ‹Leichnam› der schon seit über 1000 Jahren toten Wu Zetian wurden die ‹Seele› und die politischen Aspirationen der Mao-Gattin Jiang Qing eingehaucht, die zur Wu Zetian des 20. Jahrhunderts werden wollte – so die Überzeugung von Kritikern Jiang Qings.

Man kann sich auch die folgende Interpretation des Strategems Nr. 14 vorstellen: Präsentiert wird etwas äußerlich Neues, also gewissermaßen ein neuer Körper, doch die darin zum Leben erweckte Seele ist eine alte. Harmlos ausgedrückt, heißt dies etwa «alten Wein in neue Schläuche gießen» oder «neue Schuhe anziehen, aber den alten Weg beschreiten» oder «alte Waren mit neuen Etiketten versehen» – oder:

14.12 Den Aufguß wechseln, aber nicht die Heilkräuter

Unter diesem Titel kommentiert die Pekinger Zeitschrift *Shijie Zhishi* («Weltwissen») im Juni 1986 die Ablösung von Babrak Karmal durch Najibullah als Generalsekretär des Zentralkomitees der herrschenden afghanischen Demokratischen Volkspartei.

Der chinesische Kommentator Mei Wen kommt zum Schluß, daß

der, wie er es nennt, ‹Pferdewechsel› nur bedeute, daß die alte Afghanistan-Politik der Sowjetunion unter neuem Namen weitergeführt werde Am Wesen dieser bisherigen Politik werde sich nichts ändern: Einerseits wolle die Sowjetunion ihre militärischen Aktivitäten verstärker mit dem Ziel, den Widerstand des afghanischen Volkes auszumerzer und ihre politische Herrschaft auszubauen, um die Voraussetzungen fü einen späteren risikolosen Truppenabzug zu schaffen. Andererseits versuche sie, durch flexible, auf eine politische Lösung gerichtete Maßnahmen, wie etwa die Afghanistan-Verhandlungen in Genf, den auf sie ausgeübten Druck der Weltmeinung aufzufangen, die Zeit des Truppenabzugs hinauszuschieben und die Gegenseite zu veranlassen, zu eine für die Sowjetunion günstigen Verhandlungslösung Hand zu bieten.

Natürlich kann man die hier veranschaulichte Interpretation de Strategems Nr. 14 auch weiter spannen, etwa im Sinn der verschleierter Restauration einer alten Ordnung. Dabei werden neue Institutionen al Instrumente alter Verhaltensweisen eingesetzt.

Im militärischen Zusammenhang wird in der chinesischen Strategemliteratur das ausdrucksstarke Bild des Strategems Nr. 14 auf die Ebene der Abstraktion geschoben. Die Ausgangssituation ist eine schlechte oder gar hoffnungslose Situation. Als «Rückkehr der Seele» erschein der Wiederaufstieg bzw. das Comeback.

14.13 Die Einladung nach Shu

In Anlehnung an das von Sima Guang (1019–1086) verfaßte Werk *Z Zhi Tong Jian* («Allgemeiner Regierungsspiegel») bringt ein Pekinge Strategembuch von 1991 in diesem Zusammenhang das folgende Beispiel:

Nach der Schlacht an der Roten Wand im Jahr 208 (s. 9.1 und 35.1 wandte sich die Eroberungslust sowohl von Sun Quan wie auch von Li Bei dem Gebiet von Shu zu. Dabei befand sich Liu Bei infolge seine militärischen Schwäche in einer ungünstigen Lage.

Im Winter 214 griff Cao Cao Hanzhong im Süden der heutigen Provinz Shaanxi an. Dadurch fühlte sich die innerlich zerstrittene Gruppe um Liu Zhang, die Yizhou in Shu besetzt hielt, bedroht. Er befürchtete eine Attacke Cao Caos, nachdem der Hanzhong erobert hatte. Dahe bat er Liu Bei um Hilfe und ließ ihn in Shu einziehen. Liu Bei nahm diese Gelegenheit wahr und marschierte mit seiner Truppe nach Shu Zwei Jahre später hatte er Liu Zhang ausgeschaltet und annektierte

Yizhou. Damit hatte er die Grundlage für die Gründung des späteren Reiches Shu, eines der drei Königreiche des dritten Jahrhunderts n. Chr., geschaffen und seinen politischen Aufstieg gesichert. Liu Bei, der die Region Shu an sich bringen wollte, fehlten eigentlich die Mittel, sie mit Waffengewalt zu erobern. Andererseits war dieses Gebiet gemäß den strategischen Plänen seines Ratgebers Zhuge Liang eine unentbehrliche Machtbasis, die es zu gewinnen galt, wenn man politisch die gewünschte Rolle spielen wollte. In dieser Situation der Schwäche war Liu Zhangs Einladung nach Shu gewissermaßen der ‹Leichnam› – oder auf der hier aktuellen Ebene der Abstraktion: die günstige Gelegenheit –, um das für den politischen Aufstieg – «die Rückkehr der Seele» – benötigte Terrain zu gewinnen.

Dieses Beispiel zeigt das chinesische Wort *ji*, das ich mit ‹Strategem› übersetze, im Sinn eines bloßen ‹Kalküls› und nicht im Sinn einer eigentlichen Kriegslist. Hier manifestiert sich das weitgefächerte Bedeutungsfeld des chinesischen Ausdrucks, der sich mit unserem etwas engeren Begriff ‹Strategem› nicht immer ganz deckt.

14.14 Der Nebel auf dem Plateau 584

Während des Korea-Krieges erhielt ein Verband der chinesischen Armee den Befehl, das Plateau 584 an der Südseite des Aengjabong am Han'gang-Fluß zu halten. In fünftägigem Kampf wurden über 1000 Gegner vernichtet. Munitionsmangel und eigene hohe Verluste zwangen die Chinesen zur Aufgabe des Plateaus, das eine amerikanische Truppe am 10. Februar um acht Uhr früh besetzte. Gerade in diesem Augenblick kam großer Nebel auf. Die Sichtweite betrug kaum zehn Meter. Damit bot sich eine selten günstige Gelegenheit, um sich unbemerkt an den Gegner heranzupirschen. Der chinesische Kommandant analysierte die Lage wie folgt: Der Gegner hat die Anhöhe soeben eingenommen und dürfte noch ganz vom Hochgefühl des Sieges erfüllt sein. Folglich dürfte die gegnerische Wachsamkeit noch schwach sein. Diese Gelegenheit sollte man für einen sofortigen Gegenangriff ausnutzen.

Um 8 Uhr 30 begannen die noch kampffähigen 26 chinesischen Soldaten, in US-Uniformen und im Schutz des Nebels in zwei Abteilungen von rechts und links den Aufstieg zur Anhöhe. Als die rechte Gruppe etwa 100 Meter vom Gegner entfernt war, erspähte sie, daß dieser gerade mit dem Essen begann. Irgendwelche Vorsichtsmaßnahmen hatte der Feind offensichtlich nicht getroffen. Darauf rückten die Chinesen bis auf etwa fünf Meter an den Gegner heran und eröffneten das Feuer. Der Gegner wurde völlig überrumpelt. Auch die linke chinesische Abteilung brach in das feindliche Lager ein. Die amerikanischen Soldaten überblickten das Ausmaß der chinesischen Angriffsmacht nicht, sie flohen Hals über Kopf. Der ganze Kampf dauerte nur etwas über zehn Minuten. Mehr als 30 Gegner waren gefallen. Und das Plateau 584 befand sich wieder in chinesischer Hand.

In diesem Fall waren der Nebel sowie die Unaufmerksamkeit der Amerikaner der ‹Leichnam›, den die Chinesen für die «Rückkehr der Seele», also für den Rückgewinn des verlorenen Plateaus, ausliehen.

14.15 Aus dem Geschäftsleben

Nach einem Taipeher Strategembuch wird das Strategem Nr. 14 auch im Geschäftsleben angewendet, so etwa, wenn man in einer Krise neue Aktionäre oder Gläubiger sucht. Diese sind gewissermaßen der ‹Leichnam›, der geschäftliche Wiederaufstieg ist die «Rückkehr der Seele».

Und abschließend noch ein Pekinger Kommentar:

> «Den stets Siegreichen gibt es nicht. Rückschläge sind normal. Doch in einer Phase des Mißerfolgs einen klaren Kopf bewahren, ruhig die Lage analysieren und sämtliche ausleihbaren ‹Leichname›, also alle nutzbringenden Chancen, ausfindig machen, um wieder die Initiative an sich zu reißen und die Niederlage in einen Sieg zu verwandeln, darauf kommt es an.»

Strategem Nr. 15

Den Tiger vom Berg in die Ebene locken

Die vier Schriftzeichen	调	虎	离	山
Moderne chinesische Aussprache	*diao*	*hu*	*li*	*shan*
Übersetzung der einzelnen Schriftzeichen	bewegen	Tiger	verlassen	Berg
Zusammenhängende Übersetzung	Den Tiger dazu bewegen, den Berg zu verlassen. Den Tiger von seinem Berg in die Ebene locken. Den Gegner von seiner Basis trennen.			
Kerngehalt	a) Den Tiger vom Berg in die Ebene locken, um ihn hier unschädlich zu machen. b) Den Tiger vom Berg weglocken, um sich mühelos des Berges zu bemächtigen (und allenfalls auch noch den Tiger zu erlegen). c) Den Tiger schwächen, indem man dessen wichtigsten Helfer entfernt. d) Den Tiger von seinen Schützlingen trennen, um dann diese, der Schutzlosigkeit preisgegeben, leichter unschädlich machen zu können. Isolations-Strategem.			

Schon in dem Buch «Meister Guan», das dem Politiker und Staatsphilosophen Guan Zhong (7. Jh. v. Chr.) zugeschrieben wird, heißt es:

> «Wenn Tiger und Leopard ihr Versteck verlassen und sich den Menschen nähern, dann werden sie die Beute der Menschen. Solange sich Tiger und Leopard auf ihr Versteck verlassen, vermögen sie ihre Machtstellung zu halten.»

Ein heutzutage noch gängiges chinesisches Sprichwort lautet: *Hu luo ping yang bei quan qi*. In deutscher Übersetzung heißt das: «Gerät ein Tiger aufs flache Land, wird er sogar von Hunden belästigt.»

Han Fei wird der Satz zugesprochen:

> «Die Krallen und Zähne sind es, dank derer der Tiger den Hund gefügig macht. Nimmt man dem Tiger seine Krallen und Zähne und stattet den Hund damit aus, dann wird der Tiger dem Hund folgen müssen.»

Han Fei (3. Jh. v. Chr.) war der bedeutendste Vertreter der altchinesischen Gesetzesschule, als deren Ahnvater Meister Guan gilt.

Im Strategemausdruck Nr. 15 ist ‹Tiger› ein bildhafter Ausdruck für den ‹Gegner›, und ‹Berg› ist hier der bildhafte Ausdruck für die dem Gegner genehme und ihm vertraute Kampfstätte. Das Ziel des Strategems Nr. 15 besteht darin, den ‹Tiger› von seinem ‹Berg› wegzulocken. Das ist vor allen Dingen bei einem starken ‹Tiger› vonnöten. Denn wenn man es zuläßt, daß der starke ‹Tiger› auch noch von einem ihm günstigen Kampfplatz, also seinem ‹Berg›, profitiert, dann heißt das, um eine andere chinesische Redewendung zu zitieren, nichts anderes als *Wei hu fu yi*, zu deutsch: «Dem Tiger Flügel verleihen», also einen starken Gegner noch stärker machen.

Natürlich gibt es auch Beispiele von ‹Tigern›, die sich nicht nur durch rohe Kraft und Tapferkeit auszeichnen. Sie lassen sich nicht so leicht vom ‹Berg› locken. So Odysseus, als er an der Insel der Sirenen vorbeifuhr, die durch ihren bezaubernden Gesang alle in ihre Nähe gelangenden Schiffer anlockten, um sie zu töten. Odysseus verstopfte die Ohren seiner Gefährten mit Wachs und ließ sich selbst an den Mastbaum binden. So blieb er auf seinem sicheren Kurs.

Verschiedene Varianten in der Ausführung des Strategems Nr. 15 sind denkbar. Sie sind in der Rubrik ‹Kerngehalt› aufgeführt. In der Reihenfolge dieser Varianten nun einige Beispiele:

15.1 Die Reise zum Sohn des Himmels

Herzog Wu von Zheng (770–744) im Gebiet der heutigen Provinz Henan besaß zwei Söhne. Der ältere Sohn Wusheng war verkehrtherum, also mit den Füßen voran, zur Welt gekommen. Wegen der schweren Geburt verabscheute ihn seine Mutter. Dagegen liebte sie ihren zweiten Sohn Duan über alles und wünschte, daß er als Thronfolger eingesetzt werde. Doch dies lehnte der Vater wegen der überlieferten Erbfolge-Tradition ab; zudem habe sich der älteste Sohn nichts zuschulden kommen lassen. So erhielt Duan lediglich eine kleine Pfründe, während Wusheng offiziell als Thronfolger eingesetzt wurde und nach des Vaters Tod das Zepter übernahm. Er regierte als Herzog Zhuang von Zheng (743–701).

Mit der unbedeutenden Position ihres Lieblingssohnes höchst unzufrieden, bat die Mutter den neuen Herzog, seinen Bruder mit einer großen Stadt, nämlich Zhi, zu belehnen. Herzog Zhuang lehnte dies ab, da es sich um eine viel zu bedeutende Stadt handelte. Darauf forderte die Mutter für ihren zweiten Sohn die wichtige Stadt Jing.

Zhai Zhong, ein Ratgeber des Herzogs, machte diesem Vorhaltungen. Nach überkommener Regelung dürften die größten Lehnstädte ein Drittel der Hauptstadt nicht übertreffen. Dieser Regelung entsprach die Stadt Jing mitnichten. So wenig am Himmel zwei Sonnen erstrahlen, so wenig kann es zwei Herrscher im Fürstentum geben, meinte er. Die Stadt Jing sei zentral gelegen, groß und menschenreich, und sie sei politisch und militärisch fast so bedeutend wie die Hauptstadt. Zudem sei Duan der Lieblingssohn der Herzogswitwe. «Gibt man ihm die Stadt, dann ist auf einmal, ob man es wahrhaben will oder nicht, ein zweiter Herrscher da.»

Doch der Herzog erwiderte, es handle sich um einen Befehl der Mutter, und er belehnte Duan mit der Stadt Jing. Vor der Abreise traf sich Duan noch einmal mit der Mutter, die ihm riet, sich in seiner neuen Machtbasis auf eine günstige Gelegenheit für die Eroberung des Thrones vorzubereiten.

Wenig später gebot Duan den Befehlshabern der Grenzgebiete im Westen und Norden, seinen Anordnungen zu gehorchen, vor allem auch, was ihm als Lehensmann eigentlich nicht zustand, in militärischer Hinsicht. Duan okkupierte auch angrenzende Territorien und wurde von Tag zu Tag mächtiger.

Dies wurde am Hofe des Herzogs Zhuang bekannt, doch der Herzog unternahm nichts. Ein Würdenträger namens Gongzi Lü riet ihm, seinen jüngeren Bruder so schnell wie möglich beseitigen zu lassen. Doch der Herzog meinte: «Duan ist der Lieblingssohn meiner Mutter. Er ist mein jüngerer Bruder. Wie könnte ich mich wegen einiger Landstriche als Bruder verletzt zeigen und der Mutter zuwider handeln?»

Gongzi Lü erwiderte, in entscheidenden Augenblicken zu zaudern, sei der sichere Weg ins Unglück. Sei das Unglück erst einmal da, komme jede Reue zu spät.

Herzog Zhuang seufzte: «Ach, ich habe mir dieses Problem nur zu oft schon überlegt. Duan sinnt sicherlich auf eine Usurpation des Thrones. Doch offen rebelliert hat er bisher noch nicht. Wenn ich jetzt gegen ihn vorgehe, dann wird die Mutter mir daraus einen Strick drehen, und alle Welt wird mich tadeln und mir mangelnde Bruderliebe und fehlende Ehrfurcht meiner Mutter gegenüber vorwerfen. Das einzige, was mir übrigbleibt, ist, so zu tun, als merkte ich von allem nichts, meinen Bruder unbehelligt lassen und warten, bis er tatsächlich eine aufrührerische Tat begeht. Dann habe ich einen Beweis für seine verbrecherischen Absichten in der Hand.»

Gongzi Lü wandte ein: «Einerseits haben Sie mit Ihren Bedenken recht. Aber andererseits wird Ihr Bruder mit jedem Tag mächtiger. Schließlich wird er stärker sein als Sie. Wie wäre es, wenn wir ihm so schnell wie möglich Gelegenheit böten, seine Absichten zu offenbaren, um ihn dann ohne jede weitere Rücksichtnahme ausschalten zu können?»

Und Gongzi Lü schlug folgendes Vorgehen vor: Der Herzog, der aus Angst vor den Machenschaften seines Bruders das Fürstentum schon seit längerem nicht mehr verlassen hatte, solle sich zu einer Audienz an den Hof des Sohnes des Himmels begeben. Die Abwesenheit des Herzogs werde seinen Bruder dazu verlocken, auf die Hauptstadt zu marschieren, um sie einzunehmen. Er, Gongzi Lü, werde in der Nähe von Jing, der Machtbasis des Bruders, Truppen in einen Hinterhalt legen und Jing, sobald der Bruder diese Stadt mit seinem Heer verlassen habe, erobern. Dann habe der Bruder seine Machtbasis verloren, und es werde nicht schwer sein, ihn unschädlich zu machen.

Der Herzog willigte in den Plan ein. Er setzte Zhai Zhong als Stellvertreter für die Zeit seiner Abwesenheit ein. Die Herzogmutter sah nun den Augenblick für die Verwirklichung ihrer Pläne gekommen und sandte einen Boten zu ihrem Lieblingssohn mit einer geheimen Botschaft, die Eroberung der Hauptstadt betreffend. Doch Gongzi Lü fing den Boten ab und beseitigte ihn. Den Brief schickte er dem Herzog Zhuang, und er ließ einen anderen Boten, der sich als Abgesandter der Herzogmutter ausgab, zu Duan aufbrechen, und zwar mit einem Schreiben gleichen Inhalts. Duan schickte den Boten an seine Mutter zurück. Er gab ihm einen Antwortbrief mit, der Aufschluß über das genaue Datum der geplanten Militäraktion gab. Auch diesen Brief fing Gongzi Lü ab. Den Boten ließ er mit einem gefälschten Schreiben des gleichen Inhalts die Herzogmutter aufsuchen.

Jetzt hatte Herzog Zhuang die gewünschten Beweismittel in der Hand. Er verabschiedete sich von seiner Mutter und brach, begleitet von einer Ehrengarde, mit viel Pracht und Aufwand zum Hof des Sohnes des Himmels auf. Gleichzeitig legte sich Gongzi Lü mit einer Truppe in der Nähe der Stadt Jing in einen Hinterhalt und wartete darauf, daß der ‹Tiger› seinen ‹Berg› verlasse.

Duan mobilisierte alle Soldaten und marschierte unter dem Vorwand, er müsse während der Abwesenheit seines Bruders die Sicherheit der Hauptstadt gewährleisten, auf die Hauptstadt zu. Die nicht weiter gesicherte Stadt Jing, in die Gongzi Lü zuvor Saboteure eingeschleust hatte, die jetzt Brände legten und Unruhe stifteten, war schnell erobert.

Unterwegs erfuhr Duan vom Fall seiner Stadt Jing. Sogleich befahl er seiner Truppe den Rückmarsch. Außerhalb der Stadtmauern bezog er ein Lager, um die Rückeroberung vorzubereiten. Doch die Moral seiner Soldaten war bereits ins Wanken geraten. Die von heimlich ins Lager eingedrungenen Leuten des Gongzi Lü verbreitete Nachricht von den Umsturzplänen des Herzogbruders führte dazu, daß über Nacht die Hälfte seiner Armee desertierte.

Duan wollte mit dem Rest seiner Getreuen nach Yanyi fliehen, das aber bereits von Truppen des Herzogs besetzt war. Schließlich zog sich Duan in die kleine Ortschaft zurück, mit der er ursprünglich belehnt worden, aber nicht zufrieden gewesen war. Doch schon rückten Truppen des Herzogs heran. Die Ortschaft war viel zu klein, um dem Ansturm gewachsen zu sein. So sah Duan keinen anderen Ausweg mehr, als sich selbst den Tod zu geben.

Diese Begebenheit steht in dem Roman «Die Geschichte der Staaten des Östlichen Zhou» aus der Ming-Zeit (14.–17. Jh.). Seine heutige Form erhielt der Roman während der Qing-Zeit (17.–20. Jh.). Er enthält Erzählungen aus dem 8.–3. Jh. v. Chr. Sie gründen auf historischen Berichten, sind aber nicht selten phantasievoll ausgeschmückt. So wird das hier geschilderte Ereignis im konfuzianischen klassischen Werk «Kommentar des Zuo» ohne das strategemische Beiwerk viel nüchterner erzählt. Die hier gebotene Darstellung stützt sich auf Strategembücher aus Taiwan und Hongkong. Historisch verbürgt ist das folgende Beispiel:

15.2 Die Konferenz bei Chen

Han Xin (gest. 196 v. Chr.) hatte ursprünglich Xiang Yu (232–202) gedient, dem Hauptrivalen des Liu Bang (gest. 195 v. Chr.) im Kampf um den chinesischen Kaiserthron nach dem Sturz der Qin-Dynastie im

Jahre 206 v. Chr. Er lief dann aber zu Liu Bang über, wurde von diesem zum General ernannt und leistete ihm große Dienste (s. 8.1). Dafür wurde Han Xin von Liu Bang als Lehenskönig von Chu eingesetzt. Als Zhong Limei, ein wichtiger General von Xiang Yu, nach dessen Tod floh und Liu Bang nach ihm fahnden ließ, versteckte ihn Han Xin. Liu Bangs Befehl, Zhong Limei zu verhaften, befolgte Han Xin nicht.

Im Jahr 201 v. Chr. wurde Liu Bang, inzwischen Kaiser von China, hinterbracht, Han Xin plane eine Rebellion. Darauf benützte Liu Bang ein Strategem, das ihm sein Berater Chen Ping (gest. 178 v. Chr.) vorschlug. Danach brach Liu Bang dem Schein nach zu einer Inspektion von Yunmeng (in der heutigen Provinz Hubei) auf und lud unterwegs alle seine Lehensfürsten zu einer Konferenz im Kreis Chen (in der heutigen Provinz Henan) ein. Als Han Xin diese Einladung erhielt, blieb ihm nichts anderes übrig, als ihr Folge zu leisten. Er fürchtete, des Aufruhrs bezichtigt zu werden. Daher sah er sich gezwungen, Zhong Limei zum Selbstmord aufzufordern. Mit dessen Haupt als Beweis seiner Loyalität begab sich Han Xin zu Liu Bang, der ihn verhaften ließ.

In diesem Beispiel diente die Konferenz bei Chen dazu, Han Xin – den ‹Tiger› – aus seinem Lehenskönigreich Chu zu locken, um ihn mühelos unschädlich zu machen. Dazu gelang es Liu Bang noch, ihn endgültig von Zhong Limei, einem wichtigen Verbündeten, zu trennen.

15.3 Aufs Glatteis führen

In einem übertragenen Sinn kann das Strategem Nr. 15 in der ersten der oben aufgeführten Varianten auch rhetorisch angewendet werden. Man lockt einen gegnerischen Gesprächspartner aus seiner Reserve und führt ihn in ein ihm nicht so vertrautes oder fremdes Gebiet, um ihn dort leichter zu Fall zu bringen.

Man kann sich die Anwendung des Strategems Nr. 15 auch bei Vertragsabschlüssen mit Geschäftsleuten aus dem Ausland vorstellen, und zwar bei der Formulierung der Klausel über den Gerichtsstand oder den Ort des Schiedsgerichts. Diese Klausel kann so konzipiert werden, daß der Geschäftspartner im Konfliktfall seine angestammte juristische Umgebung verlassen und sich in ein ihm unbekanntes und daher für ihn ungünstiges juristisches Terrain begeben muß.

15.4 Sun Ces Hilfsgesuch

In den letzten Jahrzehnten der Han-Dynastie (206 v.–220 n. Chr.) gerieten weite Regionen Chinas in die Gewalt verschiedener Machthaber. Südlich des Yangtse-Flusses, an dem heute Shanghai liegt, gab es vor allem zwei Machtzentren, eines im Südosten auf dem Gebiet der heutigen Provinz Jiangsu unter Führung von Sun Ce (175–200), dem Gouverneur von Guiji, und eines nordwestlich davon auf dem Gebiet der heutigen Provinz Anhui unter der Herrschaft von Liu Xun, dem Gouverneur von Lujiang.

Diese beiden Potentaten rangen miteinander um die Alleinherrschaft über den chinesischen Süden. Dabei hatte Liu Xun bis zum Jahr 199 n. Chr. seine Macht bereits so weit ausgedehnt, daß er für Sun Ce eine unmittelbare Bedrohung darstellte.

Was tun? Viele der Beamten und Ratgeber des Sun Ce drängten auf einen schnellen Waffengang gegen Liu Xun. Dieser sollte in einer Entscheidungsschlacht vernichtet werden. Doch einige Berater äußerten Bedenken. Sie hielten eine direkte militärische Konfrontation mit dem starken Gegner für zu gefährlich. Insbesondere Zhou Yu (175–210) zog ein Strategem der unmittelbaren Konfrontation vor; er meinte, man müsse erst den Tiger vom Berge locken, bevor man in die Tigerhöhle eindringen könne. Sun Ce hörte auf Zhou Yu. Er kannte die Persönlichkeit des Liu Xun. Dieser war geldgierig, ehrgeizig und eher dümmlich. Aufgrund dieser Kenntnisse schickte Sun Ce einen Sondergesandten mit einem Schreiben und Geschenken zu Liu Xun.

Auf dem Weg nach Lujiang, wo Liu Xun residierte, entdeckte der Gesandte mehrere Heerlager. Es sah ganz nach einem bevorstehenden Kriegszug aus. Zur Audienz mit Liu Xun mußte er durch ein Spalier von bis an die Zähne bewaffneten Kriegern gehen. Bei Liu Xun angelangt, überreichte er das Schreiben des Sun Ce. In dem Brief schrieb dieser:

> «Wir blicken voll Ehrfurcht zu Euch hinauf und wünschen gute Beziehungen mit Euch. Doch infolge der ständigen Kriegszüge hatte ich noch nicht die Muße, Euch zu besuchen. Nun entsendet Shangliao immer wieder Truppen und drangsaliert die schwächeren Gebiete südlich des Großen Flusses. Wir sind zu schwach für einen Feldzug in der Ferne. Daher übermitteln wir Euch zusammen mit Geschenken dieses Schreiben und ersuchen Euch um einen Straffeldzug zur Unterwerfung Shangliaos. Wir meinen, wenn Ihr diesen Feldzug durch-

führt, so ist dies eine unermeßliche Hilfe und Unterstützung der schwachen Staaten südlich des Großen Flusses.»

Darauf überreichte der Gesandte die Geschenke. Liu Xun war zutiefst von der Aufrichtigkeit Sun Ces überzeugt. Ihm war der Reichtum Shangliaos bekannt. Dessen Besitz bedeutete gewaltige Macht und Wohlstand. Jetzt bat Sun Ce ihn um Unterstützung und sandte gar noch kostbare Geschenke in großer Zahl. Außer sich vor Freude, veranstaltete Liu Xun zu Ehren des Gesandten ein prächtiges Festbankett. Während des Tafelns erhob der Gesandte eins ums andere Mal den Kelch auf den Sieg im bevorstehenden Feldzug Liu Xuns gegen Shangliao. Auch die Generäle des Liu Xun tranken auf den Sieg in dem bevorstehenden siegreichen Krieg gegen Shangliao. Nur ein ziviler Beamter namens Liu Ye zeigte ein sorgenvolles Gesicht. Nach der Beendigung des Bankettes fragte ihn Liu Xun nach dem Grund seines Mißmuts. Der Berater sagte: «Shangliao ist zwar klein, aber von soliden Stadtwällen umgeben. Es ist schwer einzunehmen. Ich befürchte, daß Sun Ce gegen uns das Strategem ‹den Tiger vom Berge locken› anwendet. Ich sehe bereits eine sichere Niederlage voraus.»

Liu Xun, selbstherrlich und starrsinnig wie er war, tobte vor Wut und schrie: «Schweig! Wenn es Sun Ce tatsächlich mit mir aufnehmen wollte, hätte er keinen Gesandten geschickt.» Ins gleiche Horn stießen Liu Xuns Generäle. So wurde der Feldzug nach Shangliao in Gang gesetzt. Die bedrohte Stadt erfuhr von der anrückenden Armee und ergriff sofort alle notwendigen Vorbereitungen für die Verteidigung. Nach einem langen, beschwerlichen Anmarsch befahl Liu Xun den müden Truppen, die Stadt zu umstellen und gleichzeitig von allen Seiten anzugreifen. Ausgeruht und bei bester Moral, nahmen die Verteidiger den Kampf gegen den erschöpften Feind auf. Zahllose Pfeile und Steine sowie Holzstämme trafen die heranrückende, die Stadtmauer erklimmende Truppe. Der Angriff von Liu Xuns Armee endete mit einer Schlappe. Die Moral der Truppen sank.

Gleichzeitig hatte Sun Ce erkundet, daß Liu Xun mit seiner Hauptstreitmacht Shangliao bekriege. Nur eine kleine Schutztruppe behütete Lujiang. Da sagte Sun Ce zu seinen Beratern: «Der Tiger ist jetzt von seinem Berge weggelockt. Wir können zuerst seine Höhle erobern und ihm danach mit Leichtigkeit den Rest geben.»

So stürmte denn Sun Ce mit seiner Armee nach Lujiang, das kampflos kapitulierte. Nach der Eroberung Lujiangs zog Sun Ce gegen Liu Xuns Hauptstreitmacht, deren Moral durch die Nachricht vom Fall Lujiangs bereits auf den Tiefpunkt gesunken war. So endete die Schlacht für Liu Xun mit einer Katastrophe. Liu Xun konnte nach seiner völligen Niederlage nur klagend gen Himmel rufen: «Warum habe ich nicht auf Liu Yes Rat gehört! Ich fiel auf Sun Ces Strategem ‹Den Tiger von seinem Berge locken› herein und geriet dadurch ins Unglück!» Er unterwarf sich in der Folge Cao Cao (155–220). Sun Ce seinerseits hatte mit diesem leichtesten seiner Feldzüge einen Grundstein für das spätere Reich Wu gelegt, eines der drei Königreiche in der ersten Hälfte des dritten Jahrhunderts n. Chr.

Dieses Beispiel für die Anwendung von Strategem Nr. 15 stammt aus der historischen Chronik «Geschichte der drei Reiche», verfaßt von Chen Shou (233–297), und wird u. a. in einem in der Volksrepublik China erschienenen Strategem-Comic nacherzählt. Ein anderes Strategem-Comic aus der Volksrepublik China vermittelt folgendes Geschehen, das sich ebenfalls in der zu Ende gehenden Han-Zeit abspielte. Historisch belegt ist es in der «Geschichte der späteren Han-Dynastie», verfaßt von Fan Ye (398–445).

15.5 Eingekesselt bei Chencang

Im Nordwesten Chinas erhob sich das Fremdvolk der Qiang gegen die Han-Dynastie. Yu Xu, der Gouverneur von Wudu im Gebiet der heutigen Provinz Gansu, bekämpfte die Aufständischen, doch diese behielten die Oberhand. Yu Xu mußte mit seinen 3000 Mann in ein zerklüftetes Tal bei Chencang in der heutigen Provinz Shaanxi zurückweichen. Dort ließ er ein befestigtes Lager aufschlagen. Auf einen Kampf mit dem über 10 000 Mann starken Qiang-Heer wollte er sich nicht einlassen. Dieses hatte ihm jeglichen Fluchtweg abgeschnitten, so saß Yu Xu in der Falle. In dieser Lage schien ihm nur noch ein Strategem helfen zu können.

Yu Xu hieß seine Soldaten zu den Belagerern rufen: «Qiang-Soldaten! Wir haben bereits einen Boten zum Kaiserhof entsandt. Sobald die Entsatztruppen des Hofes eintreffen, werden wir den Kampf mit euch aufnehmen!»

Die Qiang-Heerführer glaubten dieser Behauptung und beschlossen, das Anrücken des kaiserlichen Hilfsheeres nicht abzuwarten, sondern Raubzüge in den umliegenden Gebieten durchzuführen. Als Yu Xu den Abzug der Qiang-Truppen aus dem Tal bemerkte, nahm er sogleich die

Verfolgung auf. Dabei ließ er bei jeder Rast die Anzahl der Feuerstellen verdoppeln. Von dieser zunehmend wachsenden Zahl der Feuerstellen der Han-Truppen erfuhren die Befehlshaber des Qiang-Heeres durch Späher. Angesichts der offenbar bereits durch das Entsatzheer verstärkten Han-Truppen beschlossen die Qiang-Heerführer schließlich den Rückzug in ihre Ursprungsregion. Dies erfuhr Yu Xu durch Späher. Er griff die auf dem Rückzug befindlichen Qiang-Truppen an, die eine schwere Niederlage erlitten.

Yu Xus im Qiang-Heer verbreitete Ankündigung des baldigen Eintreffens von kaiserlichen Entsatztruppen war das Mittel, um das Qiang-Heer, also den ‹Tiger›, aus dem für die Han-Truppe gefährlichsten bzw. für das Qiang-Heer an sich denkbar günstigsten Kampfplatz – dem ‹Berg› – wegzulocken.

15.6 Der Brief im Karpfen

In einem Comic mit einer Auflage von 920 000 Exemplaren (Shenyang, Volksrepublik China, 1982) wird erzählt, wie während des antijapanischen Krieges (1937–1945) das Strategem Nr. 15 eingesetzt wurde.

Am Nordufer eines Schilfsees befand sich das Dorf Sanheshe, im Osten lag das Dorf Huozhuang, im Süden das Dorf Gaobaozhuang und im Westen das Dorf Lüshi. In Gaobaozhuang stand das Gehöft des Ba Sanfu. Die Kommunisten hielten ihn für einen lokalen Despoten. Er war der Dorfvorsteher gewesen und hatte sich, als die Japaner in dieses Gebiet einfielen, bei diesen angebiedert. Da die Eltern des 14jährigen Fischermädchens Hong Yazi ihre Steuern nicht bezahlt hatten, stiftete Ba Sanfu die Japaner dazu an, sie zu töten. Das Mädchen konnte entkommen. Es begab sich zum Großvater ins Dorf Sanheshe, nördlich des Sees. Dieser war ein Verbindungsmann der Kommunistischen Partei Chinas. Später trat Hong Yazi als Kurier der bewaffneten Arbeitsgruppe bei. So hießen während des antijapanischen Widerstandskrieges gewisse, unter der Führung der Kommunistischen Partei Chinas operierende Gruppen.

Mit ihrem kleinen Schiff ging Hong Yazi auf Fischfang und übermittelte dabei heimlich Informationen. Anhand dieser Informationen führten die Kommunisten eines Nachts einen Angriff auf einen japanischen Stützpunkt am Westufer des Sees durch und töteten den japanischen Kommandanten. Darauf wurde eine japanische Truppe unter dem Befehlshaber Kameno damit beauftragt, die japanische Position im Dorf

Gaobaozhuang am Südufer des Sees zu verstärken und eine Verbindung mit den Japanern in Huozhuang am Ostufer herzustellen. So wollten die Japaner von zwei Seiten gegen die Kommunisten vorgehen.

Dies alles erkundschaftete das Mädchen und erstattete dem Kommandanten der Arbeitsgruppe Bericht. Dieser gab ihm nun einen besonderen Auftrag. Es fuhr mit seinem Boot auf den See und fischte. Plötzlich hörte es eine Stimme vom Ufer. «Komm her, sonst schieße ich!» Darauf hatte Hong Yazi gewartet. Sie folgte dem Befehl und ruderte zum Dorf Gaobaozhuang. Japanische Soldaten fragten sie aus. «Ich fange hier mit meinen Falken Fische», sagte sie unschuldig.

In diesem Augenblick erschien der Koch des dort wohnenden Herrn Ba Sanfu. Er hatte für den japanischen Truppenführer Kameno ein Willkommensmahl zu bereiten, doch es fehlten ihm frische Fische. Da tauchte auch schon Herr Ba Sanfu persönlich auf. Hong Yazi, eingedenk ihres Auftrags, ließ sich ihren Haß gegen ihn nicht anmerken. Ba Sanfu befahl Hong Yazi, ihm ihre Fischkörbe zu zeigen, fand dann aber die Fische darin zu klein. Hong Yazi meinte, in dieser Gegend gebe es keine großen Fische. Ba Sanfu fragte, wo denn dann. Hong Yazi zeigte in Richtung des nördlich gelegenen Dorfes Sanheshe. «Gibt es dort wirklich große Fische?» fragte Ba Sanfu zweifelnd.

«Es ist an dir, es zu glauben oder nicht. Gestern sah ich einen alten Fischer, der einen Karpfen, groß wie ein Mensch, im Netz fing. Darin hingen auch andere Seefische. Doch er erlaubte mir Fremden nicht, dort zu fischen.»

«Dann geh und hole die großen Fische und Krabben», sagte Ba Sanfu.

«Jene Fische sind nicht käuflich, wenn du sie kaufen willst, gehe sie selbst holen!»

Beunruhigt fragte Ba Sanfu: «Gibt es dort Leute von der Achten-Route-Armee [einem militärischen Arm der Kommunistischen Partei Chinas im Kriege gegen die Japaner]?» Hong Yazi beruhigte ihn. Darauf hieß Ba Sanfu seinen Koch Lan Hongyan zusammen mit Hong Yazi die Fische besorgen. Hong Yazi ruderte los. Dabei sang sie mit lieblicher Stimme ein Fischerlied. Plötzlich fiel ein Gewehrschuß im Schilf. Lan Hongyan erschrak und kauerte im Boot nieder. Auch Hong Yazi tat, als sei sie erschrocken, und ließ ein Ruder fallen. Im nächsten Augenblick tauchten zwei bewaffnete Gestalten im Schilf auf. Die eine von ihnen herrschte Lan Hongyan an: «Was treibst du da?»

«Ich gehe Fische kaufen!», sagte Lan Hongyan. Hong Yazi ließ sich nicht anmerken, daß sie den Fragenden erkannte. Es war der Kommandant der kommunistischen Arbeitsgruppe. Sie zeigte auf Lan Hongyan: «Er ist der Koch von Ba Sanfu, der ihn aussandte, um Fische zu kaufen.»

Der Mann im Schilf zog seinen Hut und sagte höflich: «Herr Ba ist unser Freund. Bitte setzt Euren Weg fort und erfüllt Euren Auftrag.»

Lan Hongyan erholte sich von seinem Schrecken, verbeugte sich gegenüber dem Schilfgänger und stammelte: «Ja, ja.» Hong Yazi ruderte weiter.

Nach einer Weile gelangten sie an das nördliche Seeufer. Dort war gerade ihr Großvater unter einem Gingko-Baum mit seinem Fischernetz beschäftigt. Hong Yazi sagte: «Das ist der alte Fischer. Geht und holt euch den Fisch.»

Barsch forderte Lan Hongyan den alten Mann auf, ihm Fische zu überlassen. Der sagte zunächst, er habe keine. Darauf erwiderte Lan Hongyan: «Mich hat Herr Ba entsandt. Er will den Truppenführer Kameno bewirten. Wollt Ihr Eure verborgenen Fische statt der kaiserlich japanischen Armee etwa lieber der kommunistischen Achten-Route-Armee geben?»

«Ei, warum habt Ihr das nicht gleich gesagt?» Der Alte war plötzlich die Höflichkeit selbst. «Ihr kommt also von Herrn Ba. Natürlich habe ich einen Fisch.» Und er holte einen riesigen Karpfen, gut 15 Kilo schwer, aus dem Haus. Lan Hongyan nahm den Fisch ohne zu zahlen und forderte Hong Yazi auf, fortzurudern.

In Gaobaozhuang angekommen, befahl er Hong Yazi, ihm zu helfen; ihr Boot befestigte er an einem Baum. Mit dem Fisch begab sich der Koch in die Küche. Als er den Magen öffnete, entdeckte er ein Ölpapier. Es war beschrieben. Erschrocken rief er: «Kommt schnell, im Karpfen ist ein Brief versteckt!»

Alle drängten in die Küche. Auch Herr Ba eilte mit seinem Sandelholzfächer herbei. Er nahm das Papier und entdeckte darauf die Schriftzeichen *juemi*, zu deutsch «streng geheim» und «An Herrn Ba persönlich». Er erschrak.

Hong Yazi nutzte die Gelegenheit und begab sich ins Gästezimmer, um heißes Wasser für den Teeaufguß zu bringen. Allen die sie traf, erzählte sie vom ‹Fischbrief›. Diese Nachricht erregte Kameno, der gerade Tee trank. Er sprang auf und stürzte in die Küche.

Seit dem Überfall auf das japanische Camp in Lüshi hatte er Gerüchte über Herrn Ba in Verbindung mit der kommunistischen Achten-Route-Armee gehört. Daher war er an sich schon auf der Hut vor Herrn Ba. Er trat in die Küche und verlangte, den Brief zu lesen.

Nach der Lektüre ging Kameno schweigend weg. Herr Ba wußte nicht, was tun. Kameno ließ den Koch zu sich kommen und verhörte ihn. Der Koch beichtete wahrheitsgemäß: Er wurde von Herrn Ba nach Sanheshe geschickt. Unterwegs traf er Soldaten der Achten-Route-Armee. Diese sagten, sie seien mit Herrn Ba befreundet. Danach befragte Kameno Hong Yazi. Ihre Aussage deckte sich genau mit jener des Kochs.

Nun kehrte Kameno ins Eßzimmer zu Herrn Ba zurück. Je mehr dieser scharwenzelte, um so größer wurde Kamenos Verdacht. Als Herr Ba ihm gerade Wein kredenzen wollte, warf ihm Kameno das Glas ins Gesicht, zog sein Schwert und herrschte ihn an: «Du schlechter Kerl!»

Herr Ba zeterte: «Das ist ein Mißverständnis!»

Darauf gab ihm Kameno den Fischbrief zu lesen. Darin stand:

> «Heute nacht greifen wir Huozhuang an. Wir hoffen, daß Ihr das Schwein Kameno besoffen macht und verhindert, daß es Huozhuang zu Hilfe kommt. Später werden wir Euch diese Tat und die Hilfe in Lüshi vergelten.
>
> Bewaffnete Arbeitsgruppe: Jiang Qi»

Mit seinem Schwert enthauptete Kameno Herrn Ba. Er trat aus dem Haus und hörte aus der Gegend von Huozhuang Gewehrschüsse. Auf zwei Motorbooten fuhr Kameno sofort in Richtung Huozhuang, um dort seiner Truppe beizustehen. In der Zwischenzeit tauchte die bewaffnete kommunistische Arbeitsgruppe auf dem Gehöft des Ba Sanfu auf, fesselte die beiden überraschten japanischen Wachsoldaten und steckte das Gehöft in Brand.

Unterdessen hatte sich Kameno Huozhuang genähert, ohne jedoch eine Spur der Kommunisten zu entdecken. Aufgebracht wandte er den Kopf. Da sah er, wie in der Ferne seine Basis Gaobaozhuang in hellen Flammen stand. Jetzt erkannte er, daß er Herrn Ba fälschlicherweise getötet hatte und dem Strategem «den Tiger von seinem Berge locken» zum Opfer gefallen war. Kameno befahl die sofortige Umkehr nach Gaobaozhuang. Doch die bewaffnete Arbeitsgruppe hatte einen Hinterhalt gelegt und fügte den Japanern eine vernichtende Niederlage bei.

15.7 Die Agrarreform in Suifendadianzi

In dem bereits erwähnten Roman «Waldmeer im Schneeland» aus dem chinesischen Bürgerkrieg (1945–1949) von Qu Bo (s. 12.5) trägt das 29. Kapitel den Titel «Den Tiger von seinem Berg locken».

Shao Jianbo, der Kommandant eines Spähtrupps der kommunistischen Volksbefreiungsarmee, zerbricht sich den Kopf, wie er seinen Gegner, den etwa 300 Mann befehligenden Ma Xishan, der auf seiten der Guomindang-Regierung kämpft, niederringen könne. Ma Xishan hat sich in einer Grotte auf einem Gipfel der Guokui-Gebirgskette verschanzt. Der Berggipfel ist schwer zugänglich. Nur ein schmaler Pfad durch den Urwald führt dorthin. In einer Entfernung von 120 Meilen befindet sich das nächste Dorf Suifendadianzi.

Von den Kameraden des Shao Jianbo schlagen die einen vor, den Feind einzukreisen und zu vernichten. Andere treten dafür ein, ihn durch vorgetäuschte Manöver zur Flucht zu veranlassen und dann anzugreifen. Shao Jianbo entscheidet sich für das Strategem Nr. 15. Er beschließt, seinen Spähtrupp vorübergehend für agrarrevolutionäre Maßnahmen in dem nahe dem Berg gelegenen Dorf Suifendadianzi einzusetzen. Sein Plan geht dahin, durch diese revolutionären Aktionen die mit dem Dorfmächtigen verbündete Guomindang-Truppe zu veranlassen, den sicheren Berg zu verlassen, um die Kommunisten im Tal anzugreifen.

Gemäß Shao Jianbos Plan werden den drei reichsten Grundherren des Dorfes Getreide, Werkzeuge und Pferde weggenommen und an die Armen verteilt. Zhao Dafa, einer der betroffenen Großgrundbesitzer, flieht auf den Guokui-Gipfel. Diese Flucht entspricht genau Shao Jianbos Absichten. Zhao Dafas Schilderungen der Lage im Dorf verleiten Ma Xishan zu der Einschätzung, daß es ein leichtes sei, mit seinen mehr als 300 berittenen Männern die etwa 50 Mann starke und zudem lediglich mit Skiern ausgerüstete feindliche Truppe unschädlich zu machen. Und so gibt Ma Xishan den Befehl, den Berg noch in derselben Nacht zu verlassen, um in der Frühe die Kommunisten im Dorf zu überraschen.

Shao Jianbo bricht in derselben Nacht auf. Mit seinen Leuten erreicht er über einen Umweg auf Skiern den Guokui-Gipfel. So kann er am frühen Morgen von der Höhe aus den Feindtrupp unten im Dorf beobachten, der ihn zu suchen scheint. Shao Jianbos Kämpfer rufen freudig aus: «Genossen! Der Tiger ist von seinem Berg gelockt worden!»

«Jetzt erst beginnt unsere Arbeit», sagt Shao Jianbo. «Wir müssen uns nun in die Höhle des Tigers begeben und sie zerstören, so daß die Banditen keinen Zufluchtsort mehr haben und wir sie zusammen mit Freund Schnee überall angreifen können, wo es uns gefällt. Jetzt befehle ich euch die sofortige Zerstörung der Banditengrotte auf dem Guokui-Gipfel!»

Nach diesem Beispiel aus einem chinesischen Gegenwartsroman nun zwei Geschichten aus Romanen der Ming-Zeit (14.–17. Jh. n. Chr.).

Da ist zunächst der Roman *Feng Shen Yanyi*. Der Verfasser ist unbekannt. Die Kapitel 1–46 übersetzte der deutsche Sinologe Wilhelm Grube (erschienen 1912).

Der auf alten Büchern und Legenden fußende Roman spielt am Ende der Shang-Zeit (16.–11. Jh. v. Chr.) und beschreibt die Kriegszüge des späteren Königs Wu von Zhou gegen die Shang-Dynastie. Am Anfang des Romans opfert der letzte König von Shang in einem Tempel der Göttin Nüwa, die nach der Legende den Menschen erschaffen hat. Er schreibt indes ein Gedicht, das sie beleidigt, und die Göttin schickt drei Ungeheuer, um ihn zu verhexen. Die Kapitel 2 bis 30 handeln von der Grausamkeit des Königs, von König Wus Aufstand gegen den König von Shang und vom Krieg der Zhous gegen die Shangs. Von da an ist der Roman weitgehend eine Aufzählung von Schlachten. Dabei stehen die orthodoxen Götter und die Heiligen des Daoismus und Buddhismus den Zhous zur Seite.

15.8 Zwiegespräch an der Stadtmauer

Im 88. Kapitel des Romans stehen sich Zhang Kui, ein General des Königs der Shang-Dynastie, und Jiang Ziya, ein General des Königs Wu von Zhou, gegenüber. Zhang Kui hat sich in einer Stadt verschanzt, die schwer zu erobern ist. Gerade überdenkt Jiang Ziya die Lage, da wird ihm ein Daoistenknabe gemeldet. Dieser überreicht ihm ein Schreiben von Meister Ju Liusun vom Jialong-Berg. In dem Schreiben legt Ju Liusun dar, wie die Stadt zu erobern sei. Unter anderem steht da der Satz: «Herr Ziya sollte persönlich das Strategem ‹Den Tiger von seinem Berg locken› anwenden».

Später begibt sich Jiang Ziya zusammen mit König Wu nahe an die Stadtmauer und berät sich dort gestikulierend mit dem König. Dies wird Zhang Kui in der Stadt gemeldet, der auf die Stadtmauer eilt und tatsächlich seine beiden Erzfeinde in nächster Nähe erblickt. Da spricht Zhang Kui zu sich selbst: «Jiang Ziya beleidigt mich bis ins Mark. Dies wagt er nur, weil ich alle Tage die Stadt verteidigte und mich nicht zum Kampfe stellte. Jetzt kommt er bis an die Stadtmauer und tut so, als sei ich Luft!»

Darauf sagt Zhang Kui zu seiner Gattin: «Übernimm du die Bewachung der Stadt. Ich verlasse sie, um die beiden zu töten und das große Unheil zu beseitigen.»

Die Gattin begibt sich auf die Stadtmauer, um von dort dem Kampf zuzuschauen. Zhang Kui, in der Hand ein Schwert, besteigt ein Pferd, läßt das Stadttor öffnen und reitet in die Ebene hinaus mit dem Ruf: «Ihr beiden, heute werdet ihr nicht mit dem Leben davonkommen!»

Sogleich ergreifen Jiang Ziya und der König Wu auf ihren Pferden die Flucht. Zhang Kui verfolgt sie. Genau auf diesen Augenblick hat sich das Heer des Jiang Ziya vorbereitet. Es stürmt durch das offene Stadttor und erobert die Stadt.

«Glückt ein Strategem, kann selbst der Hase im Mond gefangen werden.
Führt ein Strategem zum Erfolg, kann gar der Goldvogel in der Sonne ergriffen werden.»

Diese Zeilen kommentieren in dem Roman die geglückte Anwendung des Strategems Nr. 15 durch Jiang Ziya.

15.9 Jagd auf Josua

Im 13. Jahrhundert v. Chr. spaltete gemäß dem alttestamentarischen Buch Josua, laut Daniel Reichel eine Art ‹Kriegshandbuch›, Josua bei der Eroberung der Stadt Ai die israelische Streitmacht in zwei Teile: Mit dem einen Truppenteil rückte Josua zunächst gegen die Stadt vor, als ob er sie zu stürmen gedächte. Doch dann täuschte er einen Rückzug in die Wüste vor. Dies veranlaßte den Feind, die Stadt zu verlassen und die Verfolgung aufzunehmen. In einer gewissen Entfernung von der Stadt verwandelte der israelische Truppenteil plötzlich seine Flucht in einen Angriff gegen die Verfolger.

Der andere Truppenteil hatte während der Nacht in einem Hinterhalt unweit von Ai Stellung bezogen. Nachdem der Feind von dem ‹flüchtenden› Truppenteil aus Ai herausgelockt worden war, vermochte der aus dem Hinterhalt hervorstoßende Truppenteil die Stadt ohne große Mühe in seine Gewalt zu bringen und danach, auf ein Signal Josuas hin, dem im Feld kämpfenden Truppenteil zu Hilfe zu eilen, die Ai-Verfolger einzukesseln und sie zu vernichten. (Nach Abraham Malamat: *Conquest of Canaan: Israelite Conduct of War according to Biblical Tradition, from Encyclopaedia Judaica Yearbook 1975/6*, Jerusalem 1977.)

Wie Daniel Reichel in «Beweglichkeit und Ungewißheit» (Studien und Dokumente Heft V, hrsg. vom Eidgenössischen Militärdepartement

Bern 1986) betont, ist Josuas Erfolg allerdings nicht allein nur auf Strategeme zurückzuführen (a. a. O., S. 12).

Auf ähnliche Weise soll 1066 die Schlacht bei Hastings entschieden worden sein. Die in England gelandete normannische Armee unter Wilhelm dem Eroberer versuchte vergeblich, das angelsächsische Heer zu schlagen, das sich auf einer Höhe hinter Erdwällen verschanzt hatte. Da verfiel Wilhelm auf ein Strategem. Er ließ erneut angreifen, und als seine Truppen nach diesem ebenfalls erfolglosen Angriff flohen, stießen die Angelsachsen aus ihrer Befestigung heraus nach, um die vermeintliche Flucht der Normannen zu deren völliger Vernichtung auszunutzen, aber plötzlich waren sie umzingelt. Die ‹Flucht› war nur ein Strategem gewesen, um die Angelsachsen aus ihrer uneinnehmbaren Stellung herauszulocken. (Nach Gottfried Schädlich, Kriegslist gestern und heute, 2. Aufl., Herford/Bonn 1979.)

15.10 Die Abtreibungsquelle

Bereits im Kapitel über das Strategem Nr. 5 wurde unter Beispiel 1 der Roman «Pilgerreise in den Westen» von Wu Cheng'en (etwa 1500– etwa 1582) erwähnt. Dieser Roman gestaltet eine historisch belegte Reise des chinesisch-buddhistischen Mönchs Tripitaka in den Jahren 629–645 nach Indien zur Erlangung heiliger Schriften. Tripitaka hat große Gefahren und Abenteuer zu überwinden. Immer wieder bekämpfen ihn übermenschliche Schreckgestalten und böse Geister, die er aber dank seiner mit übersinnlichen Kräften begabten Begleiter stets besiegt. Sein Haupthelfer ist der Affenkönig Sun Wukong, der alle möglichen Zauberkräfte beherrscht (s. 13.12). Ferner begleiten ihn der Schweinsmönch Zhu Bajie sowie der Sandmönch Sha.

Auf ihrer Reise trinken der Mönch Tripitaka und der Schweinsmönch Zhu Bajie einmal Wasser aus einem klaren Fluß. Darauf bekommen sie gräßliche Leibschmerzen. Dann beginnt ihre Bauchgegend zu schwellen, und sie werden immer dicker. In einem Haus am Wegrand, am Eingang zu einem Dorf, erfahren sie von einer alten Frau, daß sie sich im Staat der Frauen aus dem Westlichen Liang befinden und daß die Einwohnerinnen aus jenem Fluß trinken, um schwanger zu werden. Durch den Genuß des Wassers seien Tripitaka und Zhu Bajie gleichfalls schwanger geworden. Es gebe für sie nur einen Ausweg: Etwa 3000 Meilen entfernt liege der Männlichkeitserlösungsberg. In diesem befinde sich eine Kinderzerstörungsgrotte, und in der fließe die Abtreibungsquelle. Wenn man von deren Wasser trinke, führe dies zu einem Schwangerschaftsabbruch. Allerdings könne man dort nicht so ohne weiteres Wasser holen. Im letzten Jahr habe ein daoistischer Mönch mit dem Namen Wahrer Unsterblicher Willfähriger die Grotte in Besitz genommen und sie in Genienversammlungsklause umbenannt. Er gebe sich als Schutzherr der Quelle aus und weigere sich, das Quellwasser umsonst abzugeben. Wer Wasser fordere, müsse Geldspenden sowie Schaffleisch, Wein und Früchtekörbe abliefern. Doch dies sei für einen Bettelmönch wie Tripitaka und seine Begleiter wohl kaum erschwinglich. Daher bleibe ihnen nichts anderes übrig, als die Kinder auszutragen.

Doch der Affenkönig Sun Wukong bot sich an, Wasser zu holen. Auf einer Wolke gelangte er nach kurzer Zeit zu dem Berg. Dort entdeckte er ein Gebäude. Vor dem Tor saß ein alter Daoist auf dem Rasen. Der Affenkönig stellte seinen Krug ab und verbeugte sich. Im darauffolgenden Gespräch bat der Affenkönig um Wasser aus der Bergquelle. Doch der Daoist, ein Jünger des Wahren Unsterblichen Willfährigen, verlangte dafür einen hohen Preis. «Wir sind Bettler auf einer Pilgerfahrt», sagte der Affenkönig, und er bat den Daoisten, ihn beim Wahren Unsterblichen Willfährigen anzumelden.

Als dieser den Namen Sun Wukong vernahm, entflammte er vor Zorn. Er war nämlich der Bruder des Stierdämonenkönigs und Onkel des Monsters Rotkind, dem Sun Wukong einst schwer zugesetzt hatte. Der Wahre Unsterbliche Willfährige brannte auf Rache. Er eilte vors Tor, beschimpfte Sun Wukong und griff ihn mit einer Hacke an. Zweimal kämpften die beiden gegeneinander. Beide Male siegte zwar Sun Wukong, doch gelang es ihm nicht, Wasser aus der Quelle zu schöpfen. Daher kehrte er ins Frauenland zurück und holte den Mönch Sha zu Hilfe. Diesen wies er an, sich mit einem Krug in der Nähe des Eingangs zur Grotte zu verstecken. Er werde den Quellherrn zu einem Kampf provozieren. Während des Kampfes solle Mönch Sha in die Grotte steigen und das Wasser holen.

Nun näherte sich Sun Wukong, seine Eisenstange schwingend, dem Tor und schrie: «Öffnen! Öffnen!» Der Wächter meldete seinem Herrn das erneute Erscheinen Sun Wukongs. Der Wahre Unsterbliche Willfährige begab sich ins Freie. Wieder verweigerte er das Wasser. Darauf schlug der Affenkönig mit seiner Stange auf ihn ein. Ein neuer Kampf entbrannte. Dabei lockte Sun Wukong seinen Gegner allmählich den Bergabhang hinunter. Diese Gelegenheit nutzte der Mönch Sha, um sich schnell einen Krug mit dem rettenden Wasser zu beschaffen. Darauf sprang er auf eine Wolke und rief dem Affenkönig zu, er habe den Auftrag erfüllt.

Der Affenkönig stellte seinen Kampf ein und schrie: «Als ich das erste Mal hierherkam, hast du es zweimal geschafft, daß ich nicht ans Wasser gelangte. Diesmal benutzte ich das Strategem ‹den Tiger von seinem Berge locken›. Daher verleitete ich dich zum Kampf, so daß mein Begleiter in die Grotte steigen und das Wasser holen konnte.»

In diesem Fall lockte der Affenkönig ‹den Tiger› von seinem Berg, nicht um den ‹Tiger› zu beseitigen, sondern um in dem Berg einen wichtigen Auftrag zu erfüllen.

Und nun noch zwei Beispiele zur dritten Variante des Strategems Nr. 15: Den Tiger schwächen, indem man ihn von seinem wichtigsten Helfer isoliert.

15.11 Die Erzürnung des Fan Zeng

Im Jahr 204 v. Chr. wurde Liu Bang (gest. 195 v. Chr.), der Begründer der Han-Dynastie, in Xingyang in der heutigen Provinz Henan von seinem mächtigen Feind Xiang Yu (232–202 v. Chr.) bedrängt. In dieser Situation riet Liu Bangs Berater Chen Ping (gest. 178 v. Chr.), durch das Strategem des Zwietrachtsäens die Truppe von Xiang Yu zu zersetzen. Dies schien Chen Ping vor allem deshalb leicht möglich, weil ihm Xiang Yu als mißtrauisch bekannt war.

So ließ Chen Ping im gegnerischen Lager das Gerücht verbreiten, die Berater und Helfer des Xiang Yu seien unzufrieden, da sie für ihre großen Leistungen nicht genügend Lehen erhalten hätten. Sie wollten sich daher mit Liu Bang verbünden und Xiang Yu vernichten. Xiang Yu hörte davon. Argwohn stieg in ihm auf. Er wollte den Gerüchten auf den Grund gehen und schickte einen Gesandten ins Lager von Liu Bang. Liu Bang hatte ein reiches Mahl vorbereiten lassen. Als der Bote von Xiang Yu eintraf, tat Liu Bang sehr erstaunt: «Ich hatte gedacht, Ihr seid der Bote von Fan Zeng. Nun seid Ihr der Gesandte von König Xiang.» Und er hieß seine Leute weggehen. Danach ließ er dem Gesandten ein ganz karges Mahl vorsetzen. Dieser berichtete all dies seinem Herrn. Mißtrauen gegen Fan Zeng, seinen wichtigsten Ratgeber, erfüllte nun Xiang Yu. Spannte Fan Zeng vielleicht heimlich mit Liu Bang zusammen?

Etwas später riet Fan Zeng seinem Herrn Xiang Yu einen Angriff gegen Xingyang, doch befolgte Xiang Yu diesen Rat nicht. Als Fan Zeng erkannte, daß ihm Xiang Yu nicht mehr traute, starb er fast vor Zorn darob und sagte zu Xiang Yu sinngemäß: «Mach allein weiter. Ich begebe mich nach Hause.» Und voller Ärger verließ er Xiang Yu, um kurz darauf zu sterben.

In diesem Fall ist der ‹Tiger› Xiang Yu, sein ‹Berg› ist der Berater Fan Zeng, von dem sich zu trennen Xiang Yu verleitet wurde.

15.12 Die Karawane über das Löwen-Kamel-Gebirge

Auf ihrer abenteuerlichen Reise gelangten Tripitaka und seine Begleiter an einen riesigen Berg. Er trug den märchenhaften Namen «Achthundert-Meilen-Löwen-Kamel-Gebirge». Ein alter Mann warnte die Gruppe vor dem Weitermarsch. Er sagte: Etwa 48 000 teuflische Dämonen unter der Führung von drei Erzdämonen hausten in dem Berg und verschlängen jeden Sterblichen.

Vor der Weiterreise erkundete der Affenkönig das Gebirge und seine unheimliche Bewohnerschar. Gegen zwei der drei Erzdämonen kämpfte er erfolgreich. Die beiden besiegten Erzdämonen waren schließlich bereit, Tripitaka und seinen Begleitern Geleitschutz bei ihrem Marsch über das Gebirge zu gewähren. Als sie dies in ihrer Grotte besprachen, sagte der dritte Erzdämon: «Ja, laßt sie uns eskortieren, dabei werden sie bestimmt meinem Strategem ‹den Tiger von seinem Berg locken› zum Opfer fallen.»

«Was meinst du mit ‹den Tiger von seinem Berg locken›?» fragte der älteste Erzdämon.

Der dritte Erzdämon, der «Riesenvogel des Dreitausend-Meilen-Wolken-Weges» hieß, erklärte seinen Plan, dem die beiden anderen Erzdämonen hocherfreut zustimmten. Der dritte Erzdämon stammte aus der etwa 400 Meilen entfernt gelegenen «Löwen-Kamel-Stadt». Vor 500 Jahren hatte er die Stadt mitsamt ihrem König verschlungen und das Gebiet erobert, das jetzt von lauter Monstern und Dämonen bewohnt war. Er hatte vernommen, daß der Tang-Hof einen frommen Mönch beauftragt hatte, im Westen heilige Schriften zu sammeln. Der Tang-Mönch stand im Ruf, ein guter Mensch zu sein, der einen reinen Lebenswandel für zehn Generationen geführt habe. Wer von seinem Fleisch esse, verlängere sein Leben und werde niemals alt. Allein zu schwach, um sich des von seinem mit magischen Kräften ausgestatteten

Begleiter Sun Wukong beschützten Mönchs zu bemächtigen, war der dritte Erzdämon auf den Berg gekommen und hatte sich mit den beiden anderen Erzdämonen verbündet.

Gemäß dem Strategem des dritten Erzdämons wurde der Mönch Tripitaka auf eine Sänfte gesetzt und von acht Monstern über den Berg getragen. Der Affenkönig, nichts Böses ahnend, ging ziemlich weit voraus. Der Mönch Sha folgte der Nachhut. Dem Schweinsmönch Zhu Bajie war das Gepäck anvertraut.

Nach 400 Meilen Marsch tauchte plötzlich eine Stadt auf, von der eine üble Ausstrahlung ausging. Nun schöpfte der Affenkönig Verdacht. Als er sich umwandte, sah er, wie der dritte Erzdämon sich anschickte, eine riesige Hellebarde gegen ihn zu schleudern. Sun Wukong ging sogleich zur Verteidigung über, und es entspann sich ein heftiger Kampf. Gleichzeitig griff der alte Erzdämon Zhu Bajie an, und der letzte der drei Erzdämonen attackierte den Mönch Sha.

Unterdessen trugen die acht Sänftenträger ungehindert Tripitaka eilends in die Stadt und setzten ihn dort gefangen. Seine drei Begleiter konnten ihn nicht retten, denn sie mußten selbst um ihr Leben kämpfen.

Hier entspricht der ‹Tiger› dem Mönch, der vom ‹Berg›, nämlich seinen ihn beschützenden drei Begleitern, isoliert wurde.

15.13 Feldzüge im Süden und Kriegszüge im Norden

Ein Professor für die chinesische Geschichte des 20. Jahrhunderts sagte mir während meines Geschichtsstudiums an der größten Universität der Volksrepublik China, der Universität Peking, im Frühjahr 1976, das Strategem Nr. 15 sei von der Roten Armee im Bewegungskrieg gegen die Japaner und die Guomindang-Truppen oft benutzt worden. Dabei sei es darum gegangen, die gegnerische Hauptstreitmacht in eine Lage bzw. Gegend zu manövrieren, wo sie keine Funktion mehr erfüllen konnte und keine wirkliche Gefahr mehr bildete. Indem die Rote Armee den Gegner dazu verleitete, die Hauptstreitmacht an einen strategisch unnützen Ort zu verlegen, konnte sie, die rein militärisch gesehen über weite Zeitabschnitte hinweg immer unterlegen war, die gegnerische Hauptstreitmacht in einer für sie topographisch ungünstigen Stellung besiegen oder zumindest von der gegnerischen Hauptstreitmacht getrennt operierende einzelne Truppenteile des Feindes zerschlagen und den Feind auf diese Weise schwächen. Hierzu Mao Zedong, der

1936 in seiner Abhandlung «Strategische Probleme des revolutionären Krieges in China» über die Einkreisungs- und Ausrottungsfeldzüge der Guomindang in Jiangxi schrieb:

> «Wir . . . schwenkten nach Osten ab, damit die Hauptkräfte des Gegners zu einem Vorstoß in unser Stützpunktgebiet in Süd-Jiangxi verleitet und so in eine Lage versetzt wurden, in der sie nicht mehr ein und aus wußten . . . Das Kernstück dieses Planes bestand darin, den Hauptkräften des Gegners auszuweichen und gegen seine schwachen Einheiten Schläge zu führen.»

Diese Anwendung des Strategems Nr. 15 konnte ich auch in manchen während meiner zweijährigen Studienzeit an der Universität Peking (1975–1977) gezeigten Filmen beobachten, so z. B. in dem Film *Nan Zheng Bei Zhan*, zu deutsch: «Feldzüge im Süden und Kriegszüge im Norden».

Allerdings war auch den Guomindang-Truppen das Strategem Nr. 15 nicht unbekannt, wie Mao selbst 1937, dieses Strategem ausdrücklich erwähnend, beklagte.

Ein Hongkonger Strategembuch weist darauf hin, daß das Strategem Nr. 15 vor allem in der politischen Auseinandersetzung verwendet wird. Dabei gehe es naturgemäß um Machtgewinn. Bei diesem Kampf um die Macht werde jeder gleichzeitig zum ‹Tiger› und ‹Jäger›.

Und ein Pekinger Strategembuch schließt seine Betrachtungen über das Strategem Nr. 15 mit einem Zitat aus Friedrich Engels' Schrift «Die Belagerung Silistrias» aus dem Jahr 1854 ab:

> «Man mag zum Rückzug gezwungen werden, man kann einen Rückschlag erleiden, aber solange man in der Lage ist, einen Druck auf den Feind auszuüben [also den ‹Tiger› von seinem ‹Berg› zu zwingen], anstatt dem Druck des Feindes ausgesetzt zu sein, ist man ihm noch bis zu einem gewissen Grade überlegen . . .»

Und nun sei noch ein in chinesischen Strategembüchern zitierter Satz über das Hexagramm *Jian* («Hemmnis») aus dem berühmtesten chinesischen Orakelbuch *Yijing* («I Ging – Buch der Wandlungen») erwähnt, und zwar in der sinngemäßen Übersetzung:

> «Das Hingehen zum Feind bedeutet Gefahr, das Kommenlassen des Feindes findet Lob.»

Strategem Nr. 16

Will man etwas fangen, muß man es zunächst loslassen

Die vier Schriftzeichen	欲	擒	姑	纵
Moderne chinesische Aussprache	*yu*	*qin*	*gu*	*zong*
Übersetzung der einzelnen Schriftzeichen	wollen	fangen	zunächst	loslassen
Zusammenhängende Übersetzung	Will man fangen, muß man zunächst loslassen – Was man fangen will, läßt man zunächst fahren.			
Kerngehalt	Katz-und-Maus-Strategem, Laissez-faire-Strategem, Herzgewinnungs-Strategem.			

Im «Kommentar des Zuo», einem der dreizehn konfuzianischen Klassiker, heißt es:

> «Wenn man einen Feind einen Tag lang losläßt, wird dies vielen Generationen Unheil bringen.»

Doch gibt es Konstellationen, in denen das Strategem Nr. 16 «Was man fangen will, läßt man zunächst los» geboten erscheint. Dem in allen einschlägigen chinesischen Büchern angeführten Paradebeispiel für dieses Strategem (16.2) geht im bereits mehrfach erwähnten Ming-zeitlichen Roman «Romanze der drei Königreiche» die folgende Episode voraus. Sie ist ebenfalls vom Strategem Nr. 16 geprägt.

16.1 Sieg durch Freundlichkeit

Nach dem Tod des Kaisers Liu Bei (gest. 223 n. Chr.), des Herrschers über das Reich Shu-Han im Gebiet der heutigen Provinz Sichuan, glaubte Cao Cao, der Gebieter über das nordchinesische Reich Wei, die kritische Phase des Machtwechsels in Sichuan biete eine günstige Gelegenheit für einen Angriff gegen dieses Reich und bringe ihn der ersehnten Einigung ganz Chinas einen beträchtlichen Schritt näher. Ein Ratgeber schlug Cao Cao vor, Bündnisse zu schließen und mit deren Hilfe das Shu-Han-Reich von fünf Seiten anzugreifen. Als einer der Bundesgenossen wurde König Menghuo gewonnen. Dieser, ein Angehöriger des nichtchinesischen Yi-Volkes, herrschte südlich des Shu-Han-Reiches im Gebiet der heutigen Provinz Yunnan.

Die Nachricht vom drohenden Fünf-Fronten-Krieg erreichte den neuen Kaiser des Shu-Han-Reiches. Seinem Reichskanzler Zhuge Liang gelang es, durch umsichtige Maßnahmen Cao Caos Pläne zu vereiteln. Vor allem brachte es Zhuge Liang zustande, den Herrscher von Wu, dem dritten der damaligen drei Reiche, den Cao Cao als Alliierten zu gewinnen trachtete, auf seine Seite zu ziehen. So war die Gefahr aus dem Norden gebannt. Da traf aber die Nachricht ein, Menghuo sei mit 100000 Soldaten in den Südwesten des Shu-Han-Reiches eingefallen. Der Präfekt von Jianning (Puning in der heutigen Provinz Yunnan), Yong Kai, ein vornehmer Vasall der untergegangenen Han-Dynastie (206 v. bis 220 n. Chr.), habe sich Menghuo angeschlossen. Zhu Bao, der Präfekt von Zangge, und Gao Ding, der Präfekt von Yuesui, hätten ihre Distrikte bereits Menghuo überlassen. Die drei chinesischen Rebellen unterstützten Menghuo bei seinem Angriff auf den Distrikt Yongchang. Dessen Präfekt befinde sich in einer hoffnungslosen Lage.

Diese Entwicklung erschien Zhuge Liang derart bedrohlich, daß er selbst das Kommando über seinen berühmt gewordenen Südfeldzug vom Jahre 225 übernahm.

Als die drei chinesischen Rebellen erfuhren, daß der Kanzler des Shu-Han-Reiches gegen sie aufmarschierte, boten sie über 50000 Mann auf. Gao Ding beauftragte E Huan, mit einer Vorhut der Shu-Han-Armee die Stirn zu bieten. Bei Yizhou traf E Huan auf Wei Yan, den Befehlshaber der Vorhut der Shu-Han-Armee. Bevor aber die Schlacht begann, ritt Wei Yan allein vor, schmähte E Huan und forderte ihn zur Kapitulation auf. Doch anstatt sich zu ergeben, galoppierte E Huan auf seinen Widersacher zu und verwickelte ihn in einen Zweikampf. Nach wenigen Gängen täuschte Wei Yan vor, er sei besiegt, und floh. E Huan fiel darauf herein, verfolgte Wei Yan und geriet nach wenigen Meilen in einen Hinterhalt. Er wurde gefangengenommen und Zhuge Liang vorgeführt.

Dieser ließ ihm, das Strategem Nr. 16 anwendend, die Fesseln abnehmen, bewirtete ihn mit Wein und Speisen und sagte: «Gao Ding ist ein loyaler Gefolgsmann des Shu-Han-Reiches. Er wurde bloß von Yong Kai in die Irre geführt. Ich lasse dich laufen und zu deinem Herrn zurückkehren. Aber ich erwarte, daß du Gao Ding zur Vernunft bringst, so daß ihr bald wieder auf unserer Seite steht. Das wird ihn vor einer Katastrophe bewahren.»

E Huan bedankte sich, zog von dannen, suchte Gao Ding auf und erzählte ihm, wie freundlich Zhuge Liang ihn behandelt habe. Dies wiederum berührte Gao Ding tief.

Wenig später kam Yong Kai ins Feldlager des Gao Ding und fragte, wieso E Huan freigelassen worden sei. Gao Ding antwortete: «Zhuge Liang tat dies aus Freundlichkeit.»

«Zhuge Liang benutzt also das Strategem des Zwietracht-Säens», meinte Yong Kai. «Er hofft offenbar, daß wir aneinandergeraten.»

Gao Ding war geneigt, Yong Kai Glauben zu schenken, andererseits plagten ihn aber Zweifel über Yong Kais Urteil.

Später führten Yong Kai und Gao Ding einen gemeinsamen Angriff gegen Zhuge Liang durch. Doch dieser hatte einen Hinterhalt legen lassen. Viele Angreifer fanden den Tod und noch mehr gerieten in Gefangenschaft. Die Männer von Yong Kai und Gao Ding wurden ins Lager Zhuge Liangs gebracht und dort getrennt gefangengehalten. Zhuge Liang ließ die Absicht durchsickern, nur die Leute Gao Dings freizulassen. Die Soldaten Yong Kais dagegen würden getötet. Nachdem diese Nachricht von Mund zu Mund gegangen war, ließ Zhuge Liang Yong Kais Leute vorführen. «Wer ist euer Befehlshaber?» fragte Zhuge Liang.

Alle schrien: «Wir gehören zu Gao Ding.»

Darauf begnadigte Zhuge Liang sie alle und schickte sie, erneut das Strategem Nr. 16 anwendend, nach guter Verköstigung in ihr Lager zurück.

Danach wurden die echten Leute Gao Dings vorgeführt und dasselbe gefragt.

«Wir unterstehen dem Kommando Gao Dings», antworteten sie.

Auch sie begnadigte Zhuge Liang, ein drittes Mal das Strategem Nr. 16 anwendend, erfrischte sie mit Speis und Trank und sagte ihnen anschließend: «Yong Kai hat gerade einen Boten geschickt und seine Kapitulation angekündigt. Als Beweis seiner Loyalität will er mir die Köpfe von Gao Ding und Zhu Bao überreichen. Aber ich werde auf das Angebot nicht eingehen. Da ihr Gao Ding untersteht, lasse ich euch zu ihm zurückkehren, doch solltet ihr nicht wieder gegen mich kämpfen. Denn das nächste Mal werde ich kein Erbarmen zeigen.»

Sie dankten, kehrten in ihr Lager zurück und verbreiteten dort, was sie über Yong Kai vernommen hatten. Um Näheres zu erfahren, sandte Gao Ding einen Spion ins Lager Zhuge Liangs. Dieser geriet in einen Hinterhalt. Als er Zhuge Liang vorgeführt wurde, spiegelte Zhuge Liang vor, er glaube, einen Boten von Yong Kai vor sich zu haben: «Dein Befehlshaber hat mir die Köpfe von Gao Ding und Zhu Bao zugesagt. Warum hat er sein Versprechen nicht gehalten? Du bist nicht sehr geschickt. Was spionierst du hier herum?»

Der Spion wußte keine klare Antwort. Zhuge Liang bewirtete ihn und gab ihm schließlich einen Brief.

«Bring dieses Schreiben zu Yong Kai und sag ihm, er solle die Angelegenheit schnell erledigen.»

Der Spion ging und brachte die Botschaft Gao Ding. Als dieser sie gelesen hatte, geriet er in Zorn.

«Ich hielt immer treu zu Yong Kai. Und jetzt will er mich töten!»

Darauf beschloß er, E Huan einzuweihen. Dieser war bereits sehr für Zhuge Liang eingenommen und sagte:

«Zhuge Liang ist ein überaus wohlwollender Herr. Es wäre schlecht, wenn wir uns gegen ihn stellen würden. Es ist Yong Kai, der uns zur Rebellion verleitete. Das beste wäre, Yong Kai zu töten und uns auf Zhuge Liangs Seite zu stellen.»

So geschah es. Gao Ding tötete Yong Kai und Zhu Bao und unterwarf sich Zhuge Liang. Dieser ernannte Gao Ding zum Präfekten von Yizhou.

Natürlich verdankte Zhuge Liang den Erfolg nicht nur dem Strategem Nr. 16, sondern auch dem Strategem des Zwietrachtsäens und dem Strategem «mit dem Messer eines anderen töten». Eine derartige Kombination mehrerer Strategeme wird im Chinesischen oft als «Strategem-Verkettung» (*Lianhuanji*) bezeichnet.

16.2 Die sieben Freilassungen des Königs Menghuo

Auf seinem weiteren Vormarsch gegen Süden wurde Zhuge Liang berichtet, ein Bote des Kaisers von Shu-Han sei eingetroffen. Es war Ma Su, der auf Geheiß des Kaisers Wein und Seidenstoffe als Geschenke für die Soldaten mitbrachte. Zhuge Liang sagte zu Ma Su:

«Der Kaiser hat mir den Befehl erteilt, die Gebiete der Fremdstämme zu befrieden. Ich habe Eure guten Ratschläge rühmen gehört und hoffe auf Eure Unterweisung.»

Ma Su entgegnete: «Diese Fremdvölker im Süden weigern sich, unsere Oberhoheit anzuerkennen, weil sie glauben, die Abgelegenheit ihres Gebietes und die hohen Gebirge schützten sie. Ihr mögt sie vielleicht heute bezwingen, aber morgen schon werden sie wieder von Euch abfallen. Wohin immer Ihr mit Eurer Armee marschiert, dort wird natürlich sogleich Ruhe einkehren. Aber sobald Ihr die Armee aus dem Süden für einen Angriff gegen Cao Cao im Norden abzieht, werden diese Fremdvölker die Gunst der Stunde nutzen und wieder in Shu-Han einfallen. Beim Einsatz militärischer Mittel gilt die Maxime: Es ist günstiger, Herzen als Städte einzunehmen. Kampf mit dem Herzen ist besser als Kampf mit den Waffen. Ich hoffe, es möge Euch gelingen, die Herzen dieser Völker zu gewinnen.»

«Ihr könnt meine Gedanken lesen», antwortete Zhuge Liang. Und er setzte seinen Kriegszug fort.

Menghuo, der König der südlichen Fremdvölker, hatte vernommen, daß Zhuge Liang persönlich gegen ihn zu Felde zog und daß er mittels Strategemen seine drei Verbündeten Yong Kai, Zhu Bao und Gao Ding ausgeschaltet hatte. Da rief er die Führer der drei Schluchten zu sich und rief aus:

«Zhuge Liang führt eine große Armee an und fällt in unser Land ein. Wir müssen zusammenstehen und ihm Widerstand leisten!»

So zogen die Führer der drei Schluchten in drei verschiedenen Kolonnen mit je etwa 50000 Mann Zhuge Liang entgegen. Doch der Kriegskunst Zhuge Liangs waren sie nicht gewachsen. Einer der drei Führer fiel bei einem nächtlichen Überraschungsangriff, die beiden anderen Führer, Dongtuna und Ahuinan, gerieten in Gefangenschaft. Sie wurden Zhuge Liang vorgeführt, der sogleich ihre Fesseln löste. Er ließ ihnen Erfrischungen bringen und entließ sie, nicht ohne die Aufforderung, künftig auf feindselige Handlungen zu verzichten. Die beiden Freigelassenen dankten unter Tränen und verschwanden.

«Morgen wird bestimmt Menghuo persönlich einen Angriff gegen uns durchführen. Das wird uns die Gelegenheit geben, ihn gefangenzunehmen», meinte Zhuge Liang nach deren Abgang. Und er instruierte zwei Kommandanten, die darauf mit je 5000 Mann das Lager verließen. Danach mußten noch zwei weitere Kommandanten, von Zhuge Liang genau unterwiesen, mit ihren Truppen ausschwärmen.

So hatte Zhuge Liang alle nötigen Vorbereitungen für den Waffengang mit Menghuo getroffen. Dieser stellte sich anderntags tatsächlich zum Kampf. Die chinesische Truppe floh nach kurzem Scharmützel. Menghuo verfolgte sie etwa 20 Meilen lang. Plötzlich sah er sich links und rechts von aus dem Hinterhalt auftauchenden chinesischen Soldaten eingekreist. Der Rückweg war abgeschnitten. Menghuo konnte mit einigen seiner Truppenführer, verfolgt von den Chinesen, in die Jindai-Berge fliehen. Urplötzlich tauchten auch da vor ihm Chinesen auf. So geriet Menghuo mit seinem Gefolge in Gefangenschaft.

In seinem Lager wartete Zhuge Liang bereits mit Wein und Fleisch auf sie. Das Feldherrenzelt war von einer in sieben Staffeln angeordneten Wachmannschaft mit blanken Waffen umgeben. Das Feldlager machte einen imposanten Eindruck. Über allem thronte Zhuge Liang. Nachdem die Gefangenen ohne König Menghuo vor ihm versammelt waren, ließ er ihnen die Fesseln abnehmen und wandte sich an sie:

«Ihr seid alles rechtschaffene Leute. Es ist Menghuos Schuld, daß ihr in Ungelegenheiten gerietet. Ich denke, eure Eltern, Geschwister, eure Frauen und Kinder warten zu Hause alle auf euch. Die Nachricht von eurer Niederlage wird sie bis ins Mark getroffen haben. Bittere Tränen vergießen sie euretwegen. So will ich euch denn freilassen, damit ihr heimkehren und eure Eltern, Geschwister, Frauen und Kinder beruhigen könnt.»

Darauf schenkte er ihnen Wein und Nahrungsmittel und entließ sie. Die Freigelassenen waren zutiefst gerührt und dankten Zhuge Liang mit Tränen in den Augen. Darauf ließ Zhuge Liang König Menghuo vorführen. Zhuge Liang fragte ihn:

«Der verstorbene Kaiser von Shu-Han hat dich nicht schlecht behandelt. Warum hast du also rebelliert?»

Menghuo antwortete: «Ohne die geringste Rechtfertigung bist du in unser Land eingefallen, wie kannst du mir da Rebellion vorwerfen?»

«Du bist mein Gefangener», entgegnete Zhuge Liang, «siehst du deine Unterlegenheit ein?»

«Ich bin in einem unwegsamen Berggelände infolge eigener Unvorsichtigkeit in deine Hand gefallen. Wieso sollte ich mich dir da unterlegen fühlen?»

Zhuge Liang fragte: «Wenn ich dich freiließe, was würdest du dann unternehmen?»

«Ich werde mein Heer wieder auf die Beine stellen und aufs neue in eine Entscheidungsschlacht gegen dich führen. Solltest du mich aber ein zweites Mal fangen, werde ich mich dir unterwerfen.»

Zhuge Liang erteilte den Befehl, Menghuos Fesseln zu lösen, ihm Kleider und Erfrischungen zu bringen und ihn von einem Führer in sein Lager zurückzubegleiten. Obendrein schenkte er ihm noch ein gesatteltes Pferd.

Die Shu-Han-Offiziere waren mit der Freilassung des Königs gar nicht einverstanden. Sie erschienen in Zhuge Liangs Feldherrenzelt und wandten ein:

«Menghuo ist der mächtigste Führer der südlichen Grenzvölker, heute war er in unserer Hand. Der Süden wäre damit befriedet gewesen. Warum habt Ihr ihn laufenlassen?»

Zhuge Liang antwortete: «Diesen Mann fange ich mit derselben Leichtigkeit, mit der ich etwas aus meiner Tasche nehme. Ich erstrebe die Unterwerfung seines Herzens. Dann wird sich der Friede hier im Süden von selbst einstellen.»

Die Generäle vernahmen diese Worte ohne allzu große Überzeugung.

In der Zwischenzeit hatte Menghuo den Lu-Fluß erreicht, und dort traf er auf einige versprengte Soldaten seines Heeres. Sie hatten versucht, etwas über sein Schicksal in Erfahrung zu bringen. Freudig überrascht erblickten sie ihren König. Sie fragten ihn, wie er habe zurückkommen können.

Der König log: «Sie sperrten mich in einem Zelt ein. Ich tötete mehr als zehn Wächter und floh im Schutze der Nacht. Dann traf ich auf einen berittenen Spion, den ich ebenfalls tötete. So gelangte ich an dieses Pferd.»

Niemand zweifelte an seinen Worten. Voller Freude half man ihm, über den Fluß zu setzen und ein Lager aufzuschlagen. Menghuo begann sogleich, seine Soldaten wieder zusammenzuziehen und eine neue Armee aufzustellen. Er bot auch Dongtuna und Ahuinan, die beiden von Zhuge Liang gefangengenommenen und wieder freigelassenen Häuptlinge der zwei Schluchten, wieder auf. Sie konnten nicht umhin, dem Aufgebot, wenn auch widerwillig, Folge zu leisten. Menghuo verkündete:

«Zhuge Liang weiß viele Strategeme anzuwenden. In einem unmittelbaren Kampf können wir ihn nicht schlagen. Aber seine Leute hatten einen langen Anmarschweg, und wir nähern uns der heißen Jahreszeit. Das sind Faktoren zu unseren Gunsten. Zudem schützt uns der Lu-Fluß. Wir werden uns hier verschanzen. Die Hitze wird Zhuge Liang derart zusetzen, daß er zum Rückzug gezwungen sein wird. Dann können wir zuschlagen und ihn gefangennehmen.»

Angesichts der Defensivtaktik Menghuos beauftragte Zhuge Liang den Ma Dai, an einer seichten Stelle am Unterlauf des Lu-Flusses ans andere Ufer überzusetzen und Menghuos Nachschubweg zu blockieren. Zudem erhielt Ma Dai den Auftrag, die beiden Häuptlinge Dongtuna und Ahuinan zu gewinnen.

In der Tat gelang Ma Dai die Erfüllung des ersten Auftrags. Er brachte über 100 Wagen mit für Menghuo bestimmten Nahrungsmitteln in seine Gewalt.

Als Menghuo dies vernahm, schickte er den jüngeren Offizier Mangyazhang in den Kampf. Doch ihn konnte Ma Dai mühelos unschädlich machen. Als nächsten schickte Menghuo den Häuptling Dongtuna aus, um die verlorene Stellung zurückzuerobern. Ma Dai ritt ihm entgegen. Unter seinen Männern erkannten einige den Häuptling und erzählten Ma Dai, daß dieser ehemals gefangengenommen und dann wieder freigelassen worden sei.

Da galoppierte Ma Dai auf Dongtuna zu und beschimpfte ihn ob seiner Undankbarkeit. Dongtuna fühlte sich zutiefst getroffen. Er wußte nichts zu sagen. Voller Beschämung zog er kampflos ab.

Menghuo geriet außer sich vor Zorn. «Verräter», schrie er, «weil Zhuge Liang dich gut behandelt hat, hast du nicht gekämpft!»

Und er befahl die Hinrichtung Dongtunas. Doch die um Menghuo versammelten Würdenträger griffen ein. Mit Mühe gelang es ihnen, Menghuo zur Rücknahme des Hinrichtungsbefehls zu bewegen. Statt dessen ließ Menghuo Dongtuna 100 Stockschläge versetzen. Die meisten Häuptlinge waren innerlich auf der Seite des Geprügelten.

Sie versammelten sich später im Lager Dongtunas und sagten: «Zhuge Liang ist ein Meister der Strategeme. Selbst Cao Cao und Sun Quan, der Herrscher des Staates Wu, fürchten ihn. Um wieviel mehr müssen wir ihn erst fürchten! Überdies hat er uns freundlich behandelt. Wir verdanken ihm unser Leben. Nun sollten wir ihm unsere Dankbarkeit erweisen. Laßt uns Menghuo töten und Zhuge Liang unterwerfen. So ersparen wir unserer Bevölkerung neues Elend.»

Darauf griff Dongtuna zum Schwert und eilte mit etwa 100 Mann ins Hauptzeltlager. Zufällig war Menghuo gerade betrunken. Er wurde von Dongtuna gefangen, zum Lu-Fluß und dann über das Ufer zu Zhuge Liang transportiert. Nachdem Zhuge Liang von Dongtuna den genauen Hergang erfahren hatte, beschenkte er ihn reichlich und entließ ihn und die ihn umringende Häuptlingsschar.

In der Folge befahl er den Henkern, Menghuo zu bringen. Zhuge Liang sagte zu ihm: «Das letzte Mal sagtest du, daß du bei der zweiten Gefangennahme aufgeben wirst. Wie steht es nun heute?»

Menghuo entgegnete: «Diese Gefangennahme ist nicht deiner Fähigkeit zuzuschreiben. Meine eigenen Leute sind schuld an meiner mißlichen Lage. Wieso sollte ich mich dir ergeben?»

«Was geschieht, wenn ich dich erneut freilasse?»

«Ich bin zwar nur ein Angehöriger der Süd-Völker. Aber es ist nicht so, daß ich vom Kriegshandwerk überhaupt nichts verstünde. Wenn du mich in meine Schluchten zurückkehren läßt, werde ich eine neue Armee für einen Entscheidungskampf gegen dich aufstellen. Fängst du mich wieder, dann wird sich mein Herz dir zuwenden. Ich werde mich dir unterwerfen und dir treu ergeben sein.»

Zhuge Liang ließ darauf die Fesseln lösen und Erfrischungen für den Gefangenen bringen. Dann ersuchte Zhuge Liang Menghuo, mit ihm durch sein Heerlager zu reiten, so daß Menghuo feststellen konnte, wie gut Zhuge Liang ausgerüstet und verproviantiert war. Nach der Heerschau wandte sich Zhuge Liang an Menghuo:

«Wie kannst du angesichts meiner altgedienten Soldaten und fähigen Offiziere sowie meiner Ausrüstung hoffen, mich zu besiegen? Wenn du aufgibst, werde ich den Kaiser benachrichtigen. Du wirst dein Königreich behalten, und deine Söhne und Enkel werden auf immer Wächter des Süd-Gebietes sein. Was meinst du?»

Menghuo entgegnete: «Selbst wenn ich mich unterwerfen würde, so wären doch die Leute in meinen Schluchten damit nicht einverstanden. Wenn du mich heimziehen läßt, werde ich sie versammeln und sie davon überzeugen, daß sie sich dir unterstellen sollen.»

Mit Freude vernahm Zhuge Liang diese Worte. Er führte Menghuo zum Feldherrenzelt, aß und trank mit ihm bis zum Abend und geleitete ihn dann persönlich bis zum Lu-Fluß, wo er ihn mit einem Boot ans andere Ufer übersetzen ließ.

Doch nach seiner Rückkehr ließ Menghuo als erstes Dongtuna und Ahuinan töten. Darauf beriet er sich mit seinem Bruder Mengyou.

«Die Verhältnisse im Lager des Zhuge Liang kenne ich jetzt.» Und er erteilte Mengyou gewisse Anweisungen, mit deren Ausführung dieser sogleich begann. Mengyou belud 100 kräftige Männer mit Gold, Juwelen, Perlen und Rhinozeroshörnern, überquerte den Lu-Fluß und begab sich in Zhuge Liangs Lager. Dort wurde er von einer Truppe unter Ma Dai angehalten. Ma Dai fragte aber nur, was er wolle. Als er es erfahren hatte, hielt er Mengyou zurück und sandte einen Boten zu Zhuge Liang.

Als der Bote seine Nachricht überbracht hatte, fragte Zhuge Liang Ma Su, was er von der Nachricht halte. Ma Su sagte, er wage es nicht laut zu sagen, könne es aber schriftlich mitteilen. Als Zhuge Liang las, was Ma Su geschrieben hatte, war er hocherfreut. Denn Ma Su beurteilte die Mission Mengyous genauso wie er selbst.

Darauf gab Zhuge Liang einigen Kommandanten Anweisungen. Nachdem alles vorbereitet war, wurden die Geschenkebringer herbeigerufen. Mengyou sagte:

«Mein Bruder Menghuo will sich für eure große Freundlichkeit bedanken. Ihr habt sein Leben verschont. Deshalb schickt er mich mit diesen Geschenken. In Zukunft wird er überdies dem Kaiser von Shu-Han Tribut entrichten.»

Nun ließ Zhuge Liang Mengyou und seine furchteinflößend dreinschauenden 100 Mann fürstlich bewirten. Unterdessen wartete Menghuo in seinem Zelt auf Nachricht.

Endlich trafen zwei Späher ein, die ihm die gute Aufnahme Mengyous und der Geschenketräger meldeten. Alles sei also bestens für den Schlag in der kommenden zweiten Nachtwache vorbereitet. Zuversichtlich brach Menghuo mit 30 000 Soldaten auf. In der Dämmerung überquerte er den Lu-Fluß. Mit einem Gefolge von 100 Mann stürmte der König in das Hauptzeltlager Zhuge Liangs. Er stieß auf keinen Widerstand. Sogar das Eingangstor war geöffnet. Menghuo ritt hindurch. Doch das Lager war verlassen. Menghuo ritt zum Feldherrenzelt und schlug den Türvorhang beiseite. Das Zelt war von Fackeln hell erleuchtet. Was sah er? Sein Bruder und all dessen Männer lagen stockbetrunken da. Der Wein, den sie getrunken hatten, war mit Drogen vergiftet.

Menghuo erkannte, daß er erneut einem Strategem des Zhuge Liang zum Opfer gefallen war. Er lud seinen Bruder auf seine Schultern und ließ die anderen Männer wegschaffen, um zur Hauptstreitmacht zurückzukehren.

Doch als er sich umwandte, leuchteten plötzlich von allen Seiten Fackeln auf, Trommeln begannen zu dröhnen. Furcht packte die Leute des Menghuo. Sie flohen in alle Winde, verfolgt von Kämpfern des Zhuge Liang. Der König versuchte zu entkommen, aber ihm wurde der Weg abgeschnitten; er floh in eine andere Richtung, doch auch dort war alles verstellt. Da machte er einen letzten verzweifelten Ausbruch in Richtung des Lu-Flusses. Als er das Ufer erreichte, erblickte er ein Boot mit offensichtlich eigenen Soldaten. Er rief das Boot herbei und sprang an Bord. Da ertönte auch schon ein Befehl, die Männer packten Menghuo und nahmen ihn gefangen. Das Boot war von Ma Dai vorbereitet und mit als Soldaten Menghuos verkleideten Shu-Han-Soldaten bemannt worden.

Nicht nur Menghuo, auch sein Bruder und zahlreiche Würdenträger waren diesmal in Gefangenschaft geraten. Keinem der Gefangenen wurde jedoch ein Härchen gekrümmt.

Erneut sah sich Menghuo vor Zhuge Liang geführt. Dieser lachte: «Glaubtest du wirklich, ich würde auf das Täuschungsmanöver deines

Bruders mit seinen Geschenken hereinfallen? Nun bist du erneut in meiner Gewalt. Ergibst du dich nun?»

Menghuo antwortete: «Diesmal bin ich infolge der Schlemmsucht meines Bruders und der Wirkung Eurer Drogen in Gefangenschaft geraten. Hätte ich die Rolle meines Bruders übernommen und hätte er mich von außen mit Soldaten unterstützt, dann hätte ich bestimmt gesiegt. Diese dritte Gefangennahme war ein Schicksalsschlag und nicht die Folge meiner Unfähigkeit. Wie sollte ich daher klein beigeben!»

«Diesmal ist es bereits das dritte Mal. Warum gibst du nicht auf?»

Menghuo ließ den Kopf hängen und blieb stumm.

Zhuge Liang sagte lächelnd: «Ich lasse dich erneut laufen.»

Menghuo antwortete: «Wenn Ihr mich und meinen Bruder freilaßt, werden wir wieder zu einer Entscheidungsschlacht mit Eurem Heere rüsten. Werde ich dann wieder gefangengenommen, werde ich mich ein für allemal unterwerfen.»

Darauf befahl Zhuge Liang, Menghuo, seinen Bruder und die anderen Würdenträger freizulassen. Sie dankten Zhuge Liang für seine Barmherzigkeit und verschwanden.

Menghuo, voller Stolz, dreimal ungeschoren davongekommen zu sein, kehrte in seine Schlucht zurück, von wo aus er seine Freunde zu den acht Horden und 93 Stämmen sandte. Schließlich hatte er ein Heer von 100 000 Mann versammelt.

Als Zhuge Liang davon erfuhr, sagte er: «Darauf habe ich gewartet. Denn jetzt haben wir eine Gelegenheit, all unsere Macht zu demonstrieren.»

Doch zunächst ging Zhuge Liang einem Waffengang aus dem Weg. Denn er wollte die Angriffslust des gegnerischen Heeres erst einmal verpuffen lassen. Als er nach einiger Zeit Ermüdungserscheinungen in Menghuos Heer feststellte, gab er seinen Truppenführern Anweisungen, verschiedene Hinterhalte zu legen. Dann täuschte er Menghuo einen überhasteten Rückzug vor, indem er ein leeres Lager mit großen Vorräten zurückließ. Doch Menghuo witterte ein Strategem dahinter. Er meinte: «Sicher hat eine dringende Angelegenheit Zhuge Liang zum plötzlichen Verlassen des Lagers veranlaßt. Entweder wird das Shu-Han-Reich von Sun Quan, dem Herrscher des Reiches Wu, oder von Cao Pi, dem Kaiser des Reiches Wei, angegriffen. Diese Gelegenheit dürfen wir nicht verpassen. Wir sollten sogleich die Verfolgung aufnehmen.»

Beim Erhe-Fluß angelangt, erblickte Menghuo am Nordufer das Lager des Zhuge Liang. Menghuo sagte zu seinen Leuten: «Zhuge Liang fürchtet wohl unsere Verfolgung. Daher hat er sich fürs erste am Nordufer festgesetzt. In einigen Tagen wird er wohl abziehen.»

Und er befahl, Bäume zu fällen, um die Flußüberquerung vorzubereiten. Nicht bemerkt hatte er die am Südufer des Flusses versteckten Shu-Han-Soldaten. An diesem Tag erhob sich ein starker Wind. Plötzlich sah sich das Heer des Menghuo in einem Meer von Fackeln. Trommeln dröhnten von allen Seiten. Die Shu-Han-Soldaten hatten ihre Verstecke verlassen und stürmten auf Menghuos Armee los. Hier brach eine Panik aus. Menghuo floh mit wenigen Getreuen. Er versuchte, in sein altes Lager zurückzukehren. Doch da befanden sich schon Shu-Han-Soldaten. Der Fluchtweg, der Menghuo offenblieb, führte an den Rand eines dichten Waldes. Da erblickte Menghuo einen kleinen eskortierten Wagen. Darauf thronte Zhuge Liang. Sogleich befahl Menghuo seinen Leuten, Zhuge Liang gefangenzunehmen. Sie rannten in Richtung auf den Wagen. Doch dann ertönte ein Aufschrei, und sie waren ‹verschwunden›. Zhuge Liang hatte eine Grube graben lassen, in die Menghuo und seine Männer stürzten. Menghuo, sein Bruder Mengyou und deren Begleiter gerieten in die Gefangenschaft der Shu-Han-Armee.

Erneut ließ Zhuge Liang alle Kriegsgefangenen geringeren Ranges frei, nicht ohne sie vorher reichlich zu bewirten und ihnen gute Worte mit auf den Weg zu geben. Voller Dankbarkeit verließen Menghuos Leute das Shu-Han-Lager.

Dann wurde Mengyou, Menghuos Bruder, vorgeführt. Zhuge Liang tadelte ihn mit den Worten: «Dein Bruder ist ein Einfaltspinsel. Du solltest ihm ins Gewissen reden. Heute habe ich ihn zum vierten Mal gefangen. Empfindet er denn keine Scham?»

Mengyous Gesicht rötete sich vor Schande. Er warf sich zu Boden und bat um Nachsicht. Zhuge Liang sagte: «Wenn ich dich töten lassen sollte, dann nicht heute. Ich begnadige dich. Aber du mußt deinen Bruder endlich zur Besinnung bringen!» Und er befahl, Mengyou die Fesseln zu lösen, und ließ ihn laufen. Dieser dankte unter Tränen und verschwand.

Als Menghuo vorgeführt wurde, zeigte sich Zhuge Liang zornig: «Heute habe ich dich wieder gefangen. Was hast du mir noch zu sagen?»

Menghuo antwortete: «Ich bin wieder nur ein Opfer Eurer Strategeme geworden.»

Zhuge Liang befahl, Menghuo zu köpfen. Dieser zeigte indessen nicht die geringste Furcht. Er drehte nur sein Haupt Zhuge Liang zu und sagte: «Wenn Ihr mich noch einmal freilaßt, werde ich für die vier Niederlagen Rache nehmen.»

Zhuge Liang lachte, befahl, ihm die Fesseln abzunehmen, lud ihn ins Feldherrenzelt ein und bewirtete ihn. Später fragte er:

«Viermal habe ich dich höflich behandelt, und immer noch willst du dich nicht ergeben. Warum?»

Menghuo antwortete: «Ich bin zwar ein Mann außerhalb des Einflusses der chinesischen Kultur, doch verlasse ich mich, anders als Ihr, nicht nur auf heimtückische Strategeme. Wie sollte ich da klein beigeben?»

Zhuge Liang erwiderte darauf: «Wirst du erneut den Kampf aufnehmen, wenn ich dich ein viertes Mal laufenlasse?»

Menghuo entgegnete: «Wenn Ihr mich erneut gefangennehmt, werde ich mich Euch aus tiefstem Herzen unterwerfen und alles, was ich in meiner Schlucht habe, Eurer Armee zur Verfügung stellen. Ich werde schwören, nie von Euch abzufallen.»

Wiederum ließ ihn Zhuge Liang laufen. Menghuo wandte sich südwärts. Schließlich stieß er auf seinen Bruder Mengyou. Dieser sagte: «Wir sind diesem Feind nicht gewachsen. Mehrere Male wurden wir geschlagen. Jetzt scheint es mir am besten, wir verstecken uns in den Bergen. Die Shu-Han-Armee wird die Sommerhitze nicht ertragen. Sie wird abziehen müssen.»

Und so begaben sie sich zur Tulong-Schlucht. Hier herrschte König Duosi, ein Freund von Mengyou. Diese Schlucht war nur schwer zugänglich. Der eine Zugang wurde von Leuten des Königs Duosi verbarrikadiert, der andere war nur unter Lebensgefahr passierbar; giftige Schlangen und Skorpione lauerten dort. Abends und nachts wallten todbringende Dämpfe über der Erde. Wasser gab es nur in vier Brunnen, aber wer es trank, war zum Sterben verdammt.

An diesem sicheren Zufluchtsort gaben sich die beiden Brüder in Gesellschaft des Königs Duosi einem weinseligen Leben hin. Dank übersinnlicher Hilfe gelang es indes Zhuge Liang, bis unmittelbar vor das Versteck vorzudringen und dort sein Lager aufzuschlagen. Als Menghuo dies erfuhr, beschloß er nach einem großen Fest zur Hebung der Moral seiner Soldaten einen Angriff auf die Shu-Han-Armee. Gerade in diesem Augenblick traf Yangfeng, der Häuptling der Yixiyinye-Schlucht, mit 30000 Soldaten ein. Er bot Menghuo seine Hilfe an. Dieser ließ ein Festmahl vorbereiten und Yangfeng und seine Söhne bewirten. Während des Mahles ließ Yangfeng Schwerttänzerinnen auftreten und seine beiden Söhne Menghuo und Mengyou Wein kredenzen. Diese wollten gerade zu trinken beginnen, da erteilte Yangfeng einen Befehl. Seine beiden Söhne packten Menghuo und seinen Bruder und fesselten sie. König Duosi ereilte dasselbe Schicksal.

«Wir waren doch Freunde! Warum tust du mir das an?» fragte Menghuo.

«Zhuge Liang hat meine Brüder, Söhne und Neffen, die zusammen mit dir rebellierten, gefangengenommen, aber dann freigelassen. Um Zhuge Liang seine Wohltat zu vergelten, habe ich dich heute gefangengenommen. Ich werde dich zu Zhuge Liang bringen.»

Zhuge Liang fragte Menghuo: «Ergibst du dich diesmal?»

«Nicht deine Tüchtigkeit», entgegnete Menghuo, «sondern Verrat in den eigenen Reihen hat mich in deine Hand gebracht. Töte mich, wenn du willst. Doch klein beigeben werde ich nicht.»

Zhuge Liang erwiderte: «Ich lasse heute noch einmal Gnade walten. Du magst dein Heer noch einmal gegen mich in den Krieg führen. Aber wenn du mir erneut in die Hände fällst, werde ich dich und deine ganze Familie auslöschen.» Und er ließ Menghuo, Mengyou und König Duosi frei. Yangfeng und dessen Leute wurden reichlich belohnt, mit hohen Ämtern bekleidet und heimgeschickt.

Menghuo aber hastete zur Yinkang-Schlucht. Er schloß ein Bündnis mit König Mulu. Doch auch diesmal blieb Zhuge Liang siegreich. König Mulu wurde getötet und die Yinkang-Schlucht erobert. Zhuge Liang gab den Befehl, Menghuo zu suchen. Da wurde ihm berichtet, der Schwager Menghuos habe nach vergeblichen Versuchen, Menghuo zur Kapitulation zu bewegen, diesen, dessen Gattin und über 100 Sippenmitglieder gefangengenommen und bringe sie alle zu Zhuge Liang.

Als Zhuge Liang dies vernahm, instruierte er zwei seiner Kommandanten. Sie versteckten sich mit 2000 Elitesoldaten in der Nähe des Feldherrnzeltes. Dann befahl Zhuge Liang, Menghuo und alle anderen Gefangenen einzulassen.

Als sich die Gefangenen beim Eingang verbeugten, gab Zhuge Liang seinen versteckten Soldaten das Zeichen. Sie fielen über die etwa 100 Ankömmlinge her. Eine Leibesvisitation brachte zutage, daß jeder ein scharfes Schwert bei sich trug. Zhuge Liang sagte:

«Ihr habt Euch nur zum Schein ergeben. In Wirklichkeit wolltet ihr mich töten.» Und zu Menghuo gewandt fügte er hinzu: «Hast du nicht das letzte Mal gesagt, daß du klein beigibst, wenn ich deine Familie gefangennehme? Was sagst du jetzt?»

«Wir kamen aus freien Stücken und setzten unser Leben dabei aufs Spiel. Meine Gefangennahme ist nicht ein Ergebnis Eures Könnens. Warum sollte ich mich ergeben?»

Zhuge Liang sagte: «Dies ist deine sechste Gefangennahme, und immer noch bist du widerspenstig. Wie lange soll das noch weitergehen?»

«Wenn Ihr mich ein siebtes Mal erwischt, werde ich mich Euch zuwenden und nie mehr rebellieren.»

Zhuge Liang sagte: «Nun gut. Dein letzter Zufluchtsort ist zerstört. Was habe ich noch zu befürchten.» Und er ließ Menghuos Fesseln lösen mit den Worten: «Wenn ich dich wieder fange, werde ich dich nicht mehr laufenlassen.»

Menghuo und seine Leute bedeckten die Köpfe mit den Händen und flohen wie Ratten.

Nun bleib Menghuo nur noch ein möglicher Verbündeter: König Wutugu vom Wuge-Land. Dieser war bereit, 30000 Soldaten für einen Rachefeldzug aufzubieten. Diese Soldaten waren mit Panzern aus Kletterpflanzen geschützt. Die Kletterpflanzen wurden ein halbes Jahr in Öl gelegt und dann in der Sonne getrocknet. Danach wurden sie wieder eingeweicht und wieder getrocknet, und so mehrere Male. Schließlich wurden sie zu Helmen und Panzern geflochten. So gewandet, konnten die Wuge-Krieger über Flüsse schwimmen, ohne naß zu werden. Keine Waffe vermochte die Panzer zu durchdringen.

Bei einem ersten Gefecht am Taohua-Fluß zog Zhuge Liang den kürzeren. Er erkundigte sich sogleich bei den Einheimischen nach seinem neuen Gegner. Dann bestieg er einen Berg und untersuchte die Topographie. Beim Abstieg entdeckte er ein Tal, das einer langen Schlange glich, links und rechts vegetationslose Steinwände. Nur ein Weg führte durch das Tal. Diese Entdeckung erfüllte Zhuge Liang mit großer Genugtuung. Er gab seinen Kommandanten geheime Anweisungen und befahl Wei Yan, mit seinen Truppen ein Lager an der Überfahrtsstelle des Taohua-Flusses aufzuschlagen. Bei einem Angriff von König Wutugu habe er das Lager aufzugeben, nach einer weißen Flagge Ausschau zu halten und in deren Richtung zu marschieren. Während eines halben Monats solle er fünfzehnmal die Flucht vor den Wuge-Truppen ergreifen und dabei sieben Lager mitsamt den Zelten zurücklassen.

Derweil warnte Menghuo König Wutugu vor den Strategemen Zhuge Liangs. Besonders gefährlich sei Zhuge Liang im Legen von Hinterhalten; vor allem vor gewaltigen Tälern solle sich Wutugu in acht nehmen. Wutugu nahm sich diesen Rat zu Herzen.

Da traf die Botschaft vom Aufbau eines Shu-Han-Lagers am Taohua-Fluß ein. Wutugu schickte seine Soldaten in ihren Ölkletterpflanzen-Panzern über den Fluß. Bereits nach nur wenigen Waffengängen floh die Shu-Han-Truppe. Die Wuge-Soldaten fürchteten einen Hinterhalt. Daher verzichteten sie auf eine Verfolgung. Am zweiten und dritten Tag wiederholten sich ähnliche Scharmützel. Doch dann erblickte Wei Yan in der Ferne eine weiße Flagge. Er führte seine flüchtende Truppe dorthin und fand ein leeres Lager. Fünfzehnmal ließ sich Wei Yan eine Niederlage zufügen, und sieben Lager gab er auf. Wutugus Verfolgung wurde immer verwegener. Doch wo immer dichte Bäume und Gestrüpp wucherten, marschierte er nicht weiter. Manchmal entsandte er Späher, die in der Tat in den Bäumen Shu-Han-Flaggen entdeckten.

Menghuo sagte lachend: «Zhuge Liang ist mit seinen Strategemen am Ende. Wir haben ihn endlich durchschaut. Fünfzehnmal haben wir ihn bereits in die Flucht geschlagen. Sieben Lager haben wir erobert. Nur noch eine letzte Anstrengung, und der Sieg ist unser.»

Wutugu hörte dies mit großer Freude. Er neigte jetzt dazu, die Shu-Han-Armee auf die leichte Schulter zu nehmen. Am sechzehnten Tag kam es wieder zu einem Zusammenstoß mit der Truppe des Wei Yan. Erneut floh dieser ohne eigentliche Feindberührung. Wutugu blieb ihm dicht auf den Fersen. Wei Yan zog sich in das von Zhuge Liang entdeckte, schlangenähnliche steinerne Tal zurück. Dort wehte wieder eine weiße Flagge. Wutugu sah weder Baum noch Strauch. Hier war also kein Hinterhalt zu erwarten. So setzte er seine Verfolgung sorglos fort.

Im Talesinnern versperrten plötzlich mehrere Dutzend Wagen den Weg. Wutugu glaubte, die Wagen hätten der Shu-Han-Armee für Lebensmitteltransporte gedient und seien auf der Flucht zurückgelassen worden. So nahm er die Verfolgung unbedenklich wieder auf. Doch plötzlich fielen Baumstämme und Geröll die Talwände herab und versperrten den fast erreichten Talausgang. Gleichzeitig erkannte Wutugu, daß die Wagen mit Reisig vollgestopft waren und plötzlich in Flammen standen. Überdies explodierte verstecktes Pulver. Brennende Fackeln stürzten von den Talrändern herab und entzündeten die Lunten, die zu den Wagen führten. Das ganze Tal verwandelte sich in ein Flammenmeer. Die ölgetränkten Panzer der Wuge-Soldaten fingen sogleich Feuer. 30 000 Krieger fanden den Tod.

Als Zhuge Liang von seinem Beobachtungsposten aus das grausame Blutbad erblickte, kamen ihm die Tränen, und er sagte: «Zwar leiste ich meinem Herrscherhaus einen großen Dienst, doch ich habe viele Menschenleben geopfert.»

Wuge-Soldaten berichteten dem König Menghuo, der Wutugu bei seiner Verfolgung nicht begleitet hatte, vom Sieg seines Verbündeten. Voller Freude eilte Menghuo zum Tal des Triumphes, um dort das krasse Gegenteil festzustellen: Wutugu und seine Armee waren ausgelöscht. Menghuo schickte sich an zurückzuweichen, da packten ihn die Wuge-Soldaten, die ihn zur Stätte des Grauens geführt hatten. Es handelte sich um verkleidete Soldaten der Shu-Han-Armee. Erneut fielen Menghuo und seine Sippenangehörigen in die Hände Zhuge Liangs. Sie wurden in ein Zelt gebracht und bewirtet. Während des Mahles erschien ein Bote des Zhuge Liang am Zelteingang und wandte sich an Menghuo: «Zhuge Liang würde es beschämend finden, noch einmal vor Euer Angesicht zu treten. Er beauftragte mich, Euch freizulassen. Mobilisiert eine weitere Armee gegen ihn, wenn Ihr könnt, und versucht Euch in einer neuen Entscheidungsschlacht. Geht jetzt!»

Doch anstatt zu fliehen, begann Menghuo zu weinen.

«Siebenmal gefangen und siebenmal freigelassen», sagte er, «seit alters hat es nie so etwas gegeben. Ich stehe zwar außerhalb eures Kulturkreises, bin aber nicht bar jedes Schicklichkeitsgefühls. Wie könnte ich derart schamlos sein!»

Er und alle seine Begleiter fielen auf die Knie und krochen mit entblößtem Oberkörper, dem Zeichen der Bußbereitschaft, zum Feldherrenzelt.

«Oh, Minister, Ihr habt die Majestät des Himmels. Wir Männer des Südens werden nie mehr Widerstand leisten.»

«Unterwirfst du dich nun», fragte Zhuge Liang.

«Ich, meine Söhne und Enkel sind zutiefst gerührt von Eurer alles durchdringenden, lebenspendenden Barmherzigkeit. Wie könnten wir uns da nicht unterwerfen!»

Zhuge Liang bat Menghuo in sein Zelt, bot ihm einen Sitzplatz an und ließ ein Festbankett bereiten. Er bestätigte Menghuos Königswürde und gab ihm alle eroberten Gebiete zurück.

Zwei Kommandanten zeigten indes für Zhuge Liangs Großherzigkeit kein Verständnis: «Warum setzt Ihr nach dem beschwerlichen Feldzug keine eigenen Beamten ein?»

Zhuge Liang antwortete: «Es gibt drei Hürden. Erstens müßte ich eigene Beamte mit Schutztruppen ausstatten. Zweitens würden die Südvölker aufgrund ihrer Kriegsverluste den chinesischen Beamten Widerstand leisten. Und drittens würden die Südvölker den fremden Beamten gegenüber immer mißtrauisch bleiben. Wenn ich niemand zurücklasse, werde ich auch keine Nahrung für ihn sicherstellen müssen. So werde ich von allen Schwierigkeiten befreit sein.»

Die Güte des Eroberers wurde durch die Dankbarkeit der Südvölker entgolten. Sie errichteten sogar einen Schrein zu Zhuge Liangs Ehren. Fortan herrschte Frieden an der Südgrenze des Shu-Han-Reiches. So gewann Zhuge Liang mit Hilfe des Strategems Nr. 16 die Herzen der Unterworfenen. Ohne seine starke Militärmacht wäre ihm jedoch die psychologische Kriegführung nicht geglückt, betonen Li Bingyan und Sun Jing in einem Ende 1986 im Verlag der Chinesischen Volksbefreiungs-Armee veröffentlichten Buch.

Der erste Bericht über die sieben Freilassungen des Königs Menghuo findet sich in einer Chronik des Xi Zuochi (gest. 384 n. Chr.). Die Geschichtstreue dieses Berichtes wird heute allerdings hier und dort angezweifelt. Nichtsdestotrotz wird Zhuge Liangs Heldentat immer wieder und gerade auch den chinesischen Heranwachsenden nahegebracht, vor allem in Comic strips und Jugendbüchern.

16.3 Mao und seine Kriegsgefangenen

Auch Mao Zedong ließ sich vom Strategem Nr. 16 inspirieren, und zwar während des Bürgerkrieges in China zwischen den kommunistischen Truppen und der Guomindang-Armee Tschiang Kai-scheks (1945–1949), behauptet ein Strategembuch, das ich auf einem riesigen Taipeher Büchermarkt erwarb.

Mao bediente sich bei seiner Strategem-Anwendung der in Gefangenschaft geratenen gegnerischen Soldaten und Offiziere. Aufgrund einer Selektion wurden zunächst die als Tschiang Kai-schek-hörig Eingestuften ausgesondert und in Gefangenschaft gehalten. Die übrigen Soldaten und Offiziere erfuhren eine wohlwollende Behandlung. Für ihre Motivierung zugunsten der kommunistischen Sache sorgten vor allem die sogenannte «Leidklage»-Veranstaltungen (*sukuhui*). In diesen Zusammenkünften verglichen von Funktionären der Kommunistischen Partei Chinas sorgfältig ausgebildete Angehörige der untersten Gesellschaftsschichten ihre Not und das Elend aller in der gleichen Lage befindlichen ‹Klassenbrüder› und -‹schwestern› drastisch mit dem Luxus der obersten Kreise, als deren Schirmherr Tschiang Kai-schek hingestellt wurde. Die erschütternden, oft durch das Vorzeigen von blutigen Requisiten – etwa dem Strick, mit dem sich der vom Großgrundbesitzer drangsalierte Vater des damals vielleicht vierjährigen Leidklägers erhängt hatte – untermalten Schilderungen stachelten den Haß gegen die «Klasse der Ausbeuter» und deren politische und militärische Vertreter an. Die ungemeine Wirkung der Umerziehung gefangen genommener Guomindang-Soldaten wurde später in den ausgewählten Werken Mao Zedongs gewürdigt. Wer nach dieser Behandlung nicht gleich in die Rote Armee eintreten wollte, wurde mit Lebensmitteln, einem Weggeld und dem Ratschlag nach Hause geschickt: «Wenn ihr das nächste Mal auf dem Schlachtfeld mit unseren

Truppen zusammenstoßt, dann beherzigt den Spruch: Chinesen kämpfen nicht gegen Chinesen ...!»

Mao erwartete, daß die Freigelassenen in der gegnerischen Armee Unterwanderung und Agitation betreiben und so die Moral des Feindes untergraben würden. Zudem sollte der feindlichen Propaganda über die angebliche Grausamkeit der Kommunisten wirksam entgegengetreten werden.

Natürlich behaupteten die Freigelassenen überall, sie seien geflohen. Viele rühmten bei ihren Gefährten oder Vorgesetzten die hohe Moral und die militärische Disziplin der Kommunisten. Andere begingen Sabotageakte oder liefen in kritischen Momenten zu den Kommunisten über. Noch bevor die Rote Armee im April 1949 zum entscheidenden Vorstoß über den Yangtse-Fluß nach Süden ansetzte, war die Moral der Guomindang-Truppen bereits schwer angeschlagen. So gelang Mao schließlich die Ausschaltung der gegnerischen Armee, unter anderem weil er bereits gefangengenommene Teile der Armee wieder in die Freiheit entlassen hatte. Freilich war Maos militärische Macht eine Vorbedingung für den Strategemerfolg.

16.4 Rückzug als Angriff

Als «Gelbe Turbane» bezeichneten sich Aufständische, die gegen Ende der Östlichen Han-Dynastie (25–220 n. Chr.) die Stadt Yuancheng besetzten. Kaisertreue Truppen unter dem Kommandanten Zhu Jun rückten heran, vermochten die Stadt jedoch auch mit Hilfe des Strategems Nr. 6 nicht einzunehmen. Schließlich brach Zhu Jun die Belagerung ab.

Die «Gelben Turbane», deren Lebensmittelvorräte knapp geworden waren, sahen endlich eine günstige Gelegenheit für einen Angriff auf die sich zurückziehende gegnerische Armee. So verließen sie die Stadt und griffen die Kaisertruppen an. Diese verteidigten sich, setzten aber den Rückzug fort. Schließlich lag die Stadt bereits 20 Meilen hinter ihnen. Wie geplant ging nun der kaiserliche Befehlshaber plötzlich zu einem Gegenangriff über und befahl einem Truppenteil, den Aufständischen den Rückweg zu versperren. Diese wollten seitwärts fliehen, doch überall lagen Kaisertruppen im Hinterhalt.

Die Stadt konnte trotz ihrer Umzingelung nicht eingenommen werden. Durch den Rückzug wurde sie gleichsam wieder ‹losgelassen›. Dadurch konnte sie endlich dann doch erobert werden.

16.5 Der Rettungsanker als Fallbeil

Ab 30. Juni 1947 kämpften sich fünf Kolonnen der Hauptstreitkräfte der Feldarmee Shanxi-Hebei-Shandong-Henan unter Führung von Liu Bocheng (1892–1986) und Deng Xiaoping mit 130 000 Soldaten über den Gelben Fluß vor und bewegten sich auf das Dabie-Gebirge (Provinz Shandong) zu.

Am 14. Juli umzingelten zwei Kolonnen der Roten Armee zwei feindliche Truppenteile beim Weiler Liuyingji. Um diese nicht in einen Verzweiflungskampf zu treiben, beschlossen die kommunistischen Kommandanten die Anwendung des Strategems «Was man fangen will, läßt man zunächst los» und öffneten den Umlagerungsring an einer Seite. Dies verleitete den Gegner zu einem Ausbruchsversuch aus dem Kessel. Natürlich hatten die kommunistischen Truppenführer ihre Soldaten so aufgestellt, daß der ausbrechende Gegner in die Falle lief und mühelos vernichtet werden konnte.

Schon der mehrmals erwähnte Sun Zi erkannte in seinem Traktat über den Krieg: «Treibe einen verzweifelten Feind nicht allzusehr in die Enge.»

Das «Traktat über die 36 Strategeme» bekräftigt seinen Ausspruch: «Treibt man einen Gegner zu sehr in die Enge, dann wird er seine letzten Kräfte für seine Rettung mobilisieren. Eröffnet man ihm aber einen Ausweg, dann erschlaffen seine Anspannung und Kampfeskraft. In dieser Verfassung wird er eine leichte Beute. Überdies wird eigenes Blutvergießen vermieden.»

«Lockerung führt zur Unterwerfung, lichte Zukunft», heißt es, vom «I-Ging – Buch der Wandlungen» inspiriert, im Traktat über die 36 Strategeme im Kapitel über das Strategem Nr. 16.

16.6 Die schwierige Ehevermittlung

«Blicke ich auf meine zwanzigjährigen Erfahrungen zurück, so sind mir nur drei Dinge begegnet: Insekten, Bestien und Dämonen.» Dies schrieb Wu Woyao (1866–1910) in seinem berühmten Roman «Seltsame Ereignisse der letzten zwanzig Jahre». Zu den seltsamen Ereignissen gehört eine Anwendung des Strategems Nr. 16 im familiären Bereich.

Ein gewisser Herr Jiao, Vizeminister im Pekinger Strafenministerium, wünschte seine verlotterte, opiumrauchende Tochter doch noch zu verheiraten. Sie war wegen zu hoher Ansprüche mit 25 Jahren – für die

Vermählung einer Frau im traditionellen China ein beträchtliches Alter – immer noch nicht unter der Haube. Als geeignete Partie erschien dem Vater der gerade erst verwitwete, kaum dreißigjährige Hofhistoriker Zhou. Doch als Vertreter der Frauenseite konnte der Vater Herrn Zhou gegenüber unmöglich Avancen machen. Also benötigte er einen Heiratsvermittler. Nun wußte der Vater, daß Herr Zhou seiner verstorbenen Gattin nach wie vor treu verbunden war und allen Heiratsvermittlern, die ihn schon aufgesucht hatten, die Türe gewiesen hatte. Schließlich wandte sich Herr Jiao an den Abteilungsleiter Xuefang im Strafenministerium, der im gleichen Jahre wie der Hofhistoriker Zhou die höchste staatliche Beamtenprüfung bestanden hatte. Xuefang war ein äußerst gewandter Redner. Nachdem ihm der Vizeminister sein Anliegen eröffnet hatte, warf sich Xuefang in die Brust und beteuerte: «Macht Euch keine Sorgen, ich finde schon Mittel und Wege, um ihn gefügig zu machen, auf daß er um die Hand Eurer Tochter anhält. Aber beachtet dabei das Strategem ‹Was man fangen will, das läßt man zunächst los›, bevor Ihr Euren Segen erteilt. Nur so wahrt ihr das Gesicht.»

In der Folge besuchte Xuefang den Hofhistoriker Zhou hin und wieder. Dieser besaß einen sechsjährigen Sohn. Jedesmal gab sich Xuefang mit dem Knaben ab. Endweder spielte er mit ihm, oder er fragte ihn Schriftzeichen ab. Einmal meinte er scheinbar beiläufig zum Knaben: «Armes Kind. Noch so jung und keine Mutter mehr. Wieso heiratet dein Vater denn nicht wieder?»

Der Hofhistoriker hatte die Bemerkung, die natürlich in erster Linie für ihn bestimmt gewesen war, gehört und sagte lachend: «Meine Trauer ist noch nicht verklungen. Wie könnte ich da über dieses Thema sprechen! Überdies habe ich den Entschluß gefaßt, den Rest meines Lebens als Witwer zu verbringen.»

Abteilungsleiter Xuefang verwickelte nun Herrn Zhou in ein Gespräch über sein derzeitiges Leben ohne Gattin. Herr Zhou meinte schließlich, um seines Sohnes willen brauche er nicht wieder zu heiraten, denn dieser werde von seiner Amme bestens umsorgt. Die Amme stamme aus seiner Heimatgegend.

Doch dann verunsicherte ihn Xuefang mit der Bemerkung: «Mir scheint aber doch, je schneller du wieder heiratest, um so besser.»

«Was soll das heißen?» fragte der Historiker Zhou. Abteilungsleiter Xuefang lächelte nur, rückte aber nicht mit der Sprache heraus. Das wiederum beunruhigte Herrn Zhou. Er wiederholte seine Frage. Da meinte Xuefang: «Sage ich es dir nicht, dann bin ich ein schlechter

Freund. Wenn ich es aber sage, befürchte ich erstens, daß du mir keinen Glauben schenkst, und zweitens, daß du wütend wirst.»

Herr Zhou entgegnete: «Entweder es stimmt, oder es stimmt nicht. Im einen Fall ist es hinfällig, im andern sehe ich keinen Grund zur Aufregung.»

Xuefang lächelte wieder, wollte aber nach wie vor nichts sagen. Das veranlaßte Herrn Zhou zu der Bemerkung: «Dein jetziges Verhalten regt mich nun aber wirklich auf. Wir sind doch Kommilitonen, was sollte es da zwischen uns Dinge geben, die wir nicht offen besprechen könnten?»

Nun wurde Xuefangs Miene ernst: «Eigentlich wollte ich es dir nicht mitteilen. Doch wenn ich es dir niemals eröffne, dann bin ich wirklich deiner Freundschaft nicht wert. Daher bleibt mir nichts anderes übrig, als ein offenes Wort mit dir zu reden. Doch darfst du es mir auf keinen Fall übelnehmen!»

Herr Zhou entgegnete erregt! «Jetzt redest du die längste Zeit im Kreis herum, ohne den Kern der Sache zu treffen, was soll das alles bedeuten?»

Xuefang erwiderte: «Nun, da sage ich es dir eben offen heraus. Wärst du ein anderer, dann ginge mich das Ganze ja gar nichts an. Aber wir sind nun einmal alte Freunde ...» Und schon wieder stockte er.

Ärgerlich rief Herr Zhou: «Nun sag doch frank und frei in zwei Sätzen, um was es geht. Was soll das viele Geschwafel darum herum?»

Xuefang sagte: «Du hast ein ehrenwertes Amt inne, um so wichtiger ist diese Angelegenheit.»

Nun wurde Herr Zhou noch nervöser: «Warum redest du immer noch darum herum? Heraus mit der Sprache!»

Xuefang fuhr fort: «Ehrlich gesagt, dein gesellschaftlicher Ruf ist in letzter Zeit nicht mehr der beste.»

Damit hatte Xuefang einen wunden Punkt bei Herrn Zhou getroffen, war diesem doch nichts wichtiger als sein Ansehen. Stets war er darauf bedacht gewesen, dieses zu wahren. So schlug Xuefangs Bemerkung wie ein Blitz aus heiterem Himmel bei ihm ein. Er sprang auf und fragte: «Woher kommt dieses Gerede?»

Nun eröffnete ihm Xuefang – offensichtlich unter Verwendung des Kreator-Strategems Nr. 7 –, es gehe das Gerücht um, er unterhalte eine Liebschaft mit der Amme seines Sohnes. Aus diesem Grunde gehe er allen Heiratsvermittlern aus dem Wege.

In dem nun folgenden Gespräch sucht Herr Zhou verzweifelt nach einem schnellen Weg, um seinen Ruf wiederherzustellen. So will er die

Amme sogleich entlassen und mit seinem Sohn in eine Herberge ziehen. Dann zieht er in Erwägung, den Sohn zu den Großeltern zu schicken. Doch gegen all diese Vorhaben vermag Xuefang überzeugende Einwände vorzubringen.

Schließlich sagt Xuefang: «Wenn du mich gewähren läßt, verspreche ich dir, daß es mir gelingt, deinen Ruf wiederherzustellen.»

«Sag schnell, wie willst du das erreichen?»

Xuefang antwortet: «Von heute an solltest du nach allen Seiten hin verkünden, du suchest eine neue Gattin. Dann werden alle Gerüchte mit einem Schlag verstummen.»

Im ersten Augenblick faßt Herr Zhou diesen Vorschlag als ein bloßes Strategem auf, das auf die Dauer nichts helfe. Er könne ja dann nicht allen Anwärterinnen immer nur ein ‹Nein› entgegenhalten.

Gewiß, meint Xuefang. Daher bleibe ihm nichts anderes übrig, als ernsthaft an Heirat zu denken. Und er findet erneut einleuchtende Gründe für seinen Ratschlag.

Herr Zhou versinkt in nachdenkliches Schweigen. Auf jeden Fall, so hämmert ihm Xuefang ein, solle er so schnell wie möglich jemanden mit einer Ehevermittlung beauftragen, um den bösen Gerüchten den Boden zu entziehen. Nach einigen belanglosen Worten geht Xuefang.

Am nächsten Tag kommt er nicht zur Visite. Darauf sucht ihn Herr Zhou auf und sagt, nach langem Überlegen sehe er wirklich keine andere Lösung als den vorgeschlagenen Plan.

«Wenn dem so ist, dann lasse mich einmal den Heiratsvermittler spielen. In der Familie Lu gibt es eine Tochter, begabt und schön. Ich werde erst einmal sie ins Auge fassen.»

Einen Tag später berichtet er Herrn Zhou von seinem Mißerfolg. Heute werde er Herrn Zhang wegen seiner jüngeren unverheirateten Schwester aufsuchen.

Nun wird Herr Zhou, der die Gerüchte über alles fürchtet, selbst auch aktiv und beginnt, unter Freunden seine Heiratsabsichten zu verbreiten. Immer mehr Freunde und Bekannte bieten sich an, als Eheanbahner tätig zu werden. Xuefang sucht Herrn Zhou immer wieder auf und bespricht mit ihm die verschiedenen Heiratsmöglichkeiten. Dabei überzeugt er ihn davon, daß eine etwas ältere Partnerin für ihn wohl das beste wäre. Nachdem er Herrn Zhou soweit gebracht hat, spannt Xuefang einen Dritten ein, der Herrn Zhou auf die Tochter des Vizeministers Jiao aufmerksam machen muß.

Nun fragt Herr Zhou Xuefang um Rat. Dieser meint: «An diese Möglichkeit habe ich auch schon gedacht. Nur fürchtete ich, die Tochter

Jiao werde ihre Einwilligung, einen Witwer zu heiraten, versagen. Zudem ist ihr Vater mein Vorgesetzter. Es geziemt sich nicht für mich, ihn in einer derartigen Angelegenheit anzugehen. Daher habe ich nie etwas davon gesagt. Sollte allerdings eine eheliche Verbindung mit der Tochter Jiao zustande kommen, dann wäre dies ideal. Ich habe gehört, sie sei in edlen Künsten wie dem Spiel auf der Wölbbrettzither, dem Go-Spiel, der Kalligraphie und der Malerei ebenso bewandert wie im Schreiben und Rechnen und im Führen eines Haushaltes. Ich glaube auch, daß sie etwas über zwanzig Jahre alt ist. Das wäre für deinen Sohn gerade die richtige zweite Mutter.»

Wie Herr Zhou das alles hört, kommt in ihm der Wunsch auf, diesmal möge es gelingen. Doch die Familie Jiao läßt lange Zeit mit einer klaren Antwort auf sich warten. Nun wird Herr Zhou immer nervöser. Erneut bittet er Xuefang um dessen Vermittlung. Doch muß er ihn mehrmals drängen, bis er sich schließlich dazu bereit erklärt. Tag für Tag sucht Xuefang nun die Familie Jiao auf, bis endlich die von Herrn Zhou ersehnte gute Nachricht eintrifft.

Hier brechen wir den Faden der Erzählung ab. Natürlich benutzte Xuefang mehrere Strategeme, um sein Ziel, die Verheiratung der Tochter von Herrn Jiao mit Herrn Zhou, zu erreichen. Zuerst verunsicherte er mittels aus der Luft gegriffener Behauptungen – Strategem Nr. 7 – Herrn Zhou so sehr, daß dieser die ‹Höhle›, in die er sich zurückgezogen hatte, verließ und von seinem Entschluß, Witwer zu bleiben, abrückte. Hier denkt man natürlich an das Provokations-Strategem Nr. 13. In der Folge spannt Xuefang Herrn Zhou solange auf die Folter, bis er mit allem Sinnen und Trachten die Eheschließung mit der Tochter Jiao bejaht. Dies erreicht Xuefang, indem er Herrn Zhou solange zappeln läßt, bis er willig zuschnappt und einwilligt, die ihm – wiederum mit Hilfe von Strategem Nr. 7 – in den schönsten Farben geschilderte Frau zu ehelichen.

Die Strategeme hatten ihre Schuldigkeit getan. Ich las den Roman natürlich weiter. Soviel sei hier verraten: Bereits der Hochzeitstag war eine Katastrophe. Die unter Drogeneinfluß stehende Braut kam um Stunden zu spät zur Eheschließung, packte sofort ihre Opium-Utensilien aus und begann zu rauchen . . .

16.7 Rafsanjani und die US-Geschenke

«In der amerikanischen Presse wurde soeben eine Aufsehen erregende Nachricht verbreitet.»

So begann in der Shanghaier Tageszeitung *Wenhui* am 14. November 1986 auf der Seite *Shijie zhi Chuang* («Fenster zur Welt») ein langer Bericht über die Iran-Affäre:

> «Die USA haben seit 18 Monaten mit dem Iran geheime Verhandlungen geführt und Iran Waffen geliefert, um im Austausch dafür die Freilassung von in Beirut festgehaltenen amerikanischen Geiseln zu erreichen. Gemäß den amerikanischen Enthüllungen wurden diese Verhandlungen unter Umgehung des State Departments, des Verteidigungsministeriums und der CIA mit persönlicher Billigung von Präsident Reagan durchgeführt. Die neueste Nummer der amerikanischen Zeitschrift *Newsweek*, deren Erscheinen vorverlegt wurde, berichtet über die Hintergründe. Es folgt eine adaptierte Übersetzung dieses Berichts, die wir den Lesern als Lektüre anbieten.»

An diesen einleitenden Kommentar der Übersetzer und Redaktoren Ji Yun und Liang Ren schließt sich eine etwas gekürzte Wiedergabe der Reportage *Cloak and Dagger*, erschienen in *Newsweek* vom 17. November 1986, an.

Am 4. November 1986, heißt es da, dem siebten Jahrestag der Besetzung der amerikanischen Botschaft in Teheran, habe sich der iranische Parlamentspräsident Rafsanjani besonders erfreut gezeigt. Ein Bericht in einer libanesischen Zeitschrift habe den «Großen Satan» in Verlegenheit gestürzt.

Soweit folgen die chinesischen Übersetzer dem amerikanischen Text. Während dieser ohne Unterbrechung weiterläuft, fügen die Chinesen den folgenden Zwischentitel ein, mit dem sie auf Strategem Nr. 16 verweisen:

> «McFarlane kam zu Besuch, um Geschenke zu überbringen, der iranische Parlamentspräsident ließ zunächst los, was er fangen wollte.»

Fünf amerikanische Regierungsbeamte, darunter der ehemalige Chef des Nationalen Sicherheitsrates McFarlane, seien heimlich nach Teheran geflogen. Mitgebracht habe die Delegation symbolische Geschenke, so einen Kuchen in der Form eines Schlüssels (im Hinblick auf die Anbahnung neuer Beziehungen) und eine Bibel mit einer Widmung von Ronald Reagan, ja es seien hohen iranischen Beamten automatische Colt-Pistolen versprochen worden. Nach einer anderen Version sei ein erschreckendes Angebot unterbreitet worden: Eine Flugzeugladung mit amerikanischen Rüstungsgütern.

«Der Iran fiel auf den Köder nicht herein», sagte Rafsanjani. «Wir sagten ihnen, daß wir diese Gabe nicht annehmen und daß es zwischen uns nichts zu besprechen gebe.» Die Amerikaner hätten, so meinte er hämisch, «unseren Einfluß ausleihen wollen, um ihre Probleme im Libanon zu lösen».

Diese Zurückweisung der ersten amerikanischen Angebote – also der Colts bzw. der einen Flugzeugladung mit militärischer Ausrüstung – interpretieren die chinesischen Journalisten unter dem Gesichtspunkt des Strategems Nr. 16. Die Iraner ließen zunächst etwas fahren, um die Amerikaner schließlich zu noch größeren Zugeständnissen zu verlokken. Das Resultat dieser Anwendung des Strategems Nr. 16 durch den Iran: Zum Schluß sackten die Iraner laut *Newsweek*-Bericht Kriegsmaterial im Wert von über 60 Millionen US-Dollar ein, darunter Anti-Tank-Raketen, Radarsysteme und Ersatzteile für die veraltete iranische Flotte.

Bemerkenswert ist die unterschiedliche Berichterstattung der amerikanischen und der chinesischen Journalisten. Jene liefern einfach eine recht trockene Präsentation der reinen Fakten ohne tiefere Analyse der möglicherweise dahinterstehenden iranischen Taktik. Anders die Chinesen: Ob zu Recht oder zu Unrecht – sie ordnen das iranische Verhalten in der Anfangsphase der amerikanischen Avancen unwillkürlich einem bestimmten Strategem zu. Dies ist ein gutes Beispiel für die chinesische Neigung, internationale Vorgänge im Licht strategemischen Denkens zu interpretieren.

16.8 Die freigelassenen Gattenmörder

Im Jahre 1891 erschien die Kriminalgeschichtensammlung *Peng Gong An* («Fälle des Herrn Peng») in 24 Bänden mit 100 Kapiteln. Sie handeln von Peng Peng, dem Magistraten von Sanhe unter der Herrschaft von Kaiser Kang Xi (1662–1722), später Gouverneur von Henan. Er untersuchte und löste zahlreiche Kriminalfälle. 1985 wurde das Werk in der Volksrepublik China neu aufgelegt. Ich kaufte mir ein Exemplar im Hotel *Jinshan* nahe Shanghai, und zwar während des dort stattfindenden denkwürdigen internationalen Kongresses über zeitgenössische chinesische Literatur (3.–11. November 1986), zu dem ich eingeladen war.

Im 13. Kapitel suchen zwei Männer Herrn Peng auf und berichten ihm, in einem Brunnen vor dem Himmelsgenientempel bei Hehezhan sei ein Leichnam gefunden worden. Sogleich begibt sich Herr Peng in einer Sänfte zum Fundort. Es stellt sich heraus, daß im Brunnen zwei Leichen liegen, die eines Mannes ohne Kopf und die einer jungen Frau. Die Untersuchung ergibt, daß die Frau erdrosselt und der Mann mit einem Messer getötet wurde. Während Herr Peng noch überlegt, eilt ein Mann herbei und erhebt laut Klage über erlittenes Unrecht. Herr Peng läßt den Mann vorführen.

Der etwa 60jährige fällt weinend vor ihm auf die Knie und jammert, er habe seine einzige Tochter Chrysantheme im Dorfe He an einen gewissen Yao Guangzhi verheiratet. Als er sie heute habe aufsuchen wollen, sei sie verschwunden gewesen. Auch sein Schwiegersohn, der in Hehezhan eine Schenke betreibe, habe nicht gewußt, wo sie sei. Er habe vernommen, daß Gevatter Peng hier eine Leichenschau vornehme. Daraufhin sei er hierher gelaufen, um die schreckliche Entdeckung zu machen, daß die Tote seine Tochter sei. «Ich flehe den Gevatter an, die Tochter meiner Wenigkeit zu rächen.»

Herr Peng läßt dem Alten auch die männliche Leiche zeigen, die er aber nicht identifizieren kann. Herr Peng erteilt den Befehl, die Leichen einzusargen, und sendet Boten zu seinen Helfern Liu Cheng und Li Fu. Dann kehrt er zu seinem Yamen (Amtssitz) in Sanhe zurück. Nach kurzer Ruhe heißt er die beiden Büttel, den Yao Guangzhi, den Witwer der Getöteten, zu einem Verhör in den Yamen zu bringen. Begleitet werden sie von Yao Guangli, dem älteren Bruder des Witwers.

In der Schenke angekommen, finden sie den Gesuchten nicht. Ein Angestellter teilt Yao Guangli mit, sein Bruder befinde sich im Hause der Familie Huang an der Osthauptstraße, sechs Anwesen weiter nördlich. Das Haus der Familie Huang finden die Ankömmlinge verschlossen. Yao Guangli rüttelt am Türring. Darauf ertönt aus dem Innern die gezierte, weiche Stimme einer Frau: «Wen sucht Ihr?»

Sie öffnet die Tür, erblickt die drei Männer und wiederholt ihre Frage. Etwa 20 Jahre zählt sie. Ihren schlanken Körper umhüllen bunte Kleider, unter denen zierliche Lilienfüßchen – ein Kosename für gebundene Füße – hervorlugen. Zu den glänzenden schwarzen Haaren kontrastiert ihr weißer, leicht geschminkter Teint. Feine Augenbrauen schwingen sich über zärtlich blickende Mandelaugen, in denen Schalk blitzt.

Yao Guangli sagt, er suche seinen jüngeren Bruder. Darauf wendet sich die Frau um und ruft: «Es sucht dich jemand. Komm bitte heraus!»

Aus dem Haus tritt Yao Guangzhi. Er bittet die drei Männer zu einem Trunke herein. Doch Yao Guangli sagt: «Hier bist du also. Gevatter Peng hat befohlen, dich zu ihm zu bringen.»

Die beiden Büttel legen Yao Guangzhi und gleich auch die entsetzte Frau in Ketten und kehren mit den Gefangenen nach Sanhe zurück.

Herr Peng mustert die beiden Arrestierten. Yao Guangzhi ist ein etwas über 20jähriger, schlank gewachsener, anziehender Mann mit weißer, reiner Gesichtshaut und einem energischen Augenpaar. Noch attraktiver wirkt die junge Frau. Herr Peng beginnt mit dem Verhör.

«Wer hat Eure Frau erdrosselt und in den Brunnen geworfen?» Yao Guangzhi antwortet: «Ich habe heute davon in meiner Schenke gehört. Gerade wollte ich Euch aufsuchen und um Rache für meine Frau bitten.» Darauf röten sich seine Augen und füllen sich mit Tränen.

Herr Peng fragt weiter: «In welcher Beziehung steht diese Frau hier zu Euch? Warum befandet Ihr Euch in ihrem Haus?»

Die Frau sagt: «Ich heiße Li. Er ist ein Schwurbruder meines Mannes.»

Herr Peng schlägt mit seinem Warnstock auf den Tisch und herrscht die Frau an: «Schnautze! Sprich, wenn du gefragt wirst!» Und die Büttel stoßen ein Gebrüll aus, so daß die Frau entsetzt zusammenfährt.

Yao Guangzhi sagt eilends: «Ich bin mit ihrem Gatten Huang Yong befreundet. Er treibt Handel in Tongzhou und beschafft mir oft Teeblätter. Heute suchte ich ihn auf, um nach neuen Teeblättern zu fragen. Da kam mein Sippenbruder Yao Guangli, um mich zu suchen. Ich und auch diese Frau wurden gefesselt und hierhergebracht. Ich habe nur eine Bitte: Laßt die Frau frei, sie hat mit allem nichts zu tun.»

Herr Peng hat schon längst alles durchschaut. Nun fragt er die Frau: «Was für einen Handel betreibt dein Mann? Wer befindet sich noch bei dir zu Hause?»

«Ich heiße Li. Mein Mann ist vierundzwanzig. Er hat keine Eltern mehr und auch keine Geschwister. In unserem Haus lebt niemand außer uns beiden. Mein Mann befindet sich zur Zeit in Tongzhou, wo er mit Nahrungsmitteln handelt.»

Herr Peng fragt weiter: «Wann ist er aus dem Haus gegangen?»

Die Gesichtsfarbe der Frau verändert sich. Hastig antwortet sie: «Nach dem Drachenbootfest, also vor wenigen Tagen.»

Herr Peng bohrt weiter: «Wie oft kehrt er jedes Jahr zurück?»

«Zwei- bis dreimal. Erst zum Neujahrsfest wird er wiederkommen.»

Nun wendet sich Herr Peng wieder an Yao Guangzhi: «Deine Frau wurde erdrosselt. Warum wurde sie bei Hehezhan in einen Brunnen geworfen?»

Yao Guangzhi entgegnet: «Der Minderwertige weiß es nicht.»

Darauf lacht Herr Peng kalt: «Du todeswütiger Gefangener! Du wagst es, mir ins Gesicht zu lügen? Herbei, schlagt ihm aufs Maul!»

Darauf werden Yao Guangzhi mehrere Schläge auf die Mundpartie versetzt. Doch dieser legt kein Geständnis ab, sondern schreit, ihm geschehe Unrecht.

Herr Peng fragt: «Wer hat deine Gattin umgebracht? Sag die Wahrheit!»

Yao Guangzhi antwortet: «Ich weiß es wirklich nicht.»

«Auf den Boden mit ihm. Versetzt ihm neue Schläge.»

Nun geht eine Bastonade auf Yao Guangzhi nieder. Doch er behauptet nach wie vor, nichts zu wissen.

Herr Peng zieht die Augenbrauen zusammen, denkt angestrengt nach, und schon kommt ihm ein Strategem in den Sinn. Er spricht: «Yao Guangzhi, dir ist Unrecht geschehen. Ich habe dich schlagen lassen. Dafür entschädige ich dich mit fünf Unzen feinem Silber. Bestatte nun deine Frau, glaub mir, ich werde für dich an dem Unhold, der sie umgebracht, Rache nehmen. Und nun gehe wieder deinen Geschäften nach!»

Darauf ließ er die beiden Gefangenen frei. Sie bedankten sich und verschwanden.

Nun flüsterte Herr Peng seinem Büttel Li Qihou etwas ins Ohr. Li Qihou nickte und verfolgte heimlich die beiden. Er sah, wie sie sich stracks nach Hehezhan in das Haus des Huang Yong begaben. Als es dunkel war, schlich sich Li Qihou ans Haus heran. Drinnen brannte Licht. Plötzlich hörte er die Stimme einer Frau. Mit der Zungenspitze durchlöcherte er das Papierfenster. Auf dem Kachelbett erblickte er einen flachen Tisch mit verschiedenen Speisen. Yao Guangzhi saß auf der einen, Frau Li auf der anderen Seite. Sie sagte kichernd: «Trink zwei Becher mehr nach den heute empfangenen Schlägen!»

Yao Guangzhi sagte: «Morgen werden wir dieses Ding unter dem Kachelbett wegschaffen. Dann wird mir ein Stein vom Herzen fallen. Du hast ihn mit einem Messerstich getötet und mich dadurch von einer Last befreit.»

Die Frau sagte: «Jetzt können wir für immer Mann und Frau sein. Du hast sie umgebracht, ich habe ihn umgebracht. Nur gut, daß wir den Kopf versteckt haben. Sonst wäre es uns wohl schlecht ergangen.» Lachend hielt sie den Weinbecher an Yao Guangzhis Lippen.

Nun hatte Li Qihou genug gehört. Mit einem Aufschrei stürzte er ins Zimmer und fesselte die Überrumpelten.

Herr Peng konnte die beiden Gattenmörder nur überführen, indem er sie zunächst einmal laufen ließ. Dadurch wiegte er sie in Sicherheit, und sie enthüllten dem verborgenen Lauscher ihr grausames Geheimnis. Die einstweilige Freilassung führte so schließlich zur Verhaftung der Gattenmörder.

Eine ganze Reihe solcher ‹Tricks›, wie er es nennt, führt mein ehemaliger Lehrmeister Shiga Shūzō von der Tokyo Universität auf, der bedeutendste derzeit lebende japanische Spezialist der asiatischen Institutionen- und Rechtsgeschichte (*Criminal Procedure in the Ch'ing Dynasty,* in: *Memoirs of the Research Department of the Toyo Bunko, Nr. 33,* Tokio 1975).

16.9 Die Reise der Ballettänzerin

In einer Winternacht entdecken die beiden chinesischen Rotarmisten Sun Ying und Xu Hu in der mit modernsten technischen Mitteln ausgerüsteten Wachstation des Grenzschutzbezirks 101 auf der Mattscheibe des Monitors, wie eine kleinwüchsige Gestalt, offensichtlich ein sowjetischer Agent, auftaucht. Sogleich wird die vorgesetzte Stelle 816 – dahinter verbirgt sich Korpskommandeur Ba – gefragt, ob der Agent zu verhaften sei.

Ba befiehlt, den Ankömmling genau zu überwachen, ihn aber ansonsten unbehelligt die Grenze überschreiten zu lassen. Nach einer Weile trifft sich der Kleinwüchsige unter verschneiten Bäumen mit einem hochgewachsenen Mann. Nach kurzem Tête-à-tête geht jeder seines Weges. Die kleine Gestalt betritt bald darauf den Grenzschutzbezirk 102, der Hochgewachsene nähert sich schnell der chinesisch-russischen Grenze. Erneut wird 816 um Instruktionen gebeten. Der Bescheid von oben lautet: Der neu gekommene ‹Gast› ist ab sofort vom Grenzschutzbezirk 102 zu überwachen. Den Großen lasse man die Grenze zur Sowjetunion überschreiten.

Sun Ying und Xu Hu sind erstaunt. Beide Agenten sollen ungestört dorthin gehen dürfen, wo es ihnen beliebt? Doch Befehl ist Befehl.

Eine Analyse der Spuren mit futuristischen technischen Hilfsmitteln ergibt, daß die beiden Agenten einer unterirdischen sowjetischen Kommandozentrale unweit der Grenze unterstehen. Eine ihrer Spionageaufgaben besteht in der Sammlung von Nachrichten über die streng geheime nahe gelegene chinesische Militärbasis 9417, die von Flugzeugen und Satelliten aus nicht zu entdecken ist.

Eines Tages war die Militärbasis am hellichten Tag von einer Eule überflogen worden. Man schoß sie ab und entdeckte, daß sich unter dem Gefieder ein Flugkörper mit einer eingebauten Mini-Kamera verbarg. Kurz darauf wurde der Mann entdeckt, der diese ‹Eule› offensichtlich hatte fliegen lassen. Der Mann aber gab vor, im Wald nur Kräuter gesammelt zu haben. Man ließ ihn laufen, hatte aber mit einem Geruchsensor heimlich seinen Körpergeruch gespeichert. Der Mann, wie die Grenzwache vermutete ein Agent, kehrte in seine Wohnung nach Qiqiha'er zurück. Der Vorfall war ihm in die Glieder gefahren. Über Funk bat er die sowjetische Kommandozentrale, ihm zu gestatten, China zu verlassen. Nachdem er die Erlaubnis erhalten hatte, wurde er in jener Winternacht von der kleinwüchsigen Gestalt abgelöst.

Auch über deren Identität herrschte nicht lange Ungewißheit. Es war die Chinesin Liu Qin, eine ehemalige Ballettänzerin, die im Ausland studiert und sich dort von einem sowjetischen Kommandanten hatte anwerben lassen. Auch diese Agentin wurde auf Anweisung von 816 vorerst in Ruhe gelassen. In Jiahedaqi in der Provinz Heilongjiang fühlte sie sich, als sie eine Verbindungsperson aufsuchen wollte, jedoch beobachtet. Da beschloß sie, alle etwaigen Späher abzuschütteln. Sie kaufte sich ein Eisenbahnbillett nach Shanghai und flog von dort nach Kanton, wo sie endlich das Gefühl hatte, völlig unbeobachtet zu sein.

In einem Warenhaus erwarb sie bei einer bestimmten Verkäuferin einen Stoffbären. In einem Park entnahm sie dem Ohr des Bären eine kleine Papierkugel; darauf stand eine Adresse. Am Abend suchte sie die betreffende Wohnung auf. Es war die Verkäuferin vom Nachmittag, auch sie eine Agentin.

Einige Tage später verließ Liu Qin Kanton wieder. Im Zug merkte sie nicht, daß das junge Ehepaar und andere Reisende sie mittels eines als Armbanduhr getarnten Geruchsensors verfolgten. Sich in Sicherheit wiegend, traf sie schließlich wieder in Jiahedaqi ein. Jetzt suchte sie die Wohnung des dortigen Verbindungsmannes auf. Nachdem sie sich ausgewiesen hatte, gab ihr dieser die Adressen von fünf Verbindungsleuten. Drei Tage später trafen sie sich alle in der gleichen Wohnung. In diesem Augenblick packte der chinesische Grenzschutz zu und verhaftete das gesamte Agentennetz. Auch die Kantoner Verkäuferin wurde gefaßt. Ein falsches Telegramm an die sowjetische Kommandozentrale forderte dazu auf, das Material zu holen. Der sowjetische Kommandant schickte den ‹Grenzgänger›. Auch er wurde festgenommen.

Diese Comic-strip-Geschichte von Ye Yonglie, bekannt u. a. wegen seiner Science-fiction-Romane, erschien 1981 in Guangdong und ist betitelt mit dem 16. Strategem: «Was man fangen will, läßt man zunächst los.»

Den gleichen Titel wählte ein taiwanesischer Autor für eine Schilderung der Überredungskünste des Shang Yang (ca. 390–338 v. Chr.), eines der berühmtesten Theoretiker und Praktiker der altchinesischen Gesetzesschule. Die Thesen der Gesetzesschule standen in krassem Gegensatz zu den konfuzianischen Idealen und rivalisierten zu jener Zeit mit diesen.

16.10 Shang Yangs konfuzianische Schlafpille

Herzog Xiao von Qin (361–338 v. Chr.) hatte durch ein Edikt alle fähigen Köpfe Chinas aufgerufen, sich bei ihm vorzustellen; er wollte sie gegebenenfalls anstellen. Shang Yang, der im Fürstentum Wei von diesem Edikt hörte, zögerte nicht lange und begab sich im Jahr 361 v. Chr. nach Qin. Dank der Empfehlung von Jing Jian, einem Vertrauten des Herzogs, empfing ihn dieser zur Audienz.

Bei der ersten Audienz schlief der Herzog während der Darlegungen Shang Yangs ein. Fünf Tage später folgte die zweite Audienz, doch auch diesmal ließen die vorgetragenen Theorien den Herzog unberührt. Erst bei der dritten Audienz schienen Shang Yangs Worte den Herzog zu fesseln. Bei der vierten Audienz war das Interesse des Herzogs derart gewachsen, daß sich die anschließenden Diskussionen mit Shang Yang über mehrere Tage erstreckten.

Jing Jian fragte Shang Yang: «Der Herzog hat seine Ansicht über dich völlig geändert. Wie hast du das zustande gebracht?»

Shang Yang antwortete: «Bei den ersten beiden Audienzen sprach ich über den konfuzianischen Weg der Herrscher des Altertums. Doch der Herzog fand diese konfuzianischen Herrschaftsmethoden zu wenig wirksam. Um auf diesem Wege Erfolg zu erringen, sind die Anstrengungen von Dutzenden, ja Hunderten von Jahren nötig. Denn gemäß der Konfuzianischen Lehre wirkten die Herrscher des Altertums vor allem durch die Strahlkraft ihrer Tugend. Doch bedarf es langer Zeiträume, bis diese tatsächlich über das ganze Land leuchtet. Welcher Herrscher hat heutzutage solch eine Geduld? Daher fand Herzog Xiao dieses Herrschaftsmodell ungenügend. Dann begann ich, ihm die Thesen der Gesetzesschule betreffend den Aufbau eines reichen Landes mit einer starken Armee darzulegen, Ziele, die durch harte, bauernfreundliche und kriegsorientierte, in Gesetzen verankerte Strafen und Belohnungen in kürzester Zeit erreicht werden können, wenngleich auch zu sagen ist, daß der Ruf der Tugendhaftigkeit des Herrschers darunter leiden mag. Nun war der Herzog plötzlich Feuer und Flamme.»

Der taiwanesische Autor meint, Shang Yang habe Herzog Xiao zunächst einmal die Gegenposition, nämlich die Konfuzianische Doktrin, erläutert. Indem er Herzog Xiao also nicht sogleich für die eigene Theorie, jene der Gesetzesschule, zu gewinnen suchte, überließ er ihn erst einmal gewissermaßen dem feindlichen Gedankengut. Doch vertrat Shang Yang offensichtlich dieses in einer Art und Weise, daß der Herzog davon angeödet war. In einer Stimmungslage, da sich der Herzog aus eigenem Antrieb von der ihn langweilenden Doktrin abwandte, begann Shang Yang sein eigentliches Anliegen zu vertreten, d. h. die Theorien der Gesetzesschule zu erläutern. Die langatmige Erörterung der Gegenposition war also nur ein Mittel, um den Herzog schließlich um so sicherer für die eigene Position zu gewinnen. So lautet denn auch das Urteil von Sima Qian (geb. um 145 v. Chr.), dem wir die älteste Biographie des Shang Yang verdanken: «Bei näherem Betrachten erweist sich, daß Shang Yang bei seinem anfänglichen Versuch, Herzog Xiao vom Weg der alten Kaiser und Könige zu überzeugen, nur mit Scheinargumenten focht. Seine wahre Absicht ging nicht in diese Richtung.»

16.11 Durch Schlamperei zur Sittenstrenge

Herzog Jing hatte Yan Zi zum Verwalter über Dong'e eingesetzt. Nach drei Jahren vernahm man im ganzen Land nur Schlechtes über ihn. Herzog Jing war davon nicht erbaut, und so beorderte er ihn an den Hof, um ihn zu entlassen. Als Yan Zi nun abdanken sollte, sprach er: «Ich bin mir meiner Fehler bewußt, doch bitte ich, die Geschicke von Dong'e nochmals drei Jahre lang leiten zu dürfen. Danach wird man im ganzen Land bestimmt nur noch Gutes über mich hören.»

Herzog Jing konnte ihm die Bitte nicht abschlagen und setzte ihn nochmals als Verwalter über Dong'e ein. Drei Jahre später hörte man im ganzen Land tatsächlich nur noch Gutes über ihn. Dies freute Herzog Jing, und er beorderte ihn wieder an den Hof, diesmal, um ihn zu belohnen. Doch Yan Zi schlug das Geschenk aus und wollte nichts annehmen.

Als ihn Herzog Jing nach seinen Gründen fragte, entgegnete er: «Als ich zuvor die Geschicke von Dong'e lenkte, ließ ich Wege bauen und beschleunigte Maßnahmen zugunsten der Landbevölkerung. Doch dies nahmen mir die Schlechten übel. Ich förderte die Sparsamen und Fleißigen und jene, die Kindesehrfurcht und Bruderliebe zeigten. Ich bestrafte die Tagediebe und Nichtsnutze. Doch dies nahmen mir die Faulen im Volk übel. In Strafsachen schonte ich nicht die Vornehmen und Mächtigen. Doch dies nahmen mir die Vornehmen und Mächtigen übel. Was die Leute meiner Umgebung erbaten, gewährte ich ihnen, wenn es mit dem Gesetz vereinbar war, hingegen versagte ich es ihnen, wenn es gegen das Gesetz verstieß. Dies nahmen mir die Leute meiner Umgebung übel. Wenn ich meinen Vorgesetzten aufwartete, so ging ich nie über die Gebote der Riten hinaus. Dies verübelten mir meine Vorgesetzten. So kam es, daß diese Menschen ihre üblen Nachreden in aller Welt verbreiten und ihre Schmähungen am Hofe vorbringen konnten. Nach drei Jahren kamen diese Verleumdungen auch Euch zu Ohren. Dieses Mal wollte ich es mit aller Sorgfalt anders machen. Ich ließ keine Wege bauen und schob Maßnahmen zugunsten der Landbevölkerung auf die lange Bank. Darüber freuten sich die Schlechten. Ich benachteiligte die Sparsamen und Fleißigen und jene, die Kindesehrfurcht und Bruderliebe zeigten. Ich ließ Tagediebe und Nichtsnutze straffrei ausgehen. Darüber freuten sich nun die Faulen im Volk. Bei Strafsachen begünstigte ich die Vornehmen und Mächtigen. Darüber freuten sich die Vornehmen und Mächtigen. Zu allem, was die Leute in meiner Umgebung erbaten, gab ich meine Zustimmung. Darüber freuten sich diese. Wenn ich meinen Vorgesetzten aufwartete, dann ging ich über das hinaus, was die Riten geboten. Darüber freuten sich meine Vorgesetzten. So kam es, daß diese Menschen ihre Lobeshymnen in alle Welt verbreiteten und ihre Schmeicheleien am Hofe vorbringen konnten. Nach drei Jahren kamen jetzt diese Lobhudeleien auch Euch zu Ohren. Als Ihr mich damals bestrafen wolltet, hätte ich eigentlich Belohnung verdient, und nun, da Ihr mich belohnen wollt, wäre eigentlich eine Bestrafung angemessen. Das sind die Gründe, warum ich Eure Belohnung nicht annehmen kann.»

Da erkannte Herzog Jing in Yan Zi den Fähigen und beauftragte ihn mit der Verwaltung des ganzen Landes. Es dauerte nur drei Jahre, und Qi erlebte einen großen Aufschwung.

Yan Zi wollte nach dieser Anekdote aus *Yan Zi Chunqiu* («Die Frühlinge und Herbste des Yan Zi», s. 3.4) das Vertrauen des Herzogs Jing gewinnen. Auf dem geradlinigen Weg, nämlich durch ein seinen innersten Überzeugungen folgendes Regiment über Dong'e, gelang ihm dies nicht. Fast hätte ihn Herzog Jing seines Amtes enthoben. Darauf ließ Yan Zi drei Jahre lang die Zügel schleifen. Indem er alle seine Grundsätze von einer redlichen Verwaltung einstweilen fahren ließ, gewann er über den Umweg des nun positiven Klatsches über ihn das Wohlwollen des Herzog zurück und verschaffte sich durch eine geschickte Rede bei diesem Gehör für seine gestrenge Amtsauffassung.

So errang Yan Zi durch eine vorübergehende Positionsaufgabe nicht nur die höchste Beamtenstellung im Staat, sondern er nahm auch den Herzog für sein hohes Amtsethos ein.

16.12 Spannung bis zur letzten Seite

Wie der junge Gelehrte An Ji in Wen Kangs (19. Jh.) «Erzählung von der tapferen Jungfrau» auf der weiten Reise zu seinem Vater von Schwester Dreizehn aus den Klauen einer Verbrecherbande gerettet und so vor dem Tode bewahrt wurde, ist bereits in 8.9 «Die Heiratsvermittlung» kurz gestreift worden. Später berichtete der junge An Ji seinem Vater von der wundersamen Rettung.

Vater An möchte sich der Lebensretterin seines Sohnes erkenntlich zeigen, doch weiß sein Sohn nichts Genaues über deren Identität. Was ihren Wohnort betrifft, so erinnert er sich nur an ein Gedicht, das sie an eine Wand des Klosters, das den Banditen als Unterschlupf gedient hatte, gemalt hatte. Die letzten Zeilen lauteten:

> *«Sofern Ihr mich sucht:*
> *ich bin zu finden in den Wolken irgendwo.»*

Der Vater versinkt in Gedanken, murmelt unablässig die letzten Gedichtzeilen «zu finden in den Wolken irgendwo» vor sich hin und malt immerfort mit dem Finger die drei Schriftzeichen für «Schwester Dreizehn» auf die Tischplatte. Plötzlich schlägt er mit der Faust auf den Tisch und ruft, frohe Erleichterung im Gesicht: «Ich hab's.»

Natürlich will der Sohn nun Näheres von dem Vater wissen. Dieser antwortet: «Ich sehe klar. Aber es ist noch nicht die Zeit, mich dir zu offenbaren. Gedulde dich bis später. Dann werde ich sprechen und handeln.»

Also mußte sich der Jüngling, den Kopf voller Mutmaßungen, wohl oder übel in Geduld fassen. Der Autor schreibt:

> «Doch nicht nur der junge An war von Zweifeln geplagt, sondern auch die Leser dieses Buches dürften von Ungeduld gepeinigt sein. Doch wenn andere Autoren Werke verfassen, in denen sie, um den Leser zu fangen, ihn zunächst loslassen, so kann auch ich in meiner Erzählung nicht anders vorgehen, als der Reihe nach vom Kopf bis zum Schwanz zu erzählen. Also Geduld! Der Leser wird es schon zu gegebener Zeit erfahren.»

Und so lüftet Wen Kang das Geheimnis um Schwester Dreizehn erst gegen Schluß des von Franz Kuhn unter dem Titel «Die schwarze Reiterin» ins Deutsche übersetzten Romans.

Wen Kang benutzt hier das Strategem Nr. 16 gewissermaßen als literarischen Trick. Was er fangen will, ist die Aufmerksamkeit des Lesers, die möglichst anhaltend auf den weiteren Verlauf der Romanhandlung gelenkt werden soll. Das Mittel, um den Leser zu fesseln, besteht darin, ihn kurz vor der Aufklärung des Rätsels, also vor der Auflösung der Spannung, wieder in die Ungewißheit zurückfallen zu lassen. Dadurch stachelt der Verfasser die Neugier des Lesers auf die in Aussicht gestellten Enthüllungen an. So wird der Leser erst recht gepackt und seine Aufmerksamkeit bis ans Ende des Buches gefesselt.

16.13 Das unechte Brillantenkollier

Die Anwendung des Strategems Nr. 16 als einer Methode des literarischen Stoffaufbaus wird in chinesischen literaturtheoretischen Werken auch bei Guy de Maupassants (1850–1893) Kurzgeschichte *La parure* («Der Schmuck») entdeckt.

Mathilde, eine liebreizende, anmutige Frau, hatte, aus armen Verhältnissen stammend, einen Subalternbeamten aus dem Kulturministerium geheiratet. Sie war unglücklich, denn sie fühlte sich für ein luxuriöses, vornehmes Dasein geboren, lebte aber in einer armseligen, mit durchgewetzten Plüschmöbeln ausgestatteten Wohnung. Dies quälte und empörte sie. Sie träumte von verschwiegenen Gemächern mit schwellenden Orientteppichen und hohen leuchtenden Bronzekandelabern und von Pracht und Überfluß.

Da wollte es der Zufall, daß der Kulturminister ihren Mann und sie zu einer Abendgesellschaft einlud. Natürlich schmeichelte dies ihrer Eitelkeit, doch ihr fehlte die passende Garderobe. Da kaufte ihr der Gatte für 400 Franken, die er für einen anderen Zweck gespart hatte, ein Abendkleid. Nun fehlte Mathilde noch der geeignete Schmuck. Deshalb war sie immer noch traurig und beklommen, bis ihr ihre reiche Freundin Forestier ein wundervolles Brillantenhalsband lieh.

Auf der Party waren alle Blicke auf sie gerichtet, alle wollten ihr vorgestellt werden. Selbst dem Kulturminister fiel sie auf. Sie tanzte trunken vor Glück, hingegeben, selbstvergessen im Triumph ihrer Schönheit, im Glanz ihres Erfolges, wie auf einer Wolke...

Nun nimmt die Geschichte eine plötzliche Wendung. Wie der Tanzabend zu Ende geht, entdeckt Mathilde, daß sie das Halsband verloren hat. Um den Schaden zurückzuzahlen, muß sie zehn Jahre lang hart und entbehrungsreich arbeiten, um dann erst zu erfahren, daß die Freundin ihr ein unechtes Halsband geliehen hatte. Der Schweiß ihrer Mühen hatte alle ihre Eitelkeit weggewischt, sie war zu einer biederen Hausfrau geworden.

Der chinesiche Kommentator meint: Das ‹Loslassen› der Heldin im ersten Teil der Geschichte dient dazu, sie im zweiten Teil wieder einzufangen. Zunächst läßt Guy de Maupassant die Heldin den höchsten Gipfel des Glücks erklimmen, um sie dann um so tiefer fallen zu lassen. Dies kennzeichnet der chinesische Kommentator mit dem Strategem Nr. 16. Übrigens hat unlängst ein gewisser Huang Haigen, offensichtlich von Guy de Maupassant beeinflußt, eine Kurzgeschichte mit dem Titel «Das Halsband» (denselben Titel trägt auch die chinesische Übersetzung von Guy de Maupassants Kurzgeschichte) veröffentlicht.

16.14 Lin Chong kommt immer wieder davon

In ihrer «Plauderei über die Dialektik in der Kunst» (Peking, 1985) entdecken Yang Maolin und Li Wentian eine literarische Anwendung des Strategems Nr. 16 im Ming-zeitlichen Roman «Die Räuber vom Liangshan-Moor».

Als ein junger Mann der Gattin des Lin Chong nachstellt und Lin Chong bereits die Faust erhoben hat, um sie auf den Übeltäter niedersausen zu lassen, erkennt er, daß er den Adoptivsohn seines Vorgesetzten, des Kommandeurs Gao Qiu, vor sich hat. Sogleich zieht er seinen Arm zurück und führt seine Frau weg. Aus Gram über seinen Mißerfolg und aus Liebeskummer erkrankt der junge Gao, ein verwöhnter Jüngling und Frauenheld. Als sein Adoptivvater Gao Qiu den Grund der Erkrankung erfährt, heckt er mit dem Forstwart Lu ein Strategem aus, mit dem Lin Chong aus der Welt geschafft werden soll. Die erste Falle besteht darin, daß Lin Chong eines Tages dazu verleitet wird, einen kostbaren Säbel zu kaufen. Am folgenden Tag melden zwei Boten des Kommandeurs, dieser, selbst auch Eigentümer eines kostbaren Säbels, habe von dem Erwerb gehört und wolle den eigenen mit dem Säbel Lin Chongs vergleichen. Lin Chong habe den Kommandeur sogleich aufzusuchen.

Lin Chong durchschaut die List nicht. So eilt er in den Palast des Kommandeurs. Dort wird er in die Kriegshalle des weißen Tigers geführt, wo man ihn warten läßt. Als in Lin Chong Zweifel aufkommen und er sich zum Gehen wendet, tritt der Kommandeur ein und schreit: «Niemand hat dich gerufen. Wie kannst du dich unterstehen, von selbst die Halle des weißen Tigers zu betreten. Kennst du das Gesetz nicht? Und ein Säbel hängt auch an deinem Gurt. Du wolltest mich ermorden!»

Lin Chong wird verhaftet und nach Kaifeng zur Enthauptung abgeführt. Dies ist die erste Gefangennahme Lin Chongs.

Doch der Gerichtsschreiber Sun Ding des obersten Gerichtshofes, der den Fall untersucht, durchschaut die Intrige. Er bringt es fertig, daß Lin Chong mit einer Brandmarkung, zwanzig Stockschlägen und der Verbannung nach Cangzhou davonkommt. So gewährt der Autor Lin Chong die erste Freilassung.

Die Wächter, die Lin Chong zum Ort der Verbannung begleiten, werden vom alten Gao bestochen. Sie sollen Lin Chong unterwegs umbringen. Tatsächlich binden sie ihn im Wald der Wildschweine an einen Baumstamm. Bereits ist der Knüppel zum Zuschlagen erhoben, mit dem Lin Chong der tödliche Schlag auf die Schläfe versetzt werden soll. Dies ist die zweite Gefangennahme Lin Chongs.

Da ertönt plötzlich ein donnerähnliches Gebrüll. Es ist der Mönch Lu Zhishen, ein ehemaliger kaiserlicher Hauptmann und Freund Lin Chongs, der mit ein paar Sätzen auf die beiden Büttel zuspringt. Lin Chong ist gerettet. Dies ist seine zweite Befreiung.

Unter dem Schutz Lu Zhishens trifft Lin Chong wohlbehalten an seinem Verbannungsort ein. Dort wird ihm zunächst die Stelle eines

Wärters im Tempel des obersten Himmelsgottes zugewiesen. Später eröffnet ihm der erste Kerkermeister, er habe eine Aufgabe für ihn: Ab sofort solle er einen alten Soldaten ablösen, der einen etwa fünf Meilen von der Stadt entfernten Getreidespeicher für Militärpferde verwalte. Dahinter steckt ein neues Strategem des alten Gao, der Lin Chong nach wie vor nach dem Leben trachtet, um dessen Schwiegervater dazu zu bringen, seine Tochter endlich dem jungen Gao zur Frau zu geben. Der alte Gao hat den Kerkermeister bestochen. In der Nacht, in der Lin Chong der Einzug in den Getreidespeicher befohlen ist, soll dieser angezündet werden. Lin Chong soll in den Flammen umkommen. Dies wäre die dritte Gefangennahme Lin Chongs.

Der Zufall will es indes, daß Lin Chong in der Nacht, da die Untat geschehen soll, eine Weinschenke aufsucht. Als er zurückkehrt, findet er das Strohdach des Speichers von der Schneelast eingedrückt. Lin Chong begibt sich in einen nahen einsamen Bergtempel und legt sich dort zum Schlafen nieder. Plötzlich weckt ihn ein Knistern und Knattern. Durch eine Spalte in der Mauer sieht er, daß der Getreidespeicher lichterloh brennt. Damit ist er ein drittes Mal entkommen.

Die drei Ganoven, die den Brand im Auftrag des alten Gao gelegt haben, kommen zum Tempel, dessen Tor sie aber infolge eines dahinter liegenden Steines nicht öffnen können. Lin Chong kann ihre Unterhaltung belauschen. Er erfährt den Hergang des Komplotts. Wütend stürmt er aus dem Tempel und erschlägt die drei Verbrecher. In der Folge wendet er sich, da ohne Hoffnung auf Rechtserlangung, den Bauernaufständischen zu, den sogenannten «Räubern vom Liangshan-Moor».

Die beiden chinesischen Kommentatoren rühmen den wechselvollen Ablauf dieser Geschichte. In höchster Not nehme das Geschehen immer wieder eine Wendung zum Guten. Der sich mit dem Helden Lin Chong identifizierende Leser werde gleichsam selbst immer wieder vom Unheil gepackt, um dann aber doch ungeschoren davonzukommen. So treibe ihm das Geschick Lin Chongs immer wieder den Angstschweiß auf die Stirn.

16.15 Erst Zuspruch, dann Schelte

Jeder Verursacher eines Autounfalls, selbst der Hartgesottenste, wird im ersten Augenblick geschockt und beschämt sein. Wenn er in solch einer Gemütsverfassung beschimpft wird, kann es sehr gut sein, daß der

Schuldige seinen Trotz hervorkehren und sich verteidigen wird, anstatt seinen Fehler einzusehen und ein Geständnis abzulegen. Daher soll man dem Schuldigen eines Verkehrsunfalls gut zureden, ihn trösten, seinen Schilderungen zuhören und warten, bis sich seine Erregung gelegt hat, um ihn erst jetzt zu tadeln. Nur so kann man einen Verkehrssünder mit Aussicht auf Erfolg richtig behandeln.

Also erst einmal den Gefühlen des Schuldigen freien Lauf lassen, denn in dieser Phase würde man ihn für die Ermahnungen nicht gewinnen können. Erst wenn die Gefühlserregung abgeklungen ist, wird er empfänglich sein für den Tadel. Jetzt wird man ihn für die Ermahnungen gleichsam ‹gewinnen› können.

Zu diesen Überlegungen im Geist der konfuzianischen Tugend der Nachsicht beflügelt das Strategem Nr. 16 einen Taipeher Strategemspezialisten.

16.16 Zu Tode loben

> «Wenn man keine andere Wahl hat, benutzt man die Methode der Lobhudelei. Später stellt man den Gepriesenen bloß und stürzt ihn.»

Diese Maxime soll Lin Biao (1907–1971) an den Rand einer Seite in Stalins Buch «Fragen des Leninismus» geschrieben haben. Zu jenem Zeitpunkt war Lin Biao der ‹Kronprinz›, also der offizielle Nachfolger Mao Zedongs. Im Jahr 1971 aber, so heißt es, stürzte er nach einem gescheiterten Putsch gegen Mao bei einem Fluchtversuch in die Sowjetunion mit dem Flugzeug ab. Danach wurde Lin Biao in der Volksrepublik China als ein Todfeind Maos gebrandmarkt. Lin Biaos Maxime dient Wang Yunqiao als Beweis für die Behauptung, Lin Biao habe Mao «durch Lob töten» wollen. (Zeitschrift *Lishi Yanjiu*, «Geschichtsforschung», Peking):

In der Volksrepublik China hatten sich die Mao-Zedong-Ideen seinerzeit allgemein durchgesetzt. Offen dagegen zu opponieren, wäre Selbstmord gewesen. Also blieb einem Feind wie Lin Biao nichts anderes übrig, als sich als besonders eifriger Gefolgsmann Maos aufzuführen. Um aber dennoch Maos Gedankengut und dadurch Mao selbst zu diskreditieren, hat Lin Biao alles unternommen, um ihn in die höchsten Höhen zu erheben. So bezeichnete er Mao als ein Genie, wie es nur alle tausend Jahre einmal geboren wird.

«Mao ist das Genie der Genies» – «Die Mao-Zedong-Ideen sind

materiellen Kräften überlegen, ja können diese ersetzen» – «Die Mao-Zedong-Ideen sind der Gipfelpunkt menschlichen Denkens» – «Jeder Satz Mao Zedongs stellt eine endgültige Wahrheit dar.»

Indem Lin Biao auf diese Weise den Mao-Kult auf die Spitze trieb, schuf er die Bedingungen, um den von ihm ins Absurde hochgespielten Mao vom Sockel zu stürzen.

Auch dieses Vorgehen läßt sich dem Strategem Nr. 16 zuordnen: Man gewährt dem Feind völlige Entfaltungsfreiheit, ja fördert noch dessen Eitelkeit und treibt die Verehrung ins Maßlose, so daß schließlich allgemeiner Widerwille und Ekel die Folge sind und dem Feind unter Zustimmung breiter Bevölkerungskreise der Todesstoß versetzt werden kann.

Unwillkürlich erinnert das Lin Biao vorgeworfene Vorgehen an die Geschichte von den Straßenjungen, die einem Reiter zurufen: «Welch ein feines Pferd! Schneller! Schneller!» Der Reiter, vom Lob für sein edles Roß geschmeichelt, treibt dieses mit der Peitsche zu einer schnelleren Gangart an. Das Pferd beginnt zu galoppieren. Die Kinder geben unaufhörlich Rufe der Bewunderung von sich, und der Reiter peitscht und peitscht auf sein Pferd ein. Schließlich erscheint weißer Schaum vor dem Maul des Pferdes, und es wird langsamer. Dem Reiter klingt aber immer noch der Ruf «Feines Pferd! Schneller! Schneller!» in den Ohren, wieder treibt er es an. Schließlich stürzt das Pferd erschöpft zu Boden und verendet.

16.17 Hochmut als Falle

Eines Tages im Jahr 1925 rapportierte ein Kompanieführer dem Militärkommandeur He Long von Fengzhou (Provinz Hunan), er habe einen englischen Kaufmann nahe der Stadt Jinshi beim Versuch, Munition und Opium zu schmuggeln, ertappt und das Schmuggelgut auf der Stelle beschlagnahmt. Wenig später erscheint ein Beamter der englischen Botschaft mit einem chinesischen Angestellten der Provinzregierung bei He Long. Der Engländer zeigt sich «hochfahrend und aggressiv».

He Long geleitet die Gäste in den Empfangsraum und fragt den Engländer nach seinem Anliegen.

«Ein Kaufmann unseres Landes, der bei Jinshi seinen Geschäften nachgeht, wurde von einem Ihrer Untergebenen ausgeraubt. Ich fordere Sie auf, die Angelegenheit wieder in Ordnung zu bringen.»

Gelassen antwortet He Long: «Ich weiß von diesem Zwischenfall.

Ich habe bereits eine Untersuchung angeordnet. Sobald diese abgeschlossen sein wird, werde ich entsprechende Maßnahmen treffen.»

Der Engländer glaubt, He Long sei eingeschüchtert. Noch um einiges hochfahrender, entgegnet er: «Jedes einzelne gestohlene Gut muß ersetzt werden.»

He Long erwidert: «In diesem Fall bitte ich Sie, die vermißten Sachen in dieses Formular einzutragen.»

Durch seine naiv-zahm wirkende Reaktion erweckt He Long bei dem sich hochmütig aufführenden Engländer den Glauben, er werde das gesamte Schmuggelgut unangefochten zurückerhalten. Er ahnt nicht, daß ihn He Long nach Strategem Nr. 16 zunächst bewußt in diesem Glauben läßt. So schreibt er Stück um Stück auf das Formular. In diesem Augenblick tritt ein Soldat ein und erstattet He Long Bericht: «Die Untersuchung ist abgeschlossen, unsere Leute haben in der Tat bei der Stadt Jinshi die Waren, die ein englischer Kaufmann mit sich führte, beschlagnahmt. Es handelt sich um Gewehre, Munition und Opium.»

«Gut», sagt He Long. Er geht auf den englischen Beamten zu: «Schreibt alles auf.»

Dies tut der Aufgeforderte und signiert die Liste. He Long nimmt das Blatt entgegen und liest es durch. Da verfinstert sich sein Gesicht, und er schlägt mit der Faust auf den Tisch:

«Gerade auf solche Waffenschieber und Drogenhändler habe ich es abgesehen.» Er befiehlt, das konfiszierte Schmuggelgut herbeizuschaffen. Darauf vergleicht er dieses mit dem ausgefüllten Formular: «Ihr habt gegen das chinesische Gesetz verstoßen.»

Der englische Beamte ist sprachlos und außer Gefecht gesetzt.

Diese Geschichte las ich in der Pekinger «Jugendzeitung». He Long (1896–1969) war einer der Gründer der chinesischen Roten Armee. Nach 1949 amtete er u. a. als Vizeministerpräsident der Volksrepublik China und als hoher Sportfunktionär.

16.18 Den verspeisten Fisch im Teich wähnen

Yao, ein sagenhafter Kaiser der chinesischen Vorzeit, bestimmte den tugendhaften Shun zu seinem Nachfolger. Dies stachelte den Neid von Shuns jüngerem Bruder Xiang an. Er dachte an Mord. Eines Tages reinigte Shun einen Brunnen. Nach getaner Arbeit verließ er diesen durch einen Nebenschacht.

Xiang glaubte, Shun befinde sich noch im Brunnen, und ließ das Brunnenloch verstopfen, um Shun zu töten. Dann begab er sich in das Schloß von Shun. Dort erblickte er Shun auf dem Bett sitzend, die Wölbbrett-Zither spielend. Xiang heuchelte Freude: «Bruder, wie habe ich mich nach dir gesehnt!» Als Shun Xiang sah, freute er sich aufrichtig: «Du kommst gerade zur rechten Zeit. Ich bin dabei, mir über die wichtigen Angelegenheiten des Reiches Gedanken zu machen. Hilf mir bitte bei den Staatsgeschäften.»

Als Wan Zhang diese Geschichte las, war er recht verwirrt. Er fragte seinen Lehrer Mencius (gest. 289 v. Chr.), den zweitwichtigsten Vertreter der Konfuzianischen Lehrrichtung: «Wenn es so ist, wie es im Buche steht, war da nicht auch die Freude des Shun vorgetäuscht?»

Mencius antwortete: «Nein. Shun war ein tugendhafter Mann. Als er den jungen Bruder glücklich sah, war er ebenfalls glücklich.»

Einst erhielt Zi Chan, der Minister von Zheng, einen lebenden Fisch geschenkt. Zi Chan brachte es nicht über sich, den Fisch zu töten, um ihn zu essen, und er bat den Teichwächter, ihn in den Teich zu werfen. Doch der Teichwächter tötete und aß den Fisch statt dessen. Hernach berichtete er Zi Chan, er habe den Fisch freigelassen. Eben ins Wasser gelangt, sah er wie tot aus. Doch dann bewegte er sich wieder und verschwand. Zi Chan freute sich sehr.

Der Teichwächter sagte den anderen: «Wie kann man von Zi Chan sagen, er sei weise. Ich habe den Fisch gegessen, doch er wähnt, der Fisch schwimme im Teich.»

Diese im Buch des Mencius überlieferten Verhaltensweisen, die ich hier nach einer modernen, in der Volksrepublik China erschienenen Version übersetzt habe, kristallisieren sich in der chinesischen Redewendung *Qi yi qi fang*. Das heißt: jemanden mittels dessen Denkungsart hinters Licht führen. Dies kann als eine besonders raffinierte Anwendung des Strategems Nr. 16 angesehen werden: Man überläßt das Gegenüber gänzlich seiner vorgefaßten Meinung, seinem Wunschdenken, seinen Überzeugungen, man tastet seinen Erfahrungshorizont nicht an, indem man einen in Wirklichkeit ganz anderen Sachverhalt dieser Meinung, diesem Wunschdenken, diesen Überzeugungen, diesem Erfahrungshorizont entsprechend darstellt. So wird der Betreffende aus innerer Überzeugung zum Gefangenen eines Trugbildes. Nicht im Traum würde es ihm einfallen, dieses zu bezweifeln (s. auch Strategeme Bd. II, Einleitung, Punkt 9). Um das dem horizont-übersteigenden Denken abholde Gegenüber zu ‹fangen›, kommt es aber auch vor, daß man es notgedrungen «in Freiheit», also bei seinem irrigen Glauben läßt. Denn jeder ‹außerplanmäßige› Gedanke würde den anderen irritieren, kopfscheu machen, abschrecken, und anstatt ihn zu gewinnen, liefe man Gefahr, ihn zu verlieren. Da sieht man sich denn gezwungen, Sachverhalte so zu verbiegen und zu verfälschen, daß sie um der Akzeptanz willen genau in die gewohnten Denkbahnen des Gegenübers hineinpassen und seiner Wellenlänge entsprechen. Denn die wahrheitsgemäße Auskunft würde der andere ja nur entrüstet von sich weisen. Um als ehrlich zu gelten, muß man lügen, denn spräche man die Wahrheit, dann stünde man als Lügner da! Dies soll eine «Einminuten-Erzählung» von Bai Xiaoyi illustrieren. Sie gewann im Frühjahr 1985 in einem Miniaturgeschichten-Jugendwettbewerb mit über 30000 Einsendungen aus ganz China den ersten Preis. Ich übersetze sie aus der *Zhongguo Qingnian Bao* («Chinesische Jugendzeitung»), dem offiziellen Organ des chinesischen kommunistischen Jugendverbandes:

16.19 Explosion im Empfangsraum

Der Gastgeber goß Tee in die Tassen und stellte sie vor seinen Besuchern auf ein Tischchen. Dann setzte er jeder Tasse ihren Deckel auf. Dabei ertönte jeweils ein süßlich-spröder Klang. Der Gastgeber sah, daß etwas fehlte, stellte die Thermosflasche sogleich auf den Boden und eilte ins Nebenzimmer. Die beiden Besucher, ein Vater und seine zehnjährige Tochter, hörten, wie Schranktüren geöffnet und Gegenstände hin und her geschoben wurden.

Die Tochter stand am Fenster und betrachtete Blumen. Die Finger des Vaters näherten sich dem zarten Griff der Teetasse. Da, ein Geräusch, und dann der verzweifelte Schrei des Zerberstens, wie eine Explosion.

Die Thermosflasche auf dem Fußboden war umgestürzt. Die Tochter zuckte zusammen und blickte sich hastig um. Sie sah etwas ganz Alltägliches und empfand es doch wie eine Zauberei. Weder der Vater noch sie hatten die Thermosflasche berührt. Daran bestand kein Zweifel. Nachdem sie der Gastgeber auf die Erde gestellt hatte, wackelte sie zwar, fiel aber keineswegs sofort um.

Die Explosion ließ den Gastgeber zu seinen Besuchern eilen. In der Hand hielt er eine Schachtel mit Würfelzucker. Er blickte auf die dampfende Wasserlache, und es entschlüpften ihm die Worte: «Macht nichts! Macht nichts!»

Der Vater schien sofort etwas sagen zu wollen, doch er beherrschte sich. Dann äußerte er: «Es tut mir so leid. Ich bin daran gestoßen.»

«Das macht nichts», wiederholte der Gastgeber ungerührt.

Auf dem Heimweg fragte die Tochter: «Hast du die Thermosflasche angestoßen?»

«... ich war ihr am nächsten», entgegnete der Vater.

«Aber du hast sie doch gar nicht berührt. Gerade in dem Augenblick sah ich dein Spiegelbild im Fenster. Du hast dich überhaupt nicht bewegt.»

Der Vater lachte: «Na, dann sag mir mal, was ich hätte tun sollen!»

«Die Thermosflasche ist von selbst umgefallen, weil der Erdboden uneben war. Sie wackelte ja schon, als Onkel Li sie auf den Boden stellte. Vater, warum sagtest du, du habest ...»

«Onkel Li hat den Vorfall doch nicht gesehen.»

«Du hättest es ihm schildern können.»

«Das ging nicht, Kind. Es war besser zu behaupten, ich sei daran gestoßen. Das hörte sich glaubwürdiger an. Es kommt vor, daß du einfach nicht weißt, wie dir geschieht. Je wahrer deine Auskunft ist, um so falscher erscheint sie und um so weniger wird dir geglaubt.»

Die Tochter schwieg eine Weile.

«War es nur so möglich?» fragte sie dann.

«Nur so!»

16.20 Der autonome Kunde

Ratschläge, die an das chinesische Strategem Nr. 16 erinnern, erteilt Mark H. McCormack in seinem Buch «Was in der Harvard Business School nicht gelehrt wird» (US-Ausgabe 1984, Pariser Ausgabe 1985), und zwar im Kapitel mit dem Titel ‹Stratagems›.

McCormack empfiehlt Verkäufern, in gewissen Fällen das Verkaufsobjekt eher aus sich selbst heraus auf den Kunden wirken zu lassen, anstatt es sofort mit einem großen Wortschwall anzupreisen. Indem man den Kunden angesichts der Ware in Ruhe überlegen läßt, kann sich nicht nur dessen Phantasie, sondern auch dessen Kauflust entfalten, so daß gegebenenfalls gar der Kunde die Vorzüge des Kaufobjekts zu loben beginnt.

Weiter rät McCormack:

> «Wenn Sie Vertrauen in Ihr Produkt haben und wissen, daß es den Kunden zufriedenstellen wird, dann übergeben Sie ihm die Ware und

sagen dem Kunden, der Preis könne später festgesetzt werden; ja man kann gar dem Kunden anheimstellen, den Preis selbst festzusetzen. Natürlich müssen Sie den Kunden kennen. Es gibt Kunden, die ohne weiteres eine Null hinzufügen, es gibt aber auch Kunden, die vom Preis eine Null streichen.»

16.21 Dreimal die Strohhütte aufsuchen

Wiederholt habe ich Zhuge Liang (181–234) erwähnt, den Kanzler des Shu-Han-Reichsgründers Liu Bei (161–223) im Zeitalter der drei Reiche. Wie entstand das unerschütterliche Vertrauensverhältnis zwischen diesen beiden Männern?

Zunächst zu Zhuge Liang. Er lebte zurückgezogen im Longzhong-Gebirge nahe der Stadt Xiangyang (heutige Provinz Hubei) und beobachtete von dort aus den Lauf der chinesischen Politik. Im Freundeskreis verglich er sich oft mit Guan Zhong und Yue Yi, den großen alten Meistern der Staats- und Kriegskunst aus dem vorkaiserlichen China. Was ihm fehlte, um seine Vorbilder nachahmen zu können, war eine Persönlichkeit, in deren Dienst er sich hätte bewähren können. Bei keinem der mehr oder weniger etablierten Machtgruppen schien sich ihm eine Chance zu einer steilen Karriere zu eröffnen. Da blieb nur noch Liu Bei als möglicher Dienstherr übrig. Dessen hochfahrende Pläne, die Nr. 1 in China zu werden, hatten sich in Luft aufgelöst, doch ging von ihm als entferntem Angehörigen des Han-Kaiserhauses eine gewisse fürstliche Ausstrahlung aus.

Zhuge Liang erkannte, daß Liu Bei einen Ratgeber suchte. Hier eröffnete sich Zhuge Liang also eine Chance. Und er entschloß sich, alle Maßnahmen zu treffen, um Liu Bei zu gewinnen. So veranlaßte er verschiedene ihm gewogene Leute, ihn bei Liu Bei zu rühmen.

Liu Bei, den bereits die Erkenntnis des nahenden Alters quälte, hatte in letzter Zeit einen Rückschlag nach dem anderen erlebt. In einer Schlacht gegen Cao Cao verlor er praktisch seine ganze Armee. Darauf entkam er nur mit knapper Not zwei Mordanschlägen Liu Biaos, des Statthalters von Jingzhou, eines entfernten Vetters, in dessen Obhut er sich begeben hatte. Alles schien verloren. Da traf er bei seiner Flucht aus Xiangyang, wo er dem zweiten Anschlag auf sein Leben entging, auf den Einsiedler Sima Hui, genannt Herr Wasserspiegel. Liu Bei sagte: «Ich bin zufällig hier vorbeigekommen und von einem Hirtenknaben zu Euch geführt worden. Welch ein Glück, Euch begrüßen zu dürfen.»

Herr Wasserspiegel erwiderte: «Ihr seid offensichtlich auf der Flucht. Das schließe ich aus Euren nassen Kleidern und Eurem strapazierten Aussehen. Ihr solltet nicht die Wahrheit verbergen.»

Darauf erzählte ihm Liu Bei, was sich in Xiangyang zugetragen hatte. Wasserspiegel gab Liu Bei Tee zu trinken und sagte: «Schon vor langer Zeit habe ich von Eurem Ruhm gehört. Wie seid Ihr in eine derart widrige Lage geraten?»

Liu Bei antwortete: «Mein Schicksal ist nicht gut.»

Herr Wasserspiegel aber meinte: «Es ist nicht das Schicksal, sondern es fehlen Euch tüchtige Männer.»

Damit war Liu Bei nicht einverstanden. Er zählte die Namen seiner Helfer auf.: «Sie alle sind mir treu ergeben.»

Wasserspiegel entgegnete: «Gewiß, Ihr habt erstklassige Krieger, aber die drei Berater, die Ihr genannt habt, sind bloß blasse Buchgelehrte. Sie sind nicht fähig, Wirrnisse zu ordnen und der Welt Heil zu bringen.«

Liu Bei sprach: «Ich habe auch schon Ausschau gehalten nach einem jener in der Einsamkeit verborgen lebenden, auf ihren Tag wartenden Weisen. Doch leider vergeblich.»

Wasserspiegel sagte: «In dieser Gegend sind alle Fähigen des Reiches versammelt. Sucht sie doch auf!»

«Wo kann ich sie finden?» fragte Liu Bei hastig.

«Wenn Ihr etwa den ‹Schlafenden Drachen› gewinnen könntet, dann wäre das Reich Euer.»

«Wer ist das?»

Wasserspiegel schlug die Hände zusammen und sagte lachend: «Wohl, wohl!»

Als Liu Bei wieder fragte, sagte Wasserspiegel: «Es ist schon spät, Ihr könnt hier übernachten, morgen plaudern wir weiter.»

Nach dem Abendessen lag Liu Bei noch lange wach. Immer wieder gingen ihm die Worte von Wasserspiegel durch den Sinn. Anderntags fragte Liu Bei Wasserspiegel nach dem ‹Schlafenden Drachen›. Doch Wasserspiegel antwortete wieder lachend: «Wohl, wohl.»

Als Liu Bei Wasserspiegel bat, in seine Dienste zu treten, lehnte dieser ab: «Es gibt andere, die zehnmal geeigneter sind als ich, um Euch beizustehen. Ihr müßt sie nur aufsuchen.»

Liu Bei verabschiedete sich von Wasserspiegel und ritt nach Xinye, wo er seine Schwurbrüder Guan Yu und Zhang Fei wieder traf.

In der Folge gelang es einem Freund Zhuge Liangs mit dem angenommenen Namen Dan Fu, von Liu Bei als Militärberater in Dienst genommen zu werden. Auch dieser empfiehlt, als er wegen einer familiären Angelegenheit den Dienst bei Liu Bei quittiert, Zhuge Liang: «Nach dem frühen Tod seines Vaters wuchs er bei einem Onkel in Nanyang heran. Nach einem nahen Berg gleichen Namens nannte er sich ‹Schlafender Drache›. Nach dem Tod des Onkels zog er ins Longzhong-Gebirge. Dort wohnt er mit seinem jüngeren Bruder. Wenn Ihr seine Hilfe erlangt, braucht Ihr Euch wegen der Befriedung des Reiches keine Sorgen mehr zu machen.»

So war Liu Bei von Wasserspiegel und danach von Dan Fu auf Zhuge Liang aufmerksam gemacht worden. Von nun an kannte er nur ein Ziel, nämlich Zhuge Liang als Berater einzustellen. Mit seinen beiden Schwurbrüdern und mit reichen Geschenken machte er sich auf die Suche nach Zhuge Liang. Dieser hatte, so ein Taipeher Strategembuch, heimlich Maßnahmen getroffen, um noch höher in Liu Beis Ansehen zu steigen. Als sich Liu Bei dem Longzhong-Gebirge näherte, hörte er, wie die Bauern auf dem Feld ein hintergründiges Lied mit einer Anspielung auf einen weisen Einsiedler sangen. Auf die Frage nach dem Verfasser des Liedes nannten die Bauern Zhuge Liangs Namen. Sie wiesen Liu Bei auch den Weg zu dessen Strohhütte.

Doch Zhuge Liang, der in Wirklichkeit unbedingt in die Dienste Liu Beis aufgenommen werden wollte, war nicht zu Hause. Er machte sich also rar. Dies steigerte Liu Beis Interesse noch mehr. Enttäuscht kehrte er nach Xinye zurück.

Unterwegs traf er, natürlich zufällig, auf Cui Zhouping, einen Freund Zhuge Liangs. Dieser erweckte in einem kurzen Gespräch bei Liu Bei den Eindruck tiefster Weisheit. Von Xinye sandte Liu Bei Späher ins Longzhong-Gebirge, um nach Zhuge Liang Ausschau zu halten. Sie berichteten Liu Bei, Zhuge Liang sei nun in seine Strohhütte zurückgekehrt. Darauf brach Liu Bei zu einem neuen Besuch auf. Sein Getreuer Zhang Fei meinte, Zhuge Liang sei ein gewöhnlicher Mann vom Lande. Liu Bei solle ihn doch einfach herzitieren. Doch dieser antwortete: «Wie könnte ich den größten Weisen unserer Zeit einfach herbeibefehlen!»

So ritt Liu Bei in Begleitung seiner beiden Schwurbrüder zum zweiten Mal ins Longzhong-Gebirge. Es war mitten im Winter und sehr kalt. Plötzlich begann es zu stürmen und zu schneien. Die beiden Begleiter rieten zur Umkehr. Doch Liu Bei meinte: «Indem ich dem Schnee trotze, möchte ich Zhuge Liang meine Hochachtung kundtun.»

Doch erneut war Zhuge Liang nicht anzutreffen. Von dessen jüngerem Bruder, den Liu Bei in der Hütte traf, erfuhr er, daß der Gesuchte mit Cui Zhouping zu einer Wanderung aufgebrochen sei, wo genau, sei unbekannt. So mußte Liu Bei zum zweiten Mal von dannen ziehen, nicht ohne aber Zhuge Liang eine Nachricht zu hinterlassen. Liu Bei brachte darin seine tiefe Enttäuschung zum Ausdruck, ihn wieder nicht angetroffen zu haben. Er hoffe, Zhuge Liang werde ihm bei der Befriedung des Reiches beistehen. Er werde wiederkommen. Davor aber werde er sich durch Fasten und reinigende Kräuterbäder läutern.

Nun wartete Liu Bei bis zum Frühling und ließ vom I-Ging-Orakelkundigen einen günstigen Tag auswählen. An diesem begab er sich zum dritten Mal zu Zhuge Liangs Strohhütte. Um seinen Respekt zu beweisen, legte er die letzte Meile nicht zu Pferd, sondern zu Fuß zurück.

Diesmal teilte der Knabe, der auch dieses Mal Zhuge Liangs Hütte hütete, mit, der Meister sei gestern zurückgekehrt.

«Bitte melde, daß ich gekommen bin, um ihn zu besuchen.»

«Der Meister ist zwar daheim, aber augenblicklich schläft er.»

«Nun, dann warte mit der Anmeldung.»

Liu Bei hieß seine beiden Begleiter vor der Hütte warten. Er selbst trat leise in diese ein und fand Zhuge Liang, in tiefem Schlaf versunken, auf einem Mattenlager.

Liu Bei legte seine Hände zum Gruß auf Brusthöhe gewölbt und wartete schweigend, zu Füßen des Lagers stehend. Es verstrich eine lange Weile, und der Meister war immer noch nicht aufgewacht. Endlich regte er sich, doch nur, um sich auf die andere Seite zu drehen, mit dem Gesicht zur Wand. Der junge Diener wollte ihn wecken, doch Liu Bei ließ es nicht zu. Noch eine geschlagene Stunde stand er da und wartete. Endlich schlug der schlafende Drache die Augen auf. Er wandte sich an den Knaben: «Sind Gäste gekommen?»

«Liu Bei, der Onkel des Kaisers. Er steht schon lange wartend hier.»

«Warum hast du es mir nicht früher gemeldet? – Laßt mich erst noch die Kleider wechseln.» Und Zhuge Liang verschwand in einem anstoßenden Gemach, um erst nach einer geraumen Weile, sorgfältig angezogen, wieder zum Vorschein zu kommen.

Im anschließenden Gespräch legte Zhuge Liang seinen Plan, wie Liu Bei das Reich zu gewinnen vermöchte, dar. Er schlug Liu Bei vor, sich das Gebiet der heutigen Provinz Sichuan als Machtbasis zu sichern, um sich dann mit Sun Quan, dem Herrscher des östlich davon gelegenen Reiches Wu, gut zu stellen, die Fremdvölker im Westen und Süden zu gewinnen und mit geballter Kraft gegen Cao Cao, den Herrscher des nördlichen Wei-Reiches vorzugehen (s. auch 20.15).

Liu Beis Herz hätte gar nicht offener für Zhuge Liangs Überlegungen sein können. Wie von Zhuge Liang erhofft, endete die Strategie-Besprechung im Longzhong-Gebirge damit, daß Liu Bei erregt aufsprang, die Hände vor der Brust zum Gruße kreuzte und ausrief: «Nachdem ich Euch zugehört habe, ist mir mit einem Mal ein Licht aufgegangen. Es ist, als ob schwarze Wolken verflogen wären und ich den blauen Himmel erblickte. Ich habe zwar keinen Namen und bin von nur geringer Tugendhaftigkeit, hoffe aber, daß der Meister mich Nichtswürdigen nicht verachte und daß er aus seiner Einsamkeit heraustrete und mir beistehe. Ich will mit größter Ehrerbietung Euren Unterweisungen folgen.»

Zhuge Liang antwortete: «Seit langem bestelle ich hier mein Feld und bin glücklich dabei. Ich habe keine Lust, mich der Welt anzupassen, und kann daher Eurem Ruf nicht Folge leisten.»

Liu Bei begann zu weinen: «Wenn Ihr nicht in die Welt hinaustretet, was soll dann aus dem armen Volk werden?»

Als Zhuge Liang sah, daß Liu Beis Ärmel von Tränen benetzt waren, bestand für ihn kein Zweifel mehr an der festen Absicht des Liu Bei, sich auf ihn zu stützen. Das einen weisen Berater suchende Herz Liu Beis war nun fest in seiner Hand. Jetzt zögerte Zhuge Liang nicht länger. Damit begann sein kometenhafter Aufstieg als Kanzler des ihm blind vertrauenden Liu Bei.

Mit diesem in der «Romanze der drei Königreiche» geschilderten Geschehen, das viele Geschichtsbücher in das Jahr 207 verlegen, dessen Ablauf historisch aber nicht über alle Zweifel erhaben ist, entstand das unerschütterliche Vertrauensverhältnis zwischen Liu Bei und Zhuge Liang. Und zwar benutzte Zhuge Liang gemäß einem Hongkonger Strategembuch, dem ein Pekinger Strategembuch aus dem Jahre 1986 im wesentlichen beipflichtet, das Strategem Nr. 16: Zweimal ließ er Liu Bei gleichsam los, um ihn das dritte Mal um so fester an sich zu ketten.

Übrigens lebt die Begebenheit noch heute in dem chinesischen Sprichwort weiter: *San gu mao lu*, «Dreimal die Strohhütte aufsuchen».

16.22 Der unheimliche Todeswunsch

Liu Bei hatte in einem Feldzug gegen das nördliche Reich Wei aus eigener Schuld und weil er Zhuge Liangs Ratschläge nicht befolgte eine schwere Niederlage erlitten. Von Gram und Selbstvorwürfen gepeinigt, erkrankte er und lag in der Stadt Baidicheng danieder. Als sich seine Krankheit dramatisch verschlimmerte, benutzte er gegenüber Zhuge Liang das Strategem Nr. 16. Voller Furcht, seine Dynastie könne nun ins Wanken geraten, setzte er Zhuge Liang in der Stunde seines Todes wie folgt zu. Zunächst sagte er ihm unter Tränen: «Dank Eurer Kanzlerschaft habe ich ein Reich gewinnen können. Nur waren meine Fähigkeiten zu gering. Deshalb habe ich Euren Ratschlag in den Wind geschlagen und diese Niederlage verschuldet. Jetzt bin ich aus Kummer krank geworden. Ich sehe dem Tod ins Antlitz. Mein Erbsohn ist schwach und unfähig. Es bleibt mir aber nichts anderes übrig, als ihm das Reich anzuvertrauen.»

Bei diesen Worten liefen ihm die Tränen die Wangen herab. Da mußte auch Zhuge Liang weinen. Er war zutiefst erschüttert. Später sagte der sterbende Liu Bei, sich mit einer Hand die Tränen abwischend: «Das Ende naht. Ich möchte Euch noch meinen innersten Gedanken offenbaren. Ihr seid dem Kaiser von Wei um ein Vielfaches überlegen. Ihr habt das Zeug, China zu befrieden und das große Werk zu vollenden. Wenn Ihr meinem Sohn beistehen könnt, dann helft ihm. Sollte er sich als unfähig erweisen, dann übernehmt Ihr den Thron!»

Als Zhuge Liang diese Worte hörte, geriet er völlig aus der Fassung. Kalter Schweiß brach aus seinen Poren. Weinend kniete er nieder und gelobte: «Nie würde ich etwas anderes wagen als mit aller Kraft, über die ich verfüge, bis zum Tode loyal Eurem Sohn zu dienen!»

Gerade dadurch, daß der sterbende Kaiser Zhuge Liang sein Reich anbietet, ja ihm gar einen Staatsstreich gegen seinen eigenen Sohn vorschlägt, vermag er Zhuge Liangs Loyalitätsgefühl zu mobilisieren und zu stabilisieren und das Überleben seiner durch seine Niederlage gefährdeten Familiendynastie zu sichern.

16.23 Geduld bringt Rosen

Ein Kommentar zum Hexagramm Nr. 5 im «I Ging – Buch der Wandlungen» erhebt den Gehalt des Strategems Nr. 16 auf eine höhere Ebene der Lebenskunst. Man soll das Schicksal nicht einfangen wollen, sondern, gelassen wartend, ihm seinen Lauf lassen:

> «Solange die Zeit noch nicht reif ist, soll man sich nicht sorgen und durch eigenes Eingreifen die Zukunft gestalten wollen. Man sammle vielmehr in Ruhe Kraft, durch Essen und Trinken für den Leib, durch Heiterkeit und Guter-Dinge-Sein für den Geist. Das Schicksal waltet ganz von selbst, und dann ist man bereit dazu.»

Strategem Nr. 17

Einen Backstein hinwerfen, um einen Jadestein zu erlangen

Die vier Schriftzeichen	拋	磚	引	玉
Moderne chinesische Aussprache	*pao*	*zhuan*	*yin*	*yu*
Übersetzung der einzelnen Schriftzeichen	hinwerfen	Backstein	heranziehen	Jadestein

Zusammenhängende Übersetzung	Einen Backstein hinwerfen, um einen Jadestein heranzuziehen; jemand etwas Minderwertiges geben, um ihm dafür etwas Wertvolles zu entlocken; durch eine unbedeutende Gabe/Gunsterweisung einen großen Gewinn erzielen; dem Gegner einstweilen etwas Entbehrliches geben, um dafür später Wertvolleres zu gewinnen.
Kerngehalt	Gib-nimm-Strategem, Wurm-Fisch-Strategem, Köder-Strategem.

Seit dem Altertum ist Jade der beliebteste Stein der Chinesen. Bei Jade handelt es sich um ein Mineral, das je nach seinem Gehalt an Eisen in verschiedenen Farbtönungen von Schwarz über Rot, Blau und Grün bis Weiß erscheint. Jade wurde im alten China für kaiserliche und rituelle Sinnbilder wie auch für Dekorationen und Schmuck verwendet. Der ‹Jade-Kaiser› ist die höchste Gottheit in der chinesischen Volksreligion.

Genauso wie es sich in dem «Laßt hundert Blumen blühen» nicht um wirkliche Blumen, sondern um unterschiedliche künstlerische und literarische Formen und Stilrichtungen handelt, so geht es im Strategem Nr. 17 nicht um ein echtes Stück Jade noch um einen wirklichen Backstein, wie ihn Tang Jiqin in der Pekinger *Gongren Ribao* («Arbeiterzeitung»), dem offiziellen Organ des allchinesischen Gewerkschaftsbundes, am 19. Juli 1987 besingt:

Aus dem Schlafe aufgerüttelt,
schüttelt er von sich Pan Gus, des Weltenschöpfers, langen Traum,
um von starker Hand umgerührt sich zu verfestigen
und durch die Melodie der Kraft Gestalt anzunehmen.
Im lodernden Feuer der Hoffnung erglüht er,
und in der Hitze findet er Befreiung.
Endlich ein geschmeidiger Kloß
gewandet in die Farbe des Feuers
und mit dem Wesen der Härte.
Bimbam bimbam – die Musiknote eines Zeitalters.
Er fliegt in die Wüsten und in die Bergtäler
und entfaltet eine Planskizze nach der anderen zum Leben.
So steigt auf dem großen Gelände des Vaterlandes
jeden Tag eine neue Gedichtzeile in den Himmel empor.

Das Erlangen von ‹Jade› ist das Ziel, das Hinwerfen eines ‹Backsteins› das Mittel des Strategems Nr. 17. Dabei können der ‹Backstein› und der ‹Jadestein› Mannigfaches versinnbildlichen. Kein Wunder, daß der Hongkonger Strategemforscher Li Zongwu feststellt: «Dieses Strategem hat den größten Anwendungsbereich.»

17.1 Der halbe Vierzeiler

Als der Tang-Dichter Zhao Gu einst nach Suzhou kam, wollte ihm der dort ansässige Dichter Chang Jian einige Gedichtzeilen entlocken. Er dachte sich, Zhao Gu werde bestimmt den Lingyansi, den Tempel vom Geisterfels, besuchen. Deshalb schrieb Chang Jian auf die Wand des Tempels zwei mit Bedacht nicht hervorragend gestaltete Verse einer Gedichtform, bei der eigentlich vier Verse gefordert sind, und zwar je bestehend aus fünf oder sieben Schriftzeichen.

Als Zhao Gu den Tempel besuchte, störte ihn tatsächlich der unvollständige Vierzeiler. Er fügte die beiden fehlenden Zeilen hinzu und vollendete so das Gedicht. Seine beiden Verse waren weit kunstvoller als die beiden vorangehenden von Chang Jian. Chang Jians Vorgehen kennzeichnete die Nachwelt mit dem Ausspruch: «Einen Backstein hinwerfen, um einen Jadestein heranzuziehen.»

Diese Geschichte kann nicht stimmen. Chang Jian lebte in der ersten Hälfte des achten und Zhao Gu in der ersten Hälfte des neunten Jahrhunderts. Hat etwa ein unvollständiger Vierzeiler Chang Jians auf der Wand des Tempels vom Geisterfels 100 Jahre später Zhao Gu zu zwei zusätzlichen Versen verlockt? Wer weiß! Aber auch dann würde die Geschichte so, wie sie seit der Song-Zeit (10.–13. Jh.) in Dutzenden von Büchern überliefert ist, nicht zutreffen.

17.2 Chinesischer Flirt

> «Eine Frau, so schön wie eine prächtige, das ganze Land berückende Päonie in ihrem himmlischen Duft, mit einer Haut so leuchtend weiß wie Schnee und einer Gestalt wie funkelnde Jade. Ihr Sprechen erinnert an das Zwitschern von Schwalben und das Trällern von Rohrsängern.»

Mit diesen Zeilen beginnt der Gedichtreigen «Prächtiges Paar» des uighurischen Dichters Guan Yunshi (1286–1324). Er ist bekannt wegen der natürlichen, unbefangenen Art, in der er insbesondere Beziehungen zwischen Mann und Frau besingt, so etwa in dem folgenden Text:

> «Ich sehe, daß er mir fortwährend Blicke zuwirft. Das erfreut mich sehr. Ich werfe ihm einen Backstein hin, um dadurch einen Jadestein zu gewinnen. Durch das ihm zugefügte Weh hoffe ich, mein Glück zu erringen.»

In diesem Fall mag der Backstein vielleicht eine Entrüstung vorspiegelnde schnippische Frage der Frau sein: «Was stiert Ihr mich dauernd so an?» Das Weh – die in vorwurfsvollem Ton vorgetragene Frage der Frau – ist der Backstein, den sie dem im Grunde begehrten Mann hinwirft. Dieser ist sehr froh, nun ein Gespräch anknüpfen zu können. Die so angebahnte nähere Bekanntschaft mit dem Mann ist der Jadestein, den die Frau gewinnt.

17.3 Der naseweise Dhyāna-Novize

In der Tang-Zeit (7.–10. Jh.) ließ der angeblich im Alter von 120 Jahren verstorbene buddhistische Dhyāna-Mönch Congshen seine Novizen, gemeinsam in einem Raum sitzend, meditieren. Mit geschlossenen Augen hatten sie ganz ruhig zu verweilen und durch die Reinigung ihres Geistes von allen weltlichen Gedanken einen Zustand der Selbstentrückung zu erstreben. Vor einer gemeinsamen Abendmeditation verkündete der Mönch: «Heute abend werden Fragen beantwortet. Wer zu tieferen Einsichten in die buddhistische Lehre gelangt ist, kann vortreten.»

Sämtliche Novizen reagierten zunächst einmal, wie es sich gehörte, durch die Einnahme der korrekten Sitzhaltung und das Versinken in stille, unbewegliche Meditation. Nur ein junger Novize, der sehr von sich eingenommen war, erhob sich sofort, trat hervor und verbeugte sich. Der Mönch Congshen sagte langsam: «Gerade eben warf ich einen Backstein hin, um einen Jadestein heranzuziehen, und siehe da, was erhalte ich: einen ungebrannten Backstein.»

Dies ist eine Anekdote aus einer Sammlung von buddhistischen Unterweisungen aus der Song-Zeit (10.–13. Jh.). Die vor der Meditationssitzung geäußerte Aufforderung des Mönchs ist gleichsam der Backstein. Der Mönch hatte gehofft, am Ende der langwährenden Meditationssitzung einen auf dem Pfade der Erleuchtung schon weit fortgeschrittenen Wissenden zu entdecken – den Jadestein. Doch das Ziel wurde verfehlt. Ein ganz besonders unverständiger, naseweiser Novize hatte sich vorgedrängt.

17.4 Der verstummte neunte Onkel Duo

Zuweilen werden die Worte des Strategems Nr. 17 nur als rhetorische Floskel benutzt, z. B. im Roman *Jing Hua Yuan* («Blumen im Spiegel») von Li Ruzhen (ca. 1763–ca. 1830).

Der Gelehrte Tang Ao begleitet seinen Schwager, den Kaufmann Lin Zhiyang, auf einer Seereise. Der Schwager gedenkt, in fernen Ländern Handel zu treiben. Zur Begleitung gehört auch der 80jährige, kerngesunde und als gebildet geltende Steuermann, der neunte Onkel Duo.

Eines Tages kommen sie ins Land der Schwarzzähne. Während Lin Zhiyang seinen Geschäften nachgeht, schlendern Tang Ao und der neunte Onkel Duo durch die Straßen der Hauptstadt. Dabei gelangen sie in eine kleine Gasse. Auf einer Tür steht ‹Mädchenschule›. Gerade tritt ein alter Mann heraus, erblickt die beiden Fremdlinge und lädt sie zu einer Tasse Tee ein. Dies kommt dem wißbegierigen Tang Ao gelegen, möchte er doch gerne etwas über das Land erfahren.

Im Innern der Schule erblicken die Ankömmlinge zwei etwa 14jährige Schülerinnen mit schwarzen Gesichtern, zinnoberroten Augenbrauen und ausdrucksvollen Augen. Die eine trägt ein rotes, die andere ein purpurnes Gewand. Tee wird aufgetragen. Der alte Lehrer sagt zu den Schülerinnen: «Heute wird euch die seltene Gelegenheit zuteil, zwei große Gelehrte zu treffen. Diese könnt ihr um Unterweisung bitten, wenn ihr aus eurem Studium irgendeine Frage habt. Ist es nicht etwas Schönes, das Wissen zu erweitern?»

Der neunte Onkel Duo erwidert: «Natürlich kenne ich mich nicht in jedem Winkel der Gelehrsamkeit aus, doch vom üblichen Bücherwissen sollte ich das eine oder andere präsent haben.»

Darauf erhob sich das purpurgewandete Mädchen ein wenig von ihrem Sitz und sagte: «Wir leben in einem abgelegenen Land und sind von Natur aus schwerfällig. Wie könnten wir es da wagen, Fragen zu stellen!»

Der neunte Onkel Duo dachte bei sich: «Dieses Mädchen redet ja gar nicht einmal so ungeschliffen. Offenbar hat es ein paar Jahre lang studiert. Schade, daß es sich nur um ein minderjähriges Weibervolk handelt. Ich weiß nicht, wie ich mit ihm ins Gespräch kommen kann. Ich muß es wohl mit irgendeiner Bemerkung aus der Reserve locken. Wenn es nur ein wenig zu lesen und zu schreiben vermag, wird man schon langsam eine Unterhaltung aufbauen können.»

Daher sagte er: «Du Talentierte setze dich bitte nieder. Sei nicht so bescheiden. Wenn du eine Frage auf dem Herzen hast, dann stelle sie in allen Einzelheiten. Was ich darüber weiß, werde ich dir sagen.»

Da erhob auch Tang Ao die Stimme: «Wir haben schon lange das Bücherstudium aufgegeben. In den vielen Jahren seither sind wir aus der Übung gekommen. Ich fürchte, unser Wissen reicht nicht weit, und hoffe auf deine Unterweisung, Talentierte!»

Kaum vernahm der neunte Onkel Duo das Wort ‹Unterweisung› aus dem Munde von Tang Ao, da ließ er ein verächtliches «Hm!» vernehmen. Zwar sagte er nichts, aber er dachte bei sich: «Es handelt sich doch nur um zwei fremdländische Mädchen. Man kann sich denken, wie gering das Wissen in ihrem Bauche ist. Warum ist der alte Tang auch nur so höflich. Er schätzt die beiden viel zu hoch ein!»

Doch wer hätte es für möglich gehalten: Die beiden Mädchen offenbarten ein reiches Wissen und ein hervorragendes Gedächtnis. Kein Buch, das sie nicht zu kennen schienen. Von ihren Lippen strömte ein Redeschwall, der gar nicht mehr enden wollte. Dem flinken Mundwerk ausgesetzt, hätte der neunte Onkel Duo nur zu gerne irgendeiner Aussage der beiden widersprochen, doch sie zeigten keine Wissensblöße, bei der er hätte einhaken können. Da dachte er sich: «Diesen beiden Mädchen kann man wohl mit den üblichen Klassikern nicht beikommen. Soweit ich weiß, ist aber das ‹I Ging – Buch der Wandlungen› im Ausland völlig unbekannt. Warum die Mädchen nicht damit in Verlegenheit bringen? Wahrscheinlich werden sie mit ihren Kenntnissen am Ende sein.»

Bei diesem Einfall wandte sich der neunte Onkel Duo an die Mädchen: «Ich hörte, daß das ‹I Ging – Buch der Wandlungen› im Ausland wenig bekannt ist. Doch an diesem Ort hier steht die Kultur in voller Blüte. Ihr beiden Talentierten seid vielwissend und reich belesen. Natürlich kennt ihr daher die Grundaussagen des ‹I Ging›. Nun haben seit der Qin- und Han-Zeit [221 v. Chr.–220 n. Chr.] viele Gelehrte dieses Werk erläutert. Ich möchte euch fragen, welche Kommentarschule die beste ist.»

Das purpurgewandete Mädchen antwortete: «Zwischen der Han- und Jin-Zeit [206 v. Chr.–420 n. Chr.] und der Sui-Zeit [581–618] entstanden meines Wissens außer Zi Xias ‹Kommentar zum I Ging›, bestehend aus zwei Bänden, noch dreiundneunzig Kommentarwerke. Doch ist mein Wissen viel zu gering, als daß ich mich dazu verleiten ließe, sie zu bewerten. Da bitte ich Euch um Eure Unterweisung.»

Der neunte Onkel Duo dachte sich: «Ich hatte bisher nur von etwa fünfzig bis sechzig Kommentarwerken gehört. Die da spricht nun aber von über neunzig Kommentaren, enthält sich jedoch jeden Urteils. Wahrscheinlich erinnert sie sich nur an ein paar wenige Titel. Die hohe Zahl hat sie nur ausgesprochen, um zu prahlen. Damit will sie mich einschüchtern. Jetzt werde ich ihr aber einmal auf den Zahn fühlen und sie bloßstellen. Auch Bruder Tang wird daran seine Freude haben.»

Und so sagte er: «Ich hörte von etwa hundert Kommentaren zum ‹I Ging›. Es überrascht mich, daß hier von dreiundneunzig Werken gesprochen wird. Kann denn die Talentierte sagen, wie viele Bände einzelne Autoren verfaßten?»

Das purpurgewandete Mädchen antwortete lächelnd: «Der wesentliche Gehalt eines jeden Kommentars ist mir nicht unbedingt in allen Einzelheiten vertraut. Doch an die Namen der Kommentare und die Zahl der Bände, aus denen sie bestehen, kann ich mich in etwa erinnern.»

Verblüfft sprach der neunte Onkel Duo: «Warum nennt die Talentierte dann nicht ein oder zwei Kommentare mit dem Namen des Verfassers und der Anzahl der Bände?»

Darauf zählte das purpurgewandete Mädchen sämtliche 93 Kommentare der Reihe nach auf, wobei sie neben den Verfassern jeweils auch den Umfang jedes Werkes genauestens beschrieb.

Ganz verdutzt hatte der neunte Onkel Duo der Aufzählung zugehört. Alle ihm bekannten Werke befanden sich darunter und noch viele mehr. «Hoffentlich prüft sie mich jetzt nicht. Ich wüßte ihrer Aufzählung nichts mehr beizufügen», sagte er sich, staunend dasitzend.

Doch das Mädchen richtete tatsächlich die gefürchtete Frage an ihn: «Der große Weise, der Ihr seid, sprach vorhin von etwa hundert Kommentaren. Ich weiß nun nicht, ob es sich dabei um die von mir jetzt aufgezählten Werke oder um eine andere Kollektion von hundert Kommentaren handelt. Bitte nennt mir nun doch ein oder zwei Titel, damit ich mein Wissen erweitern kann.»

Hastig antwortete der neunte Onkel Duo: «Was mir bekannt ist, hat die Talentierte schon alles aufgezählt. Ich befinde mich in einem vorgerückten Alter und kann mich nicht mehr genau erinnern.»

Das Mädchen ließ jedoch nicht locker: «Den Inhalt der einzelnen Werke mag der große Weise nicht klar im Gedächtnis behalten haben. Ich wage daher nicht danach zu fragen. Aber die Verfasser und die Anzahl der Bände kann doch ein jedes Schulkind herleiern. Warum verwehrt mir der große Weise die Belehrung?»

Der neunte Onkel Duo erwiderte: «Ich erinnere mich wirklich nicht mehr daran. Es ist nicht so, daß ich es nicht mitteilen wollte.»

Das purpurgewandete Mädchen entgegnete: «Wenn der große Weise nicht einige Kommentartitel nennt, dann heißt das, wohlwollend ausgelegt, daß er mich nicht belehren will, nicht wohlwollend ausgelegt bedeutet es aber, daß er mich vorhin, als er von hundert Kommentaren sprach, mit großen Worten hinters Licht führen wollte.»

Als der neunte Onkel Duo dies hörte, brach ihm der Schweiß aus allen Poren, und er konnte nichts mehr sagen. Das purpurgewandete Mädchen hob wieder an: «Gerade eben sprach der große Weise von hundert Büchern. Jetzt bitte ich nur darum, zusätzlich zu den dreiundneunzig von mir genannten Titeln deren sieben aufzuzählen, so daß sich insgesamt hundert Werke ergeben. Dies ist doch ein Kinderspiel. Wollt Ihr mich etwa immer noch nicht belehren?»

Der neunte Onkel Duo konnte sich in seiner äußersten Verlegenheit nur die Ohren und Wangen reiben. Da sprach sie schon wieder: «Wer würde bei solch einer leichten Aufgabe noch mit einer Antwort geizen! Die geringe Magd hat soeben ihre Lippen und ihre Zunge in Bewegung gesetzt und zahlreiche Kommentare aufgezählt. Ich wollte so einen Backstein hinwerfen, um einen Jadestein anzuziehen.»

Hier brechen wir den Ausflug in den in der Tang-Zeit (7.–10. Jh.) spielenden Roman «Blumen im Spiegel» ab. Er ist vor allem wegen des darin verbreiteten Gedankens der Gleichheit der Geschlechter in China berühmt geworden. Die Frau war schon von Konfuzius (551–479 v. Chr.) den «kleinen Leuten» gleichgestellt worden: «Weiber und kleine Leute sind schwer zu behandeln. Läßt du sie in deine Nähe, werden sie aufdringlich, hältst du sie fern, werden sie aufsässig.»

In China war die Frau, gleichsam «kosmisch begründet» als Geschöpf des Yin-Prinzips, des passiven Erdhaften, für ewig dem Mann, dem Vertreter des Yang-Prinzips, des aktiven, die Erde überwölbenden Himmlischen, untertan (Ernst Schwarz). Man begnügte sich nicht damit, ihr die Füße zu binden, d. h., sie ihr zu verkrüppeln und sie damit körperlich zu behindern. Auch in ihrer geistigen Entfaltung wurde die Frau gewissermaßen gefesselt. Diese Hintanstellung der Frau wird im Roman «Blumen im Spiegel» an vielen Stellen, so auch der hier wiedergegebenen, aufs Korn genommen. Der neunte Onkel Duo verkörpert das männliche Vorurteil der ignoranten Frau und muß sich zu seiner Beschämung eines Besseren belehren lassen.

Der in den Strategemen bereits bewanderte Leser hat während der Lektüre sicher festgestellt, daß der neunte Onkel Duo durch die Frage nach dem «I Ging – Buch der Wandlungen» in Wirklichkeit «den Tiger vom Berg in die Ebene locken», also das Strategem Nr. 15, anwenden wollte. Dieses Vorhaben mißlang ihm indes gründlich. Unversehens mußte er erleben, wie das purpurgewandete Mädchen das Strategem gegen ihn selbst richtete. Wenn das Mädchen schließlich ihren Diskussionsbeitrag als ‹Backstein› bezeichnete, durch den es dem neunten Onkel Duo einen ‹Jadestein› entlocken wollte, so ist dieser Ausspruch hier natürlich nicht so sehr strategemisch als vielmehr im Sinn einer halb spöttisch, halb unterwürfigen Floskel gemeint, wobei die Unterwürfigkeit aber das insgeheime Selbstbewußtsein des Mädchens durchschimmern läßt.

17.5 Sowjet-Holzschnitte für China-Papier

Wie vom purpurgewandeten Mädchen im alten China, so wird auch im modernen China der Strategem-Ausdruck Nr. 17 als rhetorisches Mittel der Selbstherabsetzung überaus häufig verwendet, so zum Beispiel von Mao Zedong:

> «... was die Kulturfragen betrifft, so bin ich ein Laie ... für die fortgeschrittenen Kultursachen des ganzen Landes ist das, was ich zu sagen habe, lediglich als ein in Erwartung eines Jadesteins hingeworfener Backstein zu betrachten.»

Das steht im ersten Abschnitt von Maos Abhandlung über die neue Demokratie aus dem Jahr 1940. Bemerkenswert ist die Weglassung der Worte des Strategems Nr. 17 in der offiziellen deutschen Übersetzung von Maos ausgewählten Werken (Peking 1968). Hier ist statt von Backstein und Jade lediglich von Maos «bescheidenem Ansporn der Kulturschaffenden zur Leistung ihrer eigenen wertvollen Beiträge» die Rede.

Lange Artikel werden in China oft selbstironisch als ‹Backsteine› bezeichnet. So beginnt der letzte Absatz eines in der Pekinger Intellektuellenzeitung *Guangming* erschienenen ausführlichen Aufsatzes über das Studium der englischen Sprache mit dem Satz:

> «Unsere Ansichten und Vorschläge sind noch sehr unreif. Wir haben jetzt erst einmal Fragen in den Raum gestellt und so einen Backstein in Erwartung eines Jadesteins hingeworfen.»

Am Ende eines Aufsatzes über die Entstehungszeit der Losung «Freiheit, Gleichheit, Brüderlichkeit» schreibt der Historiker Chen Zongwu:

> «Das oben zusammengetragene Material habe ich bei der Lektüre der Geschichte der Französischen Revolution beiläufig herausgeschrieben. Es ist unvollständig und bedarf noch tiefer schürfender Untersuchungen. Wenn ich jetzt einige Fragen aufgeworfen habe, dann, weil ich durch den Wegwurf eines Backsteins einen Jadestein heranziehen möchte ...»

Aber auch Cao Zhengwen schreibt in seinem 1985 erschienenen Kriminalroman «Dunkle Schatten über der Villa Herbstduft», in dem es um die Politnormen der Kommunistischen Partei Chinas für den privaten Hausbesitz geht:

> «Der chinesische Kriminalroman, der in den fünfziger Jahren im Banne der sowjetischen Antispionageromane stand, unternimmt noch seine ersten Gehversuche. Mit diesem kleinen, dem Leser überreichten Band werfe ich einen Backstein hin, um einen Jadestein anzuziehen.»

In diesem eher spaßigen Sinn gab der in der Volksrepublik China anerkannteste chinesische Schriftsteller des 20. Jahrhunderts, Lu Xun (1881–1936), einem von ihm 1934 herausgegebenen Sammelband russischer Holzschnitte den Titel *Yin Yu Ji*, d. h. «Kollektion herangezogener Jadesteine».

Als Lu Xun 1931 den Roman «Der eiserne Strom» von Alexander S. Serafimowitsch (1863–1949) publizieren wollte, erfuhr er aus einer Zeitschrift von der Existenz russischer Holzschnitte zu diesem Werk. Lu Xun versuchte, an diese Illustrationen heranzukommen; das gelang ihm. Ein sich in der Sowjetunion aufhaltender Freund sandte ihm einige Holzschnitte mit dem Hinweis, deren Preis sei recht hoch. Doch die russischen Lithographen schätzten über alles chinesisches Papier für die Anfertigung ihrer Drucke. Wenn Lu Xun daher Papier schicke, werde er die Holzschnitte umsonst erhalten. Als Lu Xun die ihm zugesandten russischen Abdrucke genauer musterte, bemerkte er, daß in der Tat chinesisches Papier verwendet worden war. Es war in China lediglich für die Buchhaltung und für Rechnungen gut genug.

So sandte Lu Xun billiges chinesisches und dazu noch etwas japanisches Papier – den ‹Backstein› – in die Sowjetunion, um dafür 36 wertvolle Lithographien – die ‹Jadesteine› – zu erhalten.

17.6 Das Grabversprechen

Die Jungfrau Cai von Anling gefiel durch ihr schönes Aussehen und ihren gesunden, kräftigen Körper. So erwarb sie sich die Gunst des Königs Gong von Chu. Er wählte sie zu seiner Gattin. Der Höfling Jiang Yi suchte die Dame Cai auf und fragte sie: «Haben Eure Ahnen sich militärische Verdienste um die Dynastie erworben?»

Die Dame antwortete: «Nein.»

Jiang Yi fragte weiter: «Habt Ihr selbst Verdienste?»

Die Antwort lautete wieder «Nein».

Jiang Yi fragte: «Wodurch gerietet Ihr dann in eine solche Vorzugsstellung?»

Die Dame entgegnete: «Der Grund ist mir unbekannt.»

Jiang Yi meinte: «Ich hörte sagen: Wenn man jemandem mit Geld aufwartet, dann wird er sich zurückziehen, sobald das Geld ausbleibt. Wenn man jemandem mit Schönheit aufwartet, so wird die Liebe dahinschwinden, sobald die Schönheit verblaßt ist. Heute steht Ihr in Blüte, doch diese wird einst dahinwelken. Wie wollt Ihr erreichen, daß Euch der König auch dann noch seine Gunst schenkt und sich nicht von Euch abwendet?»

Die Dame Cai erwiderte: «Ich bin jung und unverständig. Daher bitte ich Euch, mir einen klugen Rat zu geben.»

Jiang Yi schlug vor: «Es genügt, wenn Ihr dem Herrscher zu verstehen gebt, daß Ihr Euch mit ihm zusammen begraben lassen wollt.»

Die Dame Cai antwortete: «Ich werde den Rat befolgen.»

Jiang Yi entfernte sich. Nach einem Jahr begegnete er wieder der Dame Cai. Er fragte sie, ob sie dem König ihre Absicht, mit ihm ins Grab zu steigen, mitgeteilt habe. Sie antwortete: «Ich fand keine Gelegenheit dazu.»

Ein Jahr später besuchte Jiang Yi die Dame Cai ein weiteres Mal und sagte: «Habt Ihr es dem Herrscher gesagt?»

«Nein. Es bot sich mir keine Möglichkeit dazu.»

Jiang Yi sagte: «Ihr fahrt mit dem König im gleichen Wagen durch die Stadttore hinaus und wieder hinein. Zwei Jahre sind vergangen, und Ihr behauptet, Ihr habet mit dem König nicht darüber sprechen können. Wahrscheinlich haltet Ihr nichts von meinem Rat.» Danach ging er mürrisch von dannen.

In jenem Jahr veranstaltete der König eine Jagd. Die Jagdbrände loderten wie feurige Wolken. Das Heulen der Tiger und Wölfe tönte wie Donnergrollen. Da kam ein toll gewordenes Nashorn herbeigestürzt. Gerade wollte es gegen die linke Seite des königlichen Wagens prallen, da hob der König den Befehlswimpel empor und hieß den besten Schützen, das Tier zu erlegen. Ein Pfeilschuß genügte, und das Nashorn sank tödlich getroffen zu Boden. Höchst erfreut klatschte der König, lachte, wandte sein Haupt zur Dame Cai und sagte: «Mit wem wirst du wohl nach meinem Lebensende derartige Vergnügen genießen?»

Die Dame Cai zögerte einen Augenblick, vergoß dann einige Tränen, benetzte damit ihre Kleidung, umarmte den König und beteuerte: «Nachdem der König zehntausend Jahre lang gelebt haben wird, wird die Untertanin mit ihm ins Grab steigen. Wie sollte ich da wissen, wer als nächster König diese Vergnügen erleben wird!»

Als König Gong diese wohlklingenden Worte vernahm, schenkte er der Dame Cai auf der Stelle ein Lehen von 300 Haushalten. Daher heißt es: «Jiang Yi versteht sich in Strategemen und die Dame Cai in der Wahl des günstigen Augenblicks.»

Dieses Geschehnis erzählt Liu Xiang (ca. 77–6 v. Chr.) in seinem Werk *Shuo Yuan* («Anekdotenpark») im Kapitel über Strategeme. Der ‹Backstein› ist das Grabversprechen der Dame Cai, der ‹Jadestein› das ihren Unterhalt bis an ihr Lebensende sichernde Lehen.

17.7 Das Mitarbeits-Angebot

Eine Karikatur-Beschreibung: Ein wohlgenährter Mann, offensichtlich ein führender Funktionär, kniet schmutzig grinsend vor einer Grube. Diese versinnbildlicht wohl die fleißige wissenschaftliche Forschungsarbeit, in der ein Gelehrter fast versunken ist. Der Funktionär sagt: «Wir beiden arbeiten zusammen!» Aus der Grube recken sich ihm zwei Hände entgegen, die ihm einen funkelnden Edelstein darbieten. Auf dem Edelstein steht ‹Forschungsergebnis›. Der Kniende ist im Begriff, den Edelstein entgegenzunehmen. In der linken Hand hält er einen Backstein mit der Aufschrift «Durch Verleumdungen verderben». Diesen Backstein wird er auf den in der Grube Arbeitenden werfen, sobald dieser ihm den Edelstein im Vertrauen auf sein Kooperations-Versprechen ausgehändigt haben wird.

Die Legende zu dieser Karikatur von Pan Wenhui in *Fengci yu Youmo* («Satire und Humor»), einem vom Verlag der Pekinger Volkszeitung herausgegebenen Witzblatt, heißt: «Einen Jadestein heranziehen, um dann einen Backstein zu schleudern.» Natürlich ist der ‹Jade›-Erwerb bereits die Folge eines ‹Backstein›-Wurfes, nämlich des leeren Versprechens der Zusammenarbeit. Neu an dieser karikaturistischen Verarbeitung des Strategems Nr. 17 ist allerdings das Hinzukommen eines zweiten Backsteins, der dem in der Grube befindlichen, mit seiner wissenschaftlichen Arbeit vollauf in Beschlag genommenen Gelehrten auf den Kopf geworfen wird, nachdem dieser seine Schuldigkeit getan hat. Den das Strategem anwendenden Funktionär, selbst wissenschaftlich eine Null, dürstet es offenbar danach, als Gelehrter zu Ruhm und Ehre zu gelangen, aber auf Kosten anderer.

17.8 Hymne auf den Furz

Ein «blühendes Talent» – so lautet die wörtliche Übersetzung des Gelehrtenranges *Xiucai* im kaiserlichen China – war soeben gestorben und trat vor den Höllenfürsten Jama. Der ließ gerade einen Furz entweichen. Sogleich improvisierte das «blühende Talent» eine «Hymne auf den Furz»:

> *«Hoch wölbt sich empor der goldglänzende Steiß.*
> *Er verströmte eine ausgedehnte Zone köstlichen Odems.*
> *Es klang wie der Ton von Streich- und Blasmusik.*
> *Es duftet wie Moschus und wohlriechender Wasserdost.»*

Der Höllenfürst war höchst erbaut, schenkte dem «blühenden Talent» zehn zusätzliche Lebensjahre und ließ ihn sogleich wieder in die Menschenwelt zurückkehren.

Diese ‹Hymne› verdanken wir dem Politiker und Literaten Zhao Nanxing (1550–1627). Er brachte es am Kaiserhof der Ming-Dynastie (14.–17. Jh.) bis zum Vorsteher des Beamtenministeriums. Mit wenig Erfolg bekämpfte er die politische Korruption unter dem Palasteunuchen Wei Zhongxian. Die «Hymne auf den Furz» findet sich in seinem Werk *Xiao Zan* («Lob des Lachens»), in dem er manche Mißstände seiner Zeit geißelt.

Der ‹Backstein› ist die völlig wertlose «Hymne auf den Furz», also eine hemmungslose Schmeichelei und Speichelleckerei. Der dafür eingetauschte ‹Jadestein› sind die vom Höllenfürsten geschenkten zehn zusätzlichen Lebensjahre. Daß diese Art der «Geb ich dir wenig, dann gibst du mir viel»-Maxime auch heute noch aktuell ist, beweist der Abdruck dieser Hymne in einem 1981 in Xinjiang erschienenen Buch.

17.9 Schopenhauers 36. Kunstgriff

«Den Gegner durch sinnlosen Wortschwall verdutzen, verblüffen. Es beruht darauf, daß

> ‹*Gewöhnlich glaubt der Mensch, wenn er nur Worte hört,*
> *Es müsse sich dabei doch auch was denken lassen.*›

Wenn er nun sich sei[n]er eignen Schwäche im stillen bewußt ist, wenn er gewohnt ist, mancherlei zu hören, was er nicht versteht, und doch dabei zu thun als verstände er es; so kann man ihm dadurch imponiren, daß man ihm einen gelehrt oder tiefsinnig klingenden Unsinn bei dem ihm Hören, Sehn und Denken vergeht, mit ernsthafter Miene vorschwatzt, und solches für den unbestreitbarsten Beweis seiner eignen Thesis ausgiebt.»

Soweit der deutsche Philosoph Arthur Schopenhauer (1788–1860) in seiner «Eristischen Dialektik». Hier ist der im Grunde sinnlose Wortschwall der ‹Backstein›, und der tiefe Eindruck, den dieser beim Gesprächspartner hervorruft, ist der ‹Jadestein›. Aber nicht nur durch unsinnige, toll wirkende Wortakrobatik, auch durch eine sinnlose, aber spektakuläre Aktion lassen sich Gewinne erzielen.

17.10 Fischer auf Königsfang

Auf diese Weise soll es Jiang Ziya, auch Jiang Tai Gong genannt (s. 15.8), nach der Legende gegen Ende des zweiten Jahrtausends gelungen sein, in die Dienste des Herrschers von Zhou genommen zu werden. Angewidert durch die Zustände am Hof der Shang-Dynastie (16.–11. Jh. v. Chr.), verließ Jiang Ziya die Hauptstadt und zog sich als Einsiedler ans Ufer des Wei-Flusses, eines großen Nebenarms des Gelben Flusses, zurück. Diese Gegend lag im Machtbereich des Fürsten Ji Chang vom Stamm der Zhou, eines Feindes der Shang-Dynastie. Jiang Ziya wußte von Ji Changs weit gespannten politischen Plänen und dessen Suche nach fähigen Ratgebern.

Um Ji Changs Aufmerksamkeit zu gewinnen, begann Jiang Ziya, am Wei-Fluß zu angeln. Doch er angelte ganz anders als üblich. Sein Angelhaken war nicht gekrümmt, sondern gerade. Kein Fischköder steckte daran. Zu allem hielt Jiang Ziya den Haken gute drei Fuß über dem Wasser. So streckte er die Angelrute hoch in den Himmel empor und sprach immer laut den Satz vor sich hin: «Fische, die lebensmüde sind, sollen von selbst auf den Haken beißen.»

Diese seltsame Angelmethode kam natürlich sehr schnell Ji Chang zu Ohren. Er fand, der Fischer müsse doch ein merkwürdiger Kauz sein, und entsandte einen Soldaten mit dem Auftrag, ihn an den Hof zu bringen. Doch dieser würdigte den Soldaten keines Blickes, sondern sprach nur zu sich selbst: «Angel! Angel! Angel! Doch statt einem Fisch, treibt eine kleine Garnele ihr Unwesen!»

Dem Soldaten blieb nichts anderes übrig, als unverrichteterdinge zurückzukehren und Ji Chang den Mißerfolg seiner Mission mitzuteilen. Ji Chang war nun mehr denn je davon überzeugt, bei dem Fischer handle es sich um einen sonderbaren, aber außerordentlichen Mann.

Darauf entsandte er einen Beamten, um ihn an den Hof einzuladen. Als Jiang Ziya den Ankömmling erblickte, ignorierte er ihn und sagte nur im Selbstgespräch: «Angel! Angel! Angel! Der große Fisch beißt nicht an, nur ein kleiner treibt seinen Unfug!»

Der Beamte kehrte stracks zu Ji Chang zurück und erstattete Bericht.

«Das ist aber nun wirklich ein aufsehenerregender Mann!» dachte Ji Chang.

Nun belud er sich mit kostbaren Geschenken und begab sich persönlich zu dem Fischer, um ihn zu einem Gespräch bei Hof einzuladen. Jetzt hatte Jiang Ziya den Beweis, daß Ji Changs Streben nach fähigen Ratgebern wahrhaft von Herzen kam, und er stellte sich in die Dienste der Zhou-Dynastie, der er als Feldherr beim Sturz der Shang-Dynastie entscheidend geholfen haben soll.

Die seltsame Fischmethode erscheint als der ‹Backstein›. Das wachsende Interesse des Zhou-Herrschers an dem nicht alltäglichen Fischer ist der dafür gewonnene ‹Jadestein›.

17.11 Namensduft für 100 Generationen

Ein Fisch sieht nur den Köder, nicht aber den Haken, schreibt Wang Zhihua in der «Chinesischen Jugendzeitung». Da der Fisch deshalb zuschnappt, findet er sich auf dem Teller des Fischers wieder. Auch in der Gesellschaft hängen mannigfache bunte ‹Fischköder› herum. Als ein Beispiel erwähnt Wang Zhihua einen Werbetext für ein kommerziell aufgezogenes chinesisches Wirtschafts-«Who-is-Who»:

> «Dieses ‹Who-is-Who› ist ein Pflichtbesitz eines jeden Fabrikdirektors und Managers. Jeder Fabrikdirektor und Manager muß ein Exemplar jederzeit zur Hand haben. Denn der Leser erfährt aus dem Buch von den Erfahrungen und Lehren anderer und kann aufgrund der darin enthaltenen Angaben Verbindung mit anderen Gleichgestellten aufnehmen. Der Band verhilft auch dazu, Ehrenglanz über die eigene Familie leuchten zu lassen bis zu den Enkeln und Urenkeln, indem er zeigt, daß man der Familiengeschichte ein Ruhmesblatt hinzugefügt hat. Ihr Name wird für ewige Zeiten in der Reihe der chinesischen Fabrik- und Bergwerksdirektoren aufgenommen sein, so daß Ihr Name in die Geschichte eingehen und über hundert Generationen seinen Duft verbreiten wird.»

Die Aufnahme des Namens in das chinesische Direktoren-Verzeichnis kostet vier Yuan Anmeldegebühr, zehn Yuan Layout-Gebühr und zwölf Yuan Buchpreis, total 26 Yuan (etwa 12 DM/Kurs 1988), also für chinesische Verhältnisse ein nicht geringer Batzen. Die fürstlichen Einnahmen – der ‹Jadestein› – werden angelockt durch ein Bündel schön klingender leerer Versprechungen – also durch einen ‹Backstein›.

Diese Art der Propaganda bezeichnete der berühmte amerikanische Logiker Irving M. Copi als *argumentum ad populum*. Er erwähnt dabei das Beispiel eines Autos, das inmitten schöner Mädchen fotografiert und so als ‹das beste› angepriesen wird: «‹Werbeleute› verherrlichen ihre Produkte und bringen sie mit Tagträumen an den Mann.»

17.12 Rabe, Fuchs und Käse

Meister Rabe hockte im Geäst,
hielt im Schnabel einen Käse fest;
Meister Fuchs, nachdem er dies gerochen,
hat etwa das Folgende gesprochen:
«Gott zum Gruß, mein bester Herr von Rabe,
Schönster, den ich je gesehen habe!
Wahrlich, stimmten Eure Lieder
ebenbürtig zum Gefieder,
Phönix wäret Ihr
unter allen hier.»
Unser Rabe kann das Glück kaum fassen,
will sein schönstes Lied erklingen lassen,
sperrt den Schnabel auf, so daß die Beute fällt,
unser Fuchs sie packt und diese Rede hält:
«Jeder Schmeichler, Freund, ernährt
sich von dem, der auf ihn hört.
Daß ich also Euch gelehrt,
ist wohl einen Käse wert.»
Reuig und verspätet schwört der Rabe,
daß ihn keiner mehr zum besten habe.

(Von Jean de La Fontaine, deutsch von Hanno Helbling)*

* Mein Dank gilt dem Übersetzer für die freundliche Genehmigung der Wiedergabe dieses Werks.

Die Grußworte des Fuchses sind der ‹Backstein›, durch den der Fuchs als seinen ‹Jadestein› den Käse gewinnt.

17.13 Fünf geschenkte Städte

Im Zeitalter der Kämpfenden Reiche (5.–3. Jh. v. Chr.) wollte das Reich Qin das Reich Wei erobern. Zu diesem Zweck verbündete sich Qin mit dem Reich Zhao. Für den Fall des Sieges über Wei versprach Qin dem Reich Zhao die Abtretung der zu Wei gehörenden Stadt Ye auf dem Gebiet der heutigen Provinz Henan.

Der König von Wei geriet ob des drohenden Zweifrontenkrieges in Angst und Schrecken und rief seine Minister zu einer Beratung zusammen. Niemand wußte einen Ausweg. Zum Schluß fragte der König seinen General Mang Mao, der wegen seiner Verschlagenheit besonders geschätzt war. Dieser meinte, es bestehe kein Grund zur Sorge. Zwischen Qin und Zhao bestehe traditionellerweise kein gutes Verhältnis.

«Die gegenwärtige militärische Allianz dient nichts anderem als der Aufteilung unseres Landes und der eigenen Gebietserweiterung. Zwar wirkt die Allianz übermächtig, doch jede der beiden Bündnisparteien verfolgt eigene Ziele. In dieser Allianz gibt Qin den Ton an, Zhao spielt lediglich die Rolle eines Helfershelfers. Man braucht Zhao nur einen Vorteil anzubieten, dann wird es ein leichtes sein, die Allianz mit Qin zu spalten.»

Und Mang Mao entwickelte seinen Plan. Der König von Wei hieß ihn gut und führte ihn aus. Er schickte einen Gesandten nach Zhao, der dem König von Zhao folgendes mitteilte: «Die Stadt Ye ist in der augenblicklichen Lage nicht mehr zu halten. Früher oder später wird sie fallen. Ihr verfolgt, indem Ihr zusammen mit Qin unser Land angreift, doch kein anderes Ziel als den Gewinn dieser Stadt. Zur Vermeidung des Krieges hat der König von Wei beschlossen, Euch die Stadt Ye kampflos zu übergeben. Nehmt Ihr das Angebot an?»

Hocherfreut entgegnete der König von Zhao: «Wie kommt der König von Wei dazu, eine Stadt zu verschenken, bevor es zu einem Waffengang gekommen ist?»

Die Antwort des Gesandten lautete: «Das ist sehr einfach. Krieg ist etwas Schreckliches. Er kostet Menschenleben und verwüstet ganze Landstriche. Der König von Wei ist von Überlegungen der Menschlichkeit und der liebenden Fürsorge geleitet. Er will seiner Bevölkerung

Unheil und Not ersparen. Daher ist er zu einer friedlichen Lösung entschlossen.»

Der König von Zhao fragte: «Was erwartet aber der König von Wei von mir, falls ich das Geschenk annehme?»

Der Gesandte erwiderte: «Natürlich hegt mein König gewisse Erwartungen. Denn er bietet eine friedliche Lösung an, nicht eine bedingungslose Kapitulation. Auch in der schwierigsten Lage weiß er Vor- und Nachteile gegeneinander abzuwägen. Zwischen Wei und Zhao bestanden früher einmal ein Bündnis und freundschaftliche Beziehungen. Erbfeindschaft kennzeichnet dagegen das Verhältnis zwischen Wei und Qin. Qin ist ein Wolfsland, die Qin-Krieger gleichen wilden Tieren. Lieber wollen wir daher unser Territorium alten Freunden anvertrauen, als es zur Beute von Barbaren werden zu lassen. Das dürfte wohl verständlich sein. Wollt Ihr mit dem König von Wei Freundschaft schließen, dann erwartet dieser von Euch, daß Ihr die Beziehungen mit Qin abbrecht. Dann erhaltet Ihr die Stadt Ye als Pfand der Freundschaft. Wenn Ihr auf dieses Angebot nicht eingeht, wird unser Land eine Politik der verbrannten Erde durchführen und bis zum letzten Blutstropfen kämpfen.»

Der König von Zhao beriet noch in der Nacht über das Angebot mit seinem Kanzler, der dessen Annahme empfahl. Denn wenn man das eigentliche Kriegsziel, die Stadt Ye, kampflos bekommen könne, warum solle man dann noch Krieg führen? Zudem werde Qin nach einer Annektion von Wei noch mächtiger werden und dann vielleicht die Speerspitze gegen Zhao richten. Also solle man die von Wei angebotene günstige Gelegenheit zu einem Vorteilserwerb ergreifen, Weis Beistand sicherstellen, Qins Expansionismus eindämmen und so die eigene Sicherheit stärken.

Also nahm der König Zhao die Bedingungen des Reiches Wei an, verkündete sogleich den Abbruch der Beziehungen mit Qin und schloß die Grenzübergänge dorthin. Den König von Qin versetzte diese Nachricht in Zorn. Sogleich brach er die Vorbereitungen für den Angriff gegen Wei ab, um statt dessen Zhao für einen Waffengang ins Visier zu nehmen.

Der König von Zhao wollte derweil den mit dem Gesandten von Wei geschlossenen Pakt in die Tat umsetzen und ließ eine Armee in Richtung auf die Stadt Ye in Marsch setzen, um diese in Besitz zu nehmen. Die Stadt Ye wurde vom General Mang Mao gehalten. Dieser stellte sich der Zhao-Armee schon an der Grenze in den Weg und fragte deren Kommandanten, ob sie Heil oder Unheil brächte. Der General der

Zhao-Armee verwies auf den Pakt zwischen Wei und Zhao, betreffend die Abtretung der Stadt Ye.

«Hundefurz», donnerte Mang Mao. «Mir ist die Obhut über die Stadt anvertraut, wie könnte ich sie einfach kampflos übergeben?»

«Dies ist eine geheime diplomatische Vereinbarung. Der König von Wei hat bereits seine Einwilligung erteilt», sagte der General von Zhao.

«Was für eine geheime Vereinbarung? Hat etwa der König von Wei persönlich zugestimmt? Hat er selbst einen entsprechenden Pakt unterzeichnet? Bitte zeigt mir das Dokument!»

Der Zhao-General entgegnete: «Sollen etwa die Worte des Gesandten des Königs von Wei nichts gelten?»

Mang Mao entgegnete: «Was für ein Gesandter? Wenn Ihr Euch auf einen Gesandten beruft, dann wendet Euch an diesen! Der König von Wei hat mir keine Order erteilt. Ich bin daher nicht befugt, die Stadt aufzugeben. Wenn Ihr die Stadt haben wollt, dann fragt meinen Kommandanten um die Erlaubnis. Ich warne Euch jetzt: Wenn Ihr nicht sofort abzieht, werde ich Euch den Rückzug abschneiden und Euch angreifen!»

Dem General von Zhao blieb nichts anderes übrig, als abzuziehen und seinem König Bericht zu erstatten. Dieser erkannte erst jetzt, daß er dem König von Wei auf den Leim gekrochen war. Gleichzeitig vernahm er von Bemühungen Qins, mit Wei ein militärisches Bündnis gegen Zhao zu schließen. Das versetzte ihn in noch größere Furcht. Nach einer dringlichen Sitzung mit seinen Beratern trat er freiwillig fünf Städte an Wei ab, um es für eine Allianz gegen Qin zu gewinnen.

Diese Darstellung stammt aus dem wohl um das Jahr 200 v. Chr. entstandenen Werk «Strategeme der Kämpfenden Reiche», einem unterhaltsamen belletristischen Werk, das die Intrigen der Politik der beiden Jahrhunderte, die der Reichseinigung durch Qin vorangingen, mit seinen Anekdoten, politischen Reden und Ausdrücken schildert. Hier habe ich die Geschichte in der ausgeschmückten Fassung eines modernen Taipeher Strategembuches wiedergegeben.

Der ‹Backstein› ist das trügerische Versprechen, die Stadt Ye abzutreten. Der abgewendete Angriff Qins und die gar noch von Wei abgetretenen fünf Städte entsprechen dem ‹Jadestein›.

17.14 Die Isolierung des Fürsten von Chu

Im Zeitalter der Kämpfenden Reiche (5.–3. Jh. v. Chr.) plante das Reich Qin einen Feldzug gegen das Reich Qi, fürchtete aber, Qi werde sich mit dem Reich Chu verbünden. Um eine solche Allianz zu verhindern, entsandte König Hui von Qin im Jahre 313 v. Chr. seinen Kanzler Zhang Yi (gest. 310 v. Chr.) nach Chu. Dem König von Chu versprach Zhang Yi ein Gebiet von 600 Meilen Umfang, wenn Chu sich auf die Seite Qins stellte. Der König von Chu ging trotz der Warnung seines Ratgebers Chen Zhen auf das Angebot ein und versprach, Qin nicht anzugreifen.

Die Nachricht von der Zhang Yi gewährten Audienz beim König von Chu drang ins Reich Qi. Der König von Qi geriet in Zorn. Er argwöhnte, der König von Chu wolle gemeinsam mit Qin gegen Qi vorgehen. So zerbrach das Vertrauensverhältnis zwischen Chu und Qi.

In Wirklichkeit war der versprochene Landstreifen nur ein Köder gewesen. Als Chu durch einen Gesandten das Land anforderte, behauptete Zhang Yi, er habe nicht ein Gebietsteil des Königreichs Qin, sondern ein ihm gehörendes Lehensgebiet von sechs Meilen Umfang gemeint. Voller Ingrimm über den Wortbruch startete der König von Chu einen Angriff gegen Qin, erlitt aber eine Niederlage. Von diesem Zeitpunkt an war das Königreich Chu völlig isoliert. Hier ist der ‹Backstein› ein vorgegaukeltes Geschenk, der ‹Jadestein› dagegen der Machtzuwachs Qins infolge der Isolierung Chus.

17.15 Stalins japanischer Kampfeinsatz

Auf der Konferenz von Jalta (4.–11. Februar 1945) – in einem Taipeher Strategembuch als «Die geheime Beuteteilung» bezeichnet – hat Stalin, immer gemäß dem Taipeher Strategembuch, das Strategem Nr. 17 angewendet. Damals ersuchten Roosevelt, laut Lord Moran, dem Leibarzt Churchills, «ein schwerkranker Mann», und Churchill, der nach derselben Quelle «für Stalin Gefühle der Freundschaft und Achtung» hegte – die beiden ersuchten also im Bestreben, den Krieg möglichst rasch zu beenden, Stalin, Japan den Krieg zu erklären. Stalin sagte den Kriegseintritt gegen Japan nach der deutschen Kapitulation zu, warf also einen ‹Backstein› hin und handelte sich für dieses Versprechen verschiedene Zugeständnisse der westlichen Alliierten in bezug auf Ostasien ein; u. a. wurde ihm die Aneignung der japanischen Kurilen und Süd-Sachalins gestattet.

Nach den Abmachungen von Jalta hätte Stalin im Mai 1945 Japan den Krieg erklären sollen. Doch ließ Stalin die ihm gesetzte Frist ohne Aktion verstreichen. Er nahm weiterhin eine abwartende Haltung ein und ließ den Japanern freie Hand in ihrem Kampf gegen die Alliierten.

Erst nach dem Abwurf der amerikanischen Atombombe auf Hiroshima, zu einem Zeitpunkt also, da Japan ohnehin reif für die Kapitulation war, erklärte Stalin am 8. August 1945 Japan formell den Krieg und bemächtigte sich mühelos der Gewinne, die Roosevelt und Churchill ihm für den Fall des Kriegseintrittes gegen Japan versprochen hatten. Unter anderem gelangte auch der Nordosten Chinas unter sowjetischen Einfluß, und dies wiederum kam der chinesischen Roten Armee bei der Machtergreifung in ganz China zugute.

Nach dem Taipeher Strategem-Forscher entspricht Stalins Verhalten genau dem Strategem Nr. 17. Auf der Konferenz von Jalta habe er den Siegesdurst der westlichen Alliierten ausgenutzt, durch ein paar Sprüche deren Sympathien mobilisiert und damit seinen ostasiatischen Machtgewinn erzielt.

Ähnlich wie der taiwanesische Autor stellt Chien-jen Chen in einem 1972 erschienenen Buch fest:

> «Die russische Regierung unter J. W. Stalin hat zunächst am 14. August 1945 mit Tschiang Kai-schek einen Vertrag in Moskau abgeschlossen, wobei Stalin die Regierung von Tschiang Kai-schek als einzige rechtmäßige Vertretung Chinas anerkannt und Hilfeleistungen gegen den Vormarsch der Kommunisten versprochen hat. Die russische Regierung hat als Preis für diese Haltung große Vorteile erhalten.
>
> 1. Die Anerkennung des alten chinesischen Gebietes Äußere Mongolei als unabhängigen Staat. In Wirklichkeit geriet dieser ‹unabhängige Staat› unter russischen Einfluß.
> 2. Die gemeinsame Verwaltung der nordostchinesischen Eisenbahnlinie Changchun für 30 Jahre.
> 3. Die Verpachtung der Häfen von Port Arthur und Dalian für 30 Jahre.
>
> Dadurch hatte Rußland seine imperialistischen Aspirationen befriedigt und im Fernen Osten Fuß gefaßt. Aber das war ein offensichtlicher diplomatischer Betrug Stalins, weil er diesen Vertrag verletzt

und bis zu ihrer Machtübernahme die chinesischen Kommunisten immer unterstützt hat.»

Stalins ‹Backstein› war die vertragliche Anerkennung der nichtkommunistischen chinesischen Regierung, der von ihm erworbene ‹Jadestein› die drei aufgezählten Gewinne.

17.16 Der Nelkenstrauß als Türöffner

Die Schweizer Presse verbreitete 1987 die folgenden Meldungen:

> «Zwei Trickdiebinnen, die in Basel vor allem ältere Personen bestehlen, haben in den letzten Wochen über 50 000 Franken erbeutet. Nach Angaben des Kriminal-Kommissariats ist das Tatvorgehen immer dasselbe: Die beiden Frauen erscheinen mit einem Blumenstrauß an der Haustüre und erklären, sie müßten die Blumen einer bestimmten Person im Hause abgeben, die jedoch abwesend sei. Anschließend werden die Wohnungsinhaber in ein Gespräch verwickelt, wobei meistens etwas erbeten wird. In der Wohnung trennen sich dann die Täterinnen und suchen nach Wertgegenständen oder Geld. In der letzten Woche wurden neun solcher Fälle angezeigt, wobei die Täterinnen einmal bei zwei älteren Frauen nahezu 19 000 Franken entwendeten. («Neue Zürcher Zeitung», 10. April 1987)
>
> Trickdiebinnen unterwegs:
> Schmuck und Geld im Betrag von 6000 Franken haben zwei Frauen und ein Mann am Mittwoch kurz vor 12 Uhr an der Lavaterstraße im Zürcher Stadtkreis 2 erbeutet. Als eine 81jährige Frau von ihren Einkäufen zurückkehrte, warteten vor dem Hause ein Mann und eine Frau. Die letztere trug einen Strauß roter Nelken in der Hand und erklärte, dieser sei für eine abwesende Mieterin im 1. Stock bestimmt. Unter dem Vorwand, sie müsse noch etwas dazuschreiben, erhielt die Frau Einlaß in die Wohnung der betagten Frau. Wenige Minuten später stand plötzlich eine zweite Unbekannnte dabei. Während die beiden die Wohnungsinhaberin in der Küche ablenkten, suchte der Mann im Schlafzimmer Schmuck und Bargeld.
> («Neue Zürcher Zeitung», 26. Juni 1987)

Der Blumenstrauß spielt die Rolle des ‹Backsteins›, die Beute entspricht dem ‹Jadestein›.

17.17 Durch ein Strategem aus dem Paradies vertrieben?

Das Alte Testament offenbart:

> «Die Schlange aber war listiger als alle Tiere des Feldes, die Jahwe, Gott, geschaffen hatte, und sie sprach zum Weibe: ‹Gott hat wohl gar gesagt, ihr dürft von keinem Baum des Gartens essen?› Da sprach das Weib: ‹Wir dürfen essen von den Früchten der Bäume im Garten, nur von den Früchten des Baumes mitten im Garten hat Gott gesagt: Esset nicht davon, rühret sie auch nicht an, daß ihr nicht sterbet.› Da sprach die Schlange zum Weibe: ‹Ihr werdet ja gar nicht sterben, sondern Gott weiß wohl, daß, sobald ihr davon esset, euch die Augen aufgehen werden, und ihr wie Gott sein werdet, wissend Gutes und Böses.› Und das Weib sah, daß von dem Baume gut zu essen wäre, und daß er lieblich anzusehen sei, und begehrenswert, um klug zu werden; da nahm sie von ihm eine Frucht und aß und gab auch ihrem Mann neben ihr, und er aß. Da gingen den beiden die Augen auf, und sie erkannten, daß sie nackt waren.»

Dieser kurze Bibeltext, den Li Ke, Liao Shixiang und Tang Yuandi in ihrer philosophischen Plauderei über «Kenntnisse, die den Menschen klüger machen» (Nanchang 1982) als ‹grotesk› abtun – nach ihrer materialistischen Meinung ist das menschliche Erkenntnisvermögen die Frucht langwieriger Praxis und nicht eines einmaligen Ereignisses –, gibt zu theologischen Interpretationen Anlaß, die – aus chinesischer strategemischer Sicht – recht ergiebig zu sein scheinen. Folgen wir einem solchen Kommentar, und zwar jenem Gerhard von Rads:

> «Nicht was die Schlange ist, sondern was sie sagt, soll uns beschäftigen. Sie eröffnet das Gespräch – ein Meisterwerk feiner psychologischer Abtönungen! – auf eine behutsme Weise, nämlich in Gestalt einer interessierten und noch ganz allgemeinen Frage (sie nennt ja ihrerseits den heimlich angesteuerten Gegenstand des Gesprächs, den Erkenntnisbaum, nicht; das zu tun überläßt sie der Ahnungslosigkeit des Weibes!).»

In der auf den ersten Blick völlig harmlosen Frage der Schlange könnte wohl eine Anwendung des Normalitätsstrategems Nr. 8 erblickt werden (s. inbes. 8.10: Buddhas Selbstaufopferung). So harmlos ist die Frage aber auch wieder nicht:

> «Nun enthält die Frage der Schlange freilich eine völlige Verdrehung, denn Gott hat keineswegs gesagt, daß die Menschen von keinem Baum essen dürfen; aber gerade so hat sie das Weib in ein Gespräch gezogen. Sie gibt ihm zunächst einmal Gelegenheit, recht zu haben und sich für Gott zu wehren. In der Form dieser Frage hat sie aber schon einen tödlichen Angriff auf die Einfalt des Gehorsams geführt. Das Weib ist dieser Bosheit gegenüber ganz unbefangen. Es stellt die Verdrehung richtig; aber dabei geht es im Eifer einen kleinen Schritt zu weit. Wohl hat Gott nur einen Baum den Menschen vorenthalten...; aber daß er nicht einmal angerührt werden dürfe, hat Gott nicht gesagt. Dieser Zusatz aber hat doch schon eine leise Schwäche in der Position des Weibes gezeigt.»

Indem die Schlange mittels ihrer Frage die Wahrheit verdreht, verlockt sie Eva zu einer Überreaktion, die der Schlange die Gelegenheit gibt einzuhaken. Hier könnte man wohl einen Anwendungsfall des Provokationsstrategems Nr. 13 erblicken.

> «Jedenfalls jetzt kann die Schlange die Maske, unter der sie ernsthafte Anteilnahme an der Weisung Gottes geheuchelt hatte, fallenlassen; sie fragt nicht mehr, sondern behauptet – und zwar stilistisch in ungewöhnlicher Betonung! –, daß das, was Gott gesagt hat, gar nicht wahr sei, und sie begründet das auch. Sie behauptet, Gott besser zu kennen als das Weib in seinem gläubigen Gehorsam, und so veranlaßt sie das Weib, aus dem Gehorsam herauszutreten und über Gott und sein Gebot wie von einem neutralen Ort aus zu urteilen. Sie unterstellt Gott mißgünstige Absichten...
> Was die Schlange in Aussicht stellt, ist weniger eine Ausweitung des Erkenntnisvermögens als jene Eigenmächtigkeit, die es dem Menschen gestattet, über das ihm Heilsame oder Schädliche selbst zu entscheiden. Das ist insofern etwas völlig Neues, als er damit heraustritt aus dem Umfangensein von Gottes Fürsorge. Er hatte darüber befunden, was gut für den Menschen war, und darin hatte er ihm völlige Geborgenheit gewährt. Nun aber wird der Mensch dazu übergehen, für sich selbst zu entscheiden. Die Frage steht wohl im Raum,

ob denn nicht die begehrte Autonomie zu der größten Bürde seines Lebens werden könnte. Aber wer denkt jetzt daran. Der Schritt, der zu tun wäre, ist ja so klein! In dem Grenzenlosen, dem Unbegreifbaren dieser Aussage liegt ja gerade das Verlockende, sie ist gewollt geheimnisvoll, und nachdem sie die Gedanken des Menschen in eine bestimmte Richtung in Bewegung gebracht hat, ist sie doch wieder nach allen Seiten hin offen und läßt der geheimnislüsternen Phantasie allen Spielraum. Was die Einflüsterung der Schlange meint, ist die Möglichkeit einer Ausweitung des menschlichen Wesens über die von Gott in seiner Schöpfung gesetzten Schranken hinaus, einer Lebenssteigerung, nicht nur im Sinne einer rein erkenntnismäßigen Bereicherung, sondern auch eines Vertrautwerdens, eines Mächtigwerdens über Geheimnisse, die jenseits des Menschen liegen. Daß die Erzählung den Fall des Menschen, seine eigentliche Trennung von Gott auf diesem Gebiet vollzogen und sich immer wieder vollziehen sieht (und nicht etwa in einem Absturz ins moralische Böse, ins Untermenschliche), also in dem, was wir den Titanismus, die Hybris des Menschen nennen, das ist wohl eines ihrer bedeutendsten Zeugnisse. Die Schlange hat weder gelogen noch wahr gesprochen; man hat schon immer in dem Halbwahren das Raffinierte ihrer Aussage gesehen. Die Schlange ‹weiß mit winzigen Umakzentuierungen, mit Halbwahrheit und Doppelsinnigkeit den arglosen Partner soweit zu bringen, daß er von selbst in ihrem Sinne mitspielt und agiert, wie sie es haben will› (Steck). Auch das ist zu beachten, daß sie kein Wort der Aufforderung sagt; sie hat den großen Anreiz einfach in den Menschen hineingesprochen, bei dem die Entscheidung dann doch ganz frei gefällt wird.»

An dieser Station des Gedankenganges Gerhard von Rads stellt sich unwillkürlich die Assoziation zum Strategem Nr. 17 ein. Die listige Schlange wirft Eva einen ‹Backstein› hin, verpackt in Form einer schönen Verheißung, welche die listige Schlange nichts kostet. Daß die listige Schlange – oder was bzw. wen immer sie versinnbildlicht – dafür einen ‹Jadestein› eintauscht, geht aus dem biblischen Text nicht hervor. Handelte sie etwa aus Infamie und Neid? In diesem Fall wäre die Schadenfreude der Schlange über die Vertreibung von Adam und Eva aus dem Paradies der ‹Jadestein›. Oder war der Ausbruch des Menschen aus dem Laufstall des blinden Gehorsams gegenüber Gott das Ziel, das die Schlange mit ihrem ‹Backstein›-Wurf erreichen wollte? Wie dem auch sei: Drängt sich nicht im einen wie im anderen Fall die Schlußfolgerung auf, daß der unmittelbare Anstoß zur gesamten nichtparadiesischen Menschheitsgeschichte – laut Bibel – die Anwendung des Strategems Nr. 17 gewesen sei?

17.18 Alle Reiche der Welt

> «Nachdem Jesus in der Wüste vierzig Tage und vierzig Nächte gefastet hatte, trat der Versucher an ihn heran und stellte ihn zweimal auf die Probe. Beide Male ohne Erfolg. Schließlich führte ihn der Teufel auf einen hohen Berg und zeigte ihm alle Reiche der Welt und ihre Herrlichkeit und sprach zu ihm: ‹Dies alles will ich dir geben, so du niederfällst und mich anbetest.› Da sprach Jesus zu ihm: ‹Hebe dich weg von mir, Satan; denn es steht geschrieben: ‹Du sollst anbeten Gott, deinen Herrn, und ihm allein dienen.›
> Da verließ ihn der Teufel, und siehe da, Engel traten herzu und dienten Jesus.»

Das gezeigte Geschenk – alle Reiche der Welt – ist offensichtlich ein wertloses Truggebilde, also nichts als ein ‹Backstein›. Dies jedenfalls im Vergleich zu dem, was der Teufel, von dessen Existenz übrigens Papst Johannes Paul II. überzeugt ist und vor dessen «listigen Anschlägen» er 85 000 Gläubige im Münchner Olympia-Stadion am 3. Mai 1987 warnte,* dafür zu erlangen hofft: den Abfall Jesu von Gott – also den ‹Jadestein›.

Jesus gibt hier ein Beispiel für die angemessene Reaktion auf das mit üblen Absichten angewandte Strategem Nr. 17: er wirft den ‹Backstein› wieder zurück.

17.19 Durch die Aussicht auf Pflaumen den Durst löschen

Einst verirrte sich Cao Cao (155–220) auf einem Feldzug und gelangte in ein Gebiet ohne Wasser. Die Soldaten waren alle durstig. Darauf ließ Cao Cao verkünden: «Weiter vorne befindet sich ein großer Pflaumenhain mit vielen reifen Früchten. Sie haben einen süß-sauren Geschmack und vermögen den Durst zu löschen.»

* Aus «Papst Johannes Paul II. in Deutschland», hrsg. von Rainer A. Krewerth und Gerhard Eberts, Weltbild 1987, S. 71.

Als die Soldaten dies vernahmen, lief ihnen das Wasser im Mund zusammen, und so gelang es Cao Cao, sie zum Weitermarschieren anzutreiben, bis sie tatsächlich auf eine Quelle stießen.

Diese Geschichte findet sich in dem Werk *Shi Shuo Xin Yu* («Neue Anekdoten aus Gesellschaftsgesprächen»), das auf den Prinzen Liu Yiqing (403–444) zurückgeht, und zwar im Kapitel «Falschheit und List». Die Anekdote lebt fort in der Redewendung «durch die Aussicht auf Pflaumen den Durst löschen». Dabei wird durch eine Illusion, durch eine leere Hoffnung – mittels des ‹Backsteins› – Trost gespendet, also ein ‹Jadestein› gewonnen. Das erinnert an eine Feststellung von Milovan Djilas in seinem Buch «Die neue Klasse»:

> «Beide Programmpunkte [der Kommunistischen Partei], die Unvermeidlichkeit der Revolution und die rasche Industrialisierung, deren Durchführung unerhörte Opfer forderte und rücksichtslose Gewalt mit sich brachte, benötigten nicht nur Versprechungen, sondern auch den Glauben an die Möglichkeit eines Himmelreiches auf Erden.»

Außerordentliche Kräfte – also den ‹Jadestein› – zu mobilisieren, vermag aber natürlich nicht nur der Glaube an ein irdisches, sondern auch an ein jenseitiges Himmelreich.

17.20 Mit einem gemalten Kuchen den Hunger stillen

Der Dhyāna-Mönch Zhixian hatte sich von seiner Familie getrennt und der Welt entsagt, um den Pfad der buddhistischen Erleuchtung zu betreten. So schloß er sich der Dhyāna-Richtung auf dem Guishan-Berg an. Dem Meister You gefiel er ob seiner Strebsamkeit, und er wollte ihn zu noch reinerer Erleuchtung führen. Eines Tages fragte er Zhixian: «Ich stelle keine Frage über das, was Ihr Euer Leben lang in den Büchern studiert habt und was in den klassischen Werken geschrieben steht. Meine Frage lautet vielmehr: Als Ihr den Mutterleib noch nicht verlassen hattet und noch nichts zu unterscheiden vermochtet, über diesen Urzustand, der noch unberührt war von angelesenem Wissen und von Erfahrungen mit den Dingen der äußeren Welt, teilt mir bitte etwas mit!»

Zhixian schwieg verdutzt, murmelte dann lange vor sich hin und versuchte endlich, in einigen Sätzen die Frage zu beantworten. Doch

You gab sich mit der Antwort nicht zufrieden. Zhixian sagte: «Ich bitte Euch, etwas darüber zu sagen.»

You antwortete: «Was ich sagen würde, wäre meine Ansicht. Wie könnte das Eure Wahrnehmung bereichern.»

Darauf kehrte Zhixian in seine Zelle zurück und suchte in all seinen Folianten nach einer passenden Erklärung. Doch er fand keine Antwort auf die gestellte Frage. Darauf sagte er seufzend zu sich selbst: «Mit einem gemalten Kuchen kann man den Hunger nicht stillen.»

Darauf verbrannte er alle Bücher mit den Worten: «In diesem Leben studiere ich den buddhistischen Weg nicht mehr weiter. Statt dessen werde ich ein wandernder Bettler. So brauche ich meinen Geist nicht weiter zu plagen.»

Darauf verließ er unter Tränen den Guishan-Berg und ging fort. Dem Mönch Zhixian war plötzlich die buddhistische Lehre als ein gemalter Kuchen erschienen, dessen Verspeisung tiefere Einsichten vorgegaukelt hatte. Der gemalte Kuchen entspricht dem ‹Backstein›, der vermeintlich gestillte Wissensdurst dem ‹Jadestein›. Nur entpuppte sich dem Mönch auch der ‹Jadestein› als ein ‹Backstein›.

17.21 Vom Sehnen nach einem Ritt auf einem schnellen Pferd

«Das Streben nach dem Sieg gehört zum Urwesen des Menschen», schreibt die Dichterin Li Qingzhao (1084–1151?) in einem ihrer Gedichte. Wie verhält man sich aber, wenn man nicht siegt, also das erstrebte Ziel nicht erreichen kann?

Li Qingzhao: «Durch das Sprechen über Pflaumen den Durst löschen, ist ein Weg, um das sich zum Wettkampf aufbäumende Herz ein wenig zu besänftigen. Durch einen gemalten Kuchen den Hunger stillen, ist ein Weg, um das Sehnen nach einem Ritt auf einem schnellen Pferd ein wenig abzutöten.»

Li Qingzhao denkt hier an «die kleinen Künste, die nebensächlichsten Geschicklichkeiten des Gebildeten». Dazu zählen etwa das chinesische Schachspiel oder das Pferdchenspiel, dem Li Qingzhao ihr Gedicht widmet. Der Sieg in einem solchen Spiel dient als Ersatz für den Sieg im echten Lebenskampf und labt so das infolge einer Niederlage leidende Herz. Doch neben Spiel und Sport gibt es natürlich noch mannigfache andere ‹Ersatz-Pflaumen› und ‹Ersatz-Kuchen› ohne Zahl.

Dem Strategem Nr. 17 in der Bedeutung des durch eine Illusion (‹Backstein›) gewonnenen Selbsttrostes (‹Jadestein›) setzte Lu Xun in der Gestalt von Ah Q ein Denkmal. Mao bezeichnete Lu Xun im Jahre 1937 als einen Weisen des modernen Chinas, wie Konfuzius der Weise der chinesischen Feudalepoche gewesen sei (Helmut Martin).

Der arme Tagelöhner Ah Q im Dorfe Weizhuang münzt alle auf ihn zukommenden Erniedrigungen in seinen Gedanken in Siege um. Immer vermag er, sich mit einem ihm günstigen Argument über Niederlagen zu erheben. «Als ihm, dem Analphabeten, bei der Signierung eines Dokuments der Pinsel nicht gehorchen will und der Kreis, den er anstelle seines Namens zeichnen soll, mißlingt, tröstet ihn der Gedanke: Nur Dummköpfe können vollkommene Kreise zeichnen.»

Als Ah Q hörte, der Sohn eines Dorfnotabeln habe die Staatsexamina bestanden, dachte er bei sich: Mein Sohn wäre noch viel tüchtiger.

Als Müßiggänger im Dorfe Ah Q durch das Schimpfwort ‹Bestie› reizen wollten, bezeichnete er sich geschwind als ‹Wurm›. Als dann die Müßiggänger gleichwohl über ihn herfielen, dauerte es nach erhaltener Tracht Prügel nur zehn Sekunden, und Ah Q dachte sich: Bin ich nicht der großartigste Selbstverächter? Und ließe man ‹Selbstverächter› weg, was bliebe dann zurück? Der Großartigste!

Als Ah Q einmal beim Glücksspiel Geld gewann, um es dann aber gleich bei einer Schlägerei zu verlieren, labte er sich mit dem Sprichwort: «War es denn nicht ein Segen, daß dem Alten von der Grenze sein Pferd davonlief?» (s. 17.42) Und die Niederlage in der Schlägerei verwandelte er dadurch in einen Sieg, daß er sich mit der rechten Hand zwei Schläge ins Gesicht versetzte, so daß er vor Schmerz zusammenzuckte. Nach diesen Schlägen wurde ihm leicht ums Herz. War es doch, als wäre er selbst der Schlagende gewesen, der Geschlagene aber ein anderer. Das vermittelte Ah Q das Gefühl, einen anderen geschlagen zu haben – ungeachtet des Umstandes, daß sein Gesicht immer noch brannte –, und er legte sich hin, überzeugt, der Sieger zu sein.

Nicht jeder wird sich bis zu solch einer Handgreiflichkeit gegen sich selbst zum Zweck des Selbsttrostes hinreißen lassen. Sanftere und klügere Formen der Anwendung des Strategems Nr. 17 gegen sich selbst zur Erlangung inneren Friedens, also des ‹Jadesteins›, dürften dagegen allgemein üblich sein.

Zerbricht in China zum Beispiel Porzellan – verwandelt es sich also gleichsam in einen ‹Backstein› – so wird dies oft gleich in ein freudiges Ereignis (in einen ‹Jadestein›) umgemünzt, und zwar mit dem Satz:

Suisui ping'an: «Jahr für Jahr in Frieden leben.» Die Assoziation zwischen dem zerschlagenen Porzellan und dieser glücksverheißenden Floskel ermöglicht der Gleichklang des chinesischen Wortes für ‹zerschlagen› (Aussprache: *sui*) und des Wortes für ‹Jahr› (Aussprache ebenfalls: *sui*), wie es im besagten Spruch am Anfang gleich zweimal hintereinander vorkommt.

Ein anderes Beispiel des sanften Selbsttrostes liefert Goethes Maler und Freund Johann Heinrich Wilhelm Tischbein (1751–1829) mit seiner Zeichnung «Der lange Schatten». Arthur Schopenhauer beschreibt sie in seinem Werk «Die Welt als Wille und Vorstellung» so:

> «Sie stellt ein ganz leeres Zimmer dar, welches seine Beleuchtung allein von dem im Kamin lodernden Feuer erhält. Vor diesem steht ein Mensch . . ., so daß, von seinen Füßen ausgehend, der Schatten seiner Person sich über das ganze Zimmer erstreckt.»

Der Schatten fällt nicht nur auf den Fußboden des Zimmers, sondern steigt an der gegenüberliegenden Wand bis zur Decke empor, über die er sich auch noch hinzieht. Tischbeins Kommentar:

> «Das ist einer, dem in der Welt nichts hat gelingen wollen und der es zu nichts gebracht hat; jetzt freut er sich, daß er doch einen so großen Schatten werfen kann.»
>
> (zit. aus der «Neuen Zürcher Zeitung», 3. 8. 1987)

Der Riesenschattenwurf entspricht dem ‹Backstein›. Der ‹Jadestein› ist die gewonnene Freude.

17.22 Morgen, erst morgen . . .

Der Polizeiwachtmeister Lei Heng von Yuncheng besucht eine Vorstellung des berühmten Singmädchens Bai Xiuying aus der Östlichen Hauptstadt. Nach der Vorstellung greift das Singmädchen nach einer Schale, zeigt diese ihren Zuhörern mit einer einladenden Handbewegung, steigt von der Bühne herab und schickt sich an, in der vordersten Stuhlreihe mit dem Sammeln zu beginnen. Der erste, vor dem sie stehenbleibt, ist Lei Heng. Er langt in seine Gürteltasche – kein Käsch-Geldstück darin! «Ich habe vergessen, Geld einzustecken», entschuldigt er sich, «morgen sollst du den doppelten Betrag erhalten.»

Aber Bai Xiuying antwortet mit spöttischem Lachen: «Im Sprichwort heißt es: Ist die Weinessenz nicht scharf, schmeckt der Aufguß fade! Ein Mandarin auf dem besten Platz sollte mit gutem Beispiel vorangehen!»

Lei Heng ist peinlich berührt: «Es würde mir nichts ausmachen, dir drei oder fünf Tael-Gewichtseinheiten Silber zu geben. Mein Mißgeschick hat es gefügt, daß ich heute nicht daran gedacht habe, mich mit Geld zu versehen.»

«Heute hat der Mandarin kein Käsch-Geldstück in der Tasche, aber morgen, so brüstet er sich, will er ihr drei, ja sogar fünf Tael zukommen lassen! Das entspricht der alten Redensart: Durch die Aussicht auf Pflaumen den Durst löschen, mit einem gemalten Kuchen den Hunger stillen!»

Das Singmädchen unterschiebt hier im Roman «Die Räuber vom Liangshan-Moor» dem Polizeiwachtmeister die Anwendung des Strategems Nr. 17: Anstatt ihm sofort etwas zu geben, stellt er den doppelten Betrag für morgen in Aussicht. Das erscheint ihm als ein leeres Versprechen – als ein ‹Backstein› –, den er ihm hinwirft, um einen ‹Jadestein› zu gewinnen, nämlich die Ersparnis des Eintrittsgeldes.

17.23 Der ungeschützte Holztrupp

Im militärischen Bereich bedeutet der «Backstein-Wurf», nach einem Pekinger Strategemforscher, vielfach eine taktische Verstellung, die beim Feind bestimmte Eindrücke bewirken soll. Dazu können Scheinangriffe oder Scheinbewegungen dienen. Wenn dadurch tatsächlich ein ‹Jadestein› herangezogen werden soll, dann kommt es vor allem auf die psychologische Verfassung des Feindes an. Je nachdem gelingt es, den Feind zu einem falschen Urteil zu verleiten, so daß er den Schein für bare Münze hält.

Im Jahr 700 v. Chr. fiel das Fürstentum Chu in das Fürstentum Jiao (in der heutigen Provinz Hubei) ein. Schließlich belagerte die Chu-Armee die von der feindlichen Hauptstreitmacht verteidigte Hauptstadt von Jiao. Ein Beamter namens Qu Xia richtete an den König von Chu die folgenden Worte: «Das Fürstentum Jiao ist klein und sein Herrscher daher leicht aus der Fassung zu bringen. Wer leicht aus der Fassung gebracht werden kann, überlegt wenig. Laßt uns daher unsern Holztrupp ohne Schutz seiner Arbeit nachgehen, um die Verteidiger von Jiao in die Falle zu locken.»

In alter Zeit verfügte eine chinesische Armee auf ihren Feldzügen über eine Mannschaft von Männern, die für die Feuerholzbeschaffung und die Herrichtung der Mahlzeiten verantwortlich waren. Sie wurden gewöhnlich bei der Holzsuche von Soldaten beschützt. Qu Xia schlug also vor, diesmal auf den Begleitschutz für die Holztruppe zu verzichten.

Der König von Chu begrüßte den Plan. Dies hatte zur Folge, daß der Armee von Jiao gleich beim ersten Mal die Gefangennahme von 30 Holzern gelang. Am folgenden Tag war die ganze Jiao-Armee darauf erpicht, den erneut unbewacht ausgesandten Holztrupp gefangenzunehmen.

Die Chu-Armee hatte zuvor einen Truppenteil außerhalb des Stadttores sowie mitten in den Bergen in einen Hinterhalt gelegt. Als die Jiao-Armee auf ihrer Jagd nach der Holztruppe eingekesselt war, griff die Chu-Armee an und brachte der Jiao-Armee eine Niederlage bei. In der Folge wurde Jiao zur Kapitulation gezwungen.

Die 30 Holzer, die Jiao zunächst gefangennehmen konnte, sind der ‹Backstein›, die Kapitulation Jiaos ist der ‹Jadestein›.

17.24 Die vorgespiegelte Hauptstreitmacht

Im März 1947 rückte eine gewaltige Armee der Guomindang-Regierung (230 000 Mann) gegen die Hochburg der Kommunisten im Grenzgebiet von Shaanxi-Gansu-Ningxia vor. Mao Zedong verfügte, es seien nicht irgendwelche Positionen zu halten, sondern dem Gegner in einem Bewegungskrieg möglichst hohe Verluste beizubringen. So gab er das rote Zentrum Yan'an auf, das prompt zwölf Brigaden der Guomindang besetzten. Der Fall der symbolischen Hauptstadt der Kommunisten wurde natürlich von der nationalen Regierung unter Tschiang Kaischek triumphierend gefeiert. In Panlong bei Yan'an verschanzte sich eine Teilstreitmacht der Guomindang-Armee.

Diesen Stützpunkt wollte die kommunistische nordwestliche Feldarmee angreifen. Er war jedoch überaus gut befestigt. Um ihn zu erobern, war es nötig, die ihn bewachende Streitmacht wegzulocken. In der Gegend von Suide und Mizhi konzentrierte die Rote Armee an bestimmten Überfahrtsstellen des Wuding- und Dali-Flusses zahlreiche Schiffe und ließ auf verschiedenen Wegen kleine Truppenabteilungen scheinbar in Richtung Suide marschieren. Der Gegner beobachtete dies mittels seiner Luftaufklärung und glaubte irrigerweise, die Hauptstreitmacht der Roten Armee wolle sich nach Osten in die Gegend des Gelben Flusses absetzen. Darauf setzte der Gegner neun Regimenter nach Norden in Bewegung.

Die Rote Armee benützte nun das Strategem «einen Backstein hinwerfen, um einen Jadestein anzuziehen». Mit Teilstreitkräften attakkierte sie den nach Norden vorrückenden Gegner ständig. Gleichzeitig ließ sie unterwegs Gegenstände zurück in der Absicht, dem Gegner genau die Marschrichtung anzuzeigen und bei ihm den Eindruck zu erwecken, die Hauptstreitmacht der Roten Armee wolle in den Norden ausweichen. So wurden die Guomindang-Regimenter verleitet, der vermeintlichen Hauptstreitmacht der nordwestlichen Feldarmee pausenlos nachzujagen in der Hoffnung, mit einem in Yulin stationierten Heeresteil der Guomindang-Armee zusammen die fliehende Rote Armee vom Norden und Süden in der Gegend zwischen Jia und Wubao in die Zange nehmen zu können.

Als die gegnerische Hauptstreitmacht so nach Norden weggelockt war, verließ die bisher bei Yongping verborgen gewesene rote Hauptstreitmacht ihr Versteck, marschierte nach Panlong, umzingelte die Festung am 29. April 1947, startete am 2. Mai den Angriff und errang am 4. Mai den Sieg. Sämtliche 6700 in Panlong verschanzten Gegner wurden vernichtet. Die gegnerische Hauptstreitmacht war viel zu weit entfernt, um Panlong noch entsetzen zu können.

17.25 Der umzingelte Han-Kaiser

Im Jahr 201 v. Chr. griffen die Xiongnu, die bisweilen als «ostasiatische Hunnen» bezeichnet werden, unter ihrem Herrscher Mo Du (gest. 174 v. Chr.) die Ortschaft Mayi (im Kreise Shuo in der heutigen Provinz Shanxi) an. Dessen chinesischer Befehlshaber kapitulierte. Darauf stürmten die Xiongnu weiter gegen Süden und eroberten Taiyuan (heute die Hauptstadt der Provinz Shanxi). Der Han-Kaiser Gao Zu führte eine Armee zu einem Angriff gegen die Eindringlinge. Es war bitter kalt, und es schneite. Etwa einem Drittel der chinesischen Soldaten erfroren die Finger. Mo Du täuschte einen Rückzug vor. Der Han-Kaiser wähnte, die Xiongnu gäben sich geschlagen, und verfolgte sie. Mo Du hielt seine Elitetruppen versteckt. Was Gao Zu erblickte, waren alte und invalide Feindsoldaten.

Als Gao Zu am Baideng-Gebirge, nahe der heutigen Stadt Datong

(Provinz Shanxi) angekommen war, umzingelte ihn Mo Du mit seiner nun plötzlich auftauchenden echten Armee, und zwar sieben Tage lang. Auf dem Umweg über die Bestechung der Gemahlin Mo Dus mit reichen Geschenken und dank günstiger Begleitumstände gelang es dem chinesischen Kaiser schließlich, sich aus dieser ungemütlichen Lage wieder zu befreien.

Dieses Beispiel entnehme ich dem Kapitel 17 in einem 1986 in Taipeh erschienenen Strategembuch. Der vorgespiegelte Rückzug Mo Dus und die alten invaliden Krieger waren der ‹Backstein›. Die Umzingelung Gao Zus am Baideng-Gebirge war der erlangte ‹Jadestein›. Der Han-Kaiser seinerseits befreite sich mit eben demselben Strategem aus seiner mißlichen Lage.

17.26 Nicht Waffen, sondern Bräute

Nach diesem militärischen Fehlschlag verschlimmerten sich die Übergriffe der Xiongnu auf das chinesische Territorium. Sie hatten Ende des dritten Jahrhunderts v. Chr. nordwestlich von China eine große Föderation von Nomadenstämmen gegründet. Das Reich erstreckte sich vom Baikal-See bis zum Balchasch-See und im Süden bis in die Gegend der heutigen Inneren Mongolei, Gansu und Xinjiang. Der Gründer dieses Reiches, das bis ins erste Jahrhundert v. Chr. bestand, war Mo Du (gest. 174 v. Chr.).

Bei ihren Überfällen auf das chinesische Gebiet raubten die Xiongnu Menschen und Güter, wobei sie die chinesischen Kriegsgefangenen zu Sklaven machten. Der Han-Kaiser wagte keinen Krieg mehr gegen dieses waffengewaltige Fremdvolk. Was tun?

198 v. Chr. rief er den Fürsten des Reichsinneren, Liu Jing, zu einer Lagebesprechung zu sich. Liu Jing stellte zunächst fest, daß den Xiongnu mit Waffengewalt nicht beizukommen sei. Der Kaiser sagte, Liu Jing glaube doch nicht etwa, man könne die Xiongnu durch kulturelle Einflüsse bezähmen.

Liu Jing entgegnete: «Der Xiongnu-König Mo Du hat eine Natur, die loderndem Feuer gleicht. Er handelt wie ein Wolf. Mit ihm über Menschlichkeit, Pflicht und Tugend reden zu wollen, wäre daher fehl am Platze. Doch gibt es einen anderen Weg, ihn zu bändigen, und zwar nicht nur ihn, sondern auch seine Nachkommen. Es handelt sich um ein langfristiges Strategem. Doch weiß ich nicht, was Ihr davon haltet.»

Der Kaiser wollte mehr wissen. Liu Jing erklärte: «Wollen wir die Xiongnu zähmen, dann gibt es nur ein Mittel, nämlich die politische Heirat, die den Feind zu einem Verwandten macht. Ich schlage vor, daß Ihr dem Mo Du eine Prinzessin als Frau anbietet. Das wird ihn mit Dankbarkeit erfüllen. Die chinesische Frau wird Königin sein, und die von ihr geborenen Söhne werden Nachfolger des Mo Du. Ihr könnt die Schwiegervater-Schwiegersohn-Beziehung für eine rege Kontaktpflege, unterstützt von der regelmäßigen Übergabe kostbarer Geschenke, nützen. Durch diese Behandlung wird sich selbst der wildeste Tiger in einen zahmen verwandeln, auf dem Ihr reiten könnt. Als Euer Schwiegersohn wird Mo Du es nicht mehr wagen, Euer Reich heimzusuchen, und seine Nachfolger, Eure Enkel, werden sich erst recht ruhig verhalten. So unterwerft Ihr die Soldaten des Feindes mit friedlichen Mitteln, ohne Krieg. Dies ist ein Plan, der für lange Zeit Sicherheit verheißt.»

Zunächst meinte der Han-Kaiser ärgerlich: «Wie könnte ein ehrwürdiger chinesischer Kaiser einem Wilden eine Prinzessin zur Frau geben? Hohn und Spott würde ich ernten!»

Liu Jing entgegnete: «Ihr könnt ja auch einen Pflaumenbaum anstelle eines Pfirsichbaums opfern, indem Ihr die allerschönste Palastdame als Prinzessin ausgebt und mit Mo Du vermählt.»

Und diesen Rat befolgte der Han-Kaiser. Tatsächlich nahm Mo Du das Brautgeschenk hocherfreut an und erklärte sich bereit, sich mit dem Han-Kaiser Gao Zu verwandtschaftlich zu verbinden. Auch nach Mo Dus Tod wurden den Xiongnu-Herrschern Chinesinnen zu Frauen gegeben. Von ihnen erntete die Palastdame Wang Zhaojun, vor allem auch im literarischen Bereich, den größten Ruhm. Sie stellte sich 33 v. Chr. zur Verfügung, als ein Xiongnu-Herrscher um die Hand einer chinesischen Edeldame ersuchte (s. 31.14).

Allerdings war der Frieden gleichwohl jeweils nur von kurzer Dauer. Daher sahen viele Staatsmänner im alten China die einzige dauerhafte Möglichkeit eines Schutzes gegen die Nomadenstämme im Norden darin, eine hohe Mauer und tiefe Wallgräben zu bauen und Soldaten an der Grenze zu stationieren. So entstand die Große Mauer im Norden Chinas. Ihre Geschichte beginnt allerdings schon im siebten Jahrhundert vor Christus.

Wenn also auch die Übergriffe der Xiongnu nach wie vor nicht völlig aufhörten, kann das Vorgehen der Chinesen doch unter dem Gesichtspunkt des Strategems Nr. 17 betrachtet werden: Der ‹Backstein› sind, mit Verlaub, die chinesischen Bräute, der ‹Jadestein› ist der zeitweilige Friede.

17.27 Das hilfreiche Telegramm

Während des Zweiten Weltkrieges fiel den Amerikanern im drahtlosen Funkverkehr der Japaner das häufige Auftauchen der beiden Buchstaben AF auf. Die Amerikaner vermuteten, es handle sich dabei um den Code für die Midway-Inseln. Um der Sache auf den Grund zu gehen, wurde dem amerikanischen Marinebefehlshaber auf den Midway-Inseln befohlen, in leicht verständlichem Englisch ein Telegramm aufzugeben des Inhalts, auf den Midway-Inseln sei die Trinkwasserversorgung defekt. Nicht lange danach fingen die Amerikaner ein japanisches Telegramm ab mit der Mitteilung, daß AF wahrscheinlich über kein Trinkwasser verfüge. Dadurch wurde die Vermutung der Amerikaner bestätigt, daß AF die Midway-Inseln bezeichnete. Dank dieser Erkenntnis konnten sich die Amerikaner in der Folgezeit über alle japanischen Aktionen gegen die Midway-Inseln auf dem laufenden halten.

Eine etwas andere Version als der Pekinger Strategemautor, dem ich hier gefolgt bin, verbreitet Robert Liston in seinem Buch «Spione und Spionage»:

> «Zu jener Zeit war es amerikanischen Marineoffizieren gelungen, den japanischen Marinecode zu entschlüsseln. Sie wußten daher, daß ein Angriff bevorstand. Sie wußten jedoch nicht, ob er den Midway-Inseln oder Pearl Harbor gelten sollte. Auf eine Information hierüber kam es entscheidend an. In dieser kritischen Lage heckte Joseph J. Rochefort, Kommandeur und Spezialist des militärischen Geheimdienstes für Codeentschlüsselung auf Pearl Harbor, einen Plan aus, um den Japanern in die Karten sehen zu können. Auf Rocheforts Vorschlag wurde eine unverschlüsselte Routinenachricht von Midway nach Pearl Harbor gesandt. Ihr Inhalt war simpel; sie besagte, es sei der Betrieb der Destillieranlage gestört. Wenige Tage später wurde in einer verschlüsselten Nachricht an das Hauptquartier Admiral Yamamotos gemeldet, Midway leide an Wasserknappheit. Dieser Umstand konnte für die Japaner nur dann wichtig sein, wenn sie tatsächlich planten, Midway anzugreifen. Rochefort hatte die Sache richtig eingefädelt. Die Japaner hatten angebissen.»

In der einen wie in der anderen Version wird das Strategem Nr. 17 benutzt. Der ‹Backstein› ist die telegrafische Meldung über die gestörte Trinkwasserversorgung, der ‹Jadestein› sind die von den Japanern gewonnenen Informationen.

17.28 Der Bonner Streusalzbrief

> «Eines eigenwilligen Verfahrens hat sich ausgerechnet die Bundeshauptstadt Bonn für die Volkszählung bedient, um den Aufenthaltsort von dort gemeldeten Bürgern zu ermitteln, die von den Volkszählern nicht angetroffen wurden. Die Stadt verschickte im Sommermonat September an 4170 Bürger Briefe mit dem Appell, kein Streusalz auf Gehwegen zu streuen. Auf dem Umschlag war extra vermerkt: ‹Nicht nachsenden›. Daß es sich dabei um einen Trick handelte, räumte auf Anfrage der Grünen der CDU-Beigeordnete Willy Sauerborn auf der jüngsten Ratssitzung ein. Kämen die Briefe nicht zurück, so könne von einem Wohnsitz in Bonn ausgegangen werden, und die Erhebungsstelle könne diesen Fällen nachgehen.»
>
> (Aus: «Rhein-Zeitung», Koblenz, 5. Oktober 1987)

Der von der Stadt Bonn versandte Brief mit der nichtigen Meldung und dem Extra-Vermerk «Nicht nachsenden» ist der hingeworfene ‹Backstein›, die dadurch gewonnenen Informationen über den Wohnsitzwechsel sind der dafür gewonnene ‹Jadestein›.

17.29 Die leere Schatulle

Bi Ai, ein strategemkundiger Einwohner des Kreises Lanxi (heutige Provinz Zhejiang), erhielt eines Tages den Besuch eines Freundes, der im Yamen, dem Amtsgebäude des Kreises, arbeitete. Er bat Bi Ai, sich in den Yamen zu begeben. Dort traf Bi Ai auf den nervös hin- und hergehenden, sorgenvoll dreinblickenden Kreisvorsteher Huang. Dieser hatte vor kurzem sein Amt angetreten und galt als unbestechlicher Vorgesetzter.

Nach einer umständlichen Begrüßung trug der Kreisvorsteher Bi Ai sein Anliegen vor. Es stellte sich heraus, daß das Amtssiegel des Kreises plötzlich davongeflogen war, und zwar ohne Flügel. Der Kreisvorsteher Huang verdächtigte den Gefängniswärter Hu, einen geldgierigen Mann, der die Gesetze nicht immer über seinen eigenen Vorteil stellte. Der Kreisvorsteher Huang hatte ihm deswegen auch schon diverse Rüffel erteilt, was ihm den Haß des Gefängniswärters eintrug. Um sich zu rächen, hatte sich Hu mit dem Siegelaufseher angefreundet. Die kürzliche Abwesenheit des Siegelaufsehers hatte Hu offenbar zu dem Siegelraub ausgenutzt. Nach der Entdeckung des Diebstahls hatte der Kreisvorsteher Huang seine ihm ergebenen Beamten zu einer Beratung versammelt. Die Lage war sehr verzwickt. Beweise gegen Hu lagen nicht vor. Würde man ihn verhaften, dann würde er die Tat bestimmt abstreiten. Trieb man ihn zu sehr in die Enge, bestand gar die Gefahr, daß er das Siegel vernichten würde. Dann könnte Hu nie überführt werden. Das Siegel bliebe dann endgültig verschwunden, und dem dafür zur Verantwortung gezogenen Kreisvorsteher Huang drohten darob die Amtsenthebung und dazu noch eine Strafe. Auch durch gutes Zureden würde man Hu nicht zu einem Geständnis bewegen können, denn er müßte die harte Reaktion des Kreisvorstehers befürchten, der ihm den Diebstahl natürlich verübeln würde. So hatten sich die Beamten ihre Köpfe zermartert, ohne zu einer Lösung des Problems zu gelangen, bis sie endlich auf die rettende Idee kamen: Man muß Bi Ai beiziehen.

Nach einigem Überlegen sagte Bi Ai zum Kreisvorsteher: «Macht Euch keine weiteren Sorgen mehr. Meldet Euch sofort krank. Empfangt während drei Tagen keine Besucher, erledigt keine Amtsgeschäfte und stellt auch die Ausgabe von Dokumenten ein. Ihr könnt sicher sein, daß Ihr am vierten Tag das Siegel wieder besitzen werdet.» Und Bi Ai entwickelte dem Kreisvorsteher die Einzelheiten seines Plans.

In der Nacht des dritten Tages brach im Amtsgebäude plötzlich ein Feuer aus. Die Nachricht erschütterte die ganze Stadt. Der Kreisbeamte Huang befahl allen Yamen-Angestellten, anzurücken und das Feuer zu löschen. Die Gongs dröhnten, Menschen schrien. Natürlich mußte auch der Gefängniswärter Hu dem Befehl gehorchen. Als er herbeieilte, rief ihn der Kreisvorsteher sogleich zu sich und sagte: «Viele Hände helfen bei den Löscharbeiten. Ich will das Kommando selbst übernehmen. Du brauchst nicht hinzugehen. Dir vertraue ich statt dessen das Amtssiegel des Kreises an. Hier nimm die Schatulle. Wenn du sie gut verwahrst, dann betrachte ich dies als deinen Beitrag zu der Feuerbekämpfung.»

Und schon war der Kreisvorsteher davongeeilt. Der Gefängniswärter hatte, ohne viel zu überlegen, die Schatulle entgegengenommen. Nun stellte er fest, daß sie verschlossen war. Er konnte sie also nicht auf der Stelle öffnen und jedermann zeigen, daß sie leer war, um sie dann dem Kreisvorsteher zurückzugeben. Nun ging dem Gefängniswärter ein

Licht auf. Er war auf ein Strategem hereingefallen. Sobald er die Schatulle dem Kreisvorsteher aushändigen würde, war zu erwarten, daß dieser sie vor aller Augen öffnen und ihn, falls sie dann leer sein sollte, des Diebstahls bezichtigen würde.

Dem Gefängniswärter blieb nichts anderes übrig, als mit der leeren Schatulle nach Hause zu gehen, um dort auf demselben Wege, auf dem er ihr das Siegel entnommen hatte, es wieder hineinzulegen.

Das Feuer wurde noch in derselben Nacht gelöscht. Anderntags ließ der Kreisvorsteher alle Angestellten zu sich rufen, um sie zu belohnen. Der Gefängniswärter Hu erschien mit der Schatulle. Der Kreisvorsteher öffnete sie auf der Stelle, und siehe da, das Siegel lag, wie es sich gehörte, darin. Natürlich tat der Kreisvorsteher seinerseits, als merke er nichts, und gab auch dem Gefängniswärter eine Belohnung.

So wendete der Kreisvorsteher Huang die ihm durch den Siegelverlust drohende Gefahr der Amtsentsetzung und Bestrafung mit dem Strategem Nr. 17 ab. Der ‹Backstein› war die leere Schatulle, der ‹Jadestein› das zurückgewonnene Amtssiegel.

17.30 Geschenke als Treuebeweis

Der durch Siege über Nachbarvölker immer mächtiger werdende Stamm der Zhou jagte der Shang-Dynastie (16.–11. Jh. v. Chr.) Angst und Schrecken ein. Der Shang-König Wen Ding ließ den Zhou-Herrscher Ji Li töten. Dessen Nachfolger Ji Chang, der bereits in 17.10 (Fischer auf Königsfang) auftauchte, sann auf Rache. Von überall her scharte er fähige Männer um sich. Als dem letzten König der Shang-Dynastie die feindlichen Pläne des Ji Chang hinterbracht wurden, ließ er ihn sogleich gefangennehmen und in Youli (im heutigen Kreis Tangyin, Provinz Henan) festsetzen. Doch da ersannen jene fähigen Männer, die Ji Chang um sich versammelt hatte, ein – so steht es in einem 1978 in Peking erschienenen Jugendbuch – «sensibles Strategem». Sie schlugen vor, Ji Chang solle dem König der Shang-Dynastie schöne Frauen, hervorragende Pferde und eine große Zahl von Kostbarkeiten schenken, um so seine Untertanentreue unter Beweis zu stellen. Der raffgierige Shang-König «fiel auf das Strategem herein». Sein Argwohn gegen Ji Chang war verschwunden, ja er stattete ihn gar noch mit gewissen Vorrechten aus. So erlangte Ji Chang für ein paar Geschenke das viel kostbarere Gut seiner Freiheit. Sein Sohn, bekannt als König Wu von Zhou, vernichtete die Shang-Dynastie in der Schlacht bei Muye (im Süden des heutigen Kreises Qi, Provinz Henan), und zwar angeblich im Jahre 1027 v. Chr. Eine wichtige Rolle soll dabei der Feldherr Jiang Ziya gespielt haben, von dem bereits in 15.8 und 17.10 berichtet wurde.

17.31 Lao Zi, Philosoph der Intrige?

«Was man eingrenzen will, muß man zunächst ausdehnen.
Was man schwächen will, muß man zunächst stärken.
Was man stürzen will, muß man zunächst aufrichten.
Wem man etwas nehmen will, dem muß man zunächst etwas geben.»

Wegen dieses Passus in *Daodejing* wird Lao Zi (der Überlieferung nach um die Mitte des ersten Jahrtausends v. Chr.), der als Verfasser dieses Werkes gilt, bisweilen der Intrigenphilosophie bezichtigt. In manchen Kommentaren werden die übersetzten Zeilen auch dem militärischen Bereich zugeordnet.

Gegen diese Interpretationen wehrt sich der 1986 in der Volksrepublik China verstorbene Philosophiegeschichtler Gao Heng. In seinem Sinne wird der Text wie folgt gedeutet:

«Was zusammenschrumpfen wird, dehnt sich bestimmt
zunächst aus.
Was schwach werden wird, ist bestimmt
zunächst stark.
Was untergehen wird, steigt bestimmt
zunächst auf.
Was genommen werden wird, wird bestimmt
zunächst gegeben.»

Lu Yuanchi versucht in seiner «Leicht verständlichen Deutung des Lao Zi-Textes» (Peking 1987) einen Kompromiß zwischen der ersten und der zweiten Übersetzung. Nach ihm sind beide Versionen sprachwissenschaftlich gesehen richtig, diejenige Gao Hengs in bezug auf Phänomene der Natur, die zuerst wiedergegebene in bezug auf solche der Gesellschaft. Lao Zi selbst habe in erster Linie gewisse «dialektische Gesetzmäßigkeiten» in der Natur schildern, damit aber gleichzeitig gesellschaftliche Abläufe gleichnishaft veranschaulichen und so die Menschen warnen wollen.

Wie dem auch sei: In der ältesten Beispielsammlung zur Erläuterung von Lao Zi-Zitaten, die sich in dem Han Fei (gest. 233 v. Chr.) zugeschriebenen Werk findet, wird die fragliche Textstelle in einem eindeutig strategemischen Sinne interpretiert.

17.32 Glocken als Vorhut

Graf Zhi, der mächtigste von sechs Adligen des Reiches Jin in der Mitte des fünften Jahrhunderts v. Chr., trug sich mit dem Gedanken eines Angriffs gegen das Chouyou-Reich. Doch das Gelände dorthin war zu unwegsam. Darauf ließ er eine große Glocke gießen und bot sie dem Herrscher von Chouyou als Geschenk an. Dieser war hocherfreut und wollte den Zugang zu seinem Land passierbar machen, um die Glocke in Empfang nehmen zu können. Sein Ratgeber Chizhang Manzhi jedoch sagte: «Das dürft Ihr nicht. Graf Zhi benimmt sich wie ein kleiner Staat, der einem großen Respekt bezeugt. Nun handelt es sich beim Grafen Zhi aber um einen großen Staat. Bestimmt werden Soldaten der Glocke folgen. Nehmt das Geschenk nicht an!» Doch der Herrscher von Chouyou hörte nicht auf diesen Rat und nahm die Glocke entgegen. Sieben Monate später war Chouyou vernichtet. Denn die Armee des Grafen Zhi war tatsächlich der Glocke gefolgt.

Anhand dieser Geschichte wird im Buch *Han Fei Zi* der hier in Betracht fallende Gedankengang in *Daodejing* illustriert. Im Buche *Han Fei Zi* steht im Anschluß an den Hinweis auf dieses Kriegsgeschehens der Satz: «Daher heißt es: Wem man etwas nehmen will, dem muß man zunächst etwas geben.»

17.33 Das tödliche Lehen

Ein anderes Mal verlangte Graf Zhi ein Landstück vom Fürsten Xuan von Wei. Dieser weigerte sich. Sein Berater Ren Zhang fragte: «Warum gibt Ihr ihm das Land nicht?»

«Ohne einen Grund anzugeben, verlangt Graf Zhi das Land von mir. Warum sollte ich es ihm abtreten?»

Der Ratgeber entgegnete: «Wenn Ihr dem Grafen jetzt das Land gebt, wird sein Hochmut anschwellen, und seine Begierde nach noch mehr Land wird wachsen. Die Herrscher der Nachbarreiche werden darob unruhig werden und sich zusammenschließen. Wenn sich dann die Armeen mehrerer Reiche miteinander verbünden, um gegen den seine Feinde gering schätzenden Grafen zu kämpfen, dann wird dessen Leben verwirkt sein. Wie heißt es doch: ‹Wen du besiegen willst, dem hilf zunächst. Wem du etwas nehmen willst, dem gib zunächst.› Ihr tätet gut daran, dem Grafen das Land zu überlassen und so seinen Hochmut zu steigern.»

«Gut», sagte der Fürst. Und er schenkte Graf Zhi ein Lehen von 10 000 Haushalten. Graf Zhi war hocherfreut. In der Folge verlangte er Land vom Reich Zhao. Dieses weigerte sich. Darauf begann Graf Zhi einen Kriegszug gegen Zhao. Die Reiche Han und Wei eilten Zhao zu Hilfe. So verlor Graf Zhi sein Leben.

Der ‹Backstein› ist das hergegebene Lehen, der ‹Jadestein› die schließlich bewirkte Vernichtung des Grafen Zhi.

17.34 Das Kleinod der Regierungskunst

Dank der umsichtigen Maßnahmen des Kanzlers Guan Zhong (gest. 645 v. Chr.) war das Reich Qi, eines der über 170 Fürstentümer der Frühlings- und Herbstzeit (8.–5. Jh. v. Chr.) allmählich erstarkt. Im Jahre 681 v. Chr. wagte Herzog Huan einen Waffengang gegen den südlichen Nachbarn, das Fürstentum Lu. Herzog Zhuang von Lu (693–662) sah sich nach mehreren Niederlagen gezwungen, um Frieden nachzusuchen. Dafür gedachte er dem Fürstentum Qi Gebiete abzutreten. Gerade wollte der Herzog bei der Ortschaft Ke den entsprechenden Schwur leisten. Da sprang sein General Cao Mo plötzlich zum Altar und packte, einen Dolch in der Hand, Herzog Huan mit den Worten: «Entweder Ihr gebt das gestohlene Land zurück oder ich bringe Euch und mich um!»

Herzog Huan blieb keine andere Wahl, als das kaum eroberte Gebiet wieder zurückzugeben. Darauf ließ ihn Cao Mo frei und kehrte an seinen Platz zurück.

Später ergrimmte Herzog Huan über den Vorfall. Er faßte den Plan, Cao Mo umbringen zu lassen und seine Landrückgabe zu widerrufen. Darauf sagte Guan Zhong zu ihm: «Ihr habt Euer Versprechen zwar unter Zwang gegeben, aber es besteht nun einmal eine öffentliche Absprache zwischen Euch und dem Fürstentum Lu. Wenn Ihr jetzt von Eurem Versprechen abrückt und im Fürstentum Lu jemand umbringen laßt, dann stellt das einen krassen Vertrauensbruch dar. Die so gewonnene Besänftigung Eures Zornes wird den Unwillen der verschiedenen Fürsten unter dem Himmel hervorrufen. Das aber wieder kann Euch nur schaden. Ich empfehle Euch daher, Euren Plan noch einmal zu überdenken.»

So hielt sich denn Herzog Huan an die Absprache mit Cao Mo und gab alle besetzten Gebiete dem Fürstentum Lu zurück. Diese Nachricht verbreitete sich in Windeseile im ganzen Reich. Die Fürsten rieben sich die Augen. Sie bewunderten die Zuverlässigkeit des Herzogs Huan und faßten Vertrauen zu ihm. Zwei Jahre später wählten ihn die Fürsten Chinas einstimmig zu ihrem Führer. Damit war das Fürstentum Qi zum ersten Hegemonialstaat jener Epoche geworden, natürlich, wie in einem in Taipeh 1983 erschienenen Buch mit Biographien chinesischer Kanzler betont wird, nicht ohne die Grundlage einer starken militärischen Macht. Doch diese allein hätte Qi zur Erringung der Hegemonie nicht genügt. Sima Qian (geb. um 145 v. Chr.) schreibt:

> «Herzog Huan wollte dem Abkommen mit Cao Mo den Rücken kehren. Guan Zhong veranlaßte ihn, den Vertrag einzuhalten. Darauf traten alle Fürsten auf die Seite von Qi. Daher heißt es: Zu wissen, daß das Geben dazu dient, etwas zu erlangen, ist das Kleinod der Regierungskunst.»

Der ‹Backstein› ist hier die Treue zu einem wenn auch unter Zwang zustande gekommenen Vertrag, der ‹Jadestein› ist die u. a. dadurch errungene Hegemonie.

17.35 Dynastieuntergang

Angesichts des sich abzeichnenden nahen Untergangs der Westlichen Zhou-Dynastie fragte der Kultusminister, Herzog Huan (gest. 771 v. Chr.), seinen Ratgeber Shi Bo: «Die Dynastie ist gefährdet. Ich fürchte, ihr drohender Untergang wird auch mich treffen. Wohin werde ich fliehen können, um dem Tod zu entrinnen?»

Shi Bo antwortete: «Durch den Untergang der Dynastie werden die Fremdvölker im Westen und Norden bestimmt an Macht gewinnen. In der Nachbarschaft von Zhou befinden sich zahlreiche andere Reiche.

Doch sie alle bieten eigentlich keine Zufluchtstätte. Zu den größeren königlichen Lehensreichen gehören Hao (im heutigen Kreis Xingyang, Provinz Henan) und Kuai (im heutigen Kreis Mi, Provinz Henan). Die Herrscher von Hao und Kuai sind ob der günstigen strategischen Lage ihres Gebietes hochmütig und überheblich. Hinzu kommt noch ihre Raffgier. Wenn Ihr Eure Gattin und Kinder sowie Euer Vermögen der Obhut der beiden Herrscher anvertraut, dann werden sie es nicht wagen, diese Bitte abzuschlagen. Geht dann die Zhou-Dynastie unter, werden die beiden Herrscher in ihrer Arroganz und Gier bestimmt ihr Wort brechen. Sie werden von Euch abfallen, um sich eures Vermögens zu bemächtigen. Ihr werdet dann einen guten Grund haben, gemeinsam mit Euch getreuen Vasallen der Zhou-Dynastie einen Kriegszug gegen die beiden Wortbrüchigen durchzuführen und ihre Gebiete zu erobern, wo Ihr den Untergang der Dynastie, gut versorgt, überleben könnt.» Der Herzog war von dem Rat sehr angetan. Er sandte seine Frau und Kinder zu den Herrschern von Hao und Kuai, die sie in ihre Obhut nahmen.

Damit hatte Herzog Huan diese Staaten gewissermaßen in einen Hinterhalt gelockt. Seine Familie und Vermögensgüter sind gleichsam der ‹Backstein›. Die beiden Herrscher, denen er diesen ‹Backstein› zuschiebt, sollen durch ihre vorher genau beobachtete Raffgier dazu verleitet werden, sich des in Obhut genommenen menschlichen und materiellen Gutes dann vollkommen zu bemächtigen. Das gibt Herzog Huan die Handhabe zu einem Kriegszug. Durch diesen sichert er sich einen Zufluchtsort, den ‹Jadestein›.

Ich entdeckte diese Geschichte in einer volkstümlichen, in der Volksrepublik China im Jahre 1985 erschienenen Ausgabe des Werkes *Guo Yu* («Gespräche über die Staaten»). Es ist eine über 2000 Jahre alte Zusammenstellung von Berichten und Anekdoten aus dem 10.–5. Jh. v. Chr. Für die Chinesen stellt es das älteste nach einzelnen chinesischen Fürstentümern eingeteilte Geschichtswerk dar, aus westlicher sinologischer Sicht erscheinen dagegen die Grenzen zwischen der seriösen Geschichtsschreibung und der Literatur verschwommen. Die von mir hier benutzte Edition aus dem Jahre 1985 enthält eine Auswahl von Passagen aus dem Werk, die in der Volksrepublik China heute noch als besonders lehrreich und anregend angesehen werden.

17.36 Mehr als ein Roß verschenkt

Seit der Frühlings- und Herbstzeit (8.–5. Jh. v. Chr.) siedelte im Osten von China der Stamm der Donghu. Immer wieder kam es zu Reibereien mit Nachbarvölkern. Im Jahr 209 v. Chr. wurde der Herrscher der in der Nachbarschaft lebenden Xiongnu von seinem Sohn Mo Du ermordet. Mo Du setzte sich auf den Königsthron. Der Donghu-Herrscher wollte Mo Du auf den Zahn fühlen. Daher sandte er einen Boten zu ihm mit dem Wunsch, ihm ein 1000-Meilen-Pferd zu schenken, ein Pferd von größter Schnelligkeit und Durchhaltekraft.

Mo Du indes durchschaute die Absicht. Er berief seine Minister und hielt mit ihnen Rat. Sie meinten: Im ganzen Land gibt es nur ein einziges 1000-Meilen-Pferd. Es ist ein Erbstück des verstorbenen Königs. Wie könnten sie es leichtfertig außer Landes verschenken?

Doch Mo Du entschied: «Wir können unmöglich um eines Pferdes willen die guten nachbarlichen Beziehungen aufs Spiel setzen.» Und so gab er das 1000-Meilen-Pferd hin.

Der Donghu-Herrscher wähnte nun, Mo Du fürchte sich vor ihm. Nach einiger Zeit schickte er erneut einen Boten, der für den Donghu-Herrscher die Gattin Mo Dus zur Frau verlangte.

Mo Du beriet sich erneut mit seinen Ratgebern. Empört riefen sie von links und von rechts: «Schändlich, wie sich der Donghu-Häuptling aufspielt. Nun will er gar noch unsere Königin zur Frau haben! Wir ersuchen darum, ihn mit einem Krieg zu bestrafen.»

Doch Mo Du entschied: «Warum sollten wir um einer Frau willen die Freundschaft mit dem Nachbarn gefährden!» Und so ließ er seine Gattin dem Donghu-Herrscher überbringen.

Nachdem dieser von Mo Du nicht nur dessen bestes Pferd, sondern auch noch seine schöne Gattin erhalten hatte, stieg ihm der Erfolg zu Kopf. Nach kurzer Zeit sandte er erneut einen Boten an den Xiongnu-Hof. Diesmal verlangte er einen 1000 Meilen umfassenden Landstrich im Grenzgebiet beider Reiche. Mo Du traf sich wieder mit seinen Ratgebern. Einige traten dafür ein, man solle das Land opfern, während andere widersprachen. Da erhob sich Mo Du plötzlich und donnerte sie an: «Land ist die Grundlage eines Reiches. Wie könnten wir es daher abtreten!» Und er befahl, alle Ratgeber, die für ein Nachgeben eingetreten waren, zu enthaupten. Er selbst warf sich in seine Kriegsrüstung, mobilisierte die Armee und fiel mit Blitzesschnelle in das Donghu-Reich ein.

Die Truppen des Gegners waren von dem Angriff, diesem ersten

‹Nein›, derart überrascht, daß sie nicht mehr dazu kamen, irgendwelche Abwehrmaßnahmen zu treffen. Im Nu hatte Mo Du das gesamte Donghu-Reich vernichtet. Ungehindert konnte er bis zum Herrscherpalast vordringen, wo er den Donghu-Häuptling tötete.

Die ‹Backsteine› sind die fürstlichen Geschenke, der ‹Jadestein› ist der Machtgewinn.

17.37 Gold und Seide für die Türken

Mitte des sechsten Jahrhunderts n. Chr. errichteten die Türken auf dem Gebiet der heutigen Mongolei ein großes Reich, das sich weit nach Westen erstreckte. Im Jahr 582 n. Chr. spaltete sich das Reich in einen westlichen und einen östlichen Teil. Von der chinesischen Sui-Dynastie (581–618) bis zu einem gewissen Grad in Schranken gehalten, wagten die Osttürken dann aber, angesichts der Wirren und Palastintrigen zu Beginn der Tang-Dynastie (618–907), immer wieder Einfälle in China.

Als Xieli, der Khan der Osttürken, 622 mit 100 000 Mann in das Gebiet der heutigen chinesischen Provinz Shanxi einfiel, konnte ihn der Gesandte des Tang-Kaisers mit der Zusage jährlicher Tribute zum Abzug bewegen. Doch 624 fiel Xieli zusammen mit Tuli, einem anderen Türkenführer, erneut in China ein. Durch sein unerschrockenes Auftreten und das Säen von Zwietracht zwischen Xieli und Tuli konnte Li Shimin, ein Sohn des chinesischen Kaisers, die Gefahr erneut abwenden.

Im Jahr 626 griff Xieli China wieder an mit 100 000 Soldaten und rückte bis auf wenige Meilen vor die chinesische Hauptstadt Chang'an vor. Die soeben gegründete Tang-Dynastie war zu diesem Zeitpunkt immer noch schwach. Der jugendliche Li Shimin, inzwischen Kaiser von China, verwarf den Vorschlag eines Beraters, sich in der Hauptstadt zu verschanzen, denn dann, so befürchtete er, würden die Türken die chinesischen Provinzen verwüsten. «Ich muß ihnen zeigen, daß ich mich nicht fürchte», sagte er. Er sammelte seine kleine Kriegerschar und ritt mit einigen Begleitern zum Wei-Fluß voraus. Dort warteten am gegenüberliegenden Ufer die Türken auf ihren Kampfeinsatz. Empört schleuderte Li Shimin dem Türken-Khan die Worte entgegen: «Ihr verstoßt gegen frühere Abmachungen.»

Beim Anblick des chinesischen Kaisers verloren die Türkenführer allen Mut. Sie stiegen von ihren Pferden und entboten ihm einen ehrerbietigen Gruß. Plötzlich erschien die geschickt angeordnete chinesische Armee mit ihren in der Sonne glitzernden Rüstungen und Standarten – ein majestätisches Bild. Da ergriff die Türken nackte Furcht. Der Kaiser gab seiner Armee ein Zeichen, worauf sie sich im Hintergrund zur Schlachtordnung aufstellte. Dann ritt er allein auf die Bian-Brücke, um den Türken-Khan zum Zweikampf aufzufordern.

Durch die Kühnheit des Gegners eingeschüchtert, wagte Xieli nicht, den Kampf aufzunehmen. Er bot Frieden an. Der Tang-Kaiser, der sein Ziel, die türkische Gefahr fürs erste zu bannen, erreicht hatte, ging auf dieses Angebot ein und beschenkte Xieli obendrein noch mit Gold und Seide.

Gemäß der zwischen 940 und 945 n. Chr. entstandenen «Alten Tang-Geschichte» entspann sich hinterher folgendes Gespräch zwischen dem Tang-Kaiser und einem seiner Untergebenen:

> «Xiao Yu fragte: ‹. . . die Ratgeber und tapferen Generäle wollten den Krieg, doch Eure Majestät ging darauf nicht ein. Ich habe deshalb einige Zweifel.›
> Der Kaiser antwortete: ‹. . . hätte ich den Kampf gegen die Türken aufgenommen, hätte es Tote und Verletzte gegeben. Wenn ich die Türken überdies besiegt hätte, dann würden sie wohl in den nächsten Jahren aus Furcht vor weiteren Niederlagen ihre Regierung neu ordnen. Voller Haß gegen mich würden sie nicht geringes Unheil über uns bringen. Heute legte ich die Panzer und Waffen nieder. Ich köderte sie mit Jadesteinen und Seidenstoffen. So entfache ich den Hochmut der störrischen Feinde. Das ist zweifellos der Beginn ihrer künftigen endgültigen Niederlage. Dies meinen die Worte: ‹Wem man etwas nehmen will, dem muß man erst etwas geben›.»

Der berühmte marxistische chinesische Historiker Fan Wenlan (1893–1969) zitiert in seiner mehrbändigen «Geschichte Chinas» ausdrücklich den Ausspruch des Tang-Kaisers: «Wem man etwas nehmen will, dem muß man erst etwas geben».

Nicht beachtet wird dagegen dieser Satz des Tang-Kaisers in einschlägigen westlichen Werken, wie z. B. René Groussets *L'Empire des Steppes* (Paris 1939) oder in dem fünfbändigen türkisch geschriebenen Werk *Türklerin Tarihi* («Geschichte der Türken») von Doğan Avcıoğlu (Istanbul 1981).

Im Jahr 630 n. Chr. war dann die Zeit reif. Der Tang-Kaiser vernichtete in einem Feldzug das Reich der Osttürken, dessen Khan Xieli zu diesem Zeitpunkt völlig isoliert war. Zwietracht in den eigenen Reihen, die z. T. auch von den Chinesen geschürt worden war, hatte ihn in die ausweglose Lage gebracht.

Die reichen Geschenke, die der Tang-Kaiser dem Türken-Herrscher im Jahre 626 überlassen hatte, waren der ‹Backstein›. Sie leisteten ihren Beitrag zu einer Entkrampfung des Verhältnisses zwischen China und dem Osttürkenreich. In dem Maß, wie sich der Gegensatz mit China entschärfte, entfachten sich die innertürkischen Widersprüche, die China dann zur Ausschaltung dieses Feindes ausnutzen konnte. Dies war der gewonnene ‹Jadestein›.

17.38 Das Trojanische Pferd

> «Nach der Sage fand der langwierige Trojanische Krieg dank des Erfolgs der von Odysseus erdachten Holzpferdlist sein Ende. Die Griechen fertigten ein riesiges Holzpferd an, in dessen Bauch sich eine Gruppe von Kriegern versteckte. Darauf taten sie, als würden sie sich zurückziehen. Auf ihren Schiffen segelten sie in eine nahe Meeresbucht, wo sie sich versteckten. Das Holzpferd hatten sie vor den Stadtmauern Trojas zurückgelassen. Die Trojaner wähnten, die Griechen hegten keine weiteren Kriegsabsichten mehr. Sie erblickten das Holzpferd vor der Stadt und ahnten nicht, daß es mit einer List verknüpft war. So zogen sie es als Kriegsbeute in die Stadt. Mitten in der Nacht, als die Trojaner schliefen, sprangen die griechischen Krieger aus dem Bauch des Holzpferdes, öffneten die Stadttore und gaben ein Geheimsignal. Darauf griffen die unterdessen heimlich vom Meer zurückgekehrten Griechen die Stadt an. Zusammen mit den im Stadtinnern wirkenden Kampfgenossen besetzten sie Troja.»

So wird das Stichwort «Trojanisches Pferd» in dem Buch «Erläuterung der literarischen Anspielungen in den ausgewählten Werken von Marx und Engels» (Peking 1986) erklärt. Sogar Mao Zedong erwähnt in einem seiner Werke, und zwar in seiner Abhandlung über den Widerspruch aus dem Jahr 1937, das «Holzpferdstrategem», von dem «in einer ausländischen Geschichte» berichtet werde. Der chinesische Urtext der «Fünf philosophischen Abhandlungen Mao Zedongs» mit der Abhandlung über den Widerspruch (Peking 1970) ist mit einer ausführlichen Fußnote versehen, die auf den Trojanischen Krieg hinweist. In der offiziellen deutschen Ausgabe desselben Werkes (Peking 1976) fehlt diese Fußnote.

Die Kriegslist mit dem Trojanischen Pferd ist die einzige sich in den veröffentlichten Werken Mao Zedongs findende Bezugnahme auf die homerische Sagenwelt.

Der ‹Backstein› entspricht hier dem im Grunde wertlosen hölzernen Pferd. Der ‹Jadestein›, den die Griechen dadurch erwarben, ist der Sieg über Troja.

17.39 Zerschlagene Töpfe und Pfannen

Mao Zedong erwähnt die Maxime des Lao Zi im militärischen und zivilen Zusammenhang. In seiner Abhandlung über «Strategische Probleme des revolutionären Krieges in China» vom Dezember 1936 schreibt er u. a.:

> «Jene, die dafür eintraten, daß wir ‹den Feind vor den Toren des eigenen Staates abwehren›, widersetzen sich dem strategischen Rückzug mit der Begründung, er bedeute Gebietsverluste, bringe der Bevölkerung Schaden (sie nennen das: ‹Unsere Töpfe und Pfannen werden zerschlagen›) und löse auch nach außen hin ein ungünstiges Echo aus ... Es ist leicht, auf diese Behauptungen zu antworten, unsere Geschichte hat bereits die Antwort darauf gegeben. Was die Gebietsverluste betrifft, so hat es sich häufig so ergeben, daß man solche Verluste nur vermeidet, indem man sie in Kauf nimmt. Hier gilt der Grundsatz: ‹Wem du etwas nehmen willst, dem mußt du erst etwas geben ...› Wenn wir Gebietsverluste haben, dafür aber den Sieg über den Feind erringen und obendrein die verlorenen Gebiete zurückgewinnen und noch ausdehnen, dann ist das ein einträgliches Geschäft.»

Während des Bürgerkrieges (1945–1949) wandte Mao diese Maxime sogar auf Yan'an an, nach dem Langen Marsch (1934–1935) die Hochburg der Kommunisten. Als im Juli 1946 die überlegene Streitmacht Tschiang Kai-scheks Yan'an angriff, gab Mao Yan'an am 18. März 1947 auf. Tschiang Kai-schek soll am 15. Mai 1947 in Nanjing in einer Rede sinngemäß gesagt haben: «Maos Hauptquartier hat bereits keine Bleibe mehr. Er konnte nur Hals über Kopf fliehen. So können sie keine zentrale Macht mehr aufbauen.» (Zitiert aus der *Renmin Ribao* – «Volkszeitung» – vom 29. September 1985.)

Yan Zhanglin, der ehemalige Chef von Maos Leibgarde, schreibt:

> «Angesichts des feindlichen Großangriffs faßten der Vorsitzende Mao und die Parteizentrale einen beherzten Entschluß. Es wurden nicht nur Yan'an, die Weihestätte der chinesischen Revolution, sondern zahlreiche große, mittelgroße und kleine Städte sowie einige wichtige Verkehrslinien aufgegeben. Dies war ein Entscheid von strategischer Bedeutung. Ohne die vorübergehende Aufgabe einiger Städte hätte man die späteren gewaltigen Siege nicht erringen können.»
>
> («In den Tagen der großen Entscheidungskämpfe», Chinesischer Jugendbuchverlag, Peking 1986)

Der ‹Backstein› sind die aufgegebenen Städte und Verkehrslinien, der ‹Jadestein› ist der errungene Endsieg.

17.40 Erst füttern, dann melken

Im Jahr 1956 überträgt Mao den Rat Lao Zis – mithin das Strategem Nr. 17 – auf den Bereich des Wirtschaftsaufbaus. In einer Weisung über die Beschleunigung der sozialistischen Umgestaltung des Handwerks widmet er sich den Problemen der damals in China existierenden 60000 Handwerkergenossenschaften, in denen etwa fünf Millionen Handwerker zusammengeschlossen waren. Diese Handwerkergenossenschaften lieferten Nahrungsmittel, Kleidung und andere Güter des täglichen Bedarfs, verfertigten kunstgewerbliche Gegenstände, erledigten Reparaturen und kochten die «Peking-Ente». Mao äußerte sich:

> «Für die Anlagen und Materialien, die der Staat den Genossenschaften zur Verfügung stellt, sollen vernünftige Preise festgesetzt werden, die sich von denen unterscheiden, die der Staat normalerweise bei Zulieferungen verlangt ... Anfangs sind die Genossenschaften wirtschaftlich noch schwach und brauchen staatliche Unterstützung. Es ist eine gute Idee, daß der Staat ausgemusterte alte Maschinen sowie Maschinen und Gebäude, die nach der Verschmelzung privater Einzelbetriebe zu gemischt staatlich-privaten Unternehmen nicht mehr benützt werden, billig an die Genossenschaften abgibt. ‹Wem du et-

> was nehmen willst, dem mußt du erst etwas geben.› Stehen die Genossenschaften erst einmal auf einer solideren Grundlage, wird der Staat höhere Steuern von ihnen verlangen und auch die Rohstoffpreise erhöhen.»

Dieses Vorgehen Maos greift ein Leitartikel in der chinesischen «Volkszeitung» vom September 1978 auf:

> «‹Wem man etwas nehmen will, dem muß man erst etwas geben.› Wenn wir heute die ländliche Industrie unterstützen, dann in der Erwartung, daß sie erstarke und in Zukunft größere Beiträge zur sozialistischen Modernisierung leisten werde.»

17.41 Naß wie ein Suppenhuhn

«Man kann nicht nur nehmen, ohne zu geben», klagt An Ruo in einem Essay in derselben Zeitung. «Ich liebe die reiche, prächtige und lebensvolle Atmosphäre der Pekinger Bauernmärkte. Oft gehe ich dorthin, um Einkäufe zu tätigen. Aber manchmal ärgere ich mich dort auch. So regnete es z. B. einmal sehr stark, doch gab es kein Schutzdach auf dem ganzen Markt. Alle Anwesenden wurden ‹naß wie ein Suppenhuhn›. Es blieb mir nichts anderes übrig, als mürrisch davonzueilen. Dabei verhält es sich nicht etwa so, daß es auf den Märkten an Aufsicht und Ordnung fehlte. So sind die Marktkontrollgebühren bis ins einzelne geregelt. Doch an den Schutz der Käufer und Verkäufer gegen Sonne und Regen wird kaum gedacht. Wir leben in einem sozialistischen Staat. Das Geld, das man dem Volke nimmt, sollte man eigentlich zum Wohle des Volkes wieder ausgeben. Die verantwortlichen Behörden dürften nicht nur nehmen, ohne zu geben.»

Hier leidet ein Betroffener sozusagen unter der Nichtanwendung des Strategems Nr. 17, und alle Marktteilnehmer mit ihm. Würden die Pekinger Marktbehörden erst einmal Geld für die konsumfreundliche, wetterunabhängige Ausstattung der Märkte ausgeben, würden sich die Zahl der Kauflustigen und die Einnahmen der Verkäufer erhöhen und könnten schließlich gar die dem Staat zukommenden Marktgebühren heraufgesetzt werden. In diesem Fall würde sich die Befolgung des Strategems Nr. 17 für jedermann segensreich auswirken.

17.42 Das verschwundene Pferd

Einst wohnte in einem chinesischen Grenzgebiet ein Greis. Man nannte ihn den «Alten an der Grenze». Eines Tages war sein prächtiges Pferd plötzlich spurlos verschwunden. Die Nachbarn und Freunde liefen herbei, um den Alten zu trösten.

Dieser zeigte indes keine Spur von Aufregung. Lächelnd meinte er: «Das Pferd ist zwar verschwunden, aber woher soll man wissen, ob dies nicht ein Glück ist?»

Es verging einige Zeit. Da kehrte doch tatsächlich das verlorene Pferd zum alten Mann an der Grenze zurück. Wider Erwarten brachte es ein zweites, wertvolleres Pferd mit. Das Ereignis versetzte das ganze Dorf in Aufregung. Die Leute strömten herbei und beglückwünschten den Alten. Doch dieser zeigte sich nicht etwa glücklich. Er meinte: «Was gibt es da zu gratulieren? Wer weiß, ob das nicht ein Unglück ist!»

Einige Tage später bestieg der einzige Sohn des alten Mannes das zweite Pferd. Es war mit seinem neuen Herrn nicht vertraut, rannte wild umher und warf schließlich den jungen Reiter ab. Der war von nun an ein Krüppel.

Als die Leute das vernahmen, kamen sie, um den Alten zu trösten, doch dieser zeigte keine Aufregung, er meinte: «Das ist vielleicht ein Glück.»

Später brach in der Grenzregion ein Krieg aus. Viele junge Männer wurden in die Armee eingezogen und an die Front geschickt. Alle kamen um. Nur der Sohn des Alten von der Grenze konnte als Invalider zu Hause bleiben; er überlebte.

Dieses Gleichnis steht in *Huainanzi*, einer hintergründigen Sammlung daoistischer, konfuzianischer und der altchinesischen Gesetzesschule verpflichteter Texte. Dieses Werk verfaßten gelehrte Männer, die Ende des zweiten vorchristlichen Jahrhunderts der Fürst Liu An von Huainan (179–122) um sich scharte. Das Gleichnis erinnert an den Wahrspruch in Lao Zis *Daodejing*: «Glück stützt sich auf Unglück, Unglück verbirgt sich im Glück.»

Nacherzählt fand ich die Episode in den «Geschichten über Redensarten» (Chinesischer Jugendbuchverlag, Peking 1982). Zur Erklärung heißt es: «Die Redensart ‹War es denn nicht ein Glück, daß dem Alten an der Grenze sein Pferd davonlief› versinnbildlicht, daß sich etwas Schlechtes in etwas Gutes oder ein zeitweiliger Verlust in einen späteren Gewinn verwandeln kann.«

Die «Befreiungs-Tageszeitung», das Organ des Parteikomitees der Kommunistischen Partei Chinas der Stadt Shanghai, spielt in einem Sportbericht auf diese Geschichte an. In einem europäischen Basketball-Turnier kämpften Bulgarien und die Tschechoslowakei um den Einzug ins Finale. Es fehlten noch acht Sekunden bis zum Abpfiff. Die Bulgaren führten mit zwei Punkten Vorsprung. Doch für die Finalqualifikation mußten sie mit fünf Punkten Unterschied gewinnen. In diesem entscheidenden Augenblick bat der bulgarische Trainer um eine kurze Unterbrechung des Spiels, und er gab zwei Spielern Anweisungen. Nach dem Wiederbeginn lenkte die bulgarische Mannschaft den Ball zunächst in Richtung gegnerischer Korb. Doch der den Ball spielende Bulgare drehte sich plötzlich um und warf den Ball ins eigene Netz. In diesem Augenblick wurde das Spiel denn auch schon abgepfiffen. Nun stand es unentschieden. Von dieser unerwarteten Wende wurde die tschechische Mannschaft genauso überrumpelt wie die Zuschauer. Auch einzelnen bulgarischen Spielern erschien der ‹Eigenkorb› rätselhaft. Doch das Unentschieden führte reglementsgemäß zu einer Verlängerung von fünf Minuten. Die Bulgaren sammelten noch einmal alle Kräfte und gewannen schließlich mit sechs Toren Vorsprung. Damit waren sie im Finale.

Nun begriff man, so der chinesische Kommentator Chu Zhang, die Schlauheit des bulgarischen Trainers. In den verbleibenden acht Sekunden der regulären Spielzeit wäre es den Bulgaren nicht möglich gewesen, den erforderlichen Fünf-Punkte-Vorsprung zu erzielen. Daher gab der bulgarische Trainer seinen Spielern zu verstehen, sie sollten sich selbst einen Verlust zufügen und zwei Punkte für die Tschechen markieren. Diese zwei Punkte erschienen auf den ersten Blick als ein hingeworfener ‹Backstein›. In Wirklichkeit gewann die bulgarische Mannschaft aber kostbare fünf Minuten für einen Entscheidungskampf, also einen ‹Jadestein›. Diese fünf Minuten boten eine ausreichende Gelegenheit, um mit der entsprechenden kämpferischen Einstellung den notwendigen Fünf-Tore-Vorsprung zu erreichen. Die Klugheit des bulgarischen Trainers zeigte sich darin, daß er in kürzester Frist Verlust und Gewinn richtig einschätzte und resolut einen zeitweiligen Rückschlag in Kauf nahm im Blick auf den letztlichen Sieg.

«Wer jemand etwas nehmen will, muß ihm erst etwas geben», meint der chinesische Kommentator. Erst durch einen Verlust ein Mehrfaches gewinnen können, einen Schritt zurückweichen, um erst dann zwei Schritte voranschreiten zu können, nach dieser Dialektik entwickeln sich die Dinge oft.

«War es denn nicht ein Glück, daß dem Alten an der Grenze sein Pferd davonlief?» Dieses Sprichwort, so schließt Chu Zhang seine Betrachtung, mag zwar noch nach Fatalismus klingen. Doch wenn die künftige objektive Entwicklung abschätzbar ist und man angesichts dieser Zukunftseinschätzung bewußt gewisse Einbußen in Kauf nimmt, ist es möglich, bei entsprechendem Einsatz einen den Verlust übertreffenden Gewinn zu erzielen.

«Vermittelt uns diese Einsicht in das Wechselspiel von Verlust und Gewinn nicht bei allem, was wir tun, so bei der Regulierung der Wirtschaft, bei der Ausarbeitung von Plänen, bei der Ausführung von Politnormen usw. einen wertvollen Denkanstoß?» (Chu Zhang)

17.43 Weltrekorde statt Ränge

Der bekannte chinesische Gewichtheber Chen Manlin (geb. 1941) regelte die Beziehungen zwischen Wettkampfrang und Rekordjagd im Geist des Strategems Nr. 17. Bei nationalen Wettkämpfen strebte er nach einem Weltrekord und kümmerte sich nicht um den Wettkampfrang. Oft mißglückten ihm die Weltrekordversuche, und er landete dann jeweils auf einem der hinteren Ränge. Endlich verbesserte er dreimal den Weltrekord und legte für das Vaterland Ehre ein, so die Pekinger «Sportzeitung», die in diesem Zusammenhang das Strategem Nr. 17 ausdrücklich erwähnt. Chen Manlin nahm bei Wettkämpfen hintere Ränge in Kauf und warf dann jeweils sozusagen dem Publikum einen ‹Backstein› hin. Ihm ging es um die Erringung des Weltrekordes, also um den ‹Jadestein›. 1965 stellte er im Drücken mit 118 kg einen Weltrekord im Federgewicht (bis 56 kg) auf. 1966 gelang ihm mit 128,5 kg ein Weltrekord im Drücken in der Leichtgewichtsklasse (bis 60 kg), und im gleichen Jahr verbesserte er den Weltrekord im Federgewicht auf 118,5 kg. 1978 wurde Chen Manlin zum Trainer der Gewichthebertruppe der Provinz Guangdong ernannt.

17.44 Zukunftskeime

«In meiner ersten Lehrzeit als Pingpong-Spieler hatte ich die verschiedenen Schläge, wie den Angriff, den Direktschlag, den Querschlag und das Anschneiden allesamt geübt. Doch am meisten beeindruckt war ich von jener Art des Schlagabtauschs, bei dem beide

Spieler, vom Tisch recht weit entfernt stehend, mit aller Kraft den Ball zurückschmettern. Nach einigem Training erkannte ich allerdings, daß mir dieser Kampfstil von meinem Körperbau her nicht ganz lag: Ich war weder sehr hoch gewachsen, noch verfügte ich über allzu große Kraft. Doch nach wie vor war ich davon überzeugt, daß in dieser Angriffstechnik meine Zukunft lag.

Eines Tages beobachtete ich ein Trainings-Match zwischen der großartigen Pingpong-Spielerin Sun Meiying, die übrigens 1983 in den Nationalen Volkskongreß, das chinesische Parlament, gewählt wurde, und einem Mitglied des chinesischen Pingpong-Männerteams. Da sah ich, wie Sun Meiying den Ball unvermittelt mit einer ganz kleinen, aber blitzschnellen Rückhandbewegung ohne große Kraftanstrengung, zurückgab. Der Ball flog zwar ins Aus, doch die Art, wie er geflogen kam, ließ mich nach Luft schnappen: So plötzlich und auf ganz kurze Distanz war er über den Tisch geflogen! Hätte er die Tischplatte berührt, wäre auch der beste Spieler geschlagen gewesen.

Hinterher dachte ich mir, daß in dieser Schlagtechnik große Entfaltungsmöglichkeiten schlummerten. Phantastisch! Darauf versenkte ich mich mit großer Begeisterung in das Training dieser Schlagtechnik. Nach einer gewissen Zeit des Probens begann ich den Bewegungsablauf zu beherrschen, doch erst in den groben Zügen. Noch fehlten meinem Schlag die Geschwindigkeit und die Kraft. Also bemühte ich mich weiter, mir im Training diese Schlagtechnik vollends anzueignen. Ich erarbeitete einen bestimmten Bewegungsablauf, der eine entscheidende Verbesserung bewirkte. Der Erfolg ermutigte mich zu weiteren Anstrengungen. So wuchs die Gewalt dieser Schlagtechnik von Tag zu Tag, und es entwickelte sich daraus meine ureigene tischnahe Angriffstechnik. Ohne die Erleuchtung durch den mißglückten Schlag der Spielerin Sun Meiying wäre ich bestimmt nicht so weit gekommen.

Daraus kann man die folgende Lehre ziehen: Wir müssen uns eine geistesgegenwärtige Beobachtungsgabe anerziehen, die uns befähigt, im alltäglichen Leben und in unspektakulären Phänomenen die nur für einen Sekundenbruchteil aufscheinenden, aber große Entfaltungsmöglichkeiten und Lebenskraft in sich bergenden Zukunftskeime zu erfassen. Gewiß, für diese Keime wird der Durchbruch aus ihrem verborgenen, unterirdischen Dasein ans Tageslicht mühsam sein, doch wenn man sie nur sofort in seine Obhut nimmt und zu pflegen beginnt, werden sie schließlich aufblühen. Diese Zukunftskeime treiben in der Regel die Entwicklung voran, doch nur der denkfreudige, scharf beobachtende, dem Neuen gegenüber aufgeschlossene Mensch ist dazu vorherbestimmt, sie zu erkennen.»

Diese Erwägungen des mehrfachen chinesischen Pingpong-Weltmeisters Zhuang Zedong (geb. 1940) sind betitelt mit «einen Backstein werfen, um einen Jadestein anzuziehen». Allerdings interpretiert Zhuang Zedong die Worte des Strategems etwas anders, wenn auch in sprachlich durchaus zulässiger Weise: «Ein Backstein wird hingeworfen und als Jadestein an sich gezogen.»

Ein schlichter Beobachter hätte nur gesehen, daß die chinesische Pingpong-Spielerin einen Ball verschlug «Aha, ein Backstein», oder in unserer Modesprache «ein Flop», würde er gedacht haben. Nicht so der dreimalige Pingpong-Weltmeister Zhuang Zedong: Er verfolgte genauestens die ganze Schlagbewegung und erkannte trotz dem Mißerfolg das in ihr liegende Potential, den Zukunftskeim. Diesen brachte er bei sich selbst, wenn auch mühsam, zur Blüte. So verwandelte er den ‹Backstein› in einen ‹Jadestein›.

17.45 Der ungerechte Haushalter

«Jesus sagte aber auch zu seinen Jüngern: Es war ein reicher Mann, der hatte einen Haushalter; und dieser wurde bei ihm verklagt, daß er sein Vermögen verschleudere. Und er ließ ihn rufen und sagte zu ihm: ‹Was höre ich da über dich? Lege Rechenschaft ab über deine Verwaltung! Denn du kannst nicht länger Haushalter sein.› Da dachte sich der Haushalter: ‹Was soll ich tun, wenn mein Herr mir das Verwaltungsamt nimmt? Graben kann ich nicht; zu betteln schäme ich mich. Ich weiß, was ich tun will, damit sie, wenn ich aus meinem Verwaltungsamt entlassen bin, mich in ihre Häuser aufnehmen.› Und er ließ jeden einzelnen der Schuldner seines Herrn zu sich rufen und sagte zu dem ersten: ‹Wieviel schuldest du meinem Herrn?› Er antwortete: ‹Hundert Bath Öl.› Da sagte er zu ihm: ‹Nimm hier deinen Schuldschein, setz dich schnell hin und schreibe: fünfzig.› Danach sagte er zu einem andern: ‹Du aber, wieviel bist du schuldig?› Der antwortete: ‹Hundert Kor Weizen.› Er sagte zu ihm: ‹Nimm hier deinen Schuldschein und schreibe: Achtzig.› Und der Herr lobte den ungerechten Haushalter, daß er klug gehandelt habe. Denn die Söhne dieser Welt sind ihrem Geschlecht gegenüber klüger als die Söhne des Lichts. Und ich sage euch: Machet euch Freunde mit dem ungerechten Mammon, damit sie, wenn er euch ausgeht, euch aufnehmen in die ewigen Hütten!»

Zu Beginn dieses vom Evangelisten Lukas erzählten Gleichnisses befindet sich der Haushalter in einer Krise. Er wird von seinem Herrn der Unfähigkeit oder Untreue bezichtigt und ist drauf und dran, entlassen zu werden. So sieht er seine Existenz gefährdet. Um zu arbeiten, hält er sich zu vornehm, und zu betteln, schämt er sich. Was soll er tun? Wie soll er seine materielle Zukunft sichern?

Der Haushalter nutzt eine letzte Chance. Er läßt die Schuldner seines Herrn nacheinander eintreten – bei solchen Geschäften darf es keine Zeugen geben –, um sich diese auf Kosten des reichen Mannes zu verpflichten. An zwei Beispielen wird der Gaunertrick vordemonstriert.

Die Schuld des Ersten beträgt 100 Bath (etwa der Ertrag von 140 Ölbäumen) Öl. Die risikolose Fälschung, in diesem Fall immerhin die Hälfte der Gesamtsumme, erklärt sich aus dem damaligen Geschäftsgebaren. Der Schuldner händigt dem Gläubiger – dem seinen Herrn vertretenden Haushalter – einen eigenhändig geschriebenen Schuldschein aus. Da nur der Haushalter die Kontrolle hat, konnte er das zweiseitige Geschäft in Ruhe abwickeln. Im zweiten Fall handelt es sich um 100 Kor (550 Zentner, der Ertrag von 42 ha Ackerland). Der Haushalter geht ähnlich vor. Es werden allerdings nur 20 Prozent der Schuld erlassen.

Der Theologe Joseph Ernst sieht das Entscheidende in der konsequenten und zielstrebigen Handlungsweise eines Mannes, dem das Wasser bis zum Halse steht. Durch die Reduzierung der seinem Herrn von den Schuldnern geschuldeten Beträge – hierbei handelt es sich aus chinesischer strategemischer Sicht insofern um den ‹Backstein›, als es den Haushalter nichts kostet – hofft dieser das Wohlwollen der Schuldner zu gewinnen, so daß sie ihn aufnehmen werden, wenn er seine Stelle verloren hat. Dies ist gewissermaßen der gewonnene ‹Jadestein›.

Ob sich die Hoffnungen des Haushalters, den Joseph Ernst einen «gerissenen Gauner» nennt, erfüllten, wird uns nicht mitgeteilt. Aber es wird zumindest angedeutet, daß sich seine Situation verbessert, und zwar dadurch, daß der Abschluß des Gleichnisses erzählt, der Herr habe die Handlung des ungetreuen Haushalters anerkannt.

Wer ist dieser den Haushalter lobende Herr? Laut dem Theologen Dan Otto Via der Arbeitgeber des Haushalters. Dieser habe den Betrug entdeckt, aber als ein Mann von leichter Lebensart genug Humor und

Unabhängigkeit besessen, um den Erfindungsgeist seines Haushalters zu loben, obwohl dieser ihm Kosten verursachte.

Nach Joseph Ernst ist der Herr aber Jesus selbst, der den Haushalter lobt. Das Lob Jesu beziehe sich aber nicht auf die ethische Qualität der Tat des Haushalters, sondern auf die Zielstrebigkeit, mit der dieser in einer schier ausweglosen Situation vorging.

«Gegenüber ihrem Geschlecht», das heißt: auf ihre Weise und in ihrem eigenen Milieu, sind die Weltkinder den «Söhnen des Lichts» haushoch überlegen. Das anerkennende Wort Jesu enthält einen anklagenden Unterton. Im Vergleich mit den Weltmenschen sind die Christen in ihren Handlungen matt, unkonzentriert und planlos.

Nach Dan Otto Via stellt Jesus das Handeln des Haushalters in eine ästhetische Konfiguration hinein, die eine Miniatur dessen ist, was als Schelmenstück bekannt geworden ist. Eine Schelmen-Komödie erzählt die Geschichte eines erfolgreichen Schurken, der die konventionelle Gesellschaft für dumm verkauft, ohne eine positive Alternative anzubieten. Ein schelmenhafter Schurke ist jemand, der sein Leben durch seinen Witz und teilweise außerhalb der Regeln der gesellschaftlichen Verantwortung, wenn auch nicht in wirklich bedrohlicher Weise, fristet. Er besitzt eine geschärfte Einsicht in die menschlichen Reaktionen, die zu seinen Gunsten ausgespielt werden können, und er ist ein Meister der Technik, auf ihnen zu spielen. Er handelt ohne die durch das gesellschaftliche Empfinden von Gut und Böse geschaffenen Hemmungen, obwohl er kein so großer Feind dieser Regeln ist wie jemand, der in einer von ihnen verschiedenen Welt lebt. Obwohl seine überentwickelte praktische Intelligenz eine volle emotionale Reife ersetzt, ist er nicht gänzlich ohne Gefühl. Das Schelmenstück gibt der gerissenen Schattenseite des Menschen freies Spiel, einer Seite, die immer vorhanden ist, aber gewöhnlich bewußt unter Kontrolle gehalten wird. Es bietet diesen Impulsen die Möglichkeit, sich abzureagieren.

Gewährt das Gleichnis mit einer glückhaften Erdgebundenheit unserer verschlagenen Seite eine vorübergehende ästhetische Anwandlung? Vielleicht ist die tiefste theologische Implikation dieses ästhetischen Effekts, daß sich unser Wohlbefinden letztlich nicht aus unserem tödlichen Ernst ergibt.

Eduard Schweizer sieht in seinem theologischen Kommentar die Pointe des Gleichnisses in der Klugheit des Haushalters. Klug ist er, weil er in die auf ihn zukommende Zukunft weist und sich davon bestimmen läßt. So versteht das Gleichnis die Gegenwart als Möglichkeit, sich auf die Zukunft ausrichten zu lassen; ja, es lädt dringend dazu ein.

Bemerkenswert ist das Verständnis, das zeitgenössische Bibelkommentatoren wie die zitierten dem des Strategems Nr. 17 kundigen Haushalter entgegenbringen.

17.46 Mit verbilligten Fernsehgeräten

Jeder Betrüger ist am Anfang ehrlich, behauptet der Taipeher Strategemkenner Shu Han. Zunächst schafft er tatsächlich Vorteile. Dies sind aber nur seine ‹Backsteine›, die er wirft. Nachdem er mehrere ‹Bonbons› verteilt hat, wird ihm gegenüber die Wachsamkeit in demselben Maße nachlassen, wie das Vertrauen in den Betrüger steigt. Man wird ihm die Hand zu umfangreichen Geschäften bieten. Und schließlich wird der Schaden bei weitem die anfänglichen Gewinne übersteigen.

Diesen Gedankengang veranschaulicht die Pekinger «Abendzeitung». Wang Xiangqian, ursprünglich ein Arbeiter in der Pekinger Erdölraffinerie, brachte es mit seinen Betrügereien so weit, daß er in den besten Restaurants Pekings speisen, mit seiner Frau Vergnügungsreisen durch mehrere Provinzen Südchinas unternehmen und in den feinsten Hotels übernachten konnte. Zu Hause trank das Paar Wein, rauchte Filterzigaretten, besaß vier Farbfernsehgeräte, dazu einen Fotoapparat, eine Waschmaschine, einen Kühlschrank und ein Sofabett. Die Kinder kamen gar mit Armbanduhren, die das Datum anzeigten, in die Schule.

Wie gelangte dieser Mann zu seinem Reichtum? Der Schlüssel zum Geld war das Strategem Nr. 17. Der Arbeiter kaufte zu Marktpreisen importierte Farbfernseh- und Tonbandgeräte und verkaufte sie um vieles billiger weiter. Die Käufer machten natürlich Mundpropaganda für ihn. Dank der Gratiswerbung gelang es ihm, 80 000 Yuan aufzunehmen und damit über 100 Personen mit preisgünstigen Fernsehapparaten zu beliefern. Dabei gab er vor, mittels diverser Beziehungen im In- und Ausland könne er diese Geräte so billig anbieten. Besonders beeindruckt zeigten sich ein Taxifahrer, der zu einer Art Privatchauffeur von Wang wurde, ein Spitalarzt, der ihm fortan jederzeit Krankheitsbestätigungen ausstellte, sowie ein Fernsehtechniker in einer Reparaturwerkstatt. Diesen setzte Wang dazu ein, überall Gelder für Fernseh- und sonstige Geräte einzusammeln, die dann später von ihm geliefert würden. So ergatterte er in einem halben Jahr von über 400 Personen etwa 456 000 Yuan (das entspricht ca. 217 000 DM/Kurs 1988).

Natürlich wurde der Betrüger später verhaftet und in einer mehrteiligen Reportage der Pekinger «Abendzeitung» angeprangert. Bevor er das große Geld – den ‹Jadestein› – wenn auch nur vorübergehend einstecken konnte, verkaufte er erst einmal Geräte zu Schleuderpreisen. Das waren seine ‹Backsteine›.

17.47 Top-Management in japanischen Firmen

> «In unseren heimlichen Manipulationen, wie sie nicht nur von Politikern, Werbeleuten und Verkäufern, sondern tagtäglich auch von uns selbst eingesetzt werden, nutzen wir das Verpflichtungsgefühl häufig geschickt aus. Der Trick besteht darin, daß wir jemandem eine Freundlichkeit erweisen, um die er uns vielleicht gar nicht gebeten hat, und ihn damit unter Druck setzen, uns eine erhoffte Gegenleistung nicht auszuschlagen. So machen es Eltern mit ihren Kindern – im Extremfall: ‹Ich habe mein Leben für dich geopfert, und nun bist du so undankbar› –, Kinder mit ihren Eltern, Partner miteinander, Verkäufer mit Käufern (Probeangebote, kostenlose Serviceleistungen). Es ist für uns sehr schwierig, uns solchen Manipulationen zu entziehen, weil das Wiedergutmachungs- und Verpflichtungsgefühl so tief in uns verankert ist. Es gehört ziemlich viel Mut dazu, in solchen Fällen ein entschiedenes ‹Nein› zu sagen, weil wir damit riskieren, als unhöflich, undankbar und egoistisch abgestempelt zu werden.»

Das legt Lutz Müller in seinem empfehlenswerten Buch «Das tapfere Schneiderlein – List als Lebenskunst» (Zürich 1985) dar.

> «Zu den Fähigkeiten, durch die sich der Chef eines japanischen Unternehmens auszeichnen sollte, gehört die Bereitschaft, seinen Untergebenen eine Gunst oder einen Dienst zu erweisen. Um den Untergebenen immer wieder zu Gefallen zu sein, gilt es, durch regelmäßige Kontakte deren Wünsche genau zu kennen. So gewinnt der Chef die Loyalität der Mitglieder seines Stabes, die sich ihm verpflichtet fühlen. Das wiederum erleichtert der Unternehmensführung die schnelle geschäftliche Entscheidung, die der Stab mitträgt. Wenn der Chef seinen Angestellten stets eine hilfreiche Hand entgegenstreckt, werden diese umgekehrt für ihn durchs Feuer gehen.»

Diese Erkenntnis über den fähigen japanischen Arbeitgeber vermittelt Ryūei Shimizu, Professor an der Tokioter Keiō-Universität, in seinem 1986 erschienenen Buch über *«Top-Management in Japanese Firms»*.

Über das Verhältnis eines klugen Arbeitnehmers zu seinen Kollegen schreibt der Taipeher Strategemforscher Shu Han:

> «Aus dem Gerangel über die Verteilung von Vorteilen und Prämien in einem Team sollte man sich heraushalten. Das gelingt, wenn man für sich selbst einen Anteil beansprucht, der kleiner ist als die Anteile der anderen. Wer sich so verhält, mit dem werden die Kollegen gern zusammenarbeiten. Wenn diese Zusammenarbeit nur dreimal einen Gewinn abwirft, hat dann der kluge Kollege die durch seine Großzügigkeit bewirkten Verluste nicht mehr als wettgemacht? Denn hätte er beim ersten Mal den größeren Anteil für sich beansprucht, dann wären die zwei folgenden gemeinsamen Unternehmungen vielleicht gar nicht zustande gekommen oder nicht in einem solch guten Teamgeist zu einem Erfolg geführt worden. Mit einem Kollegen, von dem bekannt ist, daß er den größeren Teil von Arbeitserträgnissen den anderen überläßt, will jeder gerne zusammenarbeiten.»

Das erinnert an einen Spruch im Alten Testament:

Mancher gibt viel
und wird doch noch reicher,
mancher kargt über Gebühr
und wird nur ärmer.
Die Seele, die wohltut,
wird reichlich gesättigt;
wer andere erquickt,
wird auch selber erquickt.

17.48 Mehr Kunden durch Kupferplaketten

Im Jahr 1975 fand in Chicago eine Ausstellung statt, an der sich auch eine Nahrungsmittelfirma beteiligte. Doch im Ausstellungsgelände angekommen, entdeckte deren Chef John, daß ihm eine ganz entlegene Ecke für seinen Verkaufsstand zugewiesen worden war.

Viele Leute besuchten die Ausstellung, doch kaum jemand fand den Weg zu Johns Stand. Aber John ließ den Kopf nicht hängen. Am dritten Tag der Ausstellung fanden die Besucher plötzlich auf den Böden kleine Kupferplaketten herumliegen. Darauf stand geschrieben: Gegen diese Plakette erhält man am Stand von Johns Nahrungsmittelfirma ein

Souvenir. Plötzlich wurde der bisher vergessene Winkel, wo sich John mit seinen Schauobjekten befand, von anströmenden Besuchern überflutet. Selbst als die Kupferplaketten aufgebraucht waren, hielt der Zulauf an. (Aus einer Pekinger Comic-Zeitschrift, Nr. 4/1987.)

Durch einige hingeworfene ‹Backsteine› – die Kupferplaketten sowie die, wie anzunehmen ist, wertlosen Souvenirs – erlangte John den erhofften ‹Jadestein›, die Propagandawirkung für seinen Stand.

17.49 Ausbildungsangebot als Auftragsköder?

> «Kaum war der Nuklearvertrag zwischen Japan und China anfangs August 1985 unterschrieben, reiste eine Verhandlungsdelegation von Mitsubishi Heavy Industries mit Kooperationsangeboten nach Peking. Sie sollte den japanischen Anbietern Zugang zu dem als lukrativ vermuteten Kernkraftwerk-Markt in China verschaffen. Die führende japanische Wirtschaftszeitung *Nihon Keizai* berichtete, Mitsubishi Heavy Industries habe sich mit den Chinesen über den Abschluß eines breit angelegten Abkommens über technologische Zusammenarbeit geeinigt. Danach offeriert Mitsubishi den chinesischen Vertragspartnern Know-how für den Bau und den Betrieb einer Atomanlage südlich von Shanghai. Ein Vertrag soll noch vor Ende des Jahres unterzeichnet werden, und man rechnet damit, daß die ersten japanischen Techniker nächstes Jahr den Chinesen zur Verfügung stehen.
>
> Darüber hinaus ist ein spezielles Studienprogramm für chinesische Ingenieure und Techniker in Japan vorgesehen, und zwar praxisorientiert an Anlagen, die noch im Bau sind, und an solchen, die bereits betrieben werden. Nach Angaben der *Nihon Keizai* könnte dieses Ausbildungsprogramm bereits im kommenden Monat anlaufen.
>
> Nach Darstellung des japanischen Wirtschaftsblattes verspricht sich Mitsubishi von diesem Kooperationsabkommen eine gute Ausgangsposition im Wettbewerb mit den amerikanischen und europäischen Anbietern, wenn es darum geht, sich die Aufträge für den Bau der zusätzlich geplanten Atomkraftwerke in China zu sichern.»

Der Untertitel dieses hier auszugsweise wiedergegebenen Aufsatzes von Raoul Lautenschütz, des Korrespondenten der «Neuen Zürcher Zeitung» in Tokio, entspricht – sicherlich ungewollt – dem Strategem Nr. 17: «Ausbildungsangebot als Auftragsköder?»

Das sehr günstige Ausbildungsprogramm, das die japanische Firma in Aussicht stellt, erscheint als der ‹Backstein›, durch den die Japaner den ‹Jadestein› zu erlangen hoffen, nämlich die Ausschaltung ihrer Konkurrenten im Atomgeschäft mit China. Mitte September 1987 erfuhr ich in Tokio von Professor Mikami Takehiko, daß bis dato dieses Kalkül von Mitsubishi fehlschlug.

17.50 Kooperationsangebot als Spaltpilz

Gegenüber den Japanern wendeten z. B. die Sowjets das Strategem Nr. 17 an. Sie boten gewissen japanischen Fischereigesellschaften im Frühjahr 1979 an, in den sowjetischen Hoheitsgewässern rund um die von der Sowjetunion seit dem Zweiten Weltkrieg besetzten, von Japan zurückgeforderten nördlichen Inseln zu fischen und gemeinsame sowjetisch-japanische Fischfangunternehmen zu gründen. Dies war der ‹Backstein›. Durch ihn wollten die Russen die japanische Volksbewegung zur Rückgewinnung der nördlichen Gebiete spalten, und zwar dadurch, daß die kooperationswilligen japanischen Firmen die russische Herrschaft über die umstrittenen Gebiete stillschweigend anerkannt hätten. Dies war der von den Sowjets angestrebte ‹Jadestein›.

Diese strategemische Analyse des russischen Angebots an Japan nimmt Wu Xuewen in seinem Buch «Blick nach Japan» (Peking 1985) vor.

17.51 Der Win-win-outlook

Bei internationalen Verhandlungen auf gleicher Ebene muß stets ein Geben und Nehmen stattfinden. Dies ist der *Win-win-outlook* im Gegensatz zu dem bei ungleichen Verhandlungspositionen vorherrschenden *Win-loose-outlook* auch *Zero-sum game* genannt. Beim Geben, um zu nehmen, ist freilich entscheidend, was gegeben werden soll, um etwas zu erlangen. Wo sind Konzessionen möglich, welcher Preis soll für Konzessionen der Gegenseite eingesetzt werden? In solchen Situationen versuchen natürlich beide Seiten, möglichst mit ‹Backsteinen› zu agieren, die sie allerdings attraktiv verpacken. Es geht darum, die ‹Backsteine› zu identifizieren und dafür keine ‹Jadesteine› zu verschenken. (Nach Zhang Zhiming in der Pekinger Zeitschrift «Weltwissen».)

17.52 Geschosse in Zuckerhülle

> «Daß uns der Feind mit Waffengewalt nicht unterkriegen kann, ist bereits bewiesen worden. Doch mit ihren Schmeicheleien kann die Bourgeoisie die Willensschwachen in unseren Reihen zu Fall bringen. Es mag Kommunisten geben, die sich vom bewaffneten Feind nicht besiegen ließen und sich angesichts des Feindes würdig erwiesen, Helden genannt zu werden, die jedoch einem Angriff mit ‹Geschossen in Zuckerhülle› nicht standhalten und den Zuckergeschossen erliegen werden.»

Diese Voraussage machte Mao im März 1949. Hier wirft er indirekt der ‹Bourgeoisie› die Anwendung des Strategems Nr. 17 vor. Sie verführt kriegsgestählte Kämpfer mit süßen Verlockungen, um dadurch einen ‹Jadestein› zu erlangen: die Schwächung oder gar den Sturz der «Diktatur des chinesischen Proletariats» (s. auch 31.10).

Offensichtlich gehört diese Zukunftsvision zu den eher realistischeren Prognosen Maos. Denn 32 Jahre später warnt Ministerpräsident Zhao Ziyang in seinem Regierungsbericht unter Bezugnahme auf das obige Mao-Zitat erneut vor den «bourgeoisen Geschossen in Zuckerhülle». Und im Frühjahr 1986 ruft Gao Wei in der «Chinesischen Jugend-Zeitung», dem Zentralorgan des chinesischen kommunistischen Jugendverbandes, dazu auf, den Wagemut zu haben, diesem ‹weichen› Wind die Stirn zu bieten:

> «Dabei handelt es sich um Zigaretten, Alkohol oder Bonbons. Aber es kann auch vorkommen, daß ein chinesischer Bittsteller seinem Gegenüber in Aussicht stellt, dessen im Machtbereich des Bittstellers arbeitende Tochter oder Sohn zu befördern oder deren Lohn zu erhöhen, oder deren Parteieintritt zu erleichtern oder deren Auslandsstudium zu ermöglichen. Mit einem Wort, es handelt sich um ‹Geschosse in Zuckerhülle›.»

Jeder ‹Einschuß› verursacht einen Riß im Gefüge, der, bildhaft gesprochen, ‹Fliegen› anlockt. Dies ist unheilsträchtig. Daher beschwört Gao Wei seine Leser, die ‹Geschosse in Zuckerhülle› abzuwehren, um die ‹Risse› zu vermeiden. Denn ein chinesisches Sprichwort lehrt: ‹Die Fliege schmarotzt nicht am fugenlosen Ei.›

17.53 Melonen reichte deine Hand

Ich beende das Kapitel über das Strategem Nr. 17 mit einem über 2500 Jahre alten Gedicht aus dem klassischen konfuzianischen «Buch der Lieder», der ältesten Gedichtsammlung Chinas. Es behandelt den Geschenkaustausch zwischen Frau und Mann und, in einem allgemeineren Sinn, das reiche Entgelt für eine kleine Gabe. Wenn schon eine Frucht mit Schmuck vergolten wird, womit dann erst der Schmuck? Kleine Geschenke können mit großen Geschenken beantwortet werden. Doch Freundschaft übersteigt jedes Geschenk. Dies mag der tiefere Sinn des Gedichtes sein:

Melonen reichte deine Hand mir hin,
Vergelte dir dafür denn ein Rubin;
Doch nicht vergelt er's, nein,
Stets dein dafür soll meine Liebe sein.

Du reichtest Pfirsiche mir aus deiner Hand,
Vergelte dir dafür ein Diamant;
Doch nicht vergelt er's, nein,
Stets dein dafür soll meine Liebe sein.

Du reichtest mit der Hand die Pflaumen mir,
Vergelte dir dafür denn ein Saphir;
Doch nicht vergelt er's, nein,
Stets dein dafür soll meine Liebe sein.

Strategem Nr. 18

Will man eine Räuberbande unschädlich machen, muß man zuerst ihren Anführer fangen

Die vier Schriftzeichen	擒	賊	擒	王
Moderne chinesische Aussprache	*qin*	*zei*	*qin*	*wang*
Übersetzung der einzelnen Schriftzeichen	fangen	Räuber	fangen	Anführer
Zusammenhängende Übersetzung	Will man eine Räuberbande fangen, fängt man zuerst den Anführer.			
Kerngehalt	Den führenden Kopf oder den Führungsstab/das Hauptquartier der gegnerischen Organisation ausschalten, um danach mit viel geringerer Mühe diese selbst schachmatt zu setzen; den Gegner durch die Beseitigung seiner Elite unschädlich machen. Führerfang-Strategem/Kopfstoß-Strategem. Schaltstellen-Strategem/Strategem des Archimedischen Punktes			

18.1 Das Bezugsgedicht

Der Strategemausdruck Nr. 18 ist über 1200 Jahre alt. Geprägt hat ihn Du Fu (712–770), der neben Li Bai (701–762) anerkannteste Dichter der Tang-Zeit (618–907), einer von über 2300 Poeten dieser Blütezeit der chinesischen Literatur, aus der etwa 50000 Gedichte überliefert sind.

«Sein Werk durchstrahlt die Jahrhunderte wie ein nie verlöschender Kandelaber», schwärmt der Übersetzer, Dichter und führende chinesische Germanist Feng Zhi im Jahr 1962. Vierzehn Jahre später besuchte ich – noch während der Kulturrevolution – Du Fus Geburtsort Gongxian (Provinz Henan).

Elend und Not mußte Du Fu oft erleiden, eines seiner Kinder verhungerte gar. Aber so sehr er auch zu Lebzeiten darben mußte, so hoch hat ihn die Nachwelt nach seinem Tode auf das Podest des Ruhmes erhoben. *Shisheng*, wörtlich ‹Dichterheiliger›, wird er genannt, wobei ‹heilig› aber nicht religiös verstanden wird, sondern den Gipfel der poetischen Vollkommenheit kennzeichnet, den Du Fu erreichte. Seine Gedichte, zum Teil als «Historie in Versen» bezeichnet, sind ein bunter Spiegel jener Zeit. Vom harten Leben auf dem Lande künden sie, aber auch von politischen und militärischen Ereignissen. Von den etwa 1400 überlieferten Gedichten Du Fus ist eines aus dem Zyklus «Ausrücken ins Grenzland» in China besonders berühmt:

Spannt man einen Bogen, dann am besten den stärksten.
Benutzt man einen Pfeil, dann am besten den längsten.
Will man einen Reiter erschießen, erschießt man
zuerst sein Pferd.
Will man eine Räuberbande fangen, fängt man
zuerst den Anführer.
Das Töten von Menschen hat seine Grenzen,
und auch ein Land hat seine Grenzen.
Wenn nur der feindliche Einfall abgewehrt werden kann,
wozu dann darüber hinaus noch viele
Tote und Verletzte!

Im Jahr 730 streckte das Tibeter-Reich Tufan nach verschiedenen Niederlagen Friedensfühler zum chinesischen Kaiserhof aus. Der chinesische Kaiser Xuan Zong (712–756) willigte widerstrebend ein, und zwar auf Grund der Vorhaltungen von Ratgebern. Danach trat an der Grenze Ruhe ein. Das Tufan-Reich zog alle Truppen ab. Sieben Jahre später wollte der chinesische Kaiser die Gelegenheit der nicht geschützten Tufan-Grenze ausnützen und gab mitten im Frieden den Befehl zu einem Angriff gegen die Tibeter. Etwa 2000 Meilen drang der chinesische General Cui Xiyi in das Tufan-Reich ein und brachte den Tibetern eine schwere Niederlage bei. Zwischen China und dem Tufan-Reich herrschte nun wieder Krieg. Als 740 die im Jahr 709 mit einem Tufan-Herrscher vermählte chinesische Prinzessin starb, traf eine Tibeterdelegation beim chinesischen Kaiserhof ein, um die Trauerbotschaft zu übermitteln und um Frieden zu ersuchen. Dies lehnte Kaiser Xuan Zong ab. Ein Jahr später eroberten die Tibeter die wichtige chinesische Grenzfestung Shibaocheng (südwestlich der heutigen Stadt Xining, Provinz Qinghai). Der chinesische Kaiser befahl die Rückeroberung. Der damit beauftragte Befehlshaber aber verweigerte den Gehorsam und wäre deswegen beinahe hingerichtet worden. Im Jahr 749 hieß der Kaiser den in chinesische Dienste getretenen Türken Ge Shuhan (gest. 757 n. Chr.) Shibaocheng zurückgewinnen. Mit 33 000 Mann erfüllte Ge Shuhan den Auftrag. Dabei verloren über 10 000 ihr Leben. Die Grenzfestung war nun aber wieder in chinesischer Hand.

Diese mutwillige Kriegspolitik des Kaisers Xuan Zong, die zahllose Menschenleben forderte, geißelt das Gedicht Du Fus. Dessen historischen Hintergrund findet sich in Cao Mufans Werk *Du Shi Zashuo* («Betrachtungen über die Gedichte Du Fus», Chengdu/Provinz Sichuan; 1981) beschrieben.

Will man mit einem Bogen einen Schuß abgeben, soll man sogleich den besten Bogen nehmen und nicht mit einem schlechten Bogen Zeit und Kraft vergeuden. Dasselbe gilt für die Wahl des Pfeiles. Anstatt auf die schmale Silhouette des Reiters zu schießen und das Ziel womöglich zu verfehlen, empfiehlt Du Fu, das Pferd ins Visier zu nehmen. So besteht eine große Chance, den Feind mit dem ersten Schuß unschädlich zu machen. Anstatt Jagd auf jedes einzelne Mitglied einer Räuberbande zu machen, soll man den oder die Anführer fangen. Der führerlose Banditenhaufen wird dann eine leichte Beute sein. So soll auch der Krieg mit Fremdvölkern auf die Abwehr von Angriffen beschränkt bleiben. Ist dieses Ziel erreicht, haben die Waffen sogleich zu schweigen.

Die Botschaft, die Du Fu in seinem Gedicht vermittelt, lautet: Man soll in jeder Lage zuerst das Hauptsächliche erfassen, sein Handeln auf diesen einen Punkt eingrenzen und sich erst danach, also in zweiter Linie, mit den Nebensächlichkeiten abgeben. Du Fu untermalt die Beschränkung auf das Wesentliche mit verschiedenen bildhaften Vergleichen. Am berühmtesten wurde die Sentenz: «Will man eine Räuberbande fangen, fängt man zuerst den Anführer.»

Hierbei handelt es sich, so der Taipeher Strategem-Autor Shu Han, zwar zunächst um eine Gedichtzeile. «Doch gleichzeitig ist es auch ein Geheimtip für die Erringung des Sieges in vielerlei Auseinandersetzungen: Wer die Oberhand über einen Gegner erringen will, muß oft dieses Strategem beachten.»

18.2 Affen ohne Baum

Im Krieg wie auch im Lebenskampf soll man also, bildlich gesprochen, den ‹Anführer› der ‹Räuberbande› ermitteln. Dies kann ein einzelner

Mensch oder eine Menschengruppe, aber auch eine Sache oder ein bestimmtes Problem sein.

Hat man den ‹Anführer der Räuberbande› ermittelt, geht es darum, die Angriffsspitze auf ihn zu richten und ihn auszuschalten. Dies löst dann eine Kettenreaktion in bezug auf die Gesamtkonstellation aus, die vom ‹Anführer› maßgeblich bestimmt ist. Ist dieser außer Gefecht gesetzt, verliert – um auf einen Gedanken im «I Ging – Buch der Wandlungen» zurückzugreifen – «die Drachenschar ihr Haupt». Die feindliche Organisation wird kopflos. In einem Kommentar zum 18. Strategem heißt es: Wenn man den feindlichen Anführer fängt, kann man die gesamte gegnerische Macht zum Einsturz bringen. Ist die Hauptstütze des Feindes zerstört, bricht er zusammen. Liegt der Anführer am Boden, rennen die Anhänger auseinander. Diese Zeilen erinnern an eine andere blumige chinesische Redewendung: «Sobald der Baum fällt, stieben die Affen davon.» So hat Mao Zedong den folgenden Gedankengang formuliert:

> «... wie sehr die vom Imperialismus abhängigen Parasiten auch eine Zeitlang wüten mögen, so ist doch auf ihre Herren hinter den Kulissen kein Verlaß. Sobald der Baum fällt, stieben die Affen davon, und die ganze Situation wandelt sich dann.»

Dieses Zitat aus dem zweiten Band der «Ausgewählten Werke Mao Zedongs» bezieht sich auf das Verhältnis zwischen Japan und projapanischen Kreisen auf chinesischem Boden, auch in der Guomindang-Regierung Tschiang Kai-scheks. Der projapanischen chinesischen Gruppe wirft Mao vor, daß sie sich gleichsam als Messer der Japaner gegen die chinesischen Kommunisten einsetzen ließen (Strategem Nr. 3). Doch da Japan selbst ein ‹Baum› ist, der bald fallen wird, werden auch die von ihm beschützten ‹Affen› in alle Winde verschwinden.

35 Jahre später: Die sogenannte Viererbande, nämlich der Shanghaier Arbeiterführer Wang Hongwen, der Chefideologe Zhang Chunqiao, der Propagandist Yao Wenyuan und die Mao-Gattin Jiang Qing, war nach den Enthüllungen der chinesischen Presse das Haupt einer landesweit verzweigten Anhängerschaft, des sogenannten «Klüngelsystems der Viererbande». Es besaß praktisch die absolute Macht über die Massenmedien. Und doch konnte dieses System ohne Bürgerkrieg von einem Tag auf den anderen unschädlich gemacht werden. Wie geschah das? Indem die vier Anführer im Oktober 1976, wenige Wochen nach Maos Tod und damit ihrer Hauptstütze verlustig gegangen, gefan-

gengenommen wurden (s. 22.11): «Durch die Zerschlagung der Viererbande fiel der Baum, und die Affen stoben davon.» (*Renmin Ribao*, 1979)

18.3 Stirbt der Mann, stirbt auch seine Politik

Natürlich gibt es unzählige Methoden, um den «Anführer der Räuberbande» unschädlich zu machen. Dabei können andere Strategeme verwendet werden, deren Wahl sich nach der Natur des ‹Anführers› und den Umständen seiner maßgeblichen Funktion richtet. Ist der ‹Anführer› ein Mensch, stehen grundsätzlich zwei Wege offen: der Einsatz von harten oder von weichen Mitteln. Zu den harten Mitteln zählt die Anwendung von Waffengewalt. Dabei wird der Anführer physisch ausgeschaltet. Zu den weichen Mitteln, die darauf ausgerichtet sind, das Denken und Fühlen des Anführers gleichsam gefangenzunehmen bzw. zu korrumpieren, gehören laut chinesischen Strategembüchern unter anderem ‹Fleischbomben›. Diese im Westen mit dem Begriff ‹Sexbombe› bezeichnete Waffe ist gemäß einem Hongkonger Strategembuch oft wirksamer als eine wirkliche Bombe.

Dem Strategem Nr. 18 liegt ein starker Glaube an die überragende Macht einzelner Persönlichkeiten oder einer Elite zugrunde. Insofern widerspiegelt es das hierarchische Denken und das personalistische Regime der chinesischen Kaiserzeit. Wie im Reich der Sohn des Himmels, so war in der Familie der Vater die oberste Autorität, und nach diesem Muster richteten sich die meisten gesellschaftlichen Gruppen im traditionellen China. Diese Wichtigkeit der Einzelperson gilt teilweise auch noch im heutigen China. So beklagt Deng Xiaoping, nach dem Tod Mao Zedongs Chinas starker Mann, in einer 1980 gehaltenen Rede mit Blick auf die Kulturrevolution (1966–1976) den «Einfluß der feudalen Autokratie»:

> «Wenn jemand in eine höhere Position gelangte, wurden seine Verwandten und sogar ‹seine Hunde und Hühner› in den Himmel gehoben. Wenn jemand in Schwierigkeiten geriet, erlitten selbst seine weitläufigen Verwandten das gleiche Schicksal.»

Die Verknüpfung einer ganzen Personengruppe mit dem Schicksal eines einzelnen ‹Leithammels› war und ist also in China besonders stark ausgeprägt, in einer Gesellschaft, wo «das Spannungsfeld zwischen Individuum und Gruppe innerhalb der Oberschicht überaus stark vom

Druck der paternalistischen Autorität geprägt ist» (Herbert Franke/ Rolf Trauzettel).

In China redet man oft von *renzhi*, das heißt ‹Personenherrschaft›. Den Wesensgehalt der eigentlich von allen Philosophen des alten Chinas befürworteten Personenherrschaft gibt der folgende Satz aus der klassischen konfuzianischen Schrift über die Mitte wieder:

> «Solange der Mann lebt, wird seine Politik ausgeführt; stirbt er, dann endet auch seine Politik.»

Dieser Satz deutet auf die Kettenreaktion hin, die die Existenz oder der Untergang einer einzelnen Persönlichkeit auslöst. Bis auf den heutigen Tag ist es im Reich der Mitte im wesentlichen so geblieben. Noch hat sich dort die ‹Institutionenherrschaft› nicht gänzlich durchgesetzt, die durch Regelungen der Machtbändigung, Machtteilung, Machtbeschränkung und -steuerung, Machtmäßigung und des Machtausgleichs (Alois Riklin) in den westlichen Gesellschaften die wichtige Rolle der Anführer bis zu einem gewissen Grade zurückdrängt.

Nicht immer hat allerdings auch in China die Gefangennahme des ‹Anführers› den erhofften Gewinn erbracht. Wohl überall in der Welt gilt der Grundsatz: keine Regel ohne Ausnahme.

18.4 Der verlassene Kaiser

Während der Ming-Dynastie (1368–1644) nötigte der allmächtige Palasteunuch Wang Zhen (gest. 1449) den 23jährigen Kaiser Ying Zong (1435–1464), persönlich einen Feldzug gegen die von der östlichen Mongolei aus Nordchina angreifenden mongolischen Oiraten unter ihrem Anführer Esen-Khan (gest. 1454) anzuführen. Kaiser Ying Zong wurde geschlagen und bei der Festung Tumu, im Norden der heutigen Provinz Hebei, gefangengenommen. Den Eunuchen Wang Zhen töteten aufgebrachte chinesische Soldaten. Die Oiraten-Armee setzte ihren Vormarsch nach Peking fort. 100 000 chinesische Männer und Frauen wurden gefangengenommen oder getötet. Den Kaiser schleppten die Oiraten mit sich. Den weiteren Verlauf der Ereignisse schildert der deutsch-amerikanische Sinologe Wolfram Eberhard:

> «Die Oiraten hatten nicht die Absicht, den Kaiser zu töten, sie wollten ihn als Pfand halten und ihn für viel Geld auslösen. Die verschie-

denen Cliquen am Hof aber kümmerten sich nicht viel um ihren Kaiser. Nachdem die Clique des Wang ausgespielt hatte, gab es wieder zwei Cliquen, von denen die des Generals Yu besondere Macht bekam, da er einen Angriff der Oiraten auf Peking selbst hatte abwehren können. Durch ihn wurde ein neuer Kaiser ausgerufen, aber nicht, wie es eigentlich hätte sein müssen, der Sohn des gefangenen Kaisers, ein Baby, sondern sein Bruder. Eine andere Clique dagegen pochte auf die Rechte des kaiserlichen Babys. Aus all dem ersahen die Oiraten, daß die Chinesen nicht geneigt waren, für den gefangenen Kaiser viel auszugeben. So setzten sie das Lösegeld enorm herab und drängten den Chinesen ihren ehemaligen Kaiser förmlich wieder auf, weil sie wenigstens hofften, für die Oiraten günstige politische Unruhen hervorzurufen, wenn der alte Kaiser wieder in Peking auftauche. Dies geschah auch wirklich bald.»

Dieses Beispiel zeigt, daß die Gefangennahme des ‹Anführers› nicht immer die gesamte ‹Räuberbande› außer Gefecht zu setzen vermag. Demgegenüber ließ zwar nicht die Gefangennahme, aber die Vertreibung Catilinas (um 108 bis 62 v. Chr.) aus Rom dessen gefährlichen Verschwörungsplan im Sande verlaufen, so jedenfalls gemäß der Darstellung seines Widersachers Marcus Tullius Cicero (106 bis 43 v. Chr.):

18.5 Menge ohne Haupt

«Als ich Catilina aus der Stadt trieb, sah ich im Geiste voraus, daß ich nach seiner Entfernung weder des Publius Lentulus Schläfrigkeit noch des Lucius Cassius Wohlbeleibtheit, noch des Gajus Cethegus rasende Tollkühnheit zu fürchten haben würde. Catilina war der einzige zu Fürchtende unter diesen allen, doch nur so lange, als er sich innerhalb der Mauern der Stadt aufhielt.»

Wer denkt bei dieser letzten Bemerkung Ciceros nicht an das Strategem Nr. 15 «Den Tiger vom Berg in die Ebene locken». Doch geben wir weiter Cicero das Wort:

«Er wußte alles, hatte alle Zugänge in seiner Gewalt, besaß die Gabe und Kühnheit, die Leute anzureden, ihnen auf den Zahn zu fühlen, sie aufzuwiegeln; ihm stand die zur Ausführung jeder Schandtat erforderliche Schlauheit zu Gebote, und dieser Schlauheit fehlte es weder an der Zunge, noch an der Hand. Schon hatte er für bestimmte Pläne die bestimmten Leute auserlesen und ihnen ihre Rollen zugewiesen... Allenthalben war er selbst dabei, stellte sich hilfreich ein, war wachsam und rührig: Kälte, Durst, Hunger konnte er ertragen. Hätte ich diesen so scharfsichtigen, so stets gerüsteten, so kühnen, so schlauen, für das Verbrechen so wachsamen, bei verzweifelten Unternehmungen so sorgfältigen Menschen nicht aus der Stadt hinausgejagt – schwerlich würde ich dieses so drohende Unheil von eurem Nacken abgewendet haben... wäre Catilina bis auf diesen Tag in der Stadt geblieben, so hätten wir uns mit ihm in einen Kampf einlassen müssen; und nie hätten wir, solange er als Feind in der Stadt gewesen wäre, den Staat auf so friedliche, ruhige Weise von so großen Gefahren befreit.»

So weit einige Auszüge aus der «dritten Rede gegen Catilina» des Cicero, übernommen aus der «Langenscheidt'schen Bibliothek sämtlicher griechischen und römischen Klassiker in neueren deutschen Musterübersetzungen», Berlin und Stuttgart 1855–1912 (90. Band).

Alle Rom drohenden Gefahren wurden demnach durch Catilinas Entfernung aus der Stadt gebannt! Nach Cicero war Catilina allein, wegen seiner Umsicht, Tüchtigkeit und Entschlossenheit zu fürchten. Seine Anhänger, die sich durch ihre Einfalt und Unvorsichtigkeit selbst verrieten, hätten im Ernstfall, auf sich allein gestellt, nie etwas ausrichten können.

Hier scheint sich der Satz von Machiavelli zu bewahrheiten: «Die Menge ohne Haupt ist unnütz» (in: «Vom Staate», übersetzt von Joh. Ziegler, Karlsruhe 1832). Die folgende Begebenheit veranlaßte Machiavelli zu dieser Feststellung:

«Das Volk von Rom hatte sich wegen der Vorfälle mit Virginia bewaffnet auf den heiligen Berg zurückgezogen. Der Senat schickte Gesandte, um zu fragen, mit wessen Erlaubnis es seine Feldherrn verlassen habe und auf den Berg gezogen sei. In so hohem Ansehen stand die Autorität des Senates, daß, in Ermangelung eines Hauptes, keiner aus dem Volke zu antworten wagte. Nicht der Stoff zum Antworten fehlte, wie Livius sagt, sondern es fehlte jemand, der die Antwort aussprach.»

18.6 Der ertrunkene Aberglaube

Zur Zeit des Herzogs Wen von Wei (445–396 v. Chr.) wurde der Beamte Ximen Bao zum Vorsteher des Kreises Ye (im Westen des heutigen Kreises Linzhang, Provinz Henan) ernannt. Dort angekommen, begab er sich zu den Ortsältesten und fragte sie, was die Bevölkerung bedrücke. Die Ortsältesten sagten: «Uns plagt die Brautbeschaffung für den Flußgott. Deshalb sind wir arm.»

Ximen Bao wollte Näheres wissen. Er erhielt die Antwort: «Die drei Kultusbeamten und der Kanzlist erheben jedes Jahr Steuern beim Volk. Das Geld, das sie einnehmen, beläuft sich auf hundert mal zehntausend. Zwanzig bis dreißig mal zehntausend benutzen sie für die Vermählung des Flußgottes. Mit der Zaubermeisterin teilen sie den Rest und stecken ihn in die eigenen Taschen. Wenn die Zeit gekommen ist, zieht die Zaubermeisterin umher und hält Ausschau nach einer schönen Haustochter. Sagt sie: ‹Dieses Mädchen sollte die Gattin des Flußgottes werden›, dann wird zur Verlobungszeremonie geschritten. Für das Mädchen werden neue Seidenkleider angefertigt. Es muß abgeschieden leben und darf weder Alkohol noch Fleisch zu sich nehmen. Am Flußufer wird eine Hütte für die Feier errichtet. An den vier Seiten hängen gelbe und rote Seidenvorhänge herab. Dort wird das Mädchen einquartiert. Ochsenfleisch und andere Nahrungsmittel werden vorbereitet. Nach etwa zehn Tagen wird das Mädchen geschmückt. Dann befiehlt man ihr, sich auf eine Matte zu legen. Diese wird in den Fluß gestoßen, schwimmt zunächst einige Meilen und geht dann zusammen mit der Braut des Flußgottes unter. Wenn eine Familie eine schöne Tochter besitzt, fürchtet sie, daß sie, einmal herangewachsen, von der Zaubermeisterin zur Braut des Flußgottes erkoren wird. Die meisten Familien fliehen daher mit ihren Töchtern in entlegene Gebiete. So entvölkert sich die Stadt immer mehr, und die Armut wächst. Schon seit langem ist es so. Im Volk geht die Redensart um: ‹Wenn dem Flußgott keine Braut zugeführt wird, dann werden die Fluten Hab und Gut zerstören und die Menschen ertränken.› So wird gesagt.»

Ximen Bao sprach: «Wenn der Flußgott das nächste Mal eine Gattin nimmt, wünsche ich, daß die drei Kultusbeamten, die Hexenmeisterin und die Ortsältesten das Mädchen verabschieden, wenn es auf den Fluß geschickt wird. Ich werde auch anwesend sein.» Alle antworteten: «Gut.»

Als der Tag gekommen war, begab sich auch Ximen Bao zum Flußufer. Die drei Kultusbeamten, weitere Magistrate und Angestellte, die Mächtigen des Ortes, die Ortsältesten, alle kamen. Dazu erschienen aus der Bevölkerung an die 3000 Zuschauer. Die Zaubermeisterin war eine etwa 70jährige Frau. In ihrem Gefolge befanden sich wohl zehn Gesellinnen. Sie alle trugen geschlossene Seidenkleider und nahmen hinter der Zauberpriesterin Aufstellung.

Ximen Bao sagte: «Ruft die Braut des Flußgottes herbei. Ich will sehen, ob sie schön oder häßlich ist.»

Darauf wurde die Auserwählte aus der Hütte geholt. Ximen Bao betrachtete sie. Dann wandte er sich an die drei Kultusbeamten, die Zauberpriesterin und die Ortsältesten: «Dieses Mädchen ist nicht schön. Daher ersuche ich die große Zauberin, in den Fluß zu steigen und dem Flußgott Bericht zu erstatten. Sollte er eine schönere Gemahlin wünschen, werden wir sie ihm an einem anderen Tag schicken.» Darauf befahl er seinen Bütteln, die Alte in den Fluß zu werfen.

Nach einer Weile sagte Ximen Bao: «Wieso bleibt die alte Zauberin so lange fort? Die Gesellin soll sie zur Eile antreiben.» Darauf wurde eine Gesellin in den Fluß geworfen.

Nach einer Weile sagte Ximen Bao: «Wieso bleibt die Gesellin so lange fort? Schickt ihr eine weitere Gesellin nach, damit sie sie zur Eile antreibe!» Erneut wurde eine Gesellin in den Fluß geworfen. Dieses Schicksal widerfuhr insgesamt drei Gesellinnen.

Ximen Bao sagte: «Die Zauberin und die Gesellinnen sind Frauen; sie sind unfähig, dem Flußgott einen klaren Bericht zu erstatten. Ich ersuche die drei Kultusbeamten, sich in den Fluß zu begeben und Bericht zu erstatten.»

Darauf ließ er die drei Kultusbeamten in den Fluß werfen. Ximen Bao steckte sich einen Pinsel ins Haar, beugte sich vornüber, spähte auf den Fluß und wartete in dieser Haltung eine ganze Weile. Furcht erfüllte die Ortsältesten, die Beamten und die Zuschauer. Endlich drehte sich Ximen Bao um und sagte: «Die alte Zauberin, ihre Gesellinnen und die drei Kultusbeamten sind nicht zurückgekehrt. Was tun?»

Darauf schickte er sich an, einen Kanzlisten und einen Ortsmagnaten in die Fluten werfen zu lassen, um die Verschwundenen zur Eile anzutreiben. Da sanken sie alle plötzlich auf ihre Knie, stützten sich mit den Händen auf der Erde ab und schlugen, zu Ximen Bao hin gerichtet, mit den Köpfen so lange auf den Boden, bis die Stirnen zu bluten begannen. Ihre Gesichtsfarbe glich erkalteter Asche. Ximen Bao sagte: «Nun gut. Warten wir eine Weile.»

Nach einer kurzen Zeit sagte er: «Steht auf. Ich vermute, der Flußgott wird seine Gäste noch lange bei sich behalten. Ihr müßt nicht hinunter zu ihm. Kehrt heim!»

Die Beamten und die Bevölkerung von Ye waren ob des Erlebten voller Entsetzen. Seither wagte niemand mehr, von der Vermählung des Flußgottes zu reden, geschweige denn sie zu vollziehen.

Eine bloße Aufklärung mit Worten hätte den Aberglauben in der Bevölkerung wohl nicht wirklich erschüttern können. Der Aberglaube aber war der Ansatzpunkt für eine betrügerische Machenschaft, durch die sich eine kleine Clique bereicherte. Nachdem die Zauberpriesterin, die Anführerin dieser Clique, zusammen mit einigen Komplizen in den Fluß geworfen, also ausgeschaltet worden war, verschwand der Aberglaube sozusagen mit den Ertrunkenen für immer in den Fluten.

Diese Erzählung über ein Ereignis, das mehr als 2400 Jahre zurückliegt, stammt aus den «Geschichtlichen Aufzeichnungen» des Sima Qian (geb. um 145 v. Chr.), und zwar aus einem Supplement aus der Feder von Chu Shaosun (1. Jahrhundert v. Chr.). Sie ist in China fast jedem Schulkind bekannt. Ich las sie in Taipeh im Mandarin Training Center der Normal Taiwan University im Jahr 1973 im vierten Band der offiziellen Schulbuchreihe für den chinesischen Sprachunterricht an den Mittelschulen Taiwans, aber auch als Paradebeispiel für das Strategem Nr. 18 in Hongkonger und Taipeher Strategembüchern. In der Volksrepublik China lebt Ximen Bao vor allem in Comic strips weiter.

18.7 Pfeile aus Edelraute

Während der Rebellion des An Lushan entwickelte sich ein Waffengang zwischen Zhang Xun (709–757), dem Vorsteher des Kreises Zhenyuan (in der heutigen Provinz Henan), und dem aufständischen General Yin Ziqi. Die Truppe des Zhang Xun führte einen Sturmangriff gegen das Rebellenheer, das etwa 5000 Mann verlor. Doch der Sieg war damit noch nicht errungen. Zhang Xun wollte den gegnerischen Anführer, nämlich den General Yin Ziqi, ausschalten, aber er konnte ihn im gegnerischen Heer bei dem dort herrschenden Durcheinander nicht identifizieren. Darauf befahl Zhang Xun seinen Soldaten, Edelrautenstengel als Pfeile abzuschießen. Die von den kraftlosen Pfeilen aus Edelraute getroffenen gegnerischen Soldaten waren hocherfreut, denn sie meinten, Zhang Xun habe alle richtigen Pfeile verschossen.

Die Rebellensoldaten eilten mit den erbeuteten Pfeilen zu einem bestimmten Krieger, offenbar ihrem Anführer, dem sie die nutzlosen

Pfeile zeigen und die freudige Nachricht überbringen wollten. Nun wußte Zhang Xun, welcher der Krieger Yin Ziqi war. Sogleich befahl er seinem Truppenführer Nan Jiyun, einen Pfeil auf den Rebellengeneral zu schießen, natürlich einen echten. Der Pfeil traf das linke Auge des gegnerischen Generals, worauf dieser sogleich den Kampf aufgab und geschlagen abzog.

Erst die Ausschaltung des Anführers brachte den Sieg. Ein in der nordostchinesischen Provinz Jilin erschienenes Strategembuch mahnt: Ohne die Ausschaltung des gegnerischen Anführers und ohne die Zerstörung der gegnerischen Hauptmacht zu glauben, man könne einen vollständigen Sieg erringen, ist so töricht, wie wenn man einen Tiger wieder in die Berge entweichen läßt.

18.8 Weißer Nachtmarsch

Die Rebellion des An Lushan und Shi Siming (756–763) versetzte der Macht des chinesischen Kaiserhofes einen schweren und nachhaltigen Schlag. Die Schwächung der obersten Reichsführung verlockte zahlreiche regionale Militärgouverneure dazu, ihr eigenes kleines Königreich aufzubauen. Auf Sezession sannen unter Kaiser Xian Zong (805–820) auch Wu Shaocheng und sein jüngerer Bruder Wu Shaoyang, die hintereinander als Militärgouverneure von Huaixi (einer Region in der heutigen Provinz Henan) walteten. Doch erst Wu Yuanji, der Sohn Wu Shaoyangs, rebellierte im Jahre 814 offen gegen den Kaiser. Er setzte sich in Caizhou (im heutigen Kreis Runan, Provinz Henan) fest und baute seine Machtstellung immer weiter aus. Verschiedene Versuche, den Aufrührer zu bändigen, schlugen fehl. Schließlich wurde Li Su auf dessen eigenes Ersuchen hin zum Militärgouverneur der Nachbarregion von Wu Yuanjis Herrschaftsgebiet ernannt und mit der Niederschlagung des Aufstandes beauftragt.

Durch anfängliches Stillhalten wiegte Li Su Wu Yuanji im Glauben, einem schwachen Gegenspieler ausgesetzt zu sein. Gleichzeitig bereitete sich Li Su in aller Stille auf einen Waffengang vor. Er studierte die Topographie, sandte Spione aus und drillte seine Soldaten. Vor allem aber achtete er darauf, daß die gefangengenommenen Rebellen gut behandelt wurden. Selbst hochrangige Deserteure, die ihm in die Hand fielen, begnadigte er, nahm sie gar in seine Armee auf. Dadurch verpflichtete er sich Krieger, die sich im Machtbereich Wu Yuanjis bestens auskannten. So erfuhr Li Su, daß Wu Yuanji nicht in Caizhou, sondern im nahe gelegenen Huiqu lagerte und daß Caizhou so gut wie ungeschützt sei.

Bei der Planung des Kriegszuges ging Li Su von der folgenden Überlegung aus: Alle seine Vorgänger waren gegen Wu Yuanji machtlos gewesen. Noch nie hatte dieser eine Schlappe erlitten. So war sein Ansehen gewaltig gestiegen. In der Gestalt von Li Shidao, dem Militärgouverneur von Yunzhou (im Gebiet der heutigen Provinz Shandong), und von Wang Chengzong, dem Militärgouverneur von Hengzhou (im Gebiet der heutigen Provinz Hebei), besaß er zwei wichtige Freunde. Noch waren diese beiden Militärgouverneure nicht offen vom Kaiser abgefallen. Wenn es aber zu einem länger dauernden Kriegszug gegen Wu Yuanji kam, bestand die Gefahr einer Solidarisierung der beiden Militärgouverneure mit dem Rebellen. Um eine solche für den Kaiserhof unheilvolle Entwicklung zu vermeiden, blieb nur eine Lösung: ein überraschender Vernichtungsschlag gegen Wu Yuanji; oder um Jiang Guowei und Jiang Yongkang mit ihrem 1983 in Guizhou erschienenen Strategembuch zu zitieren: die Anwendung des Strategems Nr. 18.

Am 27. Tag des 11. Monats des Jahres 817, in einer Winternacht, brach Li Su zu seinem Überraschungsangriff gegen Caizhou auf. Seit 30 Jahren waren dort keine kaiserlichen Soldaten mehr aufgetaucht, so daß niemand ausgerechnet in jener Nacht mit einem Angriff rechnete. Es schneite. Viele Kriegsfahnen knickte der Wind. Doch Li Sus Truppe stürmte unentwegt voran.

Über 1100 Jahre später schrieb Chen Yi (1901–1972), nach 1949 u. a. Bürgermeister von Shanghai und Außenminister der Volksrepublik China, während des chinesischen Bürgerkrieges das Gedicht «Schnee-Nacht-Marsch», an das die Szene aus dem Jahre 817 denken läßt:

Den Taishan-Berg umhüllt tiefer Schnee.
Den Yi-Fluß überspannt dickes Eis.
Durch die schwarze Nacht
Ein eiliger Marsch.
Die Kampfmoral ist hoch,
Und die Herzen sind alle vereint.
Um die Räuberbande zu fangen, fangen wir erst den Anführer.
Dann folgt die gemeinsame Feier des Frühlingsfestes.

Gegen Morgen erreichte Li Sus Armee die Stadtmauern von Caizhou. Die Stadtwächter waren in tiefen Schlaf versunken. Im Nu war der Weg frei, und Li Sus Soldaten konnten in die Stadt einmarschieren.

Die Nachricht vom Fall Caizhous überrumpelte den Rebellen Wu Yuanji. Er wurde gefangengenommen und zum Kaiserhof nach Chang'an deportiert. Damit war die langjährige Sezession Huaixis mit einem Schlag beendet.

18.9 Der schwarze Tiger raubt das Herz

Im Jahr 1948 griff die Rote Armee die strategisch wichtige Stadt Xiangyang (Provinz Hubei) an. Im Osten, Westen und Norden vom Hanshui-Fluß umflossen, war sie auf der Südseite von Bergen geschützt. Zwischen dem Hanshui-Fluß und den südlichen Bergen führte ein schmaler Korridor zur Westseite der Stadt. Die auf den Bergen außerhalb der Stadt angelegten Bunker und Befestigungsanlagen schienen ein stabiles Abwehrsystem zu bilden. Der feindliche Befehlshaber Kang Ze war, laut einem Pekinger Strategembuch, ein «eingefleischter Kommunistenfresser». Er kannte genau die kommunistische Taktik «erst den Feind veranlassen, sich zu verzetteln, um dann die einzelnen isolierten feindlichen Verbände anzugreifen». Dazu kam die Grundregel, daß bei der Erstürmung einer befestigten Stellung zuerst der äußerste Festungsring durchbrochen wird, worauf dann ein innerer Festungsring nach dem anderen zu knacken ist.

Die Rote Armee aber ging anders vor. Zuerst wurde der stadtnächste Zhenwu-Berg erobert und so ein Zugang zum erwähnten Korridor eröffnet. Von hier aus konnte gleichsam «der schwarze Tiger unmittelbar das Herz des Gegners rauben». Der «schwarze Tiger» versinnbildlicht hier einen besonders starken Gegner. Die Feinde auf den äußeren Verteidigungslinien hatten ausgespielt. In der Folge benutzte die Rote Armee das Strategem Nr. 6 «im Osten Lärm machen, aber im Westen angreifen», zerstörte den die Stadt umgebenden Wall und Graben und nahm den feindlichen Kommandanten Kang Ze gefangen. Damit war Xiangyang erobert. Der ganze Kampf hatte nur acht Tage gedauert. Die als uneinnehmbar erachtete Verteidigungslinie am Hanshui-Fluß war in tausend Stücke zersprungen.

Dieses Beispiel findet sich in einem in Peking erschienenen Strategembuch im Kapitel über das 18. Strategem. Hier besteht das «Fangen des

Anführers» in blitzschnellem Zugriff auf das Herzstück der feindlichen Verteidigung.

18.10 Den Feind an der Gurgel packen

Mit dem Aufkommen von Fallschirmtruppen gewann das Strategem Nr. 18 eine neue Dimension. Die Fallschirmtruppen ermöglichen es, mit einem großangelegten Blitzangriff den feindlichen Lebensnerv zu treffen. Gedeckt von politischen Täuschungsmanövern und verhüllt durch diplomatische Schleier können urplötzlich die Hauptstadt oder wichtige strategische Stellungen des Feindes aus der Luft besetzt werden, dies in der Absicht, den Feind gleichsam an der Gurgel zu packen, dessen zentrale Kommandostellen außer Gefecht zu setzen und einem Einmarsch der Bodentruppen den Weg zu bereiten. Der Pekinger Strategemautor dieser Zeilen verweist dabei auf die Besetzung Kabuls durch die sowjetische Luftwaffe 1979. «Damit wurde offenbar ein ursprünglich allgemein benutztes Strategem zum Monopolstrategem des Imperialismus.»

18.11 Gespräch über die Stellvertreterin

Eine elegant gekleidete, schmuckglitzernde junge Frau, schön wie eine Fee, die Zinnober-Lippen immer zu einem strahlenden Lächeln bereit – dies ist das Erscheinungsbild von Wang Xifeng, der jungen Gattin von Jia Lian, des zweiten Sohnes des Fürsten She. Sie ist die Seele und der Pfeiler des fürstlichen Palastes, in dem ein Zweig der Sippe Jia mit einer ganzen Schar von Verwandten, Dienern und Zofen, insgesamt an die 400 Seelen, lebt.

Wang Xifeng, eine der vier Hauptfiguren des schon erwähnten (s. 3.12) Romans «Traum der roten Kammer», ist nicht nur schön und begabt, sondern auch «boshaft und giftig» (Wang Kunlun). Sie stammt aus einer mächtigen Familie. Ihr Onkel hat beim chinesischen Kaiserhof die höchste militärische Machtstellung inne. Die Sippe Jia ist von ihm abhängig. Als Kind trug Wang Xifeng Männerkleidung und wurde als Knabe erzogen. So hat sie mehr vom Leben erfahren als gewöhnliche Frauen ihrer Zeit. Da die wichtigen Männer des Palastes in Staatsdiensten stehen und ihr Mann dagegen dem Vergnügen frönt, fällt ihr die Leitung des Palasthaushaltes zu. Mit ihrem Klarblick und ihrer harten Hand gelingt es ihr, eine gewisse Ordnung durchzusetzen. Doch die Aufgabe ist nicht leicht. Trotz des äußeren Glanzes des Haushaltes gibt es mehr und mehr Mäuler zu stopfen, mehr und mehr Aufgaben zu erledigen. Keiner der zahlreichen Herren und Diener, die in Würde und Bequemlichkeit leben, denkt irgendwie weiter. Sie sind derart an ihren Lebensstil gewöhnt, daß sie nicht mehr sparsam wirtschaften können. Obwohl daher äußerlich das Gebäude stabil ist, hat die Fäulnis innerlich begonnen. Jeder will gebührend behandelt sein: Angehörige der älteren, der gleichen, der jüngeren Generation, Angehörige des männlichen Stammes und solche der angeheirateten Frauen, und dazu tritt noch das Problem der Regelung all der Beziehungen zwischen Dienern und Zofen. In diesem äußerst verwickelten Geflecht menschlicher Beziehungen muß eine junge Frau wie Wang Xifeng größtes Geschick an den Tag legen, um von ihrer Aufgabe nicht erdrückt zu werden. Doch mit ihrer Lebensklugheit, Hingabe und Anpassungsfähigkeit vermag sie sich in jeder Lage zurechtzufinden, teilweise mit grausamen Mitteln. (s. 3.12)

Nach einer Fehlgeburt muß Wang Xifeng das Bett hüten und kann daher vorläufig nicht mehr dem Palasthaushalt vorstehen. Zunächst übernimmt Wang Xifengs Tante, Frau Wang, die Leitung. Etwas phlegmatisch, fühlt sie sich der Aufgabe nicht gewachsen und zieht neben Li Wan, einer als freundlich und umgänglich geltenden eingeheirateten Verwandten, insbesondere die unverheiratete Jia Tanchun, die junge allerdings nicht von der Hauptgattin, sondern von einer Konkubine stammende Tochter des hohen Beamten Jia Zheng, des eigentlichen Gebieters des Palastes, hinzu.

Jia Tanchun gilt als ruhig und gefügig. Natürlich wollen die Dienerschar und die Bittsteller von der Abwesenheit der gestrengen Gebieterin Wang Xifeng profitieren. Doch sie sehen sich getäuscht. Die beiden Stellvertreterinnen Li Wan und Jia Tanchun nehmen ihr Amt, das etwa darin besteht, Geldbeträge zuzuteilen oder fehlbare Diener und Zofen zu bestrafen, sehr ernst. Sie lassen sich nicht so leicht einschüchtern.

Eines Tages unterhält sich Wang Xifeng in ihrem Krankenbett mit ihrer Zofe Ping'er über ihre beiden Stellvertreterinnen, insbesondere über Jia Tanchun.

«Wegen der Sparmaßnahmen, die ich in den letzten Jahren einführte», sagt Wang Xifeng, «gibt es kaum jemand in diesem Haushalt, der mich nicht haßt. Man haßt mich zutiefst und verbirgt hinter dem Lächeln den Dolch.» Daher ist Wang Xifeng gar nicht so unglücklich darüber, daß auch Jia Tanchun ein recht strenges Regiment führt. So wird der auf Wang Xifeng aufgestaute Haß von ihr abgelenkt und kann sich abkühlen.

«Dann ist da noch etwas anderes, was ich dir sagen möchte», fährt Wang Xifeng fort. «Ich denke an die Redensart ‹will man eine Räuberbande fangen, fängt man zuerst den Anführer›. Sollte Jia Tanchun nach Mitteln und Wegen suchen, um ihre eigenen Ansichten über die Haushaltsführung durchzusetzen, dann wird sie dies bestimmt dadurch tun, daß sie zu allererst an mir ein Exempel statuiert. Sollte sie irgend etwas, was ich getan oder gesagt habe, kritisieren, dann tritt nicht für mich ein. Je mehr sie mich kritisiert, um so höflicher behandle sie, verstricke dich ja nicht, um mein Gesicht zu wahren, in Auseinandersetzungen mit ihr. Das wäre falsch!»

Der chinesische Politiker und Gelehrte Wang Kunlun (1902–1985), ein ehemaliger Vorsteher der Propagandaabteilung des Zentralkomitees der Kommunistischen Partei Chinas und ein außergewöhnlicher Kenner des Romans «Traum der roten Kammer», interpretiert diese Stelle so:

> «Während der Krankheit Wang Xifengs amtet Jia Tanchun vorübergehend als deren Stellvertreterin. Wang Xifeng hat sehr bald das Gefühl, daß Jia Tanchun als erstes danach trachten wird, an ihr ein Exempel zu statuieren. Gleichzeitig sieht Wang Xifeng voraus, daß Jia Tanchuns Regiment nur von vorübergehender Dauer sein wird. Angesichts dessen vermeidet Wang Xifeng durch Nachgiebigkeit und Zurückweichen einen Konflikt.»

Wang Xifeng bedient sich bei der Analyse ihrer Umgebung gleich der Worte zweier Strategeme: «Hinter dem Lächeln den Dolch verbergen» (Strategem Nr. 10) und «Will man eine Räuberbande fangen, fängt man zuerst den Anführer» (Strategem Nr. 18). Des Strategems Nr. 10 verdächtigt sie nachgerade jedermann. Mit Hilfe des Strategems Nr. 18 schätzt sie das mutmaßliche zukünftige Verhalten ihrer zeitweiligen Stellvertreterin Jia Tanchun ein. Infolge ihrer Missetaten – ein Beispiel wurde in 3.12 «Wang Xifeng und die zwei Konkubinen» geschildert – und ihres in vielerlei Hinsicht korrupten Verhaltens, das im ganzen weitläufigen Haushalt kleinere und größere Nachahmer findet, regt sich bei Wang Xifeng das schlechte Gewissen. Sie schätzt sich instinktiv als ‹Anführer› ein. Die ‹Räuber› sind die Bewohner des Palastes. Um diese von ihrem unrechten Treiben abzubringen, so die argwöhnische, vom späteren Geschehen nicht bestätigte Vorausschau Wang Xifengs, muß Jia Tanchun erst einmal gegenüber Wang Xifeng ein Exempel statuieren.

18.12 Nachruhm durch Pinsel und Tusche

Besitz stirbt.
Sippen sterben.
Du selbst stirbst wie sie.
Doch Nachruhm
stirbt nimmermehr,
den der Wack're gewinnt.

Dieser Gedankengang aus der «Edda» in der Übertragung von Felix Genzmer (Düsseldorf 1963) ist dem Reich der Mitte keineswegs fremd. Etwas, wonach viele Chinesen sehnlichst streben, ist «auf hundert Generationen Duft zu verströmen», d. h. noch lange nach ihrem Tod in hohem Ansehen zu stehen. Und was viele Chinesen mehr fürchten als den Tod selbst, ist «für Myriaden von Jahren Gestank zu hinterlassen», d. h. für alle Zeiten mit Schimpf und Schande bedeckt zu sein.

Lauschen wir einmal dem Gespräch zwischen dem hohen kaiserlichen Würdenträger Zhuang Xiaoyan, der für seine Leidenschaft, das Sammeln von Gemälden einer bestimmten Schule, selbst vor Verbrechen nicht zurückschreckt, und seinem Sohn Zhuang Zhiyan:

Zhuang Xiaoyan: «Dann habe ich dir noch etwas Wichtiges zu sagen. Verlasse schnell die Stadt, begib dich zu Ai Yun und sag ihm, er solle heute nachmittag im Garten Seiner Exzellenz Cheng dem alten Herrn Li aufwarten. Berufe dich auf mich! Und nun verlier keine Zeit mehr!»

Erstaunt fragt Zhuang Zhiyan: «Wer ist der alte Herr Li?»

Zhuang Xiaoyan lacht: «Das kannst du in der Tat nicht wissen. Herr Li ist niemand anders als Li Chunke. Er ist die literarische Koryphäe unserer Gegenwart. Seine Adepten finden sich in aller Winde Richtungen verstreut. Will man heutzutage die berühmten Literaten auf seine Seite ziehen, dann muß man Li Chunke gewinnen. Wie heißt es doch: ‹Will man eine Räuberbande fangen, fängt man zuerst den Anführer.›»

Zhuang Zhiyan fragt: «Welchen Einfluß hat denn dieser alte Herr, daß Ihr ihm derart um den Bart scharwenzelt?»

«Ha, ha», lachte Zhuang Xiaoyan, «sein Einfluß ist gewaltig. Weißt du es nicht: Streitaxt und Lanze von Herrscher und Kanzler mögen Nachwirkungen von hundert Jahren zeitigen, doch Pinsel und Tusche des Schreibkünstlers haben eine Ausstrahlung von tausend Jahren. Das Urteil der Nachwelt darüber, ob wir richtig oder falsch gehandelt haben, ja das Schicksal, von der Nachwelt vergessen zu werden oder in ihr weiterzuleben, hängt vollständig von der Pinselspitze dieser Literaten ab.»

Diesen Ausschnitt entnehme ich dem erstmals 1907 veröffentlichten Roman «Blume im Sündenmeer» von Zeng Pu (1872–1935), ins Französische übersetzt von Isabelle Bijon unter dem Titel *Fleur sur l'Océan des Péchés* (1983).

Zhuang Xiaoyan geht von der Überlegung aus: Gewinnt er die Sympathien des nach seiner Einschätzung führenden Literaten jener Zeit, dann wird sein guter Nachruf für immer gesichert sein.

Wer denkt hier nicht an das Gedicht «Euphrosyne», das Goethe seiner in jungen Jahren verstorbenen Freundin Christiane Neumann widmete? Er glaubt, so das Gedicht, im nächtlichen Gebirge ihre Erscheinung zu sehen und ihre Abschiedsworte zu vernehmen. Schließlich bittet sie: «Gestalte mich in einer Dichtung; denn nur, wen der Dichter gerühmt, hat einige Existenz im Tode, die anderen werden zu wesenlosen Schatten» (Ernst Leisi: «Lob der Gegenwart», in: «Neue Zürcher Zeitung», 29./30. August 1987, S. 66).

Laß nicht ungerühmt mich zu den Schatten hinabgehn!
Nur die Muse gewährt einiges Leben dem Tod.

18.13 Das Ende des Schülerstreiks

Im Jahr 1905 wurden in China die jahrtausendealten kaiserlichen Beamtenexamina abgeschafft. Jiading, der Verwaltungssitz des Kreises Leshan (in der heutigen Provinz Sichuan), erhielt eine Elementarschule. Sie wurde im ehemaligen Caotang-Tempel im Norden der Stadt untergebracht. Da der Elementarschulabschluß mit dem früheren Titel «Blühendes Talent», dem Grad der alten Beamtenexamina auf Kreisebene, gleichgestellt wurde, nahmen nicht wenige ältere Kandidaten an den Schuleintrittsprüfungen teil. Die Mehrheit davon zählte schon um die 30 Jahre. Zu den jüngsten Schülern gehörte Guo Moruo (1892–1978); er trat 1906 in die Elementarschule ein. Verglichen mit den zum Teil erheblich älteren Mitschülern war er noch ein richtiges Kind. Stellte er sich zum Turnen in die Reihe, war er der Drittkleinste.

Der Unterricht bestand aus Heimatkunde, Rechnen, Musik, Turnen, Geschichte, Erdkunde, der Lektüre klassischer konfuzianischer Schriften und Aufsatzschreiben. Obgleich Guo Moruo im ersten Semester der Sinn nur danach gestanden hatte zu spielen, belegte er bei der Semesterabschlußprüfung den ersten Platz. Das überraschte alle.

Guo Moruo schreibt in seinen Lebenserinnerungen:

«Ein Sturm der Empörung brach los. Erstens galt ich als ein verspielter Junge, der nie den geringsten Fleiß an den Tag gelegt hatte. Wie konnte ich da solch eine Leistung erbringen? Zweitens wußten die älteren unter meinen Mitschülern nicht, daß ich zu Hause in der Privatschule schon recht eingehend in die Wissenschaften eingeweiht worden war. Drittens verletzte mein Erfolg die älteren Mitschüler in ihrer Würde. Viertens hatte der Rektor seinen Dienst quittiert, und der Schulaufseher fehlte wegen einer Erkrankung; übriggeblieben waren also nur noch der weichliche Lehrer Shuai und der gütige Lehrer Liu.

Meine älteren Mitschüler barsten vor Wut und zeigten keine Hemmungen, mich aufs Unflätigste zu beleidigen. Damals zählte ich noch nicht ganz vierzehn Jahre. Ich hatte ein volles, weißhäutiges Gesicht mit rosigen Wangen, war gut gewachsen und kerngesund. Dazu kam noch, daß ich einen Zopf trug, was zwar bei uns zu Hause üblich, aber in der Stadt ungebräuchlich war, und dieser Zopf wurde von einem roten Band gehalten. Schon zu normalen Zeiten hatten mich meine Mitschüler deswegen verspottet. Doch als nun der Sturm losbrach, kannte ihre Boshaftigkeit keine Grenzen mehr.

Sie wählten Delegierte, die Lehrer Shuai umringten und eine Untersuchung der Prüfungsbogen forderten. Während die Delegierten mit Lehrer Shuai im Büro der Schulaufseher verhandelten, staute sich vor dem Fenster eine Menge von Schülern, die wild durcheinander schrien: ‹Betrug! Betrug! Leider ist unser Gesicht nicht hübsch genug, was?... Wir kaufen uns auch ein rotes Band und binden uns einen Zopf!... Wir kaufen uns Puder und machen uns schön!... Wir legen uns ein wenig rote Schminke auf!...›

Zunächst wußte ich nicht, was der Lärm bedeutete, und ging auch noch hin, um dem Treiben zuzusehen. Ein älterer Schüler namens Xu, bereits 32 Jahre alt, packte meine rechte Hand und sagte: ‹Na, geht's dir gut?› Dabei quetschte er mir die Hand und ließ sie nicht mehr los. Wohl zehn Minuten vergingen, und meine Finger begannen gefühllos zu werden. Als er meine Hand endlich losließ, zeichneten sich an meinem rechten Handgelenk blutige Striemen ab, als trüge ich purpurne Armbänder.

Die Anschlagtafel mit der Rangliste wurde entfernt, die Prüfungsbogen wurden eingehend untersucht. Doch irgendeinen Beweis für eine Unregelmäßigkeit fanden sie nicht. Sie schleppten Lehrer Shuai vom Büro der Studienaufseher ins Rektoratszimmer, vom Rektoratszimmer in den Empfangsraum und wollten ihn mit allen Mitteln dazu bewegen, daß er die Rangfolge ändere. Sie setzten ihm so zu, daß er mir schließlich einige Punkte abzog. Der Grund: Ich hatte zum Drachenbootfest eine Woche Ferien erbeten, um nach Hause zu fahren. So wurde ich auf den dritten Rang heruntergestuft. Erst jetzt gaben die älteren Mitschüler wieder Ruhe.»

An dieser Stelle zitiert Guo Moruo in seiner Biographie Du Fus Verszeilen:

Will man einen Reiter erschießen, erschießt man
zuerst sein Pferd.
Will man eine Räuberbande fangen, fängt man
zuerst den Anführer.

Dabei ist durchaus davon auszugehen, daß der Gedanke an diese Verszeilen nicht erst vom späten Guo Moruo beim Abfassen seiner Biographie in den Kopf des vierzehnjährigen Jungen hineinverpflanzt wurden. Vielmehr erscheint es als wahrscheinlich, daß Guo Moruo tatsächlich damals an die Du Fu-Sentenz denken mußte, hatte ihm doch seine Mutter Tang-Gedichte bereits beigebracht, bevor er mit viereinhalb Jahren in die häusliche Privatschule eintrat, wo er eine Anthologie mit 300 Gedichten aus der Tang-Zeit studierte.

So brütete also Guo Moruo nach der erlittenen Demütigung, als er in den Sommerferien nach Hause fuhr, im Geist des Strategems Nr. 18 angestrengt darüber nach, wie er nach den Ferien die erlittene Schmach wieder tilgen könne:

«Er wußte, daß jene älteren Mitschüler arge Feiglinge waren, die sich zwar darauf verstanden, den Schwächeren zu quälen, vor Stärkeren aber Angst hatten. Und so faßte er den Plan: Nach den Ferien wollte er gezielt gegen die Lehrer vorgehen, vor denen sie sich fürchteten, vor allem gegen Lehrer Shuai, den er nun abgrundtief haßte. In seiner Vorstellung gehörte nämlich auch Lehrer Shuai zu seinen Peinigern: Er hatte sich von den älteren Schülern einschüchtern lassen und mir die Punkte abgezogen. Der Punkteabzug war nicht weiter wichtig, aber hatten jene älteren Schüler nicht den Vorwand benutzt, er betreibe mit mir Vetternwirtschaft, hatten sie mich nicht außerdem in unerträglicher Weise erniedrigt? Er jedoch hatte sie nicht nur nicht bestraft, sondern sich ihnen noch unterworfen! Kam das nicht dem Eingeständnis gleich, daß er eben doch Vetternwirtschaft betrieb?

Bewies er damit nicht, daß ihre demütigende und absurde Behauptung, ich sei ein Profiteur der Vetternwirtschaft, den Tatsachen entsprach?
Wenn man das hinnimmt, was gibt es dann noch, das man nicht erdulden würde? Im kommenden Semester würde ich mich schon zu rächen wissen!
So entschied ich über die Stoßrichtung meiner Rache; nach den Sommerferien kehrte ich zurück in die Stadt und in die Schule.
Verglichen mit dem ersten Semester, zeichnete sich das zweite durch mannigfache Verbesserungen aus. Lehrer Yi war wieder gesund und amtete erneut als Rektor. Der frühere Rektor, Herr Chen Jimin, kehrte zurück und unterrichtete uns im Fach ‹Chinesische Sprache›. Nach wie vor unterwies uns Lehrer Shuai in den Klassikern. Tatsächlich lernte ich eine ganze Menge von ihm, aber wegen der Demütigung, die ich im vorherigen Semester erlitten hatte, konnte er es mir in nichts mehr recht machen. Was er auch tat, ich war gegen ihn.
Zudem hatte ich ja fest beschlossen, gegen die Lehrer Front zu machen. Die Arglosigkeit des Kindes hatte ich inzwischen verloren, und es gab unter den neuen und alten Lehrern der Schule keinen, gegen den ich nicht angegangen wäre. Sogar Yi, dem Tiger, vor dem sich alle fürchteten, zeigte ich mehrere Male die Stirn.»

Einmal spielten die sechs Schüler am Eßtisch Guo Moruos einem älteren freßgierigen Schüler beim Essen einen Streich. Darauf beschwerte sich dieser beim Lehrer Yi. Lehrer Yi ließ die sieben Schüler kommen und stellte sie zur Rede. Als ein Schüler eine vorwitzige Antwort gab, erteilte ihm Lehrer Yi eine Ohrfeige. «Herr Yi, das war aber ziemlich brutal!» sagte Guo Moruo. Die zuhörenden Schüler am Fenster spendeten ihm lauthals Beifall. Für dieses Intermezzo erhielt Guo Moruo einen schweren Tadel. Seit diesem Zusammenstoß mit Yi, dem Tiger, war Guo Moruos Autorität bei den Schülern allgemein anerkannt.

«Ich galt von da an als ihr kleiner Führer. Da ich mir alles untertan machen wollte, strebte ich stets nach Kräften danach, das Kindliche an mir abzustreifen, und spielte bewußt den Erwachsenen.»

So traten bei ihm auch einige ungute Neigungen von Tag zu Tag deutlicher in Erscheinung, er trank immer mehr Alkohol und begann zu rauchen.

«Im ersten Semester war der halbe Samstag frei gewesen, und die Schüler, die in der Stadt wohnten, durften zu Hause übernachten. Diese Regelung wurde im zweiten Semester wieder abgeschafft. Die Schüler aber forderten die Wiedereinführung der alten Ordnung, insbesondere natürlich diejenigen, die in der Stadt wohnten.
Wir wählten Delegierte, die den Lehrern unsere Forderungen mitteilten. Ich war der Delegierte der A-Klasse. Wir stellten also unsere Forderungen, und da ihnen nicht entsprochen wurde, bestreikten wir den Unterricht. Die Unruhe stieg allmählich immer mehr.
Unter den Schülern gab es natürlich auch einige üble Gestalten, die heimlich mit den Lehrern kollaborierten. Zusammen mit ihnen heckten die Lehrer den Plan aus, eine Schülerversammlung einzuberufen. Als die Schüler in einem großen Lehrsaal versammelt waren, tauchte Yi, der Tiger, auf, um wieder einmal mit autoritärem Gehabe die Schüler einzuschüchtern. Er sagte: ‹Die Schule kann den Samstag freigeben. Wir haben uns nur Gedanken über euer Studium und eure Gesundheit gemacht und daher diese Regelung abgeschafft. Wenn ihr aber unbedingt frei haben wollt, können wir dem Wunsch entsprechen. Doch der allgemeine Schülerstreik bedeutet Aufruhr gegen die Obrigkeit.› Dann fügte er noch hinzu: ‹Selbstverständlich weiß ich, daß die Mehrheit von euch diesen Streik gar nicht will. Er ist das Werk ein oder zwei verkommener Individuen, die euch aufgehetzt haben; ich hoffe, daß ihr diese ein, zwei verkommenen Individuen namhaft macht, andernfalls werde ich euch alle von der Schule weisen; wie werdet ihr dann zu Hause vor eure Väter und älteren Brüder treten?› Doch seine Worte zeitigten keine Wirkung. Da kam Lehrer Du, der ‹gelehrte Affe›, auf eine Idee: Er schlug eine Wahl mit geheimer Stimmabgabe vor; die Schüler sollten die Gelegenheit erhalten, den Anführer des Streiks zu wählen.
Das führte nun zu einer vernichtenden Niederlage der Schüler. Das Ergebnis der Stimmabgabe war, daß außer einer kleinen Anzahl weiß gebliebener Zettel eine überwiegende Mehrheit von mehr als hundert Zetteln meinen Namen verzeichneten. Das bedeutete mein Todesurteil, ich wurde von der Schule gewiesen. Ich packte meine Siebensachen, verließ die Schule und verbrachte in einem Gasthaus, das im Stadtinnern lag, eine trostlose Nacht.
Damals fühlte ich mich unendlich einsam. Ich weinte sogar. Doch meine Niedergeschlagenheit, meine Tränen entsprangen nicht der Reue über mein Verhalten, sondern der Enttäuschung und der Empörung über die Gemeinheit meiner Mitschüler und die Arglist der Lehrer.
Daß ich der Anführer der Schüler gewesen war, hatten die Lehrer schon

vorher gewußt. Wenn sie mich aus der Schule werfen wollten, hätten sie es ohne Umschweife tun sollen. Warum aber griffen sie zu solchen Methoden und machten die Schüler zu Verrätern? Schon möglich, daß es den Lehrern nicht leichtgefallen war, mich von der Schule zu jagen, doch entschuldigte das in meinen Augen überhaupt nichts.»

Guo Moruo war zeitweise die Anwendung des Strategems Nr. 18 gelungen. Indem er es wagte, die gefürchtete Lehrerschaft herauszufordern, vor denen sich die Schüler, die er niederzwingen wollte, duckten, duckten diese sich schließlich vor ihm. Doch zum Schluß war gerade dieser Aufstieg zum Anführer der Schüler sein Stolperstein, durch den ihn die Lehrer zu Fall brachten, indem sie nun ihrerseits das Strategem Nr. 18 gegen ihn einsetzten. Um den Schülerstreik zu beenden, gaben sie den Schülern Gelegenheit zu einer geheimen Wahl ihres Anführers. Es war von vornherein klar, daß Guo Moruo gewählt werden würde. Die Tatsache, daß Guo Moruo offiziell zum Rädelsführer einer unerlaubten Aktion erkoren wurde, gab den Lehrern die Handhabe, ihn als den Sündenbock von der Schule zu weisen.

18.14 Der beseelende Geisteshauch

Meine Freunde füllen das Erdenrund.
Dazu gehören seichte Bekannte scheffelweise.
Zuletzt lernte ich Herrn Zhang kennen,
Einen Phönix in der Schar.
Seine feine Art gehört zum Erlesensten.
Obwohl jung an Jahren
Kann er sich mit jenen hohen Geistern messen,
Die sich in der Musenstadt Luoyang ein Stelldichein geben.
Sein Benehmen entspricht sozusagen in jeder Hinsicht dem rechten sittlichen Weg,
Und er glänzt durch eine außerordentliche literarische Begabung.
Seit dem Dichtertreffen an jener weltentrückten Stätte,
Sind im Nu fünf Monate vergangen.
Beim Abschiedsbesuch bittest du mich um das Geschenk einiger Worte.

Schweren Herzens trenne ich mich von dir,
Ich nehme dich bei der Hand, und ich eröffne dir voller Aufrichtigkeit meine Herzenskammer.
Die Grundlage der literarischen Bildung ist die geistige Speicherung der wichtigsten Werke;
Wie könnte man diesen Grundsatz je vergessen!
Es verhält sich wie bei einer 1000 Meilen weiten Reise, für die man sich mit einem Proviant für drei Monate versorgen muß.
Das literarische Schaffen kennt noch einen stets gültigen Erfolgsschlüssel, und dies ist die Entfaltung des eigenen Geisteshauchs.
Es verhält sich damit so wie mit dem Angriff auf eine feindliche Festung:
Man muß des Anführers der Räuberbande habhaft werden.
Dein Haus ist reich an Büchern, und seine Treppen bestehen aus Marmor.
Nach deiner Rückkehr sollst du dich der Hauswirtschaft widmen
Und gleichzeitig mit feinen Lehrern und mit reichen Freunden verkehren.
Ist die Grundlage des literarischen Schaffens, also die Speicherung und Verinnerlichung literarischen Bücherwissens, gut verankert, wird sie immer tragfähiger werden.
Ist der Geisteshauch zu voller Kraft entwickelt, wird er immer beseelender wirken.
Nach einer bestimmten Zeit der Vervollkommnung werden der gespeicherte literarische Wissensstoff immer umfassender werden und dem Geisteshauch immer stärkere Flügel wachsen.
Greift ein weit gebildeter Mensch zum Schreibpinsel, ist das vergleichbar mit einem reichen Manne, der nach Belieben Geld aus seinem Rock hervorzuzaubern vermag.
Wer seinen Geisteshauch gepflegt hat, dessen Horizont ist überaus weit und anders als beim gewöhnlichen Menschen, der beim Schreiben literarischer Werke in endloser Leere versinkt und das Wesentliche nicht erfaßt.

Wenn du dann eines Tages berühmt sein wirst und wir uns wiedersehen werden, werde ich im Vergleich zu dir nur ein ganz kleiner Schreiberling sein.

In diesem kleinen literarischen Vademecum für den angehenden jungen Schriftsteller Zhang Jingshan, verfaßt von Wang Mai, einem Beamten und Literaten aus der ersten Hälfte des 13. Jahrhunderts, bedeutet die «Gefangennahme des Anführers» die Pflege des Geisteshauchs. Denn erst der ‹Geisteshauch› vermag dem literarischen Werk seine Seele zu geben und es mit innerem Feuer zu versehen. Die Pflege des Geisteshauchs ist nach Wang Mai der zentrale Erfolgsschlüssel des Literaten. Ohne diesen bleibt sein angelesenes Wissen, mag es noch so weit gespannt sein, leblos und fades Rohmaterial. Insofern erscheint Wang Mai die Pflege des Geisteshauchs ebenso wichtig wie die Gefangennahme des Anführers bei der Erstürmung einer feindlichen Festung. Die Worte des Strategems Nr. 18 dienen Wang Mai hier für einen blumigen Vergleich.

18.15 Ein Pingpong-As versinkt in einer fünf Meilen dicken Wolkenschicht

Bei der 26. Tischtennis-Weltmeisterschaft (Peking 1961) gewann eine chinesische Herrenmannschaft erstmals den Weltmeistertitel. China löste Japan ab, das seit 1954 fünfmal hintereinander Mannschaftsweltmeister geworden war. Doch der chinesische Erfolg konnte die Tatsache nicht überdecken, daß einige chinesische Tempo-Angriffs-Spieler noch immer keine rechte Einstellung zur japanischen Topspin-Technik gefunden hatten. Sie waren immer noch auf der Suche nach einem durchgreifenden Gegenmittel, um die Pattsituation zu überwinden. Wann immer chinesische Spieler auf japanische Konkurrenten mit dieser Technik trafen, hatten sie die größte Mühe, sich durchzusetzen.

Zhang Xielin, ein Mitglied des chinesischen Teams, Spezialist der Defensivtaktik, ein überragender Vertreter seiner Sportart und ein Strategemkenner, faßte insgeheim den Plan, sich ganz auf den hervorragendsten japanischen Spezialisten der Topspin-Technik einzustellen. Zu diesem Zweck eignete sich Zhang Xielin auf der Grundlage eingehender Untersuchungen zahlreiche Abwehrmethoden an.

Bei der 27. Weltmeisterschaft (Belgrad 1963) wollte Japan erneut nach dem Mannschafts-Weltmeistertitel greifen. Da schickte das chinesische Team Zhang Xielin in den entscheidenden Kampf. Dessen Brust war bereits mit einem Köcher von Kunstgriffen gegen die japanische Topspin-Technik gewappnet. Kaum hatte das Match gegen den Japaner begonnen, war diesem, als falle er in eine fünf Meilen dicke Wolken- und Nebelschicht. Der quirligen und wechselvollen Defensivtechnik Zhang Xielins mit scharf geschnittenen Bällen hatte der Japaner nichts entgegenzusetzen. Ohne zu wissen, wie ihm geschah, verlor er das Match. Der Sieg Zhang Xielins hatte eine wundersame Wirkung. Nachdem er den stärksten japanischen Mannschaftsspieler bezwungen hatte, war das Heft fest in chinesischer Hand. China verteidigte erfolgreich seinen Mannschafts-Weltmeistertitel.

Dieses Beispiel entnehme ich dem Tischtennis-Erfahrungsbuch des mehrfachen chinesischen Tischtennis-Weltmeisters Zhuang Zedong. Er führte es im Abschnitt über das Strategem Nr. 18 an. Der stärkste Spieler der japanischen Mannschaft ist gewissermaßen der «Anführer». Die Konzentration Zhang Xielins auf den wichtigsten und besten Spieler in der gegnerischen Mannschaft und dessen Bezwingung vermochte der Moral der gegnerischen Mannschaft – der «Räuberbande» – einen gleichsam tödlichen Schlag zu versetzen.

18.16 Tomatenschnitt ohne Hackbrett

«Ich beobachtete ein Koch-Programm im Taipeher Fernsehen», schreibt Shu Han in seinem Strategembuch im Kapitel über das Strategem Nr. 18. «Das Thema lautete: Wie zerschneidet man Gemüse ohne Hackbrett? Der Moderator legte eine Tomate mit dem Stielansatz nach unten auf seine Hand. Darauf versah er die Tomate mit drei Einschnitten. Dann drehte er sie um und bohrte mit dem Messer den Stielansatz heraus. Sogleich zerfiel die Tomate in sechs halbmondförmige Stücke, die auf der Handfläche des Moderators lagen. Dieser hatte zunächst nicht die ganze Tomate zerschnitten, um nicht seine Hand zu verletzen. Doch indem er den Stielansatz – in diesem Fall den ‹Anführer› – entfernte, zerfiel die Tomate ganz von selbst.»

18.17 Die vier Hauptwidersprüche

Schon im ersten Satz seiner 1981 veröffentlichten Ausführungen über das Strategem Nr. 18 benutzt der Pekinger Strategemautor Li Bingyan, den ich persönlich kenne, den Begriff ‹Hauptwiderspruch›. Die Grundbedeutung des Strategems Nr. 18, so schreibt er, bestehe darin, im Krieg den Hauptwiderspruch zu erfassen und zu lösen und so den totalen Sieg zu erringen. Auch der dreifache Pingpong-Weltmeister Zhuang Zedong erwähnt im Zusammenhang mit dem Strategem Nr. 18 den Begriff des ‹Hauptwiderspruchs›.

Der Hauptwiderspruch ist ein zentraler Begriff in der Widerspruchslehre Mao Zedongs aus den dreißiger Jahren, die zusammen mit seiner Praxislehre das Fundament der «Mao-Zedong-Ideen» bilden (Guo Bixuan in der «Chinesischen Jugendzeitung» vom 21. Juli 1987).

Die Mao-Zedong-Ideen sind die herrschende Doktrin für die Führung des Einmilliardenvolkes. Ich habe dies im einzelnen in meinen Büchern «Partei, Ideologie und Gesetz in der Volksrepublik China» (Bern, 1982) und in «Einführung in das chinesische Recht» (München 1994), S. 207ff. sowie in meiner Abhandlung *Recent Development in the Relations between State and Party Norms in the People's Republic of China* in dem vom Mao-Zedong-Spezialisten Stuart R. Schram herausgegebenen Buch *The Scope of State Power in China* (London, New York, Hongkong 1985) dargestellt.

Maos Konzept vom Hauptwiderspruch scheint eine Eigenheit des chinesischen Marxismus zu sein. Die ganze Welt ist laut Mao ein Knäuel von Widersprüchen. In jeder Phase der Entwicklung hat die politische Führung Chinas einen einzelnen der gleichzeitig bestehenden Widersprüche herauszugreifen und als den ‹Hauptwiderspruch› zu proklamieren. Die jeweilige Hauptaufgabe des chinesischen Volkes ist die Lösung dieses Hauptwiderspruchs. Alle Kräfte des Milliardenvolkes werden auf diesen Hauptwiderspruch konzentriert, was dann, wenn die chinesische Führung plötzlich einen neuen ‹Hauptwiderspruch› definiert, zu den «gewaltigen Veränderungen in China» führt, von denen westliche China-Touristen staunend berichten.

Viermal hat die Führung der Kommunistischen Partei Chinas seit der Mitte der dreißiger Jahre den ‹Hauptwiderspruch› neu festgelegt:

1. In der Zeitspanne von 1937 bis 1945 lautete der Hauptwiderspruch: China gegen Japan. Dabei umfaßte ‹China› in der Sicht der Kommunistischen Partei Chinas auch die Guomindang unter Maos Todfeind Tschiang Kai-schek. Die Hauptaufgabe war die Niederringung Japans.

2. In der Zeitspanne von 1946 bis 1949 lautete der neue Hauptwiderspruch: Die Kommunistische Partei Chinas unter Mao Zedong gegen die Guomindang-Regierung unter Tschiang Kai-schek. Die Hauptaufgabe war die Niederringung Tschiang Kai-scheks.
3. In der Zeitspanne von 1949 bis 1976/78 lautete der neue Hauptwiderspruch: ‹Proletariat› gegen ‹Bourgeoisie›. Die Hauptaufgabe war der ‹Klassenkampf› des chinesischen Proletariats zur Niederringung der Bourgeoisie.
4. Seit 1976 bzw. 1978 lautet der neue Hauptwiderspruch: Modernisierungsbedürfnis gegen Rückständigkeit. Die Hauptaufgabe ist die Niederringung der Rückständigkeit Chinas durch die vier Modernisierungen der chinesischen Industrie, Landwirtschaft, Landesverteidigung sowie Wissenschaft und Technik.

Dem westlichen Beobachter mag die Verkettung des ‹Hauptwiderspruchs› mit den ‹Nebenwidersprüchen› rätselhaft erscheinen. Im Grund aber ist die Widerspruchslogik durchaus verständlich, ja simpel: Steht zum Beispiel fest, daß der China in allen Bereichen kennzeichnende Hauptwiderspruch der Widerspruch zwischen Modernisierungsbedürfnis und Rückständigkeit ist, dann ist der Regelung aller anderen Widersprüche – der Nebenwidersprüche – in der Tat der Weg gewiesen. Zum Beispiel ist es dann logisch, daß man alles unternimmt, um die Modernisierung zu fördern. Da der Westen als Vorreiter der Moderne erscheint, löst sich etwa der Nebenwiderspruch «soll man chinesische Studenten ins Ausland zum Studium der westlichen modernen Errungenschaften schicken: ja oder nein?» wie von selbst. Oder auch der Nebenwiderspruch «vermehrter Import fortschrittlicher westlicher Technologie, ja ausländischen Kapitals: ja oder nein?» ist unschwer zu lösen. Insofern eine Zusammenarbeit mit der Firma Coca-Cola einen Beitrag zur Modernisierung der chinesischen Getränkeindustrie zu leisten vermag, stellt auch die Lösung des Nebenwiderspruchs «Kooperation mit Coca-Cola: ja oder nein?» kein Problem dar. Natürlich steckt auch in China jeweils der Teufel im Detail. Daher kann es bei der konkreten Lösung dieser Nebenwidersprüche durchaus zu schwerwiegenden innenpolitischen Auseinandersetzungen kommen; zum Beispiel über den Nebenwiderspruch: «Soll man neben westlicher Technologie und Wirtschafts-Managements-Methoden auch gesellschaftliche Institutionen übernehmen: ja oder nein?»

Wie dem auch sei: In der Innen- und Außenpolitik der Volksrepublik China spielt tatsächlich der jeweilige Hauptwiderspruch so etwas wie die Rolle eines ‹Anführers› aller anderen Widersprüche, der Nebenwidersprüche. Indem die Partei und die Regierung beschließen, einen bestimmten Hauptwiderspruch zu proklamieren und ‹anzupacken›, entfachen sie gleichsam einen Sturmwind, der alle Steppengräser in die gleiche Richtung bläst. Je ein Hauptwiderspruch kann natürlich auch in jedem einzelnen kleineren Problembereich wie in der Wirtschaft, in der Literatur, im Sport etc. definiert werden, was in China oft geschieht. Dazu kommt noch die Lehre von der ‹Hauptseite› eines jeden einzelnen ‹Widerspruchs›. Zum Beispiel gilt in der Wirtschaft beim Widerspruch zwischen dem «Selbstvertrauen auf die eigene Kraft» und dem «Abstellen auf Fremdhilfe» in der Volksrepublik China das ‹Selbstvertrauen› als die «Hauptseite des Widerspruchs». So ist das schwerpunktorientierte Denken ein Kennzeichen der Art und Weise, wie man in der Volksrepublik China an Fragen herangeht und sie löst.

Werner Meißner benutzt in seinem Buch «Philosophie und Politik in China – Die Kontroverse über den dialektischen Materialismus in den dreißiger Jahren» (München 1986) im Hinblick auf die Widerspruchslehre Mao Zedongs den Ausdruck ‹Strategem›. Nach ihm «hat die Symbolsprache des ‹dialektischen Materialismus› nichts mit dem europäischen Marxismus gemein, sondern erinnert vielmehr an die Militärtheorien der [. . .] Zeit der Kämpfenden Reiche [5.–3. Jh. v. Chr.], in der ein ganzes System von militärisch-politischen Strategemen entwickelt wurde».

Zweifellos spricht einiges für Werner Meißners Analyse, jedenfalls in bezug auf die 30er Jahre. Heutzutage würde ich allerdings der materialistischen Dialektik in China eine weit umfassendere Funktion zuschreiben als bloß die einer Richtschnur für politische Allianzen oder gar, wie der Verlag in einem Werbetext für Werner Meißners Buch schreibt, als «ein politisches und militärisches Strategem». Aufgrund meines einjährigen Hauptfachstudiums der marxistischen Philosophie an der Philosophischen Fakultät der Universität Peking (1976–1977) erscheint mir die materialistische Dialektik in China, vereinfachend gesagt, als eine ganz auf das Diesseits gerichtete (‹materialistisch›), praxisorientierte Anleitung für die Durchleuchtung und Behandlung von Aspekten irgendwelcher Art, die als gegensätzlich bzw. ‹widersprüchlich› aufgefaßt werden (‹Dialektik›). Die materialistische Dialektik in ihrer Anwendbarkeit auf alle möglichen Probleme erweist sich als ein in China recht wirksames Rezept für die politische Führung des Einmilliardenvolkes.

Es ist wohl zu weit hergeholt, wenn man die gesamte sino-marxistische materialistische Dialektik nur noch auf Strategeme zurückführen wollte. Daß allerdings Maos noch heute die chinesische Politik maßgeblich beeinflussende Lehre vom ‹Hauptwiderspruch› einen Bezug zum Strategem Nr. 18 aufweist, dürfte nicht von der Hand zu weisen sein.

«Der Hauptwiderspruch nimmt unter allen Widersprüchen eine führende, eine dominierende Stellung ein», heißt es in einem 1983 in fünfter Auflage in der nordostchinesischen Provinz Jilin erschienenen Lehrbuch für den Hochschulunterricht über Prinzipien der marxistischen Philosophie:

«Seine [des Hauptwiderspruchs] Lösung hat einen entscheidenden Einfluß auf die Gesamtlage. Die verschiedenen anderen Widersprüche unterstehen diesem Hauptwiderspruch. Wird der Hauptwiderspruch gelöst, dann läßt sich auch alles andere leichter lösen. So war zum Beispiel während des chinesischen Bürgerkrieges [1945–1949] die Schlacht um Jinzhou im Hinblick auf die gesamte Operation von West-Liaoning-Shenyang [12. September–2. November 1948] der Hauptwiderspruch. War Jinzhou erobert, verwandelte sich der Feind in ‹eine im Wasserkrug gefangene Schildkröte›, und es ergab sich die Gelegenheit, ‹die Tür zu schließen und den Hund zu erschlagen›, d. h. die Rückzugswege des Feindes zu blockieren und ihn zu besiegen. So wurde schließlich das strategische Ziel erreicht, den Feind in der gesamten nordostchinesischen Region zu vernichten. An diesem Beispiel ersieht man, daß der Hauptwiderspruch die anderen Widersprüche bestimmt und beeinflußt. Die Existenz und die Entwicklung des Hauptwiderspruchs bestimmen und beeinflussen die Existenz und die Entwicklung der anderen Widersprüche. Will man die Lösung der anderen Widersprüche vorantreiben, müssen die Kräfte konzentriert und der Hauptwiderspruch gelöst werden. Diese Methode heißt in der Umgangssprache ‹mittels der Netzleine die Netzmaschen bewegen›, ‹durch das Ziehen an der Netzleine die Maschen öffnen›, ‹schlägt man auf eine Schlange, dann auf ihren Kopf›, ‹führt man einen Ochsen, dann am Nasenring›, und ‹will man eine Räuberbande fangen, fängt man zuerst den Anführer›.»

Der Katalog der 36 Strategeme

Strategeme gibt es in aller Welt. Aber ein Nußschalen-Einmaleins listenreichen Verhaltens ähnlich dem nur 138 chinesische Schriftzeichen umfassenden Katalog der 36 Strategeme ist im Westen noch nicht erdacht und gestaltet worden. In diesen 36 knappen Formeln haben die Chinesen einen nicht geringen Teil ihrer jahrtausendealten Erfahrungen bei der Bewältigung von mißlich-bedenklichen Situationen und im Umgang mit dem Gegner zusammengefaßt. Freilich verfügen die Chinesen darüber hinaus noch über ein Arsenal von weiteren Strategemen.

Das Strategem-Bewußtsein ist bei den Europäern offensichtlich schwächer entwickelt als bei den Chinesen, und dies trotz des zweipoligen Rats von Jesu «Seid ohne Falsch wie die Tauben» und «Seid klug wie die Schlangen».

«Nur ein Stück christlicher Lehre wird das chinesische Volk gewiß gerne annehmen, nämlich Christi Aufforderung, ohne Falsch wie die Tauben und klug wie die Schlangen zu sein.» Das schreibt der berühmte chinesische Schriftsteller und Gelehrte Lin Yutang (1895–1976). So neigen Chinesen nicht selten dazu, als feindlich oder unverständlich eingestufte Verhaltensweisen spontan unter dem Blickwinkel von Strategemen einzuordnen. Oft mag diese Reaktion richtig sein. Doch in Kontakten mit Ausländern, die mit der strategemischen Logik nicht vertraut sind, kann es zu Mißverständnissen führen. Vielleicht ist dies eine der Wurzeln, aus welcher bei uns die alte Vorstellung vom rätselhaften China noch heute ihre Nahrung gewinnt.

Die Kenntnis des Katalogs der 36 Strategeme, von denen in diesem Buch eine Auswahl von 18 vollständig erläutert werden, ist für den westlichen Menschen ein Schlüssel, der das Tor zum chinesischen Denken in Strategemen öffnet. Zudem kann er mit diesem Wissen auch Erscheinungen des eigenen Kultur- und Lebenskreises plastischer deuten. In der chinesischen Strategemkunde spiegelt sich menschliches Verhalten schlechthin. Erweist sich hier die im Westen zuweilen als exotische Orchideenwissenschaft belächelte Sinologie nicht als eine die chinesischen Grenzen überschreitende universelle Kulturwissenschaft?

Für jedweden Umgang mit den Strategemen gilt die Mahnung des chinesischen Weisen Hong Zicheng:

«Ein die Menschen schädigendes Herz darf man nicht haben! Aber ein sich vor den Menschen in acht nehmendes Herz ist unverzichtbar!» («*Cai Gen Tan* – Sprüche zu den Wurzeln des Wildgemüses», Ming-Zeit)

Die 36 Strategeme –
gestützt auf das älteste Traktat *Sanshiliu Ji (Miben Bingfa)*

Die Texteinfügungen in den eckigen Klammern dienen dem besseren Verständnis der aus nur 4 bzw. 3 chinesischen Schriftzeichen bestehenden Strategemformeln.

1. Den Himmel täuschend das Meer überqueren/den Kaiser täuschen [, indem man ihn in ein Haus am Meeresstrand einlädt, das in Wirklichkeit ein verkleidetes Schiff ist] und [ihn so dazu veranlassen,] das Meer zu überqueren.
2. [Die ungeschützte Hauptstadt des Staates] Wei belagern, um [den durch die Hauptstreitmacht des Staates Wei angegriffenen Staat] Zhao zu retten.
3. Mit dem Messer eines anderen töten
4. Ausgeruht den erschöpften Feind erwarten
5. Eine Feuersbrunst für einen Raub ausnützen
6. Im Osten lärmen, im Westen angreifen
7. Aus dem Nichts etwas erzeugen
8. Sichtbar die [verbrannten] Holzstege [durch die Gebirgsschluchten von Hanzhong nach Guanzhong wieder] instandsetzen, insgeheim [aber vor beendeter Reparatur auf einem Umweg] durch Chencang [nach Guanzhong] marschieren
9. [Scheinbar unbeteiligt] die Feuersbrunst am gegenüberliegenden Ufer beobachten
10. Hinter dem Lächeln den Dolch verbergen
11. Der Pflaumenbaum verdorrt anstelle des Pfirsichbaums/den Pflaumenbaum anstelle des Pfirsichbaums verdorren lassen
12. Mit leichter Hand das [einem unerwartet über den Weg laufende] Schaf [geistesgegenwärtig] wegführen
13. Auf das Gras schlagen, um die Schlangen aufzuscheuchen [und dadurch in Erfahrung zu bringen, ob und wo im Gras Schlangen lauern/ um die Schlangen zu verjagen]
14. Für die Rückkehr der Seele einen Leichnam ausleihen
15. Den Tiger vom Berg in die Ebene locken
16. Will man etwas fangen, muß man es zunächst loslassen
17. Einen Backstein hinwerfen, um einen Jadestein zu erlangen
18. Will man eine Räuberbande unschädlich machen, muß man deren Anführer fangen
19. Unter dem Kessel das Brennholz wegziehen

20. Das Wasser trüben, um die Fische zu ergreifen/Im getrübten Wasser fischen
21. Die Zikade entschlüpft ihrer goldglänzenden Hülle
22. Die Türe schließen und den Dieb fangen
23. Sich mit dem fernen Feind verbünden, um den nahen Feind anzugreifen
24. Einen Weg [durch den Staat Yu] für einen Angriff gegen [dessen Nachbarstaat] Guo ausleihen [, um nach der Besetzung von Guo auch Yu zu erobern]
25. [Ohne Veränderung der Fassade eines Hauses in dessen Innerem] die Tragbalken stehlen und die Stützpfosten austauschen
26. Die Akazie schelten, [dabei aber] auf den Maulbeerbaum zeigen
27. Den Tölpel spielen, ohne den Kopf zu verlieren/Verrücktheit mimen, ohne das Gleichgewicht zu verlieren
28. Auf das Dach locken, um dann die Leiter wegzuziehen
29. [Dürre] Bäume mit [künstlichen] Blumen schmücken
30. Die Rolle des Gastes in die des Gastgebers umkehren
31. Das Strategem der schönen Frau/Sex-, Korrumpierungs-Strategem
32. Das Strategem der Öffnung der Tore [einer in Wirklichkeit nicht verteidigungsbereiten Stadt]
33. Das Strategem des Zwietrachtsäens
34. Das Strategem der [Selbst]verletzung
35. Das Ketten-Strategem/die Strategem-Verkettung
36. [Rechtzeitiges] Weglaufen ist [bei sich abzeichnender völliger Aussichtslosigkeit] das beste

Personenregister

Der Schweizer Harro von Senger, 1944 geboren, besuchte das Benediktiner-Gymnasium in Einsiedeln und machte dort 1963 das Abitur. Studienaufenthalte in Turku/Finnland (1966) und am St. John's College in Cambridge (1968). 1969 Promotion zum Dr. jur. an der Universität Zürich, Zürcher Rechtsanwaltspatent (1971). 1981 Promotion zum Dr. phil. an der Universität Freiburg i. Br. in klassischer Sinologie «summa cum laude».

Seit 1981 Privatdozent für Sinologie an der Universität Zürich. Zudem seit 1982 wissenschaftlicher Mitarbeiter für chinesisches und japanisches, seit 1989 Experte für chinesisches Recht des Schweizerischen Instituts für Rechtsvergleichung in Lausanne.
Harro von Senger wurde 1989 zum Professor für Sinologie an die Universität Freiburg i. Br. berufen.

Rechts-, Sprach- und Kulturstudium im Fernen Osten: 1971–1973 an der National Taiwan University und der Taiwan Normal University, Taipeh, 1973–1975 an der National Tokyo University und der Takushoku University in Tokio. 1975–1977 Studien an der Universität Peking in den Fakultäten Geschichte, Philosophie, chinesische Sprache und Literatur. Graduierung in chinesischer Geschichte (1976) und chinesischer Philosophie (1977).

Von Senger hat etwa zehn Forschungsbücher sowie zahlreiche Beiträge und wissenschaftliche Abhandlungen veröffentlicht. Seine neuesten Buchpublikationen sind: «Einführung in das chinesische Recht», Beck'sche Verlagsbuchhandlung, München 1994, sowie – zusammen mit Xu Guojian – «Das internationale Privat- und Zivilverfahrensrecht der VR China», 2 Bde., Schulthess Polygraphischer Verlag, Zürich 1994. 1999 gab er den Sammelband «Die List» (Suhrkamp es 2039) heraus, deren Formen und Arten, gesellschaftliche und politische Bedeutung zum ersten Mal in umfassender interkultureller und interdisziplinärer Weise untersucht werden.

Im August 1997 war Harro von Senger eines von 9 Mitgliedern eines Menschenrechts-Inspektionsteams des Schweizerischen Aussenministeriums in Tibet.